仫佬族地区文书古籍影印校注

MULAOZU DIQU WENSHU GUJI YINGYIN JIAOZHU

广西壮族自治区少数民族古籍工作办公室
广西少数民族古籍保护研究中心　主编

项目主编　胡小安　韦如柱

上

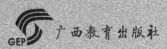
广西教育出版社

图书在版编目（CIP）数据

仫佬族地区文书古籍影印校注：全2卷/广西壮族自治区少数民族古籍工作办公室，广西少数民族古籍保护研究中心主编.—南宁：广西教育出版社，2016.12
ISBN 978-7-5435-8229-3

Ⅰ.①仫… Ⅱ.①广… ②广… Ⅲ.①仫佬族—文书—古籍—汇编—广西
Ⅳ.① K287.5

中国版本图书馆 CIP 数据核字（2016）第 322040 号

总 策 划 // 张华斌　石立民
策划编辑 // 韦胜辉
责任编辑 // 韦胜辉　范　宁
美术编辑 // 鲍　翰
装帧设计 // 鲍　翰
责任校对 // 谢桂清　钟秋兰　覃肖滟　刘汉明
责任印制 // 蒋　媛

仫佬族地区文书古籍影印校注

出 版 人　张华斌
出版发行　广西教育出版社
地　　址　广西南宁市鲤湾路 8 号　邮政编码：530022
电　　话　0771-5865797
本社网址　http://www.gxeph.com
电子信箱　gxeph@vip.163.com
印　　刷　广西壮族自治区地质印刷厂
开　　本　889mm×1194mm　1/16
印　　张　64.75
字　　数　1500 千字
版　　次　2016 年 12 月第 1 版
印　　次　2016 年 12 月第 1 次印刷
书　　号　ISBN 978-7-5435-8229-3
定　　价　1500.00 元　（上下册 含光盘一张）

如发现图书有印装质量问题，影响阅读，请与出版社联系调换。

《仫佬族地区文书古籍影印校注》编委会

编委会主任 // 韦如柱

编委会副主任 // 李燕玲

编委会成员 //（按姓氏笔画顺序排列）　韦如柱　方维荣

卢子斌　李珊珊　李燕玲　陈　战　钟　奕

项目主编 // 胡小安　韦如柱

项目副主编 // 李燕玲　李珊珊　卢子斌

整理校注成员 //（按姓氏笔画顺序排列）　韦如柱　方维荣

石　江　卢子斌　李珊珊　李炳林　李燕玲

吴代群　吴国富　陈　战　陈杰敏　岳树燕

胡小安　钟　奕　唐晓涛

文书拍摄 // 鲍　翰

目 录

一、买卖契约

（一）买卖田产契约

二、典当借贷契约

三、分关书

四、赋税文书

前　言

　　《仫佬族地区文书古籍影印校注》是研究广西少数民族地区的经济史、社会史、民族史以及档案史的重要资料，该书的出版是我国民族民间文献整理工作中的一件大事，值得社会各界尤其是学术界的关注。

　　广西文化底蕴丰厚，民族文化灿烂，民族民间文献收藏甚夥，长期以来一直吸引着众多的研究者和热爱民族文化的人。自20世纪50年代以来，随着各民族地区社会历史调查的展开，广西各地发现了不少族谱、碑刻和契约，这些资料已经集中收录在《广西壮族社会历史调查》《广西瑶族社会历史调查》《广西侗族社会历史调查》《广西仫佬族社会历史调查》《广西少数民族地区碑文契约资料集》等出版物中。

　　在广西独有民族仫佬族聚居的罗城地区，大批量发现契约和各种钱粮征收文书尚属首次，因此意义非凡。罗城是全国唯一的仫佬族自治县，是清代"一代廉吏"于成龙的初仕之地，其"仫佬族依饭节"已被列入国家级非物质文化遗产名录，受到众多文化研究者的关注。罗城得名始于北宋开宝五年（972年），朝廷割武阳、融水县地改置罗城县。之后不管历代辖地隶属如何更迭，罗城的主要区域始终处于国家的管辖之下，这是契约文书大量产生的主要原因。

　　可以毫不夸张地说，这些文书是广西民族地区不可多得的历史资料，学术价值很高。不同专业领域可以各取所需，比如历史学家可以观察当时的国家制度和社会变迁，民族学家可以了解当时的民族风俗和习惯，语言文字学家可以研究各种语言习惯和文字书写习惯，科技史家可以了解民族地区纸张和印刷技术的发展情况，档案学家可以研究民族地区民间档案的保存习惯，等等。限于篇幅，编者仅就以下几点略谈其价值：

　　第一，从经济史尤其是社会经济史研究角度来说，这批为数众多的经济社会文书对推进清代以来广西经济史、赋役史的研究极具价值。因为该地区是边疆民族地区，所以也可以借此观察国家的经济制度在边疆地区推行的情况。比如清代"摊丁入亩"这一重要赋税制度在全国各地推行的时间、具体做法并不一致，探究各地具体的实施情况，一直是学界重视的问题。广西"摊丁入亩"的详情一直是史载阙如，而本书中大量的地丁银征收执照作为珍贵的史料，将有助于我们较清晰地了解国家制度在该地的实施情况。

第二，就民族史研究的价值而言，民族关系与国家制度的推行一直是学界关注的焦点。教育的传播、汉文文书在仫佬族地区的大量使用，促使地方与中央政府更紧密地结合起来。如果我们能结合更多的材料，将会对罗城仫佬族地区纳入国家体系的历史有更清晰的了解，从而能更好地认识大一统中国是如何建构起来的。

第三，这批文书的内容中包含了大量家族、地方组织、不同身份的人的信息，为我们了解当时罗城仫佬族地区的社会情况提供了丰富的资料，也为今天的民族学调查提供了可以比较的内容。

总之，这批文书在多学科以及某一学科的多个领域都有很高的价值。对这批文书的整理校注，可以帮助我们索隐发幽，了解很多尚未了解的历史。这一价值，不能仅仅放在广西罗城一地来考量，而应该放到整个国家的边疆地区来考量；其中反映出来的历史，不只是广西罗城地方的历史，更是国家管理边疆的历史。

从学术价值来看，仫佬族地区文书实是学术研究的资料宝库，而对学术的重视，是建设文化中国、提升国家文化软实力必不可少的途径之一。从民族地区的文化保护方面而言，这些文书不仅蕴含着广西仫佬族地区各民族的历史，也承载着各民族的文化，搜集和整理出版这批文书，则是对仫佬族地区各民族文化最好的保护和弘扬。希望读者在阅读和使用本书时，能够找到自己所需要的宝藏。

区域历史与国家历史关系的深诠释（代序）

一、罗城仫佬族地区文书的发现地、种类和数量

罗城仫佬族自治县隶属于广西河池市，自治县人民政府驻东门镇，行政区域面积 2658 平方千米。2011 年末全县总人口 37.61 万，有仫佬、壮、苗、瑶、侗等少数民族 27.75 万人。其中仫佬族人口 12.47 万人，占总人口的 33.16%。全县以农业为主。今天的罗城仫佬族自治县是 1953 年由原罗城和天河两县合并而成。本书所收文书基本来自原罗城县。据民国《罗城县志》记载，清代的罗城县分东隅里、东一、东五、东九、平东上、平东下、西一、西七、西九、平西上、平西下、高元一里、高元二里、高元三里、布政里、安祥、乐善等里，里下设冬。道光二十年（1840 年）清廷饬令地方办团练，罗城全县置东、南、西、北四乡，17 里 24 团。宣统二年（1910 年）清廷令筹办地方自治，罗城设中、前、左、右、后 5 区，42 团。中区辖本城、安良、安宁、忠和、人和等 11 团，今分属东门、四把、黄金等乡镇辖区；前区为小长安近地一带；左区辖登平、英俊、英彦、翠灵 4 团，今属龙岸镇辖区；右区辖英勇、英杰、乐善、安祥 4 团，今分属黄金、宝坛等乡镇辖区；后区辖保善、得胜、保安、安正、公义、合义、公正、义合、同心等 18 团，今分属融水县中寨、三防、杆洞等乡镇辖区。各区之团又可以组成联团。民国二十年（1931 年）中、前、左、右、后五区改称一、二、三、四、五区，团改称乡，全县辖 5 区 45 乡。民国二十二年（1933 年）全县编为 3 区 20 乡，其中三防区设公义、怀宝、吉羊、杆洞 4 乡，同年北龙乡并入龙岸、西龙二乡。民国三十四年（1945 年），西龙乡并入龙岸乡，全县辖 15 乡 150 街村，此建置一直沿袭至中华人民共和国成立初期。

文书主要发现地龙岸、东门和黄金三个镇都是罗城交通便利的农业大镇。其中东门镇是罗城县城所在地，交通便利，商业繁荣。龙岸镇历史悠久，隋朝以前地属潢水郡，古称龙州，明朝以后称龙岸，地处九万大山南麓，位于罗城东北部武阳江畔，距县城 35 千米，辖区总面积为 313.86 平方千米，耕地面积 9 万多亩（1 亩约等于 0.0667

公顷），总人口5万余人。龙岸土地肥沃，物产丰富，是罗城有名的鱼米之乡、产粮大区。黄金镇自清代以来也是农业较为发达的地区，物产丰富，水利设施优良。民国时期直至新中国成立后，龙岸、黄金两地都是罗城重要的产粮、供粮区域。

广西壮族自治区少数民族古籍工作办公室（广西少数民族古籍保护研究中心）的工作人员经过多年的努力，在罗城仫佬族自治县龙岸镇、东门镇和黄金镇等地收集了大批民间文献资料，经过初步整理，有买卖契约、典当借贷契约、分关书、赋税文书、拨粮领粮凭证、政府其他管理类文书6大类近800件文书，时间从清代嘉庆年间（1796—1820年）至民国三十八年（1949年）。这是民族历史与区域历史文化研究领域的喜讯，必将深化我们对民族和地方历史乃至国家历史的认识。

二、罗城仫佬族地区文书的史料价值分析

（一）经济赋税史研究的价值

从经济史尤其是社会经济史研究角度来说，这批为数众多的经济社会文书对推进广西清代以来的经济史、赋税史的研究极具价值。著名社会经济史学家傅衣凌先生早在1944年就认识到："谁都知道社会经济史的研究，应注重于民间记录的搜集。所以近代史家对素为人所不道的商店账簿、民间契约等都珍重地保存、利用，供为研究的素材。"（傅衣凌《福建佃农经济史丛考》"集前题记"）另一位著名的社会经济史学家梁方仲先生也说过："过去中国田赋史的研究，多以正史和政书为限。这些材料，皆成于统治阶级或其代言人之手，当然难以得到实际。比较可用的方法，我以为应当多从地方志、笔记及民间文学如小说平话之类中去发掘材料，然后再运用正确的立场、观点和方法去处理这些材料。必须于字里行间发现史料的真正意义，还给它们真正的面目……除了书本上的材料以外，还有一类很重要的史料，过去不甚为人所注意，就是与田赋有关的实物证据，如赋役全书、粮册、黄册、鱼鳞图册、奏销册、土地执照、田契、串票，以及各种完粮的收据与凭单都是。"（梁方仲《易知由单的研究》）近年来日益勃兴的历史人类学和社会经济史的研究进一步推进了这种研究理念，并极大地推动了民间文献的整理。罗城仫佬族地区文书就是在这种大背景下搜集和整理的。

1. 罗城新发现的大量清代及民国时期的赋税征收与缴纳由单，是直观反映国家赋税制度实施的原始材料，对探讨清代和民国时期的广西经济与赋税史非常重要，因为目前广西留下的原始资料并不多见。

以往，我们只有从有关的赋役全书、会典、地方志及一些文告中才能见到赋税

征收的相关正式规定，很难了解到一个地方赋税的实际征收情况。比如李炳东、弋德华编著的《广西农业经济史稿》（广西民族出版社，1985年），左国金、李炳东等编著的《广西农业经济史》（新时代出版社，1988年），对于清代以来广西的赋税制度，均只根据传世文献笼统指出与全国情形相同。2014年广西师范大学唐源的硕士学位论文《清代广西田赋征收与农民负担》对清代广西田赋进行了较全面的研究，获得了一定进展，但其运用的资料还是以政书、地方志和官方档案为主，没有赋税征收原件，导致有些问题仍然弄不清楚。

当然，地方志是记载地方历史和制度非常重要的资料，新发现的文书必须与之互相印证对勘，才能更清楚地呈现历史真实。比如民国《罗城县志》"经济·财政"载："上则官田税七十六顷零七亩零六厘，每亩科米一斗二升三合四勺……下则民田税……每亩科米三升二合一勺……康熙各年编审增丁一百九十八丁二分，共人丁八百五十五丁七分，每丁编银二钱六分，共征丁银二百二十二两四钱八分二厘，又乾隆十五年……外，滋生人丁，具钦奉恩诏，永不加赋……原额全熟人丁六百五十七丁五分。康熙二十年至五十年审增人丁一百九十八丁二分，二项共八百八十五丁七分零，该丁银二百二十二两四钱八分二厘，五十五年、六十年，雍正四年、九年，乾隆六年、十一年、十六年、二十一年、二十六年编审，滋生递增人丁共六百二十二丁口。"大致说明了清代罗城田赋和地丁银的征收总量和比例，且基本符合光绪《钦定大清会典事例》卷一六二"户部田赋科则"之规定："广西民田每亩科银二分四毫至二钱一分二厘二毫零不等，米三升七合至五升三合五勺不等。瑶田每亩科米三升至五升三合五勺。壮田每亩科银九厘至二分二厘三毫不等，米三升七合四勺至五升三合五勺不等。"

此外，民国《罗城县志》"经济·财政"中关于罗城田赋制度之沿革记如下：

"县属田赋在前清道咸后每年实征民米二千七百八十七石二斗零，其征收制度，一曰地丁，一曰兵粮色米，均由民米伸算，每石民米无闰征地丁一两零四分，遇闰加六分，则一两一钱，又由民米伸出色米，每民米一石征兵粮色米五斗五升，闰年不加。至于民间完纳，即照每地丁一两纳制钱三千二百文，色米一石纳制钱四千六百四十文，譬如民米一石纳地丁一两零四分，以三二乘则该三千三百二十八文，遇闰则该三千五百二十文，又民米一石纳兵粮色米五斗五升，以四六四乘则二千五百五十二文，此外又民米一石加纳地丁、色米粮票两张，钱二十文，合计每民米一石应纳地丁、色米粮票共五千九百文，遇闰即六千零九十二文。

"又征收地丁分上下两忙。上忙每年二月间开征起，至四月底止，应纳地丁一半，名曰完编；下忙由八月开征起，至十二月底止，连同兵粮色米一并完纳清楚，名曰完粮。"

民国《罗城县志》"经济·财政"又载：

"武阳区（即旧称之左、右、前三区，旋改为二、三、四区之合并）左区即四区，为现时之龙岸联乡，以前粮额三千四百六十元零，自民米改征谷石，粮额增至九千九百一十元零。右区为现时之黄金、寺门、四堡各乡，以前粮额二千九百六十四元零，自民米改征谷石，粮额增至八千四百四十三元零。"

这些材料大致说明了地丁银和兵粮米征收的额度和具体时间。

从现存文书来看，基本情况与之大体相同，但更直接的证据即实际征收凭单在地方志中往往是缺乏的，因此我们必然会进一步追问：罗城地区各种赋税交纳凭证的印制是否与全国一致（罗城文书中有印制单也有手写单）？有着不同赋役传统、不同田则等级的各村落地丁银摊入的具体情况是怎样的？国家规定的一些制度，比如税契纸不得收钱，过户税不得超过交易额一定比例，在地方执行了没有？诸如此类问题，只有看到原始收据凭单才能弄清楚。罗城仫佬族地区原始契税凭证和纳粮执照是难得的史料，必将会深化我们对清代及民国时期政府在地方实施政策和社会经济管理的研究。我们如果将这些材料与大量地方碑刻、地方志结合起来解读，一定会有更新的认识。这不是小问题，而是考察国家权威和制度在地方落实，从而了解大一统中国的"一统"和"差异"运行的大问题。

再比如，我们总是认为近代以来地方的剥削情况一直在加重，但通过对比仫佬族地区最早的清代嘉庆年间与后来民国年间的完纳粮额，发现增长率并不明显，或者说基本上没有增加。负担的加重往往在于附加税，比如有些附加税最初言明是预先带征，以后要扣减的，但最后往往不了了之，实际加重了农户的负担。比如民国十五年（1926年）《何文锦借征粮赋收据》（档案目录号200911013）中写明："柳庆公路总局令饬，本局因筹借筑路经费，呈奉省政府核准，在于柳庆两属各县应征粮赋项下，照额加征一倍。带征三年，俟四年后分年偿还，饬县随同正赋附带征收。"据1993年新编《罗城县志》称，此项借款后来均未偿还。不过在民国二十年（1931年）之后，常见附加税的征收，不再有"分年偿还"的说明了，比如民国二十四年（1935年）《何文绣完纳田赋执照》（档案目录号200911016）中除了正赋之外还有"附加五成"的征收。通过这些单据，我们可以真实地认识到当时农民的负担情况。

2.从发现的文书来看，清代在罗城当地征收地丁银的执照和兵粮的执照一般是分开的，也有合为一张串票的。从众多田土买卖契约、过户契尾中也可看到每丘田地既有纳银又有纳粮米（或兵粮）的记录，应该是"摊丁入亩"以后的情形，对我们进一步认识当时边疆地区的税粮种类有很大帮助。

关于清代广西地丁银的全面征收情况，一直没有原始实物资料，只有地方志的记载，这次文书的发现填补了空白。为数众多的地丁银征收执照是说明这一制度在广西普遍实施的最好证据。同时通过对材料的仔细勘对，也会发现不少问题，值得我们进一步去探索。据民国时期广西清理财政局编《广西财政沿革利弊说明书》记载："广西田赋科则大别为三类，有仅征地丁者，有并征兵米者，有就兵米一部分划出若干征折色，称为丁米折并征者。"纳钱粮既然有地丁、兵粮、民米三类，那么是否每户既要纳地丁、兵粮又要纳一般民米？或者只纳其中一种？又或者兵粮米其实与一般粮米是一回事？以罗城文书来看，三者确实是分开的，因为同一时期（集中见于清咸丰、同治和光绪年间）官府印制的执照中有"征地丁银""征兵粮""征粮米"三种类型，可见最初并不是同一个概念，但是在罗城找不到哪一户是既要纳兵粮同时又纳一般粮米的，一般写作"征收兵粮米石执照"，说明兵粮米就是一般本色粮米，至于执照中的不同写法则是习惯叫法不同而已，因为所谓兵粮米其实也未必仅仅只提供给军队兵丁，一般公职人员也需要，所以就写成"征收兵粮米石执照"，进而简化成"征粮米"。

而地丁银是与粮米同时交纳而分开写单的，说明这是必须缴纳的不同类型的赋税，正可印证民国《罗城县志》"经济·财政"的记载。乾隆二十四年（1759年）以后，罗城只征收地丁银和兵粮本色米两项，其他各类差役均已折入地丁银。

民国初年，田赋的征收方式和种类与清末一脉相承，印制的征收单几乎一致。但到了民国五年（1916年）以后，征收单项目细化〔如民国六年（1917年）《石明科完纳粮赋执照》（档案目录号200806079）〕，田赋附加费出现在征收单上；民国十年（1921年）左右，征收方式可能发生了较大变化，只有笼统的"田赋"一项，几乎全部缴纳货币，田赋附加项目进一步增加〔如民国十五年（1926年）《何文锦完纳粮赋执照》（档案目录号200911017）〕；到抗战初期，除了以货币缴纳田赋，政府还以征购的形式取得实物粮食；到1942年，全部田赋征实，即征收实物粮食，并按比例附加借征部分，这是与抗战时期的形势相适应的，因为粮食是重要的战略物资，政府不得不严加控制。这些政策的变化，在各类赋税征收文书里都有体现。

统计自清代道光至民国初午近200张纳地丁银执照，发现地丁银是按照每户每年度交纳的，每户纳银最高近七钱〔《石维藩完纳钱粮执照》（档案目录号200812051）〕，最低仅二分一厘〔《石甫好完纳地丁银执照》（档案目录

200907055）〕，大多数在四分至四钱之间。而地丁银摊入田亩是如何运作的呢？假如是按照人户土地财产数量来计算，则说明当地乡村的贫富差距非常大。当然更多的可能是当地土地比较均衡。关于此点，此前仅有新中国成立前后对土地占有笼统的调查，比如某村地主富农占多少比例，贫农佃户占多少比例，无法以此认识更细致的情况。现在我们可以根据实物，了解每户每年缴纳的地丁银和兵粮米数，并结合当时的纳税规定，大致可以推知每户的土地占有情况，还可结合土地买卖契约，进一步了解乡村的生活水平，其意义是不言而喻的。

此外，我们发现有清嘉庆十七年（1812 年）、嘉庆十八年（1813 年）这两年的多张钱粮过户单或契尾（档案目录号 200803073 至 200803083 等），而其田土交易则在嘉庆六年（1801 年）至嘉庆九年（1804 年），说明是十年以后才去过户的。如此，买卖契约中经常出现的"自卖之后，任由买主批耕、收冬、割户、输纳编粮，不干卖主之事"是怎样在不过户的情况下实行的呢？这段时间的税粮和地丁银是否在原田主户下交纳？是否产生过纠纷？其中"田地推收税契付执"明显是一种过户情况说明单，规定土地所有权和纳税责任的转移，比如：《吴纯章推收付执》（档案目录号 200803073）记吴纯章户乾隆五十年（1785 年）买梁万礼户田，"税一亩四分，应纳饷银四分七厘、粮米四升五合"；《吴凤鸣推收付执》（档案目录号 200803074）记吴凤鸣嘉庆六年（1801 年）买梁文刚田，"税六分二厘，应纳饷银二分一厘、粮米二升"。"税一亩四分"是表示该所买田地在官府登记的纳税面积，"饷银"应为地丁银，"粮米"应是本色兵粮米，应纳饷银数恰好是应纳税田土的三分之一。本色米的交纳数量符合相关规定，即中上则民田"亩税三升"，但饷银的交纳则值得我们思考"摊丁入亩"后的问题。另一张《吴凤鸣契尾》（档案目录号 200803123）记录了吴凤鸣买田一亩三厘，载粮三升三合五勺，用价银八十两，税银二两四钱，这个税银则是过户税，按规定是地价银一两抽三分。两者是不同的，其过户的具体过程值得考究。这是看到实物资料后才能发现的问题，也正是文书的价值所在。

纳兵粮的由来，可能与明代以来少数民族地区有卫所兵或俍兵屯驻有关系。据明代万历三十年（1602 年）广西巡抚杨芳修纂的《殿粤要纂》中"罗城图说"记载，明代罗城驻有耕兵数十人，另有卫所旗军守城兵（正规军）数十名；清代乾隆《柳州府志》卷十九"兵防"记载，清代罗城驻有正规军融怀营兵 115 名、分防通道汛兵 118 名，其他另有民壮、弓兵等 200 多名。缴纳的兵粮用于供应地方正规军。据民国《罗城县志》"经济·财政"记载："兵粮米一千一百零九石三斗七升一合四勺四抄二撮五圭三粒八粟，除存支本城及通道汛兵丁月粮外，余候拨解融怀营分防兵粮。""经济·财政"又记载："又八月征收兵粮米，当时亦只内六里（东隅、东一、西七、西一、西九、西上等里）各大户以米完纳，用升斗斛量征，所收储仓之粮米，亦仅一百数十石，以备罗城汛千总之粮饷，其余均折钱完纳。至光绪二十四年绿营汛兵奉裁后，即不征粮米，一律改为折钱完纳。由清道光至光绪中叶，县属钱币不一，内六里花户以卯钱完粮，外十一里花户则以制钱完纳。当时制卯所定之银价低昂不等，迫至光绪三十年，县知县张绍元始将情形禀准上宪，将罗城丁米一律改征花银及毫银，计民间所完纳一石之民米，需银六元九角零。"

根据新发现文书，关于新收田土完粮的具体规程，一般应该是一并在买田户内征收，但是又须说明其与原田主的关系。比如：道光十三年（1833年）十一月《石天爵等纳兵米单据》（档案目录号200812104）记高元三里一冬石天爵共收米三斗六升二合五勺，这些米粮收自石维印、石明显、覃显华、石煐、石士德、石维藩等人。道光十八年（1838年）十二月《石天爵等纳米单据》（档案目录号200806059）云："高元三里一冬，石天爵原米四斗八升二合五勺，收本冬石胜章米一升五合，共成米四斗九升七合五勺。"一直到民国时期还是如此。比如：民国十九年（1930年）左区联团新立石朝松户收蓝永藩户谷二十四石〔《石朝松收蓝永藩谷割单》（档案目录号200806107）〕；左区联团韦敬德户原谷十四石，收韦正伦户谷六石，共成产谷二十石〔《韦敬德等收产谷割单》（档案目录号200812103）〕；等等。

上文合并纳粮的写法估计是田土买卖后到正式过户前的表述法，但是否有可能并不是田土买卖造成而仅仅是两户或多户合并交纳？为什么能够合并交纳？合并交纳的原则是自愿和任意组合的，还是之前在一个总户之下方可？或者这是另一种形式的滚单？但滚单一般是一种催征单而不是一种缴纳凭证。另据民国时期征收赋税执照确实有几户交纳了赋税而只写在一张单据上的情况〔见民国五年（1916年）《石玉成等完纳田赋执照》（档案目录号200806087）〕，这又是因何造成？此外，为什么同一时期可以既有兵粮、地丁银单开收据，又有钱粮合写于一张单据之中？是征收程序不一样还是仅仅为了省事而列于一处？这些细节问题都值得思考，关系到国家制度具体运行的问题，亦即学界提出研究"活的制度史"的问题。这是在看到实物资料后才能够联系起来进一步思考的问题，单看官府留下的材料是很难有启发的。

3. 大量田土、山林、宅基地买卖契约，是该文书中另一个主要类别，内容十分丰富，具有真正的民间内涵，在此仅举数项略加申论。

（1）其基本形式包含有买卖原因、具体坐落、价格、证词证人、画押方式，甚至语言写法均有固定的套路，与大多数同时期其他地区的买卖契约高度相似，并以绝卖契为多，说明当地经济运行与民族地区财产所有权观念方面已经与汉族地区保持一致了。由于要保存契约以便官府确认，或者事后发生纠纷时可以由习惯法乃至诉讼解决，大家更加认识到纸质契约的重要性，其格式必须与一般通行格式一致，以便诉讼之际提供详细证人证物。另外，清代至民国时期仫佬族地区乡村地权变动会造成什么样的社会影响？这需要我们结合更多的资料去加以认识。契约中经常提到"先问房族人等，无人承买"，说明家族力量在罗城地区是比较强势的，从清代以来就是这种情况；所谓"既卖之后，任从买主割户、耕业，而我卖主以后不得异言反悔"等词，也不是应景空言，因为结合民族地区一些碑刻记载，确实有卖田之后另索要费用的。

（2）清代到民国时期的买卖契约反映了民间使用货币的变化，这对认识地方经济发展的历史过程极具价值。比如从清代乾隆时期至民国初年的契约中，我们发现民间使用的都是银两，而从民国四年（1915年）以后则有大洋、小洋、东毫、桂钞、国币（法币），这可以在民国二十四年（1935年）修的《罗城县志》找到线索："民国四年县长钟元勋奉令将民米改征谷石，按照粮册花户民米摊派谷石，每民米一石派纳谷石二百石左右，每石征收小洋一角，至民国二十一年则又以小洋改征大洋（加二），旋又改征国币（加三）完纳。"这是官府收税货币的变化，而民间契约实物文书正反映了民间货币使用与当时官方货币推行的一致性。1948—1949年，国民党政府发行的金圆券和银圆券崩溃，民间基本以粮食为主要通货，以物易物，文书也正反映了当时社会经济的这一状况。

（3）民间田产买卖契约中的地价问题同样值得我们深入探讨。民国《罗城县志》"经济·产业·农业"记载："凤山、武阳两区水田每亩（六十方丈为一亩）代价约三百五十元，旱田每亩约二百元，旱地每亩约一百五十元。至于三防区买卖田地不以亩计算，而以能产谷若干双计算，将禾扎成把，四把名为一双，重约十五六斤为标准，上等水田每双最高六元至八元，中等每双三元至五元，下等一元至二元，旱田每双五角至一元，旱地买卖很少，各处山岭与某村附近，即由某村管业，任由村民自由开垦种植，但许种不许卖，是尚存有一种封建遗习也。"这是民国某一个时期的地价记录，是不完整的，而这批新发现的田土买卖契约显示了从清代嘉庆时期（1796—1820年）至1949年的地价情况，为我们研究数百年来某地区开发史以及与外部市场的关系提供了弥足珍贵的史料，急需学者认真探索。（当然地价的波动还和政局、农户需要现钱的急迫程度等因素有关。）

（4）民国卖的地契中后还不断提到"粮系某里某冬某户"〔如民国十八年（1929年）《韦荣林卖田契约》（档案目录号200908013）称"粮系高元三里六冬韦景成户"〕，应该是乡村的惯习，但是有民国三十一年（1942年）《李选明卖田契约》（档案目录号200908018）却写为"粮系八十八号门牌"，说明当时随着基层建置名称的变化，书写习惯也发生了变化，这一变化早在宣统二年（1910年）官府征收钱粮就已经开始，比如宣统二年《石玉成完纳地丁银执照》（档案目录号200806057）上就有"左区第三段第五百五十一号门牌石玉成"字样，可以略见官方影响民间之一斑。

（二）社会史研究的价值

从社会史角度考察，我们从文书当中可以看到大量家族、地方组织、不同身份的人的情况，为我们了解当时罗城民族地区乡村社会的情况提供了丰富的资料。更为重要的是，很多资料连续性很强，可以初步观察一个家族兴衰的历程，比如吴凤鸣户，从嘉庆到道光年间有大量买田的契约，可以看出其家族势力的成长。据民国《罗城县志》"政治·选举"记载，明清时期当地吴姓已经崛起，出现了不少官员和读书人，可考的至少有明代副榜贡生吴鸣春，明代岁贡生吴应朝，清代副榜贡生吴正美、吴献章，清代岁贡生吴之经、吴之统、吴之端等。此外，不少契约的买卖人及见证人、代笔者均是家族成员，可以从名字的排辈方面了解其家族概况，结合田野调查，会有更深的认识。

契约中反复提到的"六房在场""六房在内"，正是仫佬族等少数民族的传统习惯。据《广西仫佬族毛南族社会历史调查》（民族出版社，2009年版）记载的罗城仫佬族的习惯为：分家分地时，必须请六亲前来参场作证，立约写字，六亲盖章画押。此外，通过分关书可以直接了解当时的家庭关系和财产均分原则。仔细研究契约文书中的字句，还会发现一些地方特色，比如大量的别字、俗字，以及比比皆是的语句不通顺之处，说明民族地区的汉文化水平并不太高。契约中均有"先问六房兄弟，无人承领""包散六房在场押字"等字样，"六房"并不实指有六个房族的亲戚，而是泛指血缘亲族，说明买卖与亲族的重要关系。再如文中有"如有此情，受一赔十"的说法，文尾"天理良心（仁心）"的写法也非常普遍，这应该与民族地区赌誓发愿的传统有关系，在别的地方很少发现。据不完全统计，只有梁方仲先生《中国社会经济史论》（中华书局，2008年）中所引广东民族研究所藏光绪十二年（1886年）《广东连南县汉族欧阳庆祖等立招户合同》中有类似表述，而这张合同也是外来汉族与当地瑶族议定的。罗城田土买卖契约中大量固定格式"日后如有异言，契内有名人等一力担当"等语，说明了见证人（担保人）重要的担保责任，与民族地区重视寨老调解的习惯有渊源关系，结合罗城当地俗谣——"不做中，不做保，不做媒人三样好"，可以看出做担保人的难处所在。这确实是地方人际关系的真实写照。

此外，我们从钱粮执照中发现了分居不同里甲（冬）的同一户名，比如"纳地丁银执照"中有"东上里七冬吴永康户"（纳地丁银在一分四厘至一分七厘不等）（档案目录号200803013、200803016、200803018、200803019、200803022、200803023、200803025、200803027、200803031、200803032等）和"东一里六冬吴永康"（纳地丁银在一钱一分三厘至一钱五分七厘不等）（档案目录号200803011、200803012、200803014、200803015、200803017、200803020、200803021、200803024、200803026、200803028、200803029、200803030等），另有"布政里二冬石甫好"和"该里三冬石甫好户"也在同时代出现。这应该不是笔误，是原先的同一总户分离出来的子户，还是不同地区的不同人户以同一户名立户纳税？不管怎样，都说明存在地方户籍关系和立户分户问题，这往往是地方家族形成、分化与人口变化的标志，值得深入探究。

分关书以及其他各种借据、收据等日常文书，往往反映了普通老百姓的日常生活状况和家庭观念、财产观念、人际关系等的实际情况，同样是民族地区社会史研究的珍贵资料。

（三）民族史研究的价值

诚如社会经济史研究学者所言："对于中国这样一个保存有数千年历史文献，关于历代王朝的典章制度记载相当完备，国家的权力和使用文字的传统深入民间社会，具有极大差异的'地方社会'长期拥有共同的'文化'的国度来说，地方社会的各种活动和组织方式，差不多都可以在儒学的文献中找到其文化上的'根源'，或者在朝廷的典章制度中发现其'合理性'的解释。区域社会的历史脉络，蕴含于对国家制度和国家'话语'的深刻理解之中……总的说来，通过实地调查与文献解读的结合，更容易发现，在'国家'与'民间'的长期互动中形成的国家的或精英的'话语'背后，百姓日常活动所反映出来的空间观念和地域认同意识，在实际历史过程中是不断变化的。从不局限于行政区划的、网络状的'区域'视角出发，有可能重新解释中国的社会历史。"（陈春声《走向历史现场》，《读书》2006年第6期）我们研究和认识仫佬族地区文书的价值，也应作如是观。

一般认为，民族地区往往有自己的一套习惯法，国家制度的进入离不开官府设治和文教的发展。但是我们从罗城仫佬族地区的文书中可以看到，自清代以来，国家制度的推行已经深入到非常细微的地步，各户如吴凤鸣、石天爵、石甫好、吴永康、苏六和等，是持续数十年甚至上百年的户名，而这些姓氏大多是当地少数民族的传统大姓，其买卖田土又几乎均在本村内进行。因此我们有理由认为，国家制度在民族地区的推行，是地方各族群为保持和发展自身利益而逐渐认同国家的过程。教育的传播、汉文文书大量在仫佬族地区的使用，促使地方与国家更紧密地结合起来。仅举一例，比如商业记数的苏州码子出现在民国十七、十八年的买卖契约（档案目录号 200908013、200908008、201201025 等）中，即可窥见当地文化传播之一斑。我们如果能结合更多的材料研究，将会对罗城仫佬族地区被纳入国家体系的历史有更清晰的认识，从而更好地认识大一统中国是如何建构起来的。

三、科学整理与研究展望

这批文书的价值，基本可以和徽州文书、清水江文书相媲美。虽然文书总体没有那么厚重，但内容的多元化则有过之。目前相关人员已经对文书进行了初步整理，进行了复制、修复、编号、分类、点校和注释，总共归纳出的 6 种类别，每一类别均有题解，以介绍该类别的大致情况。本书既为初步整理成果，基本上反映了文书的本来面目和丰富内涵，以方便研究者使用。

目前，这些校注还是阶段性的。由于点校者的知识能力有限，未能全面深入地进行解读，更重要的是，由于点校者对罗城地区的区域历史脉络还缺乏深入了解，不能保证每一个点校注释都正确无误，这需要学界不断地研究。但有一点是肯定的，即如果要进行深入研究，必须把这些文书放到具体的历史情境中去认识，必须把这些文书和其他区域文献结合起来，必须把地方历史和国家的大历史结合起来，必须把不同学科的力量结合起来。比如当地的人户为什么一直收藏着这批买卖契约？有什么考虑？与其他地方比较又如何？买卖的规模和频率程度、买卖的原因有何异同？假如进一步到当地考察，发现更多的族谱、碑刻或民间文献的话，我们可以讲出一个个关于地方族群变化的鲜活故事。

凡　例

一、本书收录了广西河池市罗城仫佬族自治县东门镇、龙岸镇、黄金镇等仫佬族地区的文书 733 件，均为汉文抄写或刻印，年代从清代至民国时期。新中国成立后的文书不收录。

二、本书包括目录、前言、代序、凡例、正文（文书原件影印、文书校注）、附录、后记等部分。

三、正文依文书性质和内容分类排列，分为：买卖契约（买卖田产契约、买卖土地山林契约、买卖房屋和宅基地契约、契尾和税契过户凭证）、典当借贷契约、分关书、赋税文书（按照文书形成时间又分为清代和民国两部分，清代包含完纳地丁银执照、完纳兵粮米执照；民国时期包括田赋文书、各种捐费收据、土地陈报单）、拨粮领粮凭证、政府其他管理凭证等 6 大类，有的大类下分小类，每类按年代先后顺序排列，年代不详的文书置于每类文书最后。

四、本书注释采取文末注方式，所有注文置于正文后。因所收录文书均有一定的格式和固定用词，造成相同字词频繁出现的现象。为方便阅读和查找，对同一字词只做一次注释，对所注的字词无论出现在文中何处，其注释序号统一为一个。如"卖断"，为文末注解释的第一个条目，原文中所有出现的"卖断"注释序号均为"［001］"。

五、每件文书校注包含题名、基本信息、正文、注释等内容。文书大多没有原题，编者根据文书性质和内容拟名。拟名的方法：文书责任人（作者或所有者）＋文书类别。因同名同类别文书较多，每件文书用括号注明文书形成的具体时间以示区别。

六、文书中有脱字（漏字）或因文书纸面破损、褪色造成缺字、字迹漫漶不清的，加"□"标明，具体分两种情形：

（一）所脱、缺之字或字迹漫漶不清的字依据上下文或其他同类文书可以补正的，所补之字逐字加"□"。如"立卖断田契人成有仁，情因缺少钱文，无处求借，不囿已夫妻合议，自愿将祖父分囿名下之田"（《成有仁卖田契约》，档案目录号 200803120）。

（二）所脱、缺之字或字迹漫漶不清的字无法补正的，加"□"标明。如"自愿将丈夫先年置得之田，土名坐落□□内，大小柒丘"（《黄韦氏卖田契约》，档案目录号 201311009）。

七、文书中有衍文（即多余的字），直接将衍文加"〔〕"标明。如"后〔情〕请中托到谢贵怀处"（《黄元泰卖田契约》，档案目录号 201311018）。

八、文书中有误字、别字，保留原字，并在其后加上正确的字，所加之字加"（）"标明。如"冬（东）一里六冬，名（民）米一升正"（《吴庆祯卖田契约》，档案目录号 200803104）。

九、文书中画有类似"△"和"○"等符号之处，凡是涉及数字，表示此处数字为零，校注时一律写为"○"。如"完纳咸丰五年分银○两陆钱○分○厘"（《石天爵完纳钱银执照》，档案目录号 200806007）。

十、文书中有空格之处，表示此处阙如待填或数字为零，为排版和阅读方便，不论其空格多少，都统一只用一个"◇"表示。如"罗城县正堂◇，为征收钱粮事"（《石天爵完纳钱银执照》，档案目录号 200806020）。

十一、官方文书多为预制格式，有的内容有两个或多个备选项，根据立契实际选用，为保留文书原貌，未选项的字加"【】"标明。如"出卖【典】人：石蕴珍"（《黄善福换新契纸》，档案目录号 200911031）。

十二、有关文书校注的字体和编排格式的说明：

（一）文书校注涉及数字的，如果文书中是大写汉文数字，则予以保留。如"合计该户共有实征谷贰拾捌石正"（《石明科等实征谷凭单》，档案目录号 200806106）。凡有不规范的数字写法，统一为规范写法，如"弍""贰"规范为"贰"。

（二）原文书为预制表格格式的，校注使用简体汉文，但保留竖排形式，且不加标点。

（三）原文书为预制表格格式的，表中的阿拉伯数字若为横排，则校注保留其横排格式，以便阅读。

十三、关于校注中画押文字或符号和钤印文字的处理方法：

（一）原文书的署名末尾常有“押”“万”“千”“十”“○”等画押文字或符号，为保证文字通顺，这些画押文字或符号校注时一律不予保留。

（二）文书经手人、割单人常以钤印代替手写。漫漶不清、无法识别的，不予录入。可识别的，为保证文字通顺，校注时将印章文字中的“印”“章”等字省略。如“郭干材印”省略为“郭干材”，“王保泰章”省略为“王保泰”。

十四、原件中的苏州码子一律按照汉文数字转写。如“〤毛”写作“四毛”（《韦荣林卖田契约》，档案号200908013）。

苏州码子与汉文数字的对应关系：〡（一）、〢（二）、〣（三）、〤（四）、〥（五）、〦（六）、〧（七）、〨（八）、〩（九）、十（十）

一、买卖契约

【题解】

　　民间买卖契约是仫佬族地区最常见的文书种类之一，是仫佬族地区土地交易与物权转移的直接物证资料。罗城东门镇、龙岸镇和黄金镇三个乡镇大量遗存的民间契约文书，不仅真实而生动地展现了清代至民国时期该地区的土地交易活动状况，而且客观地反映出该地作为重要的产粮地对历代王朝做出的贡献。

　　此类文书共有98件，多为田地、山林、园地、宅基地、房屋等买卖凭证，一般为断卖（卖断）契，意即一经卖出不能赎回，除非买主再次出卖。契约内容和书写方式与清代民国时期其他地区的情况大体一致，一般包含：买卖土地的原因，土地的位置、范围、面积大小、价钱，立契双方的责权利，立契人和证人及书写人姓名，日期，等等。契约均按手印，部分盖印章或骑缝章。立此类契约多数为民间行为，由各村寨德高望重的头人或长老主持、见证；立契人自书或请人代书，需支付证人、中间人、代书人一定酬劳。少数契约经官府验证，加盖官印，抽取契税，开具契尾交立契人留存。民间契约均为汉文书写，材质为绵纸，规格大小无定例。

　　根据已有的研究成果，广西地区至迟在南朝时期有类似买卖契约出现，比如今桂林地区就发现了一些南朝时期的买地券，虽然只是用于为死者在阴间买地的仪式，但也折射出现实生活的情况。根据史书记载，此后历代均有买卖田土立契的现象，但实物资料较少，尤其民族地区的资料尚付阙如。迄今发现的广西各民族地区土地买卖契约，以清乾隆以后的为多。这是当时社会经济发展以及财产观念和交易习惯共同作用的结果。

比如集中发现的壮族地区的土地买卖契约，其写法和功能与仫佬族地区的大同小异。还有些地区将契约刻成碑文，其内容亦基本一致〔陈嘉宗的《从土司后裔卖地看土司制度的衰亡》（《广西地方志》2001年第3期）抄录了忻城思练镇加洪屯两通石刻〕。现有资料显示，罗城仫佬族地区的土地买卖契约不晚于广西其他地区，其规模或有过之。仫佬族地区土地买卖契约中有"日后□出金银，卖主无福分。若□□□□□，买主无福"的说法，与壮族地区土地买卖契约类似，比如据《广西少数民族地区碑文、契约资料集》第71页记载，壮族地区土地买卖契约有"日后年久月深，其田生成黄金，卖主不敢云赎；倘若其田崩成河海，买主不敢反悔"的语句，或许是同属壮侗语族民族的立誓习惯。契约后"天理仁心"的惯用写法，则是借用了汉族的立誓词语，说明仫佬族地区契约的写法与汉族契约在格式和行文上的一致性。

通过土地买卖契约可以探究仫佬族地区的生计模式、经济发展和社会变迁情况，对研究仫佬族地区的经济史以及土地与赋税制度史有重要参考价值。此外，契约中还提到不少地名，虽然今天不能一一查核，但其命名方式值得探究。其中提到的一系列"庙"，有丰富的历史文化研究价值。

鉴于土地买卖之后往往要在官府过户，各种过户单据和契尾是民间契约被官府认可的重要依据，同时是契约的重要组成部分，故将各时期各类过户单据也附于本类。如果将其与买卖契约对照研究，或许会有新的发现。此类文书共25件。

总之，罗城仫佬族地区各类买卖契约所反映的内容很丰富，研究者对此应予以关注。

（一）买卖田产契约

韦沛章卖田契约

（嘉庆八年闰二月二十四日）

绵纸，纸幅 44.8cm × 41.4cm，今藏广西壮族自治区少数民族古籍工作办公室，档案目录号 200803110。

　　立卖断 [001] 囝囡人韦沛章，情因家下临春 [002] 缺少耕牛，无处求借，不得已夫妻商议，自愿将名下之田，东一里 [003] 九冬 [004] 韦朝元户 [005]，民米 [006] 贰合 [007] 正，土名坐落婆庙 [008] 前沟边田一丘 [009] 出卖。先问房族 [010] 人等，无人承买 [011]，后请中托 [012] 到吴凤鸣处，认言承买为业。当中三面 [013] 言定，踏看 [014] 田丘遂意，时值价钱叁千文正，包山 [015] 六房 [016] 押字 [017] 在内，郎（即）日契立两交 [018]，授受 [019] 清白，并无对债货物 [020]、逼压等情。其田既卖之日，任事从买主收冬 [021]、割户 [022]，不管卖主之事。恐后田地不明 [023]，即在卖主、中人 [024] 承当 [025]。倘有节外生枝者，执将契纸呈官，去一赔什（十）[026]，自甘罪累。恐后人心不古，特立卖契存照为去（据）。

丰登大熟 [027]

在场：胞弟 [028] 沛清

中人、代笔：志扬

嘉庆八年闰贰月廿四日立

立杜賣斷□契□人韋布草情因家下缺春欽□耕牛無處求借不已夫
妻滴議各自願將名下之田東至一里九冬□韋朝元户民米弍合正土□名□□□連届前
滿迎田一坵出賣先問房族人等無人承買後請中托到
吳鳳鳴處認言承買為業當中三面言足踏看田坵遂意時值價載弍千文正包
山大房押字在内即日契立兩文授受清白並無對債貨物過壓等情其田既
賣之日任事從買主收冬割户不曾賣主之事恐後田地不明即在賣主中人承
當倘有節外生枝者執將契紙呈　官去一賠什自甘罪累恐後人心各有古特立
契存照為古

嘉慶八年　閏弍月廿四　日立

豐登

大熟

　　　　　　右垿膠累沛清。

　　　　　中人代韋志揚。

□□□卖田契约

（嘉庆九年十一月二十四日）

绵纸，纸幅40.2cm×40cm，今藏广西壮族自治区少数民族古籍工作办公室，档案目录号200803101。

立卖断[001]田契人□□□，情因家下缺少钱文，无从借出，不圖已夫妻商议，自愿将名下之田，东□里□冬梁万林户，民米[006]叁升正，土名坐落红泥秧田[030]一丘[009]、□□□二丘、马□□三丘、长德[031]长田[032]一丘，一共成七丘，将来[033]出卖。先问房族[010]户内弟兄人等，无囚承颏[034]。自躬（躬）[035]请中[036]问到吴凤鸣处，认言承买[011]因亚。当中三面[013]言定，时值价钱陆拾叁千文正。即日钱交契立，两交[018]授受[019]明囗，舁冗货物准拆（折）[037]。其田既卖之日，任从买主收冬[021]、割户[022]，不管卖主人之圉。圀甸争论者，即在卖主、中人[024]承当。倘有等情[038]，执将契纸送官究治，去口赔田[026]。恐后人心不古，特立卖契一张，存照为据。

丰登大熟[027]

在场：梁万义、梁万千、梁万户、梁万年

中人：梁万礼，收钱二百

亲笔

嘉庆九年十一月廿四日立卖

立賣斷田契人

不惜因家中欽少錢文無從借出不已夫妻商議

自願將名下之田□□□冬梁萬林戶民米參永正土□□□□落級坭秋田一班

班□□近三坵馬□□無坵長拼長田一班一共□□七坵將來出賣先問房族

戶內弟兄人等俱□自己□□請中問到

□□鳴庭認言承買□□當中三面言定時值價□錢□□拾□□□千文正即日錢交

契立兩交梭受明□□貨物准折□□其田飢賣之日任從買主□□收冬割□

不□賣主人之中□□□無爭論者即在賣主甲人承當倘有等情□□將契

□□送官究治□後人心不古特立賣契一張存照為擺

豐登

大熟

在塲梁萬儀手

中人梁萬　礼收柒二百

親筆

嘉慶九年十一月廿四日立賣

罗福明卖田契约

（嘉庆二十一年五月二十一日）

绵纸，纸幅 40.3cm × 40.3cm，今藏广西壮族自治区少数民族古籍工作办公室，档案目录号 200911029。

立卖断^[001]田契人罗福明、长子金护，父子情愿，因荒歉小（少）口粮，无物所卖，夫、妇、子三人商议，思及祖父^[047]□□，已行^[048]出卖。土名坐落大禾四方壹丘^[009]、汝（波）田^[049]乙（一）丘，共合成贰丘，连苗英、韦正通户，的名^[050]罗福明，民米^[006]乙（一）合^[007]。自愿请中^[036]问六房^[016]兄弟，各无钱不取，无钱不留田。［㑛］承买^[011]中人^[024]，托到吴文安㘴，应言承领^[034]。当中^[044]二人踏看^[014]，田丘青（清）楚，回家面议，今时价直（值）七千伍百。即日钱交立契明白，并无私责（债）等情。日后涌出金银，卖主无福分。^[051]若□□□□，买主无福。若有节外生枝，不得借端言论，异言^[052]反悔。如有反悔者，照契见一倍（赔）十^[053]。今凭为实，卖契一张付与吴性（姓）子孙永耕种，立买是实。

天理仁心^[046]

堂伯、中人：罗福裕

代笔人：杨忠宽

嘉庆二十一年五月廿一日立契

立賣斷田契人羅福明長子金護及子僕應田荒甲

小口粮無物解賣夫婦子三人商議思及祖照己行

出賣土名坐落大禾四方賣地沒田乙垃共令或貳垃連苗贾

韋正通戶的名羅福明民采乙合自愿請中問六房兄弟各

無錢不取無弟不晉田僕承買中人托到

吳文安應言爭領僧中二人踏看田垃青楚遞家再議

今時價查凡千伍百即日戳交立契明白並無私債等

隨日愛有此金銀賣出魚福若

有節外生枝不得借端言謂異言收悔如有反悔者照

劝兒偿介今愿为実賣貮一張付與吳姓子孫永耕種

五思是実

天理仁心

堂伯羅福裕

代笔人楊忠寬

嘉慶二十一年 青苗日

吴凤江卖田契约

（嘉庆□年二月三十日）

绵纸，纸幅 41.3cm×36.7cm，今藏广西壮族自治区少数民族古籍工作办公室，档案目录号 200803119。

　　立卖断[001]田契人吴凤江，情因伯父买得欧窝[039]之田，并房、园场、畬（畬）地[040]，以今伯父无嗣，故包（胞）侄[041]凤江概将来[033]出卖。黄毛[042]、周冲[043]、欧窝三处之田将来出卖。田大小叁拾叁丘[009]，房屋两座，税米◇正。先问包（胞）叔，无人承领[034]。后来请中托[012]到长房堂兄吴凤鸣囸，认言承买[011]。时值价银◇正。即日当中[044]银契两交[018]，收授明白，并无货物准圻[037]，两无逼压。买主管业[045]、收冬[021]、割卢[022]、纳粮，卖□□□□□。如有反悔，去一赔十[026]，送◇治罪其罚。今恐有（无）凭，特立卖囝一弼，交买主子孙存后为据。

天理仁心[046]

在场：六房[016]叔父尚经、尚俊，
　　　　吴国光、吴国明、吴国章

中人[024]：叔尚华

代笔：国梅

嘉庆□年二月卅日立

注：

契约中提到"吴凤鸣"，而据《韦沛章卖田契约》（档案目录号200803110），吴凤鸣是嘉庆时代人，则此契约当在嘉庆年间。

立賣斷田契人吳鳳江情因伯父買得歐寓之田並房菌瑪番

地以父無嗣故包伍鳳江燥將來出賣黃八毛周沖歐寓三處

之田將來出賣田大小叁拾叁坵房屋兩座稅米　　正先問包

叔無人承銀後未詣中托到

長房堂兄吳真鳴認言承買時值價銀　　正即日當中銀契兩交

收授明白並無逼壓買主疊業收冬割納糧賣

有牧悔去一賠十送

治罷其思賣今怨存憑特叁

天理

王子得存後考擾

在場六房吳國脫

中人　叔尚華

叔父尚俊經

代筆國橋

二月廿日

石水寿卖田契约

（道光十七年□月初七日）

绵纸，纸幅 40.2cm × 35.1cm，今藏广西壮族自治区少数民族古籍工作办公室，档案目录号 200806066。

　　立卖断[001]田契人石水寿，情因家下缺少口粮，无囚出处，求𤲞无出，不𢔃已夫妇合𫄸内人等商议，不𢔃已愿将承继之田，土名坐落公程田、水路田[054]贰丘[009]，脚下[055]荒田一丘，共成三丘。系高元三里[074]一冬[004]石恒基户，民米[006]贰合[007]正。先问六房[016]兄弟，并无人买。后请中人[024]问到石天信处，应言承买[011]。当中三面[013]踏看[014]田丘，议合时值卖断价钱七百文正，包山[015]六房一概在内。即日钱交契立，授受[019]清白。其田自卖之后，任凭买主永远管业[045]、耕种，连年照契完纳糯（编）粮[057]，不得坐累[058]卖主。自买之后，卖主日后不得借端生枝，异言[052]争论。倘有𫍢情，执契有一赔十[059]。二家情愿，并无逼压。恐后无凭，立卖断契付与买主存后为实。

天理仁心[046]

中人：石廷会

在场：子石狗儿

代笔：石奇珠

道光十七年□月初七日立契

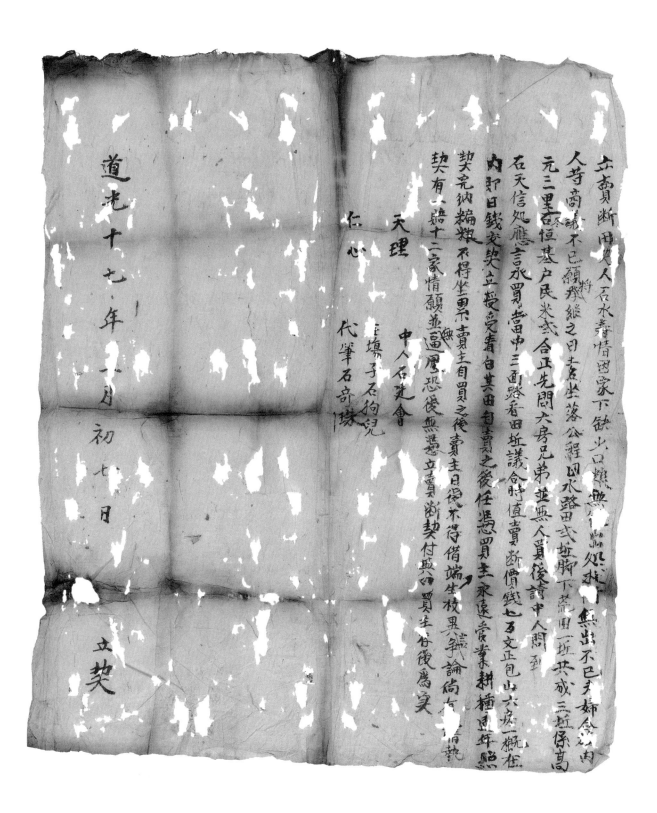

吴廷伦卖田契约

（道光十八年三月十八日）

绵纸，纸幅 44cm×41.5cm，今藏广西壮族自治区少数民族古籍工作办公室，档案目录号199101002。

立卖断[001]田契人吴廷伦，情因临春[002]缺少买牛钱文，无从出处，不得已夫妻商议，自愿图祖置分下名下之田，东一里[003]九冬[004]的名户[060]，民米[006]四合[007]，坐落土名婆庙[008]面前长田[032]一丘[009]，将来[033]出卖。先问同胞兄弟，无人承买[011]。后来请中托[012]到堂兄廷理处，认言承买为业。当中三面[013]言定，时值价钱陆千叁百文。即日钱交契立，授受[019]清白，并无货物准拆（折）[037]。其田既卖，任从买主管业[045]、收冬[021]、过割。卖主日后子孙长大，不得生端滋事。如有异言[052]生端，执契呈官治罪。恐口无凭，特立卖契存后为据。

天理仁心[046]

在场：胞弟[028]廷纪

中人[024]：胞兄廷常

代笔：胞兄廷纲

道光十八年三月十八日立

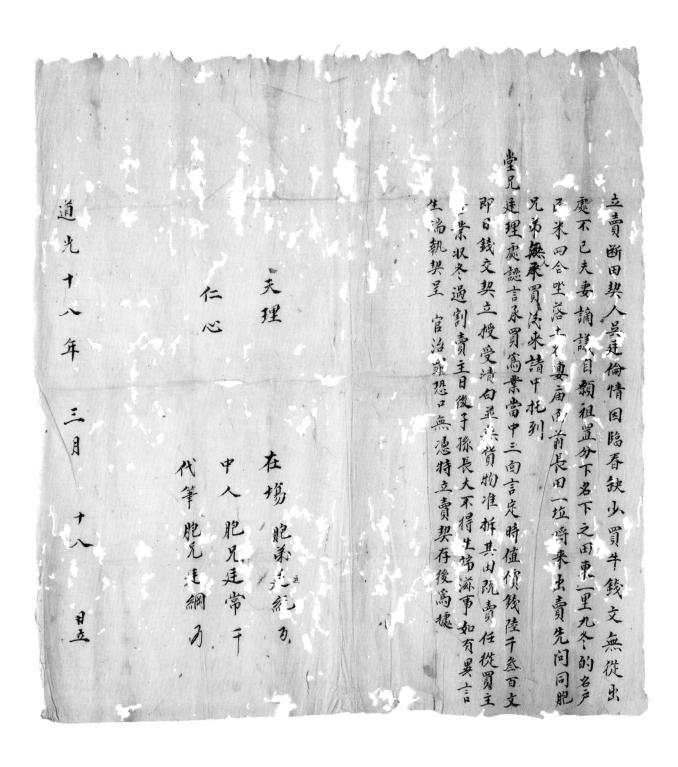

立賣斷田契人吳廷倫情因臨香缺少買牛錢文無從出
處不已夫妻論議目額祖置分下名下之田東一里九冬的名戶
改米四合坐落土名要廟前長田一坵將來出賣先問同胞
兄弟無承買俱未請中托列
堂兄廷理處認言承買爲業當中三面言定時值價錢陸千叁百文
即日錢文交契立授受清白乘其賣物准拆其田阮賣任從買主
一業収冬過割賣主日後于孫長大不得生端滋事如有異言
生端執契呈 官治衆恐口無憑特立賣契存後爲據

天理

仁心

在塲　胞弟廷純万
中人　胞兄廷常千
代筆胞兄廷綱万

道光十八年　三月　十八日立

吴廷纪换断田契约

（道光十九年二月三十日）

　　绵纸，纸幅 39.7cm×38cm，今藏广西壮族自治区少数民族古籍工作办公室，档案目录号 199101003。

　　立换断田契人吴廷纪，情囚⊟八就便，自愿将名下之田，坐落土名门口墙底田一丘[009]。不得已凭中[061]问到堂兄廷理处，认言承换。当中三面[013]言定，而我愿补铜钱贰千文正。此田既换之后，尚有编粮[057]，各有的名[050]，任从各管各业，日后不得异言[052]反悔。如有异言生端，即将换契呈官治罪。恐口无凭，特立换契合同为据。

天理仁心[046]

在场：廷会

中人[024]：廷常

代笔：廷纲

道光十九年二月三十日立

立換斷田契人吳廷紀情因不便自願將名下之田坐落土名

门口墙底田一坵不已憑甲内到

堂兄廷理處認言承換當中三面言定而找額補銅錢或手交王此田

阮換之後尚有騙糧各有的名任從各管各業日後不得異言

恢悔如有異言生端即將換契呈官治罪恐口無凭特立

換契合同為炊

天理

不心

在場　廷會

中人　廷常

代筆　廷綱

道光十九年二月三十日立

吴廷伦卖田契约

（道光二十年三月三十日）

　　绵纸，纸幅 44cm×42.8cm，今藏广西壮族自治区少数民族古籍工作办公室，档案目录号199101004。

　　立卖断 [001] 田契人吴廷伦，情因家下缺少钱文，无从出处，不囿已夫妻合议，自愿将祖置分得名下之田，坐落土名大山脚 [062] 瓦窑前田一丘 [009]，又山脚长畲（畲）地 [040] 一块，牛宕河 [063] 边畲（畲）地一块，六月初二庙 [064] 前畲（畲）地一块，共成三块，系东一里 [003] 九冬 [004] 的户，民米 [006] 四合 [007]，将来 [033] 出卖。先问同胞兄弟，无人承领 [034]，后来请中 [036] 问到堂兄廷理处，认言承买 [011] 为业。当中三面 [013] 言定，时值价钱捌千伍百文。即日钱交契立，授受 [019] 清白，并无货物准折 [037]，亦无逼压等情。其田既卖之后，任从买主收冬 [021]、割户 [022]、输纳 [065] 编粮 [057]，卖主不得异言 [052] 反悔。如有异言生端滋事，即在中人 [024] 一力承当，收囗赔十 [066]。恐口无凭，特立卖契为据。

天理仁心 [046]

在场：胞弟 [028] 廷纪、廷选

中人 [024]：胞兄廷常

代笔：胞兄廷荣

道光二十年三月三十日立

立賣斷田契人吳廷倫情因家下缺少錢文無從出處不已

夫妻合議自願將祖置分得各下之田坐落土名大山脚尾窯前田

一坵又山脚長畨地一塊牛宕河邊畨地一塊六月初二届前畨地一塊共成

三塊俱東一里九冬的戶民未四合將未出賣先問南胞兄弟無人承

領後未請中問到

堂兄廷理覩認言承買寫業當中三面言定時值價銀捌千伍〇廷即

日錢交契立授受清白並無留物準折亦無迫勒等情其田既賣之

後任從買主收冬割戶輸納錢粮賣主不得異言反悔如有異言生端

嶺事即在中人一力承當收贴十態日無乜特立賣契為據

天理

仁心

在塲胞弟廷遠 紀十方

中人胞兄廷常手

代筆胞兄廷崇

道光二十年三月三十日立

吴廷常卖田契约

（道光二十三年四月初一日）

　　绵纸，纸幅 44.5cm×43.5cm，今藏广西壮族自治区少数民族古籍工作办公室，档案目录号 199101005。

　　立卖断[001]田契人吴廷常，情因开水研[067]缺少使用钱文，无从出处，不□已夫妻商议，自愿将名下之田，坐落土名大山脚[062]下大田一丘[009]，系东一里[003]九冬[004]的户，民米[006]七合[007]，将来[033]出卖。先问同胞兄弟，无人承领[034]。后来凭中托[012]到堂兄廷理处，认言承买[011]为业。当中三面[013]言□，□值价钱捌千文正，授受[019]清白，并无私债货物准拆（折）[068]。其田既卖之后，任由买主收冬[021]、割户[022]、输纳[065]编粮[057]，卖主不得异□[052]阻院（挡）。如有生端滋事，即照依契内收一赔十[066]。恐口无凭，特立卖契存后为据。

天理仁心[046]

在场、中人[024]：胞弟[028]廷纪

代笔：胞兄廷纲

道光二十三年四月初一日立

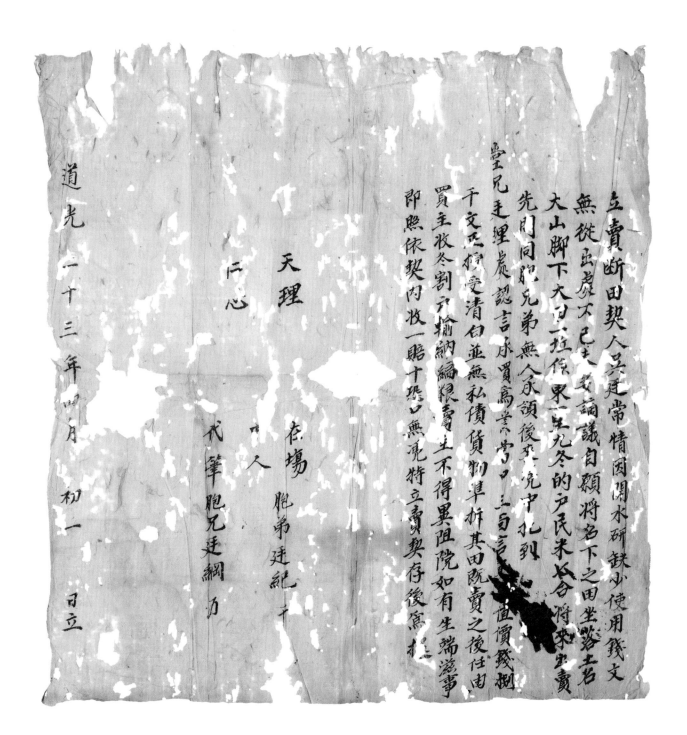

立賣斷田契人吳廷常情因開水研鈌少使用錢文

無從出處大己主 女論議自願將名下之田坐落土名

大山腳下大凥一垃俻界一至九冬的戶民米長合將來出賣

先問同胞兄弟無人承領後來兄免中扎到

堂兄廷理處認言承買為業 當口三句言 直價錢拾

千文 捺受清白並無私債貨物準折其田既賣之後任田

買主收冬割戶輸納編眼壽生不得異阻院如有生端滋事

即照依契內收一賠十 無混特立賣契存後寫捺

天理

仁心

在塲

胞弟　廷紐十

人

代筆胞兄廷綱乃

道光二十三年四月初一日立

李元隆卖田契约

（道光二十八年□月十八日）

绵纸，纸幅 46.8cm×42.6cm，今藏广西壮族自治区少数民族古籍工作办公室，档案目录号200908010。

立卖断[001]田契人李元隆，缘子先年父亲买获床处[069]分下之份，夫妇自愿想移居，鸾远[070]不便耕种，自犯（躬）[035]子母与家一齐合议，情愿出卖。先问族内六房[016]伯叔人等，后问左右田邻，有钱不买，无钱不留，任由卖别姓。自请中托[012]到韦通义凹，应言承买[011]。当中三人踏看[014]床村，问口（中）田大小七丘[009]，又带荒田大小拾贰丘，一共合拾九丘正。水源、山场，土（坐）落风水漕[071]一处，与胞弟[028]元凤同份；牛坡、草岭、东南西北四水归内[072]，与众同份，任由耕种锄挖收整。回家合议田价钱叁拾贰千五百文，但有六房签书押字[017]，在场之钱[073]总在田价之内支折，系粮高元三里[074]六冬[004]白（的）名杨臣明户，民米[006]叁升叁合[007]正，贰家愿买愿卖，并无逼压等情。即日钱交契在，无私债准拆（折）[075]。自卖之后，不移粮加派[076]，任由买主耕批[077]、管业[045]、收冬[021]、割户[022]，而我卖田日后不言反悔，生端兹（滋）事。如有反悔者，见壹赔拾[053]，执字呈字呈官，自干（甘）罪累。恐口无凭，特立卖断契一弨，交与买主存后为据。

天理曰心[046]

中人[024]：莫万図，□钱贰百文

□□：□□□□

依凭□□：图情春

在场：□李弟春

道光二十八年□月十八日契立

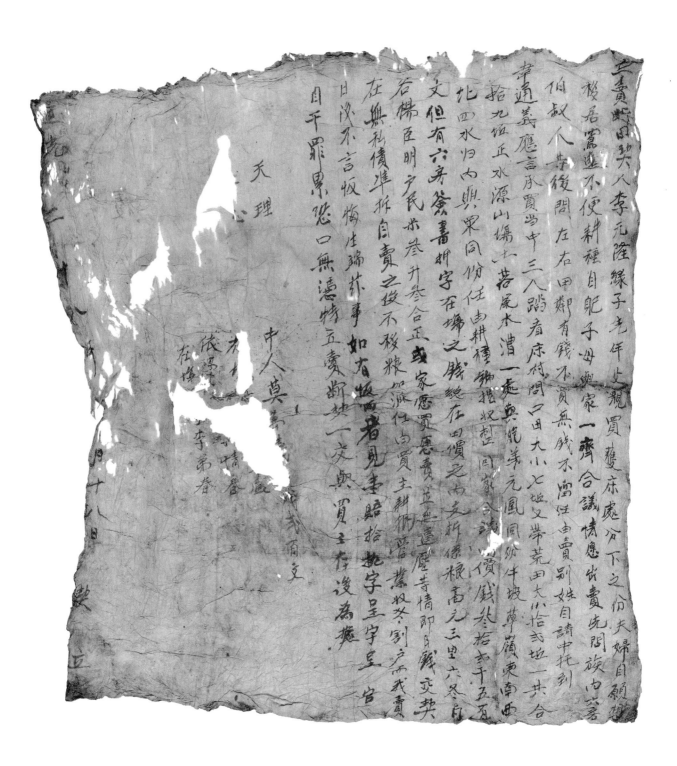

立賣斷田契人李元隆緣子先年火親買獲床處分下之份夫婦自願將

祖居田遠不便耕種自妣子母與家一齊合議情願出賣先問族內无著

伯叔人等後問在右鄰有錢不買無錢不當任由賣別姓自請中托到

李通義應言承買當中三八踏看床村問心田大小七坵又帶荒田大小拾貳坵一共合

拾玖坵正水源山壙六垀屎木漕一處與牛欄義元凰園紉牛坡草嶺東南西

北四水歸內與眾同份任由耕種𧉘揭蚊型同家合議□價錢叁拾貳千五百

文但有六方簽書押字在塥之錢總在田價之内文折傈粮高元三里六冬所

右係臣明戶民米叁升叁合正或家願買應賣並無遑歷寺情即日錢交契

在無私債准折自賣之後不移粮仰派任憑買主耕拆管業收女劉戶而我賣

日後不言加物生端茲事如有加契賣斷契一交與買主存後為憑

自干罪累恐口無㒸特五卖斷契者見本賠拾扰字呈字呈官

　　天理　　　　　　　

　　　　　　　中人莫□□

　　　　　　　右□□

　　　　　　依□□情春

　　十□日　　　　李弟春

杨昌茂卖田契约

（道光□□年二月十九日）

绵纸，纸幅 47.8cm×40.5cm，今藏广西壮族自治区少数民族古籍工作办公室，档案目录号 200908015。

　　立永卖断[001]田契［人］字人杨昌茂，情因家下缺少正用钱文，无从得处，夫妻不得已，自愿将祖父分下名份田，土名坐落大床村中间田段大小五丘[009]、土主一丘、社门七丘，又第三漕大小二十丘，一共合叁拾三丘正。连荒带熟水源慨（概）在内，又带土岭、山场、牛坡、水源，左右下上四水为内，山场与众同份，系高元三里[074]六冬[004]的名[050]杨臣朋户内，税米叁升壹合[007]正，以行[078]出卖。先问六房[016]伯叔兄弟人等、左右村邻，有钱不买，无钱不留。然后请中[036]问到燕峒村韦通义名下，应言承买[011]为业。当中三面[013]踏看[014]，田丘水路清楚，后回家三议，合值时卖断价钱肆拾叁仟文正，包散六房一慨（概）在田价之内之（支）消。即日钱交契立，授受[019]清白，并无逼压等情，亦无货物私债准折[079]。自卖之后，任由买主永远管业[045]、水源取水、开□收整、收冬[021]、割卩[022]、园纳犏（编）粮[057]，子孙永远管业，而我卖圭日后不得昴旨[052]反悔，生端㽞事。若有反悔，总在卖主、中人[024]契内有名人等[080]一力承当，见一赔十[053]，不臂买主之事，自田罪累。恐口无凭，特立卖断田契一张，交与买主存后为据。

天理仁心[046]

中人：杨□飞

在场：杨昌□

道光□□年贰月十九日立

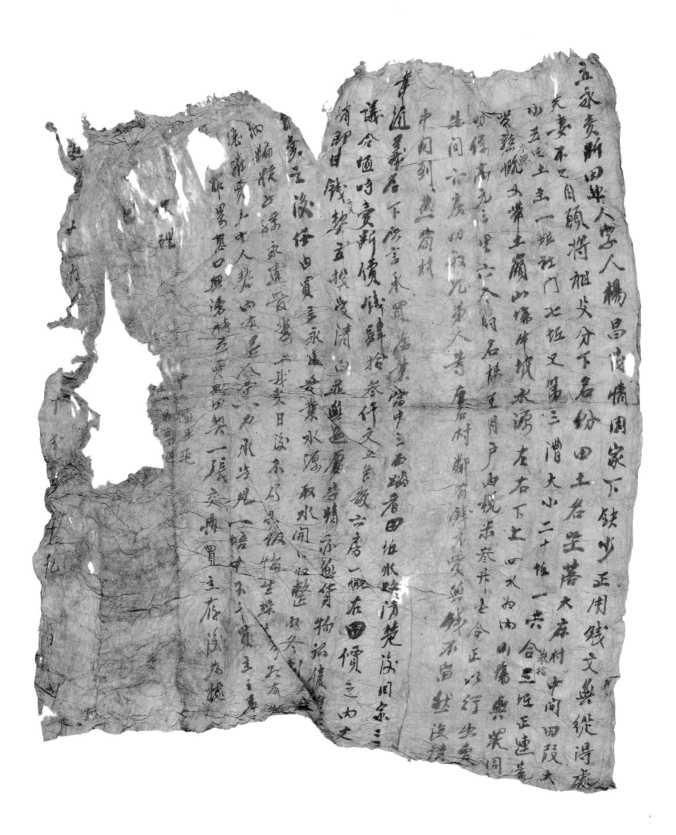

何天忠卖田契约

（道光□□年□月初□日）

绵纸，纸幅 42cm×35cm，今藏广西壮族自治区少数民族古籍工作办公室，档案目录号200908009。

立卖田人何天忠，□情因□□粮，无从借处，愿将毛至 [081] 之田，土名坐落 [落] 凹田一丘 [009]，计民税米壹丑 [卅] 五合 [007]，囚行 [078] 田 [田] 卖。先问户丙（内）叔兄弟，无人承买 [011]。后请田 [后请田] [036] 问到杨贵孙处 [处]，应言承买。当三人面义（议）踏看 [014]，田丘明白，议合价钱壹拾四千三百正，六房 [016] 一切在内。即日交钱收契，即卖之后，任凭买 [买] 主子孙耕种，永远管业 [045]。如有历（来）来（历）不请（清），即在卖主一力承当，不干买主之事。恐后无凭，立契存照。

天理仁心 [046]

中人 [024]：何天昔

代 [代] 笔：李贵

道光□□年□月初□日立契□□

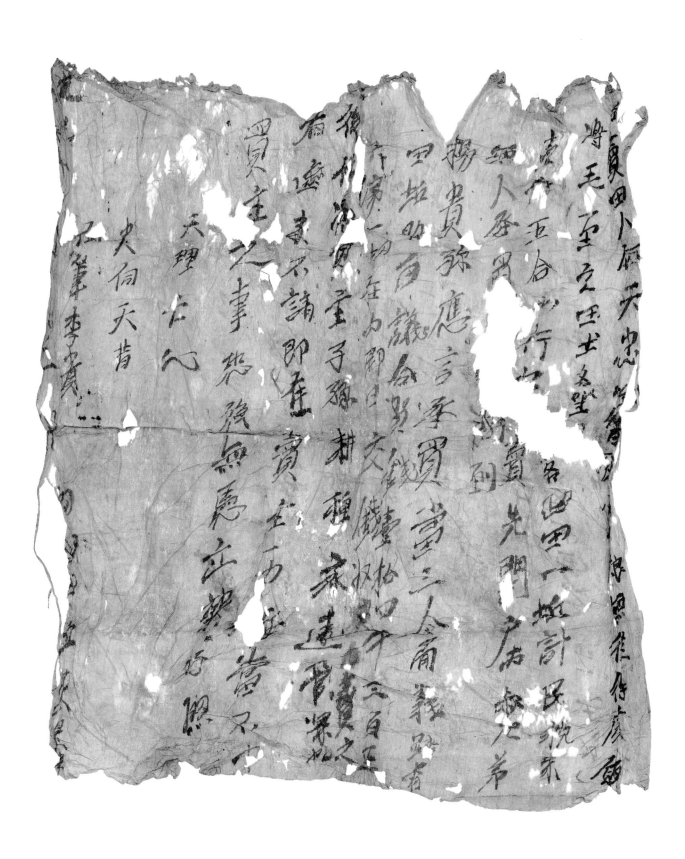

罗振德卖田契约

（咸丰元年三月二十日）

绵纸，纸幅 42cm×43.5cm，今藏广西壮族自治区少数民族古籍工作办公室，档案目录号199101006。

立卖断[001]田契人罗振德，情因临春[002]，田以窎远[070]，难以耕种，不围已父子商议，自愿将名下之田出卖。系东一里二冬[082]的名户[060]，民米[006]四合[007]，坐落土名梅家坟[083]前水路田[054]一连二丘[009]，将来[033]出卖。先问叔伯兄弟，无人承领[034]。后来请中托[012]到吴庆恩处，认言承买[011]为业。当中三面[013]言定，时值价钱五千文正。即日钱交契立，授受[019]清白，并无私债货物准拆（折）[068]。其田既卖之日，任从买主子孙管业[045]、收冬[021]、割户[022]。卖主日后子孙长大，不得生端滋事，如有异言[052]生端，执将契呈官治罪。恐口无凭，特立卖契存照为据。

天理仁心[046]

在场：罗廷章

中人[024]：罗振乾

代笔：罗廷忠

咸丰元年三月廿日立

立賣斷田契人羅粮德情因臨春田以寫遠難以耕種不已父

子調議自願將名下之田出賣你東一里二冬的名戶民米四

合坐落土名梅家坟前水路田一連二坵將來出山賣先問叔伯兄

弟無人承領後來請中托到

吳慶思慶認言承買爲業當中三面言定時值價錢五千文正即

日錢交契立授受清白並無私債等物準抵其田既賣之日任

從買主子孫管業收冬割戶賣主日後子孫長大不得生端滋

事如有異言生端執將契呈　官治罪恐口無憑特立賣契存照爲

據

天理

仁心

羅

在場　羅章○○

中人　羅乾○○

代筆　羅忠○

咸豐元　年　三月　廿　日

立

彭汉达换断田契约

（咸丰元年八月十四日）

绵纸，纸幅41.5cm×44cm，今藏广西壮族自治区少数民族古籍工作办公室，档案目录号199101007。

立换断田契人彭汉达，情因田以弯远[070]，难以耕种，不㝵已二家合义（议），意愿掉换坐落土名欧窝村水口路边田一连二丘[009]，连下窝[084]田一丘，共成三丘，互换。请田[036]问到吴庆恩处，认言承换。当中三面[013]言定，此田既换之后，任吴姓耕种，彭姓不得阻院（挡）、争论、悔（反）反（悔）。其田既换之后，各人输纳[065]糒（编）粮[057]，日后不得反悔生枝[085]。如有一人反悔者，悔（反）反（悔）即将换契送官治罪。今恐无凭，特立换契纸（一）一（纸），付与吴姓收存为据。

天理仁心[046]

在场

中人[024]：达金

伐（代）笔：汉金

咸丰元年八月十四日立换

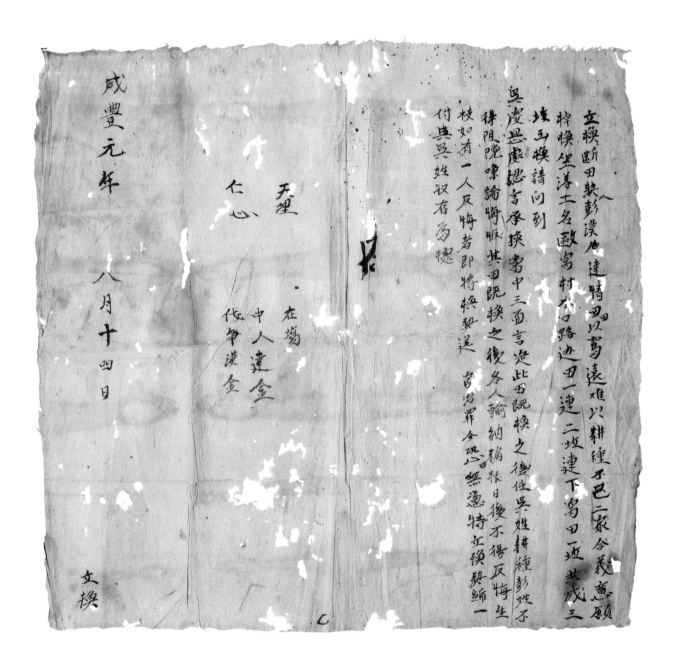

立换断田契彭汉庭达特田以驾远难以耕种不巳二家今义意愿
棹换坐落土名瓯窝村路逆田一连二坵连下窝田一坵其成三
填马换请问到
吴庆恩处认言承换当中三面言定此田既换之後任吴姓耕种彭姓不
得阻隔院喂论悔贩其田既换之後各人输纳稿根日後不得反悔生
枝如有一人反悔若即特换契送　官治罪今恐无凭特立换契绵一
付与吴姓权者为挶

天理
仁心
　　　　在笔
　　　中人远金
　　　代笔汉金

咸丰元年　八月十四日
文换

银氏卖田契约

（同治八年五月十二日）

　　绵纸，纸幅 44cm×39.5cm，今藏广西壮族自治区少数民族古籍工作办公室，档案目录号 200803108。

　　立卖断[001]田契人银氏，情因临春[002]缺少钱文，无从出处，不囿已母子合议，自愿囷名分之田出卖。坐落土名桥底[086]田一丘[009]、中秧田[030]一丘、勒淓[087]田长田[032]一丘，共成叁丘。系东一里六冬[029]吴凤鸣，民米[006]三合[007]正，将来[033]出卖。先问同胞弟兄人等，后来亲口问到堂白（伯）吴庆福处，认言承买[011]为业。当中三面[013]［面］言定，时值价钱三千文正。即日钱交契立，授受[019]情（清）白，并无私债准折[075]。其田既卖之后，任由买主［不］［得］收冬[021]、割户[022]、轮（输）纳[065]编粮[057]，卖主不得异言[052]反悔。如有异言反悔者，即将契送官治罪。恐口无凭，立卖契存后为据。

天理仁心[046]

在场：庆恩

中人[024]：吴廷选

代笔：永吉、永盛

同治八年五月十二日

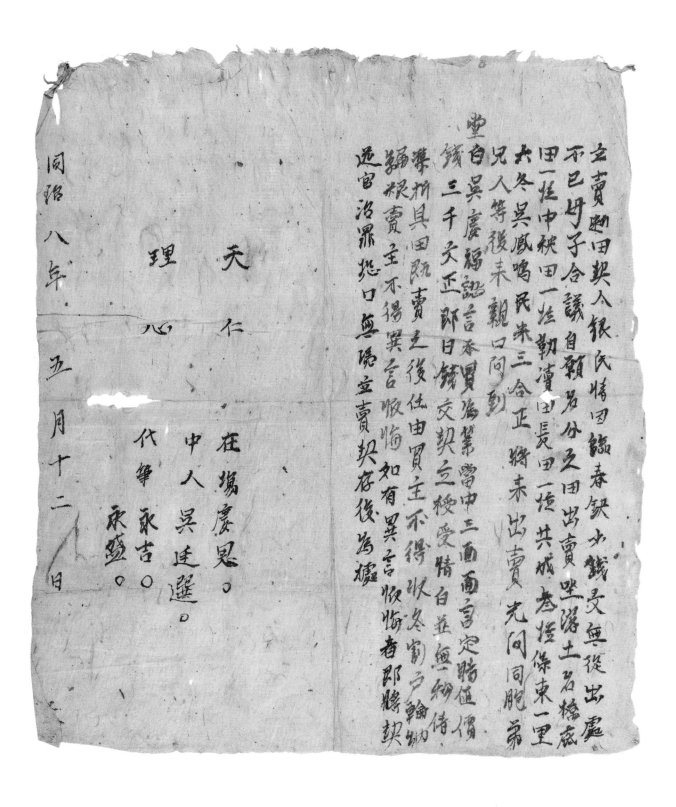

立賣斷田契人銀氏情因臨春缺少錢受無從出處
不已母子合議自願各分己田出賣坐落土名橙底
田一坵中秋田一坵靭濱田一垻共成叁坵保東一里
大冬吳鳳鳴民米三合正將未出賣光同胞弟
兄人等後未親口問到
堂白吳慶福認言承買為業當中三面言定賠值價
錢三千文正郎日錢交契立授受情白莊無絲倩
擇析具田既賣之後任由買主不得收冬當戶輸納
歸根賣主不得異言懺悔如有異言懺悔者郎聽契
遠官治罪想口無憑立賣契存後為據

天仁
理心

在場慶恩
中人吳廷選
代筆永吉
承盤

同昭八年五月十二日

吴永吉卖田契约

（同治十三年二月二十二日）

　　绵纸，纸幅 42.8cm×38.5cm，今藏广西壮族自治区少数民族古籍工作办公室，档案目录号 200803121。

　　立卖断 [001] 田契人吴永吉，情因家下缺少使用钱文，无从出处，不圂已夫妻商议，自愿图分得名下之田，坐落土名灶前东门圩路秧田 [030] 一丘 [009]、初八庙 [088] 东边田一丘、庭怀石头田 [089] 一丘、长领（岭）[090] 波田 [049] 一丘，共成四丘，东一里六冬 [029] 民米 [006] 六合 [007]，将来 [033] 出卖。先问同胞兄弟，无人承领 [034]。后来凭中托 [012] 到堂百（伯）吴庆福处，认言承买 [011] 为业。当中三面 [013] 言定，时值价钱二十三千文正。其田既卖之后，任由买主耕种、收冬 [021]、割户 [022]、输纳 [065] 编粮 [057]，不管卖主之事。如有卖主日后生端滋事，即照依契内收一赔十 [066]。恐无凭，立卖契存后为据。

天理仁心 [046]

在场：吴永新

中人 [024]：吴永盛

亲笔

同治十三年二月廿〔十〕二日立

注：

本契与《吴永吉卖田契约》（档案目录号 200803106）时间内容完全一致，只有田价不同，后件为"银拾两正"，本件为"钱二十三千文正"，估计后件是在光绪年间要去官府办理契尾时重新抄写的，为了好计税，故换成以银计价。

立賣斷田契人吳承吉情因家下缺少使用錢文無從出處
不已夫妻議自願分得名下之田坐落土名灶前東門圻路
秋田一坵祝八庙東迎田一坵座懷石頭田一坵長領波田一坵共成四
坵東一里六冬民米六合特未出賣先問同肥兄弟無人承領
後未凪甲托到
堂百吳慶福處詔言承買為業當中三面言定時值價錢二十三
千文正其田既賣之後任由買主耕種收冬割戶輸納編粮不當
賣主之事如有賣主日後生端滋事部照依契內收一賠十愿
無凭立賣契存後為據

天理

仁心

在場吳承新

中人吳永盛

親筆

同治十三年二月廿二日

吴永吉卖田契约

（同治十三年二月二十二日）

绵纸，纸幅 52cm×69cm，今藏广西壮族自治区少数民族古籍工作办公室，档案目录号 200803106。

立卖断[001]田契人吴永吉，情因家下缺少使用钱文，无从出处，不[得]已夫妻商义（议），自愿[图]分得名下之田，坐落土名灶前东门圩路秧田[030]一丘[009]、初八庙[088]边田一丘、廷怀石头田[089]一丘、长领（岭）[090]波田[049]一丘，共成四丘。东一里六冬[029]吴庆兴，民米[006]六合[007]，将来[033]出卖。先问同胞兄弟，无人承领[034]，后来请中托[012]到堂百（伯）吴庆福处，认言承买[011]为业。当中三面[013]言定，时值银拾两正。其田既卖之后，任由买主耕种、收冬[021]、割户[022]、轮（输）纳[065]编粮[057]，不管卖主之事。如有卖主日后来生端滋事，即照契内收一赔十[066]。恐后无凭，立卖契存后为据。

天理仁心[046]

在场：吴永新

中人[024]：吴永盛

亲笔

同治十三年二月廿［十］二日立

契　尾[091]

〔罗字壹千令（零）陆拾肆号〕

广西等处承宣布政使司为遵旨议奏事。奉准户部咨开，嗣后布政司颁发给民契尾格式，编列号数。前半幅[图]常纸书业户等姓名、买卖田房数目、价银、税银若干。后半幅于空白处预钤[092]司印[093]，以备投税[094]时将契尾价、税银数目大字填写。钤印[之]处令业户看明，当面骑字[095]截开。前幅给业户收执，后幅同季册[096]汇送布政司查核。此系一行笔迹，平分为二，大小数目委难改换。[其]从前州县、布政司备查各契尾，应行停止，以省繁文。俟命下之日，臣部颁发格式，通行直省[097]，一体钦遵办理等因[098]。奉旨：依议，钦此。钦遵行司，奉此，合就照式刊发，[一体]遵照奉行。至每契价银一两，照依定[例]收税三分。倘敢多收分厘，察出定行揭参。须至契尾者。

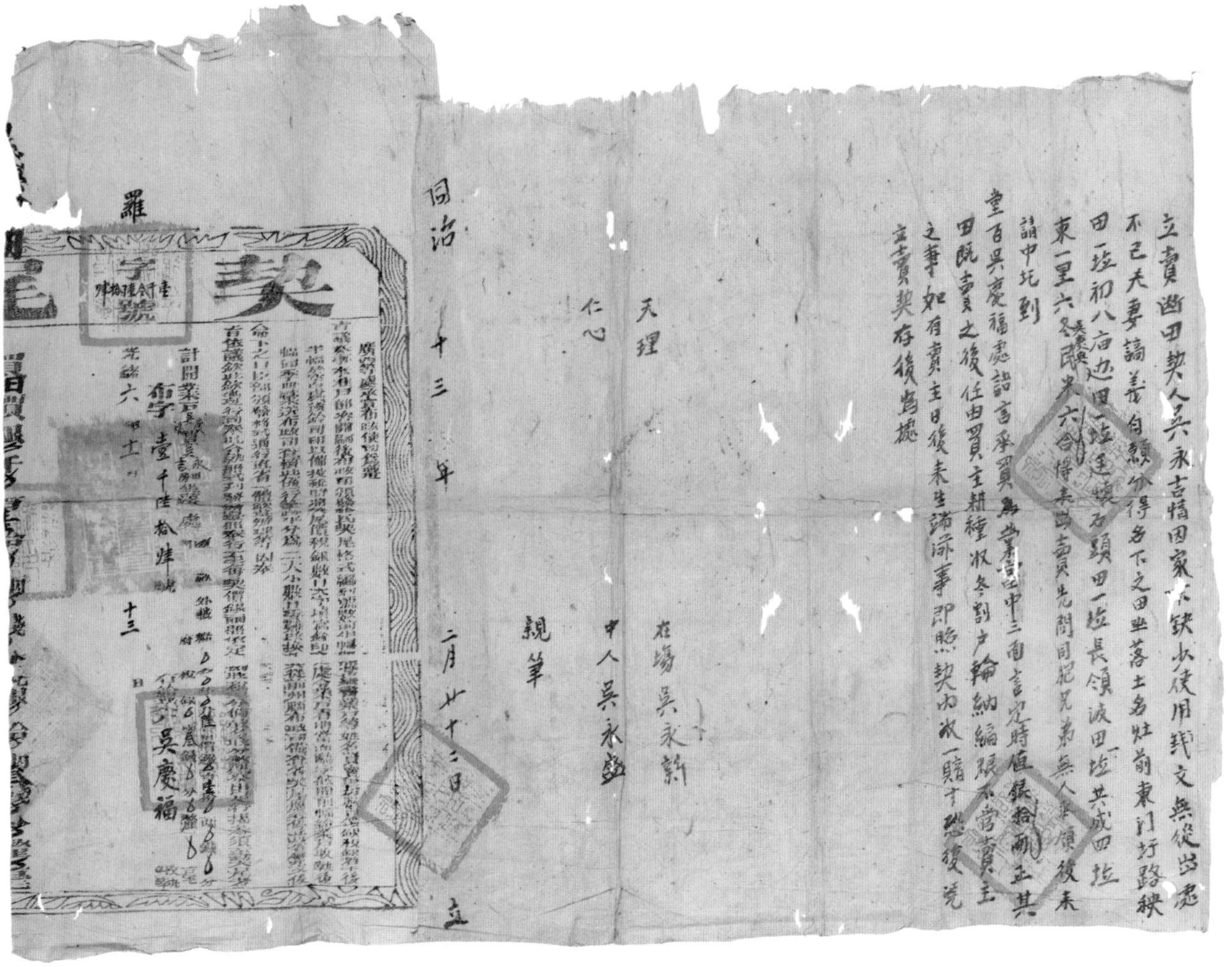

计开业户吴庆福，买吴永吉田【房】，坐落◇处◇顷【间】◇亩。外载◇粮○石○斗○升陆合，田价银○百壹拾○两○钱○分。

府税银○两叁钱○分○厘○毫。

布字[099]壹千陆拾肆号。

右给业户吴庆福收执。

光绪六年十一月十三日

黄元泰卖田契约

（光绪十三年三月十七日）

　　绵纸，纸幅 48.5cm×46.1cm，今藏广西壮族自治区少数民族古籍工作办公室，档案目录号 201311018。

　　立卖断[001] 田契人黄元泰，情因家下缺少正用钱文，无从出处，不圖已父子夫妻合议，自愿将祖父遗下之田一处，土名唑（坐）落地浪峒尾田一处，上面路边田一丘[009]、下面高基田[100] 一丘，合共二丘，系布政里[101]［户］黄元泰户，民米[006] 伍升正，概以行[102] 出卖。先问房族[010] 人等，无囚承领[034]，后［情］请中托[012] 到谢贵怀处，应言承买[011]。当中三面[013] 踏验，田丘、水道清白，然后议定时值价银二十柒［柒］两正。即日银交契立，授受[019] 清白，二家情愿，两不相压，并无逼勒等情，亦无私债准折[075]。其田既卖之后，任凭买主管业[045]、收冬[021]、割户[022]、完纳糒（编）粮[057]。而我卖主日后房族人等，在（再）不敢籍（藉）故生枝兹（滋）事。如有此情，内有名人等[080] 一力耽（担）当。执字公论，甘罚无辞。恐口无凭，特立卖断契一张，交雨（与）买主存后为据。

天理仁心[046]

中人[024]：黄志远

在场：元珍、元瑞、元高、侄树中

命笔：裕廷

光绪十三年三月十七日立

立賣斷田契人黃元泰情因家缺少正用錢文無從出處
不已父子夫妻合議自愿將祖父遺下之田一處土名□落地
浪崗尾田一處上面路池田一坵下面高基共二坵係布政里
产黄元泰户民米伍升正槪以行出賣先問房族人等無承
領後情請中託到
謝奕悌處應言承買當中二面踏驗田坵水道清白然後議定時值價
銀二十滿柒兩正郎日銀契立楞受清白二家情愿兩不相壓並無逼
勒等情亦無私債准折其田院賣之後任凭買主營業收冬割户完
納糧粮而戒賣主日後房族人等在不敢籍故生枝益事如有此情
内有名人等一力蚯當挑字公論甘罰無辞恐口無凭特立賣斷契一
張交與買主存後為據

光緒　十三年　三月　十七　日　立

天理
仁心

中人黃志達

在場　元瑞珍　姪樹中

命筆裕廷

潘浩喜卖田契约

（光绪十四年四月十二日）

绵纸，纸幅 47cm×43cm，今藏广西壮族自治区少数民族古籍工作办公室，档案目录号200911033。

　　立卖断^[001]田契字人潘浩喜，情因家缺少正用钱文，无从出处，不圙已兄弟合家商议，自愿将手置之田，土名坐落登美村屋贝大小贰拾丘^[009]正，粮系高元三里^[074]潘进会户，民米^[006]壹升，以行^[078]出卖。先问六房^[016]兄弟叔伯人等，无人承买^[011]。后请中^[036]登门托到石［印］蕴珍処，应言承买为业。当中三圙^[013]踏验，田丘清楚，回家面议价银壹拾肆两正，包山^[015]六房押字^[017]概在田价支拆（折），不干买主之事。即日当中^[044]银交契立，贰家甘愿，并无逼压、货物准拆（折）^[037]等情。自卖之后，任由买主子孙管业^[045]、收冬^[021]、割户^[022]、完纳糒（编）粮^[057]，是年不得坐累^[058]卖主事。如有来力（历）不清，言论反悔祖（阻）院（挡）者，即在中人^[024]、卖主一力承当，照契见一赔拾^[053]，自甘罪累。恐后无凭，立卖断田契字，存照为据。

　　　　　　　　　　　　　　　　　天里（理）仁心^[046]

　　　　　　　　　　　　　　　　　在场人：胞弟^[028]浩明、年寿

　　　　　　　　　　　　　　　　　中囚：韦景成

　　　　　　　　　　　　　　　　　□□人：韦景圙

　　　　　　　　　　　　　　　　　光绪拾肆年戊子四月拾贰日立契

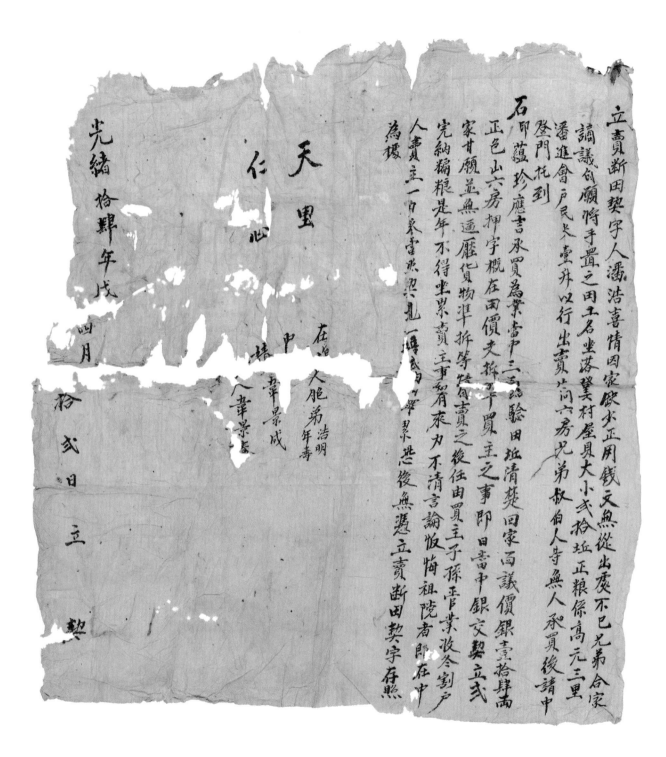

立賣斷田契字人潘浩喜情因家歃火正用錢文無從出慶不已兄弟合家

議諭彀願將手置之田土名坐落舉村屋貝大小式拾坵正糧係高元三里

潘進會戶民火壹并出行出賣內六房兄弟叔伯人等無人承買後請中

啟門托到

石即蕴珍應書承買為業當中三言端驗田坵清楚回家面議價銀壹拾肆兩

正色山六房押字槩在田價夾拆平買主之事即日賣中銀文契立式

家甘願並無逼歷貨物準拆等倩賣之後任由買主子孫管業收冬割戶

完納輔粮是年不得坐景賣主事到有來为不清言論恤祖院者即在中

人賣主一户桀書照契亂一臈貝日桀景悉後無憑立賣斷田契字存照

為據

天里

仁心

在〔中〕

中人韋景成

人韋景春

人胞弟浩明
年壽

彭昭南等卖田契约

（光绪十五年十二月初五日）

　　绵纸，纸幅34.5cm×31.4cm，今藏广西壮族自治区少数民族古籍工作办公室，档案目录号201010060。

　　立契卖断[001]水田人彭昭南、彭昭贤、彭昭庭兄弟，今因家下缺少正用，无从出处，不得已合家商议，自愿将先□□之田一契，土名坐落天街田洞，大小共拾贰丘[009]正。系布政里[101]管其辉户，民米[006]壹斗陆升正，一概□□。请中[036]问过六房[016]左右人等，后托中[103]问到石禄贵、石松侯处，二人承买[011]为业。即日当中三面[013]看验，田丘清白，合同言定时值卖断价银伍拾肆两正。是日契立银交，收明清白，不欠分厘，包六房押字[017]、在场，概包其内。其田自卖之后，任凭买主耕种、销割[104]、立户[105]，永远管业[045]。恐口无凭，立卖断绝水田契一纸，交买主存照为据。即日批明[106]，上手[107]老契[108]税载[109]相连，日后将来准为无用废纸。

　　　　　　　　　　　　　　　　　天理仁心[046]
　　　　　　　　　　　　　　　　　六房在场：彭易然、彭崧然、彭会然
　　　　　　　　　　　　　　　　　凭中人：□永丰、石用万
　　　　　　　　　　　　　　　　　代笔人：彭元贞
　　　　　　　　　　　　　　　　　光绪十五年十二月初五日立

立契賣斷水田人彭昭顯兄弟今因家下缺少无用無從出處不已合家商議自願將先

之田一契上名坐落天街田洞大小共拾貳丘保佈歇里管其輝户民宋清手陸卄止一概元

請中同立六房左右兑儀託中同到

石禄賣 松侯 二人承買為業即日兄中三面看驗田丘清句合同言定時值賣斷價

伍拾肆兩正是日契立銀交収明清糸穴盧巷六房卿字在偈概包其田自賣

後任憑買主耕種兩訖盡戸承遠並嘗恐口無憑立賣斷水田契一單交賣主

存照為 即日批明上手老熱稅藉連日後將來準為無用廢帋

天理

仁心

六房為彭嵩然 昌然 會然
恣中人彭永豐山石用萬

代筆人彭元勇

光緒十五年

二月初五日 立

黄松年卖田契约

（光绪十六年二月三十日）

绵纸，纸幅 29.7cm×32cm，今藏广西壮族自治区少数民族古籍工作办公室，档案目录号201201014。

立卖断[001]田契人黄松年，为缺少正用银两，不得已合家商议，愿将本已（己）名份之田，土名坐落蚂蝗冲，大小合共五丘[009]，以行[078]出卖。请中[036]问到石总梧处，应言承买[011]为业。当中三面[013]踏验田丘、水路，议定断价花银[113]六两正，民米[006]二升，系布政里[101]黄月涛户。此乃二家甘愿，即日银交契立，授受[019]明白。自卖之后，任由买主收冬[021]、割户[022]、完纳糯（编）粮[057]，永远管业[045]。而我卖主人等，不得异言[052]反悔。恐口无凭，特立卖契，存后为据。

天理仁心[046]

在场：胞弟[028]元臣、元昌

中人[024]：石老丁、黄元凤

亲笔

光绪十六年二月卅日立

立賣斷田契人黃松年為缺少正用銀兩
不已合家商議願將本已名份之田土名
坐落螞蝗冲大小合共五垉以行出賣請
中問到
石垉僎處應言承買為業當中三面踏驗
總梧
田垉水路議定斷價花銀六兩正民米二升係
布政里黃月薄戶此乃二家甘願即日銀交契
立授受明白自賣之後任由買主收冬割戶完
納輱粮永遠管業而我賣主人等不得異言
帳悔悲口無憑特立賣契存後為據

天理

仁心

在塲胞弟元昌
中人　石老丁
中人　黃元鳳

光緒十六年二月卅日立

親筆

吴永盛等卖田契约

（光绪十六年闰二月十七日）

绵纸，纸幅 47cm×44.5cm，今藏广西壮族自治区少数民族古籍工作办公室，档案目录号200803118。

立卖继（断）[001]田契人吴永盛、吴永新，情因家下缺少正用钱文，无从借处，不囚已兄弟合议，自愿将祖父遗下名分之田，坐落下村面前大石头秧田[030]乙（一）丘[009]、杏底[110]下边一连大小四丘、白石河边乙（一）丘，共成六丘，将来[033]出卖。亲口问到堂公廷选、堂伯庆福囜，认言承领[034]。众议买为祖公蒸尝之田[111]。当面言定，时值价钱乙（一）十六千文正。即日钱交契立，并无逼压等冐。其田既卖之后，任由众人或耕或批[112]，吾等兄弟并不敢阻院（挡）反悔等情。如有生端异言[052]者，任众执契呈官，自干（甘）罪累。恐口无凭，特立卖字为据。

天理仁心[046]

在场：庆恩、庆祥、庆美、永泰

亲笔：永新

光绪十六年闰二月十七日立

立賣繼田契人吳永盛 情因家下欠火正用錢欠無從借處不已兄弟合議

自願將祖父遺下名分之田坐落下村面前大石頭秋田乙坵杏底下邊一連大小

四坵白石河邊乙坵共成六坵將來出賣觀口問到

堂伯慶廷選認言承領銀議買為祖公蒸嘗之田當面言定時值價錢乙十六

千文正即日錢交契立並無遲曆荂其田既賣之後任由得人或耕或批吾等

兄弟並不敢阻院飯悔等情如有生端異言者任銀挑換基

恐口無憑特立賣字為據

　　　　　　　　　　　　　官日平□□甲□

　　　天理

　　　仁心

　　　　　　在塲　慶恩

　　　　　　　慶祥

　　　　　　　慶美

　　　　　　　永泰

　　　　　觀筆永新

光緒十六年閏二月十七日　立

成有庄卖田契约

（光绪十七年十二月十五日）

绵纸，纸幅 40.2cm×39.4cm，今藏广西壮族自治区少数民族古籍工作办公室，档案目录号200803099。

立卖断 [001] 田契人成有庄，情因家下缺少使用钱文，无从出处，不得已夫妻商议，自愿将分得名下之田，平东上里 [114] 七冬 [004] 户成积兴，民米 [006] ◇合 [007] 正，坐落土名岽上 [115] 长秧田 [030] 一丘 [009]、左边村头路边排 [116] 罗家田秧田一丘，共成三（二）丘，已行 [048] 田卖。先问同胞兄弟，无人承买 [011]，后来凭中托 [012] 到吴永高处，认言承买为业。当中三面 [013] 言定，时值价艮（银）◇两正。即日艮（银）交契立，授受 [019] 清白，并六房 [016] 押字 [017] 一概在其内，异（亦）无私债货物准折 [068]。其田既卖之后，任从买主收冬 [021]、割户 [022]、输纳 [065] 编粮 [057]、耕种。日后卖主子孙成人长大，不得异言 [052]。生端滋事，即照依契内收一赔十 [066]。恐口无凭，特立卖契为据。

天理仁心 [046]

在场：成有仁

中人 [024]：成馀才

亲笔

光绪拾七年十二月十伍日立

立賣斷田契人成有莊情因家下缺少使用錢文
無從出處不已夫妻議凨自願將分得咎下
之田平東上里巳冬戶民宋（威豬興）合正坐落工各各
上長秋田一坵坐迎村頭路迎桃羅家田秋一坵共成
三坵行吉寅先問同肥兄弟無人承買後來藥中托
到
吳永高處認言承買為業當中三面言定時值
價艮　　西正即日艮交兑立授受憑白延興
嘉押字一概查其内異無稍借貨物準折其田
既賣之後往從買主胶冬割户輸納縕糧耕種
日後賣主子孫戍人長大不得異言生端滋
事卽照依契為收一賭十恐口無凭特立賣契為捷

天理　　左場　　有仁
仁心　　中人　　成餘才
　　　　　　　　親筆

光緒拾七年十二月十伍日立

成有庄卖田契约

（光绪十七年十二月十五日）

绵纸，纸幅 37.5cm×56cm，今藏广西壮族自治区少数民族古籍工作办公室，档案目录号 200803117。

立卖断[001] 田契人成有庄，情因家下缺少使用钱文，无从出处，不得已夫妻商议，自愿将分得名下之田，平东上里[114] 七冬[004] 户［民米］[006] 成积兴，民困[006] 五升正，坐落土名沓上[115] 长秧田[030] 一丘[009]、下边路小秧田一丘、左边村头路边排[116] 罗家田秧田一丘，共成三丘，已行[048] 田卖。先问同胞兄弟，无人承买[011]。后来凭中托[012] 到吴永高处，认冒承买为业。当中三面[013] 言定，时值价银拾两［两］正。即日艮（银）交契立，授受[019] 清白，并六房[016] 押字[017] 一概在其内。异（亦）无私债货物准折[068]。其田既卖之后，任从买主收冬[021]、割户[022]、输纳[065] 编粮[057]、耕种。日后卖主子孙成人长大，不得异言[052]。生端滋事，即照依契内收一赔十[066]。恐口无凭，特立卖契为据。

　　　　　　　　　　　　　　　　　　天理仁心[046]

　　　　　　　　　　　　　　　　　　在场：成有仁

　　　　　　　　　　　　　　　　　　中人[024]：成馀才

　　　　　　　　　　　　　　　　　　亲笔

注：

1.该文书与《成有庄卖田契约》（档案目录号 200803099）内容大体一致，应是光绪十七年成有庄卖田给吴永高后，吴永高在民国二十一年向罗城县换新契纸时重抄的一份，与换新契纸粘贴在一起。

2.文书末句后红色印字：罗城县政府民国廿一年三月一日验讫。

换新契纸

◇字第叁千柒百叁拾号

价◇纸价壹元册费壹角

广西国税厅筹备处换契。案奉[117] 财政部通行划一契纸一案，凡在民国元年以前成立之不动产，旧契无论已税契、未税契均应一律呈验。呈验前项旧契，无论典、卖，均应一律注册，给予新契。每张收纸价一元，注册费[094] 一角。但旧契未经投税[094] 者，呈验时除缴注册费外，仍应照章补投契税。如在本章程施行以前，业经本省政府换给民国印契者，呈验时只收注册费。此外，不许浮收[118] 折勒[119] 重税，如有此弊，准该业户控诉严办。缴到旧契，照式填写。其余办法详载本章程施行细则，此照。

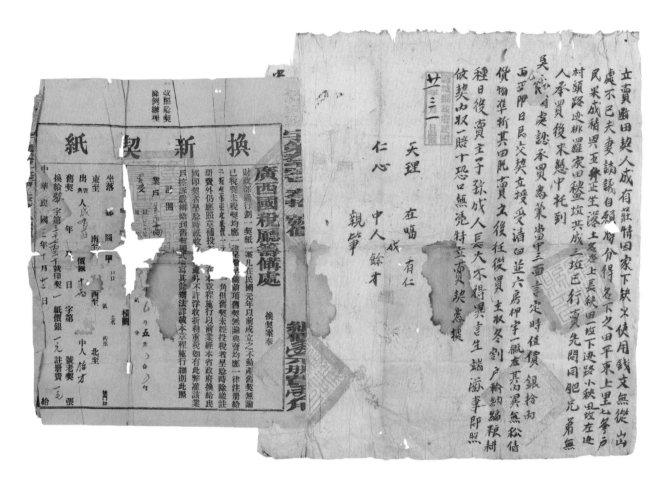

计开：

业户吴永高，买受田三丘，粮困◇石◇斗五升◇合[007]◇勺，【地◇段□顷□亩◇分】，【图屋□间、铺◇间，深长□，横阔◇】。

坐落◇都◇图◇甲【户口◇，土名◇，◇区◇街第◇号门牌】。

东至◇，南至◇，西至◇，北至◇。

出卖【典】人成有庄，价银十两。

中人成馀才。

旧契◇年◇月◇日◇字第◇号，老契[108]◇张，换给验字第三千七百三十号印契一纸，价银一元，注册费一毛。

中华民国三年十月廿二日给

注：

1. 文书正上方黑色印字：改照验契条例办理。

2. 文书左、右上方红色印字：第拾贰次验。

吴庆祯卖田契约

（光绪十九年二月十六日）

绵纸，纸幅38.2cm×35.3cm，今藏广西壮族自治区少数民族古籍工作办公室，档案目录号200803104。

立卖断[001]田契人吴庆祯，情因家下缺少钱文使用，［交］无处求借，不囿已夫妻商议，自愿将名下之田出卖。冬（东）一里六冬[029]，名（民）米[006]一升正，坐落土名村前下边，排[116]庆美田上边长田[032]一丘[009]出卖。先问户内人等，后请中托[012]到堂弟吴永高处，应言承买[011]为业。当中三面[013]言定，时值价银七两五钱正。即日立契两交[018]，授受[019]清白，并无货物准折[037]。其田既卖之日，任从买主收冬[021]、割户[022]、输纳[065]编粮[057]，不管卖主之事。恐后田地不明[023]，即在卖主、中人[024]承当。倘有接作准坆（折）等情，执将买契呈官究治，去一赔十[026]。恐后人心不古，特立卖契存照为塜（据）。

天里（理）人（仁）心[046]

中人：吴庆荣代笔

在场：长子

光绪十九年二月十六日立

立賣斷田契人吳慶禎情因家下欠少錢文使用

交無處求借不已夫妻議自願將各下之田出賣

冬一里六冬各米一升正坐落土名村前下迎排慶美田

上迎長田一坵出賣先問戶丙人等後請中托到

堂弟吳永高處應言承買為業當中三面言定時

值價銀七兩五錢正即日立契兩交稻雲清白

莊無貨物隻隻折其田既賣之日任從買主收

蒙割戶輸納編粮不曾賣主五事怨後

日地不明即在賣主中人承當備有幾徙隻

故等情執將買契呈官究治去二賠十恐後人心不古特

立賣契存照為據

天里
人心

在場長子

中人吳慶菊代筆

光緒　十九年二月十六日　立

石光秉卖田契约

（光绪二十一年四月初十日）

　　绵纸，纸幅34.5cm×55cm，今藏广西壮族自治区少数民族古籍工作办公室，档案目录号200907078。

　　立卖断[001]田契字人石光秉，情因缺少钱用，无从出处，自愿将本巳（己）买黄姓之田，土名坐落门口坻[120]田大小壹拾肆丘[009]，系布政里[101]民米[006]粮柒升贰合[007]正，概行出卖。先问房族[010]内人等，无人承买[011]。后请中[036]问到石补好囦，应言名下承买为业。当中三面[013]看明，田丘、水路清白，时直（值）价银卖断肆拾柒两正。即日银交契立，授受[019]清白，分文不少。二家甘心，授回应用。其田既卖之后，任由买主耕种管业[045]、收冬[021]、割户[022]、完纳编粮[057]，而我卖主不得异言[052]。如有外人翻悔，摡（俱）在卖主之事，一力承当理落[121]，不关买主之言。一断万了，永无反复。恐口无凭，立此断约契字一张，交与买主承后为据。

天理良心[046]

在场：长子石臣瑞

凭中：石松由

代笔：石耀山

光绪廿一年四月初十日立字

注：

文书末句后红色印字：罗城县政府民国廿一年二月廿五日验讫。

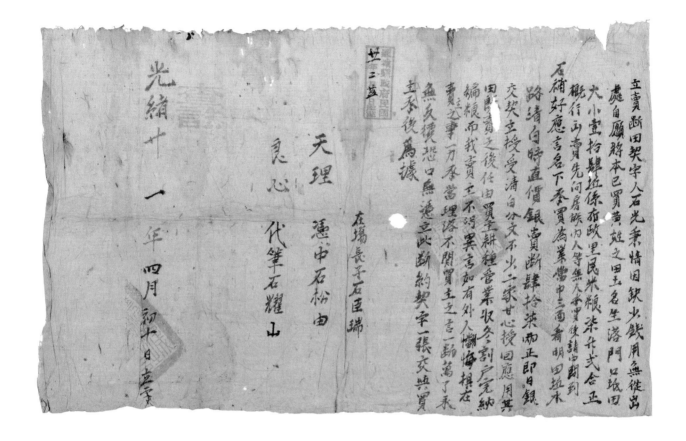

立賣斷田契字人石光秉情因缺少錢用乞無從出
處自願將本已買黃姓之田玉名生落門口坵田
大小壹拾肆坵係歐里民米糧柒升弍合正
觀行山賣先問房族內人等無人承買後請中間到
右補好應言名下承買為業當中三面言明田坵床
路靖自時直價銀賣斷肆拾柒兩正即日銀
交契立授受清自分文不少二家甘心授回應用其
因即賣之後任由買主耕種管業收冬割户完納
編粮而我賣主不悞異言如有外人懶悔恨在
賣庭之事一刀承當理落不關買主之言一嚻萬了承
魚爰㴾想口無悮立此斷約契字一張交與買
主承後為據

在塲長孫石玉瑞

憑中石松由

代筆石耀山

天理

良心

光緒十一年四月初十日立賣

成有庄卖田契约

（光绪二十八年四月十九日）

绵纸，纸幅 54.3cm×49cm，今藏广西壮族自治区少数民族古籍工作办公室，档案目录号 200803095。

立卖断 [001] 田契人成有庄，情因家下缺少使用钱文，无从出处，不得已夫妻商义（议），自愿将祖父之田，坐落土名村头大山脚 [062] 瓦窑口下来沟边田一丘 [009]、六月初二庙路边田一丘，共成二丘，将来 [033] 出卖。平东上里 [114] 九冬 [004] 成馀仕，民米 [006] 五合 [007] 正，将来出卖。先问同胞兄弟，无人承领 [034]，后来请口（中）[036] 问到吴永程处，认言承买 [011] 为业。当中三面 [013] 言定，时值价银◇两正。其田既卖之后，任由买主耕种、收冬 [021]、割户 [022]、轮（输）纳 [065] 编粮 [057]，不管卖主之事。如有卖主日后来，不得生端滋事，即照契内收一赔十 [066]。恐后无凭，立卖契存后为据。

天理仁心 [046]

在场代笔：成馀庆、成馀学

中仁（人）[024]：成文隆

光绪贰拾八年四月十九日立

立賣斷田契以成有莊情因家下欠少使用錢文無從出山
起下已夫妻謫義自願將祖父之田坐落土名村頭大
山脚尾窟口下來溝迤田一坵六月初二廟路迤田一坵共
成二坵將來出賣平東上里九冬成餘仕民米五合正將來
出賣先問同胞兄弟無人承願後來請口問到
吳永程處認言承買為業當中三面言定時值價厘
兩正開田呃賣之後任由買主耕種收冬割戶輸納編糧不
賣賣主之事如有賣主日後來不得生端茲事郎照契
內收一賠十恐後無憑立賣契存後為據

　　　　　　　　天理
　　　　　仁心
　　　　仁　中仁成文隆
　　　　　　在場代筆成餘學
　　　　　　　　　　慶

光緒武拾八年　　四月十九　日立

成有庄卖田契约

（光绪二十八年四月十九日）

　　绵纸，纸幅54cm×49.5cm，今藏广西壮族自治区少数民族古籍工作办公室，档案目录号200803097。

　　立卖断[001]田契人成有庄，情因家下缺少硬用钱文，无从出处，不得已夫妻商议，自愿将祖父之田，坐落土名村头大出（山）脚[062]瓦空（窑）下来路沟边田一丘[009]、六月初二庙[064]路边一丘，共成二丘出卖。平东里[003]九冬[004]成馀仕，民米[006]五合[007]，将来[033]出卖。先问同胞兄弟，无人承领[034]，后来请中托[012]到吴永程处，认言承买[011]为业。当中三面[013]言定，时值价银拾二两正。其田既卖之后，任由买主耕种、收冬[021]、割户[022]、轮（输）纳[065]编粮[057]，不管卖主之事。如有卖主日后来，不得生端滋事，即照契内收一赔十[066]。恐后无凭，立卖契存后为据。

天理仁心[046]

在场：成馀庆

中人[024]笔

光绪贰拾八年四月十九日立

注：

本契约与《成有庄卖田契约》（档案目录号200803095）内容大体一致，但是前者没有显示价银数量，本张则有；落款代笔和中人也有不同，估计无价款的那张是合同草稿，本张是正式谈妥价钱后重新找了代笔和中人。

立賣斷田契人成有某情因家下缺少用錢文無從出

處不已夫妻詞議自願將祖父之田坐落土名村頭大出

脚凡至下來溝迆田一坵六月初二南路迆一坵共成二坵出賣

平東里九冬成餘仕民米五合將來出賣先問同胞兄弟無

人承顧後來請中托到

吳永程處認言承買為業當中三面言定時值價銀拾二兩正

其田既賣之後任由買主耕種收冬割戶輪納編糧不曾賣主之事

如有賣主日後來不得生端茲事即照契内故一賠千恐後無憑立

賣契存後為據

天理　在塲成餘慶

仁心　中人肇

光緒貳拾八年四月十九日立

黄韦氏卖田契约

（光绪三十年三月初二日）

绵纸，纸幅 49cm×42.5cm，今藏广西壮族自治区少数民族古籍工作办公室，档案目录号 201311009。

立实卖断 [001] 田人黄韦氏，情因家中缺少正用银两，食囲不敷，无从出处，不㝵已母子婆媳兄嫂合议，自愿将丈夫先年置得之田，土名坐落□□内，大小柒𠤏 [009]，下面利洲沟边壹丘，合共捌丘，粮系布政里 [101] 古耸村的名 [050] 黄金贵户，民米 [006] 壹升柒合 [007] 正，将来 [033] 出卖。先问夫□房兄弟侄等，俱不承领 [034]，后托中 [103] 问到谢国庆处，应言承买 [011] 为业。当中三面 [013] 靣验，田𠤏、氺路清白，㕥议定时值卖断价银□□□两正，包房族 [010] 签书字概在内。即日契立银交，授㖶 [019] 渭楚，并无私娶（债）、逼勒等𥔿，其田既卖后，任凭买主割户 [022]、照契完纳粮（编）粮 [057]、管业 [045]，而我卖主黄韦氏田㕥儿□及族侄人等，并不敢异言 [052]，别外生端滋事。如有此情，执字公论，受一赔十 [122] 无辞。恐口无凭，立卖断契一张，存后为照。

天理良心 [046]
胞兄在场：黄金华、黄金富
儿子在场：黄立猷
胞侄中人 [024]：黄立纪
胞侄代笔：黄立田
光绪三十年三月初二日立

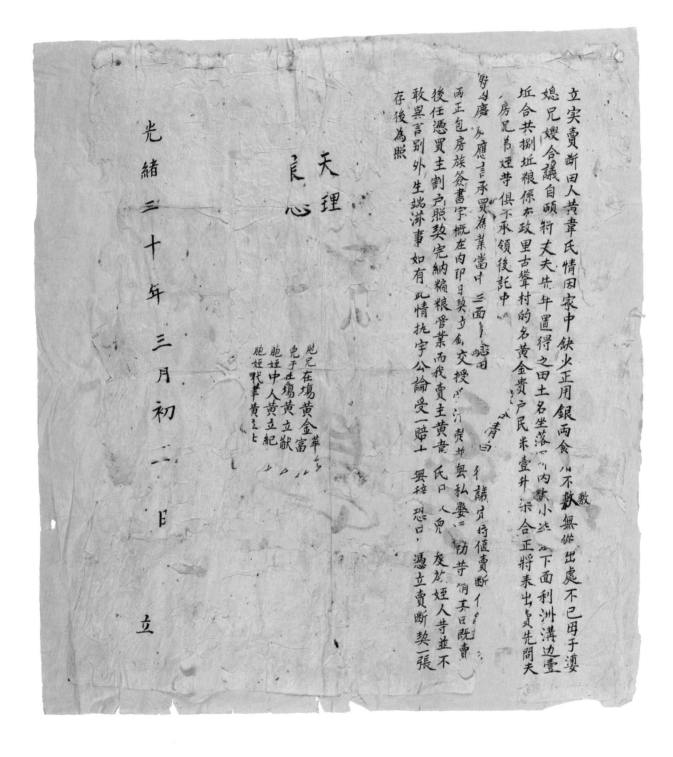

立实卖断田人黄韦氏情因家中缺火正用银两愈八不敷無從出處不已母子婆
媳兄嫂合議自願特夫夫先年置得之田土名坐落□川内歊小洲□下面利洲溝边壹
坵合共捌坵粮係本政里古聳村的名黄金贵户民米壹升□宗合正将來出氣先問夫
房兄弟迁芽俱不承領後託中□

□□磨□願言承買為業當中三面言議每団
両正包房族簽書字概在内即日契少金交授□□□□□無私婆□
後任憑買主割户照契完納糧晉業而我卖主黄贵氏□人愈□□□□
敢異言別外生端淅事如有此情抚字公論受一賠□與□恐□憑立卖断契一張
存後為照

天理
良心

光緒三十年三月初二日

立

胞兄在塲黄金華
免于在塲黄立獻
胞姪中人黄立紀
胞姪代筆黄立七

覃安德卖田契约

（光绪三十一年六月九日）

绵纸，纸幅 44.2cm×35.3cm，今藏广西壮族自治区少数民族古籍工作办公室，档案目录号
201010061。

立卖断[001]田字人覃安德，情因家下缺少口粮、正用钱文，无从出处，不得已父子兄弟合家商议，
自愿将祖父分下我名份之田，土名坐囵梅惢一处，合共大小十四丘[009]正，田面[123]五百斤，收稬谷[124]
二百五十斤正。粮存高元三里[074]三冬[004]的名[050]覃胜颜户口，民米[006]六合[007]正，连田概行出卖。
先问六房[016]族内叔伯兄弟，各无承领[034]。后读（请）中[036]问到明村韦应昌処，应言承买[011]为业。
即日当中三人踏验，田丘、陂源、水圳[125]清楚，回家合议时值卖断价银十三两正，包散[126]六房在场
捏（押）字[017]，总在田价内支折。自卖之后，任由买主永远管业[045]，并收冬[021]、割户[022]。若早年典
当抵押与人，来历不清者，总在卖主一力承当，不管买主之事。即日当中[044]立契交银，愿卖愿买，二
家授受[019]清白，并无逼压。即日当言定限满十年收赎［赎］，照契还银买主，不得唥（争）论。若有过限，
换永断契约，不有补田价。若有二家反悔不肯者，执［执］字公论，受一赔二。恐后无凭，特立断契一张，
存后为实。

　　　　　　　　　　　　　　　　　　　　　　　　天理仁心[046]

　　　　　　　　　　　　　　　　　　　　　　　　中人[024]：覃在瑛，受四毫

　　　　　　　　　　　　　　　　　　　　　　　　在场人：覃善德，受银二毫

　　　　　　　　　　　　　　　　　　　　　　　　光绪三十一年六月九日立

立賣斷田宇人覃安德情因家下缺火口糧正用錢文無從出處
不己父子兄弟合家商議自愿將祖父分下我名份之田土名坐楠
慇一處合共木小十四坵正田面五百斤水鄉谷二百五十千正糧存高元三
垦三冬的名覃勝額戶民米六合正連田概行出賣先問六房族内叔伯
兄弟各無承領後讀中問到明村
韋應昌應言李買為業　即日當中三人踏　波源水圳
價銀十三兩五包散六房在田坵清楚回家合議時值賣斷
主承連電業並取冬割戶若早年熙償抵押與人東方歷不清者總在
賣主一力承當不管買工家　田價内支折自賣之後任由買
授愛清白並無逼歷即日當言定限滿十年收贖贖照契買主不得
挑抚字爸公論愛一贈二恐後無憑特粒斷契一張存後為實
爭論若有过限番換承斷契約不肯補田價若有二家恨悔不肯者

天理

仁心

中人覃在瑛受四毫

在场人覃善德受銀二毫

光緒三十一年　六月　九日　立

江有科卖车田契约

（光绪三十二年八月初一日）

绵纸，纸幅 48cm×42.5cm，今藏广西壮族自治区少数民族古籍工作办公室，档案目录号 201311008。

立卖断^[001]车田^[127]契人江有科，情因家中缺少食用，无从筹办，不得已夫妻商议，自愿将本己先年与彭姓置得之车田一处，土名坐落溮营众沟第一架车步^[128]，其田大小共计五丘^[009]，粮系布政里^[101]火煌村江有科户，民米^[006]六升正，并沟港^[129]概行出卖。先问胞弟^[028]房族^[010]人等，并无承领^[034]。后请中托^[012]到谢国庆处，应言承买^[011]为业。当中三面^[013]看验，田丘、车步、沟港清白，后议定时值卖断价银六拾两正，并包押字^[017]签书在内。即日银交契立，授受^[019]明白。二家甘愿，并无逼勒私弊等情。其田既卖之后，任由买主管业^[045]、割户^[022]、完纳粮（编）粮^[057]。而我卖主及房族兄弟日后再不敢异言^[052]，生端滋事。如有此情，执契公论，甘罚无辞。恐口无凭，立卖断契一张，交与买主存后为照。

天理仁心^[046]

在场：胞弟有成

中人^[024]：彭顺嵩

代笔：郑兴书

光绪丙午三十二年八月初一日立

立賣斷車田契人江有科情因家中鉄少食用無從籌

辨不己夫妻商議自願將本己先年與彭姓置得之車田一

處土名坐落剌營眾庸第一架車步其田大小共討五垅糧係

布政里火煌村江有科戶民来六升正並庸菟概行出賣先問

肥弟房族人等並無承頒後請中託到

謝國慶處應言承買為業當中三兩看驗田坵車步滿垅清向

後議定時值賣斷價銀六拾兩正並包押字簽書在內

即日銀交契立椃受明向二家廿頒並無逼勒私契等情

其田既賣之後任由買主會業割戶完納稤粮而我賣

主反房旅兄弟日後再不敢異言生端滋事如有此情執契

公論甘罰無辞愿口無憑立賣斷契一張交與買主存後觀

勞照

天理　　仁心

光緒丙午三十二年八月初一日　立

在場胞弟有成

中人彭順嵩

代筆鄭興書

义辉卖田契约

（光绪三十二年九月初九日）

绵纸，纸幅 47cm×47cm，今藏广西壮族自治区少数民族古籍工作办公室，档案目录号 201201012。

立断田字人义辉，情因缺□□用，无从出处，不得已，愿将先年祖父□份之田，坐落土名尖山初二庙 [130]，大小一共叁块，以行 [078] 出卖。亲身问□叔仁智处，应言承买 [011] 为业。即日临田□□四至 [131] 分明，回家当叔侄言定，时值价银四拾叁两正。银系卖主亲□，授受 [019] 清白，亦无债货准拆（折）[132] 等情。此系二家甘愿，亦无逼勒，卖主不得反悔生端。如有反悔生端，执字公论，甘罚无辞。恐口无凭，特立契断 [001] 一纸，交与买人收存为据。

批明 [106] 粮米□系的名 [050]，每份该粮肆升正，原系□□三里 [003] 九冬 [004] 仁松户完纳。

天理良心 [046]

在场：□□

中人 [024]：□□

代笔：□科

光绪三田二年九月初九日立

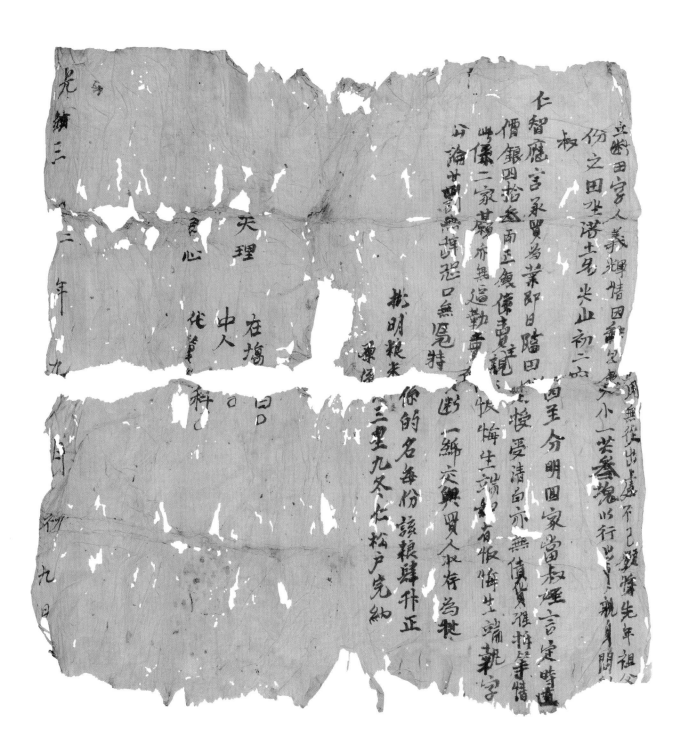

立断田字人义辉情因艱包憩先年祖父
份之田坐落土名尖山初二亩小一芸叁魂以行亲身闲

长智房言承买为业即日临田
价银四拾叄两正凭中卖親
　二家岭亦无逼勒卖
公论割无异恐口无凭特

批明粮米
你的名每份谅粮归升正
三里九冬七松户完纳
断一綿定与买人永存为批

圆无従出之處不已題肇先年祖父
西王分明圆家当叔涯言定時遇
懊受清白亦无債欠催将籍手惜
悔生一端知有悔生一端亲字

光绪三
　二年九月
天理
食心
在场
中人　日
代笔　科
　　九日

林秀峰卖田契约

（光绪三十二年十月初七日）

绵纸，纸幅 50cm×48cm，今藏广西壮族自治区少数民族古籍工作办公室，档案目录号 200911026。

立实卖断[001]田契约人林秀峰，情因家下缺囫正用银两，无从出处，不得已夫妻叔囵兄弟同堂合议，愿将游叶沟源水田[133]一丘[009]，又答（搭）大沟边大禾[134]田一丘，土名坐落麒麟村前，民米[006]四升正，系高元一里[056]六东（冬）[004]。心将甘愿出卖，先问族亲，无人承受。请中[036]问到何文锦囫，应言承买[011]为业。当中三面[013]踏跤（验），田丘四路[135]、水源清白后，议定价艮（银）七十两正。即日银交契立，受授[019]清白，情甘心愿，并无囵债准折[075]等情。□□□后，任由买住（主）收冬[021]、割户[022]、完囵粝（编）粮[057]，而囷卖主不得生蹦滋囯。如有生端，亦□执字公论，收一赔田[066]。口说无凭，立实卖断田字一张，交与买主收存为实。批明[106]此田准我卖主子孙以后收赎，银后字退。

天理良心[046]

在场：林秀枚、林国卿、林门卢氏

中人[024]：孙连荣、何容德

代笔：林国□

光绪三十二年十月初七日立

何文錦

立實賣斷田塊約人林孚岑情田家下缺〔缺〕正用錄同無〔缺〕出
處不已夫妻妓無人〔缺〕堂合議有心將遊菜溝源水田一坵　又筆大溝
土名坐落麟村前民米四升正係高元一里六東心將
甘愿出賣先問族親無人承受請中問到
庭〔缺〕承買為此當中三面踏蹤田坵回路水源清白後議
定價艮七十〔缺〕即日銀交契立受授清白情甘心愿並
無債準折寺情後任由買住收冬割戶完糧
而賣主不得生端亦〔缺〕挑字公論收一
賠口說無憑立寬斷田字一張交與買主收
批明此田準找賣主子孫從後收贖銀漢字退

天　理

良　心

光緒三十三年十月初七日　　立

在場　林國卿
　　　林門盧氏
　　　孫連來
　　　何家德
代筆　林國江

钟永荣卖田契约

（光绪三十三年）

绵纸，纸幅 42.7cm×38.9cm，今藏广西壮族自治区少数民族古籍工作办公室，档案目录号 200908019。

立连苗卖永断田契字人钟永荣，情因家下缺少正用银，无从出处，不得已母子兄弟合家商议，自愿将祖父先年手置之田，土名座（坐）落小床田壹处，岭贝三丘[009]、独田二丘、圳底一丘、正隘两边大小壹连十丘，四处共合拾六丘正。粮系高元三里[074]三冬[004]山内钟海明户，民米[006]壹升□合[007]正，概行出卖。先问六房[016]族内亲疏人等，各不［不］承领[034]。后请中托[012]到大床村杨韦景彰处，应言承买[011]为业。郎（即）日当中三面[013]踏验田丘、坝源、水圳[125]、山场，领贝两边衣上[136]到斜沟口两边为界，左右两边上衣领鼎阳水归内[072]为界，右大田隘两边山场四水归内为界。山场、牧地、水道分明，后回家合议，时值卖断[001]价银贰拾四两正，包散[126]六房在场签书押字[017]，概在田价银内准扣。当中[044]言定，此郷困[124]本年在如买主，收干禾[137]四百五拾斤正，不得短少斤两；本年在如卖主，元粮。二家甘愿，自卖之后，任由买主子生（孙）永远照契管业[045]、收冬[021]、割户[022]、原（完）纳扁（编）粮[057]，四处土领（岭）任由买主锄泥砍伐。此系二家甘愿，银交契立，并无逼压等情。而我卖主日后不得异人（言）反悔，不得移粮加派。若有生端兹（滋）事者，捴（总）在卖主与中人[024]并在□□人等力一（一力）承当，执字呈官公论。恐口无凭，特立卖断田契一张，付□买主子孙存后为据。

天理仁心[046]

中人：石□山，授（受）银拾肆毫正

胞弟[028]在场：永德

亲笔

光绪丁未叁拾叁年□月□日立契

立連酋賣永斷田契字人鍾承榮情因家下鋭少正用銀無從

出處不已母子兄弟合家□□□□願將祖父先年手置之回土名

座落小床田處嶺貝三坵獨田二坵州底一坵正粮係高元三里三冬山內鍾海明戶民米壹升□□

四處共合拾六坵正粮係高元三里三冬山內陸兩坵大小壹連十坵

合正概行賣先問六房族內親疏人等各不欲領後請中托到大

床村

楊葺京彰廳言承買為業郎日當中三面踏驗田圻墈源水圳山塲

領貝兩坵衣上到斜溝口兩坵遾界左右兩坵上衣領鼎陽水歸為為界

右右陪兩坵山塲四水歸內為界□□□

斷價銀貳拾四兩正包散六房在塲簽書押字就在田價銀日銀承□□

中言定元郎此郷本年在知買主收取禾四百五拾千正本年在知

賣主元粮二炭甘願自賣之後任由買主子生永遠□□□□□□□

戶原納扁粮四處土領任由買主鋤坭砍伐此係二家甘願銀交契立□

無逼□□□情而我賣主日後不得異入滋端不得後粮加孤若有生端滋

事者揽在賣主一邉中人並在□□等力一承當執字旦□□公論恐

口無憑等待立賣斷田契一張付與□□□買主子孫存照為據

　　　　仁心　　　　中人不□□山授銀拾肆毫正

　　　天理　　　　胞莕　　　在塲□□山授銀拾肆毫正

　　　　　親筆

□□□末全拾叁年□□□

黄元成卖田契约

（民国二年三月初十日）

绵纸，纸幅 48.5cm×43.5cm，今藏广西壮族自治区少数民族古籍工作办公室，档案目录号200908016。

立卖断[001]田契字人黄元成，情因家中缺少正用银两，无从出处，不得[固]已父子商议，自愿将本己名份之田，土名坐落佛子凹口岭边田一丘[009]，粮[系]布政里二冬[138]户黄专，民米[006]伍合[007]，以行[078]出卖。先[回]房族[010]人等，无人承领[034]。后[属]中[036]问到〔卖与〕石耀廷[处]，应[言]承买[011]为业。当中三面[013]议定，时值卖断价银伍两正，并包[因]房[016]押字[017]概在其内。此日银交契立，授受[019]清白。其田既卖之后，任由买主修[收]管业[045]、收冬[021]、割户[022]、完纳粮（编）[粮][057]，而我卖主不得异[言][052]返（反）悔，亦不得房族争[论]，亦不加派银两。倘有外[人]争论，俱在卖主一力承当理落[121]，收一赔十[066]。恐[回][无]凭，立此卖字一张，交与买主子孙为据。

　　　　　　　　　　　　　　天理仁心[046]

　　　　　　　　　　　　　　在场：黄鸿理

　　　　　　　　　　　　　　中人[024]：石老贵

　　　　　　　　　　　　　　亲笔

　　　　　　　　　　　　　　中华大汉癸丑年[139]三月初十日立

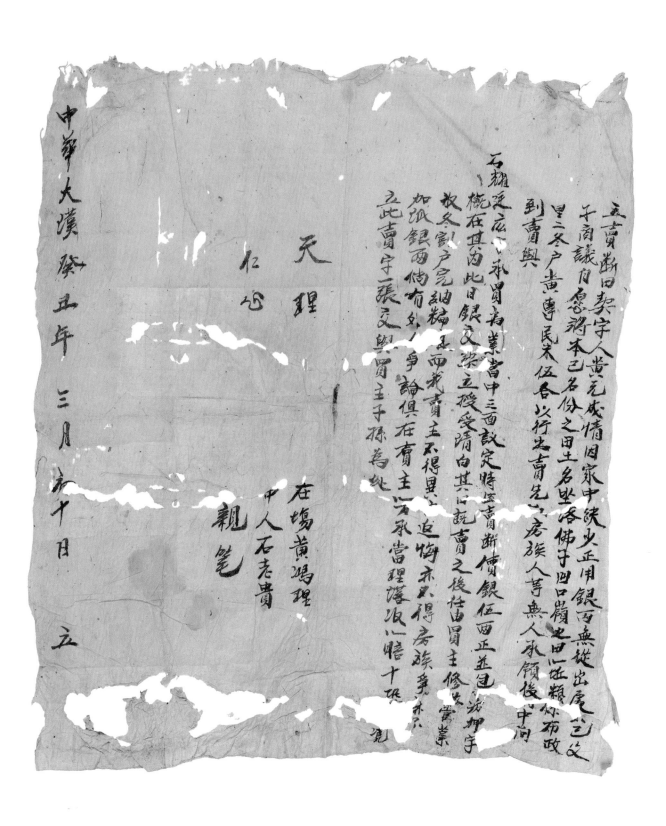

立賣斷田契字人黃元成情因家中缺少正用銀兩無從出處自父
手商議情愿將本己名下各佛子四口闇之田土伍粮你布政
里二圖戶黃傳民米伍合此行出賣先問房族人等無人承領後中間
到賣與

石耀廷承買為業當中三面議定時值賣斷價銀伍兩正並無押字
慨在其內此日銀文兩交授受清白其田聽賣之後任由買主修改營業
牧冬割戶完納糧米而我賣主不得異言追悔亦不得房族爭奈
加找銀兩倘有父人爭論俱在賣主一力承當理落收入賠十項
立此賣字一張文與買主子孫為炤

　　　　　　天理
　　　　　　良心

　　　　　　在場黃鴻理
　　　　　　中人石老貴
　　　　　　親筆

中華大漢癸丑年　三月念十日　立

钟永荣卖田契约

（民国三年三月初八日）

绵纸，幅51cm×45cm，今藏广西壮族自治区少数民族古籍工作办公室，档案目录号201201023。

立卖断 [001] 田契字人钟永荣，情因家下缺少银两正用，无从出处，不得已母子兄弟合议，自愿将本己兄弟名下之田，土名坐落登美村屋背田一处，大小拾三丘 [009] 正，收谷伍百斤，粮系高元三里 [074] 三冬 [004] 钟海明户，民米 [006] 伍合 [007]，慨（概）行出卖。先问六房 [016] 人等，无人承领 [034]，请中 [036] 问到明峒口黄善福名下，应言承买 [011] 为业。即日当中三面 [013] 踩验，田丘、水路清白，后议卖断田价银贰拾两正，包写画押字 [017] 总在价银之内支抈（折）。即日银交契立，并无短少分厘，亦无货物准债 [142]。自卖之后，其田任凭买主管业 [045] 或批耕 [140]、收冬 [021]、割户 [022]、税纳糒（编）粮 [057]。此系二家甘愿，并无逼压，亦无反悔。倘有上手 [107] 来历不清□□□□□重卖。总在卖主、中人 [024] 一力耽（担）当，不干买主之事。受一赔十 [122]，执字呈官，田罚无辞。恐口无凭，特立卖断字交与买主存后为据。

天理仁心 [046]

囗房在场：钟永德

中人：潘源禄，受艮（银）九毛

命笔：钟永和

民国三年甲寅旧历三月初八日

立賣斷田契字人鍾永榮情田家下缺少銀兩正用無從出
處不已毋子兄弟合議自願將荚己兄弟名下文日去名坐
落登美村屋背田一處大小拾三坵正收谷伍百觔糧係高
元三里三冬鍾論明戶民米伍合慨行出賣先向本房
人等無人承領請中向到明當日

黃善福名下應言承買為業即日當中三面踩驗田坵水
路靖白從議賣斷田價銀式拾兩正包寫書押字總在內
價銀之內支拼即日銀交契立並無短少分厘亦無貨物搭
債自賣之後其田任憑買主管業或耕收冬割戶稅劫
糯粮此係二家甘願並無逼壓亦無後悔倘有乙手未歷不
主之事賣主一力承當賣主中人一力就盡不平買
字交與買主存後為批

　　　　天理
仁心
　　　　　二房鍾永德
　　　　　　代塲
　　　　　　書人潘源祿愛艮九毛

民國三年甲寅陽歷三月初八日
　　　　　　　　　郷筆鍾永和

石蕴珍卖田契约

（民国七年二月十八日）

绵纸，纸幅53cm×48cm，今藏广西壮族自治区少数民族古籍工作办公室，档案目录号201010067。

立卖断[001]田契字人石蕴珍，情因家下缺少银两正用，无从出处，不隅已父子合议，自愿将祖父分下名份之田，土名坐落登美村左边屋角头大路面大秧田[030]一丘[009]，路底依下八丘，一连八（九）丘，种内中间田一丘，合共大小十丘。年种收谷一千斤，粮系高元三里[074]三冬[004]的名[050]石万辉户，民米[006]伍合[007]正，以行[078]出卖。先问族内人等，俱各不领。然后请中[036]问到黄善福名下，应言承买[011]为业。即日当中三面[013]踏验，田丘、水路清白，回家凭中[061]三面言定，卖断价银伍十大元[141]正。就日银交契立，并无短少分厘，亦无货物准债[142]。二家甘愿，并无逼压，亦无反悔。自卖之后，任由买主收冬[021]、割户[022]、税纳糒（编）粮[057]，而我卖主人等不得异言[052]反悔，生端滋事。若有生端，并来力（历）不清，重当重卖，总在卖围、中[中]人[024]一力耽（担）当，不干买主之事。恐口无凭，立字为据。

天理仁心[046]

中笔人：胞兄志珍，受银十五毫

六房[016]：受银五毛，玉球

在场：受银五毫，玉坤

民国年戊午[143]阴历二月十八日立

立賣趹田契字人君莅珍情因家下銀少銀而正用無從出處不已父子合議自願

將祖父手下名份之田土君生落坵美料左近屋角頭大路面大狹田一坵路东

依下六坵一連六坵種内中間田一坵合共大小十坵年種收谷一千斤粮樣高无三重

三冬的若有莅擇户民茉仕合正以行出賣先向親内人等俱各不願然

後請中向到

黄善福名下應言承買為業听日當中三面踏驗田垟水路清白同家恶中三面

言定賣斷價銀伍十大元正就日銀交契立並無短少毫厘亦無貸物準

償三家甘願並無違逆亦無恨悔自賣之後任由買主收冬割户稅納編粮

而我賣主人等不得異言阻悔端淋事若有此端並未卜不消重

當重賣恶在賣主中人一力就當不干買主之事恶口無憑立字為批

　　　天理　十笔人胞兄忠珍受銀十五元

　　仁心　六房受銀毛

　　　　在場　受銀五元

　　　　　　　玉球

　　　　　　　玉坤

民國牛戌　午陰曆二月十八日　立

唐吉昌卖田契约
（民国十年三月初六日）

绵纸，纸幅 55cm×49cm，今藏广西壮族自治区少数民族古籍工作办公室，档案目录号 201010085。

　　立卖断^[001]田契人唐吉昌，情因家下缺少银两，无从出处，不圙已夫妻合家商议，自愿将所置之田，土名坐落地良洞传坡桥头秧田^[030]一丘^[009]，田面^[123]若^[144]有五百筋（斤），民米^[006]二升，谷担^[145]肆担，唐吉昌户，以行^[078]出卖。先问族内人等，无人承领^[034]，后请中托^[012]到杨振林处，应言承买^[011]为业。即日当中三面^[013]踏验，田丘、水路清白。回家合议时值价银五百洋毫^[146]，即日银交契立，授受^[019]清白。二家甘愿，并无逼压等情。其田既卖之后，任由买主耕批^[077]、管业^[045]、收冬^[021]、割户^[022]、完纳边（编）粮^[057]。卖主不得加派钱粮，亦不得反悔生端。又恐年深月久，人心不古，卖主户内人等兹（滋）事生端，任由买主执字公论，卖主受一培（赔）十^[122]，自甘罪累，甘罚无辞。恐口无凭，立有卖字一纸，付与买主存后为据。

天理仁心^[046]

中人^[024]代笔：唐肇英，受银二十毫

在场：唐启文，受银十毫

民国申（辛）酉年^[150]三月初六日立

立賣斷田契人唐吉昌情因家不缺少銀兩無從出處不已夫妻全家
謫議自願將所置之田土名坐落地良洞傳坡橋頭秋田一坵田畝有五
百筋民米二升谷拓肆擔唐吉昌戶以行出賣先問族內人等無人承
領後請中託到
楊振林應言承買為業即日當中三面議驗田址未路清自回家合議時
值價銀五百洋毫即日銀交契立授受清白二家甘願益無逼壓等情
其田既賣之後任由買主耕挑管業收冬割戶完納違粮賣主不得加
派錢粮亦不得反悔生端之態年深月久人心不古賣主戶內人等異
事生端任由買主執字公論賣主受一培十自甘罪累甘罰無辭恐口
無憑立有賣字一紙付與買主存後為拠

天理

仁心

中人代筆唐肇英〇 受銀二十毫
在壙 唐敬文〇 受銀十毫

成有仁卖田契约

（民国十年三月十六日）

绵纸，纸幅40.4cm×36cm，今藏广西壮族自治区少数民族古籍工作办公室，档案目录号200803120。

立卖断[001]田契人成有仁，情因缺少钱文，无处求借，不圆已夫妻合议，自愿将祖父分圆名下之田，东一里六冬[029]成有仁户，民米[006]壹升三合[007]正，坐落户头路边田一丘[009]，龙简尾排[116]大和（禾）田一丘，共成二丘出卖。先问房族[010]兄弟，无人承领[034]，后请中[036]问到吴永程处，应言承买[011]为业。当中三面[013]言定，时值价银九两正，包山[015]六房[016]押字[017]在内。即日钱契两交[018]，授受[019]明白，并无对债货物准折[147]。此田既卖之日，任从买主收冬[021]、割户[022]，不管卖主之事。□田地不明[023]，即在卖主承当。倘有内人等争论反悔者，执照契内去一赔十[026]，送官治罪。今恐口无凭，特立卖契一弤，交与买主子孙收存为据。

天理仁心[046]

在场中人[024]：成馀兴

亲代笔：成有仁

民国十年三月十六日立

注：

文书末句后红色印字：罗城县政府民国廿一年三月一日验讫。

立賣斷田契人成有信情因缺少錢父無處求借不已

夫妻合議自願將祖父分名下之田東一里六冬成有

仁戶民米壹什三合正坐落戶頭路选田一坵龍簡尾排和田

一坵共成二坵出賣先問房族兄弟無人承領後請中問到

吳永程廳言承買為業僮中三面言定時值價銀九

兩正包山六房押字在內即日錢兩交授受明白並

無對價代貨折此田既賣元日任從買主收冬割戶不管

賣主又事耽田地不明即在賣主承當備有內人等爭論

收拾者執照契內志一賠十送官治罪今恐無憑特立賣契一

交共買主子孫收存為據

　　天理
　　仁心

　　　　　在塲
　　　　　中人　成餘吳

　　　　　親代筆成有信

民國十年　三月十六日

吴士庄卖田契约

（民国十年四月初三日）

绵纸，纸幅 55cm×48cm，今藏广西壮族自治区少数民族古籍工作办公室，档案目录号201010084。

立卖断 [001] 田契人吴士庄，情因家下缺少正用银两，无从出处，不围己（已）夫妻兄弟合家商议，自愿将手置之田，土名坐落三月三庙 [148] 田壹处，大小共贰拾贰丘 [009]，田面 [123] 约有壹仟捌，民米 [006] 伍升，纳谷拾担，的名 [050] 吴士庄，概以行 [102] 出卖。先问六房 [016] 族内人等，无人承买 [011]，后请中托 [012] 到大蒙村杨振林凶，应言承买为业。即日当中三面 [013] 踏验，田丘、水路清白。回家合议，时值价银壹仟玖百毫正，包六房押字 [017] 一概在内。即日银交契立，收受清白。二家甘愿，并无逼压等情，其田既卖之后，任由买主耕种、管业 [045]、收冬 [021]、割户 [022]、完纳编粮 [057]，卖主不得加派钱粮，亦不得反悔生端。又恐年深月久，人心不古，卖主户内人等滋事生端，俱在字内 [149] 有名人等 [080] 一力承当。任由买主执契公论，卖主受壹培（赔）拾 [022]，自甘罪累，甘罚无辞。恐口无凭，立有卖字一纸，付与买主存后为据。

六月初二庙 [064] 半份

在西方

东至河，西至茅坡，南至山，北至山。

天理仁心 [046]

亲笔

中人 [024]：包（胞）兄庆昌

在场：包（胞）侄胜贞，士光、士通，侄壬午

民国辛酉年 [150] 四月初三日立

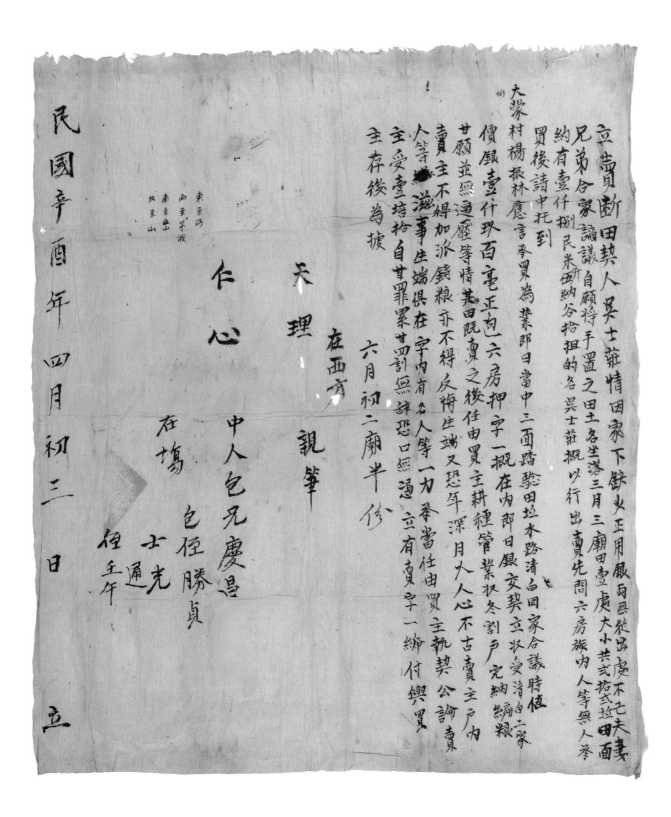

立賣斷田契人吳士莊情因家下缺火正用眼有無從出虞不已夫妻
兄弟合家論議自願將手置之田坐落三月三廟田壹坵虞大小共式拈式坵面
約有壹仟捌佰民米新納谷拾担的各吳士莊概以行出賣先問六房族內人等無人承
買後請中托到
大蒙村楊振林應言舉買為業即日當中三面踏驗田坵水路清白回家合議時值
價顧壹仟玖百毫正自六房押字一概在內郎日銀交契立狀受清白二家
甘願並無逼壓等情其田既賣之後任由買主耕種管業狀冬割戶完納編粮
賣主不得加派錢粮亦不得反悔生端又恐年深月久大人心不古賣主戶內
人等茲事生端俱在字內有名人等一力承當任由買主執契公論賣
主受壹培拾自甘罪累甘計無辭恐口無憑立有賣字一紙付與買
主存後為據
                      六月初二廟半修
            在西宿
  天理   親筆
  仁心   中人包兄慶昌
        在場   包侄勝貞
             士光
                通
             侄壬午

         東至河
         西至茅坡
         南至山
         北至山

民國辛酉年四月初三日
                      立

林黄氏卖田契约

（民国十五年十月二十七日）

绵纸，纸幅 51.5cm×42cm，今藏广西壮族自治区少数民族古籍工作办公室，档案目录号 201201024。

立卖断[001]田契字人林黄氏，情因家中缺少正用银两，无从出处，不得已母子兄弟一堂合议，自愿将先人遗下之田，土名坐落金鸡村前大沟边田一丘[009]，粮系高元一里[056]林国卿户，民米[006]二升五合[007]正，概行出卖。托中[103]先问六房[016]族内人等，各言不就，后问到下回隆村何明珍处，应言承买[011]为业。当中三面[013]踏验，田丘、水道清楚，乐议时值价银伍拾壹圆正。即日契立银交，授受[019]清白。此系二家甘愿，并无逼压。其田既卖之后，任由买主批耕[140]，而我卖主母子及叔侄人等，不得异言[052]反悔，借故生端。如有等情[038]，总在中场人[151]一力承当。执字公论，受一赔田[122]。恐口无凭，特立卖契存后为据。

东高基为界，西大沟为界，南黄姓田为界，北黄姓田为界。

天理良心[046]

在场：子林宝盛、林宝寿

中人[024]：韦正廷

代笔：黄宣诰

民国十五年十月廿七日立

立賣斷田契字人林黃氏情因家中缺少正用銀兩無從出處不已母子
兄弟一堂合議自願將先人遺下之田土名坐落金雞村前一坵糧係高元一里
林國卿戶民米二升五合正繼行出賣託中先向六房族內人等各
言不就後向到下回隆村
何明珍應言承買為業當中三面踏驗四坵水道清楚樂議時值價銀伍拾壹圓
正即日契立　銀交楼貨清白此坵一家甘願並無逼壓其田既賣之後任由
買主批耕而我賣主母子反叔姪等不得異言反悔倘投生端如有等情總
在中場人一力承當轁字公論受一賠一　恐口無憑特立賣契存後為據

東高圣為界

西大澮為界　天理

南著姓田為界

北黃姓田為界　良心

在場子林賣壽

中人章正延

代筆黃宣語

民國十五年十月廿七日立

陈源甫卖田契约

（民国十五年十二月十八日）

绵纸，纸幅 50cm×44cm，今藏广西壮族自治区少数民族古籍工作办公室，档案目录号 200908012。

立卖断[001]田契字人陈源甫，情因家下缺少正用银两，无从出处，不得已兄弟合议，自愿将祖父名份之田，土名坐落大床村门口大禾[134]田长秧地[152]十丘[009]，又带小床粘谷[153]田壹处十五丘，共合二拾六丘，收谷五百斤正，以行[078]出卖。先问亲房[154]，无人承领[034]。后请中托[012]到本村杨甫明处，应言承买[011]为业。当中三面[013]踏验，田丘、水道分明，后回家合议，卖断价银壹拾壹元正，民米[006]九合[007]。此系贰家干（甘）愿，并无逼勒等。自卖之后，任由买主子孙永远管业[045]，而我卖主日后不得异言[052]反悔，生端兹（滋）事。若有此情，执字呈官，自干（甘）罪累。恐口无凭，特立卖断田契一张，交与买主存后为据。

天理仁心[046]

中人[024]：杨振山，六毛

在场：陈源兴、陈源明，田四毛

亲笔

民国十五年十贰月十八日立

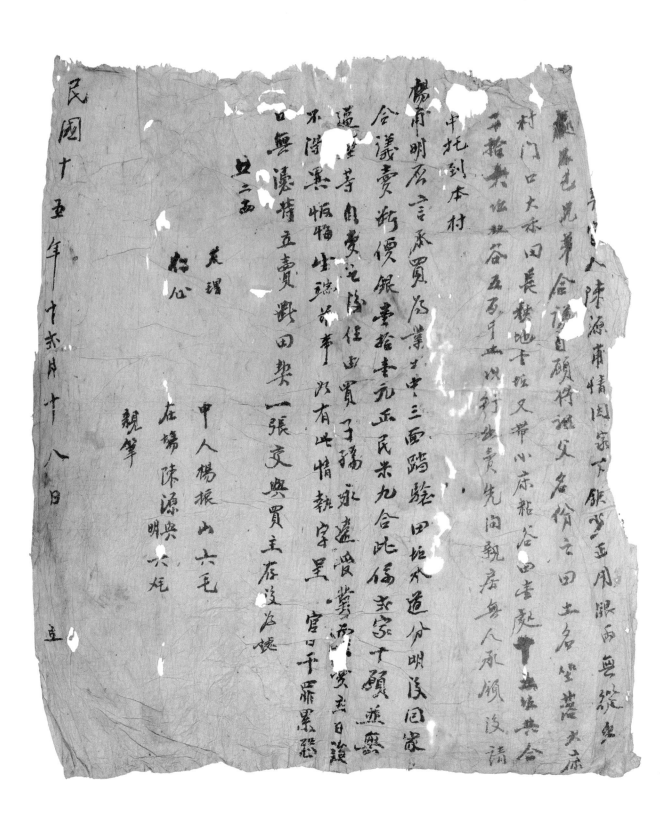

立□卖人陈源甫情因家下银少正用跟两无纵处

顾尽毛兄弟合议自顾将谊父名份之田土名坐落共田

村门口大坵同长葵地下坵又带小坵粘各处□共合

干拾典址各五亩干业州行出卖先问亲房无人承顾後请

中托到本村

杨甫明启言承买为业土中三面踏验田坵水道分明後凭同家

合议卖断便银章拾参元正民米九合此係

遵卖契价任由买子孙永远受業□□买日□

不得异粮幅坐□某年□有此情执字呈官□干罪累□

日无後情立卖断田契一张文与买主在没为照

虫二西

关理

松心

中人杨振山六毛

左笔陈源與明大妃

亲笔

民国十五年十朿月十八日　立

苏覃美卖田契约

（民国十六年二月二十九日）

绵纸，纸幅 53cm×44.5cm，今藏广西壮族自治区少数民族古籍工作办公室，档案目录号
200907079。

立卖断[001]田契字人苏覃美，情因家下缺少银两正用，无从出处，不得已父子合议，自愿将祖父
之田，土名坐落南木凹粟家沟大禾[134]田三丘[009]、右子树面占（粘）谷[153]田一丘、鹰（旧）屋塞（基）
大禾田三丘、小田沟十丘，合共十七丘，收禾一千二百斤，以行[078]出卖。先问本村兄弟，无人存领。
亲口问到黄性记処，应言承买[011]为业。郎（即）日当面言定，鄉（穊）禾[155]三百五斤，价艮（银）
二十八元正。二家甘愿，并无逼押（压）。郎（即）日银交契力（立）。若有反悔者，总在卖主一力承当。
特立字纸一张，存后为据。

天理仁心[046]

在场人：贾老六

亲笔立字

民国十六年二月廿九日立

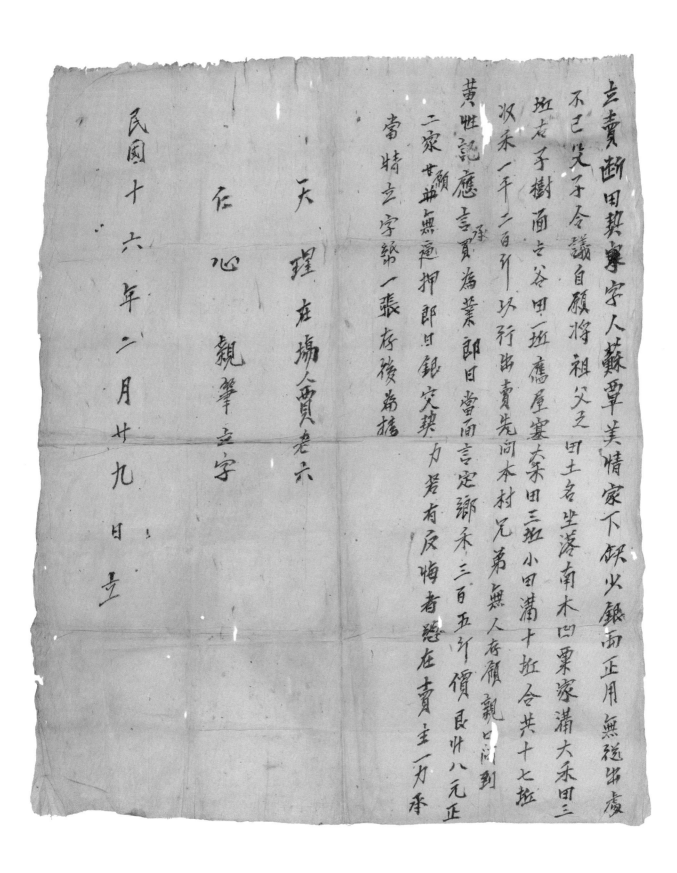

立賣斷田契寧字人蘇翠美情家下缺火銀兩正用無從出處
不已央乇令議自願將祖父之田土名坐落南木四粟家溝大禾田三
坵老子樹面吉谷田一坵應屋宴大条田三坵小田溝十坵合共十七坵
收禾一千二百斤環行出賣先問本村兄弟無人存願親口問到
黃姓認應言賣承買為業郎日當面言定鄉禾三百五斤價艮卅八元正
二家甘願並無逼押郎日銀交契換力若有反悔者懇在賣主一力承
當特立字紙一張存後為據

　　　　　天理
　　　　在場人賈老六
　　在心　親筆立字

民國十六年二月廿九日立

覃绍祯卖田契约

（民国十六年三月十七日）

绵纸，纸幅 52.5cm×43.5cm，今藏广西壮族自治区少数民族古籍工作办公室，档案目录号201201025。

立卖断[001]田契字人覃绍祯，情因家下缺少正用银两，无从出处，不得已合家商议，自愿将我祖父分下各（名）份之田，土名坐落南木隘老连沟水对尾[156]一处，大小六丘[009]；又达门礀（烂）泥田[157]一处，又达新田一丘，合共三处。年中收谷陆百斤正，良（粮）系高元三理（里）[074]三冬[004]民米[006]贰升正，概行出卖。先问六房[016]族内人等，有钱不买，无钱不留。言后请中[036]问到南木隘苏姓源（原）主覃美𤲭，应言承买[011]为业。即日当中三面[013]踏验，田丘、水路清白，后回家议定卖断田价银壹佰叁拾捌大元[141]正。二家干（甘）愿，并无逼押（压）等情。及（其）田自卖之后，不得言增言续，任由我买主子孙永远管业[045]。即日银交契立，授受[019]清白。若有上年先当后卖，不干我买主之事，总在中人[024]、卖主一力成（承）当。如有此情，执字公论，见一赔拾[053]。恐口无凭，立卖断契一张，交与买主存后为据。

天理仁心[046]

中人：□盛德，受艮（银）肆元

在场：覃在瑢、覃在璞、覃绍禧、
　　　覃绍㧯，共受艮（银）拾六毛

代笔：绍祺，受艮（银）六毛

血子[158]：家隆，受艮（银）四毛

平（中）证：莫振业，四毛

民国十六年三月十七日立

立賣斷田勢字人覃紹禎情田家下缺火正用兩無從出處不已令
家高議自願將我祖父分下蓉份之田土名坐潜南木陸老連
溝水對尾一處大小六坵又達門礀坭田一處又連新田一坵合共三
处年中收谷陸百觔正良係高元三理三冬民米貳升正概行出
賣先問六房族內人等有錢不買與錢不留言後請中向到南木陸

蘇姓源主覃美應言承買為業即當中三面蹱驗田坵水路清白
從回家議定賣斷田價銀壹仟叁拾大元正二家干願並無逼
押寺情及田自賣之後不得言續任由我買主子孫永遠管
業即日銀交勢勢授受清白　有上年先僧後賣不干我買主
兹自總在中人賣主一力成當如有些情執字云論見一特拾恩口

與憑立賣斷勢一張交與買主存後為投

天理　良心

中人　盛德受民肆元

在場　璪　紹禧共受良拾六毛
　　　　紹禄

代筆　紹祺受良毛

血子　家隆文良毛

平証莫振業毛

民國十六年三月十七日立

韦荣林卖田契约

（民国十八年二月初七日）

绵纸，纸幅 52.5cm×46.5cm，今藏广西壮族自治区少数民族古籍工作办公室，档案目录号200908013。

　　立卖断[001]田字人韦荣林，情因家中急银□用，无从出处，不得已父子商议，自愿将祖父买得之田三契，土名坐落大床村门□田一处，大小壹拾陆丘[009]，均种大禾[134]。又领额大禾田一丘，秋梁根□□小四拾伍丘，社门口一处大禾田七丘，旧屋地村底大禾田四丘，中□□□大禾田九丘，荒田一处大小粘谷[153]田拾一丘，桃树冲第三漕一□□□谷田壹拾四丘，杉木底粘谷一丘，瓦窑粘谷田一丘，以上合□□□大禾、粘谷共田壹佰零捌丘。每年收糊禾[155]仟壹斤。粮系高元三里[074]六冬[004]韦景成户，民囷[006]□团正，概行团卖，寸丘不留。先问族内人等，俱各不领。然后请中[036]问到明峒口黄姓记号名下，应言承买[011]为业。即日当中三面[013]踩［景］验，田丘清白，水源、草木、牛坡、泥土乃系与众田邻所共管，议定时值田价银壹佰元正。即日银交契立，授受[019]清白，二家甘愿，并无逼押（压）等情，亦无反悔之事。自卖之后，任由买主批耕[140]招丁[159]或自耕种、收租、修整、推收[160]割户[022]、递年[161]完纳钱粮，而我卖主与族内人等概无异言[052]生端滋事。若有此情，执字公论。倘有上手[107]来历不明，概在卖主、中人[024]一力担当，不干买田之事。恐口无凭，立卖断契为据。

天理仁心[046]

中人：苏覃美，受艮（银）三十毛

长子亲笔：韦世良

在场六房[016]：韦荣湘，四毛；

　　　　　　韦章甫，二十毛

民国十八年已巳二月初七日立

立賣斷田字人常榮林情因家中急意銀……無從出庭不是父……下有談身

額將祖父買得之田三契土名堂落大床村門田一处大小壹拾陸坵梅種

大禾又領額大禾田一坵秋梁根……小四拾伍坵社门口一處大禾田七坵

舊門屋地村底大禾田四坵中……大禾田九坵荒田一處大小粘谷田

拾一坵桃樹冲萬三潭一……水田壹拾四坵杉木底粘谷一坵

蜜粘谷田一坵从上合……大又粘谷壹佰零捌坵每坵五瓦

御禾仟壹仟粮保高元三垂六冬常景成戶民……壹概行賣

寸坵不留先向族内人等俱各不領丝从後請中向……明尚口

黃姓記諱名天益言承買為業即日當中三面踪尋出觀田價銀壹佰元正

即日銀交契付承買二家甘願並無逼押等恃亦無反悔之事自賣

之後任由買主爰領招佃或自耕種收割修整推收清白水源

錢粮而我賣主與族内人等概無異言生端滋事及有此情撫字公論

倘有上手未歷不明概在賣主中人一力粗當不干買主之事恐口無憑立

賣斷契為�

　民國十八年□□二月

　天理　仁心

　　中人　常榮湘�︵長子︶

　　六房　常榮炬

　　在場　常章甫耀

　　親筆　常世良

蘇︵其美受良性︶

莫永昌卖田契约
（民国十八年二月十七日）

绵纸，纸幅51cm×39.5cm，今藏广西壮族自治区少数民族古籍工作办公室，档案目录号200908008。

立卖断[001]田契字人莫永昌，情因家下缺少正用银两，无从出处，不得已父子兄弟合议，自愿图本巳（己）名下□□之田，土名大麻（床）村竹家，大小拾三丘[009]，土主门前一丘，南排田柒丘，以行[078]出买（卖）。先问六房[016]兄弟，无人承领[034]。后托中[103]问到大麻（床）村杨甫明处，应言承买[011]为业。当中三面[013]点验，田丘、水源清白，回家议定价银六拾大元[141]正。高元三里[074]三冬[004]民米[006]三升四正，以行出卖。即日银交契立，二家甘愿，并无逼押（压）。若有反悔者，即在六房□内人等不得异言[052]唪（争）端之事，若有唪（争）端之事，壬（任）由卖主一力成（承）当。壬（任）买主子孙永远管业[045]，而我卖主即在卖主房哩[010]兄弟在场单（担）当。恐口无凭，立字为据。

　　　　　　　天理仁心[046]

　　　　　　　中人[024]：苏覃美，三元

　　　　　　　六房：永□，艮（银）□毛；□□，受艮（银）三元

　　　　　　　长子：□□，受艮（银）二毛

　　　　　　　民国己巳年[162]二月十七日立

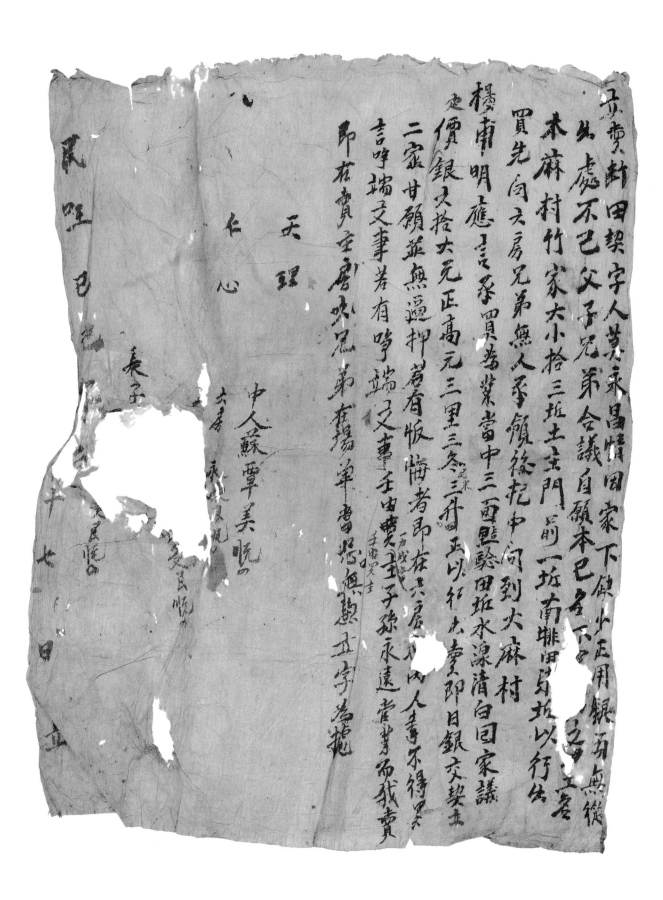

立卖断田契字人黄永昌情因家下缺少正用银两另无措
出处不已父子兄弟合议自愿本已名下自
承麻村竹家大小拾三坵土名门前一坵南排田另坵以行佐
买先向六房兄弟无人承领後托中间问到火麻村
楼南明应言承买尝业当中三面题憨田坵水渌清白回家议
定价银六拾大元正高元三里三冬三升田正以红出卖即日银交契立
二家甘愿並无逼押若有贩悔者即在具房内人书不得异
言哗端之事若有哗端之事壬由卖主子孙永远当业而我卖
即在卖主房内兄弟当场单当恐无凭立字为据

天理

仁心

　乗子

中人苏覃美帆

年七月　日立

罗锦峰卖田契约

（民国十八年十二月二十七日）

绵纸，纸幅 52cm×43cm，今藏广西壮族自治区少数民族古籍工作办公室，档案目录号 201201017。

立卖断[001]田契人罗锦峰，情因家下缺少正用银两，无从出处，不囗已兄弟合议，自愿将我祖父既得之田，土名坐落捌根坝抵（底）田一处，合共大小三丘[009]，以行[078]出卖。先问亲房[154]人等，无人承买[011]。然后请中[036]问到堂兄锦球囗，应言承买为业。当中三面[013]点验，田丘清白，乐议时值卖断价拾大元[141]正。即日银交契立，两家受授[019]清白。两无逼压，并无私债准折[075]等情。其田既卖断之后，任由买主子孙永远耕种、管业[045]、收割户口[163]。而我卖主人等，不得异言[052]生端阻院（挡）。与（如）有此情，任由买主照字公论，自甘罪累，照契内价银受囗赔拾[122]。契内有名人等[080]一囗承当。恐口无凭，特立卖断契一张，交与买主存后为据。

天理良心[046]

中人[024]：锦旗

代笔：锦山

在场：锦南

民国拾捌年十二月廿七日立

立賣斷田契人羅錦芳情因家下□□無力正用銀兩今從出處不

已兄弟妯合意願將我祖父所得之田土名坐崁桐根增抵田一處

合共大小三坵以行出賣先為親　房人等無人承買然後
請中向到堂兄錦球應言承買為業當中三面點驗田坵清白

樂議時值賣斷價拾大元正即日銀交契立兩家受授清白

兩家遞歷主会私債淮折等情共田既賣斷之後任由買主子孫
永遠耕種營業收割戶口而我賣主人等不得異言生端阻

陇免有此情任田買主照守論自甘罪累照契內價銀
受眼拾契力有名人講等一承業遏口无遏於土賣斷契一張
交白買主存後為據

天理　中人錦前
良心　代筆錦山
在場錦南

民國拾捌年　十二月廿七日　立

韦荣发卖田契约

（民国二十一年□□三日）

绵纸，纸幅 48.6cm×43.7cm，今藏广西壮族自治区少数民族古籍工作办公室，档案目录号200908014。

　　立永卖断[001]田契字人韦荣发，▨因家下缺少正用银两，无从出处，不▨已兄弟商议，自愿将父亲遗下之田，土名座落大床村门口秧地[152]田贰丘[009]，该收稬▨[155]壹石。粮系陈杨吴户，民米[006]四合[007]，以行[078]出卖。先问六房[016]，不领。后托中[103]问到大床村杨甫才▨，应言承为（买）[011]买（为）业。当中三面[013]言定，价银□拾壹元正。二家甘愿，并无逼押（压）。若有反悔，此立有契内字人一力成（承）当。任由买主子孙永远管业[045]，而我卖主不得生端兹（滋）事。如有此▨，即（执）字公论，见一赔十[053]。恐口无凭，立▨字一张，承后为据。

天理仁心[046]

□□贤，受银四毫

弟荣珍，受银四毫

民国廿一岁▨申年□□三日立

立永賣斷田契字人韋榮發仔因家不缺少正用銀両無從出處不
已兄弟商議自願將父親遺下之田土名座落大床村門口
秧地田弍坵該收穀壹石粮係陳楊吳三氏米四合以行出
賣先問六房不領後托中問到大床村
楊甫才應言承為買業當中三面言定價銀　於臺元正二家
甘願並無逼押若有悔比立有契內字人一力成當任由
買主子孫永遠管業而我賣主不得生端茲事今有此什
甲字公論見一賠广恐口無憑立字一張永發為據

天星
仁
賢　受銀四毫
韋榮珍　四毫

民國廿一歲壬申年
三日立

韦士书卖田契约

（民国二十二年三月初十日）

绵纸，纸幅 57cm×47cm，今藏广西壮族自治区少数民族古籍工作办公室，档案目录号201010088。

立卖断[001]田契人韦士书，情因家下缺少正用银两，不圄已合家商议，愿将本己名下之田，土名坐落地良洞纳遥田一丘[009]，约有一千田面[123]，水由地良坝水入，粮系五升，派谷[164]拾石，概行出卖。先问房族[010]人等，无人承领[034]。后请中[036]问到李顺德圸，应言承买[011]为业。当中三面[013]点验，田丘、水道清白，然后议定卖价银壹百陆拾陆元正，包六房[016]押字[017]在其价之内。即日银交契立，授受[019]清白。二家意愿，并无私债准拆（折）[075]等情。其田既卖之后，任由买主永远管业[045]、完粮、割户[022]，而我卖人及族内人等，并不敢异言[052]反悔生端，加派谷石等情。倘有上手[107]来历不清，皆在我卖人及字内[149]人等一力耽（担）当，不干买主之事。如有其情，执字公论，受一赔十[122]。恐口无凭，特立断字一张为据。

天理仁心[046]

在场：士文，叔朝章，兄士元、士官、士勋，杨丙午

中人[024]：黄家轩

亲笔

民国廿二年三月初十日立

立賣斷田契人韋士書情因家下缺少正用銀兩不已合家商議願將本己名下

之田土名坐落地良洞迤迢田一坵約有一千田面水由地良爛水入

粮係五升派谷拾石概行出賣先問房族人等無人承領後請中向到

李順德應言承買為業當中三面点聽田坵水道清白然後議定賣價

銀壹百陸拾陸元正包六房押字在其價之內即日銀交契立授

受清白二家意願並無私債准折等情其田既賣之後任由買主永遠

管業完粮割戶而我賣人及族內人等並不敢異言反悔生端加派谷石

等情倘有上手來歷不清皆在我賣人及字內人等一力觥當不干買主之事

如有其情執字公論受一賠十 恐口無憑特立斷字一張為據

天理

仁心

在場兄士官 叔朝章 士支 士元

中人黃家軒

楊丙午 親筆 士勳

民國 廿二年 三月 初十日 立

韦士官卖田契约

（民国二十二年十月十三日）

　　绵纸，纸幅 52.5cm×42cm，今藏广西壮族自治区少数民族古籍工作办公室，档案目录号201010075。

　　立卖断[001]田契人韦士官，情因家下缺少正用银两，无从出处，不得已合家商议，愿将本己名下之田，土名坐落地粮洞水碾贝一丘[009]、大醮一丘，共二丘，约有六百斤田面[123]，水由地粮坝水灌入。民粮[165]三升正，派谷[164]六石，士官户，概行出卖。先问房族[010]人等，不能承顶。后请中[036]问到李顺德处，应言承买[011]为业。当中三面[013]点验，田丘、水道清白，后议定卖断价银柒拾五大元[141]正，包六房[016]押字[017]在内。即日银交字立，授受[019]清白。二家甘愿，并无私债准拆（折）[075]等情。其田即（既）卖之后，任由买主永远管业[045]、完粮、割户[022]，而我卖人及族内人等，并不敢异言[052]反悔生端，加派谷石等情。倘有上手[107]来历不明，在我卖人及字内[149]有名人等[080]一力耽（担）当，不干买主之事。如有其情，执字公论，受一赔十[122]。恐口无凭，特立断字一张，交与买主承后为据。

　　　　　　　　　天理仁心[046]

　　　　　　　　　在场：叔朝章，士元、士文、士书、士明、炳魁，陈寿和

　　　　　　　　　中人[024]：黄家轩

　　　　　　　　　亲笔

　　　　　　　　　民国廿二年岁次癸酉十月十三立

立賣斷田契人韋士官情因家下缺少正用銀兩無從出辦不已

合家商議願將本己名下之田土名地粮洞水碾貝一坵大碨一坵

其二坵約有六百斤田面水由地粮灌水灌人民粮三升正派谷

六石士官戶概行出賣先向房族人等不能承頂後請中問到

李順德應言承買為業當中三面点驗田坵水道清白後議定

賣斷價銀柒拾五大元正包六房押字在兩即日銀交字亙授受

清白二家甘願並無私債准折等情其田既賣之後任由買主永

遠管業完粮割戶而栽賣人及族內人等至不敢異言反悔生端加派

谷名等情倘有上手來歷不明在我賣人及買丙有名人等一戶躭當不

干買主之事如有其情扺字公論受一賠十恐口無憑特立断字一張交與

買主承後為據

天　理
仁　心

在場

叔朝章〇
士元〇
士書〇
士文〇
士明〇〇〇〇
栖魁〇

陳壽和〇

史黃家軒〇
觀華〇

民國廿二年歲次癸酉十月十三

立

何文焕卖田契约

（民国二十四年十二月十九日）

绵纸，纸幅 49cm×36.7cm，今藏广西壮族自治区少数民族古籍工作办公室，档案目录号 201010077。

　　立卖断[001]田契人何文焕，情因家中缺少正用银两，无从出处，不囿已父子一堂商议，自愿将先祖遗下分落本已（己）名份之田一丘[009]，土名坐落牛路沟，东西南北以绕小沟为界，大小共一丘，概行出卖。引源水灌溉，谷担[145]二担。先问亲房[154]人等，无人承领[034]。后托中[103]问到宗侄明珍处，认言承买[011]为业。当中三面[013]踏验，田丘、水道清白，并议定时值价银陆拾元整，民米[006]二升，并包六房[016]押字[017]在内。即日银交契立，授受[019]清白。此系二家甘愿，并无逼压等情。其田自卖之后，任由买主耕批[077]、割户[022]、纳粮，子孙永远管业[045]，而我卖主不得异言[052]反悔，生端滋事。如有此情，任由买主执字公论，在契内有名人等[080]一体担当，受一赔十[122]，甘受罪究。恐后无凭，特立卖断田契一张，交与买主执后为据。

天理仁心[046]

在场：子明璋、明才，弟囡培

中人[024]：明生

亲笔：明才

中华民国二十四年十二月十九日立

立賣斷田契人何文煥情因家中缺少正用銀兩無從出處不已父子一堂商議自
願將先祖遺下分落本己名份之田一坵土名坐落半路滑東西南北以縱小溝為界大小
共一坵概列出賣引源水淹混谷担二担先問親房人等無人承領後托中間到
宗鑑明珍審認言承買為業當中三面踏驗田坵水道清白並議定時值價銀陸拾
元整民米二升並色六厚押字在内即日銀交契立授受清白此係二家甘願並無逼壓
等情其田自賣之後任從買主耕挑割戶納糧子孫永遠受業而我賣主不得異言
反悔生端滋事如有此情任従買主挑字公論在契内有名人等一体擔當受一
賠十甘受罪究恐口無憑據特立賣斷田契一張交與買主挑後為擴

天理

仁心

在场　　子　明璋
　　　　弟　明珪
中人　　　明生
執筆　　　明才

中華民國二十四年十二月十九日立

覃绍祯卖田契约

（民国二十六年三月十七日）

绵纸，纸幅 53.3cm×46cm，今藏广西壮族自治区少数民族古籍工作办公室，档案目录号 200907080。

立契卖断[001]田人覃绍祯。情因家下缺少正用银两，无从出处，不得已合家酌议，自愿将我祖父先年买得南木隘苏姓田一处，土名坐落老连沟水对尾[156]下来，大小六丘[009]，又栏（烂）泥田[157]一处，大小不清丘，又达新田一丘，合共三处，年中收谷柒百斤正粮，系苏六合户，民米[006]纳赋贰升四合[007]正，概行出卖。先问族内人等，不买。后托中[103]问到苏姓源（原）主苏覃美处，应承赎顶买为业。当中三面[013]踏验，田丘、水路分明，后议合时值卖断田价贰百大元[141]正，包在场押字[017]概在内。即契立银交，授受[019]清完，以系二家甘愿，并无逼压□。自圉后，任由买主永远管业[045]批种，而我及族人等不得反悔生端，云增云赎[166]。尚有一切不清之事，总在我中场人[151]等一力围耽（担），受一赔十[122]，自招罪累，甘罚无辞。恐口无凭，特立卖断交田契一张，存后为据。

天理仁心[046]

中人[024]：龙盛德，受艮（银）五元

在场：绍禧、绍祺、绍芳、在瑢、在璞，共受三元

代笔：血子[158]家隆

民国廿六年三月十七日立

注：

本契约与民国十六年三月十七日《覃绍祯卖田契约》（档案号 201201025）所出卖田土坐落、块数、买主、价格、中人、在场、代笔均一致，只有收谷总量和纳赋数量有差异。十年之内两次卖断相同的土地，而且原主和买主相同，只有两种可能：第一，十年内两家对该田进行了至少三次互相买卖；第二，两张契约中有一张是后来重新抄录而改了一些数据。后者可能性更大。

立契賣斷田價干紹禎情田家下欽水正用銀兩再健出廥
不已合家酌議自願將我祖父先年買得南木陸蘇姓
田一處土名坐落老連龔永對尾下來大小共坵又攔坭
田一處大小不清坵又連新田一坵合共三處年中取各榮
百稐正粮保蘇六合戶民采約賦弍升四合正概行出賣
先問族內人等不買後託中間到蘇姓源主
蘇雪美應承贖頂買為業當中三面踏驗田坵水路分彤
後議合時值賣斷田價弍百大元正包在場押兌慨在
自中契立銀交換受清完叶係二家甘願並無蓮尼哎自
此係田買主永遠當業耕種而我及族人等不得反
悔生端云增云贖尚有一切不清之事總在中塌人等一力觥
受一些中自招罪果實到要辭恐口無憑特立賣斷交田
契一張的後為抮

天理　仁心

中人龍盛德受員抗

在場紹芳共受忨

在璞璘璿

代筆血子家隆

民國廿六三月七日立

杨义珍卖田契约

（民国二十七年三月十七日）

绵纸，纸幅51.5cm×43cm，今藏广西壮族自治区少数民族古籍工作办公室，档案目录号201010071。

立卖断[001]源水田[133]契人杨义珍，情因家下正用银两缺少，无从计出，不得已兄弟商议，自愿将祖父之田出卖。土名座落救县塘梨树边之田壹处，上至田面为界，下至大路为界，大小丘[009]数不记，又答（搭）面屋基壹过[167]，又答（搭）圩路抵（底）荒田贰丘，合叁处，概行出卖，寸土不留。先问亲房[154]族内人等，无人授岭（领）。言后托中[103]问到杨德明名可（下），应言承买[011]为业。即日当中三面[013]踏验，田丘、水路清白，言后议定价银壹百陆拾大元[141]正。即日契立银交，授受[019]清白，不少分文。其田自卖之后，任[不][得]凭买主永远子孙管业[045]，而我买（卖）主不得异言[052]阻院（挡）。尚（倘）有抵押不清，是在卖主、中场[168]、契内有名人等[080]一力耽（担）当，收一赔十[066]，不干买主之事。二家甘愿，并无勒逼等。恐口无凭，特立卖字一张，交与买主存后为据。又有米粮五升二（合）[007]正，又有庙五年共三回[169]。

天理仁心[046]

代笔：陈寿和

中人[024]：韩芳玉

在场：杨老土、韩仁生、张浴林

民国二十七戊寅年[170]三月十七日立字

立賣斷源木田契人楊義珍情因家下正用銀兩缺少無從計出不已

兄弟諭議自願將祖父之田出賣土名座落枚縣塘梨樹之田壹處上至田

面房界下至大路大小坵數不記又簽面屋基壹遇又簽坪路抵

荒田武坵合登處概行出賣寸土不留先問親屬族內人等無人授

嶺言託中向到

楊德明名可厲言承買者業即目當中三面蹂驗田坵水路清白言後

議定價銀壹百陸拾大元正即日契立銀交梭受清白不少分文其田自

賣之後任不得憑買主承遠子孫曾業而我買主不得異言阻院

尚有抵押不清是在賣主中場契內有名人等刀貌當收一賠十不干

買主之事二家甘願並無勒逼等恐口無憑特立賣字一張交與買存

後為據　又有米搶五斗二正　又有廟五年其三圓

天理

仁心

代筆　陳壽和

中人　韓芳玉上下

在場　韓仁

楊志土

魯繼源林

民國二十戊寅年三月十七日立　字

杨甫荣等卖田契约

（民国三十年二月初五日）

绵纸，纸幅 51.5cm×43.5cm，今藏广西壮族自治区少数民族古籍工作办公室，档案目录号200908017。

立卖断^[001]养老田契字人杨甫荣、杨甫才、杨水养仝等，情因吾父为□，无从出处，不得已兄弟合议，自愿将父之养老田，土名坐落□梁粮六丘^[009]，社门六丘，右子树壹丘，合沟门五丘，大秧地^[152]二丘，□冃（门）口断三丘，桶钵庚二丘，合共柒处贰拾伍丘正。年中收谷叁百斤正，粮系高元三里^[074]，民米^[006]粮壹升正，概行出卖。自愿请中^[036]问到杨甫明名下，应言承买^[011]为业。即日当中三面^[013]踏验，田丘、水路渭白，后回家议定田价东毫^[171]陆拾大元^[141]，包散^[126]六房^[016]押字^[017]概在内。即日银交契立，授受^[019]清白，二家甘愿，并无逼压等情。其田既卖之后，任由买主子孙永远管业^[045]，而我卖主不得异言^[052]反悔。为（若）有反悔，□执字公论，见一赔十^[053]。恐口无凭，特立卖断契一张，交与买主存后为据。

> 天理良心^[046]
> 在场：福孙，受艮（银）二元
> 六房：金成，受艮（银）二元
> 中人^[024]：曾新财，受艮（银）四元
> 执笔：莫振业
> 民国卅年辛巳（巳）二月初五日立

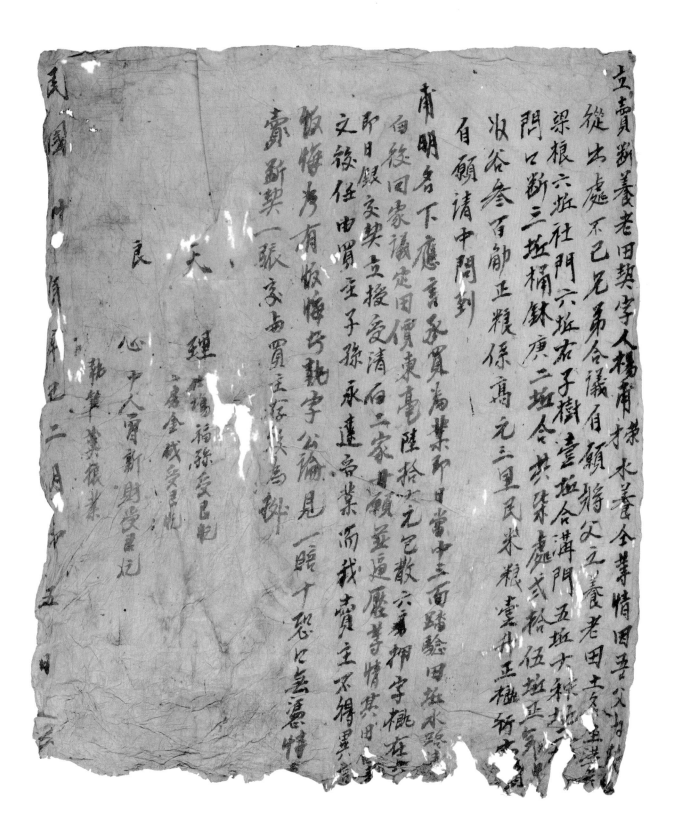

立賣斷養老田契字人楊甫祥承水養全業情因吾父父為授

縱出處不已兄弟合議有願將父立養老田土×至××

梁粮六垅社門六垅右子樹壹垅合溝門五垅大税北×

門口斷二垅桶鉢庚二垅合共柒處戌拾伍垅正×××

收谷叁百餘正粮條高元三里民米粮壹升正概折六×

自願請中問到

甫明者下應言承買為業卽日當中三面踏驗田垅水路×

自從回家議定田價東毫陸拾元包散六毛槩押字槩在×

卽日銀交實授受清百二家甘願並遑歷葺情其田在×

文後任曲買主子孫承遠吾業洏我賣主不得異言×

敬悔為有版悔吞執字公論見一賠十恐口無憑情

賣斷契一張交與買正存收為据

天　理

良

心　　中人會新財受景記

理長　揚福孫受景記

長房金戟受景帖

執筆吳農業

吴姚氏卖田契约

（民国三十年九月十二日）

　　绵纸，纸幅53.5cm×43.7cm，今藏广西壮族自治区少数民族古籍工作办公室，档案目录号200803115。

　　立卖断[001]田契人吴姚氏，情因家下缺少桂钞票[172]，无从出处，不囿已母女商议，自愿将祖父遗下名份之田，土名坐落梅商中间田壹丘[009]，民米[006]壹百五斤正，将来[033]出卖。请中[036]问到亲叔吴长瑞囦，认言承买[011]为业。当中三面[013]言定，时值价桂钞票陆佰元正。即日银交契立，二家授受[019]清白。二家甘心意愿，亦无逼压等情。其囲既卖之后，任从买主割户[022]、耕业，而我卖主以后不得异言[052]反悔。如有反囼者，受一赔十[122]。恐口无凭，特立卖断契纸一张，交与买主收执，存后为实。

天理仁心[046]

在场：吴世超

中人[024]：吴世达

代笔：吴长瑞

民国叁拾年九月十二日立契

立賣斷田契人吳姚氏情因家不缺少柱鈔票無從出處不已母女商議自願將

祖父遺下名份之田土名坐扱梅兩中間田垂坵民米垂百五勛正將來出賣請中

問到

親叔吳長瑞認言承買為業當中三面言定時值價桂鈔票陸佰元正即日銀交

契垂二家授受清白二家甘心意願亦無逼壓等情其賣之後任從買

重割戶耕業而我賣主以後不得異言反悔如有反者受一賠十恐口無憑特

立賣斷契系一張交與買重収存後為賣

天理　在場　吳世趨

中人　吳世達

仁心　代筆　吳長瑞

民國叁拾年九月十二日

立契

李选明卖田契约

（民国三十一年十月十一日）

绵纸，纸幅 50cm×39cm，今藏广西壮族自治区少数民族古籍工作办公室，档案目录号
200908018。

立卖断[001]田契字人，罗城县龙岸乡北源村第十甲李选明，情因家中缺少正用银票，无从出处，不得已阁（阖）家夫妻父子相议，大家自愿将本己置得之田，土名坐落拿脚、同罩二处，共计十一丘[009]，粮系八十八号门牌，面积十二担[173]，概行出卖。先问亲疏族内人等，无人承领[034]。后请中[036]问到怀宝乡永和村大床屯杨甫明処，应言承买[011]为业。当中三面[013]踩验，田丘、水路清白，后回家议定断实价国币[174]三千二佰元正。即日票契两交[018]，受授[019]清白。此系二家甘愿，并无逼勒等情。此田既卖断之后，任由买主永远管业[045]纳赋，而我卖主过后不得异言[052]、滋事生端。如有此情，执字公论，甘罚无辞，受一赔十[122]。恐口无凭，特立此字，交与买业人存后为据。

天理仁心[046]

中人[024]：韦荣德、叔梦荣、弟长贵

在场：男老小

代笔：男家茂

中华民国三十一年孔历[175]十月十一日

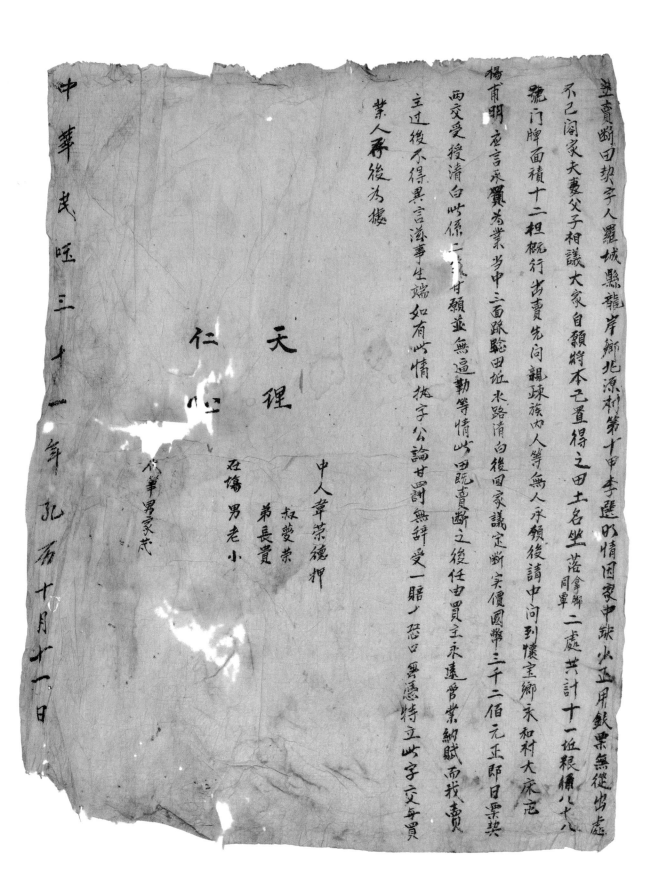

立賣斷田契字人羅城縣龍岸鄉北源村第十甲李選明情因家中缺少正用錢票無從出處

不已闔家夫妻父子相議大家自願將本己置得之田土名坐落拿鄉同畢二處其計十一班糧八七八

號行牌面積十二桓扴行出賣先向親疎族內人等無人承領後請中向到懷寶鄉承和村大床屯

楊甫明座言承頂為業当中三面踄聽田坵水路清白後因家議定實價國幣三千二佰元正郎日票契

兩交受授清白此係二義甘願並無逼勒等情此田既賣斷之後任由買主永遠管業納賦而我賣

主迁後不得異言滋事生端如有此情挍字公論甘罰無辞受一瞎少恐口男憑特立此字交與買

業人存後為據

天理

仁心

中人韋榮德押

叔愛荣

弟長貴

在塲　男老小

代筆男家茂

中華民旺三十一年孔君十月十一日

韦嘉祯卖田契约

（民国三十三年三月初一日）

绵纸，纸幅 49cm×38cm，今藏广西壮族自治区少数民族古籍工作办公室，档案目录号 200908007。

立卖断[001]田契字人韦嘉祯，情因家下缺少正用银钱，无从出处，不得已兄弟夫妻合议，自愿将我本己分得祖父名份之田，土名坐落屋背，田大小二丘[009]，系龙岸乡北源村的名[050]韦嘉祯户，面积测量粮有九分五[176]，概行出卖。先问户内亲疏房族[010]，无人领承（承领）[034]。后托中[103]问到怀宝乡永和村大床屯杨甫明处，应言承买[011]为业。当中三面[013]踩谂（验），田丘、水路清白，即日回家议合卖断价国币[174]陆仟元正。即日钞交契立，授受[019]清白。此系二家甘愿，并无逼压等情。但此田既卖断之后，任由买主永远管业[045]纳赋，而我卖主不得异言[052]，生端滋事。如有此情，执字公论，甘罚无辞。恐口无凭，特立卖断契字一张，交与买主存后为据。

天理仁心[046]

在场人：韦嘉福、韦嘉郁、韦世琛

中人[024]：韦嘉禄

民国三十三年三月初一日立

立卖断田字人韦嘉禛情因家下缺少正用银钱无従出处不已兄弟夫妻

合议自愿将我本己分得祖父名份之田土名坐蒸屋背田大小二坵保龙

岸鄉北源的名韦嘉禛户面积测量粮有九分五概行出卖先问本内亲

疏房族无人领承次托中间到怀寶鄉永和村大床屯

楊甫明名言承買为業当中三面踩諭田坵水路清白即日回家議合卖断

價国幣陸仟元正即日鈔交契立授受清白此保二家甘愿並無逼壓

等情但此田既卖断之後任由買主永遠管業如賦两我卖主不得異

言生端滋事如有此情拖字公論甘罰無辞恐口無凭特立卖断契字

一張交与買主存没为據

天理

仁心

在場人 韦嘉都
福
世珠

中人 韦嘉禄

民国三十三年六月初一日

三

杨水养卖田契约

（民国三十四年十二月十六日）

绵纸，纸幅 42.5cm×31.7cm，今藏广西壮族自治区少数民族古籍工作办公室，档案目录号 200908020。

立卖断 [001] 田字人杨水养，情因家下缺少正用银钱，无从出处，不圄已兄弟夫妻合议，自愿将我本己祖先遗（遗）下之田，土名坐落门口长央（秧）田 [030] 壹丘 [009]，鱼良头合共贰丘，户面积测粮一分 [177]，概行出卖。𧿨田 [036] 问到家百（伯）𧾊甫明𨁖，应言承买 [011] 为业。𧾊田三面 [013] 踩验，田丘、水路清白，即日回家议成断价谷子叁百斤正。即日款交契立，授受 [019] 清白。此系二家甘愿，并无逼压等情。此田既卖之后，任由买主完粮耕批 [077]，而我卖主不得异言 [052] 生端滋事。如有此情，持字公论，受一赔十 [122]。恐口无凭，特立卖断田契一张，交与买主存后为据。

天理仁心 [046]

在场人：韦成、金成、木保

中人 [024]：杨甫荣，受人仟五国币 [174]

代笔：罗承贵

民国卅四年十二月十六日立𨁖

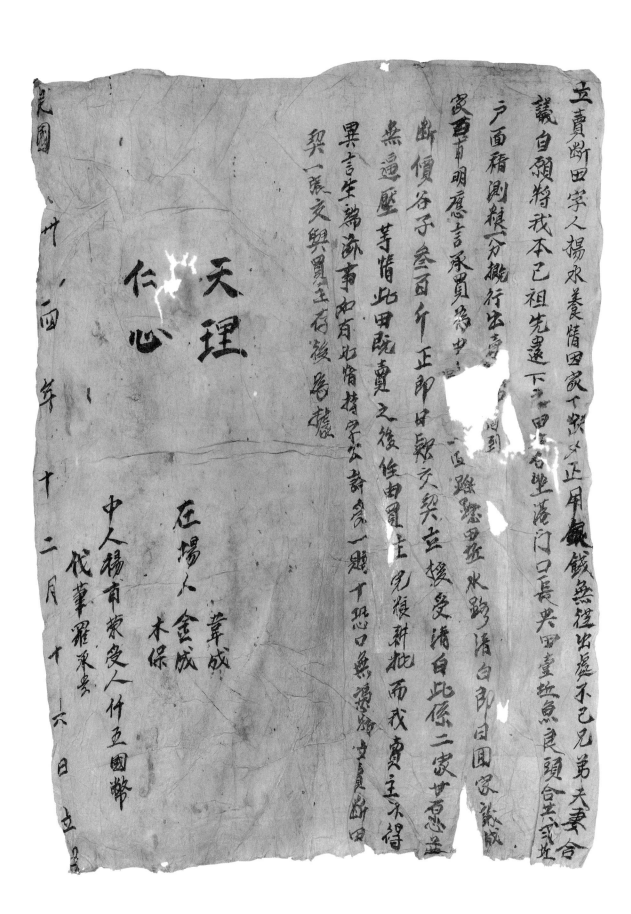

立賣斷田字人楊永養情因家下緊又正甲需錢無徑出處不已兄弟夫妻合

議自願將我本己祖先遺下 田名坐落門口長興田臺地魚良頭合共貳式丘

戶面積測糧一分擬行出賣　　　　　

　　　明愿言承買為中　　　

斷價谷子叁百斤正即日聽文契立援受清白即日圓國家錢　　

無遏壓等惜此田既賣之後任由圓主先複耕批而我賣主不得

異言生端涎事如有此情持字公諱憑一朝　　恐口無憑立賣斷田

契一張文與圓主存後爲據

天理
仁心

在場人　章成
　　　　金成
　　　　木保

中人楊有荣爱人什五國幣

代筆羅東貴

民國卅一二年十二月十六日立

罗兴卖田契约

（民国三十四年十二月十六日）

绵纸，纸幅 42.5cm × 35.3cm，今藏广西壮族自治区少数民族古籍工作办公室，档案目录号 200908021。

立卖断[001]田字人罗兴，情因家下甌少正用银钱，无从出处，不礙已兄弟夫妻合议，自愿将我本己土名坐落社门叁丘[009]，只面玖丘，屋低（底）玖丘，壹丘鱼梁头，共卖玖丘，粮易壹米□□□□□。自愿清（请）中[036]问到杨甫明処，应言承买[011]为业。当中三面[013]踩谂（验），田丘、水路清白，即日回家议合卖断价国币[174]伍万五元正。即日钞交契立，授受[019]清白。此系二家甘愿，并无逼压等情。但此田既卖断之后，任由买主永远□管业[045]纳赋，两（而）我卖主不得异言[052]生端兹（滋）事。如有此情，执字公论，甘罚无辞。恐口无凭，特立卖断契字一张，交与买主存后为据。

天理仁心[046]

在场人：承贵、水养、金成、木保

中人[024]：杨甫荣，受人仟五国币

亲笔

民国卅四年十二月十六日立契

立賣斷田宗人羅與情因家下□□以运用錢無管出處不已兄弟

夫妻合議自願將我本己土名座落本門叁坵雙面環坵原低玖坵壹坵

魚粱頭共賣玖坵粮易東米

自願清中問到

楊甫明應言承買為業當中三面踪議田坵承路清白即日田家議合賣斷

價國幣伍萬五元正即日銊文契立稅受清白此係二家甘愿並無逼

壓等情但此田既賣斷之後任由買主承遠己管業勿賦雨我賣主不得

異言生踹邦事如有此情挑宇公論廿四謝魚拜恐口無凭特立賣斷契字

一張交與買主存後為據

　　　天理

　　　仁心

　　　　在塲人

　　　　　承貴

　　　　　水養

　　　　　金成

　　　　　木保

　　中人楊甫崇受人仟五國幣
　　　　　親筆

民國卅四年十二月十六日立契

林鼎山卖田契约

（民国三十八年二月初八日）

绵纸，纸幅 53.5cm×46cm，今藏广西壮族自治区少数民族古籍工作办公室，档案目录号 201010069。

立卖断[001]田契字人林鼎山，情因家中缺少食用，无从筹措，不得已夫妻父子一堂商议，愿将先祖遗下分落本己名份之田一丘[009]，土名坐落林振武屋后右边大沟边一处，东与韦观连为界，西与江泉记为界，南与何文富为界，北与黄桂才为界。水道由双板桥沟灌溉。每年粮赋贰角伍分，整数一丘，面积约伍分，概行出卖。先问亲房[154]及族内人等，无人承顶。后托中[103]问到下回龙村[178]何绍伦先生处，应言承买[011]为业。当中三面[013]踏验，田丘、四址及水道清楚，后乐议时值价谷壹拾肆大担[179]（伸[180]谷壹仟捌佰贰拾斤），中人[024]辛力[181]叁拾伍斤白米。即日谷交契立，双方授受[019]清楚。其田自卖之后，任由买主耕批[077]，永远管业[045]，我卖主及亲房人等不敢异言[052]反悔，意外生端。倘有支吾，任由买主执字公论，卖主甘受法律上严重处分，受一赔十[122]。此系两家甘愿，并无逼压等情。恐口无凭，特立卖断田契一张，交由买主存后为据。

天理良心[046]

卖主：林鼎山

中人：黄代兴

在场：亲子林庆仁、林庆章、林庆贤

知证：何寿图

请笔：何寿图

中华民国三十八年孔历[175]二月初八日立

立賣斷田契字人林鼎山，情因家中缺少食用，無法籌措，不已夫妻父子一堂商議，
願將先祖遺下分落本己名份之田一坵，土名落林根武屋後在邊大溝邊一處，東至
業現近為界，西至江泉記為界，南至何文富為界，北至黃桂才為界，水道由双板橋溝
灌溉，每年粮賦弍角伍分整數，一坵面積約伍分，托於出賣，先问親房及族內人等無
人承頂，後托中问到下廻龍村
何紹倫先生處應言承買為業，當中三面踏驗田坵四址及水道清楚，後憑時值價谷
壹拾肆大担（伸谷壹仟捌佰弍拾斤），中人辛力谷叁拾伍斤白米，即日谷文契立双方授受
清楚，其田自賣之後，任由買主耕批，永遠管業，我賣主及親房人等不敢異言反悔，意
外倘有支吾，任由買主执字公論，賣主甘受法律上嚴重處分，受一賠十，此係兩家甘願，
並無逼壓等情，恐口無憑，特立賣斷田契一張，交由買主存後為據。

天理
良心

賣主 林鼎山
中人 黃代興
在場親子 林慶仁 林慶章 林慶賢
知認 何壽圖 押
請筆 何壽圖 押

中華民國三十八年農曆二月初八日 立

李顺德卖田契约

（民国三十八年五月初六日）

绵纸，纸幅 50.7cm×41.7cm，今藏广西壮族自治区少数民族古籍工作办公室，档案目录号 201311010。

立卖断[001]田字人李顺德，情因家下缺少正用银两，无从出处，不[囗]已合家商议，自愿将本己所置之田，土名坐落地良洞，合共三丘[009]，稇[182]捌佰斤民粮[165]，概行出卖。先问族内人等，各人不受，后请中[036]问到大蒙屯杨德明[囗]，应言承买[011]为业。当中三面[013]点验，田丘清白，然后议就价银壹佰元。即日银交契立，授受[019]清白。而我自卖之后，并无生端滋事。如有此情，皆在字内[149]有名人等[080]一力承当，不干买主之事。此系双方意愿，并无逼压情事。恐后无凭，特立卖字乙（一）张，交与卖（买）主存后为据。

天理仁心[046]

在场人：韦士荣、韦士珍、李士茂、李士兴、李士繁

中人[024]：杨福成

代笔：李兆森

中华民国己丑叁拾捌年五月初六日立

立賣斷田字人李順德情因家不銳少正用銀兩要從出
賣不已合家商議自願將本戶所置之田土苗堅落地良湄合
共三坵榔捌佰俶民糧
概行告賣先問親族內人等各
人不受後請中間到大蒙屯
楊德明應言承買為業當中三面言騐田坵清白然後議就價銀
壹佰元即日銀契兩授受清白而我自賣之後甚要生端
滋事如有此情皆在字內有某人等一力承當不干賣主之事
此係双方意願甚無逼压情事恐後無凭特立賣字乙弒交与賣
主存後為据

天　理
仁　心

在場人　李士茂
　　　　李士珍
　　　　李士貞
　　　　李士繁

中人　楊福成

代筆　李北森

中華民國元丑又叁拾捌年五月初六日　立

李顺德卖田契约

（民国三十八年五月初六日）

绵纸，纸幅 49.5cm×40.5cm，今藏广西壮族自治区少数民族古籍工作办公室，档案目录号 201201019。

　　立卖断[001]源水田[133]字人李顺德，情因家下缺少正用银两，无从出处，不得已父子合家商议，自愿将本己所置之田，土名坐落地良洞，合共叁丘[009]，每年收粮捌佰斤民粮[165]，概行出卖。先问族内人等，各人不受，复请中[036]问到大蒙屯杨德明囚，应言承买[011]为业。当中三面[013]踏验，田丘、水路清白，然后议定价银贰佰元正。即日银交契立，□□□□，收（授）受清白。而我自卖之后并无后悔，任凭买主耕种，子孙永远管业[045]。其田如有来立（历）不清、生端情事，概在卖主一力承当，不干买主之事。有明（名）人等[080]，总在字内[149]，受一赔十[122]。此系双方意愿，并无逼压情事。恐后无凭，特立卖字一张，交与买主存后为据。

天理仁心[046]

在场人：韦士荣、韦士珍、李士茂、
　　　　李士兴、李士繁、李兆伦

中人[024]：杨福成

笔人：李飞森

中华民国己丑年五月初六日立

注：

此契与《李顺德卖田契约》（档案目录号 201311010）时间、田土坐落、面积、收粮数、买卖主和中证人等完全相同，只有价银不同，此张在"贰佰元"之上盖有红章，怀疑是原来写错价银数目后来改正，或者原来卖主认为价钱不合理，重新议价之后重写的新契。

立賣斷源水田字人李順德情因家不敷少正用銀

兩無從出處不已父子合家謫議自願將本屯所置

之田土各坐落地良凋合共叁坵每年收鄰捌佰勛民

糧　概行出賣先問族內人等各人不受復請中

問到大眾屯

楊德明應言承買為業當中三面蹤驗田坵水路清白然後

議定價銀貳佰元正即日銀交契立不买不人自定兌清自而我

自賣之後並無後悔任覓買主耕種子孫永遠管業其田如

有来立不瀋生端情事概在賣主一力承當不干買主之

事有求立不瀋生端情事概在字内受一賠十此係双方意願並無逼压情事

惣後恐毫特立賣字一張交與買主存後為據

天理

在場人

任心

中人楊福成

辛士珍棠

李士典戎

筆人李兆林

中華民國己丑年五月初六日立

李壬英卖田契约

（民国三十八年七月二十三日）

绵纸，纸幅53.5cm×49cm，今藏广西壮族自治区少数民族古籍工作办公室，档案目录号200908005。

立卖断[001]田契字人李壬英，情因急银正用，无从出处，不㝵已母子相议，自愿将先父买得大床之田，合共壹百零捌丘[009]，每年实收稴禾[155]壹仟贰百斤，概行出卖。今先问族内亲人等，无谁承取。故今托中[103]问到大床㘣杨甫才、杨成贵、杨有吉三号（处），应言承买[011]为业。即日当中三面[013]字田[183]采（踩）验，田丘清白，水源、草木、牛坡、泥土一概为买主管业[045]。面议田价银每担稴[182]拾伍元，合共东毫[171]壹百捌拾大元[141]。即日银契两交接，授受[019]清白。二家甘愿，并无逼押（压）等情，亦无反悔之（滋）事。自卖之后，任由买主批耕[140]或抬（招）丁[159]自种，我卖主泡（绝）无异言[052]生端。如有上手[107]来历不清，概由卖主与中人[024]一力耽（担）当，受一赔十[122]。恐口无凭，特立卖字交与买主，存后为据。（该田粮谷共壹佰四拾伍斤，自卖之后，则概由杨甫才等全部激（缴）沵（纳）清楚。）

天理仁心[046]

卖主人：李壬英

中人：盛㞢廷，受银伍元四毛

六房[016]：黄有祀，受银三元；黄斧严，受银三元

在场：黄继球，受银一元；儿黄继成，受银一元代

亲笔：儿黄继良

民国卅八年七月廿三日立

注：

契约中提到李壬英，而据《李壬英卖田契约》（档案目录号200908006），李壬英是民国时期人，则此契约当在民国时期。

立賣斷田契字人李主英情因急銀正用無從出處不已毋子相議自願將先父買得大床之

田合共壹百零捌垤每年實收稇承壹仟書百餬概行託賣今先問族內親人等無誰承取

故今託中問到大床

楊甫才
楊成貴　三謙言承買為業即日當中三面字田様驗田垤清白水源萆草木牛坡現土一概約買主當
楊有吉

業面議田價銀每担稇伍元合共東亳書捌拾大元即日銀契兩交接稅受清白二家廿願並無

逼押等情乔無反悔之事自賣之後雜由買主批耕或招丁自種我賣主逸無異言生端如有上

手未歷不清拟由賣主共中人一方歁者受一佰十愆口無憑特立賣字文共買主

存後者拟

（抉田穀谷共壹佰四拾伍觔自賣主收則概由楊甫才等金部激納清芒）

天理
仁心

賣主人　李主英

代書　黄　　

中人　黄有記　受銀三元

六房黄令嚴　受銀一元

在塲黄繼球　受銀三元

免黄繼成　受銀一元

教筆兄黄繼良

廿八年七月廿三立

李壬英卖田契约

（民国三十八年七月二十三日）

绵纸，纸幅 49cm×42cm，今藏广西壮族自治区少数民族古籍工作办公室，档案目录号 200908006。

立卖断 [001] 田契字人李壬英，情因家 下 欠少银两，无从出处，不 得 已母子 商 议，自愿将先父买得大床之田，合社门 [184] 三丘 [009]、中间断央（秧）田 [030] 叁丘、瓦遥（窑）田一丘、第三朝口二丘、高流田 [185] 共有肆丘、油菜田一丘，合共十四丘，［元］每年实 收图 佰斤，概行 田卖 。先问族内亲人等，无谁承取。故今托 田 [103] 问 到 大床 团 杨有吉 处 ，应言承买 [011] 为业。即日当中三面 [013] 字田 [183] 采（踩）验，田丘清白，水源清白，一概为买主管业 [045]，面议田价银四拾伍大元 [141]。即日银契两交 [018]，授受 [019] 清白，二家甘愿，并无逼押（压）等情，并无反悔之（滋）事。自卖之后，任由买主批耕 [140] 或抬（招）丁 [159] 自种，我卖主沲（绝）无异言 [052] 生端。如有上手 [107] 来历不清，概由卖主与中人 [024] 一力成（承）当，受一倍（赔）十 [122]。恐口无凭，特立卖字交与买主，存后为据。田良（粮）卅十六斤。

　　　　　　　　　　天理仁心 [046]
　　　　　　　　　　卖主人：李壬英
　　　　　　　　　　中人：盛正廷，受银伍元
　　　　　　　　　　六房 [016]：黄有祀，受银三元；黄斧严，受银三元
　　　　　　　　　　在场：黄继球，受银一元；儿黄继成，受银一元
　　　　　　　　　　亲笔：儿黄继良
　　　　　　　　　　民国卅八年七月廿［十］三日立

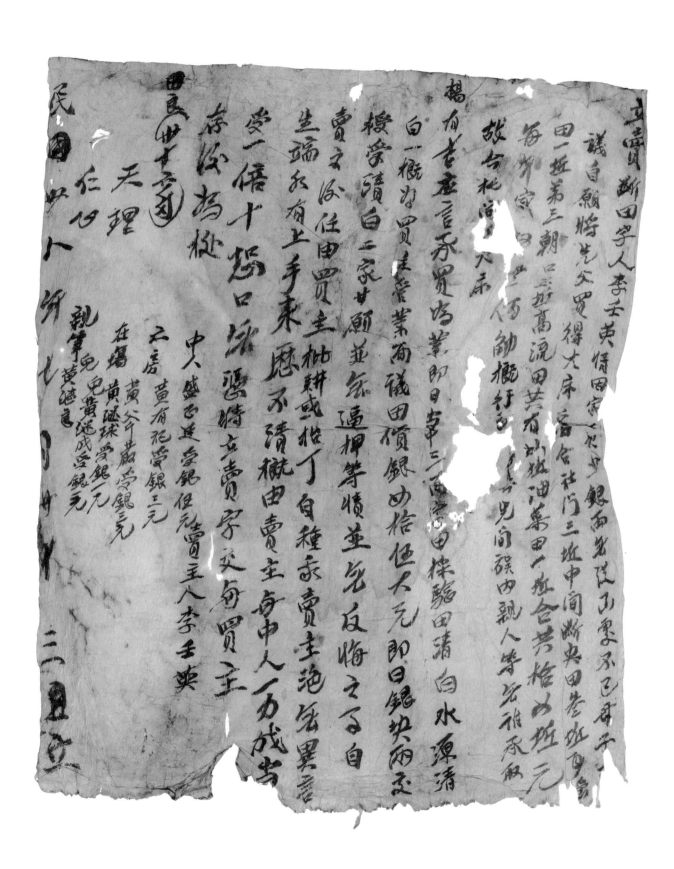

立賣契斷田字人李丟英情因家一�少銀兩先陰乃乘丕已母子一

議自願將先父買得大床富合社門三班中間断央田叁班身叁

田二班弟三期因叁批高流田共有以姚油柒田一班合共拾以班元

每埒實□□□□□□□佰勅概舒□□免兄前碩内親人等先祖承叙

一故合批當大床

揭有杏童言承買鳴業即日以本三面言田株駿田清白水源清

白一概仍買主管業而議田價銀以拾佢人元即日銀块块兩交

樓學積白二家廿願並各遁押等積並先反悔之了自

賣之泩任田買主枞耕或招丁自種承賣主池堂異言

生端矛有上手来應不積概由賣主与中人刀成当

受一佰十奴口深愛特立賣字交每買主

奈泠為柂

中火盛□透受銀但冠賣主人李丟英

六房黃分行苗受銀三元

在娟黃遂珠受銀二元

免賣黃遂成受銀元

天理

仁心

親筆黃池之

民國廿七年九斿七日叶叶叶

二口日立

（二）卖土地山林契约

周神昌等卖地契约

（道光二十五年六月二十八日）

绵纸，纸幅 40.7cm×37.8cm，今藏广西壮族自治区少数民族古籍工作办公室，档案目录号 200911035。

立断卖荒山熟地文契人周神昌、梁革杜二姓，情因家下要钱用度，无处设待，是以夫妇、父子、兄弟、叔侄商议，自愿将祖遗之产，座（坐）落地名戊火中冲，情愿出卖。亲自请凭中证，先进[187] 房族[010] 人等，无人承受。覆（复）来问到苏金富名下，应言承买[011] 为业。当日同中[186] 向山踏看[014] 清楚，阴阳二宅、竹木水石百事等项，寸土不留，一并出卖。上至天水为界，下至田□为界，左至大路为界，右至大岭为界，内有荒田一块，四至[131] 分明。当日凭中三面[188] 言定，时值价钱拾壹千文正。即日亲手领足，并无计欠分文。其山内存先栽杉木一块，其杉木除外，共（其）土承（承）主管业[045]，其界之内业产应凭承主开恳（垦）、耕种、栽造百事等项生里（理）。其山余（如）有来历争界人等，不与承（承）主相干，只有卖主自待理瞭（落）[121]。界下有田一龙（垄），上有耕地，天水埂产田段，不与承（承）主相干，出业人一力承当。明卖之后，不得异言[052]。回头契付承（承）主一祇（纸），子孙永远存照为囵。

天里（理）仁心[046]

凭中证：周老六

在场见钱人：卢隆广

代笔人：吴孤文

道光二十五囝六月二十八日

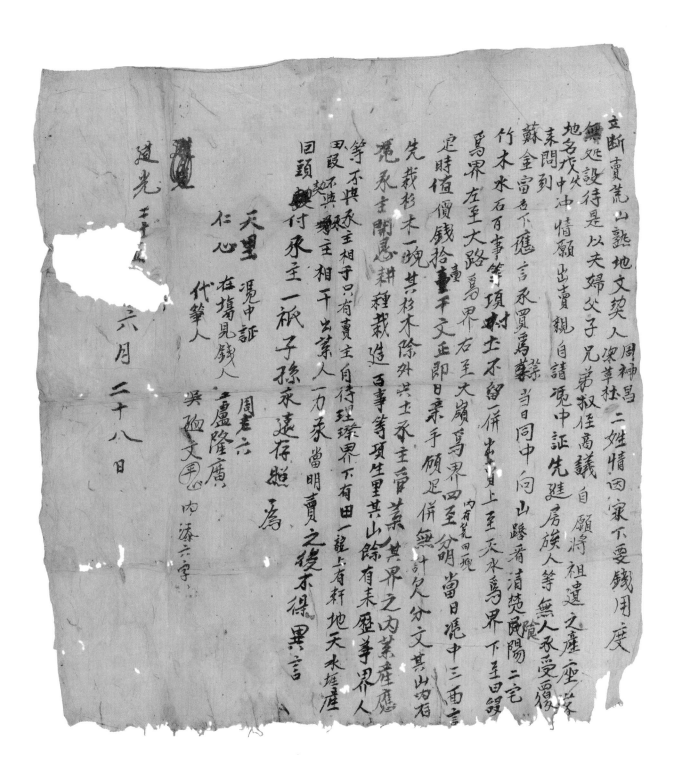

立断賣荒山熟地文契人凌神昌二姓情因家下要錢用度

無處設待是以夫婦父子兄弟叔侄高議自願將祖遺之產座落

地名戊火沖情願出賣親自諸凭中証先進房族人等無人承受愿

蘇金當恙不應言承買爲難当日同中向山蹧肴清楚鳳陽二宅

竹木水石百事等項材土不留一併盡上至天水爲界下至田墈

爲界左至大路爲界右至大嶺爲界四至分明当日凭中三面言

定時值價錢拾壹千文正即日親手領迄併無欠分文其山內有

先栽杉木一塊其杉木除外其土承主自己曾業其界之內業產應

凭承主開墾耕種栽造百事等項生里其山除有未歷莘界人上

田殷熟不洪賣主相干出業人力承当明賣之後求得異言

等不與承主相干只有賣主自待理瑳界下有田一瓏上有軒地天水墈產

回頭幾付承主一祇子孫永遠存姚房

天里　凭中証　周老六
仁心　在墈見錢人　盧隆廣
　　代筆人　吳彌文

內添六字

陈保林卖地契约

（同治十三年九月初五日）

绵纸，纸幅 45.6cm×43.8cm，今藏广西壮族自治区少数民族古籍工作办公室，档案目录号201010080。

立卖断 [001] 地人陈保林，情因家下缺正用钱文，无从出处，不圄已兄弟合议，自愿将祖父遗下买得之地，土名坐落长沟地一块，以行 [078] 出卖。先问六房 [016] 族内粼（邻）等，无人承领 [034]。然后请中 [036] 问到梁彩高处，应言承买 [011]。当中三面 [013] 点明，地块清楚，言定时值价作钱贰千五百文正，包 [189] 六房押字 [017] 概在内。二家意愿，并无逼压。即日钱交圂立，二家授受 [019] 圊白。其地既卖之圊，任由梁姓管业，而我陈姓人等，不敢异言 [052] 反悔。如有此情，执契公论，受一赔十 [122]。恐囗无凭，自甘罪累，特立卖圂圁张，付与梁姓存后为实。

中人 [024]：梁明文

同治十三年九月初五日立

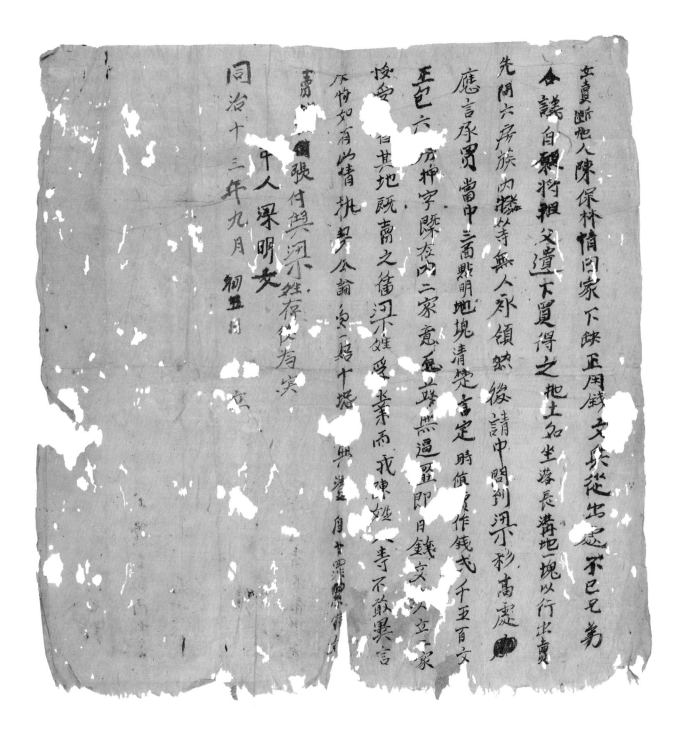

立賣斷地人陳保林情因家下缺正用錢文央從出處不巳兄弟

仝議自愿將祖父遺下買得之地土名坐落長溝地一塊以行出賣

先開六房族內縻等無人承領然後請中間到梁小衫高處（印）

應言承買當中三面點明地塊清楚言定時值食作錢弍千五百文

王巳六房押字隨衣內二家意愿工賣照過盤即日錢衣以立一家

揆受自其地既賣之後梁小維受業而我陳姓一寺不敢異言

不恃如有此情执契公論另一扇十塔

（印）張付與梁小維存伐为実

同治十三年九月調豐月

中人梁明文　立

成有庄卖地契约

（光绪三年二月十六日）

　　绵纸，纸幅 40.8cm×39.7cm，今藏广西壮族自治区少数民族古籍工作办公室，档案目录号 200803122。

　　立卖断[001]畬（畲）地[040]契人成有庄，情因家下缺少使用钱文，无从出处，不圆已夫妻长子商议，自愿圀祖父分下畬（畲）地，坐落土名瓦窑山脚高楼大石头长畬（畲）地一连二［畬］块，照面山脚罗家祖公面前［一］畬（畲）地一块，共成三块出卖。先问房族[010]人等，无人承领[034]。后请田托[012]到吴永高处，认言承买[011]。当中三面[013]言定，时值价钱八仟正。即日立契两交[018]，授受[019]清白，并无对债[190]压逼等情。自卖之日，任从买主耕管，卖主不得异言[052]反悔。囗恐族内人等一人争论者，即在卖主、中人[024]承当。恐口无凭，立卖圛为据。

天理仁心[046]

在场：成有仁

中人：成馀才

亲笔

光绪三年二月十六日立

立盡賣斷地契人成有羅情田家下缺火使用錢文無 器

從出處不迨夫妻共子商議自願祖父分下番地

坐落土名无窟山腳樓大石頭一番地一連二番塊 ^高

照面山腳羅家祖公面前一番地一塊共成三塊出賣

先問房族人等無人承頭後講托到

吳永高處認言承買當中三面言定時值價錢

八仟正即日立契兩交接受清白其魚對債靈通等

情自賣之日任從買主耕魯賣主不得異言翻悔依

恕族內人等人爭論者即在賣主中人承當恐日無

憑立賣為據

天理　在場　有仁。

仁心　中人　親筆

成餘才。

光緒三年二月十六日　立

张鸿翔卖地契约

（光绪四年四月初一日）

绵纸，纸幅 42.2cm×39.6cm，今藏广西壮族自治区少数民族古籍工作办公室，档案目录号 201201013。

立卖断[001]根棉花园地契人张鸿翔，情因家下缺少正用钱文，无从出处，不㝵已夫妻一堂合议，自愿将板杖村前左边，土名坐落六架车田面[191]之地，东以田边为界，南以田头为界，西以路边为界，北以高基囚界，概行出卖。先问房族[010]人等，无人承领[034]。后请中[036]问到桥头村欧成琪处，应言承买[011]为业。当中三面[013]踏验，四处界址清楚，议定时值价钱壹拾陆仟文正，六房[016]押字[017]概包在内。即日钱交契立，授受[019]清白。此系二家情愿，两不相压。其地既卖之后，任由买主种地，子孙永远管业[045]。而我张姓房族人等，日后不得阻挡异言[052]滋事，借故生端。如有此情，总在卖者与中人[024]一力承当，加倍赔还钱文，不敢抗拗。倘有此地上手[107]来历不明，不干欧姓之事。恐后无凭，特立卖断根契一纸，付执存照。

　　　　　　　　　　　　　　　　天理仁心[046]

　　　　　　　　　　　　　　　　在场：张世德

　　　　　　　　　　　　　　　　中人：谢惠昌

　　　　　　　　　　　　　　　　光绪四年四月初一日亲笔立

立賣斷根棉花菌地契人張鴻翔情因家下缺少
正用錢文無從出處不已夫妻二堂合議自願將板杖村
前左迁王名坐落六架車田面之地東以田邊為界南以田头
為界西以路邊為界北以高基界楓行出賣先問房族
人等無人承領後請中問到橋头村
歐成琪霎廳言承買為業當中三面踏驗四霎界址
清楚議定時值價錢壹拾陸什文正六房押字概包
在内即日錢文契立授受清白此係二家頭兩不相壓
其地既賣之後任由買主種地子孫承遠會業而我張姓
房族人等日後不得阻攪吳言滋事借故生端如有此
情縱在賣者与中人一力承當加倍賠還錢文不敢抗拗
倘有此地上手來歷不明不干歐姓之事恐後無憑特立賣
斷根契一紙付抚存照

光緒四年

天理
仁心

在塲張世德〇
中人謝惠昌
四月初一日親筆立

□□□卖地契约

（光绪十三年十二月十三日）

绵纸，纸幅 54cm×53.5cm，今藏广西壮族自治区少数民族古籍工作办公室，档案目录号 200908011。

立永远卖断[001]草坪地契约，□□祖送先年祖父遗有份下：土名坐落那朗坡草地一处，上至马鞍□□腰小路为界，左至那朗漕为界，下出漕口小岭田面囚界，上□□三坡与田□水为界，下至田面为界；又有小鸾岭[192]两固（个），右至榕树群榜（旁）□□为界，龙骨岭[193]内至田面为界，外有小登两只田面为界。情因家下缺少正用钱文，无从田处，不囲已夫妻父子一堂合议，自愿将此业慨（概）行出卖。与父兑问六房[016]亲族人等，各俱不愿承领[034]。后请中托[012]到杨秀兴处，认言函买[011]为业。当田三面[013]踏验周围，四至[131]清白，即日凭中[061]议定，时值断价铜钱伍千囲百文正，包六房押字[017]写书俱包在内。即日钱交契立，授受[019]清白，中间并无短少坋戈，异（亦）无囚货准折[194]。既卖之后，任凭杨姓子孙永远耕种生意、栽种竹木、割草牧牛。我出卖人等不得阻院（挡），亦不敢言增言赎[195]，一卖千休[196]，寸土不留。此系二家甘愿，亦无逼压等情。而我□□□□□□□□滋事。如有此情，执字公论，［干］甘罚无辞。自□□□□□□□□□远，卖断字交与买主存后为照。

中人[024]：韦正

在场人：善荣，长男木宽

代笔：陈恩□

光绪十三年十二月十三日立

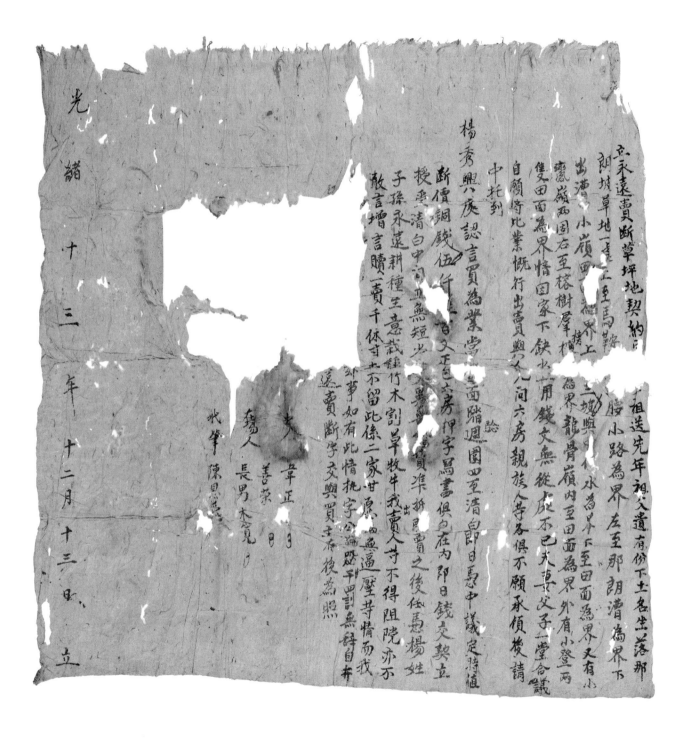

立永遠賣斷草坪地契約□□祖送先年祖父遺有份下土名坐落那

朗坑草地一處上至馬鞍腰小路為界左至那朗漕為界下

出漕與□水為界下至田面為界又有小

憲嶺西固右至椿樹舉橫為界龍骨嶺内至田面為界外有小登一坵

隻田面為界憤園家下缺水用雙交無從底不已未春父子二堂合議

自願將此業慨行出賣與八人間六房親族人等各俱不願承頃後請

中托到

楊秀興六族認言買為業當面踏週圍四至漕即日憑中議定時値

斷價銅錢伍仟一百文正包六房押字寫書俱自在内即日錢交契立

授受清白中間並無短少異言無言賣之後任恵楊姓

子孫永遠耕種至意裁種竹木割草牧牛我賣人苧不得阻院亦不

散言增言贖一賣千休寸未留此係二家甘原四過壁芽情而我

遂賣斷字交與買主存後為照

代筆陳□□

代人 □章正□□

憑人 善□□

長男木□□

光緒　十三　年　十二月　十三日　立

李芬华卖地契约

（光绪三十三年一月）

　　绵纸，纸幅 43.2cm×47cm，今藏广西壮族自治区少数民族古籍工作办公室，档案目录号 201010083。

　　立卖断[001]绵（棉）地契人李芬华，情因家中缺少正用银两，无从出处，愿将先父所置得之地，土名坐落马拱岭中间一丘[009]，［以］又连左边地一丘，又达独山脚地一丘，合共大小三丘，四至[131]界址清白。先问六房[016]族内等，无银承领[034]。然后托中[103]问至陈寿南囦，应言承卖（买）[011]为业。即日偕中三面[197]点验，界址四道清白，然后议定价银四十二毫正。即日银交契立，受授[019]清白。此系二家甘愿，并无逼压等情。恐口无凭，特立卖字一张交与银主[198]为实。

天理良心[046]

在场：李芳华

中人[024]：张显光

亲笔：李芬华

光绪三十三年正月◇日立

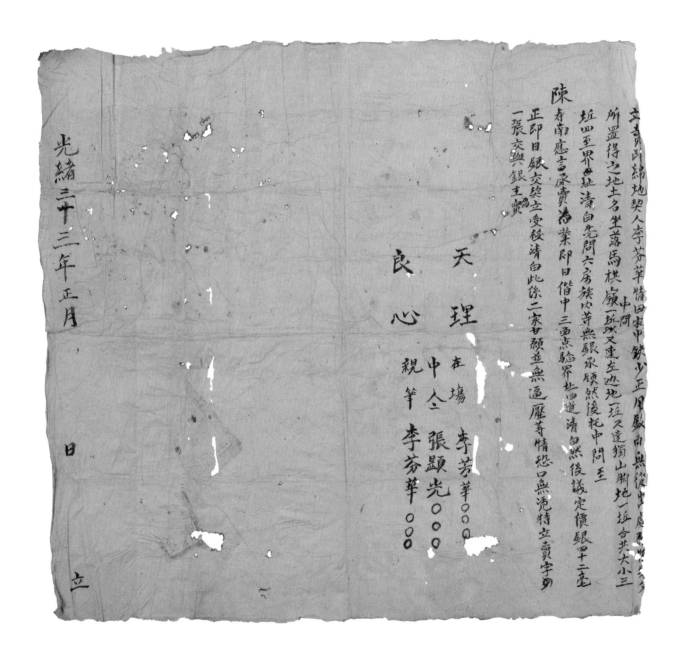

立書契賣地契約人李芳華情因家中鉄少正用啟向無從中處高姓父兄
所置得之地土名坐落馬棋嶺一班以又重左迅地一班又遠獨山脚地一班合共大小三
坵田至界母址清白先問六房族次芽無承頃然後托中問至
中間〇〇〇〇

陳壽南應言承賣為業即日僧中三面点驗界址四道清白然後議定價銀四十二毫
正即日眼交契立受枝清白此條二家母願並無逼壓芽情恐口無浇特立賣字勞
一張交與銀主賣

天　理　在場　李芳華〇〇〇

良　心　中人　張顯光〇〇〇
　　　　親筆　李芳華〇〇〇

黄承忠等卖地契约

（民国三年八月十二日）

绵纸，纸幅 51cm×48.5cm，今藏广西壮族自治区少数民族古籍工作办公室，档案目录号 201311014。

　　立卖断[001]草地契人黄承忠、黄承友，情因家中缺少正用银两，无从出处，不圉已兄弟伯母商议，自愿将先年置得之草坪一处，土名坐落喇豆岭草坪一处，右边以梁[199]为界，左以沟为界，上以梁顶为界，下以塘为界，一概将来[033]出卖。先问六房[016]兄弟人等，无人承领[034]。后请中[036]问到本村谢国徵处，应言承领。当中三面[013]踏验，草地四处界址清白，后议定卖断时值价银拾两正，包散[126]六房押字[017]皆在其内。即日银交契立，授受[019]清白。此系二家甘愿，并无逼压等情。其草地既卖之后，任凭买主永园管业[045]、割草，而我卖主兄弟人等，不得异言[052]反悔争论。如有异言反悔争论者，在契内有名人等[080]一力耽（担）当，任凭买主执字公论，自甘罪累。恐口无凭，特立卖断草坪地契一张，存后为实。

天理仁心[046]

中人[024]：彭福喜

亲笔

民国三年八月十二日立

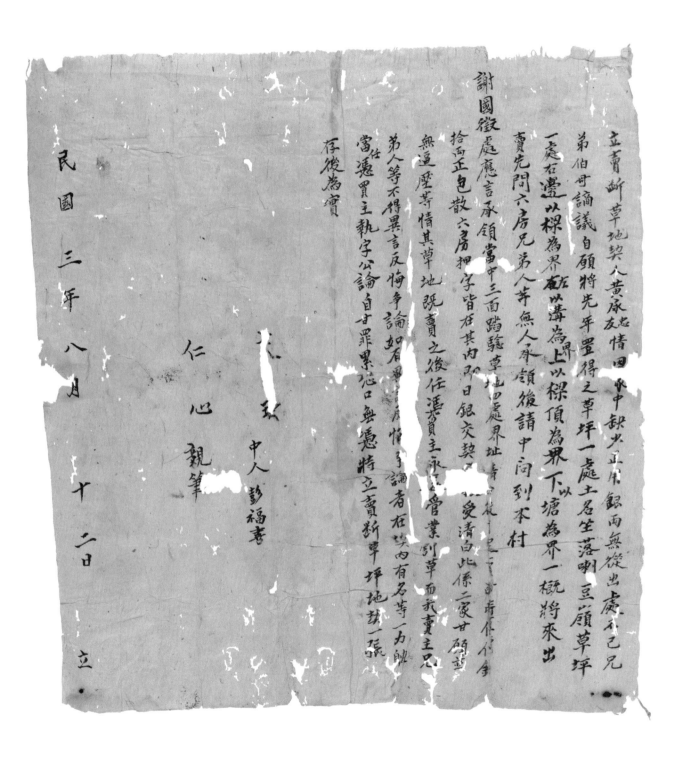

立賣斷草地契人黃承友情因□中缺少正用銀兩無從出處不己兄

弟伯母論議自願將先年置得之草坪一處土名笙落唎豆嶺草坪

一處在邊以裸為界□以溝為界上以裸頂為界下以塘為界一概將來出

賣先問六房兄弟人等無人承領後請中向到本村

謝國徵處應言承領當中三面踏驗草地四處界址□□□□□□□□□□到本村

拾兩正包散六房押字皆在其內即日銀交契□□□□□□受清白此係二家甘願並

無逼歷等情其草地既賣之後任憑買主承管□□業劉草而我賣主兄

第人等不得異言反悔爭論如有□□□情爭論者在我內有名等一力觝

當任憑買主執字公論自甘罪果恐口無憑特立賣斷草坪地契一張

存後為實

中人彭福書

仁心親筆

民國三年八月十二日立

吴万贞卖水契约

（民国六年九月十一日）

绵纸，纸幅 51.5cm×47cm，今藏广西壮族自治区少数民族古籍工作办公室，档案目录号 201010073。

立卖断 [001] 水契人吴万贞，情因家下缺少正用艮（银）两，无从出处，不囿已父子夫妻合议，自愿将我上洞水四两 [200]，以行 [078] 出卖。先问兄弟，并无承领 [034]，后亲口问到堂兄万清廷処，应［□］言承买 [011] 断为业。当中三面 [013] 言定，卖断价银壹百贰拾毫正，概包押字 [017] 在内。即日艮（银）交契立，授受 [019] 清白。二家甘愿，并无逼压。自卖之后，任由买主永远管业 [045]，而我卖主人等不得反悔之（滋）事。恐口无凭，特立卖断水契一张，存后为实。

天理仁心 [046]

在场：的父 [201] 成美、的子代魁

中人 [024]：万广

亲笔

民国丁己（巳）年 [202] 九月十一日立

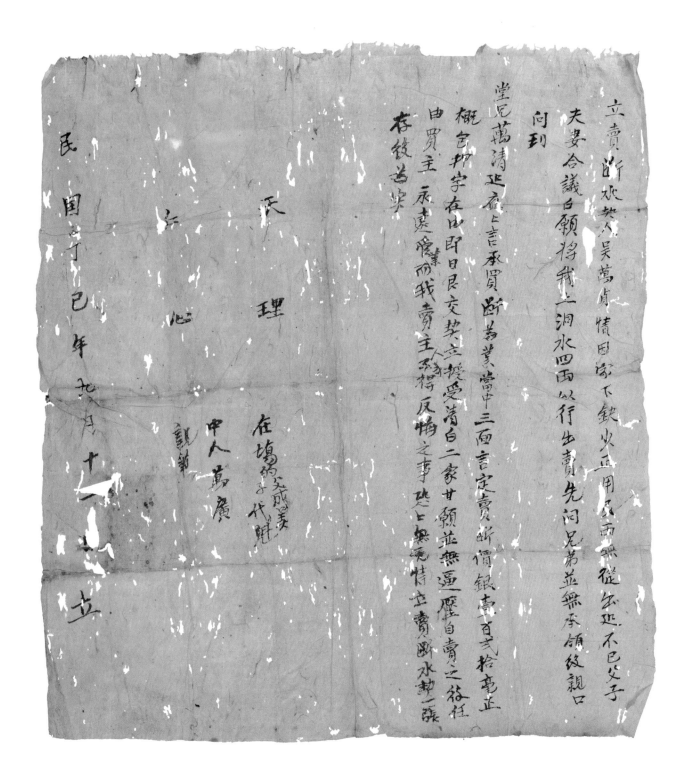

立賣斷欵契人吴萬貴情因家下欵少正用民面無從出迪不已父子

夫妻合議甘願將我土洞水四畂以行先賣先問兄弟並無承領紋親口

問到

堂兄萬清延宦上言承買斷為業當中三面言定賣斷價銀壹百弎拾氙正

慨色押字在由即日民交契立授受清白二家甘願並無逼壓自賣之後任

由買主永遠受業而我賣主不得反悔之事恐上無凴特立賣斷水契一張

存紋為安

中人萬廣

在坤謂父成美代書

氏理

氏心 親筆

親筆

民國丁巳年九月十一日立

林福保卖草坪和地契约

（民国十一年十一月初七日）

　　绵纸，纸幅 42.5cm×35.3cm，今藏广西壮族自治区少数民族古籍工作办公室，档案目录号 200911025。

　　立卖断[001]草坪契连地契字人林福保，情因家中缺少正用银两，无从出处，不得已母子合议，愿将先父遗下之草坪一份，连地大小共十一块，地名坐落大山岭林姓屋后，尽行出卖。先问六房[016]人等，无一承受。后托中人[024]问到□□□□□□□，应言承买[011]为业。当中三面[013]蹈（踏）验界址，东以□□□□，西囚何老殓地为界，南以林姓屋后为界，北以牛坡为界。又林姓屋后之地二块，东以本己田为界，西以苟弟田为界，南以林桥喜地为界，北囚林仙培田为界。又林姓屋右侧之田墩地一块，东以水沟为界，西以沟为界，南以喜床地为界，北以水沟为界。草坪连地合共三处，草坪一份地大合共十一块。四至[131]验明，凷面议定时值价银四十五元正，并包六房押字[017]概在内。即日银交契立，圂受[019]清白。此系二家甘愿，并无逼压等情。既卖之后，任由买主自种自割，或批祖（租）管业[045]。而我卖主人等不敢异言[052]反悔，生端滋事。如有此情，任由买主执字公论。恐口无凭，特立卖断草坪地契一张为据。

天理仁心[046]

在场：胞伯国勋

中人：堂兄宝昌

代笔：堂叔国治

民国壬戌年[203]十一月初七日立

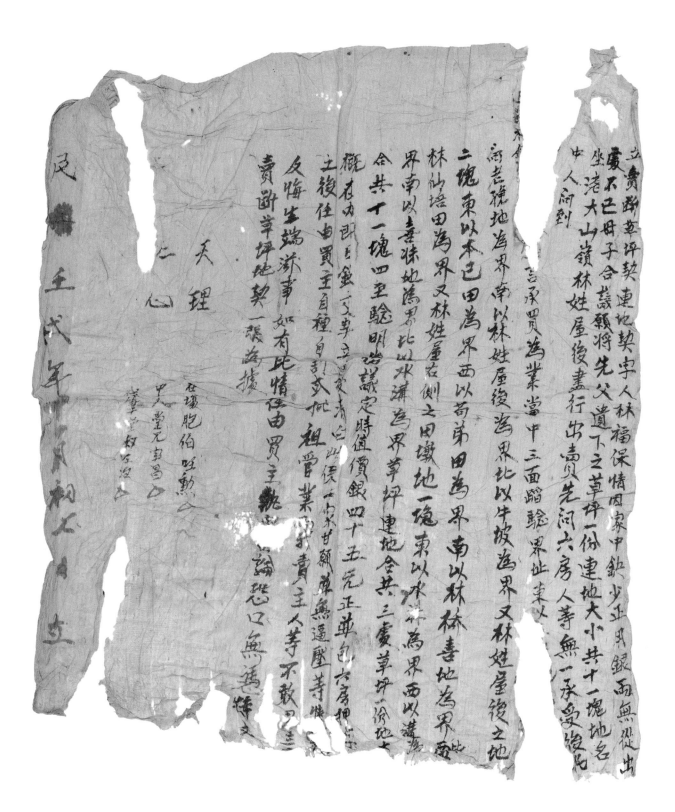

立賣斷草坪契字人林福保情因家中鈌少正用銀兩無從出
處不已母子合議願將先父遺下之草坪一份連地大小共十一塊地名
坐落大山嶺林姓屋後盡行出賣與先河六房人等無□承受後即
中人河剝

吾承買為業當中三面踏驗界址東又

河老種地為界南以林姓屋後為界北以牛坡為界又林姓屋後之地

二塊東以本已田為界西以苟弟田為界南以林喜地為界又
林仙培田為界又林姓屋在側立田墩地一塊東以水溝為界西以溝為
界南以喜株地為界北以水溝為界草坪連地合共三處草坪一份地土
全共十一塊四至驗明踏議定時值價銀四十五完正並無包六房坤□

概在內即言銀又交收無台以後一賣千休甘願奮無逼壓等情

土後任由買主自種自訂其地租曾業無論□□

反悔生端滋事如有此情任由買主魂□□論恐口無憑為

賣斷草坪地契一張為據   燁文

天理
仁心

代筆堂兄對昌口   在場肥伯呼勳

民□ 壬戌年賣買相不久即立

何文顺卖地契约

（民国十六年三月初三日）

绵纸，纸幅 51cm×42.5cm，今藏广西壮族自治区少数民族古籍工作办公室，档案目录号 200911028。

　　立卖断[001]地契字人何文顺，情因家中缺少正用银两，无从出处，不[得]已夫妻兄弟合议，自愿将先年祖父遗下分落本己之地一丘[009]，土名坐落买主门前，东[与]以沟为界，西以沟为界，南以灰屋为界，四处点明清白，以行[078]出卖。先问亲房[154]人等，各言不就。后托中[103]问到本村明针处，应言承买[011]为业。当中[044]点验清白，然后议定时值价银伍拾大元[141]正。即日银交字立，收授清白。此系二家甘愿，并无逼压等情。卖断之后，任由买主永远耕批[077]，而我卖主不得异言[052]生端滋事。如有此情，受一赔十[122]。恐口无凭，特立卖断地契一张，交与买主存后为据。

天理仁心[046]

中人[024]：文耀

在场：文培

兼代笔：文耀

民国十六年三月初三日立

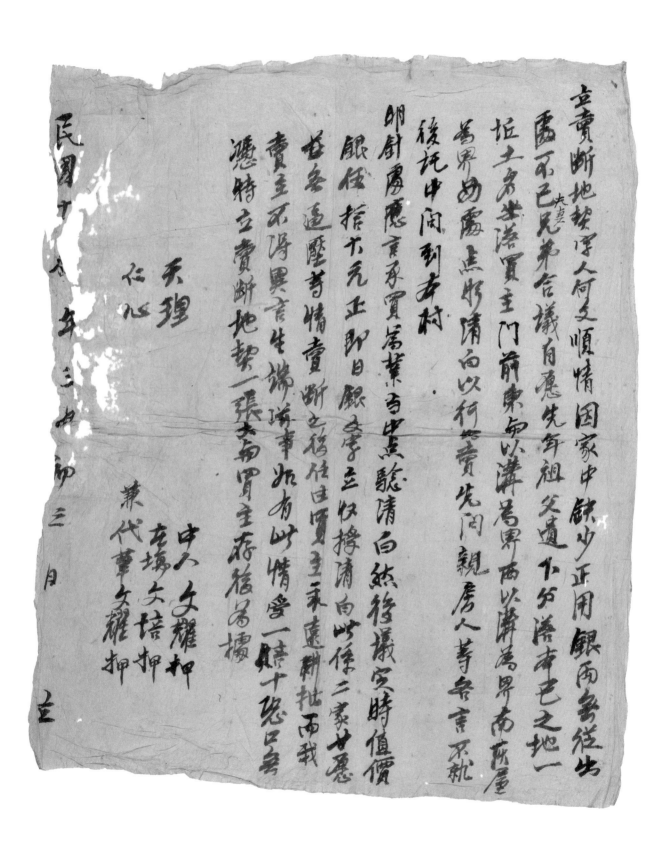

立賣斷地契字人何文順情因家中缺少正用銀兩無從出

處不已兄弟合議自願先年祖父遺下分灤本已之地一

坵土名坐落買主門前東向以溝為界兩以溝為界南廢屋

為界四圍走形清白以行出賣先問親房人等俱言不就

後託中間到本村

明剖厚應賣承買為業當中言驟清白然後議定時值價

銀任捨拾大元正即日銀交字立收撥清向此係二家甘願

並無逼歷等情壹賣斷之後任憑買主承遠刪批而我

賣主不得異言生端瑞事如有此情愿受一賠十□口無

憑特立賣斷地契一張大南買主存後為據

天理

仁心

民國十八年三月三日　立

中人文耀押

立場文培押

兼代筆文耀押

启宝卖草坪契约

（民国十八年三月初四日）

绵纸，纸幅 52cm×46.5cm，今藏广西壮族自治区少数民族古籍工作办公室，档案目录号201010076。

立卖断[001]草坪字人启宝，情因家下缺少正用银两不敷，不得已夫妻合议，愿将先父分落本己名份之草坪，土名坐落藕村田墩，北以田为界，东以地为界，南以沟为界，西以基为界，以行[078]出卖。托中[103]问到［木城］文绣处，应言承卖（买）[011]为业。当中三面[013]踏验，四至[131]清白，然后议定价银壹拾肆元正。即日银交字立，授受[019]清白。此系二家甘愿，并无逼压等情。此草坪既卖之后，任由买主割批，而卖主之人不得滋事生端。如有节外生端，并上手[107]来历不清，总在纸上内有名人等[080]一力耽（担）当，执字公论，受一赔十[122]。恐口无凭，特立字据一张，交与买主收存为据。

天理仁心[046]

在场：妻路氏、观成

中人[024]：文轩

亲笔

民国拾捌年叁月初四日立

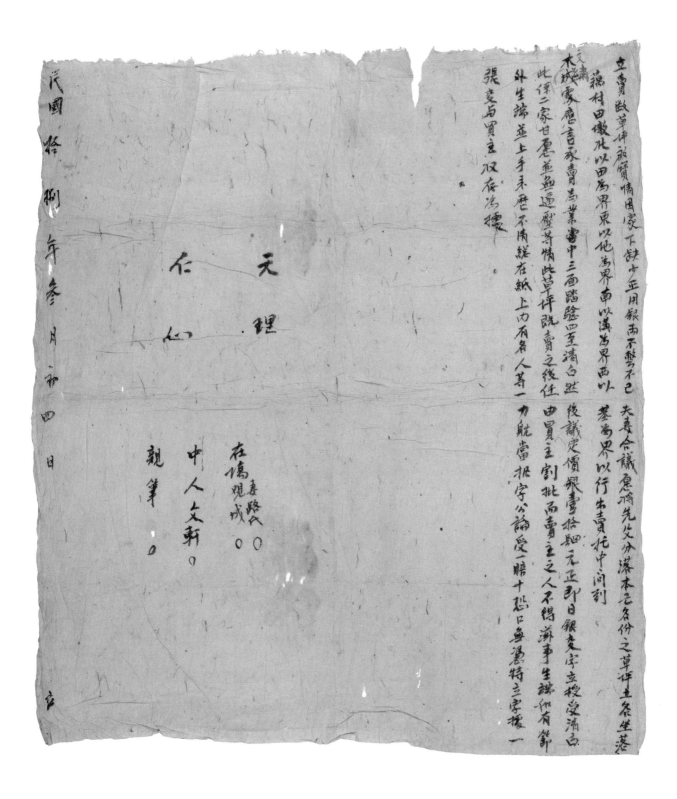

立賣斷草坪敗寶情因家下缺少正用銀為不繫不已

夫妻合議情將先父分澤本己名份之草坪壹條坐落

福村田墩化以田為界東以他為界南以溝為界西以

墓為界以行出賣托中間訪

木城霍處言承賣為業當中三面踏驗四至清白然

後議定價銀賣拾貳元正即日銀交字立授受清白

此係二家甘愿並無逼勒等情此草坪既賣之後任

由買主割批為賣主之人不得滋事生端倘有節

外生端並上手未歷不用繳在紙上如有各人等一

力航當批字公論受一賠十恐口無憑特立字據一

張交與買主收存為據

天理

仁

中華民國拾捌年叁月初四日立

在鳿觀成 蔡路氏○○

中人文新○

親筆　○

欧正儒卖地契约

（民国十八年十二月十四日）

绵纸，纸幅 51.1cm×40cm，今藏广西壮族自治区少数民族古籍工作办公室，档案目录号 201201016。

　　立卖断 [001] 字人地维村 [206] 欧正儒，情因家中缺少正用银两，无从出处。不得已父子一堂合议，自愿将祖父遗下之地，土名坐落洲角屋背棘竹苑一丘 [009] 地，半边上面 [207]，半边出卖，以济眉急 [208]。先问族内，无人承买 [011]。后托中人 [024] 问到大园村何明珍处，应言承买为业。当中三面 [013] 踏验地清白，时值言价该银拾肆园正。即日银交契立，授受 [019] 清白。自卖以后，任由买主耕批 [077]，不得生端反悔阻院（挡）等情。如有此情，执字公论。恐口无凭，特立卖断地契一张，交与买主收执为据。

天理仁心 [046]

在场：欧阳儒、欧阳机、欧阳楷

中人：欧润英

代笔：欧阳箴

民国十八年十二月十四日立

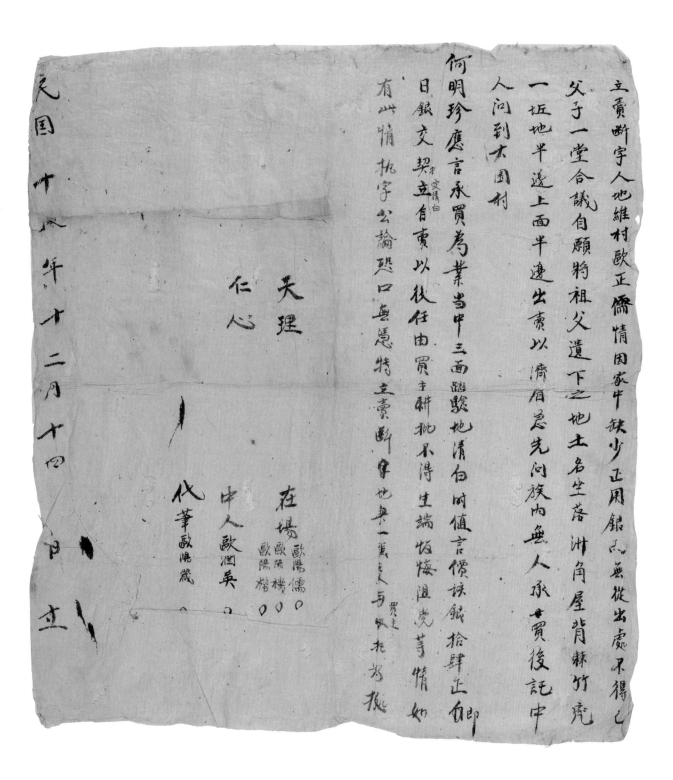

立賣斷字人地維村歐正儒情因家中缺少正用銀而無從出處不得已

父子一堂合議自願將祖父遺下之地土名坐落洲角屋背蔴竹崗

一坵地半邊上面半邊出賣以濟眉急先問族内無人承買後託中

人問到本園村

何明珍應言承買爲業當中三面踏驗地清白時值言價銀拾肆正卽

日銀交契立自賣以後任由買主耕耛批不得生端反悔阻攔等情如

有此情執字公論恐口無憑特立賣斷字地奧一賣一買永遠為據

　　　　　　　天理

　　　　　　　仁心

　　　　　　　　　　　　　在場　歐陽儒
　　　　　　　　　　　　　　　　歐陽機
　　　　　　　　　　　　　中人歐潤英
　　　　　　　　　　　代筆歐陽藏

天國十二年十二月十四日立

欧卢翰卖地契约

（民国十九年十二月十二日）

绵纸，纸幅 49cm×44.5cm，今藏广西壮族自治区少数民族古籍工作办公室，档案目录号 201201027。

立卖断^[001]棉地人欧卢翰，情因家中缺少正用银钱，无从出处，不囿已自愿将父亲遗下分落本己名份之地一块，坐落何氏祠面前，莲花圩路边地一块，以行^[078]出卖。先问房族^[010]人等，无一承顶。后托中^[103]问到下回龙村^[178]何文培、何明珍二人处，应言承买^[011]为业。当中三面^[013]踏验，界止（址）清白，北以圩路为界，西以地为界，南以大路为界，东以地沟为界，四至^[131]清白，后议定时值价银壹拾六元正，并包押字^[017]在内。即日银交契立，授受^[019]清白。此系二家甘愿，并无逼压等情。自卖之后，任由买主耕批^[077]、管业^[045]，而我等不敢生端滋事。恐口无凭，特立卖断地契一张为据。

二人合共地一块，明珍北边每人八元，文培南边每人八元。

天理良心^[046]

在场：欧春和

中人^[024]：欧覃清

亲笔

民国十九年十二月十二日立

立卖断棉地人歐靈翰情因壹中缺少正用銀錢無從出處不已自愿將

父親遺下分落不己名份之地一塊坐落何民祠面前蓮花圩路邊地

一塊以行玉壹先問房族人等無一承頂後托中間到下迴龍村

何文培明珍二人處願言承買為業當中三面踏驗界止清白北以杉路為界

西以地為界南以大路為界東以地溝為界田至清白後議定時值價

銀壹拾六元正其龜色押字在內即日銀炙親立授受清白此係二

家甘愿並無逼勒等情自賣之後任由買主耕栱管業而我等

不敢生端滋事此口無憑特立賣斷地契一張為据

二人合共地一塊 明珍 北边每人八元

　　　　　　　　　文培 南边每人八元

　　　天理　　　　　　　在場歐春和 乙乙乙

　　　良心　　　　　　　中人歐覃清 乙乙乙

　　　　　　　　　　　　親筆 乙乙乙

民國十九年十二月十二日

立

明亮卖地契约

（民国二十二年三月十九日）

绵纸，纸幅43cm×37cm，今藏广西壮族自治区少数民族古籍工作办公室，档案目录号201010063。

立卖断[001]地契人明亮，情因家中正用不敷，无从出处，不得已夫妻一堂合议，愿将先祖父遗下之地，土名坐落藕村长塘大岭遍（边）一块，概行出卖。先托中[103]问到房族[010]人等，无一承领[034]。后托中问到长兄明珍处，应言承买[011]为业。当中三面[013]踏验，若（言）定价银陆元伍毫正。即日银交契立，受授[019]清白。此系二家甘愿，并无逼压等情。此地自卖之后，任由买主子孙永远管业[045]，而我卖主不得生端兹（滋）事。如有此情，受一倍（赔）十[122]。恐口无凭，特立卖断契一张，交与买主永存后为据。

天理仁心[046]

在场：明祥

中人[024]：明宣

代笔：明全

民国二十二癸酉年三月十九日立

立卖断地契人明亮　情因家中正用承数無從出受不已夫妻一堂

合議願将笔祖父遺下之地土名坐落蓮村長壩大嶺遍一塊概行

出賣芫托中間到房族人等　無一承顧後托中間到

長兄厦言承買為業　当中三面踏骹荞足議銀陸元伍毫正即日銀
（明琦）

交契主受授清白以係二家甘願并無逼壓荞情此地自賣之後

任由買主子孫永遠震業而我賣主不得生端滋事少有此情愛

一傷十恐上要憑特立賣断契一祗交与買主永存後為據

天理

仁心

在塲　明祥

中人　昉宣

代筆　明全

民國二十二癸酉年　三月十九日　立

李门刘氏卖地契约

（民国二十五年二月十五日）

　　绵纸，纸幅 50.5cm×36.5cm，今藏广西壮族自治区少数民族古籍工作办公室，档案目录号 201010062。

　　立卖断^[001]地人鸡灵村李门刘氏，情因家下被白团^[204]所害，概走奔波。今我年迈，一人回家，衣食不足，无从出处，不得已愿将祖父遗下兄弟均分本己份内之地，土名坐落独山辈（背）排连叁块，七星路边壹块，大小合共肆块，概行出卖。先问亲疏族内人等，无人承认。然后托中^[103]问到本村陈庆堂囮，应言承买^[011]为业。即日临地踏验清白，当中三面^[013]议定，时值价银捌拾伍毫正，又加干谷子贰大担^[179]，即日交银立契。自卖之后，任从买主管业^[045]。若有奸人混行争执，卖主自出支当^[205]，不涉买主之事。两家情愿，并无逼成。恐口无凭，立契一张，并交买主存照为据。

　　　　　　　　　　　天理良心^[046]

　　　　　　　　　　　中人^[024]：女亚土凤

　　　　　　　　　　　代笔：子婿蓝俊山，授艮（银）贰毛

　　　　　　　　　　　在场：女土凤，授艮（银）贰毛

　　　　　　　　　　　民国廿伍年贰月十五日立

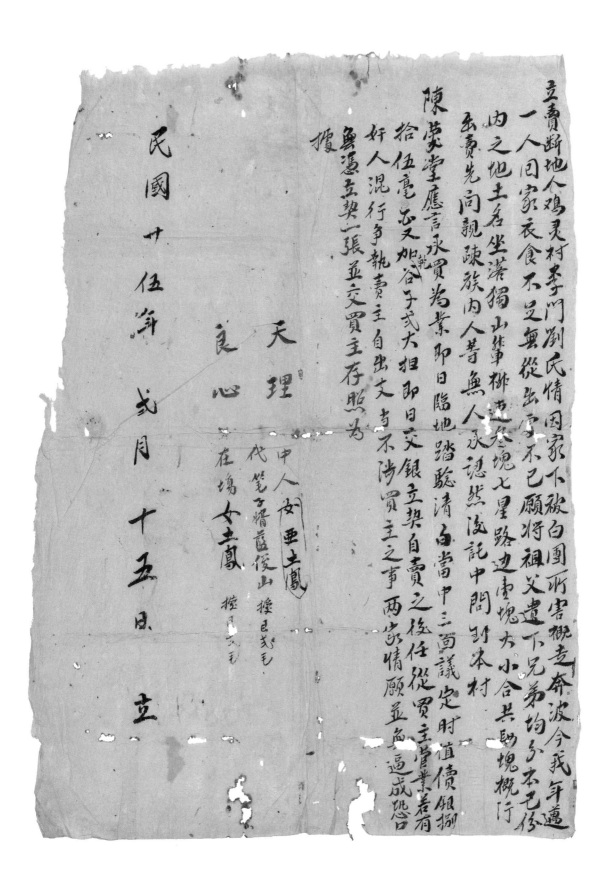

立賣斷地人鸡灵村李門劉氏情因家下祿白團所害概支奔波今我年邁
一人回家衣食不足無從出辦實不已願將祖父遺下兄弟均分本无修
内之地土名坐落獨山集車掀造屋壹塊七星路边雷塊大小合共馴塊概行
盡賣先同親疎族内人等無人承認然後託中問到本村
陳莫堂應言承買為業即日臨地踏聴清白當中三面議定時值債銀捌
拾伍毫玉又加谷子式大担即日交銀立契自賣之後任從買主當業若有
奸人混行争執賣主自出文當不涉買主之事兩家情願並無逼成恐口
無憑立契一張並交買主存照為

　　　天理
　　　良心

中人女亜士鳳

代笔弓壻藍俊山撰民式毛

在塲女士鳳　撰月六毛

民國廿伍岁武月十五日 立

林宝春卖地契约

（民国二十五年八月十七日）

绵纸，纸幅 54cm×46cm，今藏广西壮族自治区少数民族古籍工作办公室，档案目录号 201010072。

立卖断[001]地契字人林宝春，情因家中缺少正用银毫，无从出处，不㝵已夫妻子弟一堂同议，自愿将本己先年置得之地壹丘[009]，土名座落大山岭脚白坟背地壹丘，东以林凤翱地基为界，南、西、北以何姓地基为界，四至[131]点明，概行出卖。先问房族[010]兄弟，无银承买[011]。后托中人[024]问到下回龙村[178]何文绣处，应言承买为业。当中三面[013]点验清白，然后议定时值价银伍拾毫正。即日银交契立，[收]授受[019]清白。此地既卖之后，任由买主永远耕种，而我卖地人等不敢异言[052]阻挡，滋事生端。倘有生端滋事等情，执字公论，收一赔十[066]，自干（甘）罪累，甘罚无辞。恐后无凭，立此卖断地契一张，交与买主何姓收执为据。

天理仁心[046]

中人：林宝仁

在场：林宝钧、林宝钦、林鼎昌

代笔：林俊武

民国二十五年八月十七日立

立賣斷地契字人林寶春情因家中缺少正用銀毫無從

出處不已夫妻子第一堂同議自愿將本老先年置得之

地壹坵土名座落大山嶺脚白坟背地壹坵東以林鳳

鬮地基為界索西北以何姓地基為界四至点明概行

盡賣先向房族兄弟無銀承買後托中人向到下坑

壠村

何文繡處應言承買為業當中三面点驗清白然後議

定時值價銀伍拾毫正即日銀交契收授清白此地

既賣之後任由買主耕種而我賣地人等不敢異言阻攬

淋事生端倘有生端淋事等情托字公議收一賠十餘

不還罰由罰無辭悉後無處立此賣斷地契一張交與

買主何姓收抵為據

　　天理　　中人林寶仁

　　仁心　　在場林寶鈞

　　　　　　　　　寶鈞

　　　　　　　　昌鈎

　　　　　代筆林傳武

民國二十五年八月十七日立

罗锦峰卖地契约

（民国二十六年十二月二十七日）

　　绵纸，纸幅 50cm×39.8cm，今藏广西壮族自治区少数民族古籍工作办公室，档案目录号201201004。

　　立卖地人罗锦峰，情因家中缺少正用银两，无从出处，不囿已夫妻一堂合议，愿将本分[209]下名份之地，土名坐落竹山地一块，竹巴地一块，合共二块，已行[048]出卖。先问亲房[154]人等，不能承领[034]。然后托中[103]问到堂兄锦球処，应言承买[011]为业。当中[044]踏验，地基清白，时值价银捌拾毫正，概在其内。即日银交契立，授受[019]清白。此系二家甘愿，并无逼压与有反悔滋事生端。如有此情，总在契内有名人等[080]一力耽（担）凷。恐口无凭，特立卖断[001]地文一张，交与买主存后为据。

天理仁心[046]

中人[024]：锦旂（旗）

亲笔

在场：血子[158]四九

民国廿六年十二月廿七日立

立賣地人羅錦峯情因家中欠少正月銀兩無從出處不已

夫妻一堂合議願將本分下冬份之地土坐落竹山地一塊竹巴

地一塊共共二塊已行出賣先問親房人等不能承領然

後托中閒劉

堂兄錦球應言承買為業當中蹉驗地基精白時值

價銀捌拾毫正把在其内即日銀交勢立授受清白

此係二家甘願並無逼壓亦有反悔滋事生端如有此情

總在契内有各人等一力抵當恐口無憑特立賣斷地字一

張交与買方主存後為據

民國廿六年十二月廿七日　立

天理　中人　錦旂

上心　親筆

在場見子□

何明馥卖地契约

（民国二十七年九月初二日）

绵纸，纸幅51.2cm×42.5cm，今藏广西壮族自治区少数民族古籍工作办公室，档案目录号201311013。

　　立卖断[001]草地字人何明馥，情因家中决（缺）少正用银两，无从出处，不圉已母子叔母一堂合议，自愿将本己祖父遗下草地壹块，坐落钟亚新门口草地壹块，慨（概）行出卖。东面连文范[210]草地，西面连国庆[211]草地，北以沟为界，南至山脚为界。托中[103]问到本己公项[212]经理人文林等圀，应言承买[011]为天耀尊祖公项。先行踏验清白，后议价银东毫[171]叁拾伍元。即日银交契立，双方愿意，授受[019]清白。倘有异事生端，慨（概）由买（卖）主一人存（承）当。恐口无凭，特立卖字一张，交与买主收存为据。

天理仁心[046]

中人[024]：何门覃氏

在场：何门韦氏

亲笔：明馥

民国贰拾柒年九月初二日立

立賣斷草地字人何明馥情因家中決少正用銀兩
參從出處不乙母子叔母一堂合議自願將本乙祖父
遺下草地壹塊坐落鍾亞新门口草地壹塊慨行出賣
東西連文範草地西面連国慶草地北角以溝為界南至山脚為
界托中问到

李乙公項經理人文林等应言承買為天耀尊祖公項先行踏
聦清白後議價銀東亳參拾伍元即日銀交契立双亦願授受
清白倘有異事生端慨由買主一人存当恐口与憑特立賣字一
張交与買主牧存為据

天理

仁心

中人 何氏章氏

右場 何氏章氏

親筆 明馥

民国弍拾柒年九月初 二日 立

吴姚氏卖园场契约

（民国三十年三月初五日）

　　绵纸，纸幅 52.5cm×42.5cm，今藏广西壮族自治区少数民族古籍工作办公室，档案目录号 200803116。

　　立卖断[001]园场契人吴姚氏，情因亲囚归终，家内缺少桂钞[213]，无从出处，不囵已与房族[010]叔协议，自愿囹祖父遗下之园场，土名坐落吴长瑞叔之后门，北边与长清[214]小房屋詹（檐）滴水为界，东边与长清石墙为界，南边切石墙为界，将来[033]出卖。托中[103]问到本族叔吴长瑞囚，认言承领[034]为业。当中三面[013]言定，时值价银桂钞壹佰伍拾囥正。二家甘愿，即日银交契立，授受[019]清白，并无勒逼等情。其园既买（卖）之后，任由买主耕种、起屋、管业，卖者不得异言[052]阻抗。如有阻抗者，契内有名人等[080]一力耽（担）当，受一赔拾[122]。恐口无凭，特立卖断园场契纸一张，存后为据。

天理良心[046]

六房[016]：吴世兴

在场：吴长茂

中人[024]、代笔：吴世芳

民国三十年三月初五日立

立賣斷園場契人吳瑞氏情因親歸絕家內缺少桂鈿魚蓉

諸處不已與房族、叔臨議、自願祖父遺下之園場土名□□蓉

吳長瑞之後門北边與長清小房屋詹藩水為界東边與長清

石墙為界草边切石墙為界卽將未丒賣托中問到

本族叔吳長瑞認言承領為業當中三面言定時值價顧桂鈿李佰

伍拾正二家甘願卽日銀交契立換受清白並無勒逼等情其園旣

賣之後任由買主耕種起屋營業者不得異言阻抑此有阻抗者契

內有名人等一力抵當受一賠拾恐口無憑特立賣斷園場契華一張交

發為據

天理
良心

六房　吳世□
右場　吳長茂
中人　吳世芳
代筆　吳世芳

民國三十年　三月　初五日

立

邓廷珍卖地契约

（民国三十四年十二月二十九日）

绵纸，纸幅 47.7cm×37.2cm，今藏广西壮族自治区少数民族古籍工作办公室，档案目录号 201311017。

立卖断[001]畚（畲）地[040]字人邓廷珍，情因家用不敷，不[囗]已兄弟共同商议，均愿将本己之业，土名上马鞍山脚之畚（畲）地壹块，面积伍担[173]余宽，东与邓姓地为业界，南至山边为界，西与何姓地为界，北至墟路为界，暨（概）行出卖。先问房族[010]人等，各言不就。然后请中[036]问到百车村何明川、何明奎处，应言承买[011]为业。当中三面[013]点验，地基界限清楚，然后议定卖断地价国币[174]伍仟元正。即日立契交票，授受[019]清白。均系二家甘愿，并无逼压等情。此地自立契以后，一卖千秋[215]，永远任由买主耕种管业[045]，而我卖主决无反悔异议滋事。倘有此情，执字公论，甘罚无辞。恐口无凭，特立卖断地契字一张，交与买主收存为据。

天理仁心[046]

中人[024]：韦绍纲

在场：胞兄廷翼

代笔：郭茂如

卖业：邓廷珍

民纪叁拾肆年十二月二十九日立

立賣斷叠地字人鄧廷珍情因家用不敷不已兄弟共同商議
均願將本己之業土名上馬鞍山腳之叠地壹塊面積任餘
寬東兩鄰姓地為業界南至山邊為界西兩何姓地為界北至
墈路為界醫行出賣先問房族人等各言不就然後請中
問到百車村
何明奎處應言承買為業當中三面点驗地基界限清楚然後
議定賣斷地價國幣任仟元正即日立契交票授受清白内
保二家甘願並無逼壓等情此地自立契以後一賣千秋永
遠任由買主耕種管業而我賣主決無反悔异議滋事倘有
此情執字　公論甘罰无辞恐口無憑特立賣斷地契字一張
交與買主收存為據

天理
仁心

中人　章紹綱押
在場　胞兄廷翼押
代筆　郭茂如押
賣業　鄧廷珍

民妃冬拾肆年十二月二十九日立

何明举卖地契约

（民国三十五年二月二十日）

绵纸，纸幅46.2cm×36.3cm，今藏广西壮族自治区少数民族古籍工作办公室，档案目录号201311007。

　　立卖断^[001]地契字人何明举，情因急需正用，无从筹处，不囿已祖孙一堂合议，自愿将祖遗分落本己名份之产业，土名坐落天清叔公屋背之地壹丘^[009]，面积壹笒谷担^[216]，概行出卖。请中^[036]问到堂弟明川囚，认言承买^[011]为业。当中三面^[013]踏验，界趾（址）清白，东、南、西均与天清叔公之地为界，北与太春之地为界，然后议定卖断价桂钞^[213]贰万伍仟元正。即日票交契立，受授^[019]清白。此系二家甘愿，并无逼压等情。此地自卖之后，任由买主管业^[045]、耕种，而我卖主并无反悔等情。如有此情，受一赔十^[122]，甘罚无辞。恐口无凭，特立卖断地契壹张，交与买主存后为据。

天理良心^[046]

中人^[024]：文纪

在场：祖母、启珠

代笔：明坤

中华民国三十五年二月二十日囸

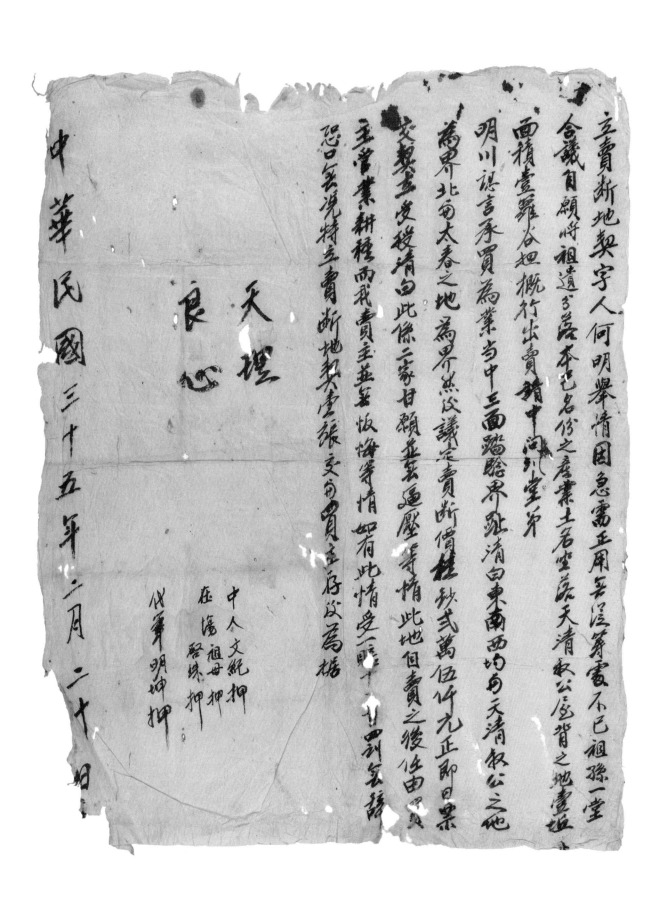

立賣斷地契字人何明舉情因急需正用無從籌畫不已祖孫一堂

合議自願將祖遺分落本己名份之產業土名塱天清敘公屋背之地壹坵

面積壹籮谷迴概行出賣靖中問到堂弟

明川認言承買為業當中三面踏勘經界踏清白東南西均勻天清敘公之地

為界北面太春之地為界茲於議定賣斷價錢秋貳萬伍仟九正即日票

交聚壹受授清白此係二家甘願並無逼壓等情此地自賣之後任由買

主當業耕種而我賣主並無坂悔等情如有此情受一賠十

恐口無憑特立賣斷地契壹張交付買主存後為據

天理
良心

中人文紙押
在場祖母押
在場啟珠押
代筆明坤押

中華民國三十五年二月二十日

欧阳恺卖地契约

（民国三十五年三月初六日）

绵纸，纸幅 45.7cm×35.7cm，今藏广西壮族自治区少数民族古籍工作办公室，档案目录号 201010064。

立卖断[001]地契人欧阳恺，情因家中缺少正用款项，无从出处，不得已兄弟一堂商议，愿将祖业分落己名份之地一丘[009]，面积约八分五厘，概行出卖。先问亲房[154]及族内人等，无人承顶。后托中[103]问到何明珍处，应言承买[011]为业。当中三面[013]踏验该地，土名坐落新铺圩路底，东与林姓之地为界，西与欧姓为界，南与林姓为界，北亦与林姓为界，四至[131]清楚，并乐议时值卖断价银国币[174]肆万伍仟元。即日票交契立，授受[019]清白。该地自卖之后，任由买主永远管业[045]，而我卖人及亲族人等不敢异言[052]反悔，借故生端。倘有此情，买主可执字公论，甘罪无辞。恐后无凭，特立卖断地契一张，交与明珍手存为据。

天理良心[046]

卖人：欧阳恺

中人[024]：林酉成

在场：欧阳文

亲笔

中华民国卅五年叁月初六日立

立賣斷地契人歐陽懷情因家中缺少正用款項無從出處不已兄弟一重

商議願將祖業分藩本已名修之地一垃面積約八分五厘概川出賣先問親

房及族内人等奈人承頂没托中到

何明珍處慮言承買為業當中三面磋駁議地士名坐落新舖坪路

底東與林姓之地為界西與歐姓為界南與林姓為界北与句林姓為界

四至猜楚並樂議時值賣斷價銀圆幣萬伍仟元即日票交契主

授受清白誌地自賣之没任由買主承遠管業兩我賣人及親族人等

不敢異言反悔借敌生端倘有此情買主可报字公論廿罪與辞恐没

無憑特立賣斷地契一張交句明珍手存為據

代理
良心
親筆

賣人　歐陽懷
中人　林面成
在媽　歐陽文

中華民國卅五年叁月初六日立

韦仕荣卖茶树契约

（民国三十五年六月初六日）

绵纸，纸幅46cm×27cm，今藏广西壮族自治区少数民族古籍工作办公室，档案目录号200908004。

立卖养山茶树字人韦仕荣，情因家田阙口粮，无从出处，夫妻合义（议），思及自己手栽茶树，土名坐落□峒村问口岭，茶树一函，因行[078]田卖。先问户内兄弟，各言有钱不买，我今无钱不留。后请中托[012]到大床村杨甫明処，应言承买[011]。当中三面[013]踏念（验）茶山界扯（址），四扯（址）完树，为界清白，回家议合价票[217]六万正。即日票交立字，二家收授清白。愿卖愿买，并无逼押（压），二家甘愿，任由买主管业[045]，卖主不得多端之（滋）事。若有反悔，执字公论，在场有名人等[080]□历捆当。恐口无凭，立卖断[001]字承后为实。

天理仁心[046]

中人[024]：韦仕英代笔

在场：韦社保、韦明光

民国叁拾伍年六月初六立契

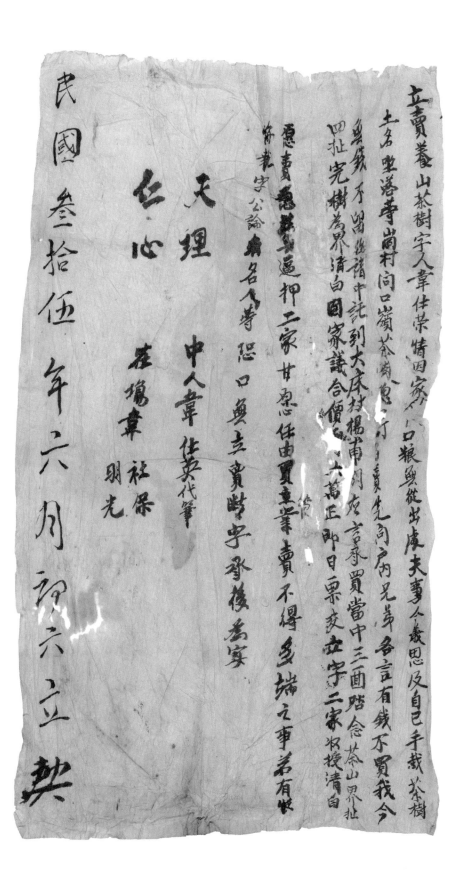

立賣養山茶樹字人韋仕榮特因家口糧與従出康夫妻今義思及自巳手栽茶樹

土名坐落苄崗村间口嶺茶嶺息情願出賣先問户內兄弟各言有錢不買我今

无錢不留絲諸中託到大床村楊甫月應言承買當中三面踏念茶山界扯

四扯完樹為界清白自國家議合價六萬正即日票交立字二家收授清白

愿賣愿買遍押二家甘愿任由買重業賣不得多端之事茅有収

其載字公論弁名等恐口兑立賣斷字灯後為実

天理

仁心

中人韋仕英代筆

在塲章

社保

朋光

民國叁拾伍年六月六二立契

何李氏卖地契约

（民国三十六年四月二十八日）

绵纸，纸幅 43.6cm×34.6cm，今藏广西壮族自治区少数民族古籍工作办公室，档案目录号 201311012。

立卖断[001]灰坪地字人何李氏，情因家中正用不敷，不□已奶孙共同商议，自愿将先人遗下之业，坐落龙凤村旧屋灰坪地壹块，草堆位壹处，灰屋壹间，暨（概）行出卖。兹请中[036]问到胞侄孙何明川处，认言承买[011]为业。当中三面[013]点验，地界清楚，后议定价国币[174]叁拾陆万元正。即日立契交票，授受[019]清白，均系双方意愿，并无逼压等情。此灰坪地、灰屋自立契以后，一卖千秋[215]，永远任由买主管业[045]、晒谷、堆草、堆灰，而我卖主决无反悔、异议、滋事。恐口无凭，特立卖断灰坪、灰屋契字一张，交与买主收存为据。

天理仁心[046]

中人[024]：郭茂如

在场：卢金秀、何文刚

请笔：何明矩

中华民国叁拾陆年四月贰拾捌日立

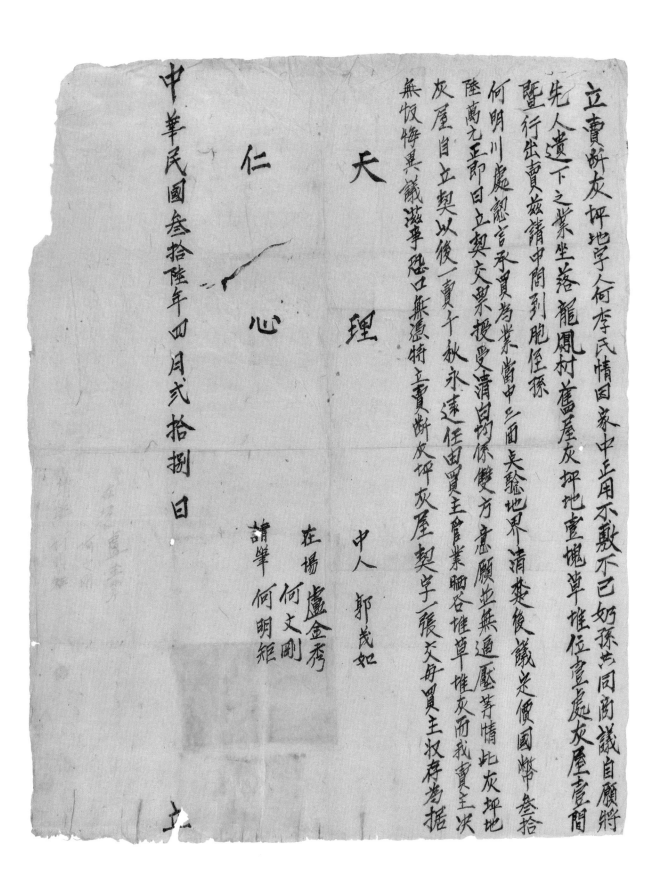

立賣斷灰坪地字人何李氏情因家中正用不敷不已妳孫共同商議自願將
先人遺下之業坐落龍鳳村舊屋灰坪地壹塊草堆位壹處灰屋壹間
暨行出賣茲請中間到胞侄孫
何明川處愿言承買為業當中二面夹驗地界清楚後議定價國幣叁拾
陸萬元正即日立契交票授受清白的係雙方意願並無通壓苟情此灰坪地
灰屋自立契以後一賣千秋永遠任由買主管業賠各堆草灰而我賣主次
無〇悔異議滋事恐口無憑特立賣斷灰坪灰屋契字一張交母買主收存為据

天理

仁心

中人 郭茂如

在場 盧金秀
何文剛
請筆 何明矩

中華民國叁拾陸年四月弍拾捌日

谢母钟氏卖地契约

（民国三十七年八月十九日）

　　绵纸，纸幅 40.7cm×31.8cm，今藏广西壮族自治区少数民族古籍工作办公室，档案目录号201201006。

　　立字卖断[001]草地字人谢母钟氏，情因家中缺少正用，无从囲处，不囼已合家商议，愿将祖父遗下草地、熟地四块［张□］，概行出卖。四至[131]分明，东至杨姓地基为界，南至尖山牛坪为界，西至梁姓田边为界，北至杨姓竹子为界。先问六房[016]人等，无人承买[011]。后托中人[024]问到上尖山魏崇新名下，应言承买为业。即日临草地踏验，指点清白。此事二家言定，时值谷价伍佰贰拾斤（老秤[218]），并包六房押字[017]概在内。即日谷交契立，此乃二家甘愿，并无逼压等情。上有[219]来历不清，不关买主之事。囡囻永远管业[045]，授受[019]清白。商（倘）有一（异）言生端反悔，总在中场[168]有名人等[080]，执字公论，囮一赔十[122]，共力耽（担）当。恐口无凭，特立卖断草地契一张，交与买主存后为证。

天理良心[046]

中人：廖水保

在场：谢南保、谢业鸿、谢业保

亲笔：谢业福

中华民国叁拾柒年捌月拾玖日立

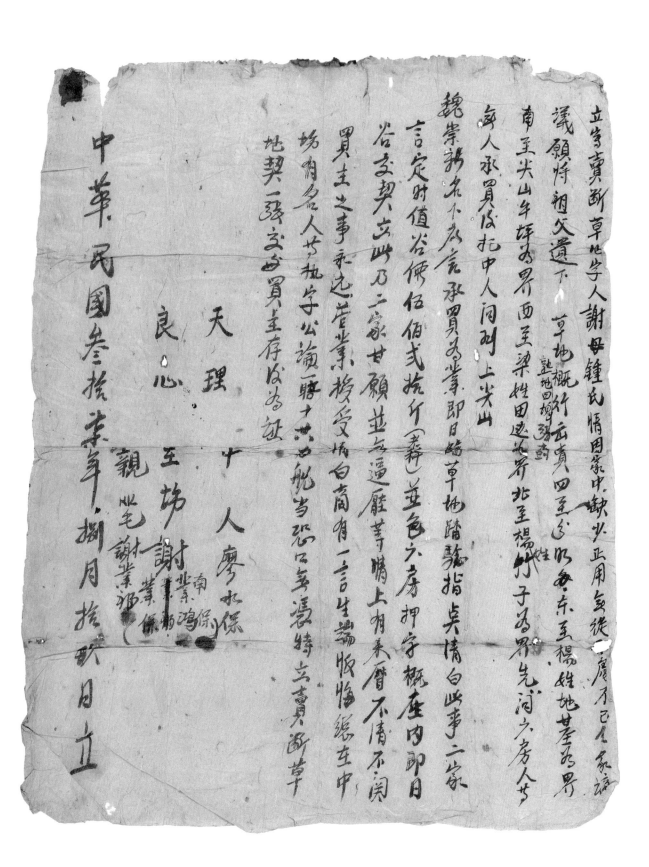

立卖断草地字人谢母锺氏情因蒙中缺少正用无从出厝不已愿将家藏

议愿将祖父遗下　草地概行远卖四至　　明每东至杨姓地基为界

南至尖山牛坪为界西至梁姓田迳为界北至杨竹子为界先河六房人苏

每人承买欵托中人向列上尖山

魏崇新先东畲承买为业即日编草地踏验指臭情白此事二欵

言定时值谷价伍佰式拾仟（素）并色六房押字概座内即日

谷交契立此凡二冢甘愿并无逼压等情上有来历不清不闗

买主之事永远营业揽受始白尚有一言生端恨悔据左中

场有名人苏执字公议一聘十共如舡当恐口笔凴特立卖断草

地契一张文与买主存收为据

　　　天理

　　　良心

中华民国叁拾柒年捌月拾欵日立

　　　　　　　　　十人廖如保

　　　　　玉坊谢　业保　南业保

　　　亲眼笔谢业邓　业保　鸿保

（三）买卖房屋、宅基地契约

吴廷伦卖房屋契约

（道光二十一年九月二十六日）

绵纸，纸幅 49.5cm×49cm，今藏广西壮族自治区少数民族古籍工作办公室，档案目录号200803096。

　　立卖断[001]房屋地基人吴廷伦，情因缺少使用钱文，无从出处，不得[已]夫妻商议，自愿将分得名下之房，辺排[116]家兴[220]屋一间，上有瓦桷桁条，并瓦下有地基、门龙[221]、门扇及罗汉石[222]一口，概行出卖。先尽同胞兄弟，无人承领[034]。后来凭中托[012]到堂兄廷理处，认言承买[011]为业。当田三面[013]言定，时值价钱陆千伍百文正，包山[015]六房[016]押字[017]一概在内。即日钱交契立，□□清白，并无货物准拆（折）[037]。其房既卖之后，任由买主收管，卖主子孙不得异言[052]反悔。如有生端滋事，即照依契内收一赔十[066]。恐口无凭，立卖契为据。

> 天理仁心[046]
>
> 在场：堂兄廷会，胞弟[028]廷纪、廷选，长侄家禄
>
> 中人[024]：胞兄廷常
>
> 代笔：胞兄廷纲
>
> 道光二十一年九月二十六日立

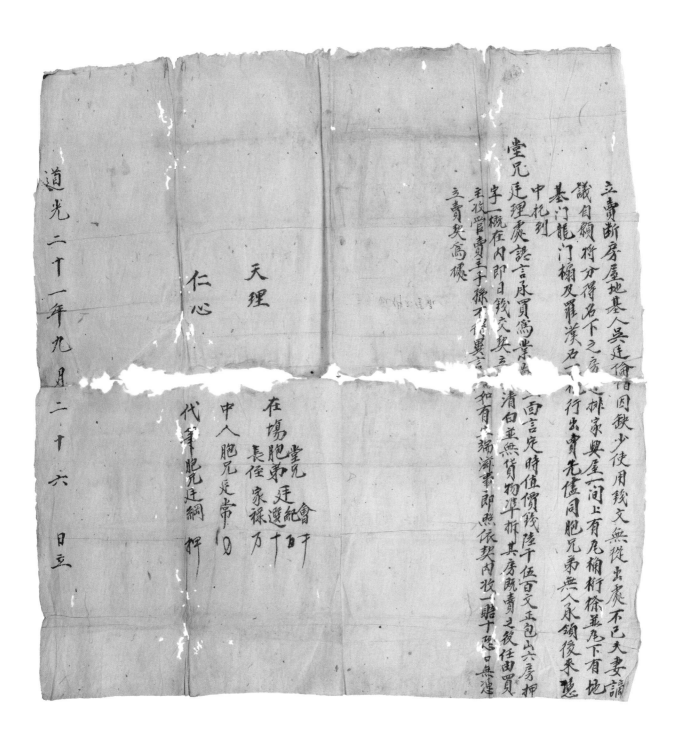

立賣斷房屋地基人吳廷倫情因缺少使用錢文無從出處不己夫妻商

議自願將分得名下之房連排家興屋一間上有尾桷桁徐兼尾下有地

基門龍門榍及羅漢石一扵行出賣先儘同胞兄弟無人承領後来憑

中托列

堂兄廷理處認言承買為業當…面言定時值價錢陸千伍百文正包山六房押

字一概在內即日錢交契立…清白並無貸物準折其房既賣之後任由買

主改營賣子孫不得異言…如有来歷不明卽照依契內收一賠十恐口無遇

立賣契為憑

天理

仁心

堂兄　會

堂兄　廷選

在場胞弟　廷紀

長侄　家祿

中人胞兄　廷常

代筆胞兄廷綱押

道光二十一年九月二十六日立

钟广盛卖房屋契约

（同治十一年十一月初八日）

绵纸，纸幅 51.5cm × 48.5cm，今藏广西壮族自治区少数民族古籍工作办公室，档案目录号 201311016。

　　立卖房屋无赠无赎断绝字人钟广盛，今因家中银钱乏用，父子夫妻商议，原（愿）将经手买得赖姓地基两块，自己架造房屋壹间，坐落土名龙岸圩下街，坐西向东，左与赵姓屋为界，［前至］右与陈姓屋为界，前至大石街路为界，后至刘姓屋为界，上至栋宇、桁条、瓦桷，下至地基石脚，内带棚桁、棚板，镶（厢）房间门窗户扇，慨（概）行出卖。尽问房亲屋潾（邻）人等，俱各不愿承买[011]。后请中[036]问到温荣记𡅏，应言承买。即日当中三面[013]踏验房屋，界址分明。言定包山[015]六房[016]押字[017]一概在内，时值卖断[001]价银四十两正。即日银契两交[018]，授受[019]清白，中间并无短少，亦无债货准折[132]、重复典当等情。此系两家情愿，两无逼压。自卖之后，即交承买人管业[045]、居住，卖人与（以）及钟姓六房人等不得异言[052]生端，别生枝节。如有上手[107]来历不明，不干承买人之事，系卖人与（以）及中人[024]、在场人等一力抵（担）当。日后不得反悔，如有反悔，自甘罪累，受一赔十[122]。恐口无凭，今欲有凭，立卖屋契两张，交承买人收存为据。

　　是日批明[106]，买得赖姓地基契，失寻不见。日后寻得作为故纸。

天理仁心[046]

中人：冯广龙、李英贤

在见[223]：堂兄钟顺兰、钟庚奎

在场：周炳勋

代笔：黎辅臣

同治拾一年壬申十一月初八日

立卖屋字人钟广盛

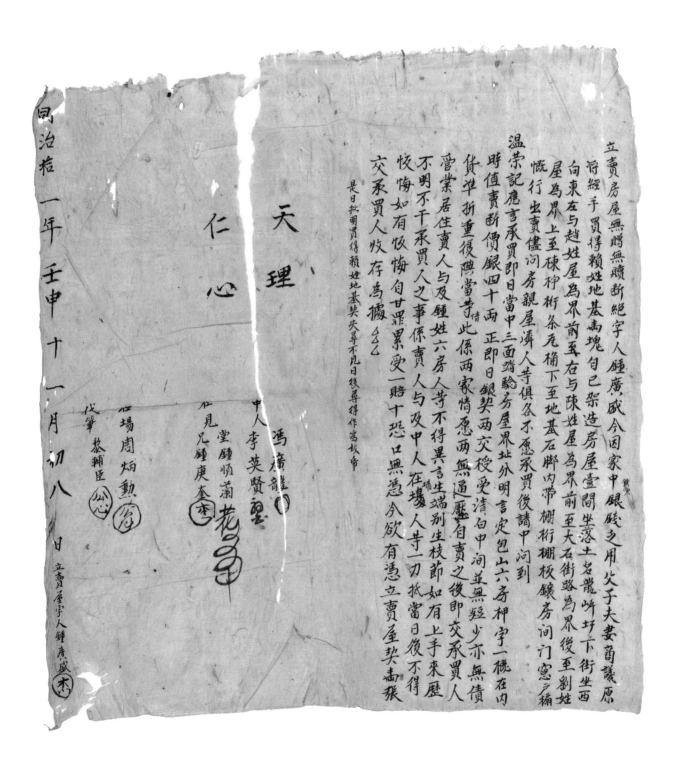

立賣房屋無贈無贖斷絕字人鍾廣威今因家中銀錢乏用父子夫妻商議願
將經手買得賴姓地基壽塊自己架造房屋壹間坐落土名龍岍坵下街坐西
向東左与趙姓屋為界前至右与陳姓屋為界前至大石街路為界後至劉姓
屋為界上至楝桁條尾桶下至地基石腳內帶棚桁棚板鑲房間門窓之稿
慨行出賣盡屋親屋鄰人芋俱各不愿承買後請中洞到
溫榮記應言承買即日當中三面踏驗房屋界址外明言定包山六房柙字一概在內
時值賣斷價銀四十兩正即日銀契兩交親受清白中洞並無短少亦無債
貨準折重複興當荅此係兩家情愿兩無逼勒自賣之後即交承買人
當業居住賣人与及鍾姓六房人芋不得異言生端別生枝節如有上手來歷
不明不干承買人之事係賣人与及中人在塲人芋一刀抵當日後不得
恔悔如有恔悔自甘罪累受一賠十恐口無憑今欲有憑立賣屋契壽張
交承買人收存為據

是日批明買得賴姓地基契失尋不見日後尋得作為故帋

天理　仁心

中人李英賢
馮廣龍
堂鍾順蕭
在塲周炳勳
見兄鍾庚奎
代筆黎輔臣

同治捨一年壬申十一月初八日
立賣屋字人鍾廣威

吴永新卖房地基契约

（光绪七年四月初三日）

　　绵纸，纸幅 46.5cm × 44.5cm，今藏广西壮族自治区少数民族古籍工作办公室，档案目录号 200803107。

　　立卖断 [001] 房地基契人吴永新，情因家下缺少钱文使用，无从出处，不圖已夫妻母子合议，自愿将祖父分下之大屋地基，连后小屋灰寮 [224] 地基，上下共成二间，一概出卖。前门依闸门为界，后至大石墙为界，东排 [116] 庆美 [225] 地基为界，南排㹰叔为界，将来 [033] 出卖。先问族内同胞兄弟人等，无人承领 [034]。后来请中 [036] 问到堂伯庆福㕑，认言承领。当中三面 [013] 点明，四至 [131] 清白，时值价钱十千文正，包在场、押字 [017]、六房 [016]、代笔，概在其内支折 [226]。即日钱交契立，二家甘心意愿，并无逼压等情。其地基既卖之日，任从买主起房居住，而我卖主兄弟具（俱）无反悔此情。如有异言 [052] 滋事者，即在中人 [024]、六房一力承耽（担），照契受一赔十 [122]，执纸呈官，自干（甘）罪累。今恐人心不古，口说无凭，特立契存后为照。

天理仁心 [046]

中人：永盛

在场：母亲银氏、廷选、廷彦、庆恩

代笔：永吉

光绪七年四月初三日立

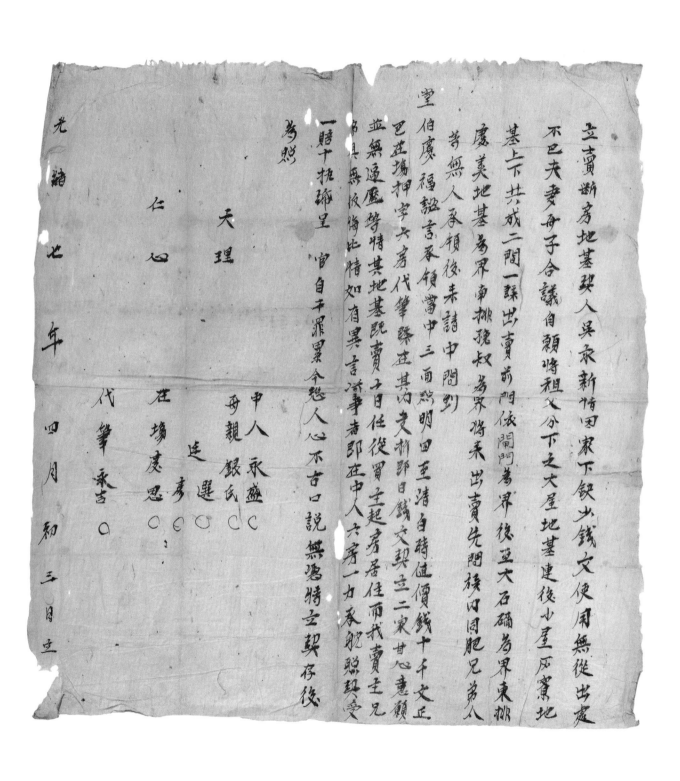

立賣斷房地基契人吳永新情因家下缺少錢文使用無從出處
不巳夫妻母子合議自願將祖父分下之大屋地基連後小屋厮窨地
基上下共成二間一議出賣前門依間門等界後至大石碣為界東桃
慶美地基為界南桃猪叔為界將來出賣先問[胞]同胞兄弟人
等無人承領後來詩中間到
堂伯慶福誼言承領當中三面照明四至清自特值價錢十千文正
巳在塲押字六房代筆鈐在其內支朱即日錢文契立二家甘心意願
並無遥勒等情其地基既賣之日任從買主起房居住而我賣主兄
弟其無恝悔此情如有異言諍事者郎在中人六房一力承航照契受
一賠十抗瑞呈　宜自平罪累令恕人心不言口說無憑特立契存後
為照

天理

仁心

中人　永盛　　○
母親　銀氏　　○
　　　選彥　　○
在塲慶思　　　○
代筆承吉　　　○

光緒七年　四月初三日立

梁门罗氏卖房屋地场契约

（光绪二十一年九月初四日）

绵纸，纸幅48.5cm×47cm，今藏广西壮族自治区少数民族古籍工作办公室，档案目录号201010079。

立卖断[001]房屋地场人梁门罗氏，情因家下缺少正用钱文，无从出处，不得已母子叔侄大家合议，自愿将先年祖父遗下分落名份之房屋，地名坐落上面村大屋地场二坐（座），上坐（座）五间，下坐（座）以连，照同样下点、下界石修整，厨房、两廊、天井、禾平（坪），面前小屋门楼，四处前后大路通行，出扫滴水，后面阳沟外地三尽凼场一根，火砖、石脚、门龙[221]、押街乱石[227]，一概出卖。先问亲房[154]兄弟，有钱不买，无钱不领。然后请中[036]问到堂弟彩锦处，应言承买[011]为业。当中三面[013]踏验，墙根四方界址清楚，后议时值卖价银拾两正，包陆房、押字[017]、写书概在其内，开支不杆（干）买主之事，而由我卖住（主）承当。即日立契交钱，二家授受[019]清白，愿卖愿买，并无逼压［愿卖愿买］等情，其地既卖之后，任由买住（主）子孙起造[228]、管业[045]。我卖住（主）兄弟人等，不得异言[052]反悔此（滋）事。如有反悔者，总在我中人[024]、在场一力承当。如有此情，执契公论呈官，我卖住（主）自甘累罪，受一赔拾[122]。恐口无凭，特立卖契一张，交与买住（主）存后为实。

天理良心[046]

在场人：堂侄明摽、明广，孙启仁、启赞、启勤

中笔：堂孙启球

光绪乙未廿拾壹年九月初四日立

立賣斷房屋地場人梁門羅氏特因家下缺少正用錢文無從出處不已將
子叔住大家合議自願將先年祖父遺下分落房份之房屋地為坐落上
面村大屋地場二坐上坐五間下坐以連照同樣下點下晨石修整兩房兩廳
天井禾平面前小屋門樓四處前後大路通行出步掃滴水後面陽溝外地三
盡踏場一根八磚石腳門磴押街乱石一叢先賣先向親房兄弟有錢不買無
錢不領然後請中間到
堂弟彩館應言承買為業當中三蹬駁墻根四方小拙清楚後議時值賣價
銀拾兩正包陸房拜字號書藥在其內開支不杆買主之事ノ而我賣佳承
當即日立契交錢二家授受清白並無逼勒願賣願買等情其地既賣之後任
由買佳子孫起造管業我賣佳無弟人等不得异言反悔此事如有异悔者
總在我中人在場一力承當如有此情挑扲公論呈官我賣佳自甘罪受一
蟄賠拾恐口無憑持立賣契一張交與買佳存後為實

天理
良心

在場人堂侄明標孫啟覺仁勤
中筆堂孫啟球

光緒卅乙未廿拾壹年　九月　朔四日 ＊

潘有臣卖避难岩契约

（民国二年九月十七日）

绵纸，纸幅 50.5cm×43.2cm，今藏广西壮族自治区少数民族古籍工作办公室，档案目录号 201201003。

立卖断 [001] 避难岩分契人潘有臣，情因家下缺少正用银钱，无从出处，不得已一家合议，自愿将先年所修之岩半分，合唐玉书两人公共壹分，落在十一号，在众积有田业，以防岩内，公用至今，概行出卖。请中 [036] 问到本村陈寿南处，应言承买 [011] 为日后乱世藏身之用。当中 [044] 议定价银拾两正，概包六 [防] 房 [016] 押字 [017] 在内，两家甘愿。即日银交契立，授受 [019] 清白。既卖之后，任由陈姓所管，而我潘姓房族 [010] 子孙不得异言 [052]，生端反悔。如有反悔者，执字公论，自甘 [干] 罪累，受一赔十 [122]。恐囗无凭，特立卖断字一张，交与陈姓为据。

天理仁心 [046]

中人 [024]：李荣灿

在场：孙土旺、李卓人、梁明安、钟振泰、李启文

代笔：男正明

民国二年九月十七日立

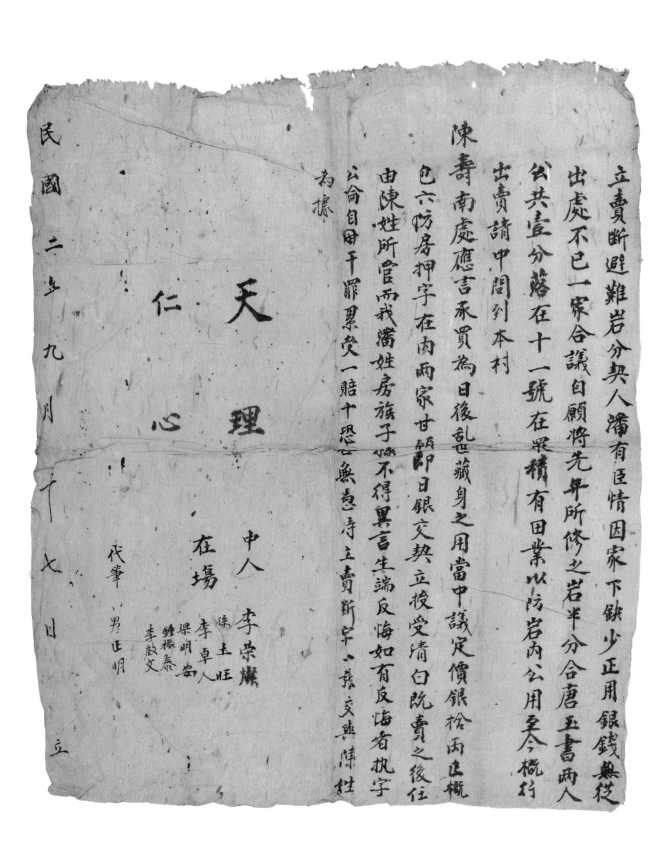

立賣斷避難岩分勢人潘有匡情因家下缺少正用銀錢無從

出處不已一家合議自願將先畢所修之岩半分合唐玉書兩人

公共壹分羅在十一號在眾積有田業以防岩內公用吳今概行

出賣請中間到本村

陳壽南處應言承買為日後亂惡藏身之用當中議定價銀拾兩正概

包六怡房押字在內兩家甘領即日銀交勢立授受清白既賣之後任

由陳姓所管而我潘姓房族子孫不得異言生端反悔如有反悔者執字

公命自田干罪累受一賠十恐口無憑待立賣斷字人潘文兵陳姓

為據

天理
仁心

中人　李榮爛
在場　李卓人
　　　孫土旺
　　　梁明安
　　　鍾振泰
　　　李啟文
代筆、男正明

民國二年九月十七日立

钟志馨卖房屋契约

（民国四年十月初十日）

绵纸，纸幅 47.2cm×41cm，今藏广西壮族自治区少数民族古籍工作办公室，档案目录号 201201021。

立卖断 [001] 房屋契人钟志馨，情因家中缺少银两正用，无从囲处，不得已合家商议，愿将先囲父子置得房屋囙间，坐落土名尖山村田面，东南西北地基为界，四至 [131] 路道通行。先问六房 [016] 囲内人等，不能承买 [011]。后请中人 [024] 问到本村廖仁智囫，应言承买囡亚。即日当中人 [229] 全临场踏验，四至囵明。回家三囬 [230] 囿定时价银壹拾捌元正。即囲银交契立，授受 [019] 清白，亦无债货准拆（折）[132] 等囼。囲房屋一间卖断，任由买主囲囵管业 [045]。卖主叔囲人等，不得异说生端。倘有上手 [107] 不清，倘借字底（抵）押，囵囲卖主、在场一力耽（担）当，不干买主之事。如囿反悔生端，执字公论，甘罚无囵。囙囵千秋 [215]，永无收囵。恐口无凭，特立一契纸，交与买主囲执为据。

廿四五□，此粪湖 [231]□，买主囲屋之时，卖主囲拆。

天里（理）仁心 [046]
在囵：男亚元、叔英章、其龙
中囚：志仁
代笔：志仁
民国四年乙卯十月初囲日立

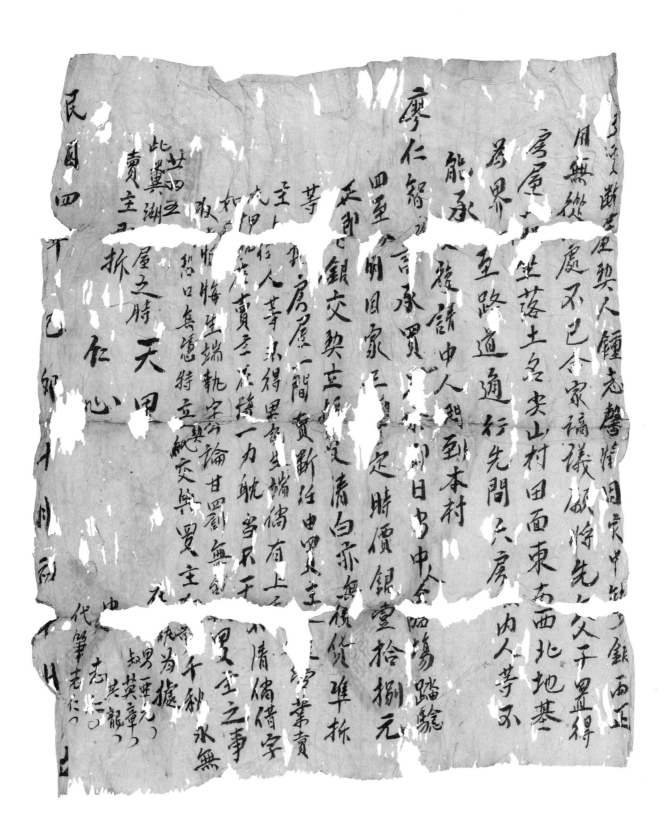

立□□断卖契人锺志馨情因家中缺
用无处□□□处不已今将祖议愿将先
□屋□□坐落土名尖山村田面东南西北地基
为界□□至路道通行先問先房房内人等不
能承□□□後请中人到本村
廖仁智□□□言承买□□□□□日凭中人会同踏验
四至□明□家□□□定時價銀壹拾捌元
正即日銀交契立□□□清白亦無欠债准折
正□□任人等共得□□□端偏有上手
至□□□□賣□□間賣断任由買主
□□收□□□顺悔生端轧字论甘罰無
□□□恐口無憑特立□断契與買主
□□□□為□□□男更九□
□□為據知男英章□
□□□千秋永無其龍□
屋之時 天里仝心 買主之事□情偹借字
拆□ 仝心
賣主□□拆
此系□湖
□□□□
民國四十□年己□□月□□日

代筆老□
志□□立

钟志馨卖园地契约

（民国四年十月初十日）

绵纸，纸幅 55cm×49.5cm，今藏广西壮族自治区少数民族古籍工作办公室，档案目录号 201201001。

　　立卖断[001]园地契人钟志▨，▨因家下缺少银两正用，无从出处，不得己（已）合家商议，愿将先年父子自置之业，坐落土名尖山上村田面园地一处一块正，东至界址石为界，西至田边为界，南至观娘土水沟为界，北至义路水沟为界，四至路道，任由买主通行。先问六房[016]族内人等，不能承领[034]。后请中人[024]问到本村廖仁智处，应言承买[011]为业。即日全中临场踏验，四至[131]分明。回家三面[230]言定，时值价银叁百毫正。即日银交契立，授受[019]清白，亦无再（债）货准折[132]等情。其园地卖后，任由买主起造[228]、管业[045]，卖主叔侄人等，不得异说生端。倘有上手[107]重叠典园[232]，倘借字抵押，概在卖主、在场一力耽（担）当，不干我买主之事。如有反悔生端，执字公论，甘罚无辞。一卖千秋[215]，永无收赎。恐口无凭，特立一纸交与买主收执为据。

　　　　　　　　　　　　天理仁心[046]

　　　　　　　　　　　　在场：男亚元、叔英章

　　　　　　　　　　　　中人：其龙

　　　　　　　　　　　　代笔：志仁

　　　　　　　　　　　　如有粪湖[231]，买主起屋之时，卖主即拆，永不准起。

　　　　　　　　　　　　民国四年乙卯十月初十日立

立賣斷園地契人鍾志雄　因家下缺少銀兩正用無從出處

不已合家商議願將先年父子自置之業坐落土名尖山上村田

面園地一處一塊正東至界址石為界西至田边為界南至觀娘土水溝

為界北至義路水溝為界四至路道任由買主通行先問六房族內人等

不能承領後請中人問到本村

廖仁智處應言承買為業即日仝中踏場踏聽四至分明同家三面言定

時值價銀叁百毫正即日銀交契立授受清白永無再貸準折等情書

地賣後任由買主起造管業賣主叔侄人等不得異說生端倘有上手

重疊典俏花字抵押概在賣主一力此當不干我買主之事如有收

悔生端執字公論甘罰無辭一賣千秋永無收贖恐口無憑特立一紙交與

買主收執為據

　天理

　仁心

在場叔英章。

男亞元。

中人其龍。

代筆志仁。

如有糞湖買主起屋之號賣主即拆永不準起

莫家瑶卖屋契约

（民国十六年三月初四日）

绵纸，纸幅 48.2cm×40cm，今藏广西壮族自治区少数民族古籍工作办公室，档案目录号 201201015。

立卖断[001]屋莫家瑶，情因家中不敷，缺少正用银两，无从出处，不囿已祖母兄弟合议，自愿将右边厨房牛栏小屋，齐峰山担（扯）直谏下有界止（址）为界，以行[078]出卖。先向（问）的人等，无人承领[034]。后请中托[012]到罗锦球処，应言承买[011]。当中三面[013]踏过，地基清楚，时值价银叁拾壹大元[141]正，包六房[016]、押字[017]概在其内支拆（折）[226]。即日契立银交，授受[019]清白。此系二家甘愿，并无逼压等情。自卖之后，任由买主［管］永远管业[045]。卖者人等，不得异言[052]反悔，兹（滋）事生端。如有此情，执字公论，受一赔十[122]，自干（甘）罪累。恐口无凭，特立卖断契一张，存后为据。

天理仁心[046]

在场：堂叔天庆、胞弟[028]嘉摽

中人[024]：堂公其安

亲笔

民国十六年三月初四日立

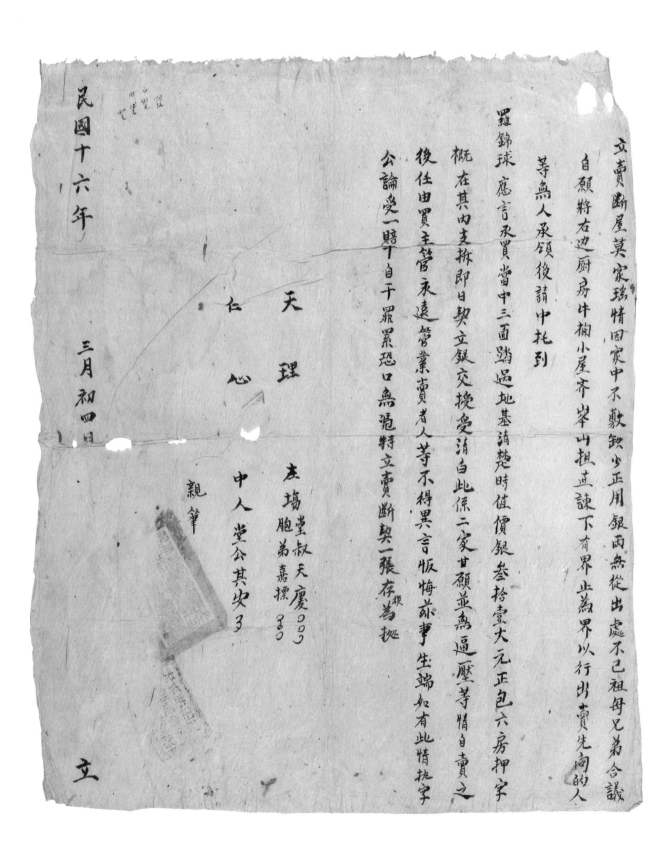

立賣斷屋莫家瑞情因家中不敷銀少正用銀兩無從出處不已祖母兄弟合議

自願將右邊廚房牛欄小屋齊峯山捆直諫下有界止為界以行出賣先向的人

等無人承領後請中托到

羅錦球應言承買當中三面斷過地基清楚時值價銀叁拾壹大元正包六房押字

概在其內支揀即日契立銀交接受清自此俟二家甘願並為逼壓等情自賣之

後住由買主管承遠管業賣者人等不得異言版悔茲事生端如有此情執字

公論受一賠干眾累恐口無憑特立賣斷契一張存為據

天理

仁心

中人堂公其尖了　親筆

老塲胞弟嘉標了

老塲堂叔天慶了

民國十六年　三月初四日　立

□□□卖地基契约

（□□□□□□十日）

绵纸，纸幅 47.2cm×41.8cm，今藏广西壮族自治区少数民族古籍工作办公室，档案目录号201010065。

　　□□□□□□□□□□□□□冢田缺少正用银两，无从出处，不得已夫妻父子合议，自愿将本己先年买得之地基一处，概行出卖。先问房族[010]人等，无银受领。后请中[036]问到覃旭珍、梁成和二姓囧，应言承买[011]为业。当中三面[013]踩验，界止（址）清白，前以水沟为界，后以大路为界，左以梁姓峰山为界，右以大路为界。然后议定卖断[001]价银伍元伍毫正，并包六房[016]押字[017]一概在内，不干买主之事。此地基既卖之后，任由买主修整造屋，而我杨姓不得异言[052]阻院（挡）。是日银交字立，授受[019]清白，并无逼压等情。如有此情，执字凶论，甘罚无辞，受壹培（赔）拾[122]。恐口无凭，特立卖断契一张，交与买主存后为据。

　　　　　　　　　　　　　　　　　　　天理仁心[046]

　　　　　　　　　　　　　　　　　　　在场人：杨茂林

　　　　　　　　　　　　　　　　　　　中人[024]：梁成安

　　　　　　　　　　　　　　　　　　　代笔：莫李囡

　　　　　　　　　　　　　　　　　　　□□□□□□十日立

銀兩無從出處不□賣□□□合議自願將本己

先年買得之地基一處□□行出賣先問房族人等

無銀受領後請中間到

覃旭珍

二姓應言承買為業當中三面□懸界止清白

梁成和

前以□清為界後以大路為界左以辺□峯山界右以

大路為界然後議定賣斷價銀任□任□□□正並□

六房押字一概在内不于買主之事此地基既賣之

後任由買主修整造屋而□楊姓不得異言□□是

日銀交字立授受清白並無逼勒筆情如有此情執

字□論甘罰□無辞受壹堉拾□□口□□□特立賣買

日銀交字與□□主房後為據　　天理□□

□□□ 在場人楊茂林

代筆人梁成□

□□業□□

□銀火正用

（四）契尾和税契过户凭证

吴纯章推收付执

（罗字六千四百八十七）

（嘉庆十七年八月十三日）

绵纸，纸幅 19cm×10cm，今藏广西壮族自治区少数民族古籍工作办公室，档案目录号 200803073。

付　执

罗城县正堂 [233] ◇，囙匰收 [160] 税契事。据东一里 [003] 九冬 [004] 吴纯章，乾隆五十年三月初四日用价银□□，囝受本冬梁万礼户田【地】，税一亩四分，应纳饷银四分七厘、粮米四升五合 [007]。

今当堂照奂推收入买主吴纯章户内完缴。此票付买主。

嘉庆拾柒年捌月十三日。

经书 [234] 莫让仁。

罗字六千四百八十七。

定例：每价银拾两给票钱贰文，百两贰拾文，多寡在此加减。如有多索，即时禀究。

注：

从日期和过户经手人"莫让仁"名字看，此推收单应该与《吴凤鸣推收付执》（档案目录号 20083074）中的吴凤鸣户是同年同月同日去过户的，所以年份应该是嘉庆十七年。

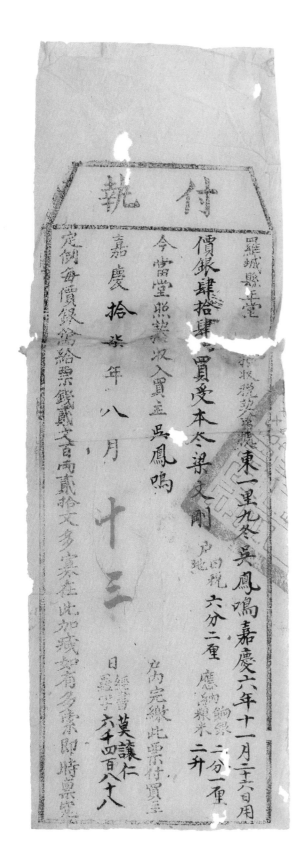

吴凤鸣推收付执

（罗字六千四百八十八）

（嘉庆十七年八月十三日）

绵纸，纸幅 30.3cm×9.8cm，今藏广西壮族自治区少数民族古籍工作办公室，档案目录号 200803074。

付 执

罗城县正堂[233] ◇，囚圉收[160]税契事。据东一里[003]九冬[004]吴凤鸣，嘉庆六年十一月二十六日用价银肆拾肆两，买受本图梁文刚户田【地】，税六分二厘，应纳饷银二分一厘、粮米二升。

今当堂照契圉收入买主吴凤鸣户内完缴，此票付买主。

嘉庆拾柒年八月十三日。

经书[234]莫让仁。

罗字六千四百八十八。

定例：每价银拾两给票钱贰文，百两贰拾文，多寡在此加减。如有多索，即时禀究。

吴凤鸣推收付执

（罗字六千四百八十九）

（嘉庆十七年八月十三日）

绵纸，纸幅30cm×10.5cm，今藏广西壮族自治区少数民族古籍工作办公室，档案目录号200803075。

付　执

罗城县正堂[233]◇，囚匪收[160]税契事。据东一里[003]九冬[004]吴凤鸣，嘉庆九年十二月初伍日用价银贰拾两，买受本冬梁万义户田【地】，税三分一厘，应纳饷银一分、粮米一升。

今当堂照囝匪收入买主吴凤鸣户内完缴，此票付买主。

嘉庆拾困年八月十三日。

经书[234]莫让仁。

罗字六千四百八十九。

定例：每价银拾两给票钱贰文，百两贰拾文，多寡在此加减。如有多索，即时禀宛。

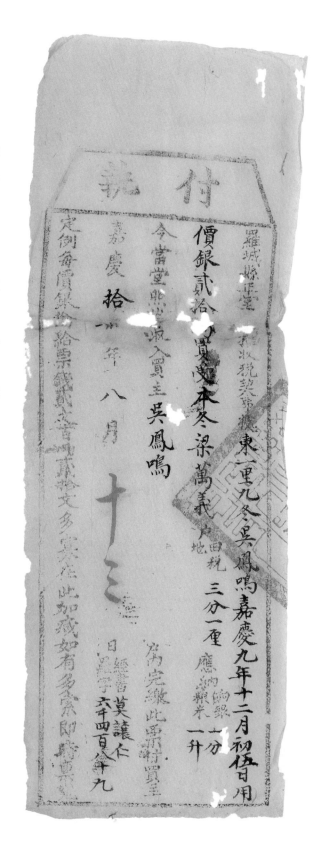

吴凤鸣推收付执

（罗字六千四百九十）

（嘉庆十七年八月十三日）

绵纸，纸幅 30cm×10.5cm，今藏广西壮族自治区少数民族古籍工作办公室，档案目录号200803076。

付 执

罗城县正堂[233]◇，为推收[160]税契事。据东一里[003]九冬[004]吴凤鸣，嘉庆九年二月二十七日用价银陆两，买受本冬梁万林户田【地】，税六厘，应纳饷银二厘、粮米二合[007]。

今当堂照契囲收入买主吴凤鸣户内完缴，此票付买主。

嘉庆拾⊠年八月十三日。

经书[234]莫让仁。

罗字六千四百九十。

定例：每价银⊠两给票钱贰文，百两贰拾文，多寡在此加减。如有多索，即时⊠⊠。

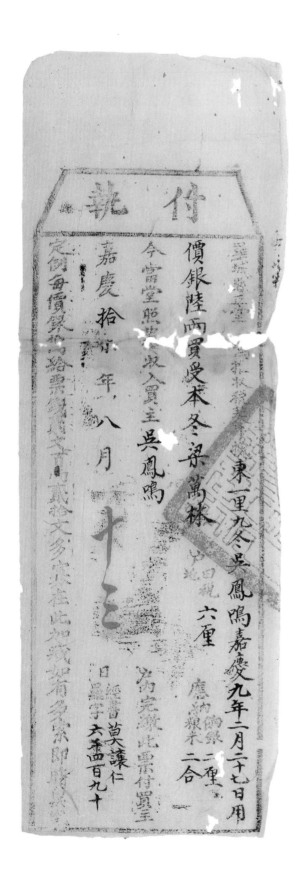

吴凤鸣推收付执

（罗字六千四百九十一）

（嘉庆十七年八月十三日）

绵纸，纸幅 30.5cm×10.5cm，今藏广西壮族自治区少数民族古籍工作办公室，档案目录号200803077。

付　执

罗城县正堂[233]◇，为推收[160]税契事。据东一里[003]九冬[004]吴凤鸣，嘉庆九年十一月二十四日用价银陆拾叁两，买受本冬梁万林户田【地】，税九分四厘，应纳饷银三分一厘、粮米三升。

今当堂囵囹推收入买主吴凤鸣户内完缴，此票付买主。

嘉庆拾柒年八月十三日。

经书[234]莫让仁。

罗字六千四百九十一。

定例：每价银拾两给票钱贰文，百两贰拾文，多寡在此加减。如有多索，即时禀究。

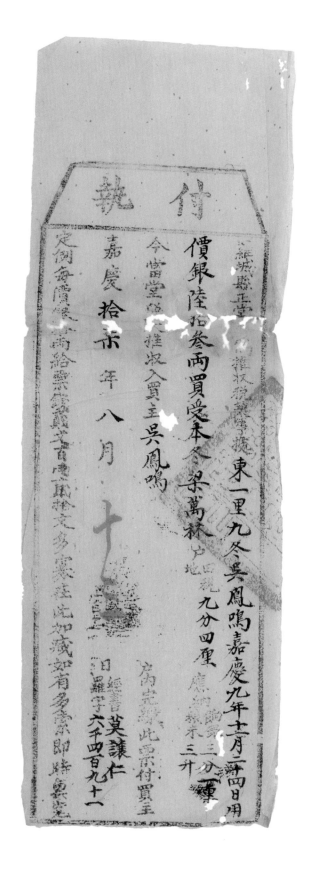

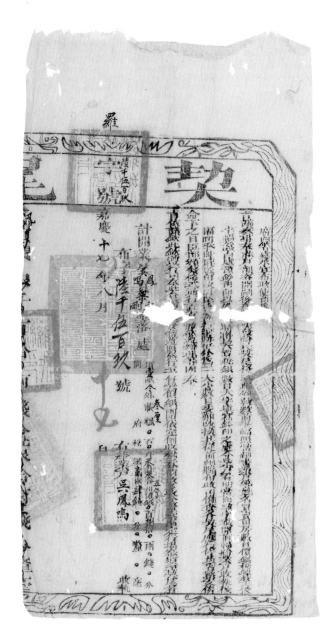

吴凤鸣契尾

（罗字六千五百九号）

（嘉庆十七年八月十七日）

绵纸，纸幅 48.2cm×25cm，今藏广西壮族自治区少数民族古籍工作办公室，档案目录号 200803123。

契　尾[091]

罗字六千五百九号

广西等处承宣布政使司囚匮旨议奏事。奉准户部咨开，嗣后而政囘颁发给民契尾格式，编列号数。前半幅照常细书业户等姓名、买卖田房数目、价银、税银若干。后半幅于空白处预钤[092]司印[093]，以圈股税[094]时，将契价、税银数目大字填写钤印之处，令业户看明，当面骑字[095]截开。前幅给业户收执，后幅同季册[096]汇送布政司查核。此图一行笔迹，平分为二，大小数目，委难改换。其从前州县、布政司备查各契尾，应行停止，以省繁文。俟命下之日，臣部颁发格式通行直宿[097]，曰困钦遵办理等因[098]，奉旨：依议，钦此。钦遵行司，奉此，合就照民田发府州县遵照奉行。至每契价银一两，照依定例收税三分。倘敢多收分厘，察出定行揭参。须至契尾者。

计开：

业户吴凤鸣，买梁文刚囘【房】，坐落◇处◇顷【间】壹亩令（零）叁厘，外载粮○石○斗叁升三合[007]五勺，用价银○百捌拾○两○钱○分。

府税银贰两肆钱○分○厘○毫。

布字[099]陆千伍百玖号。

右给业户吴凤鸣收执。

嘉庆十七年八月十七日

吴凤鸣契尾

（罗字七千六百四号）

（嘉庆十八年十一月二十六日）

绵纸，纸幅 50.3cm×26.1cm，今藏广西壮族自治区少数民族古籍工作办公室，档案目录号200803112。

契　尾[091]

罗字七千六百四号

广西等处承宣布政使司为遵旨议奏事。奉准户部咨开，嗣后布政司颁发给民契尾格式，编列号数。前半幅照常细书业户等姓名、买卖田房数目、价银、税银若干。后半幅于空白处预钤[092]司印[093]，以备投税[094]时，将契价、税银数目大字填写钤印之处，令业户看明，当面骑字[095]截开。前幅给业户收执，后幅同季册[096]汇送布政司查核。此系一行笔迹，平分为二，大小数目，委难改换。其从前州县、布政司备查各契尾，应行停止，以省繁文。俟命下之日，臣部颁发格式通行直省[097]，一体钦遵办理等因[098]，奉旨：依议，钦此。钦遵行司，奉此，合就照式刊发府州县遵照奉行。至每契价银两，照依定例收税三分。倘敢多收分厘，察出定行揭参。须至契尾者。

计开：

业户吴凤鸣，买韦朝元田【房】，坐落婆庙[008]处◇顷【间】○亩六厘，外载粮○石○斗○升贰合[007]，用价银○百○拾叁两○钱○分。

府税银○两○钱玖分○厘○毫。

布字[099]柒千陆百肆号。

右给业户吴凤鸣收执。

嘉庆十八年十一月廿六日

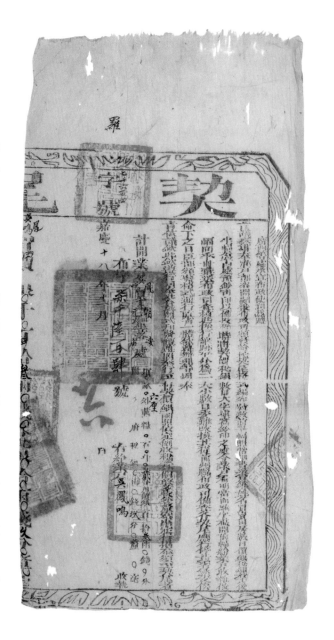

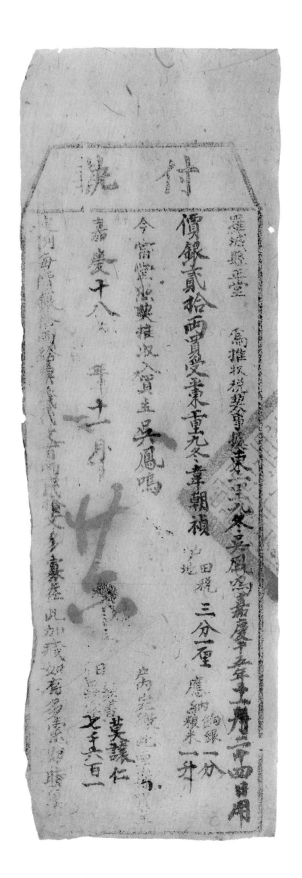

吴凤鸣推收付执

（罗字七千六百一）

（嘉庆十八年十一月二十六日）

绵纸，纸幅 29.6cm×9.9cm，今藏广西壮族自治区少数民族古籍工作办公室，档案目录号200803078。

付　执

罗城县正堂[233]◇，为推收[160]税契事。据东一里[003]九冬[004]吴凤鸣，嘉庆十五年十一月二十四日用价银贰拾两，买受平东二里九冬韦朝祯户田【地】，税三分一厘，应纳饷银一分、粮米一升。

今当堂照契推收入买主吴凤鸣户内完缴，此票付买主。

嘉庆十八年十一月廿六日。

经书[234]莫让仁。

罗字七千六百一。

定例：每价银拾两给票钱贰文，百两贰拾文，多寡在此加减。如有多索，即时禀究。

吴凤鸣推收付执

（罗字七千六百二）

（嘉庆十八年十一月二十六日）

绵纸，纸幅 30cm×10cm，今藏广西壮族自治区少数民族古籍工作办公室，档案目录号 200803079。

付　执

罗城县正堂[233]◇，为推收[160]税契事。据东一里[003]九冬[004]吴凤鸣，嘉庆六年十二月十八日用价银伍拾肆两，买受本冬梁书灿户田【地】，税八分，应𬍤饷银二分七厘、粮米二升六合[007]。

今当堂照契推收入买主吴凤鸣户内完缴，此票付买主。

嘉庆十八年十一月廿六日。

经书[234]莫让仁。

罗字七千六百二。

定例：每价银拾两给票钱贰文，百两贰拾文，多寡在此加减。如有多索，即时禀究。

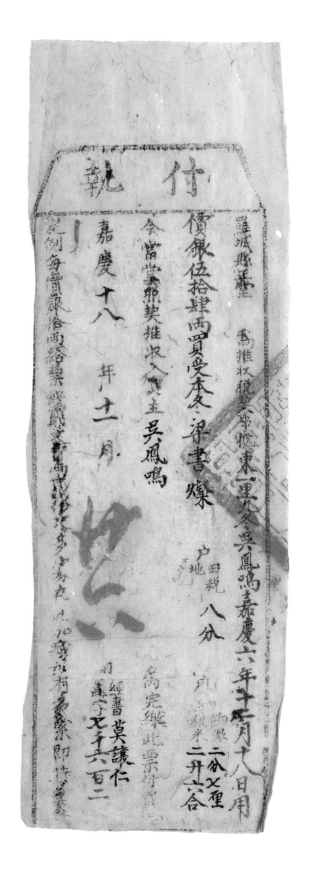

吴凤鸣推收付执

（罗字七千六百三）

（嘉庆十八年十一月二十六日）

绵纸，纸幅 30.2cm×10.1cm，今藏广西壮族自治区少数民族古籍工作办公室，档案目录号 200803080。

付 执

罗城县正堂[233] ◇，为推收[160]税契事。据东一里[003]九冬[004]吴凤鸣，嘉庆八年正月十一日用价银壹拾肆两，买受本冬梁书灿户田【地】，税一分八厘，应纳饷银六厘、粮米六合[007]。

今当堂照契推收入买主吴凤鸣户内完缴，此票付买主。

嘉庆十八年十一月廿六日。

经书[234]莫让仁。

罗字七千六百三。

定例：每价银拾两给票钱贰文，百两贰拾文，多寡在此加减。如有多索，即时禀园。

吴凤鸣推收付执

（罗字七千六百四）

（嘉庆十八年十一月二十六日）

绵纸，纸幅 30.3cm×10.3cm，今藏广西壮族自治区少数民族古籍工作办公室，档案目录号200803081。

付　执

罗城县正堂[233] ◇，为推收[160]税契事。据东一里[003] 九冬[004] 吴凤鸣，嘉庆八年又二月二十四日用价银叁两，买受本冬韦朝元户田【地】，税六厘，应纳饷银二厘、粮米二合[007]。

今当堂照契推收入买主吴凤鸣户内完缴，此票付买主。

嘉庆十八年十一月廿六日。

经书[234]莫让仁。

罗字七千六百四。

定例：每价银拾两给票钱贰文，百两贰拾文，多寡在此加减。如有多索，即时禀究。

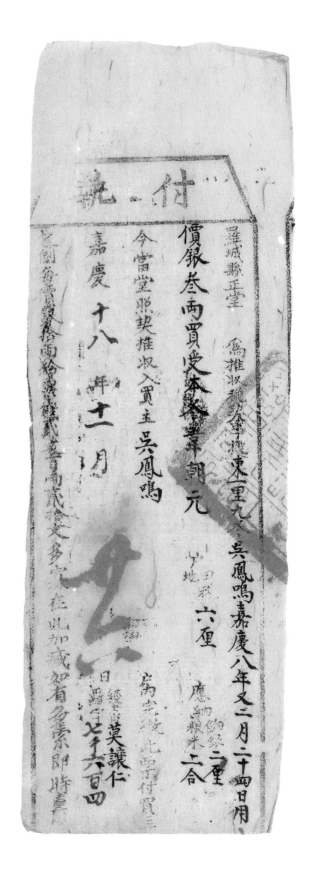

吴凤鸣推收付执

（罗字七千六百五）

（嘉庆十八年十一月二十六日）

绵纸，纸幅 30cm×11cm，今藏广西壮族自治区少数民族古籍工作办公室，档案目录号 200803082。

付 执

罗城县正堂[233] ◇，为推收[160]税契事。据东一里[003]九冬[004]吴凤鸣，嘉庆十一年十一月初九日用价银贰拾贰两，买受本冬梁书灿户田【地】，税三分一厘，应纳呵银一分、粮困一升。

今当堂照契推收入买主吴凤鸣户内完缴，此票付买主。

嘉庆十八年十一月廿六日。

经书[234]莫让仁。

罗字七千六百五。

定例：每价银拾两给票钱贰囗，百两贰拾文，多寡在此加减。如有多索，即団禀究。

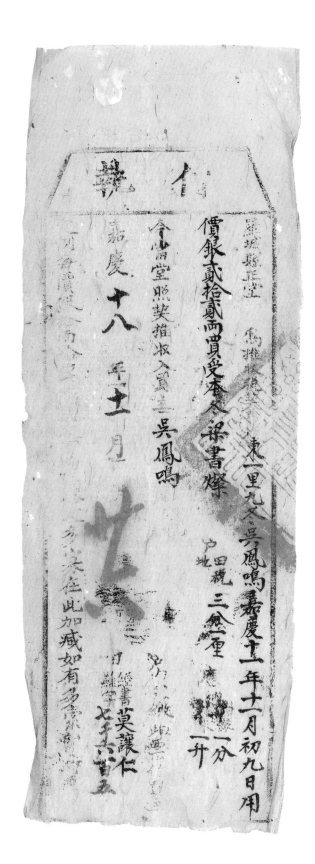

吴凤鸣推收付执

（罗字七千六百六）

（嘉庆十八年十一月二十六日）

绵纸，纸幅 30cm×10.8cm，今藏广西壮族自治区少数民族古籍工作办公室，档案目录号 200803083。

付　执

罗城县正堂[233] ◇，为推收[160] 税契事。据东一里[003] 九冬[004] 吴凤鸣，嘉庆十五年二月初四日用价银壹拾两，买受本冬梁以柄户田【地】，税一分二厘，应纳饷银四厘、粮米四合[007]。

今当堂照契推收入买主吴凤鸣户内完缴，此票付买主。

嘉庆十八年十一月廿六日。

经书[234] 莫让仁。

罗字七千六百六。

定例：每价银拾两给票钱贰文，百两贰拾文，多寡在此加减。如有多索，即时禀究。

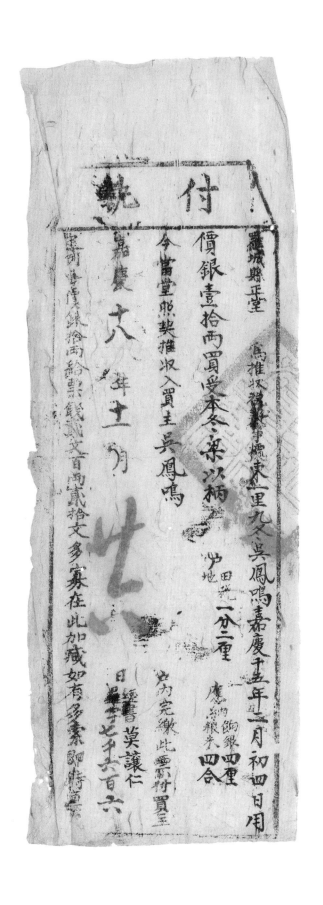

羅城縣平堂　為推收糧額事爐東一里九冬吳鳳鳴嘉慶十五年二月初四日用

付

今當堂憑契推收入買主吳鳳鳴名下

價銀壹拾兩買受本冬梁以柄

田地共一分二厘

應納糧米四合

立内完納此票付買主

一納銀四厘

日經書莫讓仁

日票字七千六百六

號嘉慶十六年十一月

原契賣價銀拾兩給業銀貳拾文多寡在此加減如有多索即時罰究

黄善福换新契纸

（民国三年八月二十二日）

绵纸，纸幅 31cm×25.7cm，今藏广西壮族自治区少数民族古籍工作办公室，档案目录号 200911031。

换新契纸

◇字第伍千柒百贰拾号

价◇纸价壹元册费壹角

广西国税厅筹备处换契。案奉[117]财政部通行划一契纸一案，凡在民国元年以前成立之不动产，旧契无论已税契、未税契均应一律呈验。呈验前项旧契，无论典、卖，均应一律注册，给予新契。每张收纸价一元、注册费一角。但旧契未经投税[094]者呈验时，除缴注册费外，仍应照章补投契税。如在本章程施行以前，业经本省政府换给民国印契者，呈验时只收注册费。此外，不许浮收[118]折勒[119]重税。如有此弊，准该业户控诉严办。缴到旧契，照式填写。其余办法详载本章程施行细则，此照。

计开：

业户黄善福，买受田廿一丘[009]，粮米◇石◇斗一升◇合[007]◇勺。【买受地◇段◇顷◇亩◇分。】【受屋◇间、铺◇间，深长◇，横阔◇。】

坐落◇都[235]◇图[236]◇甲【户口◇，土名◇，◇区◇街第◇号门牌】。

东至◇，南至◇，西至◇，北至◇。

出卖【典】人：石蕴珍。

价银：拾肆两。

中人[024]：杨振安。

旧契◇年◇月◇日，◇字第◇号，老契[108]◇张。

换给壹次验字第五千柒百贰拾号，印契◇纸，价银壹元，注册费壹角。

中华民国三年八月廿二日给

注：

1. 文书右上方的红色印字：改照验契条例办理。

2. 文书左、右上角红色印字：壹次验。

換　新　契　紙

廣西國稅廳籌備處　　　換契案奉

財政部通行劃一契紙一契一案凡在民國元年以前成立之不動產舊契無論
已稅契未稅契均應一律呈驗呈驗前項舊契無論典賣均應一律注冊給
予新契每張收紙價一元注冊費一角但舊契未經投稅者呈驗時除繳註
冊費外仍應照章補投契稅如在本章程施行以前業經本省政府換給民
國印契者呈驗時衹收注冊費此外不許浮收折勒重稅如有此弊准該業
戶控訴嚴辦繳到舊契照式填寫其餘辦法詳載本章程施行細則此照

業戶黃善福

買受　地段　田廿二　班
計開

根米　頃　石畝　斗一升合勺　分

受　庫間　舖間　深長　橫闊
坐落　都　圖　甲　戶口　區　土名　街第　號門牌
東至　南至　西至　北至
出賣/出典　人石以縫珍　價銀拾肆兩　中人楊振安
舊契　年　月　日　字第　號老契　張
換給景黃驗字第五千柒百貳拾　號印契　紙價銀　註冊費　用給
中華民國三年八月廿二日

黄善福换新契纸

（民国三年八月二十二日）

绵纸，纸幅 30.5cm×26cm，今藏广西壮族自治区少数民族古籍工作办公室，档案目录号 201010058。

换新契纸

◇字第伍千柒百贰拾壹号

价◇纸价壹元册费壹角

广西国税厅筹备处换契。案奉[117]财政部通行划一契纸一案，凡在民国元年以前成立之不动产，旧契无论已税契、未税契均应一律呈验。呈验前项旧契，无论典、卖，均应一律注册，给予新契。每张收纸价一元、注册费一角。但旧契未经投税[094]者呈验时，除缴注册费外，仍应照章补投契税。如在本章程施行以前，业经本省政府换给民国印契者，呈验时只收注册费。此外，不许浮收[118]折勒[119]重税。如有此弊，准该业户控诉严办。缴到旧契，照式填写。其余办法详载本章程施行细则，此照。

计开：

业户黄善福，买受田四丘[009]，粮米◇石◇斗◇升五合[007]◇勺。【买受地◇段◇顷◇亩◇分。】【受屋◇间、铺◇间，深长◇，横阔◇。】

坐落◇都[235]◇图[236]◇甲【户口◇，土名◇，◇区◇街第◇号门牌】。

东至◇，南至◇，西至◇，北至◇。

出卖【典】人：石智珍。

价银：拾壹两。

中人[024]：石蕴珍。

旧契◇年◇月◇日，◇字第◇号，老契[108]◇张。

换给壹次验字第五千柒百贰拾壹号，印契◇纸，价银壹元，注册费壹角。

中华民国三年八月廿二日给

注：

1. 正文右上方的红色印字：改照验契条例办理。

2. 正文左、右上角红色印字：壹次验。

換　新　契　紙

廣西國稅廳籌備處

換契案奉

財政部通行劃一契紙一案凡在民國元年以前成立之不動產舊契無論

已稅契未稅契均應一律呈驗前項舊契無論典賣均應一律註冊給

予新契每張收紙價一元註冊費一角但舊契未經投稅者呈驗時除繳註

冊費外仍應照章補投契稅如在本章程施行以前業經本省政府換給民

國印契者呈驗時祇收註冊費此外不許浮收折勒重稅如有此弊准該業

戶控訴嚴辦繳到舊契照式填寫其餘辦法詳載本章程施行細則此照

業戶黃善福

計開

地段　田四坵

粮米　頃　畝　分　石　敢　斗　升　五　合　勺

戶口　區　土名　街第　號門牌

坐落　都　圖　甲

受　鋪間　屋間　深長　橫闊

東至　南至　西至　北至

出賣　典賣　人石契貳　價銀拾壹兩　中人石區珍

舊契　年　月　日　字第　號老契　張

換給書系臨子第五千七百五十五壹號印契　紙價銀壹元註冊費壹角

中華民國三年八月廿二日　給

石老好换新契纸

（民国三年十月十九日）

绵纸，纸幅 31cm×25.5cm，今藏广西壮族自治区少数民族古籍工作办公室，档案目录号 200907072。

换新契纸

◇字第捌千柒百肆拾肆号

价◇纸价壹元册费壹角

广西国税厅筹备处换契。案奉[117]财政部通行划一契纸一案，凡在民国元年以前成立之不动产，旧契无论已税契、未税契均应一律呈验。呈验前项旧契，无论典卖均应一律注册，给予新契。每张收纸价一元，注册费一角。但旧契未经投税[094]者呈验时，除缴注册费外，仍应照章补投契税。如在本章程施行以前，业经本省政府换给民国印契者，呈验时只收注册费。此外，不许浮收[118]折勒[119]重税。如有此弊，准该业户控诉严办。缴到旧契，照式填写。其余办法详载本章程施行细则，此照。

计开：

业户石老好，买受田十五丘[009]，粮米◇石〇斗贰升◇合[007]◇勺。【买受地◇段◇顷◇亩◇分。】【受屋◇间、铺◇间，深长◇，横阔◇。】

坐落◇都[235]◇图[236]◇甲【户口◇，土名◇，◇区◇街第◇号门牌】。

东至◇，南至◇，西至◇，北至◇。

出卖【典】人：黄月涛。

价银：六两正。

中人[024]：石耀山。

旧契◇年◇月◇日，◇字第◇号，老契[108]◇张。

换给验字第八千七百四十四号，印契一纸，价银一元，注册费一角。

中华民国三年十月十九日给

注：

1. 文书正上方黑色印字：改照验契条例办理。

2. 文书左、右上角红色印字：第拾柒次验。

政照驗契
條例辦理

換 新 契 紙

廣西國稅廳籌備處

換契案奉

財政部通行劃一契紙一案凡在民國元年以前成立之不動産舊契無論

已稅契未稅契均應一律呈驗前項舊契無論典賣均應一律注冊給

予新契每張收紙價一元注冊費一角但舊契未經投稅者呈驗時除繳費

冊費外仍應照章補投契稅如在本章程施行以前業經本省政府換給民

國印契者呈驗時祗收注冊費此外不許浮收折勒重稅如有此弊准該業

戶赴所嚴辦繳到舊契照式塡寫其餘辦法詳載本章程施行細則此照

新業戶 右給

受 舖号 幾間 深 幾丈 横闊 石 幾斗幾升合勺
受 地段 禾田幾畝幾段 禾紙 幾頃 畝 歆

坐落 都 圖 甲 戶 區 土名 街第 號門牌

束至 南至 西至 北至

出賣人 黃肖濤 價銀 六元 中人 石耀山 號老契 幾張

舊契 換給 縣字第 幾百 幾十 幾號印契 一紙 價銀 一元 註冊費 幾角 給

換給 縣字第 字百 幾十 幾號印契 一紙 價銀 一元 註冊費 幾角 給

中華民國 二 年十月 十九 日

苏全富换新契纸

（民国三年十月三十日）

绵纸，纸幅 31.7cm×26.5cm，今藏广西壮族自治区少数民族古籍工作办公室，档案目录号 200907073。

换新契纸

◇字第捌千柒百号

价◇纸价壹元册费壹角

广西国税厅筹备处换契。案奉[117]财政部通行划一契纸一案，凡在民国元年以前成立之不动产，旧契无论已税契、未税契均应一律呈验。呈验前项旧契，无论典卖均应一律注册，给予新契。每张收纸价一元，注册费一角。但旧契未经投税[094]者呈验时，除缴注册费外，仍应照章补投契税。如在本章程施行以前，业经本省政府换给民国印契者，呈验时只收注册费。此外，不许浮收[118]折勒[119]重税。如有此弊，准该业户控诉严办。缴到旧契，照式填写。其余办法详载本章程施行细则，此照。

计开：

业户苏全富，买受田一丘[009]，粮困◇石◇斗三升◇合[007]◇勺。【买受地◇段◇顷◇亩◇分。】【受屋◇间、舖◇间，深民◇，横阔◇。】

坐落◇都[235]◇图[236]◇甲【户口◇，土名◇，◇区◇街第◇号门牌】。

东至◇，南至◇，西至◇，北至◇。

出卖【典】人：覃显魁、覃显科。

价银：七十二千文。

中人[024]：陈荣贵。

旧契◇年◇月◇日，◇字第◇号，老契[108]◇张。

换给验字第八千六百一百号[237]，印契一纸，价银一元，注册费一毛。

中华民国三年十月卅日给

注：

1. 文书正上方黑色印字：改照验契条例办理。

2. 文书左、右上角红色印字：壹百捌拾次验。

政照驗契
條俊辦理

換 新 契 紙

廣西國稅廳鑄鋪處

換契紙

出收部通行劃一契紙一条凡在民國元年

子新契每張收紙價一毛註冊費一角由買主承納

冊費外仍應照章納稅契費如在本章程施以前業經本府政府換給氏

嗣印契者呈驗各紙收料冊費此外不許停收所勳再稅如有此弊准該業

戶按訴嚴辦驗到執照照武速富縣衙辦法詳載本章程施行細則此照

買受

計開

莱田方號金當

坐落 都隝 甲 圖 土名

受

東至

南至

西至 字第 號門牌

北至 號門牌

出典 人曹頓科

價銀 右十三千文 中人陳帶貴

舊契 年 月 日 號老契 張

換給驗字第 號印契一紙價銀 元 註冊費 元 給

中華民國 年 十月 卅 日

杨土成换新契纸

（民国三年十月三十日）

绵纸，纸幅31cm×26.6cm，今藏广西壮族自治区少数民族古籍工作办公室，档案目录号201010059。

换新契纸

◇字第玖千叁百贰拾壹号

价◇纸价壹元册费壹角

广西国税厅筹备处换契。案奉[117]财政部通行划一契纸一案，凡在民国元年以前成立之不动产，旧契无论已税契、未税契均应一律呈验。呈验前项旧契，无论典、卖，均应一律注册，给予新契。每张收纸价一元，注册费一角。但旧契未经投税[094]者呈验时，除缴注册费外，仍应照章补投契税。如在本章程施行以前，业经本省政府换给民国印契者，呈验时只收注册费。此外，不许浮收[118]折勒[119]重税。如有此弊，准该业户控诉严办。缴到旧契，照式填写。其余办法详载本章程施行细则，此照。

计开：

业户杨土成，买受田一丘[009]，粮米◇石一斗又升◇合[007]◇勺。【买受地◇段◇顷◇亩◇分。】【受屋◇间、铺◇间，深长◇，横阔◇。】

坐落◇都[235]◇图[236]◇甲【户口◇，土名◇，◇区◇街第◇号门牌】。

东至◇，南至◇，西至◇，北至◇。

出卖【典】人：韦星祥。

价银：十七千文。

中人[024]：李如□。

旧契◇年◇月◇日，◇字第◇号，老契[108]◇张。

换给验字第九千三百二十一号，印契一纸，价银一元，注册费一角。

中华民国三年十月卅日给

注：

1.文书正上方黑色印字：改照验契条例办理。

2.文书左、右上角红色印字：壹百捌拾次验。

换　新　契　纸

广西国税厅筹备处

换契条奉

财政部通行钤盖一契纸一案并在此间元年以前成立之不动产旧契契者

一凡买契未税契均应一律呈验于验前用旧契无论典卖均应一律注册给

一新契每张收纸价十元注册税一角但旧契未经典卖者呈县照章除缴注

而费外仍应照章补投契税如有查出程施行以前业经本省政府准换给民

一无论买卖典当之纸收注册费此外不许浮收折勒重税如有此弊准该业

一兹将影到契式填缮其余办法详载本章程施行细则此照

計開
業戸楊士成

業主
原主　　　至
　　　　　　東至

新契　月　　日　字第　　號　　　價銀　十文千文

旧契　　　賣日契一紙價銀一元　計册費三角

賣給張字第九十三之三五

中華民國五年十月卅一日

出賣人　李　　張星祥

中人李如林　　　號老契一張

計册費　角給

杨太恩换新契纸

（民国三年十一月初十日）

绵纸，纸幅 29.7cm×26cm，今藏广西壮族自治区少数民族古籍工作办公室，档案目录号201010057。

换新契纸

◇字第贰千零叁拾伍号

价◇纸价壹元册费壹角

广西国税厅筹备处换契。案奉[117]财政部通行划一契纸一案，凡在民国元年以前成立之不动产，旧契无论已税契、未税契均应一律呈验。呈验前项旧契，无论典、卖，均应一律注册，给予新契。每张收纸价一元，注册费一角。但旧契未经投税[094]者呈验时，除缴注册费外，仍应照章补投契税。如在本章程施行以前，业经本省政府换给民国印契者，呈验时只收注册费。此外，不许浮收[118]折勒[119]重税。如有此弊，准该业户控诉严办。缴到旧契，照式填写。其余办法详载本章程施行细则，此照。

计开：

业户杨太恩，买受田十陆丘[009]，粮米◇石◇斗五升○合[007]○勺。【买受地◇段◇顷◇亩◇分。】【受屋◇间、铺◇间，深长◇，横阔◇。】

坐落◇都[235]◇图[236]◇甲【户口◇，土名◇，◇区◇街第◇号门牌】。

东至◇，南至◇，西至◇，北至◇。

出卖【典】人：谢□照、谢□光。

价银：壹拾仟文。

中人[024]：杨祖萧。

旧契◇年◇月◇日，◇字第◇号，老契[108]◇张。

换给验字第贰千○卅五号，印契壹纸，价银壹元，注册费一角。

中华民国三年十一月初十日给

注：

1.文书正上方黑色印字：改照验契条例办理。

2.文书左、右上角红色印字：壹百捌拾次验。

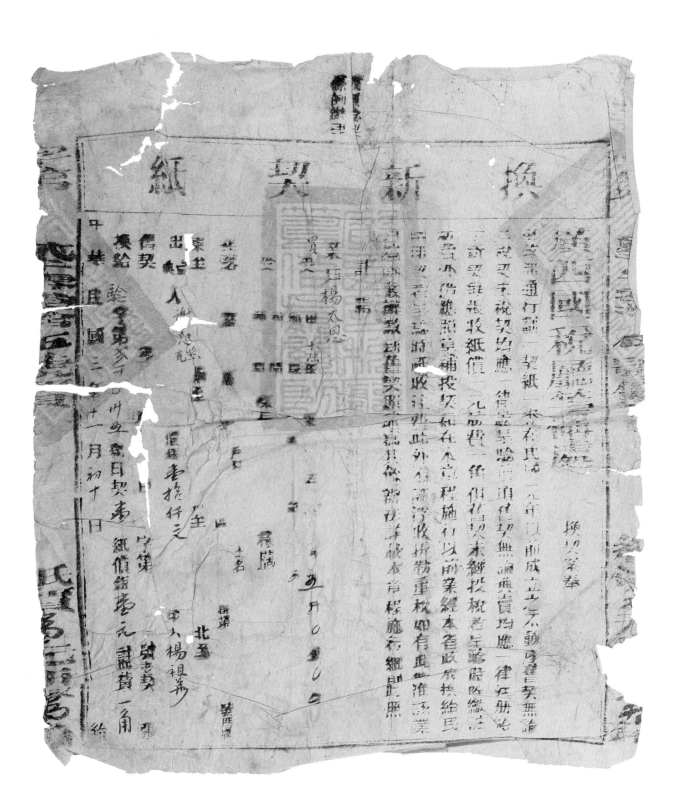

石玉成官给管业证据

（民国四年三月二十九日）

绵纸，纸幅 26.5cm×19.5cm，今藏广西壮族自治区少数民族古籍工作办公室，档案目录号 200806109。

						据证业管给官						□□字第叁千玖百柒拾肆号
中华民国四年三月廿九日	广西国税厅筹备处给	原申告表号数	原申告邻证人姓名	价目	四址				面积	座落	种类	管业[045]人姓名
中华民国四年三月廿九日	广西国税厅筹备处给	五千五百七十四号	石宝恒 玉岩	八十元	北至石玉岩	西至街	南至石姓	东至石姓	一座七间	风强村	瓦屋	石玉成

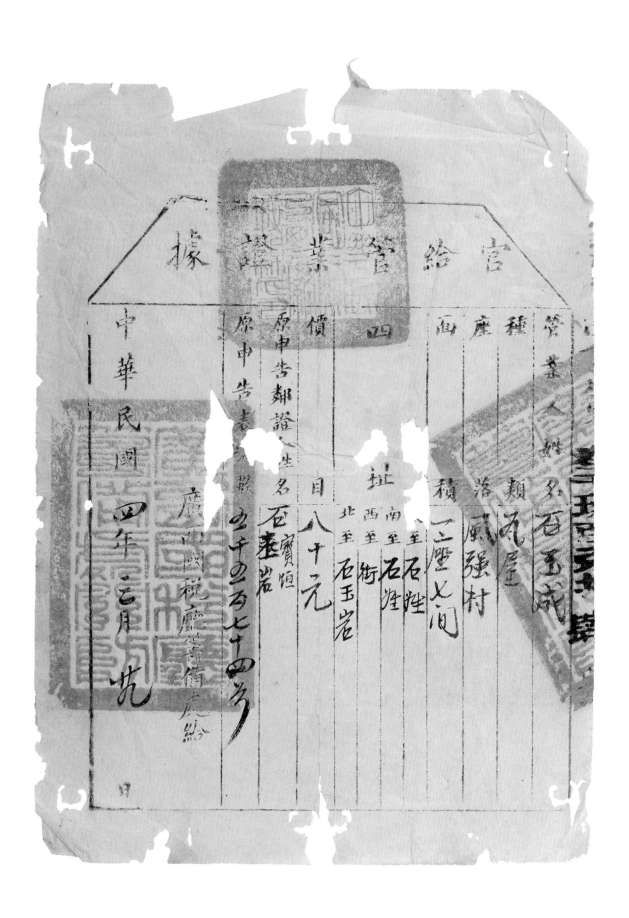

官給管業證據

據　證　業管　給官

<table>
<tr><td>中華民國四年二月光</td><td>原申告表號數 貳千四百七十四号</td><td>原申告鄰證人姓名 石寶恒</td><td>價目 八十元</td><td>四</td><td>址 南至石姓 西至石涯 北至石玉岩</td><td>面積 一二座又间</td><td>座落 威強村</td><td>種類 瓦屋</td><td>管業人姓名 石玉成</td></tr>
</table>

廣信國稅廳籌備處給

日

何文定验契执照[238]

（民国二十一年二月二十三日）

绵纸，纸幅 25.5cm×20cm，今藏广西壮族自治区少数民族古籍工作办公室，档案目录号200911032。

照执契验								
	交纳纸价	立契日期	业产				原得业人姓名	现管业[045]人姓名
			价目	所在地	四至面积	种类		
右契业经验讫除截根分别存报外合行给予执照以资证明此照	二元六角		一百四十元					何文定
给该户何文定收执	交纳注册费四角			纳粮户名			原出业人姓名　何文绣	籍贯
中华民国廿一年二月廿三日	交纳验费							住址　四区
广西财政厅制定　罗城县临时验契处验给								

壹壹玖次财字第柒肆捌贰号

壹壹玖次财字第柒肆捌贰号

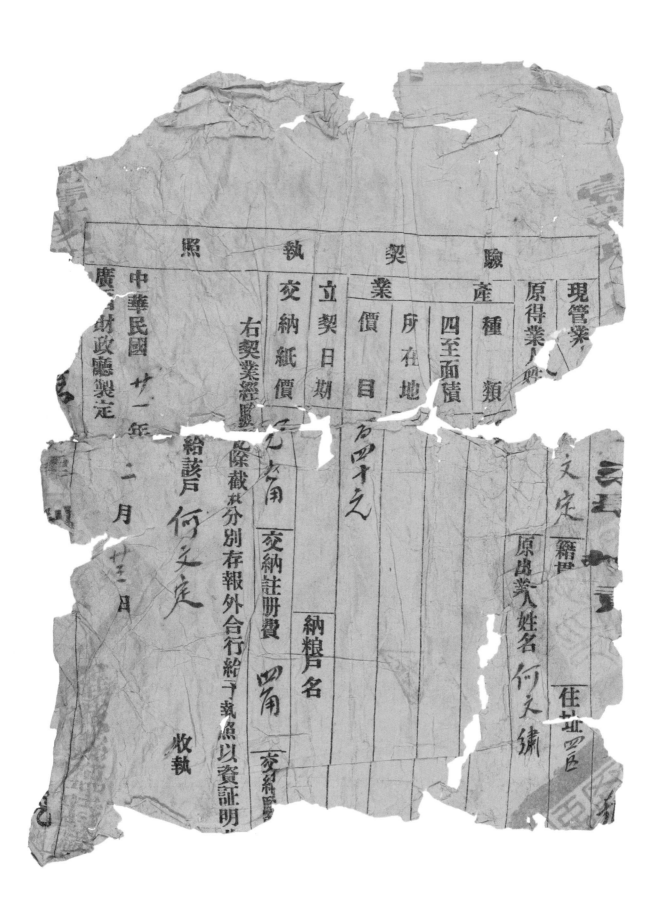

現管業　　文定　籍貫　　原賣業人姓名　何文鏞　　住址　四區

驗　產種類

業　四至面積　　石四十元

契　所在地

　立契日期

執　交納紙價　　元　　角

照　右契業經□縣□□除截獲分別存報外合行給干憑點以資証明□　交納註冊費　四角　　納糧戶名

中華民國　廿一年　二月　廿三日　給該戶　何文定　收執

廣□財政廳製定

石补好验契执照 [238]

（民国二十一年二月二十五日）

绵纸，纸幅 31.4cm×21.5cm，今藏广西壮族自治区少数民族古籍工作办公室，档案目录号 200907071。

验契执照

现管业[045]人姓名	原得业人姓名	业产				立契日期	交纳纸价	
		种类	四至面积	所在地	价目			
石补好		田						右契业经验讫除截根分别存报外合行给予执照以资证明此照
籍贯	原出业人姓名					纳粮户名	交纳注册费肆角	
住址　第四区						交纳验费		

壹壹玖次财字第叁肆○捌号

壹壹玖次财字第叁肆○捌号

给该户石补好收执

中华民国廿一年二月廿五日

广西财政厅制定　罗城县临时验契处验给

查訖

照	執	契		驗	
				現管業人姓名　石補好　籍貫	
				原得業人姓名	原出業人姓名
	交納紙價	產 種類　田			住址 第四□
		四至面積			號
		所在地			
		業 價目	納粮戶名		
		立契日期			

右契業經驗訖除截根分別存報外合行給予執照以資証明此照

中華民國廿一年二月廿四日　給該戶　石補好　收執

廣西財政廳製定

交納註冊費　交納驗費

杨振林验契执照[238]

（民国二十一年二月二十五日）

绵纸，纸幅 31.1cm×21cm，今藏广西壮族自治区少数民族古籍工作办公室，档案目录号 201010056。

				业产				原得业人姓名	现管业[045]人姓名
	交纳纸价	立契日期	价目	所在地	四至面积	种类			人姓名
						田			杨振林
右契业经验讫除截根分别存报外合行给予执照以资证明此照	壹元陆角								
	交纳注册费肆角		纳粮户名					原出业人姓名	籍贯
	交纳验费壹元								住址

照执契验

壹壹玖次财字第陆玖〇贰号

广西财政厅制定　罗城县临时验契处验给

中华民国廿一年二月廿五日

给该户杨振林收执

壹壹玖次财字第陆玖〇贰号

照　　執　　　契　　驗

現管業人姓名　楊振林

原得業人姓名　　　　籍貫

原出業人姓名　　　　住址

驗　產種類　團

契　四至面積。

業　所在地

價　價目

　　納粮戶名

立契日期

交納紙價　重元伍角　交納註册費　叁角　交納驗費　壹元

右契業經驗訖除截根分別存報外合行給予執照以資証明此照

給該戶　楊振林　收執

中華民國廿一年　二月廿二日

廣西財政廳製定

吴永程验契执照 [238]

（民国二十一年三月一日）

绵纸，纸幅 31.5cm×21.4cm，今藏广西壮族自治区少数民族古籍工作办公室，档案目录号 200803113。

	照执契验						
交纳纸价	立契日期	业产				原得业人姓名	现管业[045] 人姓名
		价目	所在地	四至面积	种类		
○		拾两			田		吴永程
交纳注册费肆角	纳粮户名					原出业人姓名	籍贯
交纳验费○							住址 附北乡

右契业经验讫除截根分别存报外合行给予执照以资证明此照

给该户吴永程收执

中华民国廿一年三月一日

广西财政厅制定　罗城县临时验契处验给

壹壹玖次财字第捌柒○柒号

壹壹玖次财字第捌柒○柒号

照	執	契		驗
廣西財政廳製定	中華民國廿一年三月一日	右契業經驗訖除截根分別存報外合行給予執照以資證明此照	交納紙價　〇	立契日期

業	產	原得業人姓名	現管業人姓名
價目　拾兩	四至面積		吳永程
所在地	種類　田		籍貫

納粮戶名

交納註冊費　初角　　交納驗費　〇

給該戶吳永程　收執

原出業人姓名

住址　附北鄉

驗給

吴永程验契执照[238]

（民国二十一年三月一日）

绵纸，纸幅 31.5cm×21.5cm，今藏广西壮族自治区少数民族古籍工作办公室，档案目录号 200803125。

照执契验						
现管业[045]人姓名	原得业人姓名	种类	四至面积	所在地	价目	立契日期	交纳纸价	右契业经验讫除截根分别存报外合行给予执照以资证明此照

壹壹玖次财字第捌柒肆贰号

现管业[045]人姓名　吴永程　籍贯　住址 附北乡

原得业人姓名　原出业人姓名

业产　种类　田　四至面积　所在地　价目　玖两正　纳粮户名

立契日期

交纳纸价　捌角　交纳注册费肆角　交纳验费○

右契业经验讫除截根分别存报外合行给予执照以资证明此照

给该户吴永程收执

中华民国廿一年三月一日

广西财政厅制定　罗城县临时验契处验给

壹壹玖次财字第捌柒肆贰号

驗　契　執　照

現管業人姓名	吳永程	籍貫		住址附北鄉
原得業人姓名		原出業人姓名		

產
種類　田
四至面積
所在地

業
價目　玖兩正
納粮戶名

立契日期

交納紙價　捌角　　交納註冊費　叁角　　交納驗費　〇

右契業經驗訖除截根分別存報外合行給予執照以資證明此照

給該戶吳永程　收執

中華民國　廿一年　三月　一日

廣西財政廳製定

【题解】

民间典当借贷契约是仫佬族地区常见的文书种类之一，是仫佬族地区土地管理与使用权转移的直接物证资料。罗城东门镇、龙岸镇和黄金镇三个乡镇遗存了若干民间典当契约文书，多为典当田地、园地、宅基地、房屋铺面等，也称"活卖"，约定一定期限可以赎回，其权利义务关系在典当期内与断卖有相同也有不同之处。

相同之处在于契约内容和书写方式与断卖契约大体一致，一般包含买卖土地的原因，土地的位置、范围、面积大小、价钱，立契双方的责权利，立契人和证人及书写人姓名，立契日期等。契约均按手印，部分盖印章或骑缝章。立此类契约多数为民间行为，由各村寨德高望重的头人或长老主持、见证；立契人自书或请人代书，需支付证人、中间人、代书人一定酬劳。民间契约均为汉文书写，材质为绵纸，规格大小无定例。

不同之处是断卖不但意味着所有权的转移，而且围绕着所有权的一系列权利义务关系也发生了变化。比如断卖必须到官府办理过户，而典当就不必，这意味着所有权没有转移，有的契约中称出典人为"田主"，说明该产业所有权仍在出典人。在已有的典当田土和房屋铺面契约中，有一部分典当田土典约中明确规定田土"自当之后，任从钱主（承典人）耕种管业"，使用权暂时转移，其受赎期限自由议定。也有的田土仍由出典人（当主、田主）耕种，每年付给承典人一定利息。在此，我们看到的似乎与一般借贷关系类似，只不过是以田土作为抵押物而已。因此，整理者将所有典当、活卖、借贷典约归为一类。

该种文书共 17 件，涉及当田、土、房屋、山林，以及一般的借贷，另有 2 份收赎的凭据也属于本类契约。

吴廷常等当田契约

（道光十二年二月二十四日）

绵纸，纸幅 42cm×41cm，今藏广西壮族自治区少数民族古籍工作办公室，档案目录号199101001。

立当田契人弟吴廷常、吴廷伦、吴廷选，情因兄弟［钱］缺少使用钱文，无从出处，不得已兄弟合议，自愿将名下之田出当[240]，土名坐落勒渎大田一丘[009]［出当］。不得已请中托[012]到兄吴廷理处，认言承当[025]。当中三面[013]言定，特当价钱拾千文正，即日钱交契立。其田不拘[241]三年两载，钱还契退，二家异（意）愿。恐口无凭，特立当园为据。

天理仁心[046]

在场、代笔：父亲吴凤科

中人[024]：胞兄吴廷纲

道光十二年二月廿四日立

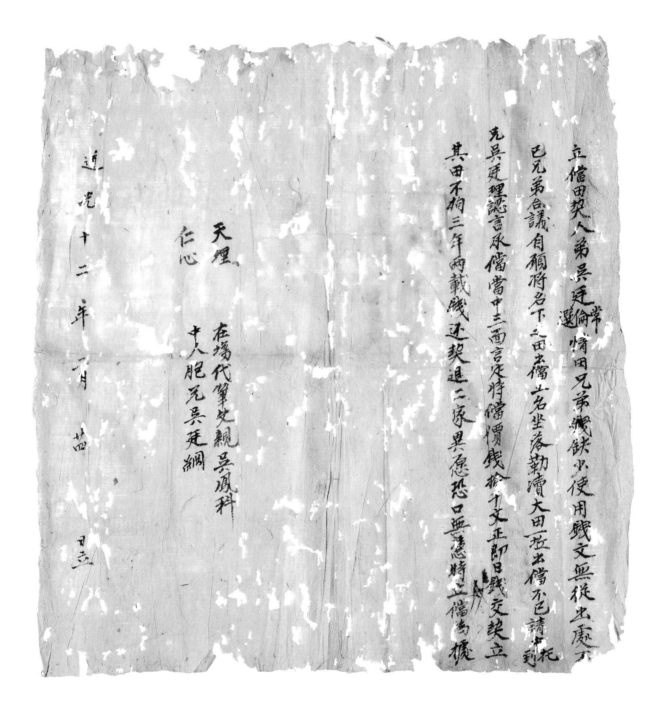

立儅田契人弟吳廷倫常情用兄弟鐵少使用錢文無從出處

已兄弟商議自願將名下二田出儅山名坐落勒潭大田一坵出儅不已請中到

兄吳廷理認言承儅當中三面言定特儅價錢拾千文正即日錢交兑立

其田不拘三年兩載錢述契退二家果愿恐口無憑特立儅為據

天理

仁心

在場代筆兒親吳頂科

中人肥兄吳廷綱

道光十二年　月　日立

吴永吉当田契约

（同治十年二月二十三日）

绵纸，纸幅 43cm×39cm，今藏广西壮族自治区少数民族古籍工作办公室，档案目录号199101008。

　　立实当田契人吴永吉，情因缺少正用钱文，无处求借，不得已母子合议，自愿将祖父分下之田，土名坐落黄毛上岭一连叁丘，下岭一丘[009]，共四丘，税入平东上里[114]六冬[004]吴永吉户，民米[006]伍合[007]正，将求出当[240]。先问六房[016]族内兄弟人等，无人承领[034]。后来请中托[012]到堂公吴廷康処，认言承当[025]。三面[230]圓定，时值价钱七千文正。即日钱交契立，二家意愿，并无逼压等情。其田既当之后，任从钱主[242]耕种、管业[045]。限定三年，钱还契退。如有逼限不赎者，任从钱主出批[243]，当主不得异言[052]。恐口无凭，特立当契为据。

天理仁心[046]

中人[024]：吴庆美

亲笔

退转不孝

同治拾年二月廿三日立

立實當田契人吳永吉情因缺少正用錢文無處借不已卯
子今議自願將祖父分下天田土名坐落黃毛上嶺一連壹坵
下嶺一坵共四坵稅入不凉上里六冬吳承吉戶民米伍合延將
攤出當先隂六房親內兄弟人等無人承領後來請中批到
堂公吳延康認言承當三面定時値僧錢肆千文逆郎日錢交交契立
二家意願並無逼歴恃特其田既當之後任從錢主耕種營業
限定三年錢還契退細省畨賠不贖者任從錢主出批當全承
得異言恐口無憑特立當契為據

天理

仁心

中人 吳慶美

親筆

退轉方孝

同治　　年 二月廿三日 立

吴永盛当田契约

（光绪四年六月二十九日）

　　绵纸，纸幅41cm×39cm，今藏广西壮族自治区少数民族古籍工作办公室，档案目录号200803111。

　　立当田契人吴永盛，情因缺少正用钱文，无处求借，不得已母子合议，自愿将祖父分下之田，土名坐落马安大田一丘[009]，东一里六冬[029]户，民米[006]伍合[007]正，将来[033]出当[240]。桪（排[116]）大闸门园场，上下分半出当，中间为界，右边□□□。先问兄弟六房[016]人等，无人应承。后来情（请）口（中）[036]问到堂佰（伯）吴庆福处，认言承当[025]。当中三面[013]言定，时值价钱九千文正。即日钱［契］交契立，二家意愿，并无逼压等情。其田既当之后，任从钱主[242]耕种、管业[045]，当主不得异言[052]。恐口无凭，特立当契为据。

　　　　　　　　　　　　　　　　天理仁心[046]

　　　　　　　　　　　　　　　　在场：吴廷选

　　　　　　　　　　　　　　　　中人[024]：吴永新

　　　　　　　　　　　　　　　　代笔：吴永吉

　　　　　　　　　　　　　　　　光绪四年六月廿九日立

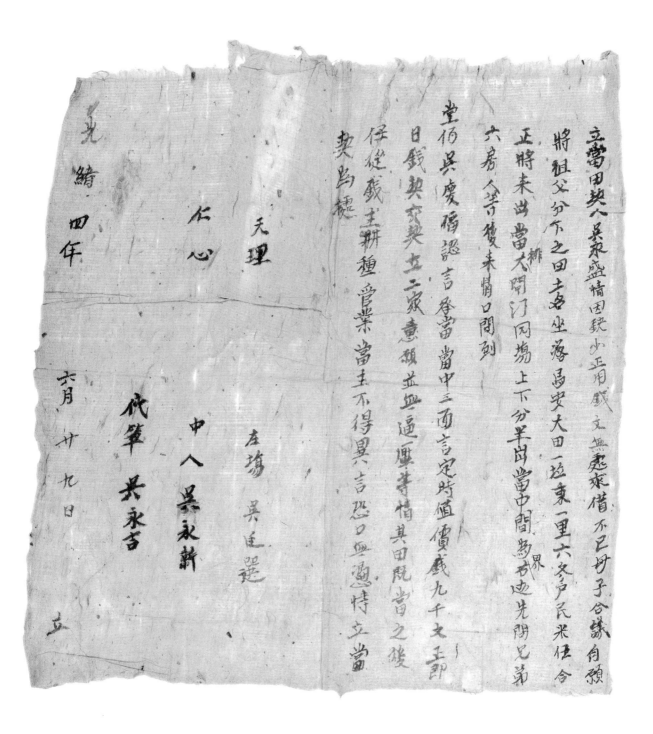

立當田契人吳永盛情因錢少正用錢文無處求借不已母子合議自願

將祖父分下之田土名坐落昌安大田一坵東一里六丈戶民米伍合

正將來出當大開汀同塲上下分半出當中間為戒方迠先問兄弟

六房人等不受未情口問到　界

堂兄慶碩認言登當當中三面言定時值價錢九千文正即

日錢契交家立二家意願並無逼勒等情其田既當之後

保從錢主耕種管業當主不得異言恐口無憑特立當

契為據

天理

仁心

左塲　吳廷選

中人　吳永新

代筆　吳永吉

光緒四年　六月廿九日　立

吴永盛当园场契约

（光绪十五年三月初五日）

绵纸，纸幅 40.7cm×39.7cm，今藏广西壮族自治区少数民族古籍工作办公室，档案目录号 200803100。

立当园长（场）契人吴永盛，情因缺少正用钱文，无处求借，不得已母子合议，自愿将祖父分下之园，土名坐落桟（排[116]）众人杂（闸）门园长（场），一半出当[240]。先问六房[016]族内兄弟，无人承领[034]。请中[036]问到堂伯吴庆福处，认言承当[025]。三面[230]言定，时值价银六两正。即日银交契立，二家意愿，并无逼压等情。其园长（场）既当之后，任从银主[198]耕种管业[045]，当主不得异言[052]。恐口无凭，契立为据。

天理仁心[046]

在场、亲（代）笔：永新

中人[024]：庆恩

光绪十五年三月初五日契立

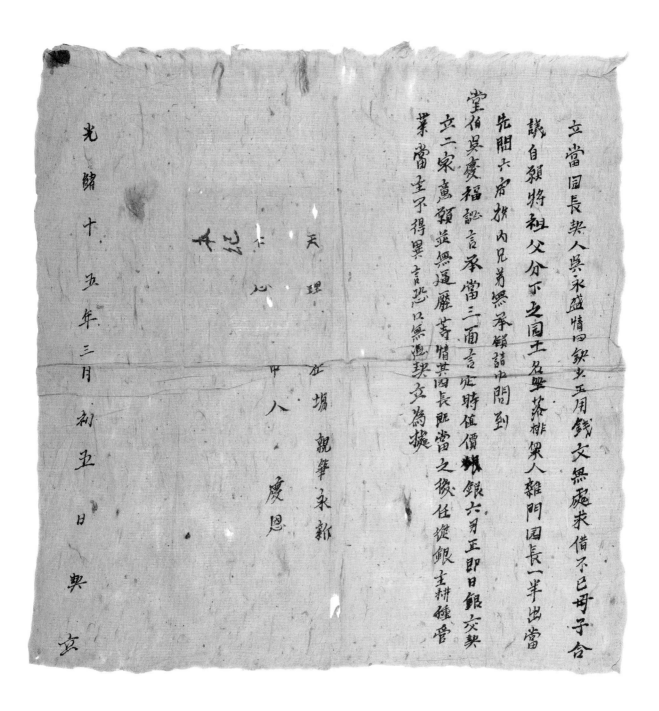

立當圓長契人吳永盛情因缺少正用錢文無處求借不已母子合
議自願將祖父分下之圓土名鸎茶排哭人雜門圓長一半出當
先間六宿於內兄弟無承領諸中間到
堂伯吳慶福認言承當三面言定時值價銀銀六哭正即日銀交哭
立二家意願並無逼歷等情其圓長既當之後任從銀主耕種管
業當主不得異言恐口無憑契立為擬

光緒十五年三月初五日　典　字

天理

不心

在塌　親筆　永新

甲人　慶恩

成有庄当田契约

（光绪二十三年十二月二十七日）

绵纸，纸幅 52cm×39.3cm，今藏广西壮族自治区少数民族古籍工作办公室，档案目录号 200803098。

立当田契人成有庄，正用钱文无从出处，不圙已夫妻合议，自愿将祖父之田，土名坐落社山脚左边大右（石）头囲一丘[009]出当[240]。先问兄弟，无人承领[034]。后来请口（中）[036]问到上村吴庆福圂，应言承领为业。当中三面[013]言定，时值价银五两正。即日银交契立，二家甘心意愿，任从钱主[242]耕种为业。钱主力稀少愁，批与田主耕种，每年息谷二百五十斤，不得扣少分文。如有扣少者，钱主自耕或批[112]，田主不得阻院（挡）。恐口无凭，立契存后为实。

天理仁心[046]

中人[024]：成馀庆

在场：成馀庆

光绪二拾三年十二月廿七日立

立當田契人成有莊正用錢文無從出處不已夫妻合議自

願將祖父之田土名坐落社山脚左边大石頭一班出當先問

兄弟無人承領後未請日問到

上村吳慶福愿言承願為業當中三面言定時值價銀五兩正即

日銀文契立二家廿心意願任從錢主耕種為業錢主自力稀少慈

批與田主耕種每年息谷二石五十斤才得扣少方支如有扣少

者錢主自耕或批田主不得阻隔恐口無憑立契存後為實

天理 中人 成餘慶

仁心 左勢

光緒二拾三年十二月廿七日 立

陈寿南当房屋契约

（光绪三十年□月十八日）

绵纸，纸幅47cm×38.8cm，今藏广西壮族自治区少数民族古籍工作办公室，档案目录号201010081。

立借契字人陈寿南，情因家中缺少正用银两，无从出处，不得已一家合议，自愿将先父置得之房屋一间，土名坐落卖帽行，前以大街为界，后以阳沟为界，左以陈聚昌房屋为界，右以陈庚记房屋为界，四至[131]界址清白。然后以铺抵押，借银肆拾元正，其银每两每年行息叁钱。先问六房[016]人等，不能承领[034]。然后托中[103]问至曹大嫂处，应言借银肆拾元正，以铺抵押为业。即日偕中三面[197]点验，界址清白，然后银交契立。此是二家甘愿，并无逼压等情。恐口无凭，特立借字一张交与银主[198]为据。

天理良心[046]

亲笔：陈寿南

中人[024]：刘华□

在场

光绪三十年□月十八日立

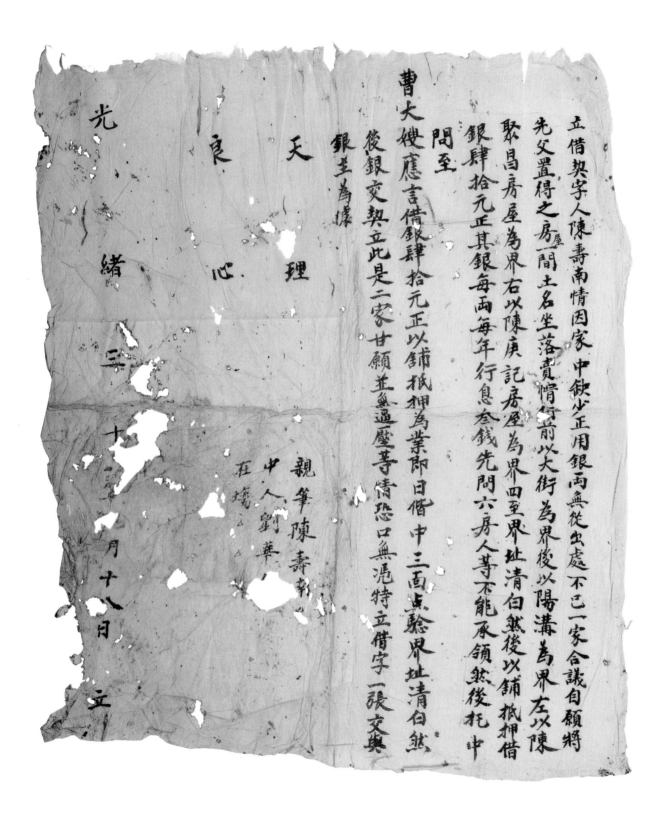

立借契字人陳壽南情因家中鋮少正用銀兩無從出處不已一家合議自願將
先父置得之房屋一間土名坐落賣帽行前以大街為界後以陽溝為界左以陳
聚昌房屋為界右以陳庚記房屋為界四至界址清白然後以鋪抵押借
銀肆拾元正其銀每兩每年行息叁錢先問六房人等不能承領然後托中
問至
曹大嫂應言借銀肆拾元正以鋪抵押為業即日偕中三面點驗界址清白
後銀交契立此是二家甘願並無逼壓等情恐口無憑特立借字一張交與
銀主為憑

天理
良心

親筆陳壽彰
中人劉華
在場

光緒二十二年十二月十八日立

胡开云当田契约

（宣统三年十二月二十四日）

绵纸，纸幅 54cm×49.5cm，今藏广西壮族自治区少数民族古籍工作办公室，档案目录号
201201029。

立契当断田人胡开云，情因家下缺少正用艮（银）两，无从出处，不㝵已夫妻兄弟合议，自愿将
手置之田，土名坐落下桐漏寨一处，不计丘[009]数，又桥头田二处，不计数丘（丘数），田面[123]约有
一千四𠀌，以行[078]出当[240]。先问六房[016]人等，无人承领[034]，后请中[036]问到杨正林名下，应言承当[025]
为业。即日当中三面[013]踏验，田丘、水路清白。回家合议，时直（值）价艮（银）[洋毫]六百洋毫[146]
正。即日艮（银）交契立，授受[019]清白。二家甘愿，田无粮、艮（银）无利艮（银），至秋收十年收
赎，补还元（原）价，艮（银）还契退。恐口无凭，立有当契一张，存后为实。

　　　　　　　　　　　　　　　天理仁心[046]

　　　　　　　　　　　　　　　亲笔

　　　　　　　　　　　　　　　中人[024]：唐肇刚

　　　　　　　　　　　　　　　辛亥年[244]十二月廿[十]四日立

立契償斷田人胡□開雩精因家下缺少正用艮兩無錢出
處不已夫妻兄弟合議自願將手罷之田土名坐落
下桐□寮一處不計垃數又橋頭田二處不計數坵田面
約有一千四以行先償先問六房人等無人蒙願後請
中向到
楊正林名下應言承償為業即日當中三面踏聽田垃水路
清白回家合議特頓價艮洋毫六百洋毫正即日艮交
契立樓受清白二家世願田無粮艮無利眼至秋收十年
汉贖補还元價艮还契退从日無憑立有償契一張
存後為實

天理
仁心　親筆　中人唐肇□

辛亥年　十二月　廿十四　日立

石起标当田契约

（民国六年二月二十一日）

　　绵纸，纸幅 48.7cm×40.4cm，今藏广西壮族自治区少数民族古籍工作办公室，档案目录号200911030。

　　立典挡（当）字人石起标，情因家中缺少正用银两，无从出处，不得已合家商议，自愿将本已（己）名份（分）之田典挡（当），土名坐落洞简大田贰丘[009]，概行出典[245]。先问六族[246]人等，无人承领[034]。后请中[036]问到典与石老捧囚，应言承典为业。当中三面[013]议定，断过价银陆拾大圆正。此田限至三[一]年退赎。如有三年不赎，恁（任）由承典主为业，并不异言[052]。此时（是）二家甘愿，并无逼压等情。此日银交典契清白，并无延迟。今恐人心不古，立典契交与典主承操为据。

天理仁心[046]

在场：石起文

中人[024]：石老好

代笔：启开

民国六年二月贰十一日立

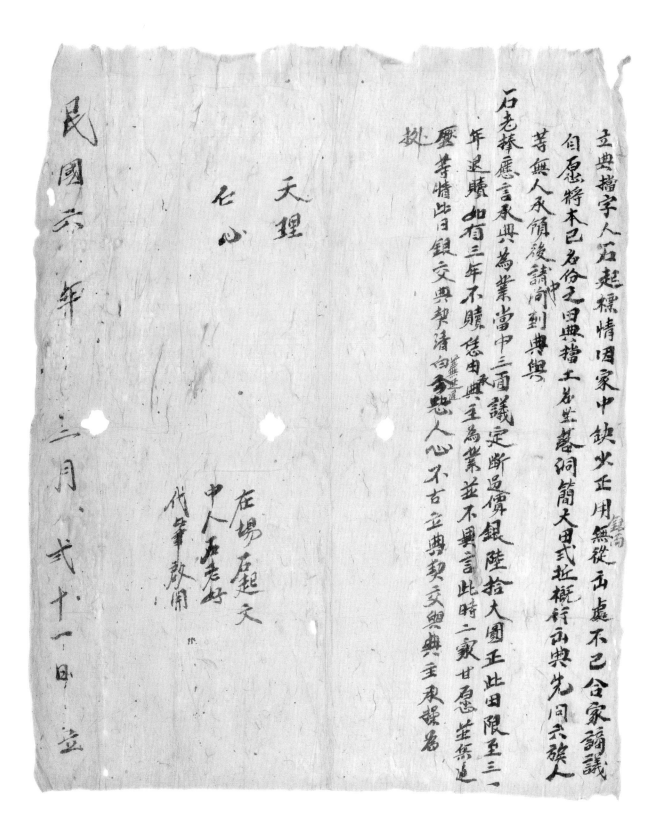

立典擋字人石起標情因家中缺火正用無從兩處不已合家詢議
自愿將本己名份之田典擋工名監墓洞簡大田式坵概行兩與先同六族人
等無人承領後請前到典與
石老捧應言承興為業當中三面議定斷過價銀陸拾大圓正此田限至三
年退贖如有三年不贖憑由典與主為業並不異言此時二家甘愿坵無追
歷葶情此日銀交典契清白多悉人心不古立典契交與典主東操属
拠

天理

仁心

在場　石起文

中人　石老好

代筆　致開

民國六年三月式十一日立

丁兰桂当园地契约

（民国七年十一月十七日）

绵纸，纸幅 52.2cm×47.5cm，今藏广西壮族自治区少数民族古籍工作办公室，档案目录号 201010074。

立当菜园地字人丁兰桂，情因家下缺少正用银两，无从出处，不得已夫妻合议，自愿将我本己先年当得李姓之菜园一个，土名坐落南街圩因，东至刘姓所种菜基为界，西至灰大路为界，北至麻地沟基为界，南至路边为界，概行出当[240]。先问兄弟并无承受，后请中[036]问中（到）吴义利、吴连德、梁启珑、廖义香黄亚养同义香共壹份，批此明白，四人合共应言承当[025]为业。当中三面[013]踏验，界止（址）清白，后议落[247]时值当价艮（银）贰百四拾毛正。即日艮（银）交契立，二家甘愿。其园自当之后，任由图当主[263]受业、耕种、出批[243]。其园当中三面言定，期限四年满以后，不具年数收赎[248]，艮（银）还契退，而我当主人等，不得异言[052]多端之（滋）事。恐口无凭，特立当菜园契纸一张，存后为实。

天理仁心[046]

在场人：丁乃福

中人[024]：李万和

代笔人：许肇章

民国戊午年[249]十一月十七日立

立當菜園地字人丁蘭桂情因食用銀兩無處出知不卟夫妻合議自願

守本戈已先年當錯李雄之菜園一個土名坐落南街坩頭東至劉姓低禮菜基為界西至灰

大路為界北至麻地溝基為界南至路邊為界概行出當先問兄弟姪姪岳承受後請中

問中

六兄義列

裝連德四人合共疬之承當光業當中三面蹬聽界止清白後議落時值當價艮弍百四

梁啓瓏

廖義香拾毛无即日艮交契立二家甘願其園自當之後低由當主意業耕種出批其園當

黄亞養

問恭春中三面言定期限四年滿以後不具年數收贖艮還退契而我當主人等不得異

其章似外此批明言多端之事心已岳憑特立當菜園契紙一張存後為憑

天理

仁心

　　　　在場人丁乃禎

　　　　中人李萬和

　　　　代筆人許華璋

民旺　戊午年十一月十七月立

石启标当田契约

（民国八年十二月十二日）

绵纸，纸幅 54.3cm×49cm，今藏广西壮族自治区少数民族古籍工作办公室，档案目录号 201201005。

　　立挡（当）田字人石启标，情因家下缺少正用银两，无从出处，不[囗]已合家商议，自愿将先父置得之田[囗]处，土名坐落洞剪瓦厂口之田二丘[009]，又园岭贳（背）小田一丘，合共三丘，将来[033]出挡（当）。先尊族内人等，兹后托中[103]问到挡（当）与塘背村石亮显、韦朝贤、韦朝光处，认言承当[025]为业。当中三面[013]蹋（踏）验，田丘、水道清白，时值议定挡（当）价银三百毫正，并包押字[017]写书慨（概）在其内。即日银交契立，授受[019]清白。其挡（当）的限至三年满准赎，银还契退。此田任由银主[198]耕批[077]承业，此系二家甘心意愿，并无逼勒等情。为（如）有来力（历）不清，照字内[149]受一赔十[122]。恐口无凭，立此挡（当）字为据。

天理仁心[046]

在场：石启[囗]

中人[024]：石凤彬

民国己未年[250]十二月十二日立挡（当）契

立擋田字人石敬標情田家下缺少正用銀兩無從出處不已合家高議自
願將先父遺得言田處玉名坐落洞剪民廠口又田二坵又圖嶺貧小田一坵合共三坵將來
立擋先尊族內人等外後託中向到擋与塘背村
石亮題
彰潮賢先憲認言奉佃為業當中三面朗驗日坵水道清白田值議定擋價銀
三百毫正此包押字尊書慨在其內即日銀交勢立揆受清白其擋的限至三年滿准
贖銀还勢退沈田但由銀主耕批承業此係二家甘心意願並無逼勳等情恐有来尽不湏
照字仍受一賠十爻口無凴立此擋字為擄

天理
仁心

中人　石鳳彬

本塘　石亮父
　　　　代父

民國丙戌年十二月　　日
立擋契

石蕴珍收赎当田契约

（民国十一年十一月二十日）

绵纸，纸幅 42.5cm×21.9cm，今藏广西壮族自治区少数民族古籍工作办公室，档案目录号200908001。

立收完钱字人石蕴珍，情因先年家下缺少正用银，无从出处，不得已，自愿将本己名份（分）之田，土名座（坐）落古脚风（枫）木田壹丘[009]，饭锹下边田贰丘，平峒岭脚田壹丘，共叁处合共四丘，慨（概）行出当[240]。亲口问到家侄玉吉处，应言承当[025]。当面二家合议时即氐（抵）当价银壹两陆钱正。即日银交契立，收受清白。后于民国壬戌（戌）年当主办银收赎，而我银主[198]血子[158]体琮不料失落老契[108]，寻找不见。不得已自愿即立收完银字，付交当主存后为实。二家当面言定，倘若日后借主[251]亲房[154]伯叔兄弟寻得老契者，准为废契。即日银还字立。恐口无凭，特立收字付典当主存后为据。

　　　　　　　　　　　　　天理仁心[046]

　　　　　　　　　　　　　亲笔

　　　　　　　　　　　　　民国壬戌（戌）年[203]十一月二十日立

立收完钱字人石蕴珍情因先年家下铁少正用银无从出处本己自将本己
名份之田土名座落古脚风木田雪垭饭锹下迎田大垭平岗岭脚田垭
共叁处合共四垭慨行出偿亲口问到家侄王吉应言承当面二家合议
时即收偿价银雪雨陆钱正即日银支契立收受清白没於民壬戌年
偿主收赎带我银主血子体踪不料失落老找不见不己
目愿立收完银字付奕偿主存没在实二家当面书定偿若日没偿主
亲房伯叔兄弟寻得老契者举在废契即日银还竖立盘口头逊特
立收字付奕偿主存庼存据

天理
仁心

亲笔

民国壬戌年十一月二十　立

石蕴珍收赎当田契约

（民国十一年十一月二十日）

绵纸，纸幅44.5cm×27cm，今藏广西壮族自治区少数民族古籍工作办公室，档案目录号200908002。

立收完钱字人石蕴珍，先㞐家下缺少正用银两，无从出处，不㝵已自愿将本己名份（分）之田，土名坐落老杜（社）蓬田一处，大小不计丘[009]数，以行[078]出当[240]。亲口问到家侄玉吉处，应言承当[025]。当面二家合议时直（值）氏（抵）当价银壹两陆钱正。即日银交字立，收受清白。后于民国壬戍（戌）年当主办银收赎，而我钱主[242]血子[158]体琮不料失落老契[108]寻找不见。不㝵已自愿即立收完银字，付交当主存后为实。二家当面言定，倘若日后借主[251]亲房[154]伯叔兄弟寻得老契者，准为废纸。即日银还字立。恐口无凭，特立收字付与当主存后为据。

天理仁心[046]

亲笔

民国壬戍（戌）㞐[203]十一月二十日立

立收完钱字人石蕴珍先家下缺少正用银两无径出处不已同

将本己名份之田土名坐落老杜蓬田一处大小不计地数以行出借亲

口问到家经　玉吉应言承借当面二家合议时直氏借价银壹两陆钱

正即日银交字立收受清白后於民国壬戌年借主及银取赎而我钱主业字

顋琮不料失落老寻找不见不已回顾即立收完银字付交借主存汉为

实二家当面言定倘若日没借主亲房伯叔兄弟寻得老契壹样将糜

纸即日银还字立恐口无凭特立收字付与借存後为据

天理

仁心　　亲笔

民国壬戌十一月　二十日　立

胡国安当山场契约

（民国二十三年四月十五日）

　　绵纸，纸幅51.3cm×42cm，今藏广西壮族自治区少数民族古籍工作办公室，档案目录号201010078。

　　立契典当山伤（场）字人胡国安，情因家下缺少正用银两，无从出处，不得己（已）夫妻母子合议，自愿将祖父份（分）落名下山场，土名坐落新田面一处、水塘胞一处五块，田沟一处八块，田沟一处，合共四处，慨（概）行作抵，出当[240]为业。请中[036]问到九东（冬[004]）彭顺耀处，应言承当[025]为业。当中三面[013]踏念（验），山场清白，议定时价银叁拾大元[141]正，每月每两利银[252]三分，行时[253]有六房[016]押字[017]在内。即口（日）银交契立，授受[019]清白，并无私倩（债）准折[075]等情。二家甘愿，两无折[254]，立契交与银主[198]存后为据。

天理良心[046]

凭中：何文富代笔

甲戌（戌）年[255]四月十五日立字

立契典僧山傷字人胡國安情因家下缺女正用銀兩無

從出處不己夫妻母子合議自願將祖父份洛名下山鵗土名

坐落新田面一處水塘肥一處五塊溝一處八塊田溝一處合共四

庭愿行依抵出僧為業請中問到九東

彭順耀應言承僧為業當中三面踏念山塲消白議定時價銀叁

拾大元正每月每兩利銀三分行時有六房押字在內即口銀交契立

授受清白並無私債二家廿願兩無折立契交与銀主存後為撮

天理　　良心　　憑中何文富代筆

甲戌年四月十五日立字

胡开富当田契约

（民国二十三年六月十三日）

绵纸，纸幅 53cm×44.5cm，今藏广西壮族自治区少数民族古籍工作办公室，档案目录号201010068。

立抵田借银字人胡开富，情因家下缺少正项银两，不囿已合家商议，愿将本己名下之田一处，土名屋背，大小田不计丘[009]数，概行抵借。问及杨丙午[囚]，应言承借。借出穴（血）本[256]洋银[257]叁拾元正。即日银交字立，授受[019]明白。其田既抵之后，何（仍）自耕种，照乡[258]行息[259]，每元每月行息银四分浪（银），每年冬月息银交清不误。如有息银不完者，来春任由银主[198]将此田出批[243]为息，而我借人[260]并不敢异言[052]生端。银还字退，恐言难计，特立借字为据。

天理仁心[046]

代笔：胡国场、杨明（门）胡氏

中人[024]：胡国场

在场：胡老土

民国廿三年六月十三日立

立抵田借銀字人胡開富情因家下鉓少
正項銀兩不已合家商議願將本己弟下
之田一處土名屋背大小田不計坵數概行
抵借聞及
楊丙午應言承借借出空本洋銀叁拾
元正即日銀交字立授受明白其田既抵
之役何自耕種照鄉行息每元每月
行息銀四分浪每年冬月息銀交清
不悮如有息銀不完者来泰任由銀
主將此田出扡為息而我借人並不敢
異言生端銀還字退恐言難計特
立借字為據

　　　天理
　　　仁心

　　代筆胡國均　楊明胡仪
　　中人胡國均
　　在場胡老土

民國廿三年　六月十三日立

苏覃美当禾契约

（民国二十三年九月三十日）

绵纸，纸幅 25.8cm×43.1cm，今藏广西壮族自治区少数民族古籍工作办公室，档案目录号 200907075。

　　立限单[261]字人约（约人）南木隘住苏覃美父子合家等，情因丁卯年春耕缺少口粮正用，无处生借，不得已一堂商议，自愿亲口问到龙岸狗头村住凸李庆芬处，□劳代借，应□借出血本[256]银拾两正。即面言定每年依行息[259]干禾[137]三百斤。兹年合议决还本艮（银）的，限今囲十一月十五、廿五两期，送此艮（银）到龙岸火烟村美底家，凷面交涉清白退字。如有过限不交此血本艮（银），明了，依旧照上年行干利禾[262]，后再不得异言[052]各情。倘有异言，执字理论，见壹赔拾，甘罚无辞，自惹罪累。恐口无凭，特立限字，交李姓银主[198]收存后为据。

天理良心[046]

证中：覃长发

在场男：苏顺兴

亲笔：苏覃美

民国廿三年九月卅日立单

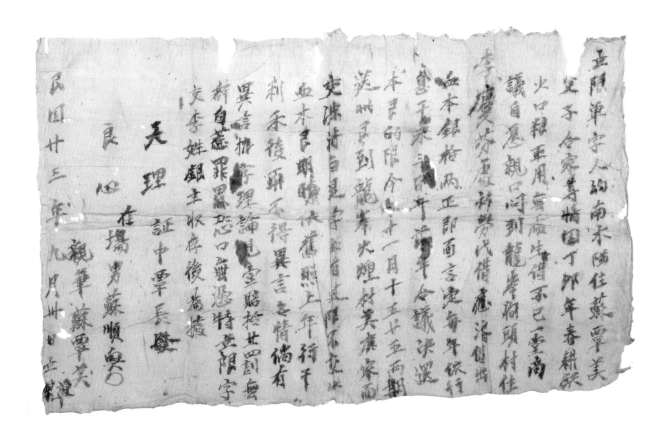

立限單字人蘇南木隔住蘇覃美
史子今家尊婚因丁卯年春耕缺
火口粮正用無處生得求已一盡商
議自愿親口問到龍峯郇頭村佳
李慶芳處祖勞代借憑滑偕将
血本銀拾兩正郎面言逸每年環行
憑千禾三百开苗年令議梁選
本書約限今是十一月十五廿五兩期
送帉至到龍峯火㹀村美康家面
定漂清白是字双自並限界拱州
血本銀拾兩正郎依舊照上年耤子
荊禾後罪不得異言忞情備有
異言推算算理論見實賠捨廿四罰無
辨自蓋罪罰照日口無憑特要限字
定李姓銀主收存後番據

天理在場　　証中覃長發

　　良心　　　在場　男蘇順奥

親筆蘇覃美

民国廿三歲九月卅日正寫

黄瑞珍当草地契约

（民国二十六年二月初九日）

绵纸，纸幅 51cm×42.5cm，今藏广西壮族自治区少数民族古籍工作办公室，档案目录号 201010070。

　　立当草地契人黄氏，情因家中缺少正用银两，无从出处，不得已母子一堂商议，愿将先祖遗下草地一处，土名坐落碑白村大小份，以行^[078]出当^[240]。先问房族^[010]人等，无人承领^[034]。后托中^[103]问到下回龙村^[178]何明珍处，应言承当^[025]为业。当中三面^[013]踏验，草地处四处清白。后乐议实值价银拾壹大［大］元正。即日同中^[186]交契，银两授受^[019]清楚。其草地自当之后，任由受当主^[263]管业^[045]，而我被当主^[264]不敢异言^[052]反悔、借故生端。倘有此情，则由受当主执字公论，受一赔十^[122]。恐口无凭，特立当契一张，存后为证。

　　立当壹拾捌年满期，则本人可续，外人不可也。

天理良心^[046]

在场：瑞珍、陈亚三

亲笔：瑞珍

中人^[024]：文祥

民国贰陆年二月初九日立

黄瑞珍当草地契约

（民国二十六年二月初九日）

绵纸，纸幅 51cm×42.5cm，今藏广西壮族自治区少数民族古籍工作办公室，档案目录号 201010070。

　　立当草地契人黄氏，情因家中缺少正用银两，无从出处，不得已母子一堂商议，愿将先祖遗下草地一处，土名坐落碑白村大小份，以行[078]出当[240]。先问房族[010]人等，无人承领[034]。后托中[103]问到下回龙村[178]何明珍处，应言承当[025]为业。当中三面[013]踏验，草地处四处清白。后乐议实值价银拾壹大［大］元正。即日同中[186]交契，银两授受[019]清楚。其草地自当之后，任由受当主[263]管业[045]，而我被当主[264]不敢异言[052]反悔、借故生端。倘有此情，则由受当主执字公论，受一赔十[122]。恐口无凭，特立当契一张，存后为证。

　　立当壹拾捌年满期，则本人可续，外人不可也。

天理良心[046]

在场：瑞珍、陈亚三

亲笔：瑞珍

中人[024]：文祥

民国贰陆年二月初九日立

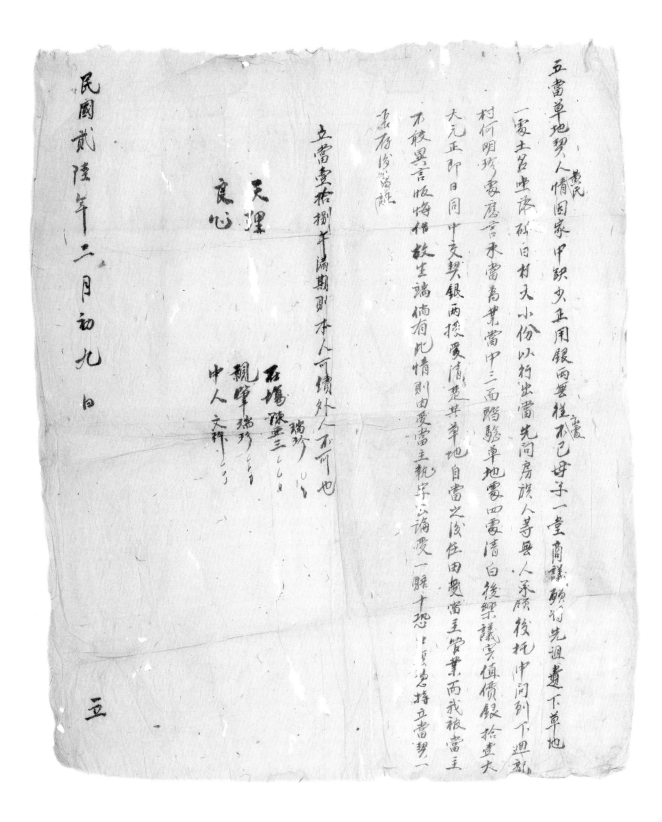

立当草地契人情因家甲缺少正用银两无处挪已母子一堂商议愿将先祖遗下草地

一叚土名座落石白村大小份以行出当先问房族人等无人承顶后托中间到下迪新村何明珍叚当为业当中三面踏验草地叚四叚清白后梁议实价债银拾壹大

元正即日同中交契银两授受清楚其草地自当之后住用叚当主管业两我祇当主不叚异言反悔敌生端备有此情则由叚当主执字公论叚一县十恐上真无持立当契一

五当草地契人情因家甲缺少正用银两无处挪已母子一堂商议愿将先祖遗下草地

立当壹拾捌年满期则本人可赎外人不可也

天理
良心

在场陈鱼三
親笔陈瑞珍
中人文样

民國貳陸年二月初九日

苏覃美当田契约

（民国二十七年五月初六日）

绵纸，纸幅 47cm×31.5cm，今藏广西壮族自治区少数民族古籍工作办公室，档案目录号 200907077。

立借单字人苏覃美，情因急银正用，无从出处，不得己（已）父子兄弟合家商议，愿将先年亲手买得门口大田一丘[009]，每年收禾八百斤，作抵。先问族内，无人承受。后托中人[024]问到民洞村卢莲英，承借血本[256]银东毫[171]叁拾大元[141]正。此银订（定）明每年每元称禾利壹拾斤，全年合共称利禾[265]叁百斤，抬（待）称（秋）收后，称利清楚。本银限叁年内，不论何时归还，结时原还东毫。如过年限未还，应凭银主[198]将田另行过耕。恐口无凭，立借抵字存后为据。

天理仁心[046]

中人：覃闪寰

在场：苏顺兴

亲笔：苏覃美

中华民国二十七年五月初六日立

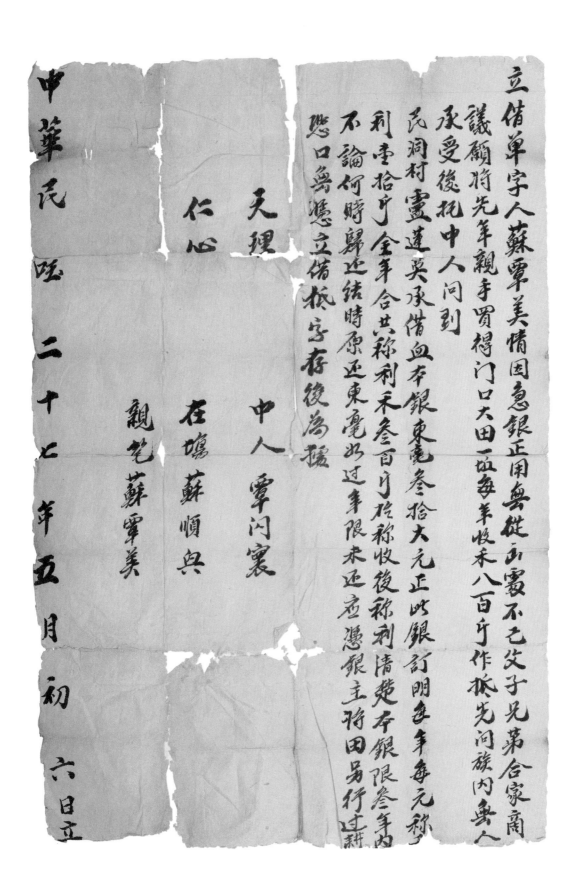

立借单字人苏荜美情因意银正用无从出处不亡父子兄弟合家商

议愿将先年亲手买得门口大田一坵每年收米八百斤作抵先问族内无人

承受後抵中人问到

民洞村灵达英承借血本银东亳叁拾大元正此银订明每年每元称

利壹拾斤金年合共称利禾叁百斤拾称收後称利清楚本银限叁年内

不论何時归还结時原还东亳以过年限未还应凭银主将田另行过耕

愿口无凭立借抵字存後为据

天理

　仁心

中人　荜闪裛

在塝　苏顺与

亲笔　苏荜美

中华民呸　二十七年五月初　六日立

苏顺兴当田契约

（民国三十一年四月十二日）

绵纸，纸幅 49cm×41cm，今藏广西壮族自治区少数民族古籍工作办公室，档案目录号201201002。

立借字苏顺兴，情因家下缺少正用银两，无从出处，不得矣（已）父子兄弟合家商仪（议），自愿将我门口大田一丘[009]正，将来[033]作氏（抵）当，年中收禾八百斤正。先问亲房[154]兄弟，无人承借。候（后）请中[036]问到□瑶村莫振富凼，应言承借，借出桂票[266]四百元正，年中行利禾[265]贰百斤正。二家甘愿，并无逼押（压）等情，而我借主[251]不得异言[052]反悔，生端之（滋）事。恐口无凭，特立借字一张，交与银主[198]存候（后）为据。

天理仁心[046]

中人[024]：潘云兴，受艮（银）六元

代笔：莫启文，受艮（银）四元

民国卅一年四月十二日立

立借字蘇順夹情因家下缺少正用銀而無從出處不矢父子兄弟

合家商議自願將我門口大田一坵正將來作氐當年中收禾八百勣

正先問親房兄弟無人承借候請中問到

從瑤村尚

莫振富来言承借借出桂票四百元正年中行利禾式自勤正二家

甘願並無遲押謷情而我借主不得異言飲悔生端兹事恐口無憑

特立借字一張父母銀主存候為捒

天理

仁心

中人潘云夹受良坑

代筆莫懿文烳良炕

民國卅一年四月十二日　立

苏顺兴当田契约

（民国三十一年六月初十日）

　　绵纸，纸幅 25cm×37cm，今藏广西壮族自治区少数民族古籍工作办公室，档案目录号 200907076。

　　立借约字人苏顺兴，家下缺少正纸票，无从出处，不得已，自愿将祖父分下本己名份（分）之田，南木隘梁上粘谷[153]田陆丘[009]，作为底（抵）当。自愿请中[036]问到半岭覃住仁处，应言承借，借出血本[256]纸票肆百元正。即日当中[044]言定每年禾息[267]贰百斤。其息秋收称不得短少斤两，其票当中言定不拘[241]年数，填还字退，不得异言[052]反悔阻院（挡）。此系贰家干（甘）愿，并无逼押（压）。立字存后为据。

天理仁心[046]

中人[024]：潘云禧，纸票拾元

请笔：韦荣林，拾元

民国三十一年壬午六月初十日立

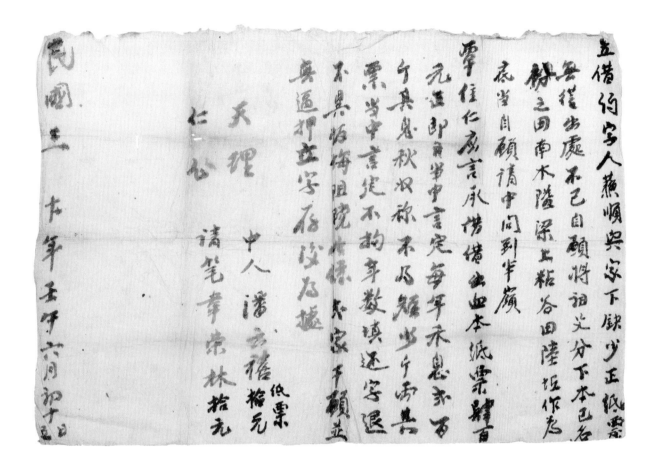

立借约字人藉顺与家下钱少正纸票
无从出处不已自愿将祖父分下本已名
份　立田南木隆梁上粘谷田陆坵作为
底当自愿请中间到半岭
擎佳仁成言承揽借出本纸票壹百
元递即角当中言定每年永息式万
个其息秋收称不及难少个需其
票当中言定不拘年数填还字退
不异悔阻说此据永远平顺并
与遏押立字存炤为据

中人　潘　禧　拾元
　　　纸票
请笔　韦崇林　拾元

天理
仁心

【题解】

分关书，也称"阄书""分单"，属于中国传统契约文书种类之一，是一个家庭分家析产的凭据。分家，又称"移居""析产""析炊""分阁""分居"等，一般发生在有两个以上儿子的家庭中。家产继承有两种形式。一是家长死后，将遗产分给子女，有子嗣者分给儿子，没儿子的也可以分给女儿（但往往必须招婚入门或未出嫁）。这种形式往往在家长未去世之前就要分割清楚，或由家长先立下遗嘱等凭据。二是在儿子相继成婚后，家长把家产分成若干份，除留下自己的份额外，其余由若干个儿子分别继承，一般为诸子平分。

罗城仫佬族地区的家庭分家时，家长一般要请本族亲戚——俗称"六房"——或者邻居来，作为析产的见证人和仲裁者（或称"中人""中间人""知见人"）。如果父母已故，兄弟要分家产，也由上述人员主持。

分家时须订契约，以防口说无凭，事后不认账。内容一般包括分家原因，分家产业内容（以田产、土地、房屋为主，必须详细写明坐落、四至、面积和数量，有些会连带说明土地房屋上的所有附着物），析产方式和程序，各自应负责任义务，立契人、见证人及书写人姓名，立契日期，等等。当地的契约书写形式与同时期汉族地区契约的书写形式相近，但分家习惯和分家方式有自己的特点。

吴□□分单[268]

（同治元年十月初五日）

绵纸，纸幅 45cm×40cm，今藏广西壮族自治区少数民族古籍工作办公室，档案目录号 200911034。

　　立分单字人吴□□，□□□□□□地田四丘[009]，鱼把田□丘，□□□□□□□□□□□，桐木底长田[032]贰□□□□□，□□□二丘，桶镊田贰丘，砖塘田一丘，等峒田一丘，中间断旧秧地[152]田贰丘，门□□□□□，□□□高社门田三丘，氏（低）社门田一丘，又有屋宅田三丘，秋梁根田三丘，以上□□□□□，□□□所置之田。以后继父杨贵孙所买塘田壹丘，继父没（殁）后，母亲潘氏买得中间断大田贰丘，秧地头四丘，旧村屋底田贰丘。以上各处田丘乃我兄弟共种多年。至今各皆年长，意欲各立门庭。乃凭族长舅爷踏看[014]等处田丘，共计民粮[165]贰升四合[007]，连及茶山、杉树、房屋、禾仓、园菩（圃），俱皆兼匀阄数。乃依两股均分，先年欠下数目贰拾七千，亦依两份同欠。自分之后，家产田园各持掌管，后来不得哗（争）占贪谋。恐后无凭，特立分单，永远执照。

　　太恩份下拈得一阄之田，土名坐落门口断[断]塘田一丘，桶镊田贰丘，桐木底长田贰丘，等峒田一丘，中间断大田二丘，水口田四丘，旧村高社门田三丘，氏（低）社门田三丘，屋宅田三丘，秋梁根田三丘，架枧圳面茶子一块，杉木一块，半江杉木一块，砖屋一座，三间板仓一个，灰屋一个，连园地一个，砖塘田一丘。田庄民粮系高元三里[074]六冬[004]，太恩承粮壹升贰合，粮系杨臣明户。

　　　　　　　　　　　　天理仁心[046]

　　　　　　　　　　　　在场三人：的族叔公杨昌飞、母舅潘显亮、圓爷莫万义

　　　　　　　　　　　　代笔：□叹杨文玉

　　　　　　　　　　　　同治元年十月初五田立

立分单字人吴□□
地田四班鱼把田□□
□□□粮□□

三班桶鐶田弍班磚塘田一班等岗田一班中間斷旧狭地田氏把同□
高社門田三班氏社門田一班又有屋宅田三班秋梁根田三班以□
置之田以後維父楊貴孫所買塘田壹班乃繼父没後母親潘氏買得□
秧地頭四班旧村屋底田氏班以上各處田地乃我兄弟共種多年至分各皆年長意欲
各立門庭乃凴族長舅爺蹄着芽慶昆弐共計民粮弍升四合連及茶山杉樹房屋
禾倉菌菩俱留兼勻閣敫乃依两股均分先年欠下数目弍拾七十亦依两份同火自分
之後家產田菌各持掌營後來不得嗔占貪謀恐後無凴特立分单永逺执照

太恩份下拈得一閣之田土名坐落門口斷断塘田一班桶鐶田弍班桐木底長田弍班等岗
田一班中間斷大田弍班水口田四班旧村高社門田三班氏社門田三班屋宅田三班
秋漢根田三班架棍州画茶子一塊杉木一塊半江杉木一塊磚屋一座三間板倉一
個灰屋一個連菌地一個磚塘田一班
田庄民粮係高元三里六冬太恩承粮宣升弐合粮係楊臣明戶

天理
仁心

在塲三代
　母舅潘顯亮
　親叔公楊昌飛
　舅莫萬義

代筆　□□□楊文玉

同治元年十月初五立

吴永程分单[268]

（光绪八年十月十三日）

绵纸，纸幅 39.6cm×36.8cm，今藏广西壮族自治区少数民族古籍工作办公室，档案目录号 200803109。

立分单凭据人吴永程，情因父母年力长大，生我二兄弟，自今我兄弟意愿分家人，照古田产、家业、房屋、田地、牛只、家物等件，当六房[016]将各项照两股各均分，拈钩[269]分开。既分之后，各管业[045]，日后不得反悔。恐后无凭，特立分单凭据存后为据。

第贰：初八庙[088]河边大田一连二丘[009]，初八庙东边田一丘，初八庙面前小长田[032]一丘，廷怀大田一丘，廷怀下沟石头田[089]一丘，坡金沟边长田一丘，中秧田[030]一连三丘，桥低（底）田一丘，社前风（枫）树梵（菀）长田一丘，门口石墙长田一丘，连上大小二丘，窝田一丘，半边田一丘，灰寮[224]路边田一丘，杏口上下二丘，龙枧水路田[054]一丘，长田一丘，村背水路田一连二丘，黄毛社前大秧田一丘，中秧长秧田一丘，下村山脚社前上边田一丘，大塘上边田一丘，下村杏口河边田一连五丘，庙婆（婆庙）[008]大长田一丘，后婆庙田二丘，连小田一丘，庙婆（婆庙）沟边滥（烂）泥田一丘，梅家坟[083]田一丘，低窝长秧田一丘，横秧一丘，下村小又头田二丘，大波畬（畲）地[040]上边一块，杏低（底）路两边畬（畲）地🗄块，牛岩尾畬（畲）地上边一块，白石头畬（畲）地一块，山脚牛尾树大小畬（畲）地三块，横头西边半边。

立养膳之田[270]：土名坐落初八庙大田乙（一）丘，低窝长秧乙（一）丘，横秧田乙（一）丘。

六房在场：廷选、庆恩、庆美、永盛、永新

代笔：永昭

光绪八年十月拾叁日立分单

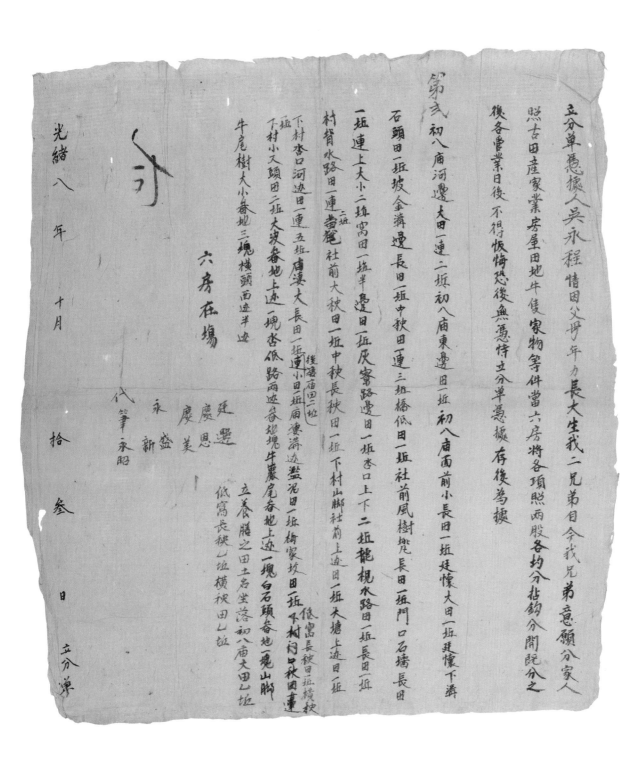

立分单憑攄人吳永程　情因父母年力長大生我二兄弟目今我兄弟意願分家人

照古田産家業房屋田地牛隻家物等件當六房將各項照兩股各均分拈鈎分開既分之

後各豐業目後　不得恢悔恐後無憑特立分单憑攄　存後為攄

第弍　初八庙河邊　大田一連二坵初八庙東邊田一坵初八庙面前小長田一坵廷懷大田一坵建懷下溿

石頭田一坵坡金溝邊　長田一坵中秋田一連三坵橋低田一坵社前鳳樹尾長田一坵門口石墙　長田

一坵連上大小二坵寓田一坵半邊日一坵尾窉路邊日一坵杏口上下二坵龍視水路田一坵長田一坵

村背水路田一連黃艆　社前大秋田一坵中秋長秋田一坵下村山脚社前上迷日一坵大塘上迷日一坵

　坵　　　　　後接庙田二坵　　　　　低富長秋田一坵横秋

下村杏口河迷田一連五坵庸溪大長田一坵連小田二坵庙漢溝迷鹽况田一坵桥家坵田二坵下村河口秋園連

下村小久頭田二坵大烖備地上迷一塊杏低路兩迷香坦塊牛麗尾香地上迷一塊白石頭香地一塊山脚

牛尾樹大小番地三塊橫頭兩迷半迷
　　　　　　　　　　　　　立養膳之田土君坐落初八庙大田乙坵

　　　　　　　　　　　　　低寫長秋山坵橫秋田乙坵

光緒八年　十月　拾參　日　立分溿

　　六房在塲

　　　　　　　廷選

　　　　　　　慶恩

　　　　　　　慶美

　　　　　　　永盛

　　　　　　　永新

　　　　　代筆永昭

梁明珍分单[268]

（光绪二十二年十二月十二日）

绵纸，纸幅 49cm×45cm，今藏广西壮族自治区少数民族古籍工作办公室，档案目录号201010082。

立分单字据人梁明珍，情因祖父积下田地、园场、竹苑、麻地、竹木，即日当六房[016]明摽、明广，点验地场、界止（址）、竹苑，扭匀[271]为定。日后各管各业，不准议论大小多少。地长匀一块，大地三角老黄地一块，木桥头小地三块，曹尾一块，元水匀一块，收上一块，岩氏山脚一匀社边大地一块，大水杏田二丘[009]，长田[032]一丘，木桥头一丘，雅朝一丘。二家甘愿，并无逼压等情。如有谁人日后反悔，准论执字公论，自甘罪累。恐口无凭，特立分单，存后为实。

天理良心[046]

代笔：梁启球

光绪廿〔拾〕二年拾贰月十二日立

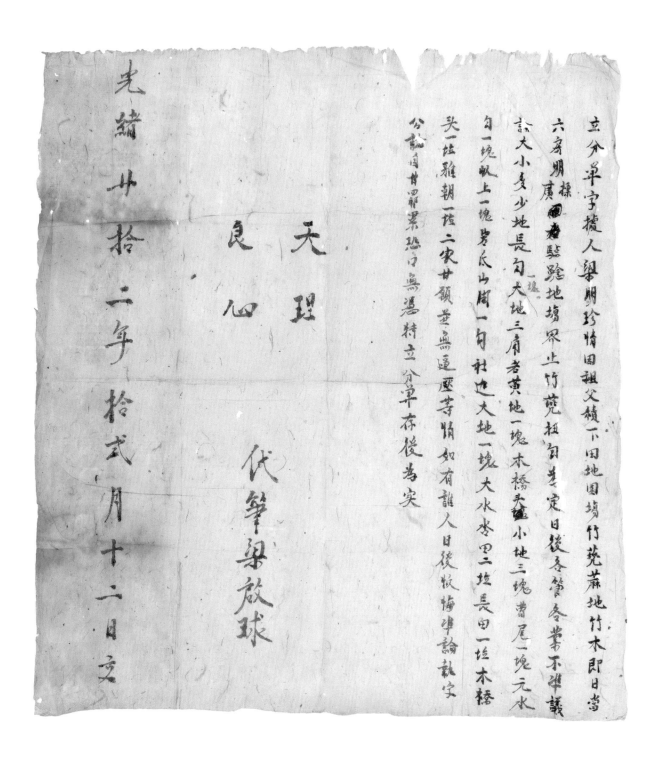

立分单字据人梁朋珍情因祖父嶺下田地園塝竹菀蔴地竹木即日當

六房明標廣□□驟跎地塝界止竹菀招勾芟定日後各管各業不準議

訟大小多少地長勾大地三角老黃地一塊木橋頭鍾小地三塊曹尾一塊元水

自一塊虼上一塊岁長山間一勾社边大地一塊大水岑里二坵長田一坵木橋

头一坵雜朝一垤二宋廿頭益為運歷孝消如有誰人日後恔悔準論執定

公論月背四郡累恐口無憑特立分單存後為实

天理

良仙　　代筆梁啟球

光緒廿拾二年拾式月十二日交

罗朝建分关书[272]

（光绪二十三年十一月初九日）

绵纸，纸幅51cm×39cm，今藏广西壮族自治区少数民族古籍工作办公室，档案目录号200908023。

立分关父罗朝建、母温氏，为均分财产以杜情疑，冀兴基业事。窃张公艺九世同居[273]，郭子仪百人共爨[274]，此上古芳踪而为后人所当则效者也。然而年近七旬，家务纷繁，难为督理，不得已而议分爨[275]之举。爰（爰）是请到族戚[276]，将祖遗业物并自置家业，肥硗互搭，□□相兼，分□□股，拈阄为定。今长男国雄拈得老屋一座，排连[277]四空[278]，前后小屋依边峰山扯直；次男国材拈得新屋一座，排连四空，前后小房依两边峰山扯直，前后大门永远公共通行；雄又拈得西边新屋一座，排连二空，前面小房排连二空，后小房排连三空；材又拈得西边老屋一座，排连三空，前小房一空，后小房排连二空，前大门永远公共通行。

田：雄得下桥外巷车一架田[279]一十六丘[009]，门口二车[280]五眼[281]田九丘，下鸠尾车一架田一十八丘，放头[282]车半架田一十六丘，二车二眼半田五丘。材得下桥内巷车一架、下鸥尾[283]车半架田合共一十八丘，下鸥二车三眼田一十九丘，七樟小车一架田四丘，老吴外巷二车一架田二十二丘，门口三车半架田四丘。

地：雄得上罗面前一块，牛岩背一块，新满大地一块，湾沟一块，寨门前一块。材得上罗坟圈一块，上罗山背一块，竹芭一块，瓦厂顶一块，竹山坟圈二块。

茅地：雄得凤凰头一份，东门窑边一分，石棚一分。材得杉山峒一份，龙头嘴一份。

竹园：雄得本屋背依中直到尾，材得本屋背依大门中直到尾。

自分之后，尔兄弟等当思创业维艰、守成不易，践勤克俭、无怠无荒，联手足之情，笃友于之谊，庶家道日昌，世传耕读矣，岂不大慰予怀也？欲后□□，特立分关两张一样，编富贵□□□□年字号，付尔兄弟各执一张，存后为照。

　　　　　　　　天理仁心[046]

　　　　　　　　均分家业

　　　　　　　　在场人：堂侄国麟、国安、国宝、国贝、国丰

　　　　　　　　代笔：子□□

　　　　　　　　光绪二十三年十一月初九日立

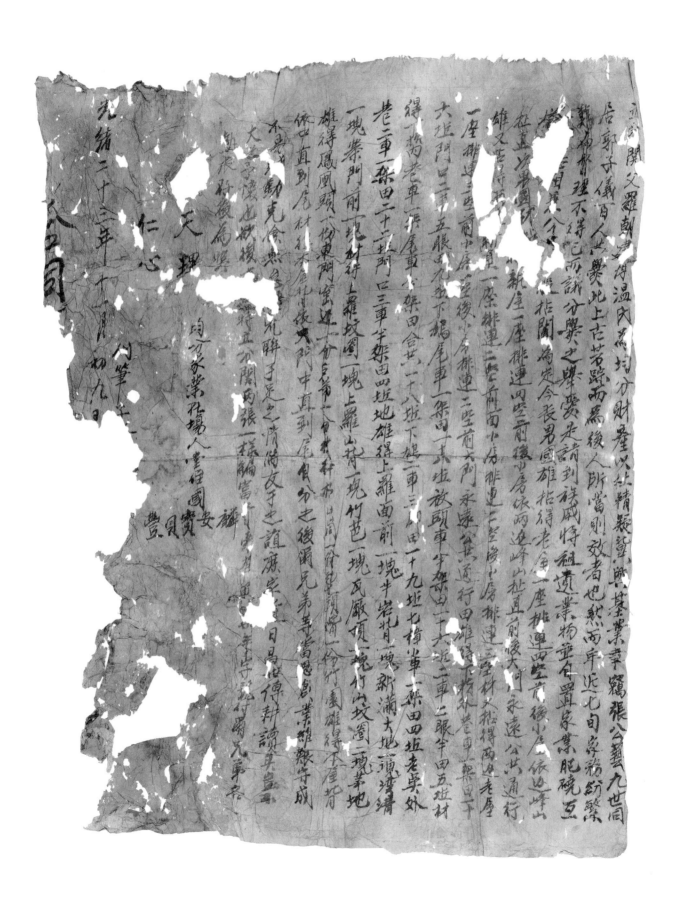

立阄分关文罗朝建之母温氏荷均分财产以让精彝蕴笃兴基业章鬻张公艺云九世同

居郭子仪曰人也兴此上古芳踪而为后人所当也然两年近□□□自家务断鬻互

难布□理不得已而议分兴之举实亲到祥戚特祖遗业物业全置家业肥硗互

□□目男八人□□□拈阄确定今长男国雄拈得老金一座拈连四坐言後小屋依田峰山

在直以豊国大□□□新屋一座排连四坐前後中居依田連峰山拈直前後大门永远公共通行

雄又害□□□□□□真一座排连二坐前南小厍非排连二坐後中厍排连二坐村大松得两边老屋

一座排连三坐□中厍坐後永远真其通行得田雄得一乐军一坐田五班村

大坌阍旦言五眼之丸拆下□尾軍一条曰一大坵欲国軍半架田一大坵二軍二眼半田五班村

得一拈为老軍一與盫軍半架田合共二十八班下拼二軍三八田二十九班七樇軍一乐田四班老兴姊

巷二軍一乐田二十二班阍口二三軍半架田四班地雄得上羅面前一塊新瀰大地一頭连镐

一塊业門阍前一块村行上羅坟图一塊上羅山拈一塊牛岩貨一塊竹山坟地

雄得凤頭八份東門蜜連一分至第二布斜乎此信一分竹屋雄得不匡村

依田直到尾村孙木屋村後大門中真到厔自分之後闿兄弟等當思息业雄守成

不葺戈勤克食興大门孙祝聮于足之清怡友于之道廉常每日昌低傳倩讀其皇二

大久等懐迩就後祥豆分闿兩張一樣编寕實为后山守記約行儞兄事存

乌展斤後焉憑

　　　　　　　　　　天理　　　　　　　匌兇家業羟場人豊程国賓安

先绪二十三年十一月初九日　　仁心

　　　　　八筆王　　　　　　　賞見

谢陈氏分关书[272]

（民国十八年十二月初六日）

绵纸，纸幅53cm×47.5cm，今藏广西壮族自治区少数民族古籍工作办公室，档案目录号201311015。

立分关字人谢陈氏，情因年逾八旬，先夫早年去世，夫妻苦度光阴，仅置些田园屋宇。所生三子于光绪甲辰年[289]分爨[275]，凭当神祖前拈阄。长子国钧分得右边房屋一座三间，前有两廊门楼，右有牛栏。楼房、门楼、门口禾坪、园场一概后建。左边新屋上下两座，左边楼房、牛栏分与国庆、国征二兄弟，概同公共。奈在己巳年冬，自愿邀集房族[010]亲眷齐来，仅将新屋上下两座剖半品（面），搭均匀派分。左边上下屋一半归庆子朝文管业[045]，右边上下屋一半归征子朝盛管业，又有牛栏、楼房、上下门楼、门坪各得一半。所有先年分之田园、草份各有分据，各管各业。田名不载，惟取出养膳之田[270]，水研底三丘[009]，地良一丘，稉谷[124]四百斤。又火皇车田二架，稉谷壹千壹百斤，合共二处，壹千五百斤。每年每名抽出稉谷两百斤，仍余九百斤归与祖母养膳，而我三房均不许典卖。祖母百日后，将此田殡费[290]，有余均分。外有草地一份，每年收批[291]，三股均分。此际当房族亲眷品（面）评均分，各皆愿意，勿得后悔，共守家规，克振可也。

养膳田粮三房共纳。

在场：伯，于光；兄，朝松

评证：黄振亨、陈美川

代笔：彭元甫

▢▢▢▢民国十八年十二月初六日立

立分阄字人謝陳氏情因年逾八旬先夫早年去世夫妻苦度

光陰僅置些田園屋宇所生三子于光緒甲辰年分興憑當神

祖前指阄長子國鈞分得右進房屋一座三間前有兩廊門樓

右有牛欄樓房門樓以禾坪園塲一概後建在進新屋上下兩

座左進樓房牛欄分與國慶國徵二兄弟概同公共奈在己巳

年冬自願邀集房族親春奇來僅將新屋上下兩座剖半品搭均

勻派分左邊上下屋一半歸慶子朝文營業在邊歸○上下屋一

半歸徵子朝盛營業又有牛欄樓房上下門樓門坪各得一半所

有先年分之田園草伤各有多拟各營各業田名不載惟取出養

膳之田水研底三坵地良一坵鄉各四百斤又大皇東田二架鄉谷壹

千壹百斤合共二處壹千五百斤每年每名抽出鄉各兩百斤仍餘九百斤

歸與祖母養膳而我三房均不許典賣祖母万一日後將此田殯費有餘均

分外有草地一份每年收批三股均分此條當房族欵春岜評均分各皆

願意勿得後悔共守家規克振可也

養膳田粮三房共納

在塲兄伯　于光
　　　　　朝松

評証　黃振亭
　　　陳美川

代筆　彭元甫

民國十八年十月初六日立

仁智分关书[272]

（民国十□年一月二十六日）

绵纸，纸幅 54cm×48cm，今藏广西壮族自治区少数民族古籍工作办公室，档案目录号201201020。

立分关父仁智，余生三子，长曰桥生，次曰石金，三曰朝阳，年皆已长，婚各早娶。余已年迈，难已（以）督理。爰请亲族将余名份（分）之产业，一切合议，肥瘦互搭，好丑相兼。先书字号，后当祖堂[284]前各自拈阄，以征数定[285]，以避猜嫌。自分之后各自支持，当思创业为囏，守成不易，克勤克俭，□□家道盛昌，无怠无荒，然后家风有振。内和妯娌，闲非无□□□□□元有誉，则鸡豚固可□□，即菽水亦可承欢[286]。余老□□□□□面垂成者，至于本屋前之田一丘[009]，留存作余等老人养膳，□□□，余之需预以载明，免后滋囟[287]。□立分关三本，誊写一样，各执垂为照。

计开各处田丘：

本屋面前源水田[133]一丘，存余等养膳；

第壹号

尖山初二庙[130]源水田四丘，租谷四百斤，尖山马安山熟土[288]叁丘；

第贰号

尖山初二庙源水田四□□□□丘，尖山马安熟土叁丘；

第叁号

本村皆龙田四丘，租□□□，尖山马安山熟土两块。

在场：堂弟仁足，堂侄义祥

代笔：钟龙光

民国拾□年正月贰十六日立

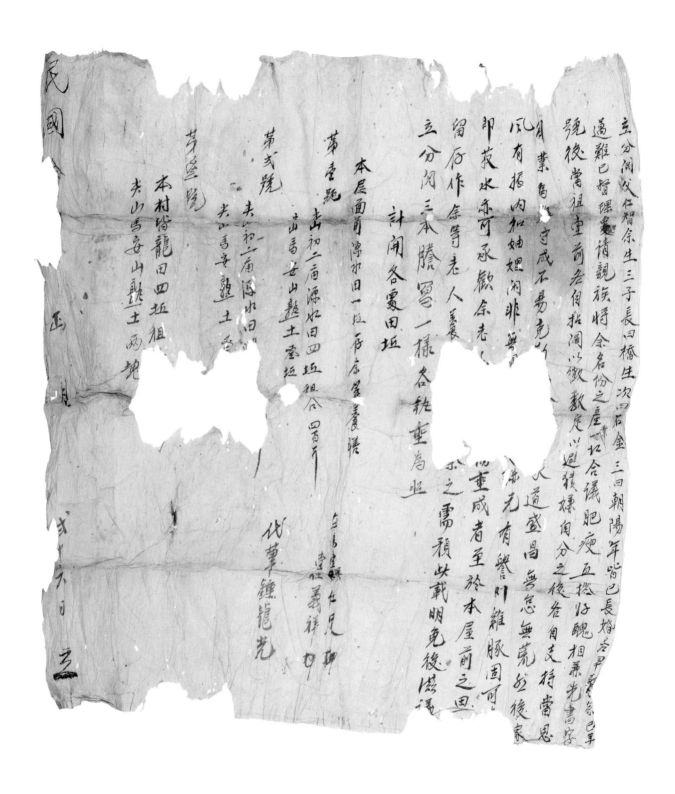

立分阄父仕智余生三子長曰橋生次曰石金三曰朝陽年皆已長婚若異爨恐巳年
遇難已智理憂請覡族將余名份之産幷以合議肥瘦互搭好醜兼光書字
號後當祖堂前各自指闔以徵數定以避猜嫌自分之後各自支持當恩
留仔作余等老人長養……之需預此載明免後滋違
即茲永承可承歡余老……愈重咸者至於本屋前之田
凤有振内和妯娌閑非……綠先有譽則難脉固可
用業為守咸石易克忻……大道盛昌無怠無荒於後家
立分阄三本謄寫一樣各執壹為……
計開各憂田垃
第壹號
本屋面前源水田一垃一坵係畳震譁
山初二甫源水田四垃祖令四斤
山屋妾山難土墓坵
第戈號
夫山初二甫源水田四
山屋妾山難土各
芽叁號
本村垃龍田四垃祖
夫山屋妾山離土兩塊

年曷壹賜仕足坤
壹壯義祥
代筆鍾龍光

谢朝冕分单[268]

（民国十九年五月二十日）

绵纸，纸幅 52.9cm×46.6cm，今藏广西壮族自治区少数民族古籍工作办公室，档案目录号 201311011。

立凭据字人谢朝冕，情因先出外多年，故在戊辰年[292]，将妻子概搬往黔居住。惟奈家寒苦楚，难以度日，故不得已旋转回家，将祖父祖母养膳之田[270]，共计十贰担，三份均分，每份分该穤谷[124]四担。兹于本年五月廿日到家逼迫，故向房族[010]堂兄朝松、堂弟朝盛等代为出沽[293]，或系承顶亦可。兹当凭罗国才言定，日后不得异言[052]生端。如有此情，执字公论。特立字据存后为凭。

天理仁心[046]

凭人：罗国才

亲笔

中华民国十九年岁次庚午五月廿日立

立憑摅字人謝朝冕，情因先出外多年，故在戊辰将妻子概搬往

黔地住，惟奈家寒苦楚，难以度日，故不已旋轉回衆，将祖父祖

母養膳之田，共計十式担三份均分，每份誤鄉谷四担，彭于本

年五月廿日刔衆遍追收向房族堂兄朝松堂弟朝盛等代為

出估戡保承頂，亦可於當憑羅國才言定，日後不得異言生

端，必有此情，抵字公論，特立字摅存後為憑。

天理

仁心

憑人羅國才

親筆

中華民國十九年歲次庚午五月廿日立

德光分书 [294]

（民国二十一年九月二十七日）

绵纸，纸幅 56.1cm×45.8cm，今藏广西壮族自治区少数民族古籍工作办公室，档案目录号 201010086。

立出分书字纸人德光，情因家下兄弟不和不顺，不得已弟兄请到六房 [016] 邻舍，大家心甘自愿，将祖父分下之田业、房屋、牛只、物件、业产，概言分开，各管各业，日后不得峥（争）论，又不返（反）悔。如有兹（滋）事，皆在六房邻舍有名人等 [080] 一力承当。又恐日后年深月久，人心不古者，恐口无凭，特立分书纸字一张，诚（存）后为据。

德光管下，第二份分得桐子泰一处，加滕长田 [032] 四丘 [009]，占禾田一处，上下桥头二处，公门口各丘。□合同□。

　　　　　　　　　　　　　　　天理仁心 [046]

　　　　　　　　　　　　　　　押字 [017] 人：振光

　　　　　　　　　　　　　　　代笔人：唐启文

　　　　　　　　　　　　　　　在场：李忠乾、杨玉方

　　　　　　　　　　　　　　　民国壬申年 [295] 九月廿七日立

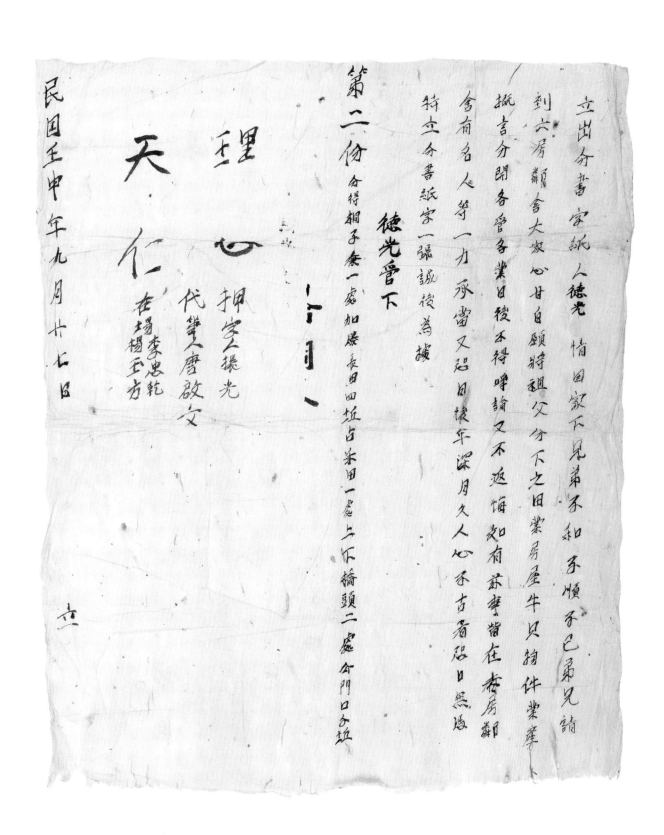

立出分书字纸人德光 情因家下兄弟不和子顺子已弟兄请

到六房邻舍大家心甘自愿将祖父分下之田紫房屋牛只钧件业庵

拟言分开各业日后不得喧诤又不返悔如有苏李皆在春房邻

舍前各人等一力承当又起日后年深月久人心不古看品日照过

特立分善纸字一张诚後为掳

　　　　　德光晋下

第二份 分得桐子秦一处加塍长田四坵占菜田一处二下桥头二处公门口分坵

理心 押字人操光

天仁 代笔人唐启文

　　　　　在场李忠乾

　　　　　在场杨玉方

民国壬申年九月十七日

六

杨唐氏养膳田分单[268]

（民国二十一年九月二十七日）

绵纸，纸幅 57cm×48.5cm，今藏广西壮族自治区少数民族古籍工作办公室，档案目录号 201010087。

立下养善（膳）田人杨唐氏，情因母子不和不孝，不得巳（已）兄弟母子请到六房[016]邻舍商言议定，除下唐氏养善（膳）之田业，土名坐落地良洞车田[127]四丘[009]，全凸一丘，三月庙[296]一处，母子兄圆，大家心甘自愿，日后不得峥（争）论。如有兹（滋）事，皆六房邻舍有名人等[080]一力承当。恐口无凭，特立纸字一张，诚（存）后为据。

天理仁心[046]

押字[017]人：振光

代笔人：唐启文

在场人：李忠乾、□玉方

民国廿一壬申年九月廿七日立

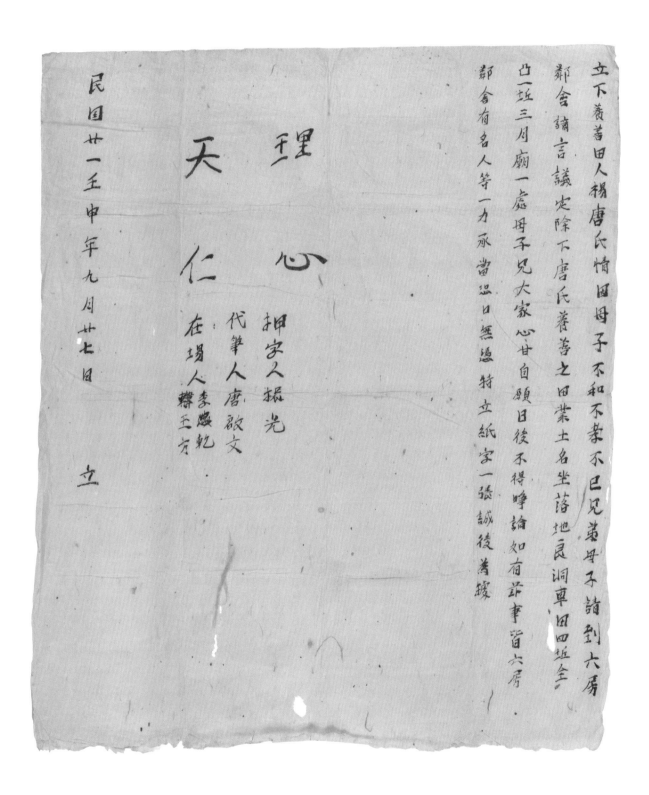

立下養菩田人楊唐氏情因母子不和不孝不已兄養母不諳到六房
鄰舍論言議定除下唐氏養菩之田業土名坐落地艮洞車田四坵全。
凸一坵三月廟一處母子兄大家心甘自願日後不得嘩論如有萍事習六房
鄰舍有名人等一力承當恐日無憑特立紙字一張誠後為據

理　心　　押字人振光
天　仁　　代筆人唐敬文
　　　　　在場人李燦乾
　　　　　　　韓玉方

民国廿一壬申年九月廿七日　　立

吴长清、吴长彬立通路字据

（民国二十三年十二月二十七日）

绵纸，纸幅21cm×9.8cm，今藏广西壮族自治区少数民族古籍工作办公室，档案目录号200803105。

立有字据人吴长清、吴长彬，情因先祖五服[297]之内，上房屋倒听石墙脚离五寸为界，中间水沟流，下房屋后门石墙底离五寸，下房屋后门由放牛，上房屋下边巷不准押门，通有路出，不得抗阻。由二家意愿，准长彬一家出，长清左边及长瑞新房屋后门墙基并无门通路，由长清门口倒听下边巷出，具年验一律通过。特立契纸一张，在（存）后为据。

天长地久

六房[016]：长庚

在场：永扬、永仕

民国二十三年十二月廿七日立

立有字據人吳長清郴　情因先祖五服之內上房屋倒聽　石牆腳離五寸
為界中間水溝流下房屋後門石牆衣離五寸下房屋後門由放牛上房
屋下逆巷通有路出不得抗阻由二家意願準長郴一家曲長清
房逆○槨圍墻及長瑞新房屋你們墻基並魚門通路由長清門
口倒聽下丑巷坐照年號一律通過特立契係一陸五後為據

民明二十三年　十二月　廿七　立

天岳　六房長康
地久　五房永瑪
五塘永仕

锦球家分关书[272]

（民国三十三年二月十二日）

绵纸，纸幅 48cm×35.5cm，今藏广西壮族自治区少数民族古籍工作办公室，档案目录号 201201010。

尝谓九代同居，千古之高风未泯，豆君五子齐贵，万年之支派常新。吾人生居斯世而乐歡（善），子孙未尝不歡（善），效法前人而乐为壹（一）团和气。无如吾年已衰迈，家务浩繁，一人实难独理，故特纠集内外六房[016]并亲眷等到场，将吾夫妇所置之屋宇、田地、园场以及动用物件等项，平均分作两股，当场编定乾坤二字，写阄放进竹筒，以凭各拈。兹据锦球拈得左边房屋，锦葵拈得右边房屋。兹拈毕之后，各管各业，勿得贪侵私谋，兄弟起阋墙之衅，勿得因小争大，同室萌挼（操）戈之端，所以和气生财，子孙发达。读史所明经，登进士之科；负耒所耕，有仓箱之庆矣。恐口无凭，特立管业证书，各执壹张，存后当据。

计开锦球拈得产业列下：

1. 左边寝室贰个四间、前半间左侧厨房壹间、前厅左侧寝室壹间、牛栏一间，及前厅楼前谷场菜园，由左边数至第四根挑手，向直担下以左为锦球所管，以右归锦葵所管。

2. 三车田贰丘[009]、竹山尾田壹丘、架简头壹丘、丈贰桥头田贰丘、婆庙[008]门田贰丘、元甲田贰丘、三角鱼坝田壹丘、押富田叁丘、竹巴沟边田壹丘、木保田底田壹丘、老桥地边田贰丘、又媒登凸地壹块、腾公地壹块、牛岩背地壹块、卜地岩口地壹块、风（枫）树根地壹块、社山路边地壹地（块）、抛凹凸立地壹块、水面桥地壹块、石梅义地壹块。

前后门及前厅、天井均系公共。

在场人：荣才、荣冠、荣爵、荣绶

代笔：外甥莫上昇

中华民国叁拾叁年旧历贰月拾贰日

當諭九代同居為古之美風未民豆君五子齊賣家幸之文派常新吾人金
居斯世而未歆子的未嘗不歎效法同人而年為嘗圍私氣堂亦吾年已衰邁
家務浩於一人實班獗經故特料焦為外大康并親春寸卻塔奶奏奇
批置之金宇田地風堀以及勤用物件甘項年均分休俾股
寫閱故進竹篙以遐免指示敢利錦珠指囝左連房屋錦葵指囝右連房屋
訴指畢之末勿爭竟先業向吻分新謀兄弟遵燮比明經營進士主料
大同宜撥戈之瑞路昭和氣每之藜連燮比時明經營
負兼北輔有會糊之慶山兴業此進嘗業
做如批

　　　　訢閱錦珠指囝產業列下

　　八方退優室式個四間前半間右側廚房嘗間前右側優室嘗亭部亭桂

　　三間魚棋量垣花抱窩回嘗坦竹巴潘迴回嘗坦老橋地墨
　　前谷培菁園嘗圍教至第四根尚直捏及室的錦璈路嘗肚归錦葵品官

　　三重南完坦竹山尾田嘗坦葉簡英事坦弋式式橋考田式垣先甲田坦
　　到垣又場及區地世塊膳案嘗塊牛尖萕地嘗塊卜地岸坦嘗塊風桷根
　　地嘗塊祂山縣迴地嘗塊攤關荮地嘗塊鰲橋祂嘗塊
　　　　　　　　　　　　　　　　　　前向山及而庁天亦切樣公共

　　　　　　　　　　　　　　代筆外甥草旦叶

　　　　　　　　　在場人棻霽
　　　　　　　　　　　殷霽

　　　　　　　　才

　　　　　　冠才

中華民國參拾參年四弓式月於式日

令店

【题解】

赋役征收是国家最基本的职能之一。中国历史上主要的赋役征收项目是赋税和各种差役，即所谓"民有田则有租，有身则有役"。征收形式往往按照"人丁事产"划分出一定户等，进行"配户当差"，其中"纳粮也是当差"，因此无论是纳粮还是当差，实际上是一种"户役"，本质上是编户基于人身依附关系对国家履行的义务。明中叶以后，随着社会的发展，官府对隐含在田赋中的徭役和其他差役进行折银征收，逐渐由"纳粮当差"变为"缴纳钱粮"，这反映了国家赋税征收方式的变化。这一变化的主要推动力，一是赋役"均平"理念的推行，二是明中期以来白银的广泛使用。万历年间，官府在全国推行 "一条鞭法"改革，合并田赋和各种差役，以银折算征收。与此相应，"亩"与"丁"逐渐成为计税单位，并不实指田亩数和人口数。

清康熙三年（1664 年）规定，一应杂项，俱称"地丁钱粮"，废除各种名目的叫法，这是"一条鞭法"的延续。康熙五十一年（1712 年）规定，以康熙五十年（1711 年）的人丁数作为征收丁税的固定丁数，以后滋生人丁，永不加赋。雍正时，又实行"摊丁入亩"，令各省将丁口之赋平均摊入田赋中，征收统一的地丁银。这种制度成为清朝举国划一的赋役制度，在全国推行。但是各地推行的时间和具体"摊丁"方式和比例并不一致。广西在雍正六年（1728 年）正式开始施行"摊丁入亩"，此后"广西田赋科则大别为三类，有仅征地丁者，有并征兵米者，有就兵米一部分划出若干征折色，称为丁米折并征者"。据民国《罗城县志》之"经济·财政"

记载，罗城县大概在乾隆二十二年至二十四年间（1757—1759年），完成了"摊丁入亩"，所交只有地丁银和兵粮本色米两大类，且总量和比例基本符合《钦定大清会典事例》卷一百六十二"户部田赋科则"之规定："广西民田每亩科银二分四毫至二钱一分二厘二毫零不等，米三升七合至五升三合五勺不等。瑶田每亩科米三升至五升三合五勺。壮田每亩科银九厘至二分二厘三毫不等，米三升七合四勺至五升三合五勺不等。"根据《钦定大清会典事例》所载，征收具体方式主要有"滚单""自封投拒法""三联串票""易知由单"等，从本书所收完纳地丁银和粮米执照看，基本以"三联串票"为多，也有其他一些变通的办法。

至清末民国，随着国家财政的紧张，各种附加于田赋的税费甚至各种捐纳、借征、征购增多。至1942年，为充分保障抗战军粮和民粮供应，田赋整体上从原来的征收货币转为征收本色粮食。这些历史情况在本书所收文书中均有反映。抗战前后，国民政府鉴于田赋征收不实以及农村土地分配不均比较严重的情况，为掌握基本土地数据，保证田赋的有效征收，而在全国开展土地陈报工作。广西也较早较细致地实行了陈报，土地陈报书有相当科学的表格设计，内容包括业主姓名、户籍居住地址，以及土地段数、坐落、种类、土壤、数量、产量、地价等，既遵循全国统一格式，又结合广西的实际稍做变通。

本书所收各种赋役征收票据及其相关文书共467多件，是了解国家制度在民族地区的具体实施和变通运作的重要资料。

（一）清代部分

1. 完纳地丁银执照

石维藩完纳钱粮执照

（道光九年九月十八日）

绵纸，纸幅 21.8cm×8cm，今藏广西壮族自治区少数民族古籍工作办公室，档案目录号200812040。

执　照[238]

熙字第〇千壹百〇拾伍号

罗城县正堂[233]◇，为 征收钱 粮事。今据高元三里[074]一冬[004]花户[298]石维藩，完纳道光九年分银〇拾〇两陆钱伍分捌厘。

合给此照收执。须至执照者。

柜吏[299]

　　　　　道光九年九月十八日给

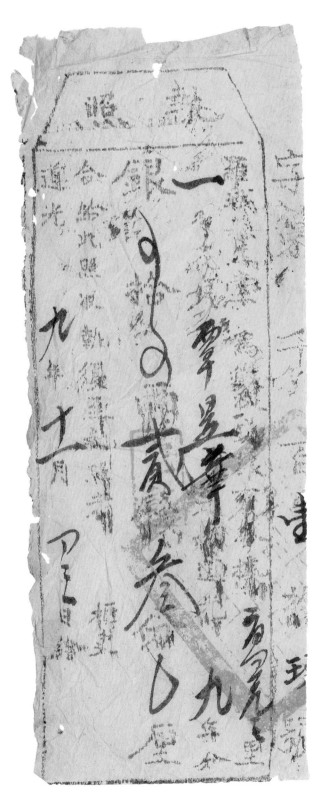

覃昱华完纳钱粮执照

（道光九年十一月初三日）

绵纸，纸幅 21.1cm×8cm，今藏广西壮族自治区少数民族古籍工作办公室，档案目录号 200812041。

执　照[238]

◇字第◇千◇百壹拾玖号

罗城县正堂[233]◇，为征收钱粮事。今据高元三里[074]一图[004]花户[298]覃昱华，完纳道光九年分银〇拾〇两贰钱叁分〇厘。

合给此照收执。须至执照者。

柜吏[299]

道光九年十一月初三日给

石维藩完纳钱粮执照

（道光十年三月二十八日）

绵纸，纸幅 21.8cm×7.3cm，今藏广西壮族自治区少数民族古籍工作办公室，档案目录号 200812051。

执　照[238]

□字第□仟□百□拾□号

罗城县正堂[233] ◇，为征收钱粮事。今据高元三里[074] 一冬[004] 花户[298] 石维藩，完纳道光十年分银○拾○两陆钱玖分陆厘。

合给此照收执。须至执照者。

柜吏[299]

道光十年三月廿八日给

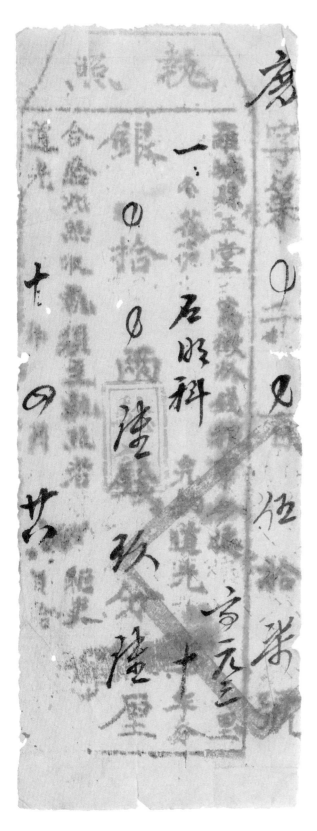

石明科完纳钱粮执照
（道光十年四月二十八日）

绵纸，纸幅21.8cm×8cm，今藏广西壮族自治区少数民族古籍工作办公室，档案目录号200806005。

执　照[238]

□字第〇千〇百伍拾柒号

罗城县正堂[233] ◇，为征收钱粮事。今据高元三里[074] 一冬[004] 花户[298] 石明科，完纳道光十年分银〇拾〇两陆钱玖分陆厘。

合给此照收执。须至执照者。

柜吏[299]

道光十年四月廿八日给

石维藩完纳钱粮执照

（道光十一年三月二十八日）

绵纸，纸幅21.5cm×8cm，今藏广西壮族自治区少数民族古籍工作办公室，档案目录号200806006。

执　照[238]

□字第◇千◇百贰拾肆号

罗城县正堂[233]◇，为征收钱粮事。今㨿高元三里[074]一冬[004]花戸[298]石维藩，完纳道光十一年分银○拾○两陆钱伍分捌厘。

合给此照收执。须至执照者。

柜吏[299]

道光十一年三月廿八日

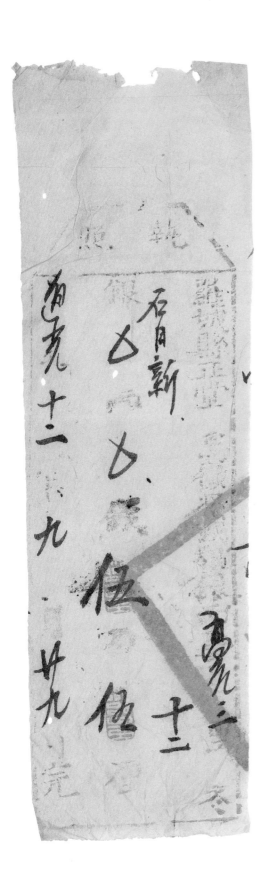

石日新完纳钱粮执照

（道光十二年九月二十九日）

绵纸，纸幅21.3cm×6.4cm，今藏广西壮族自治区少数民族古籍工作办公室，档案目录号200812064。

执 照[238]

□字第□仟□百□拾□号

罗城县正堂[233]◇，为征收钱粮银两事。高元三里[074]◇冬[004]石日新，完纳道光十二年分银○两○钱伍分伍厘。

道光十二年九月廿九日完

石天爵完纳钱粮执照

（道光十三年十一月十二日）

绵纸，纸幅 21.3cm×7.6cm，今藏广西壮族自治区少数民族古籍工作办公室，档案目录号200812053。

执 照[238]

◇字第壹千肆百捌拾陆号

罗城县正堂[233] ◇，为征收钱粮事。今据高元三里[074] 一冬[004] 花阝[298] 石天爵，完纳道光十三年分银○拾○两○钱叁分贰厘。

合给此照收执。须至执照者。

柜吏[299]

道光十三年十一月十二日给

注：

文书上方红色印字：数目涂改，不准收单，裹明另换。该书[301] 不许擅用白飞[302] 花户，亦不得私收，违者重究。

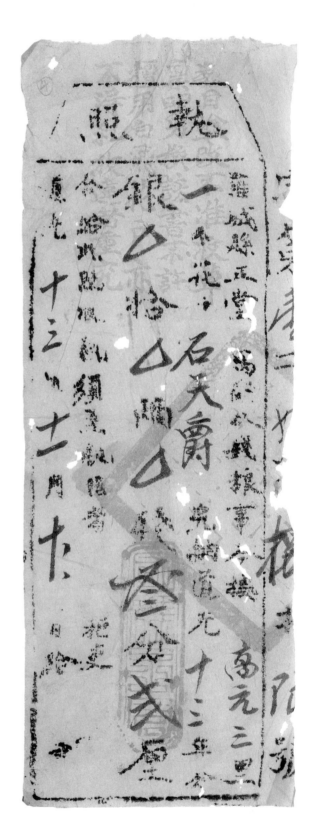

石天爵完纳钱粮执照

（道光十四年三月二十九日）

绵纸，纸幅21cm×8.2cm，今藏广西壮族自治区少数民族古籍工作办公室，档案目录号200806013。

执 照[238]

◇字第○千○百肆拾○号

罗城县正堂[233]◇，为征收钱粮事。今据高元三里[074]一冬[004]花户[298]石天爵，完纳道光囗四年分银○拾○两叁钱柒分柒厘。

合给此照收执。须至执照者。

柜吏[299]

道光十四年三月廿九日给

注：

文书上方红色印字：数目涂改，不准收单，禀明另换。该书[301]不许擅用白飞[302]花户，亦不得私收，违者重究。

石日新完纳钱粮执照

（道光十五年九月十六日）

绵纸，纸幅21.3cm×7.2cm，今藏广西壮
族自治区少数民族古籍工作办公室，档案目录号
200806023。

执　照[238]

□字第□仟□百□拾□号

罗城县正堂[233]◇，为征收钱粮事。今据

高元三里[074]一图[004]花户[298]石日新，完纳道

光十五年分银○拾○两○钱伍分伍厘。

合给此照收执。须至执照者。

柜吏[299]

道光十五年九月十六日给

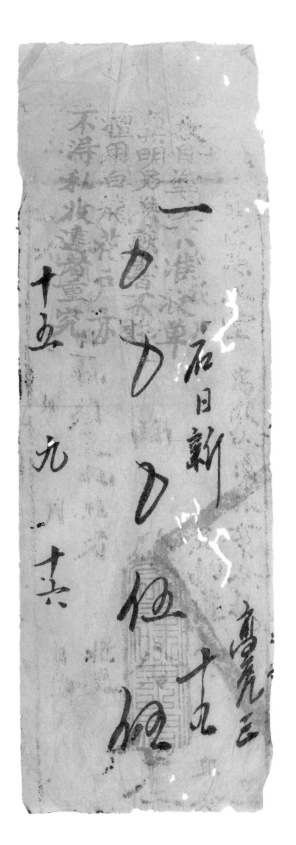

注：

文书上方红色印字：数目涂改，不准收单，禀明另换。该书[301]

不许擅用白飞[302]花户，亦不得私收，违者重究。

石天爵完纳钱粮执照

（道光十六年十月初七日）

绵纸，纸幅 21.8cm×8.5cm，今藏广西壮族自治区少数民族古籍工作办公室，档案目录号 200806008。

执　照[238]

◇字第○千壹百伍拾肆号

罗城县正堂[233]◇，为征收钱粮围。今围高元三里[074]一图[004]花户[298]石天爵，完纳道光十六年团银○拾○两叁践玖分捌厘。

合给此照收执。须至执照围。

柜便[299]

道光十六年十月初七日召

注：

文书上方红色印字：数目涂改，不准收单，禀明另换。该书[301]不许擅用白飞[302]花户，亦不得私收，违者重究。

石天爵完纳钱粮执照

（道光十七年九月二十一日）

绵纸，纸幅 21.1cm×8.6cm，今藏广西壮族自治区少数民族古籍工作办公室，档案目录号 200806011。

执　　照[238]

◇字第○千壹百○拾肆号

罗城县正堂[233]◇，为征收钱粮事。今圝高元三里[074]一图[004]花户[298]石天爵，完纳道光十七囯分银○拾○两伍钱○分贰厘。

合给此照收执。须至执照者。

柜吏[299]

道光十七年九月廿一日给

注：
文书上方红色印字：数目涂改，不准收单，禀明另换。该书[301]不许擅用白飞[302]花户，亦不得私收，违者重究。

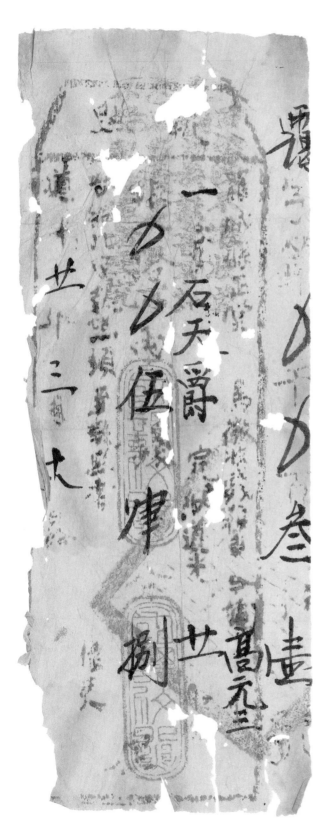

石天爵完纳钱粮执照

（道光二十一年三月十八日）

绵纸，纸幅 21.2cm×8cm，今藏广西壮族自治区少数民族古籍工作办公室，档案目录号 200806010。

执　　照[238]

霭字第〇千〇百叁拾壹号

罗城县正堂[233] ◇，为征收钱粮事。今圈高元三匣[074]一图[004]花户[298]石天爵，完纳道光廿一年分银〇拾〇两伍钱肆分捌厘。

合给此照收执。须至执照者。

柜吏[299]

道光廿一年三月十八日给

注：

文书上方红色印字：数目涂改，不准收单，禀明另换。该书[301]不许擅用白飞[302]花户，亦不得私收，违者重究。

石维藩完纳钱粮执照

（道光二十一年十月初八日）

绵纸，纸幅 21.4cm×8.4cm，今藏广西壮族自治区少数民族古籍工作办公室，档案目录号 200812039。

执　照[238]

□字第○仟○百○拾陆号

罗城县 正堂[233] ◇，内征 收钱粮事。今据高元三里[074] 壹图[004] 花户[298] 石维藩，完纳道光廿一年分银 ○拾○两○钱陆分陆厘。

合给此照收执。颂 至执照者。

框更[299]

道光廿一年 十月初八日给

注：

文书上方红色印字：数目涂改，不准收单，禀明另换。该书[301] 不许擅用白飞[302] 花户，亦不得私收，违者重究。

石天爵完纳钱粮执照

（道光二十二年四月十三日）

绵纸，纸幅 21.4cm×7.9cm，今藏广西壮族自治区少数民族古籍工作办公室，档案目录号 200806018。

执　照[238]

囷字第〇千〇百肆拾〇号

罗城县正堂[233]◇，为征收钱粮事。今据高元三里[074]一图[004]户丁[300]石天爵，完纳道光廿二年分银〇拾〇两伍钱壹分捌厘。

合给此照收执。须至执照者。

柜便[299]

道光廿二年四月十三日给

注：

文书上方红色印字：数目涂改，不准收单，禀明另换。该书[301]不许擅用白飞[302]花户[298]，亦不得私收，违者重究。

石天爵完纳钱粮执照

（道光二十三年四月初八日）

绵纸，纸幅 21.5cm × 8.2cm，今藏广西壮族自治区少数民族古籍工作办公室，档案目录号 200806019。

执　　照[238]

财字第〇千〇百叁拾〇号

罗城县正堂[233]◇，囚征收钱粮事。今囿高元三里[074]一冬[004]户丁[300]石天爵，完纳道光廿三年分银〇拾〇两伍钱肆分捌厘。

合给此照收执。须至执照眢。

柜吏[299]

光绪廿三年四月初八日囼

注：

文书上方红色印字：数目涂改，不准收单，裹明另换。该书[301]不许擅用白飞[302]花户[298]，亦不得私收，违者重究。

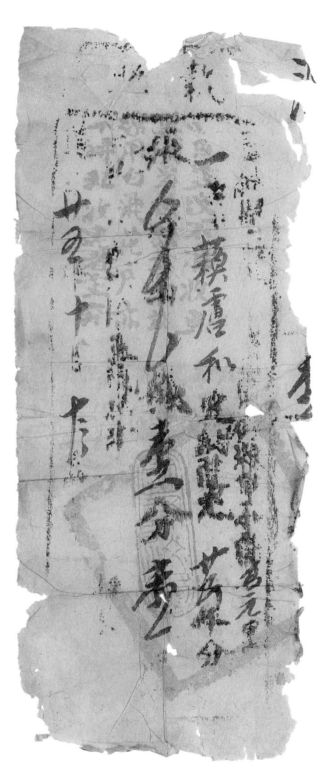

苏卢和完纳钱粮执照

（道光二十五年十月十三日）

绵纸，纸幅 20.5cm×8cm，今藏广西壮族
自治区少数民族古籍工作办公室，档案目录号
200907011。

执 照[238]

□字第□千壹百□拾□号

罗城县正堂[233]◇，为征收钱粮事。今据
高元三里[074]一图[004]户丁[300]苏卢和，完纳道
光廿五年分银〇拾〇两〇钱壹分壹厘。

合给此照收执。须至执照者。

柜吏[299]

道光廿五年十月十三日给

注：

文书上方红色印字：数目涂改，不准收单，禀明另换。该书[301]
不许擅用白飞[302]花户[298]，亦不得私收，违者重究。

苏卢和完纳钱粮执照

（道光二十七年）

绵纸，纸幅 20cm×7.5cm，今藏广西壮族自治区少数民族古籍工作办公室，档案目录号 200907009。

执　照 [238]

通字第○千壹百□拾壹号

罗城县正堂 [233] ◇，为征收钱粮事。今据高元三里 [074] 一冬 [004] 花户 [298] 苏卢和，完纳道光廿七年分银○拾○两○钱壹分壹厘。

合给此照收执。须至执照者。

柜吏 [299]

道光廿七年□月□日给

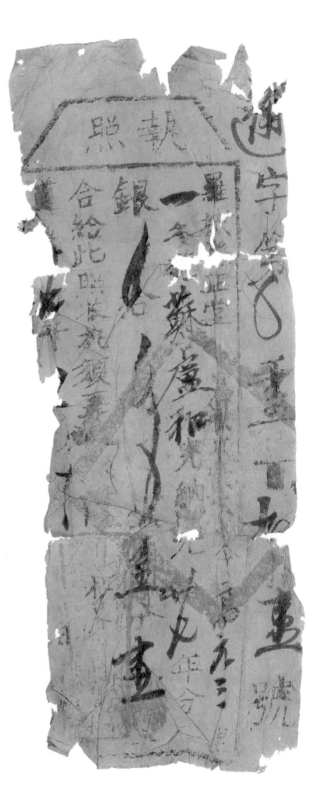

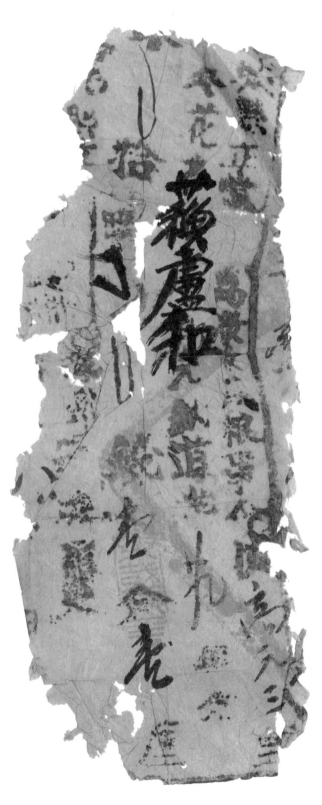

苏卢和完纳钱粮执照

（道光二十九年□月□八日）

绵纸，纸幅 15.5cm×5.7cm，今藏广西壮族自治区少数民族古籍工作办公室，档案目录号201010015。

执　　照[238]

□字第□仟□百□拾□号

罗城县正堂[233]◇，为征收钱粮事。今据高元三里[074]□冬[004]花户[298]苏卢和，完纳道光廿九年分银〇拾〇两〇钱壹分壹厘。

合给此照收执。须至执照者。

柜吏[299]

道光廿九年□月□八日给票

石天爵完纳钱粮执照

（道光三十年三月二十八日）

绵纸，纸幅20.8cm×7.7cm，今藏广西壮族自治区少数民族古籍工作办公室，档案目录号200812052。

执 照[238]

□字第○千○[百][贰][拾][叁]号

罗城县正堂[233]◇，为征收钱粮事。今据高元三里[074]一冬[004]花户[298]石天爵，完纳道光卅年分银○拾○两陆钱○分壹厘。

合给此照收执。须至执照者。

柜吏[299]

道光卅年三月廿八日[给][票]

石天爵完纳钱粮执照

（咸丰元年三月二十七日）

绵纸，纸幅 20.8cm×7.7cm，今藏广西壮族自治区少数民族古籍工作办公室，档案目录号 200812050。

执　照[238]

□字第〇千〇百壹拾叁号

罗城县正堂[233]◇，为征收钱粮事。今据高元三里[074]一冬[004]花户[298]石天爵，完纳咸丰元年分银〇拾〇两陆钱叁分陆厘。

合给此照收执。须至执照者。

柜吏[299]

咸丰元年三月廿七日给票

石天爵完纳钱粮执照

（咸丰二年四月初九日）

绵纸，纸幅 19.5cm×8cm，今藏广西壮族自治区少数民族古籍工作办公室，档案目录号 200806020。

执　　照 [238]

□字第〇千〇百贰拾肆 号

罗城县正堂 [233] ◇，为征收钱粮事。今据 固 元三里 [074] 一冬 [004] 花户 [298] 石天爵，完纳咸丰二年分银〇拾〇两陆钱〇分壹厘。

合给此照收执。须至执照者。

柜吏 [299]

咸丰二年四月初九日

注：

正文中下方有红字：倘有重征、浮收 [118] 及数目舛错，准予三日内呈明更正。

石天爵完纳钱银执照

（咸丰五年四月初十日）

绵纸，纸幅 21.2cm×7.6cm，今藏广西壮族自治区少数民族古籍工作办公室，档案目录号200806007。

执 照 [238]

□字[園]□仟□佰□拾伍号

罗城县正堂[233]倪，为征收银两事。高元三里[074]一冬[004]石天爵，完纳咸丰五年分银○两陆钱○分○厘。

咸丰五年四月初十日给票

石天爵完纳钱银执照

（咸丰十一年十月二十三日）

绵纸，纸幅 20.9cm×7.6cm，今藏广西壮族自治区少数民族古籍工作办公室，档案目录号 200911005。

执　照[238]

□字○千○百壹拾伍号

罗城县正堂[233]冯，为征收银两事。今据高元三里[074]一冬[004]石天爵，完纳咸丰十一年分银○两陆钱○分○厘。

咸丰十一年十月廿三日给票

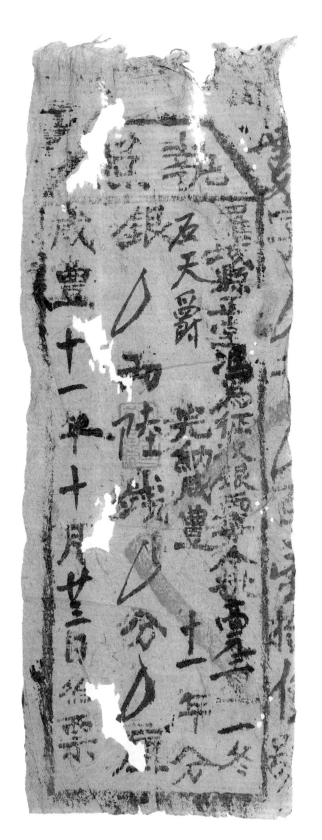

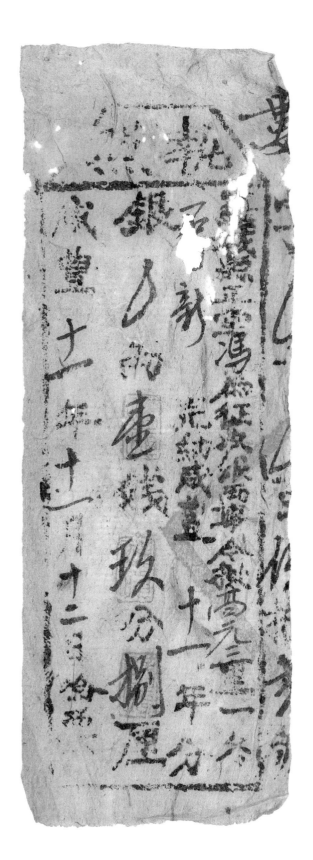

石日新完纳钱银执照

（咸丰十一年十一月十二日）

绵纸，纸幅 21.5cm×7.5cm，今藏广西壮族自治区少数民族古籍工作办公室，档案目录号 200812080。

执　照[238]

□字〇千〇百囻拾圀号

罗城县正堂[233]冯，为征收银两事。今据高元三里[074]一冬[004]石囙新，完纳咸丰十一年分银〇两壹钱玖分捌厘。

咸丰十一年十一月十二日给票

石天爵完纳钱银执照

（同治元年五月二十一日）

绵纸，纸幅22cm×7cm，今藏广西壮族自治区少数民族古籍工作办公室，档案目录号200806004。

执　照[238]

□字〇千〇百叁拾叁号

银〇两肆钱肆分〇厘

特授罗城县正堂[233]吴，为征收银两事。高元三里[074]一冬[004]户丁[300]石天爵，完纳同治元年分银〇两肆钱肆分〇厘。

同治元年五月廿一日给票

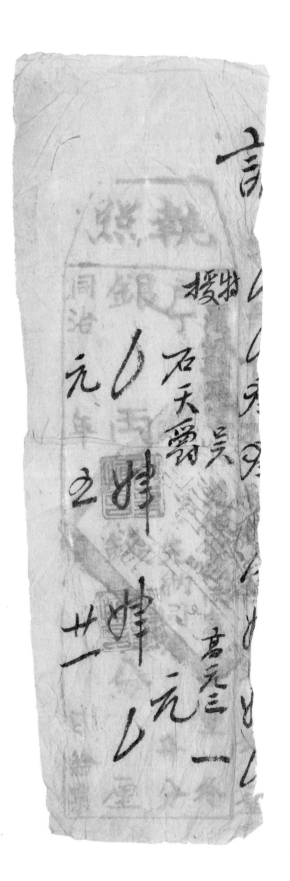

石日新完纳钱银执照

（同治元年九月二十三日）

绵纸，纸幅 19.5cm×6.5cm，今藏广西壮族自治区少数民族古籍工作办公室，档案目录号200812070。

执　照[238]

□字〇千〇百伍拾肆号

银〇两贰钱〇分玖厘

罗城县正堂[233]周，为征收银两事。高元三里[074]一冬[004]户丁[300]石日新，完纳同治元年分银〇两贰钱〇分玖厘。

同治元年九月廿三日给票

石天祐完纳钱银执照

（同治元年十一月十八日）

绵纸，纸幅20.2cm×6cm，今藏广西壮族自治区少数民族古籍工作办公室，档案目录号200812054。

执　照[238]

□字○千贰百□拾□号

银○两壹钱叁分贰厘

罗城县正堂[233]周，为征收银两事。高元三里[074]一冬[004]户丁[300]石天祐，完纳同治元年分银○两壹钱叁分贰厘。

同治元年十一月十八日给票

石日新完纳钱银执照

（同治二年四月二十日）

绵纸，纸幅19cm×6cm，今藏广西壮族自治区少数民族古籍工作办公室，档案目录号200812061。

执　照[238]

□字○千○百壹拾玖号

银○两壹钱玖分捌厘

罗城县正堂[233]周，为征收银两事。高元三里[074]一冬[004]户丁[300]石囙新，完纳同治二年分银○两壹钱玖分捌厘。

同治二年四月廿日给票

石天祐完纳钱银执照

（同治二年九月二十八日）

绵纸，纸幅20cm×6.2cm，今藏广西壮族
自治区少数民族古籍工作办公室，档案目录号
200806022。

执 照 [238]

□字〇千〇百贰拾柒号

银〇两壹钱肆分陆厘

罗城县正堂 [233] ◇，为征收银两事。高元三
里 [074] 一冬 [004] 户丁 [300] 石天祐（祐），完纳同治
二年分银〇两壹钱肆分陆厘。

同治二年九月廿八日给票

石炳完纳钱银执照

（同治二年十二月初三日）

绵纸，纸幅21cm×6.5cm，今藏广西壮族自治区少数民族古籍工作办公室，档案目录号200812066。

执　照[238]

□字〇千〇百玖拾贰号

银〇两〇钱叁分贰厘

罗城县正堂[233]◇，为征收银两事。高元三里[074]一冬[004]户丁[300]石炳，完纳同治二年分银〇两〇钱叁分贰厘。

同治二年十二月初三日给票

注：

文书上方红色印字：如有错讹，呈明更正。

石天爵完纳钱银执照

（同治二年□月十九日）

绵纸，纸幅 19.3cm×6cm，今藏广西壮族自治区少数民族古籍工作办公室，档案目录号 200806017。

执 照[238]

□字○千○百○拾伍号

银○两叁钱柒分贰厘

罗城县正堂[233]◇，为征收银两事。高元三里[074]一冬[004]户丁[300]石天爵，完纳同治二年分银○两叁钱柒分贰厘。

同治二年□月十九日给票

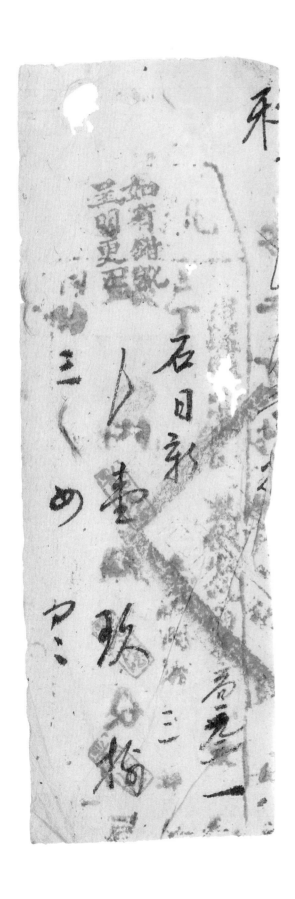

石日新完纳钱银执照

（同治三年四月初二日）

绵纸，纸幅 20.3cm × 7cm，今藏广西壮族
自治区少数民族古籍工作办公室，档案目录号
200812058。

执　照[238]

□字〇千〇百贰拾捌号

银〇两壹钱玖分捌厘

罗城县正堂[233]◇，为征收银两事。高元三里[074]
一冬[004]户丁[300]石日新，完纳同治三年分银〇两
壹钱玖分捌厘。

同治三年四月初二日给票

注：

文书上方红色印字：如有错讹，呈明更正。

石天祐完纳钱银执照

（同治三年十月二十三日）

绵纸，纸幅 19.7cm×6.6cm，今藏广西壮族自治区少数民族古籍工作办公室，档案目录号 200812055。

执　照[238]

□字○千叁百○拾捌号

罗城县正堂[233]◇，为征收银两事。高元三里[074]一冬[004]户丁[300]石天祐（祐），完纳同治三年分银○两壹钱肆分伍厘。

同治三年十月廿三日给票

注：

文字上方红色印字：如有错讹，呈明更正。

石炳完纳钱银执照

（同治三年十一月十一日）

绵纸，纸幅21cm×6.5cm，今藏广西壮族
自治区少数民族古籍工作办公室，档案目录号
200812063。

执　照 [238]

□字○千肆百□拾叁号

罗城县正堂 [233] ◇，为征收银两事。高
元三里 [074] 一冬 [004] 户丁 [300] 石炳，完纳同治三
年分银○两○钱叁分贰厘。

同治三年十一月十一日给票

注：

文书上方红色印字：如有错讹，呈明更正。

石炳完纳钱银执照

（同治四年九月二十五日）

绵纸，纸幅 21cm×6cm，今藏广西壮族自治区少数民族古籍工作办公室，档案目录号 200812065。

执　照[238]

风字〇千贰百捌拾□号

罗城县正堂[233]◇，因征収钱银事。高元三里[074]一图[004]石炳，完纳同治四年分银〇两〇钱叁分叁厘。

同治四年九月廿五日给票

注：

文书上方红色印字：如有舛错，禀明更正。

石天祐完纳钱银执照

（同治四年十月二十六日）

绵纸，纸幅 21.2cm×6cm，今藏广西壮族自治区少数民族古籍工作办公室，档案目录号 200812056。

执　照[238]

□字□仟□佰□拾□号

罗城县正堂[233] ◇，为征收银两事。高元三里[074] ◇冬[004]石天祐，完纳同治四年分银○两叁钱肆分壹厘。

同治四年十月廿六日给票

注：

文书上方红色印字：如有舛错，禀明更正。

石日新完纳钱银执照

（同治四年十一月十四日）

绵纸，纸幅 21.6cm×6.5cm，今藏广西壮族自治区少数民族古籍工作办公室，档案目录号 200812062。

执　照[238]

□字○仟伍百贰拾陆号

罗城县正堂[233]◇，为征收银两事。高元三里[074]一图[004]石日新，完纳同治四年分银○两贰钱○分玖厘。

同治四年十一月十四日给票

注：

文书上方红色印字：如有舛错，禀明更正。

石天爵完纳钱银执照

（同治五年三月十六日）

绵纸，纸幅 19.7cm×6.3cm，今藏广西壮族自治区少数民族古籍工作办公室，档案目录号 200812067。

执 照 [238]

风字□千□百□拾贰号

罗城县正堂 [233] ◇，为征收银两事。高元三里 [074] 一冬 [004] 石天爵，完纳同治五年分银〇两陆钱捌分肆厘。

同治五年三月十六日给票

注：

文书上方红色印字：如有舛错，禀明更正。

石日新完纳钱银执照

（同治五年十月十四日）

绵纸，纸幅 20.2cm×6.7cm，今藏广西壮族自治区少数民族古籍工作办公室，档案目录号200812059。

执　照[238]

藏字〇千〇百伍拾贰号

罗城县正堂[233]◇，为征收银两事。高元三里[074]一冬[004] 石日新，完纳同治五年分银〇两壹钱玖分捌厘。

同治五年十月十四日给

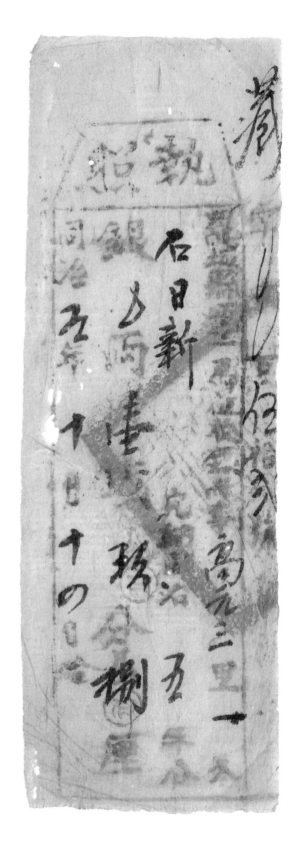

石天祐完纳钱银执照

（同治六年四月十六日）

绵纸，纸幅18.6cm×6.3cm，今藏广西壮族自治区少数民族古籍工作办公室，档案目录号200812057。

执 照[238]

□字○千○百柒拾陆号

罗城县正堂[233] ◇，为征收银两事。高元三里[074]一冬[004]石天祐，完纳同治六年分银○两叁钱贰分叁厘。

同治六年四月十六日给

石日新完纳钱银执照

（同治六年十月二十六日）

绵纸，纸幅 22.5cm×7.5cm，今藏广西壮族自治区少数民族古籍工作办公室，档案目录号200812078。

执　照 [238]

□字○仟○百捌拾肆号

罗城县正堂 [233] ◇，为征收银两事。完纳同治六年分，高元三里 [074] 一冬 [004] 户丁 [300] 石日新，银○两壹钱玖分捌厘。

同治六年十月廿六日给

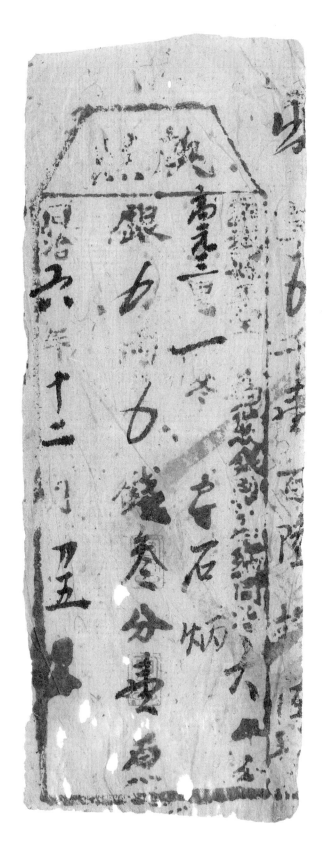

石炳完纳钱银执照

（同治六年十二月初五日）

绵纸，纸幅 20.8cm×7.6cm，今藏广西壮族自治区少数民族古籍工作办公室，档案目录号 200812077。

执　照[238]

囲字〇千壹百陆拾陆号

罗城县正堂[233] ◇，为征收银两囲。完纳同治六年分，高元三里[074]一冬[004]户丁[300]石炳，银〇两〇钱叁分壹厘。

同治六年十二月初五日囵

石维印完纳钱银执照

（同治六年十二月十一日）

绵纸，纸幅 20.4cm×7.5cm，今藏广西壮族自治区少数民族古籍工作办公室，档案目录号200812079。

执 照[238]

▣字○千贰百壹拾玖号

罗城县正堂[233]◇，为征收银两事。完纳同治六年分，高元三里[074]一冬[004]户丁[300]石维印，银○两○钱柒分肆厘。

同治六年十二月十一日给

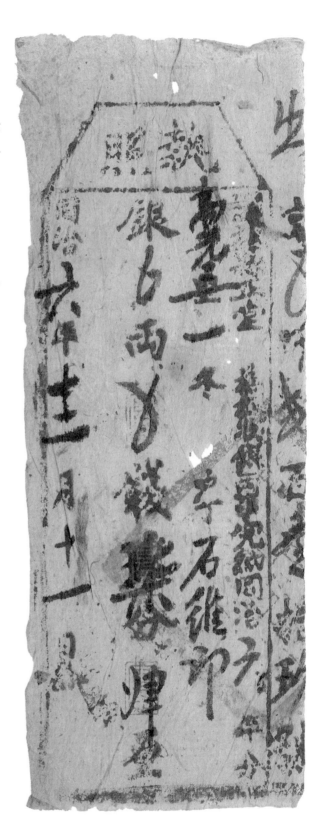

石天祐完纳钱银执照

（同治七年四月初六日）

绵纸，纸幅 20cm×7cm，今藏广西壮族
自治区少数民族古籍工作办公室，档案目录号
200812076。

执 照[238]

共字〇千〇百壹拾玖号

罗城县正堂[233] ◇，为征收 銀两事。 完纳
同治七年分，高元三里[074]一冬[004]户丁[300]石天祐，
银〇两叁钱肆分壹厘。

同治七年四月初六日给

石日新完纳钱银执照

（同治七年十一月十一日）

绵纸，纸幅20cm×7.7cm，今藏广西壮族自治区少数民族古籍工作办公室，档案目录号200812049。

执 照[238]

共字□千叁百□拾玖号

罗城县正堂[233]◇，为征收银两事。完纳同治七年分，高元三里[074]一图[004]户丁[300]石日新，银○两贰钱○分玖厘。

同治七年十一月十一日给

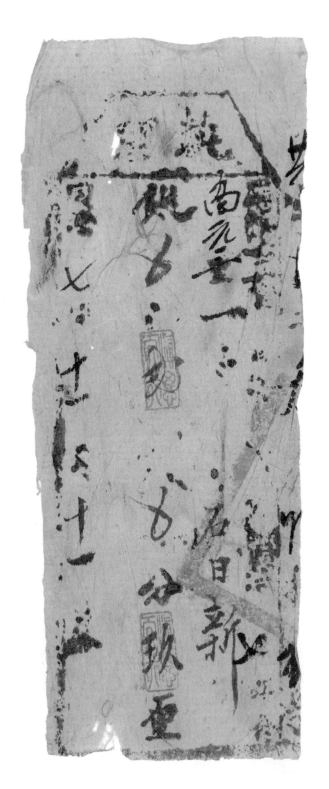

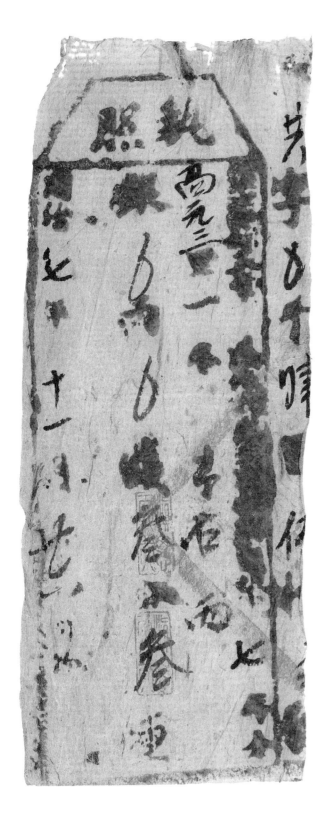

石丙完纳钱银执照

（同治七年十一月二十六日）

绵纸，纸幅 19.1cm×7.6cm，今藏广西壮族自治区少数民族古籍工作办公室，档案目录号200812071。

执　照[238]

共字〇千肆百伍拾貳号

罗城县正堂[233] ◇，为征收银两事。完纳同治七年分，高元三里[074]一冬[004]户丁[300]石丙，银〇两〇钱叁分叁厘。

同治七年十一月廿六日给

石日新完纳钱银执照

（同治八年五月初一日）

绵纸，纸幅20cm×5.7cm，今藏广西壮族
自治区少数民族古籍工作办公室，档案目录号
200812060。

执　　照[238]

□字□千□百柒拾□号

罗城县正堂[233]◇，为征收银两事。高元
三里[074]一冬[004]石日新，完纳同治八年分银○两
壹钱玖分捌厘。

同治八年五月初一日给

苏卢合完纳钱银执照

（同治八年十二月初二日）

绵纸，纸幅 18.3cm×6.2cm，今藏广西壮
族自治区少数民族古籍工作办公室，档案目录号
200907006。

执　照[238]

□字〇千□百玖拾玖号

罗城县正堂[233]◇，为征收银两事。高元
三里[074]一图[004]苏卢合，完纳同治八年分银
〇两〇钱壹分壹厘。

同治八年十二月初二日给

石日新完纳钱银执照

（同治九年五月十三日）

绵纸，纸幅 19.5cm×6cm，今藏广西壮族自治区少数民族古籍工作办公室，档案目录号200806009。

执　　照 [238]

□字○千壹佰柒拾陆号

罗城县正堂 [233]◇，办征收银两事。高元三里 [074] 一冬 [004] 石日新，完纳同治九年份银○两贰钱○分玖厘。

同治九年五月十三日给

石天祐完纳钱银执照

（同治十年四月二十二日）

绵纸，纸幅20.5cm×6.5cm，今藏广西壮族自治区少数民族古籍工作办公室，档案目录号200812069。

执　照[238]

□字◇千◇百◇拾◇号

罗城县正堂[233]◇，为征收银两事。高元三里[074]一冬[004]石天祐，完纳同治十年分银○两叁钱贰分叁厘。

同治十年四月廿二日给

吴永康完纳地丁银执照

（光绪三年十月二十三日）

绵纸，纸幅 18cm×7cm，今藏广西壮族
自治区少数民族古籍工作办公室，档案目录号
200803016。

执　照[238]

◇字◇千◇百◇拾◇号

罗城县正堂[233]◇，为征收地丁银[303]两

事。东上里七冬[305]吴永康，完纳光绪三年分银

○两○钱壹分柒厘。

光绪三年十月廿三日给票

吴庆福完纳地丁银执照

（光绪四年四月初八日）

绵纸，纸幅 17.6cm×7cm，今藏广西壮族自治区少数民族古籍工作办公室，档案目录号200803002。

执　　照[238]

□字◇千◇佰◇拾◇◇号

罗城县正堂[233]◇，为征收地丁银[303]两事。东一里六冬[029]吴庆福，完纳光绪四年分银○两壹钱伍分陆厘。

光绪四年四月初八日给票

注：

文书左上方红色印字：如有重征舛错，限三日内禀明更正。

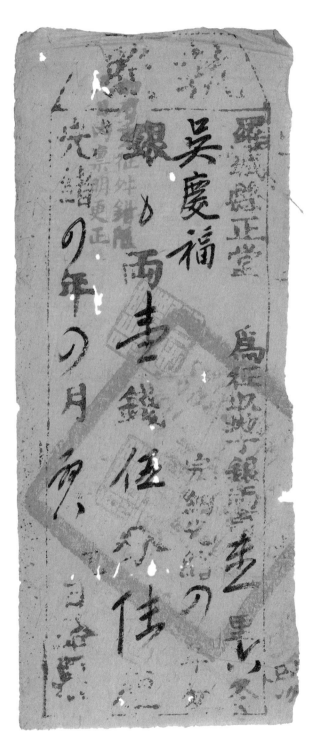

吴永康完纳地丁银执照

（光绪四年四月初八日）

绵纸，纸幅 18cm×7cm，今藏广西壮族自治区少数民族古籍工作办公室，档案目录号 200803030。

执　照[238]

◇字◇千◇百◇拾◇号

罗城县正堂[233]◇，为征收地丁银[303]两事。东一里六冬[029]吴永康，完纳光绪四年分银○两壹钱壹分叁厘。

光绪四年四月初八囙给票

注：

文书左上方红色印字：如有重征舛错，限三日内禀明更正。

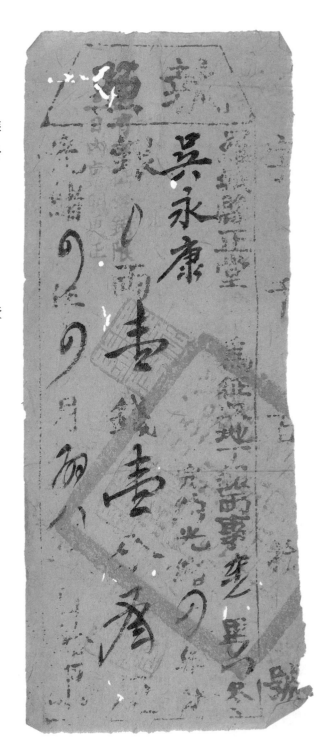

吴永康完纳地丁银执照

（光绪四年十月二十九日）

绵纸，纸幅 18.5cm×7.5cm，今藏广西壮族自治区少数民族古籍工作办公室，档案目录号 200803013。

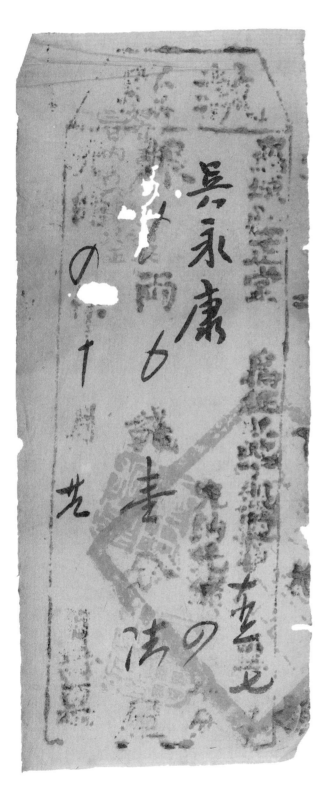

执　照[238]

◇字◇千◇百◇拾◇号

罗城县正堂[233] ◇，为征收地丁银[303] 两事。东上里七图[305] 吴永康，完纳光绪四年分银○两○钱壹分陆厘。

光绪四年十月廿九日给票

注：

文书左上方红色印字：如有重征舛错，限三日内禀明更正。

吴永康完纳地丁银执照

（光绪五年九月十八日）

　　绵纸，纸幅 17.5cm×7.4cm，今藏广西壮族自治区少数民族古籍工作办公室，档案目录号 200803017。

执　照[238]

□字〇千〇佰叁拾柒号

罗城县正堂[233] ◇，为征收地丁银[303] 两事。

东一里六冬[029] 吴永康，完纳光绪五年分银〇两壹钱壹分玖厘。

　　光绪五年九月十八日给票

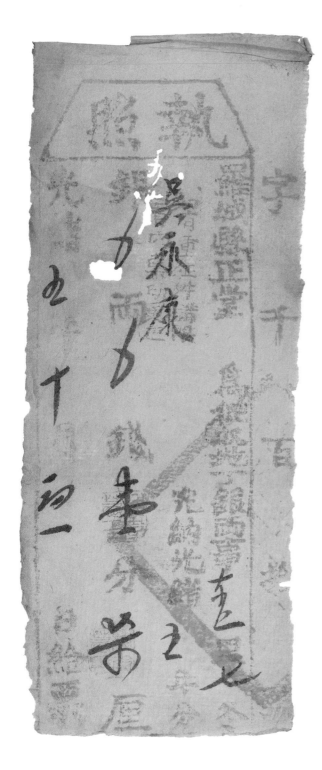

吴永康完纳地丁银执照

（光绪五年十月初一日）

绵纸，纸幅19cm×7.5cm，今藏广西壮族自治区少数民族古籍工作办公室，档案目录号200803025。

执　照[238]

◇字◇千◇百◇拾◇号

罗城县正堂[233]◇，为征收地丁银[303]两事。东上里七冬[305]吴永康，完纳光绪五年分银○两○钱壹分柒厘。

光绪五年十月初一日给票

注：

文书中间上方红色印字：如有重征舛错，限三日内禀明更正。

吴庆福完纳地丁银执照

（光绪六年三月二十五日）

绵纸，纸幅 17.5cm×7.2cm，今藏广西壮族自治区少数民族古籍工作办公室，档案目录号 200803001。

执　　照[238]

◇字◇千◇百◇拾◇号

罗城县正堂[233]◇，为征收地丁银[303]两事。东一里六冬[029]吴庆福，完纳光绪六年分银○两壹钱伍分陆厘。

光绪六年三月廿五日给票

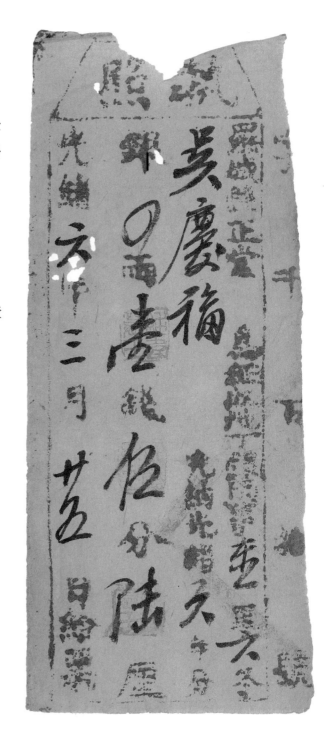

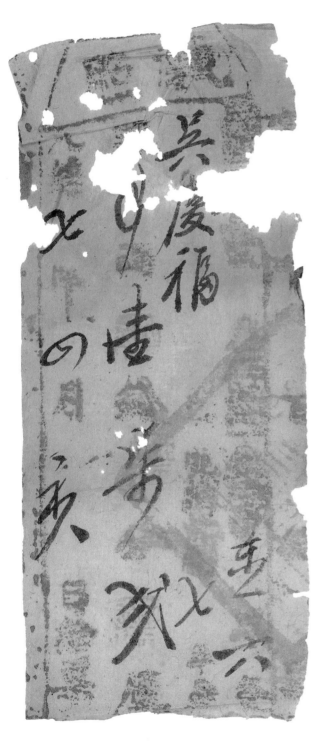

吴庆福完纳地丁银执照

（光绪七年四月初八日）

绵纸，纸幅 16.8cm×7.1cm，今藏广西壮族自治区少数民族古籍工作办公室，档案目录号 200803005。

执　照[238]

◇字◇千◇百◇拾◇号

罗城圍正堂[233]◇，囚征收地丁银[303]两軍。东一圍六冬[029]吴庆福，完纳光緒七年分银○两壹钱柒分贰厘。

光绪七年四月初八日给票

吴永康完纳地丁银执照

（光绪七年十月初八日）

绵纸，纸幅 14cm×7.3cm，今藏广西壮族自治区少数民族古籍工作办公室，档案目录号 200803023。

执 照[238]

◇字◇千◇佰◇拾◇号

罗城县正堂[233]◇，为征收地丁银[303]两事。据东上里七冬[305]户丁[300]吴永康，完纳光绪七年分银○两○钱壹分柒厘。

光绪七年十月初八日给票

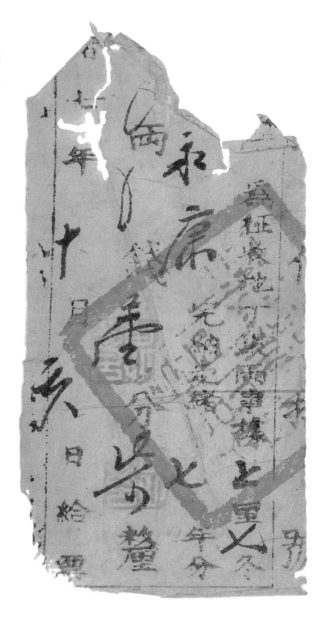

吴永康完纳地丁银执照

（光绪八年六月十八日）

绵纸，纸幅 18.1cm×7cm，今藏广西壮族自治区少数民族古籍工作办公室，档案目录号 200803012。

执 照[238]

◇字◇千◇佰◇拾◇号

罗城囯正堂[233]田，为征收地丁银[303]两事。据东一里六冬[029]户丁[300]吴永康，完纳光踏八厍份银〇两壹钱壹分伍厘。

光绪八年六月十八日给票

吴永康完纳地丁银执照

（光绪八年十月十八日）

绵纸，纸幅 17cm×7.3cm，今藏广西壮族自治区少数民族古籍工作办公室，档案目录号 200803019。

执 照[238]

◇字◇千◇佰◇拾◇号

罗城县正堂[233] 杜，为征收地丁银[303] 两事。据东上里七图[305] 户丁[300] 吴永康，完纳光绪八匣分银○两○钱壹分陆厘。

光绪八年十月十八日给票

吴庆福完纳地丁银执照

（光绪九年四月十五日）

绵纸，纸幅 17.2cm×7.3cm，今藏广西壮族自治区少数民族古籍工作办公室，档案目录号 200803009。

执　照[238]

◇字◇仟◇佰◇捨◇号

罗城县正堂[233]杜，为征收地丁银[303]两事。据东一里六冬[029]户丁[300]吴庆福，完纳光绪九年分银○两壹钱陆分陆厘。

光绪九年四月十五日给票

吴永康完纳地丁银执照

（光绪九年四月十五日）

绵纸，纸幅 17.8cm×7.1cm，今藏广西壮
族自治区少数民族古籍工作办公室，档案目录号
200803026。

执　照[238]

◇字◇千◇佰◇拾◇号

罗城县正堂[233] 杜，为征收地丁银[303] 两事。
据东一里六冬[029] 户丁[300] 吴永康，完纳光绪九年
分银○两壹钱贰分壹厘。

光绪九年四月十五日给票

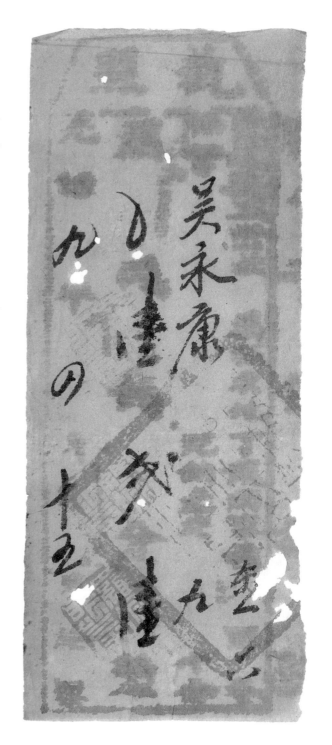

吴永康完纳地丁银执照

（光绪十年五月十八日）

绵纸，纸幅 18.3cm × 7.7cm，今藏广西壮族自治区少数民族古籍工作办公室，档案目录号 200803029。

执　照[238]

◇字◇千◇百◇十◇号

罗城县正堂[233]◇，为征收地丁银[303]两事。东一里六冬[029] 户丁[300] 吴永康，完纳光绪十年分银○两壹钱贰分玖厘。

光绪十年五月十八日给票

吴庆福完纳地丁银执照

（光绪十年九月二十八日）

绵纸，纸幅 18cm×7.6cm，今藏广西壮族
自治区少数民族古籍工作办公室，档案目录号
200803007。

执　　照[238]

◇字◇千◇百◇十◇号

罗城县正堂[233] ◇，为征收地丁银[303] 两事。
东一里六冬[029] 户丁[300] 吴庆福，完纳光绪十年分
银○两壹钱柒分陆厘。

光绪十年九月廿八日给票

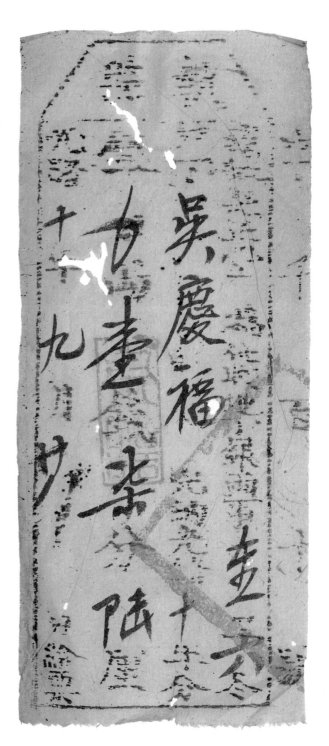

吴永康完纳地丁银执照

（光绪十年十月初六日）

绵纸，纸幅 18.1cm×8cm，今藏广西壮族自治区少数民族古籍工作办公室，档案目录号 200803031。

执　照[238]

◇字◇千◇百◇十◇号

罗城县正堂[233]◇，为征收地丁银[303]两事。东上里七冬[305]户丁[300]吴永康，完纳光绪十年分银〇两〇钱壹分柒厘。

光绪十年拾月初六日给票

吴庆福完纳地丁银执照

（光绪十一年四月初五日）

绵纸，纸幅 18cm×8cm，今藏广西壮族自治区少数民族古籍工作办公室，档案目录号200803008。

执　　照[238]

□字◇千◇百四十五号

罗城县正堂[233]◇，为征收地丁银[303]两事。东一里六冬[029]户丁[300]吴庆福，完纳光绪十一年分银○两壹钱陆分柒厘。

光绪十一年四月初五日给票

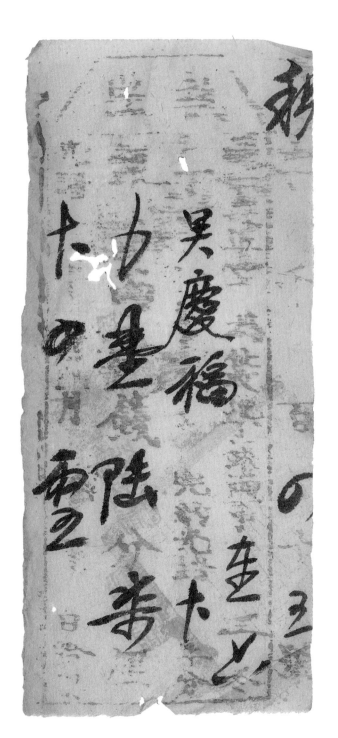

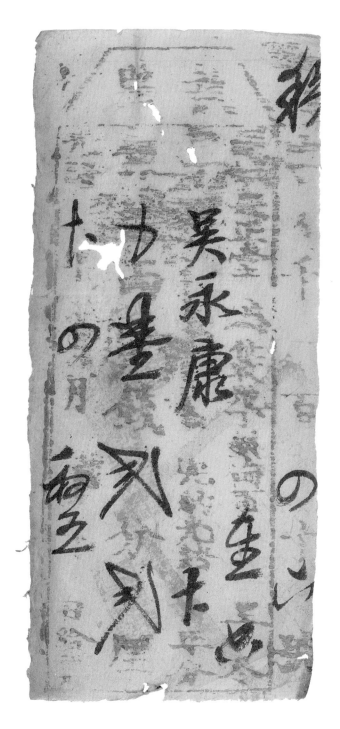

吴永康完纳地丁银执照

（光绪十一年四月初五日）

绵纸，纸幅 17.9cm×7.8cm，今藏广西壮族自治区少数民族古籍工作办公室，档案目录号 200803011。

执　　照[238]

□字◇千◇百四十六号

罗城县正堂[233]◇，为征收地丁银[303]两事。东一里六冬[029]户丁[300]吴永康，完纳光绪十一年分银◯两壹钱贰分贰厘。

光绪十一年四月初五日给票

吴永康完纳地丁银执照

（光绪十一年十月二十七日）

绵纸，纸幅 13.2cm×7.3cm，今藏广西壮族自治区少数民族古籍工作办公室，档案目录号 200803022。

执　　照[238]

◇字◇田◇百◇十◇号

罗城县正堂[233]◇，为征收地丁银[303]两事。东上里七冬[305]户丁[300]吴永康，完纳光绪十一年分银○两○钱壹分柒厘。

光绪十一年十月廿七日给票

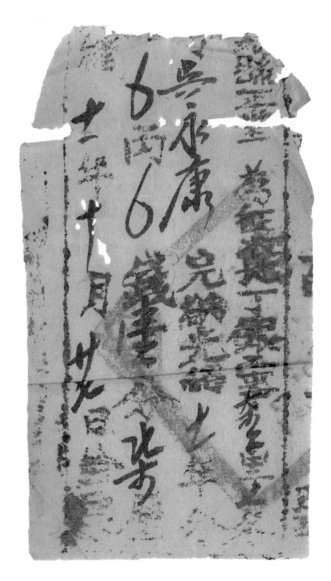

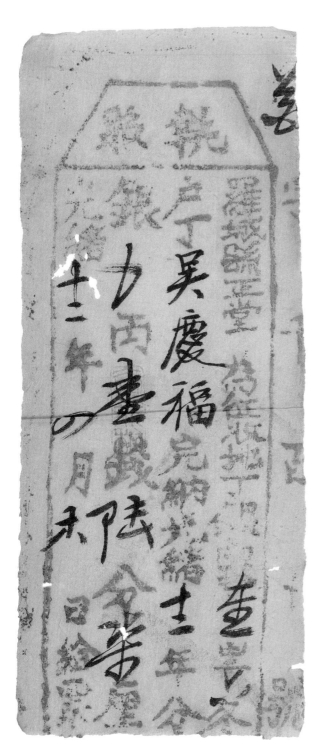

吴庆福完纳地丁银执照

（光绪十二年四月十八日）

绵纸，纸幅 17.8cm×7.3cm，今藏广西壮族自治区少数民族古籍工作办公室，档案目录号 200803003。

执　照[238]

🈷字◇千◇百◇十◇号

罗城县正堂[233] ◇，为征收地丁银[303] 两事。东一里六冬[029] 户丁[300] 吴庆福，完纳光绪十二年分银○两壹钱陆分柒厘。

　　　光绪十二年四月十八日给票

吴永康完纳地丁银执照

（光绪十二年四月十八日）

绵纸，纸幅 18cm×7.1cm，今藏广西壮族自治区少数民族古籍工作办公室，档案目录号 200803024。

执　　照 [238]

▣字◇千◇百◇十◇号

罗城县正堂 [233] ◇，为征收地丁银 [303] 两事。东一里六冬 [029] 户丁 [300] 吴永康，完纳光绪十二年分银◯两壹钱贰分贰厘。

光绪十二年四月十八日给票

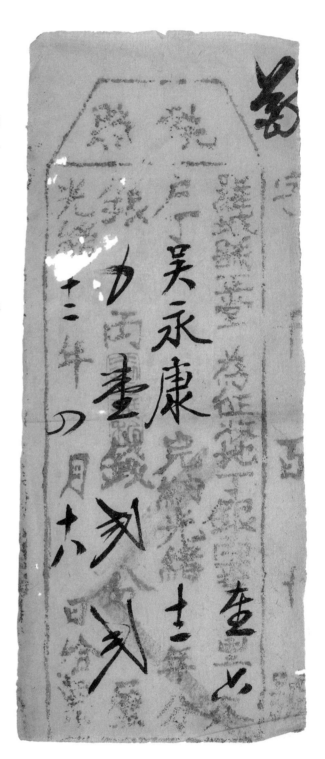

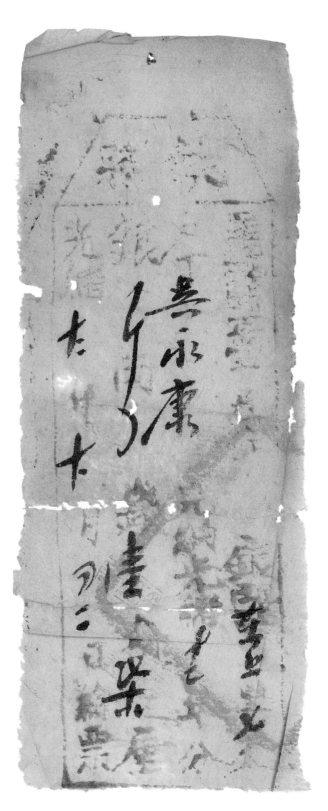

吴永康完纳地丁银执照

（光绪十二年十一月初二日）

绵纸，纸幅 18.5cm×7cm，今藏广西壮族自治区少数民族古籍工作办公室，档案目录号 200803018。

执　照[238]
◇字◇壬◇面◇田◇号

罗城县正堂[233]◇，为征收地丁银[303]两事。东上里七冬[305]户丁[300]吴永康，完纳光绪十二年分银○两○钱壹分柒厘。

光绪十二年十一月初二日给票

苏六合完纳地丁银执照

（光绪十二年十一月二十二日）

绵纸，纸幅 17.5cm×6.7cm，今藏广西壮族自治区少数民族古籍工作办公室，档案目录号 200907014。

执　照[238]

◇字◇千◇百◇田◇号

罗城县正堂[233]◇，因征收地丁银[303]两事。元三里[304]日图[004]户丁[300]苏六合，完纳光绪十二年分银〇两〇钱叁分捌厘。

光绪十二年十日月廿二日给票

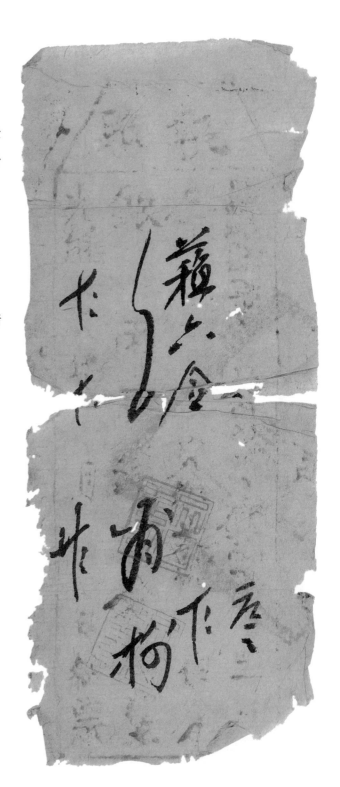

石雅明完纳地丁银执照

（光绪十二年十一月二十六日）

绵纸，纸幅 16.8cm×7cm，今藏广西壮族自治区少数民族古籍工作办公室，档案目录号 200812044。

执　照[238]

◇字◇千◇百◇十◇号

罗城县正堂[233]◇，为征收地丁银[303]两事。元三里[304]一冬[004]户丁[300]石雅明，完纳光緖十二囸分银○两○钱玖分贰厘。

光绪十二年十一月廿六日给票

吴庆福完纳地丁银执照

（光绪十三年闰四月二十六日）

绵纸，纸幅 17.8cm×7.2cm，今藏广西壮族自治区少数民族古籍工作办公室，档案目录号200803004。

执　照[238]

◇字◇千◇百◇田◇号

罗城县正堂[233] ◇，为征收地丁银[303] 两事。东一里六冬[029] 户丁[300] 吴庆福，完纳光绪十三年分银〇两壹钱柒分陆厘。

光绪十三年又四月廿六日给票

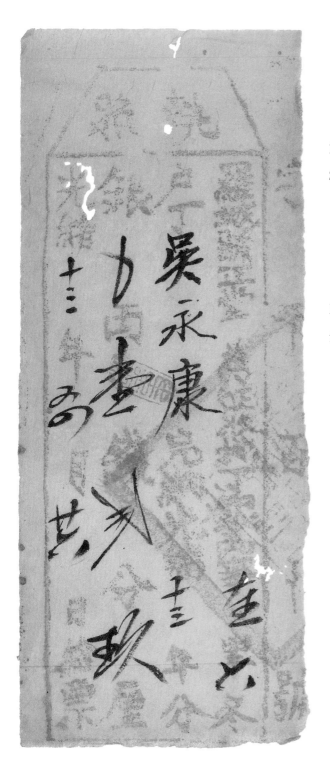

吴永康完纳地丁银执照

（光绪十三年闰四月二十六日）

绵纸，纸幅 17.9cm×7.2cm，今藏广西壮族自治区少数民族古籍工作办公室，档案目录号200803028。

执　照[238]

◇字◇千◇百◇十◇号

罗城县正堂[233]◇，为征收地丁银[303]两事。东一里六冬[029]户丁[300]吴永康，完纳光绪十三年分银○两壹钱贰分玖厘。

光绪十三年又四月廿六日给票

吴永康完纳地丁银执照

（光绪十三年十一月初八日）

绵纸，纸幅 18cm×7.5cm，今藏广西壮族自治区少数民族古籍工作办公室，档案目录号200803027。

执　　照 [238]

◇字◇千◇百◇田◇号

罗城县正堂 [233]◇，囚征收地丁银 [303] 两围。东上里七冬 [305] 户丁 [300] 吴永康，完纳光绪十三囝分银○两○钱壹分柒厘。

光绪十三年十一月初八日给票

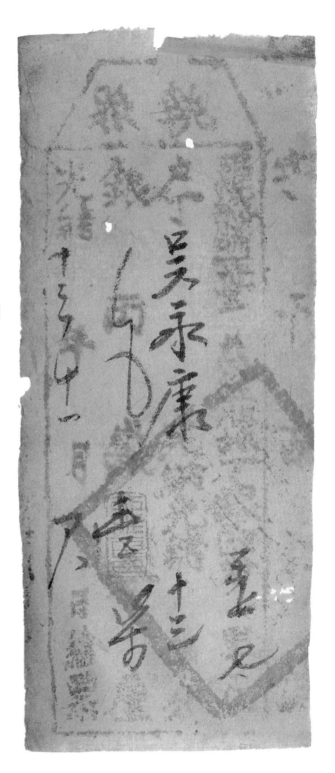

苏六合完纳地丁银执照

（光绪十五年十一月初八日）

绵纸，纸幅 17.5cm×7cm，今藏广西壮族自治区少数民族古籍工作办公室，档案目录号 200907046。

执 照[238]

◇字◇千◇百◇十◇号

罗城县正堂[233]汪，为征收地丁银[303]两事。元三里[304]山冬[004]户丁[300]苏六合，完纳光绪十五年分银○两○钱叁分捌厘。

光绪十五年十一月初八日给票

苏六合完纳地丁银执照

（光绪十六年十一月初一日）

绵纸，纸幅 16.5cm×7cm，今藏广西壮族
自治区少数民族古籍工作办公室，档案目录号
200907043。

执　照[238]

□字◇田□百□田□号

罗城县正堂[233]◇，为征收地丁银[303]两事。
元三里[304]山内冬[004]田丁[300]苏六合，完纳光绪
十六年分银〇两〇钱肆分〇厘。

　　　　光绪十六年十一月初一日给票

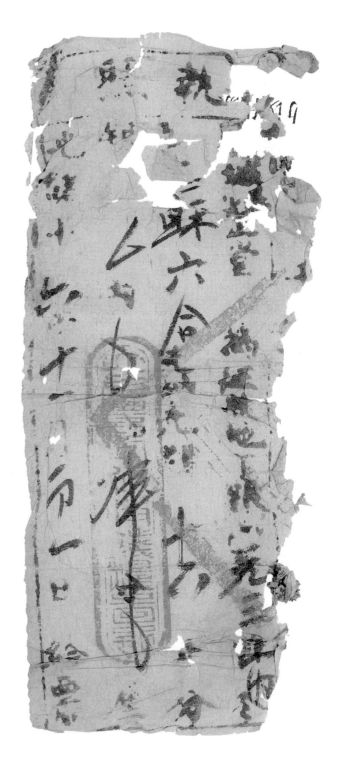

石运南完纳地丁银执照

（光绪十六年十一月十八日）

绵纸，纸幅 19cm×7.4cm，今藏广西壮族自治区少数民族古籍工作办公室，档案目录号 200806016。

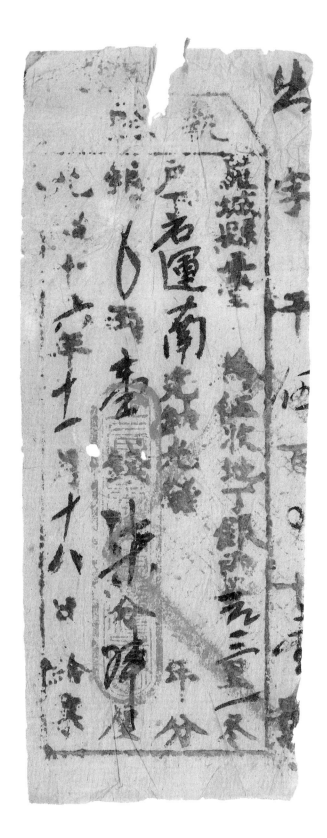

执　　照[238]

出字◇千伍百〇十壹号

罗城县正堂[233] ◇，为征收地丁银[303] 两事。元三里[304] 一冬[004] 户丁[300] 石运南，完纳光绪 田囚 年分银〇两壹钱柒分肆厘。

光绪十六年十一月十八日给票

吴永康完纳地丁银执照

（光绪十七年五月十八日）

绵纸，纸幅 17.3cm×7.5cm，今藏广西壮
族自治区少数民族古籍工作办公室，档案目录号
200803014。

执　照[238]

◇字◇千◇百◇十◇号

罗城县正堂[233]◇，囚征收地丁银[303]两围。
东一里六冬[029]户丁[300]吴永康，园纳光绪十七年
分银○两壹钱肆分捌厘。

光绪十七年五月十八日给票

苏六合完纳地丁银执照

（光绪十七年十月十一日）

绵纸，纸幅 16.9cm×7cm，今藏广西壮族
自治区少数民族古籍工作办公室，档案目录号
200907039。

执　照[238]

◇字◇千◇百◇十◇号

罗城县正堂[233]◇，为征收地丁银[303]两事。

元三里[304]山冬[004]户丁[300]苏六合，完纳光绪
十七年分银○两○钱叁分捌厘。

光绪十七年十月十一日给票

吴永康完纳地丁银执照

（光绪十八年五月十六日）

绵纸，纸幅 17.5cm×7cm，今藏广西壮族自治区少数民族古籍工作办公室，档案目录号 200803020。

执　　照[238]

◇字◇田◇面◇田◇号

罗城县正堂[233]◇，为征收地丁银[303]两事。东一里六冬[029]户丁[300]吴永康，完纳光绪十八年分银○两壹钱伍分柒厘。

光绪十八年五月十六日给票

苏六合完纳地丁银执照

（光绪十八年十月二十八日）

绵纸，纸幅 15.4cm×7cm，今藏广西壮族
自治区少数民族古籍工作办公室，档案目录号
200907047。

执　　　照 [238]

◇字◇囲◇囶◇田◇号

罗城县正堂 [233] ◇，为征收地丁银 [303] 两事。
元三里 [304] 囬冬 [004] 户丁 [300] 苏六合，完纳光绪
十八年分囶〇两〇钱肆分〇厘。

光绪十八年十月囲八囲给票

石甫好完纳地丁银执照

（光绪十八年十二月十八日）

　　绵纸，纸幅 17cm×6.7cm，今藏广西壮族自治区少数民族古籍工作办公室，档案目录号 200907056。

执　照[238]

◇字◇毌◇囿◇田◇圀

　　罗城县正堂[233]◇，囡征收地丁银[303]两圉。布里[306] 三冬[004] 户丁[300] 石甫好，囩函光绪十八年分银○两○閧贰分贰厘。

　　光绪十八年十二月十八日给票

石甫好完纳地丁银执照

（光绪十九年五月初八日）

绵纸，纸幅17.5cm×6.9cm，今藏广西壮族自治区少数民族古籍工作办公室，档案目录号200907055。

执　照[238]

◇字◇仟◇佰◇田◇号

罗城县正堂[233]◇，因征收地丁银[303]两事。布里[306]三冬[004]户丁[300]石甫好，完纳光绪十九年分银〇两〇钱贰分壹厘。

光绪十九年五月初八田给票

吴永康完纳地丁银执照

（光绪十九年六月十八日）

绵纸，纸幅 18cm×7.5cm，今藏广西壮族自治区少数民族古籍工作办公室，档案目录号 200803021。

执　　照[238]

◇字◇千◇百◇十◇号

罗城县正堂[233]◇，为征收地丁银[303]两圍。东一里六冬[029]户丁[300]吴永康，园纳光绪十九年分银○两壹钱肆分捌厘。

光绪十九年六月十八日给票

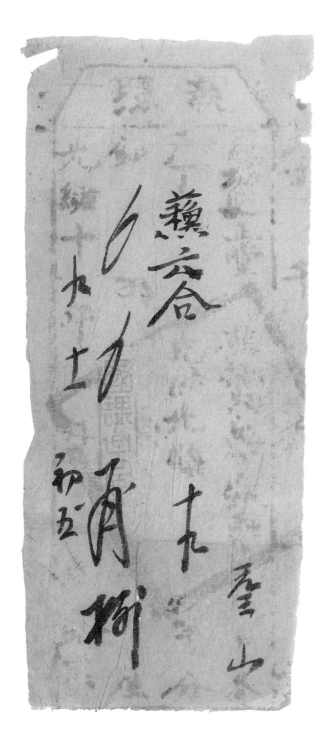

苏六合完纳地丁银执照

（光绪十九年十一月初五日）

绵纸，纸幅 17.5cm×7.5cm，今藏广西壮族自治区少数民族古籍工作办公室，档案目录号 200907029。

执　照[238]

◇字◇千◇畨◇田◇号

罗城囯正堂[233]◇，囡征收地丁银[303]两事。元三里[304] 山冬[004] 户丁[300] 苏六合，完纳光绪十九年分银○两○钱叁分捌厘。

光绪十九年十一月初五日给票

石运南完纳地丁银执照

（光绪二十年十一月初八日）

绵纸，纸幅 17.5cm×7cm，今藏广西壮族
自治区少数民族古籍工作办公室，档案目录号
200806021。

执　　照[238]

◇字◇仟◇百◇十◇号

罗城县正堂[233]◇，为征收地丁银[303]两
事。元三里[304]一图[004]户丁[300]石运南，完纳
光绪廿年分银○两壹钱陆分伍厘。

光绪廿年十一月初八日给票

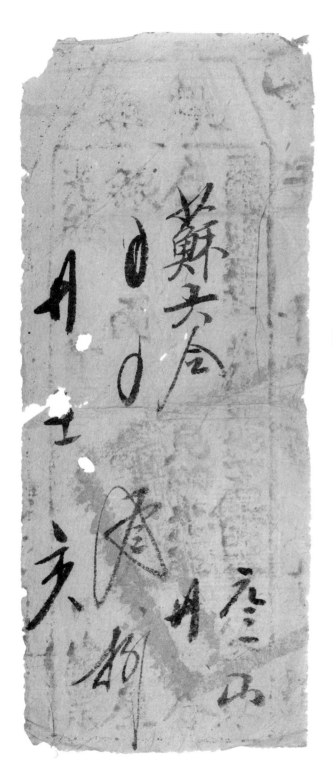

苏六合完纳地丁银执照

（光绪二十年十一月初八日）

绵纸，纸幅 17.3cm×7.1cm，今藏广西壮族自治区少数民族古籍工作办公室，档案目录号 200907017。

执 照[238]

◇字◇千◇百◇十◇号

罗城县正堂[233]◇，为征收地丁银[303]两围。元三里[304]田冬[004]户丁[300]苏六合，完纳光绪廿匝分银○两○钱叁分捌厘。

光绪廿年十一月初八日给票

吴永康完纳地丁银执照

（光绪二十一年五月二十三日）

绵纸，纸幅 17.9cm×7cm，今藏广西壮族自治区少数民族古籍工作办公室，档案目录号 200803015。

执　　照[238]

◇字◇千◇百◇田◇号

罗城县正堂[233]◇，为征收地丁银[303]两事。东一里六冬[029]户丁[300]吴永康，完纳光绪廿一年分银〇两壹钱伍分柒厘。

光绪廿一年五月廿三日给票

石甫好完纳地丁银执照

（光绪二十一年十一月十三日）

绵纸，纸幅 16.7cm×6.8cm，今藏广西壮族自治区少数民族古籍工作办公室，档案目录号 200908042。

执　照[238]

◇🈂️◇千◇百◇🈺️◇🈹️

罗城县正堂[233] ◇，为征收地丁银[303] 两🈺️。布里[306] 二🈺️[004] 户丁[300] 石甫好，完纳光🈹️廿一🈺️分银〇两〇钱贰分贰厘。

　　光绪廿一年十一月十三日给🈺️

石光秉完纳地丁银执照

（光绪二十一年十一月十三日）

　　绵纸，纸幅 16.5cm×6.7cm，今藏广西壮族自治区少数民族古籍工作办公室，档案目录号200908057。

执　照[238]

◇字◇千◇百◇十◇号

　　罗城县正堂[233]◇，囚征收地丁银[303]两事。布里[306]二冬[004]户丁[300]石光秉，完纳光國廿一年分银○两○戥捌分叁厘。

　　光绪廿一囮十一月十三日给票

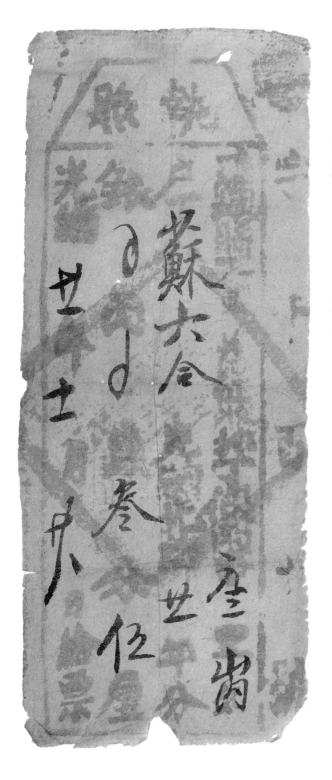

苏六合完纳地丁银执照

（光绪二十一年十一月二十八日）

绵纸，纸幅 17.7cm×7.2cm，今藏广西壮族自治区少数民族古籍工作办公室，档案目录号200907030。

执　照[238]

◇字◇千◇百◇十◇号

罗城县正堂[233] ◇，为征收地丁银[303] 两事。元三里[304] 山内冬[004] 户丁[300] 苏六合，完纳光圈廿一年分银〇两〇钱叁分伍厘。

光绪廿一年十一月廿八日给票

石光秉完纳地丁银执照

（光绪二十二年十一月初八日）

绵纸，纸幅18cm×7cm，今藏广西壮族自治区少数民族古籍工作办公室，档案目录号200907004。

执　照[238]

◇字◇千◇百◇十◇号

罗城县正堂[233]◇，为征收地丁银[303]两围。布里[306]三图[004]户丁[300]石光秉完纳光绪廿二年分银○两○钱柒分捌厘。

光绪廿二年十一月初八日给票

石光玉完纳地丁银执照

（光绪二十二年十一月初八日）

绵纸，纸幅 17.8cm×6.6cm，今藏广西壮族自治区少数民族古籍工作办公室，档案目录号 200908055。

执　　照[238]

◇字◇仟 ◇百◇田 ◇号

罗城县正堂[233]◇，为征收地丁银[303]两事。布里[306]二图[004]户丁[300]石光玉，完纳光绪廿二年分银○两○钱柒分叁厘。

光绪廿二年十一月初八日给票

石甫好完纳地丁银执照

（光绪二十二年十一月初八日）

绵纸，纸幅 17.6cm×6.6cm，今藏广西壮族自治区少数民族古籍工作办公室，档案目录号200908046。

执　　照[238]

◇字◇千◇百◇十◇号

罗城县正堂[233]◇，为征收地丁银[303]两围。布里[306]二图[004]户丁[300]石甫好，完纳光绪廿二年分银○两○钱贰分壹厘。

光绪廿二年十一月初八日给票

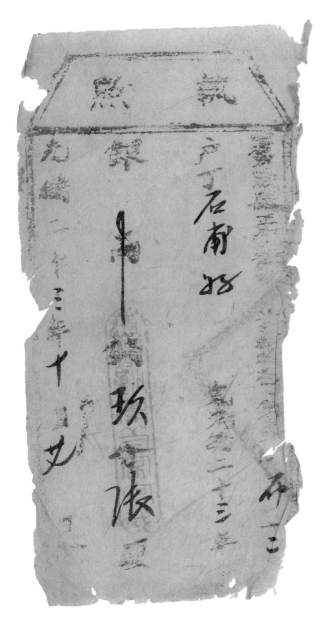

石甫好完纳地丁银执照

（光绪二十三年十月二十七日）

绵纸，纸幅 17.6cm×9cm，今藏广西壮族自治区少数民族古籍工作办公室，档案目录号 200907054。

执　照[238]

□字□□□百□田□号

罗城县正堂[233]□，为征收地丁银[303]两围。布里[306]二图[004]户丁[300]石甫好，完光绪二十三年分银〇两〇钱玖分陆厘。

光绪二十三年十月廿七日给票

石光玉完纳地丁银执照

（光绪二十三年十月二十七日）

绵纸，纸幅 17.5cm×8.5cm，今藏广西壮族自治区少数民族古籍工作办公室，档案目录号 200907003。

执　照[238]

□字□仟□百□田□号

罗城县正堂[233]□，为征收地丁银[303]两事。佈里[306]二图[004]户丁[300]石光玉，完光绪二十三年份银〇两〇钱柒分叁厘。

光绪二十三年十月廿七日给票

苏六合完纳地丁银执照

（光绪二十三年□□月初八日）

绵纸，纸幅 14.7cm×8cm，今藏广西壮族自治区少数民族古籍工作办公室，档案目录号 200907041。

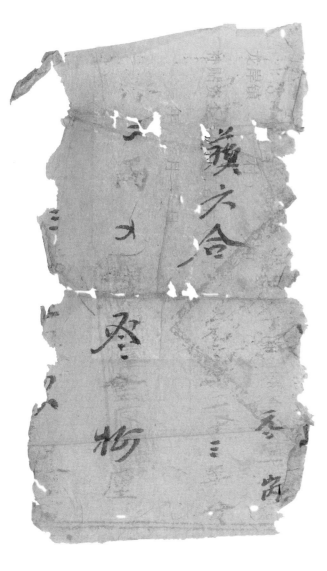

执　照[238]
□字□仟□百□田□号

罗城县正堂[233]尨，为征收地丁银[303]两事。元二（三）里[304]山内图[004]户丁[300]苏六合，完兑缴二十三年分银〇两〇钱叁分捌厘。

光绪二田三年□□月初八日给票

石光玉完纳地丁银执照

（光绪二十四年十一月初八日）

绵纸，纸幅 16.8cm×7.1cm，今藏广西壮族自治区少数民族古籍工作办公室，档案目录号 200908054。

执　照[238]

丁字□千陆百柒拾玖号

罗城 县正堂[233] 陈，为征收地丁银[303] 两事。布里[306] □图[004] 户丁[300] 石光玉，完纳光绪二十四年份银○两壹钱柒分玖厘。

光绪二十四年十一月初八日给票

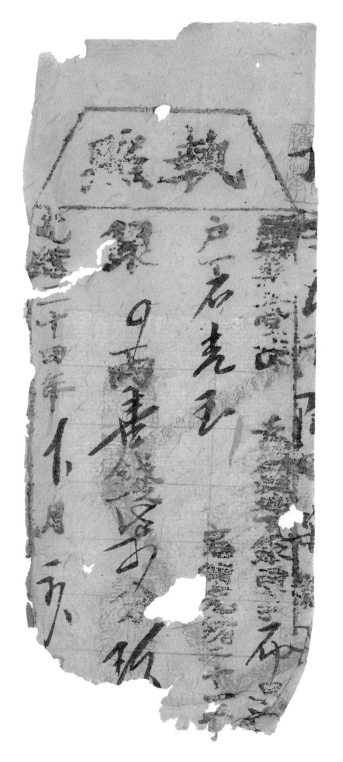

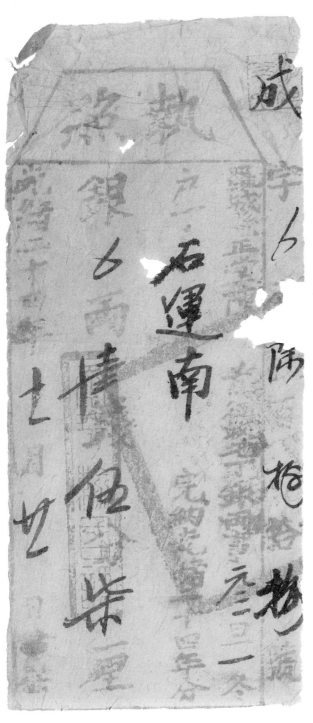

石运南完纳地丁银执照

（光绪二十四年十一月二十一日）

绵纸，纸幅 17.4cm×7.7cm，今藏广西壮
族自治区少数民族古籍工作办公室，档案目录号
200806025。

执　照[238]

成字○田陆百捌拾捌号

罗城县正堂[233]陈，为征收地丁银[303]两事。
元三里[304]一冬[004]户丁[300]石运南，完纳光绪
二十四年分银○两壹钱伍分柒厘。

光绪二十四年十一月廿一日给📧

石甫好完纳地丁银执照

（光绪二十四年十二月初□日）

绵纸，纸幅 17cm×7.5cm，今藏广西壮族自治区少数民族古籍工作办公室，档案目录号 200908048。

执　照[238]

□字○千玖百玖拾叁号

罗城县正堂[233] ◇，为征收地丁银[303] 两事。布里[306] 二冬[004] 户丁[300] 石甫好，完纳光绪二十四年分银○两壹钱○分○厘。

光绪二十四年十二月初□日给票

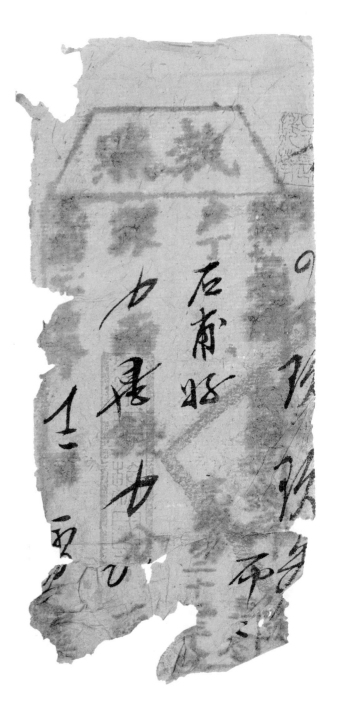

吴庆福完纳地丁银执照

（光绪二十五年五月初八日）

绵纸，纸幅 17.8cm×7.5cm，今藏广西壮族自治区少数民族古籍工作办公室，档案目录号 200803010。

执　照[238]

家字〇千〇百囻拾壹号

罗城县正堂[233]陈，为征収地丁银[303]两事。东一圉六冬[029]户丁[300]吴庆福，完纳光绪二十五年分银〇两壹钱伍分陆厘。

光绪二十五年五月初八日给票

苏六合完纳地丁银执照

（光绪二十五年十月二十七日）

绵纸，纸幅 17cm×7.5cm，今藏广西壮族自治区少数民族古籍工作办公室，档案目录号 200907027。

执　　照[238]

□字〇千〇百柒拾陆号

罗城县正堂[233]陈，为征收地丁银[303]两事。元三里[304] 山冬[004] 户丁[300]苏六合，完纳光绪二十五年分银〇两〇钱叁分捌厘。

光绪二十五年十月廿七日给票

石明科完纳地丁银执照

（光绪二十五年十一月二十三日）

绵纸，纸幅 17.6cm×7.2cm，今藏广西壮族自治区少数民族古籍工作办公室，档案目录号 200806001。

执　照[238]

□字○千陆百圉拾圉号

罗城县正堂[233]陈，为征收地丁银[303]两事。元三里[304]一冬[004]户丁[300]石明科，完纳光绪二十五年分银○两○钱玖分肆厘。

光绪二十五年十一月廿三日给票

石甫好完纳地丁银执照

（光绪二十五年十一月二十八日）

绵纸，纸幅 17.2cm×7.5cm，今藏广西壮族自治区少数民族古籍工作办公室，档案目录号 200908043。

执　　照 [238]

□字壹千〇百叁拾玖号

罗城县正堂 [233] 囦，为征㕛 地丁银 [303] 两事。布里 [306] 二冬 [004] 户丁 [300] 石甫好，完纳光绪二十五年囡银〇两贰钱壹分壹厘。

光绪二十五年十一囝廿八日给票

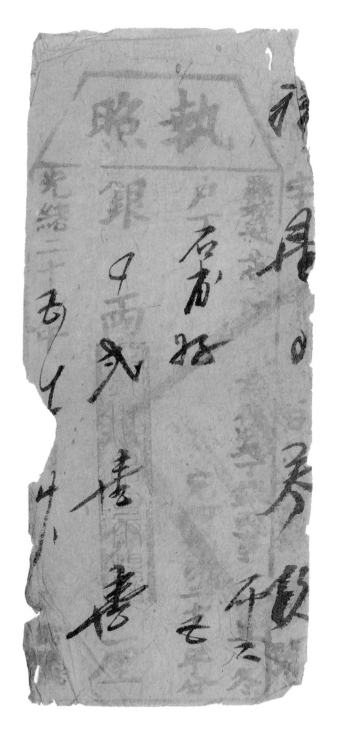

吴庆福完纳地丁银执照

（光绪二十六年五月十四日）

绵纸，纸幅 17.5cm×8cm，今藏广西壮族自治区少数民族古籍工作办公室，档案目录号 200803006。

执　照[238]

地字〇千〇百玖拾玖号

罗城县正堂[233]陈，为征收地丁银[303]两事。东一里六冬[029]户丁[300]吴庆福，完纳光绪二十六年分银〇两壹钱陆分陆厘。

光绪二十六年五月十四日给票

石运南完纳地丁银执照

（光绪二十六年五月二十八日）

绵纸，纸幅 17.3cm×7.3cm，今藏广西壮族自治区少数民族古籍工作办公室，档案目录号 200806015。

执　　照 [238]

宿字□仟肆百玖拾捌 号

罗城县正堂 [233] 陈，为征收地丁银 [303] 两事。

元三里 [304] 一图 [004] 户丁 [300] 石运南，完纳光绪二田六年分银○两壹钱伍分捌厘。

光绪二十六年五月廿八日给票

苏六合完纳地丁银执照

（光绪二十六年九月二十二日）

绵纸，纸幅 16.6cm×7.3cm，今藏广西壮族自治区少数民族古籍工作办公室，档案目录号 200907035。

执　　照[238]

□字◇千◇百伍拾捌号

罗城县正堂[233]陈，为征收地丁银[303]两事。元三里[304]山冬[004]户丁[300]苏六合，完纳光绪二十◇年分银○两○钱肆分○厘。

光绪二十六年九月廿二日给票

苏六合完纳地丁银执照

（光绪二十七年九月初八日）

绵纸，纸幅 17cm×7.5cm，今藏广西壮族自治区少数民族古籍工作办公室，档案目录号200907021。

执　照[238]

◇字◇千◇百◇拾◇号

罗城县正堂[233]◇，为征收地丁银[303]两事。元三里[304]山图[004]户丁[300]苏六合，完纳光绪三田七年分银〇两〇钱叁分捌厘。

光绪二十七年九月初八日给票

石雅明完纳地丁银执照

（光绪二十七年十月十八日）

绵纸，纸幅 17.4cm×7.6cm，今藏广西壮族自治区少数民族古籍工作办公室，档案目录号200812047。

执　　照[238]

◇字◇千◇百◇拾◇号

罗城县正堂[233]◇，为征收地丁银[303]两围。元三里[304]一冬[004]户丁[300]石雅明，完纳光绪二十七年分银○两贰钱玖分柒厘。

光绪二十七年十月十八日给票

石运南完纳地丁银执照

（光绪二十八年五月初八日）

绵纸，纸幅17cm×7.3cm，今藏广西壮族
自治区少数民族古籍工作办公室，档案目录号
200812048。

执　照[238]

◇字◇囝◇面◇拾◇号

罗城县正堂[233]□，为征收地丁银[303]两事。
元三里[304]一冬[004]户丁[300]石运南，完纳光绪
□田八年分银○两壹钱肆分玖厘。

光绪二十八年五月初八日给票

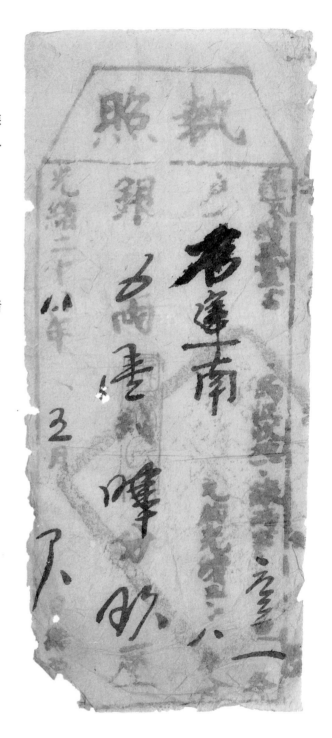

石敬猷完纳地丁银执照

（光绪二十八年五月初八日）

绵纸，纸幅 17.1cm×7.1cm，今藏广西壮族自治区少数民族古籍工作办公室，档案目录号 200806003。

执　　照[238]

◇字◇囝◇囿◇囵◇昮

罗城县正堂[233]□，为征收地丁银[303]两事。
元三里[304]一冬[004]户丁[300]石敬猷，完纳光绪
二囲八年分银〇两壹钱〇分柒厘。

光绪二十八年五月囧八日给票

苏六合完纳地丁银执照

（光绪二十八年十月二十二日）

绵纸，纸幅 17.5cm×7.5cm，今藏广西壮族自治区少数民族古籍工作办公室，档案目录号 200907042。

执　　照[238]

◇字◇仟◇佰◇拾◇号

罗囮囻正堂[233]□，为征收地丁银[303]两囷。元三里[304]山冬[004]户丁[300]苏六合，完纳光绪二十八年分银〇两〇钱叁分捌厘。

光绪二十八年十月廿二日给票

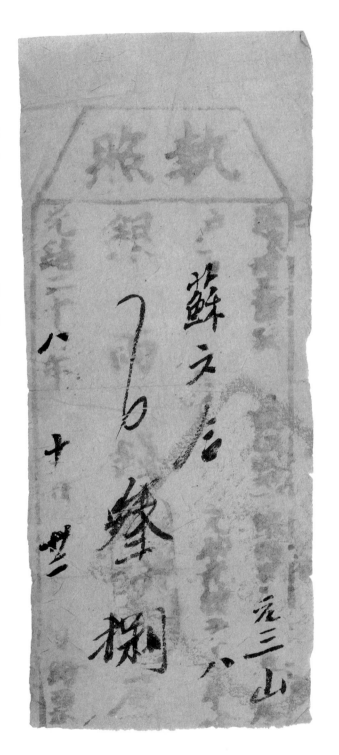

石雅明完纳地丁银执照

（光绪二十八年十一月初八日）

绵纸，纸幅 17.5cm×7.6cm，今藏广西壮族自治区少数民族古籍工作办公室，档案目录号 200812046。

执　照 [238]

◇字◇ 田 ◇ 佰 ◇ 拾 ◇ 号

罗 城 县 正堂 [233] □，为 征收 地 丁 银 [303] 两 畀。元三 里 [304] 一图 [004] 户丁 [300] 石雅明，完纳 光绪 二田 八 年 分银○两壹钱贰分捌厘。

光绪二十八年十一月初八日给票

吴永康完纳地丁银执照

（光绪三十年九月十三日）

绵纸，纸幅 17.3cm×7cm，今藏广西壮族自治区少数民族古籍工作办公室，档案目录号 200803032。

执　照^[238]

◇字◇千◇百叁拾陆号

罗城县正堂^[233]李，为征收地丁银^[303]两圞。东上里七冬^[305]户丁^[300]吴永康，完纳光绪三十年分银〇两〇钱壹分柒厘。

囧圝三田年九月十三日给票

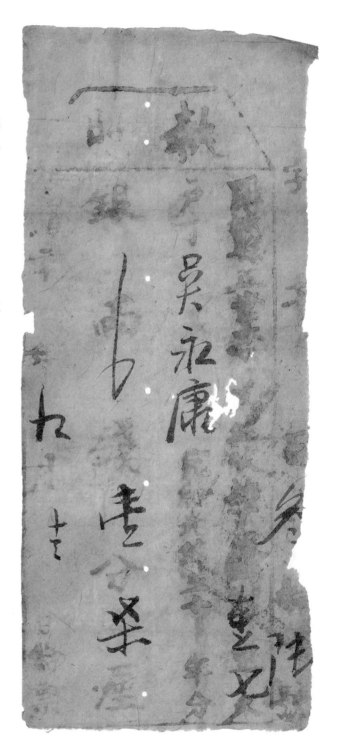

石可进完纳地丁银执照

（光绪三十年十一月初一日）

绵纸，纸幅 18cm×6.5cm，今藏广西壮族自治区少数民族古籍工作办公室，档案目录号 200806014。

执　照[238]

◇字◇仟◇百□拾□号

罗城县正堂[233]张，为 征收地 丁银[303] 两事。元三 里[304] 一冬[004] 户丁[300] 石可进，完纳光绪 三田年分 银〇两〇钱陆分壹厘。

光绪三田年十一月初一日给票

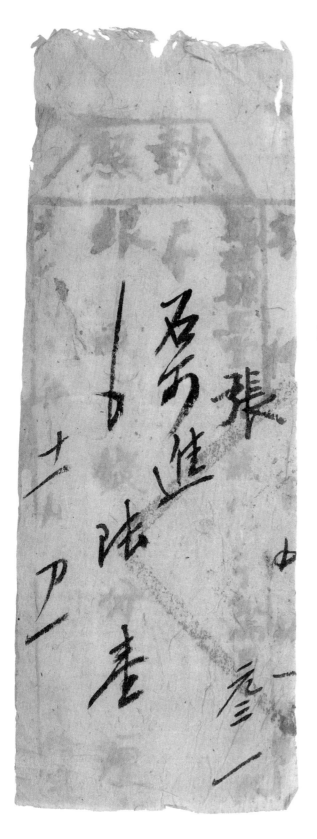

苏六合完纳地丁银执照

（光绪三十年十二月初六日）

绵纸，纸幅 17.4cm×7.1cm，今藏广西壮族自治区少数民族古籍工作办公室，档案目录号200907031。

执　　照[238]

◇字◇仟◇百□拾□号

罗城县正堂张[307]，为征收地丁银[303]两事。元三里[304]山冬[004]户丁[300]苏六合，完纳光绪三田年分银○两○钱叁分叁厘。

光绪三田年十二月初六日给票

注：

依据知县的姓氏，此文书年代应为光绪三十年。

苏六合完纳地丁银执照

（光绪三十一年八月十六日）

绵纸，纸幅 14.5cm×6.7cm，今藏广西壮族自治区少数民族古籍工作办公室，档案目录号 200907040。

执　　照[238]

◇字◇千◇百□拾□号

罗城县正堂[233]◇，为征收地丁银[303]两事。

元三厘[304]山图[004]户丁[300]苏六合，完纳光绪三田一年分银○两○钱叁分叁厘。

光绪三田一年八月十六日给票

石甫好完纳地丁银执照

（光绪三十一年十月十六日）

绵纸，纸幅 15.7cm×6.6cm，今藏广西壮族自治区少数民族古籍工作办公室，档案目录号 200907053。

执　照[238]

□字◇千◇百九拾○号

罗城县正堂[233]向，为征收地丁银[303]两事。布里[306]二图[004]户丁[300]石甫好，完纳光绪三十一年分银○两贰钱贰分陆厘。

光绪三十一年十月十六日给票

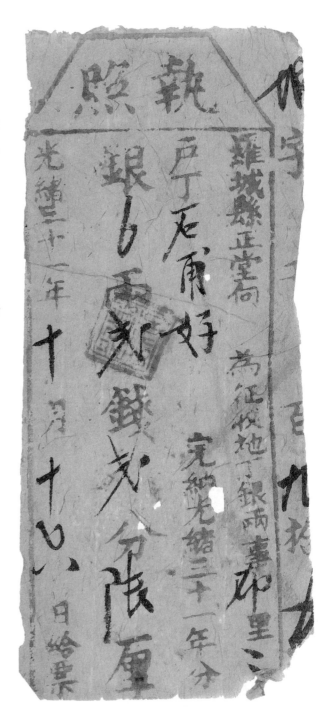

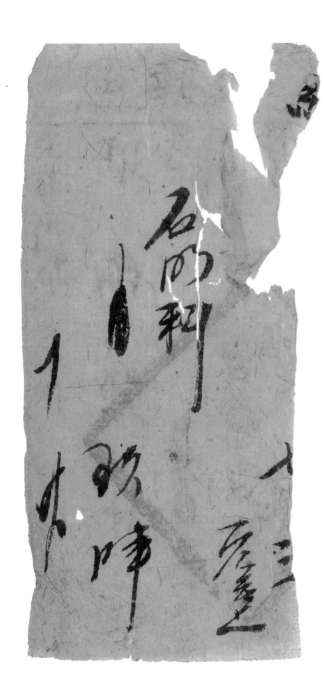

石明科完纳地丁银执照

（光绪三十一年十月二十一日）

绵纸，纸幅 15.2cm×7cm，今藏广西壮族
自治区少数民族古籍工作办公室，档案目录号
200806024。

执　照[238]

□字□仟□百七拾三号

罗城县正堂[233]□，为征收地丁银[303]两
围。元三里[304]一冬[004]户丁[300]石明科，完纳光
绪三十一年分银〇两〇钱玖分肆厘。

光绪三十一年十月廿一日给票

石甫好完纳地丁银执照

（光绪三十二年五月十七日）

绵纸，纸幅 15cm×7cm，今藏广西壮族自治区少数民族古籍工作办公室，档案目录号 200908049。

执　照[238]

□字◇千◇百四拾二号

罗城县正堂[233]向，为征收地丁银[303]两事。布里[306]□图[004]户丁[300]石甫好，完纳光绪三田二年分银〇两壹钱贰分□厘。

光绪三十二年五月十七日给票

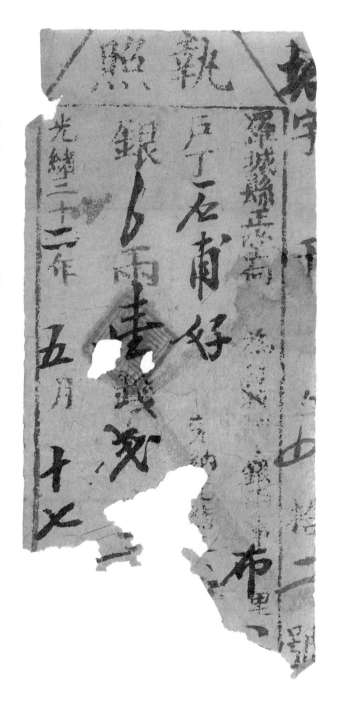

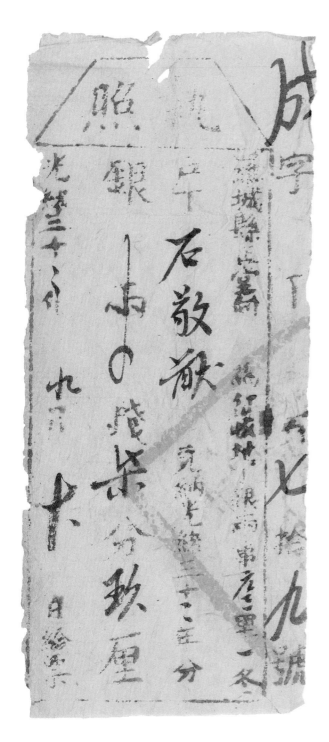

石敬猷完纳地丁银执照

（光绪三十二年九月十一日）

绵纸，纸幅 16.7cm×7cm，今藏广西壮族
自治区少数民族古籍工作办公室，档案目录号
200806002。

执　　照[238]

成字◇千◇百七拾九号

罗城县正堂[233] 向，为征收地丁银[303] 两事。
元三里[304] 一冬[004] 户丁[300] 石敬猷，完纳光绪
三十二年分银○两○钱柒分玖厘。

　　　光绪三十二囲九月十一日给票

石甫好完纳地丁银执照

（光绪三十二年十月初□日）

绵纸，纸幅12.5cm×7cm，今藏广西壮族自治区少数民族古籍工作办公室，档案目录号200908041。

执　照^[238]

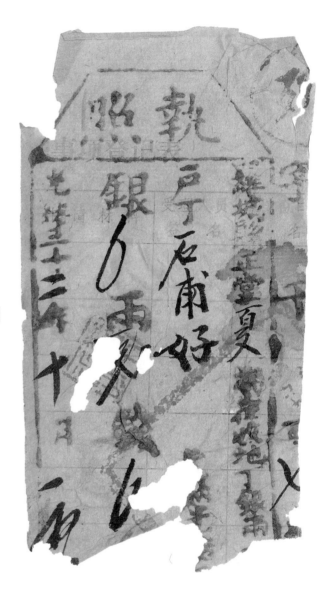

□字◇千◇百囗捨□号

罗城县正堂^[233]夏，为征收地丁银^[303]两里。

面里^[306]囗图^[004]户丁^[300]石甫好，完纳光緒

三田二年分银○两贰钱○分□厘。

光绪三十二年十月初□日给票

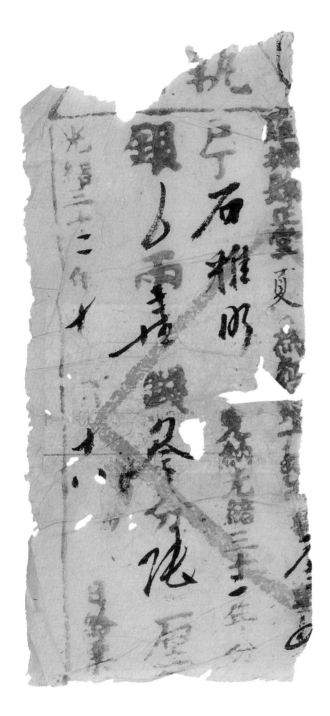

石雅明完纳地丁银执照

（光绪三十二年十月十八日）

绵纸，纸幅 14.3cm×6.2cm，今藏广西壮族自治区少数民族古籍工作办公室，档案目录号 200907001。

执　照[238]

□字□任□百□拾□号

罗城县正堂[233]夏，为征收地丁银[303]两事。园三里[304]日图[004]户丁[300]石雅明，完纳光绪三十二年分银○两壹钱叁分陆厘。

光绪三十二年十月十八日给票

苏六合完纳地丁银执照

（光绪三十二年十月十八日）

绵纸，纸幅 17cm×6.7cm，今藏广西壮族自治区少数民族古籍工作办公室，档案目录号200907033。

执　照[238]

◇字◇千◇百□拾□号

罗城县正堂[233] 向，为征收地丁银[303] 两事。元三里[304] 山冬[004] 户丁[300] 苏六合，完纳光绪三十二年分银〇两〇钱叁分伍厘。

光绪二（三）十十（二）年十月十八日给票

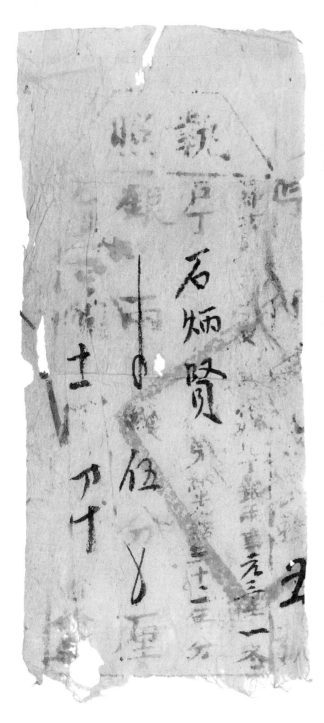

石炳贤完纳地丁银执照

（光绪三十二年十一月初十日）

绵纸，纸幅 17.5cm × 7.5cm，今藏广西壮族自治区少数民族古籍工作办公室，档案目录号 200806026。

执　照[238]

◇字◇千◇百◇拾五号

罗城县正堂[233]□，囚征呕地丁银[303]两事。元三里[304]一冬[004]户丁[300]石炳贤，完纳光绪三十二年分银〇两〇钱伍分〇厘。

光绪三十二年十一月初十日给票

石甫好完纳地丁银执照

（光绪三十三年七月初□日）

绵纸，纸幅15cm×7.1cm，今藏广西壮族自治区少数民族古籍工作办公室，档案目录号200908050。

执　照[238]

□字◇千◇百◇拾◇号

罗城县正堂[233]傅，为征收地丁银[303]两事。布里[306]曰图[004]户丁[300]石甫好，完纳光绪三十三年分银○两叁钱○分□厘。

光绪三十三年七月初□日给票

石敬猷完纳地丁银执照

（光绪三十三年九月二十六日）

绵纸，纸幅17.2cm×6.8cm，今藏广西壮族自治区少数民族古籍工作办公室，档案目录号200806012。

执　照[238]

□字◇千壹百◇拾◇号

罗城县正堂[233]傅，为征收地丁银[303]两事。元三里[304]一冬[004]户丁[300]石敬猷，完纳光绪三十三年分银○两○钱柒分贰厘。

光绪三十三年九月廿六日给票

苏六合完纳地丁银执照

（光绪三十三年十月）

绵纸，纸幅 18cm×6.8cm，今藏广西壮族自治区少数民族古籍工作办公室，档案目录号200907026。

执　照[238]

□字◇阡◇百◇拾◇号

罗城县正堂[233]傅，为征收地丁银[303]两事。元三里[304]山图[004]户丁[300]苏六合，完纳光绪三田三年份，银○两○钱叁分□厘。

光绪三田三年十月□日给票

石甫好完纳地丁银执照

（光绪三十四年五月十五日）

绵纸，纸幅 16.5cm×6.3cm，今藏广西壮族自治区少数民族古籍工作办公室，档案目录号 200908047。

执　照[238]

使字◇千◇百□拾□号

罗城县正堂[233] 傅，为征收地丁银[303] 两事。布里[306] 曰图[004] 户丁[300] 石甫好，完纳光绪三十四年分银○两叁钱○分玖厘。

光绪三十四年五月十五日给票

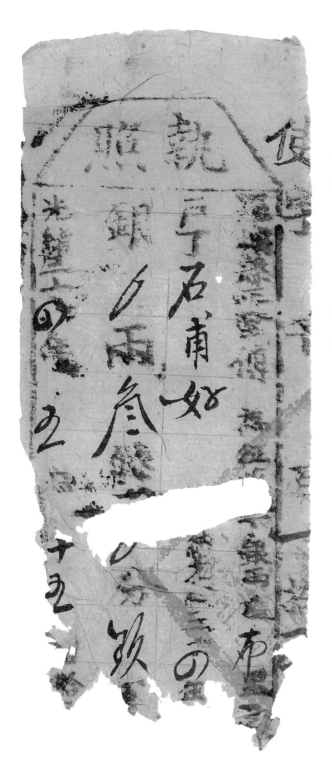

苏六合完纳地丁银执照

（光绪三十四年十月十四日）

绵纸，纸幅 17.3cm×6.9cm，今藏广西壮族自治区少数民族古籍工作办公室，档案目录号 200907019。

执 照[238]

民字□仟□百□掐□号

罗城县正堂[233]傅，为征收地丁银[303]两事。

冗三里[304]四图[004]户丁[300]苏六合，完纳光绪三田四年分银○两○钱叁分叁厘。

光绪三十四囯十月十四日给票

注：

正文上方有红字：重征错漏，随时更正。

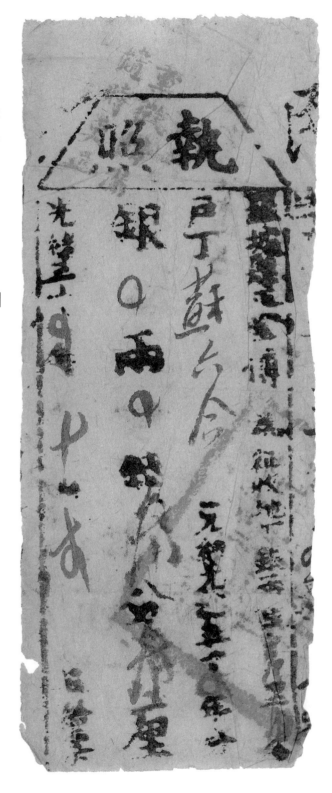

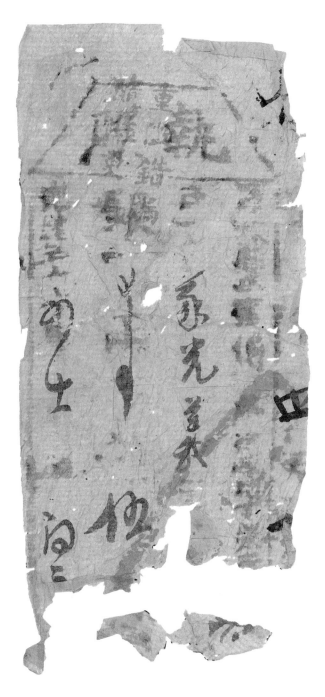

蒙光义完纳地丁银执照

（光绪三十四年十一月初二日）

绵纸，纸幅 14.5cm×6.6cm，今藏广西壮族自治区少数民族古籍工作办公室，档案目录号 201010024。

执　照[238]

□字◇仟四佰□拾□号

罗城县正堂[233] 傅，为征收地丁银[303] 两事。

庯里[306] 九图[004] 户丁[300] 蒙光义，完纳光绪三田四年分银○两○钱伍分□厘。

光绪三十四年十一月初二日给票

注：

正文上方有红字：重征错漏，随时更正。

石雅明完纳地丁银执照

（宣统元年五月十八日）

绵纸，纸幅 16.8cm×7.6cm，今藏广西壮族自治区少数民族古籍工作办公室，档案目录号 200812045。

执　照[238]

□字◇仟□佰□拾□号

叁钱肆分伍厘

罗城县正堂[233]陈，为征收地丁银[303]事。元三里[304]一冬[004]户丁[300]石雅明，完纳宣统元年分银○两叁钱肆分伍厘。

宣统元年五月十八日给票

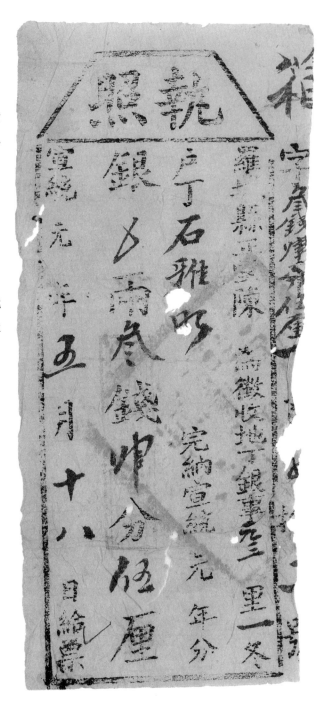

石甫好完纳地丁银执照

（宣统元年十一月初八日）

绵纸，纸幅 16cm×6.9cm，今藏广西壮族自治区少数民族古籍工作办公室，档案目录号200908044。

执 照[238]

□字◇千◇百□招□号

贰钱玖分肆厘

罗城县正堂[233]□，为征收地丁银[303]两事。布里[306]二冬[004]户丁[300]石甫好，完纳宣统元年分银○两贰钱玖分肆厘。

宣统元年十一月初八日给票

石玉成完纳地丁银执照

（宣统二年五月初八日）

绵纸，纸幅24cm×13.2cm，今藏广西壮族自治区少数民族古籍工作办公室，档案目录号200806057。

执　照[238]

□字第百○七图

完银○两叁钱贰分柒厘

罗城县正堂[233]陈，为征收地丁事。今据左区[308]第三段第五百五十一号门牌石玉成，完纳元三里[304]一冬[004]石雅明户柱[309]宣统二年份，地丁银○两叁钱贰分柒厘。业经核明，收讫须执照。

宣统二年五月初八日给

如有错讹准其禀明更正

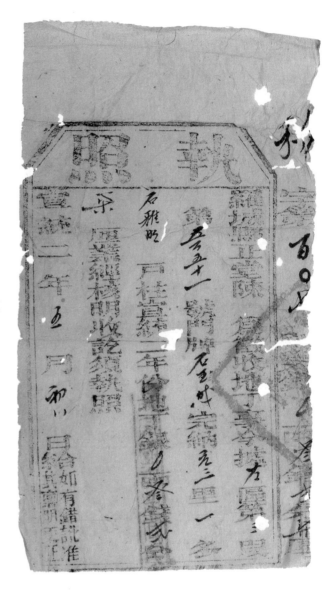

苏六合完纳地丁银执照

（宣统二年十月十七日）

绵纸，纸幅 25.5cm×12.3cm，今藏广西壮族自治区少数民族古籍工作办公室，档案目录号 200907052。

执　照[238]

▢字第▢▢▢号

完银◇两〇钱叁分叁厘

罗城县正堂[233]▢，因征收地丁事。今据◇区箇◇段第◇号门牌◇，完纳◇里[003]◇山内冬[004]苏六合户柱[309]宣统二年份，地丁银〇两〇钱叁分叁厘。业经核明，收讫须执照。

宣统二年十月十七日给

如有錯讹匿其禀明更正

石甫好完纳地丁银执照

（宣统三年闰六月十四日）

绵纸，纸幅 16cm×6.5cm，今藏广西壮族
自治区少数民族古籍工作办公室，档案目录号
200908045。

执　照[238]

完字○千壹百捌拾□号

罗城县正堂[233]鲁，为征收地丁银[303]两围。
户丁[300]石甫好完囫布里[306]二冬[004]○两贰钱陆
分柒厘。

宣统三年又六月十四日给票

石金勇完纳地丁银执照

（宣统三年闰六月十四日）

绵纸，纸幅 16.5cm×7cm，今藏广西壮族自治区少数民族古籍工作办公室，档案目录号 200907005。

执　照[238]

完字第〇千壹百捌拾贰号

罗城县正堂[233]鲁，为征收地丁银[303]两事。户丁[300]石金勇完纳布里[306]二冬[004]〇两贰钱叁分肆厘。

宣统三年又六月十四日给票

苏六合完纳地丁银执照

（宣统□年九月十三日）

绵纸，纸幅 16.5cm×8.6cm，今藏广西壮族自治区少数民族古籍工作办公室，档案目录号200907032。

执　　照[238]

□字第□仟□佰□拾□号

罗城县正堂[233]□，为征收地丁银[303]两

圉。户丁[300]苏六合完纳元三里[304]山内冬[004]

银〇两〇钱叁分肆厘。

宣统□年九月十三日给票

2. 完纳兵粮米石执照

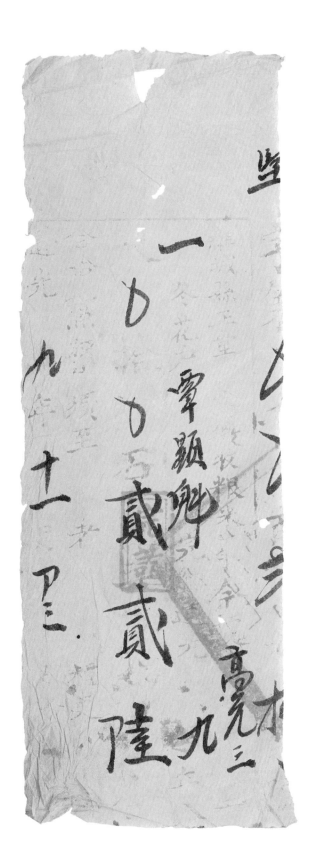

覃显魁完纳粮米执照

（道光九年十一月初三日）

绵纸，纸幅 21.5cm×7.3cm，今藏广西壮族自治区少数民族古籍工作办公室，档案目录号 200812013。

执　照[238]

坚字第○千○百贰拾捌号

罗城县正堂[233]◇，为征收粮米事。今据高元三里[074]一冬[004]花户[298]覃显魁，完纳道光九年分米○拾○石贰斗贰升陆合[007]。

合给此照收执，须至◇者。

柜吏[299]

道光九年十一月初三日缴

石维藩完纳粮米执照

（道光九年十一月二十七日）

绵纸，纸幅 21.5cm×7.5cm，今藏广西壮族自治区少数民族古籍工作办公室，档案目录号 200806035。

执　　照[238]

坠字第○千壹百囚拾囚号

罗城县正堂[233]◇，为征收粮米事。今据高元三里[074] 壹冬[004] 花户[298] 石维藩，完纳道光九年分米○拾○石叁斗肆升捌合[007]。

合给此照收执，须至◇者。

柜吏[299]

道光九年十一月廿七日给

覃显华完纳粮米执照

（道光九年□月初三日）

绵纸，纸幅21cm×7.5cm，今藏广西壮族自治区少数民族古籍工作办公室，档案目录号200806047。

执　　照[238]

坚字第□弖□百贰 拾玖号

罗城县正堂[233] ◇，为征收粮米事。今据高元三里[074] 一冬[004] 花户[298] 覃显华，完纳道光九年分米○拾○石壹斗贰升贰合[007]。

合给此照收执，须至◇者。

柜吏[299]

道光九年□月初三日给

石世举完纳粮米执照

（道光九年十二月初五日）

绵纸，纸幅 21.7cm×7.5cm，今藏广西壮族自治区少数民族古籍工作办公室，档案目录号200812042。

执　照[238]

□字第□仟□百□拾柒 号

罗城县正堂[233] ◇，为征收粮米事。今据高元三里[074] 壹冬[004] 花户[298] 石世举，完纳道光九年分米○拾○石○斗○升肆合[007]。

合给此照收执，须至执照者。

柜吏[299]

道光九年十二月初五日给

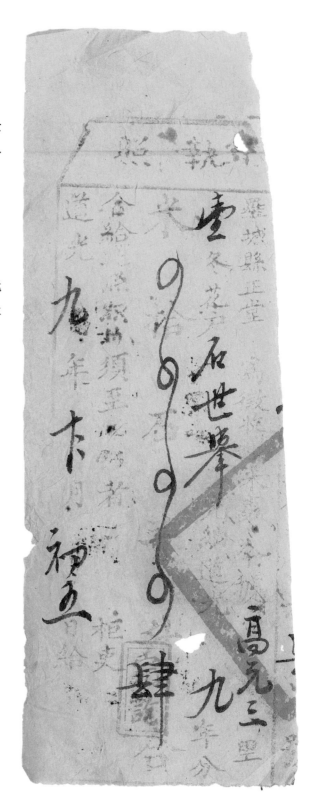

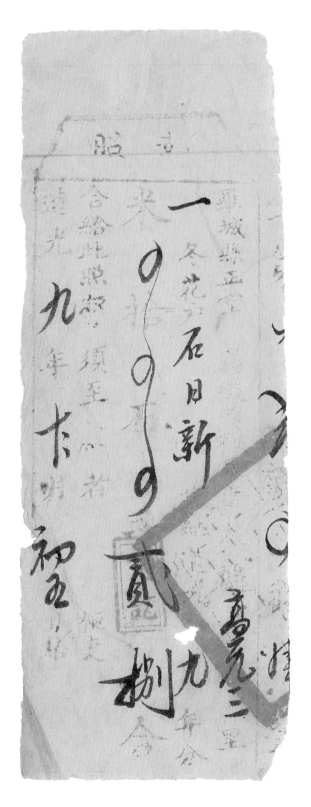

石日新完纳粮米执照

（道光九年十二月初五日）

绵纸，纸幅 21.7cm × 7.8cm，今藏广西壮族自治区少数民族古籍工作办公室，档案目录号 200806027。

执　　照[238]

◇字第□壬贰百〇拾肆号

罗城县正堂[233]◇，为征收粮米事。今据高元三里[074]一冬[004]花户[298]石日新，完纳道光九年分米〇拾〇石〇斗贰升捌合[007]。

合给此照收執，须至執照者。

柜吏[299]

道光九年十二月初五日给

石三岳完纳粮米执照

（道光九年十二月初五日）

绵纸，纸幅 21.8cm×8cm，今藏广西壮族
自治区少数民族古籍工作办公室，档案目录号
200806029。

执　　照[238]

□字第□仟贰百〇拾陆号

罗城县正堂[233]◇，为征收粮米事。今据高元
三里[074]一冬[004]花户[298]石三岳，完纳道光九年
分米〇拾〇石〇斗叁升叁合[007]。

合给此照收执，须至◇者。

柜吏[299]

道光九年十二月初五日给

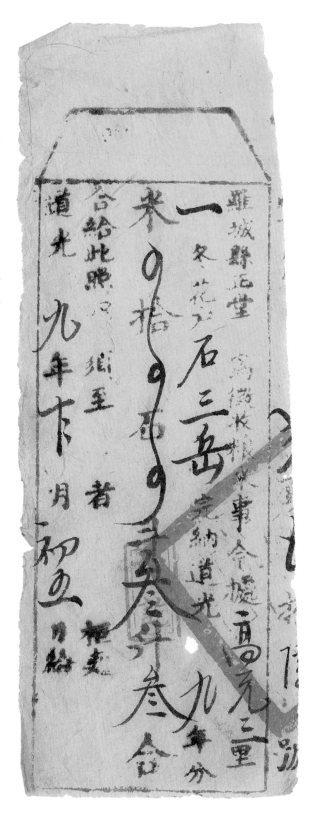

石维印完纳粮米执照

（道光九年十二月初九日）

绵纸，纸幅 21.7cm×7.6cm，今藏广西壮族自治区少数民族古籍工作办公室，档案目录号 200806028。

执　　照[238]

坚字第□仟贰百伍拾伍号

罗城县正堂[233]◇，为征收粮米事。夺围高元三里[074] 一冬[004] 花户[298] 石维印，完纳 道光九年分米○拾○石壹斗玖升玖合[007]。

合给此照收执，须至◇者。

柜吏[299]

道光九年十二月初九日给

石三太完纳粮米执照

（道光九年十二月初九日）

绵纸，纸幅21.5cm×8cm，今藏广西壮族自治区少数民族古籍工作办公室，档案目录号200812043。

执 照[238]

坚字第○千贰百伍拾陆号

罗城县正堂[233]◇，为征收粮米事。今据高元三里[074]一冬[004]花户[298]石三太，完纳道光九年分米○拾○石○斗伍升捌合[007]。

合给此照收执，须至执照者。

柜吏[299]

道光九年十二月初九日给

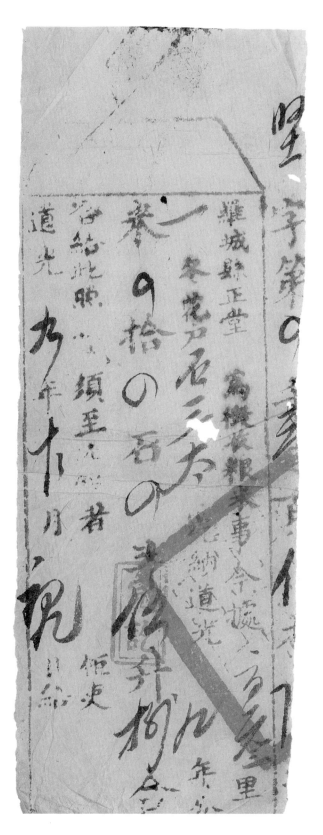

石维藩完纳粮米执照

（道光十二年闰九月初八日）

绵纸，纸幅 21.3cm×6.6cm，今藏广西壮族自治区少数民族古籍工作办公室，档案目录号 200806033。

执　　照[238]

□字第□仟□佰□拾□号

罗城县正堂[233]◇，为征收粮米事。高元三里[074]一图[004]石维藩，完纳十二年分粮〇石叁斗肆升捌合[007]。

道光十二年又九月初八日给[064]

石天爵完纳粮米执照

（道光十三年十一月十二日）

绵纸，纸幅 21.6cm×7.4cm，今藏广西壮族自治区少数民族古籍工作办公室，档案目录号 200812018。

执　照[238]

◇字第〇千壹百壹拾柒号

罗城县正堂[233] ◇，为征收粮米事。今据高元三匣[074] 一冬[004] 花户[298] 石天爵，完纳道光十三匣分米〇拾〇石贰斗〇升壹合[007]。

合给此照收执，须至执照者。

柜吏[299]

道光十三年十一月十二日给

注：
文书上方红色印字：数目涂改，不准收单，禀明另换。该书[301] 不许擅用白飞[302] 花户，亦不得私收，违者重究。

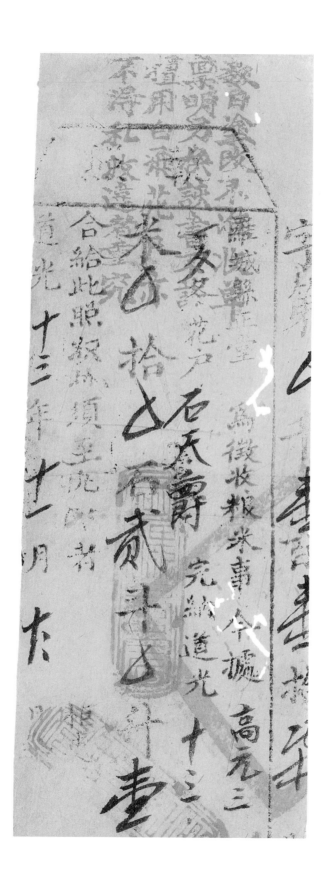

石天爵等纳兵米单据

（道光十三年十一月十二日）

　　绵纸，纸幅21.6cm×17.3cm，今藏广西壮族自治区少数民族古籍工作办公室，档案目录号200812104。

　　高元三里^[074]一冬^[004]，石天爵收兵成米三斗六升贰合^[007]五勺，石维印收米一斗一升，石明显收米三升三合，覃显华收米四升八合，石焕收米一升正，石士德收米三合，石维藩收米一斗八升八合五勺。

道光十三年十一月十二日经收

梁树翰

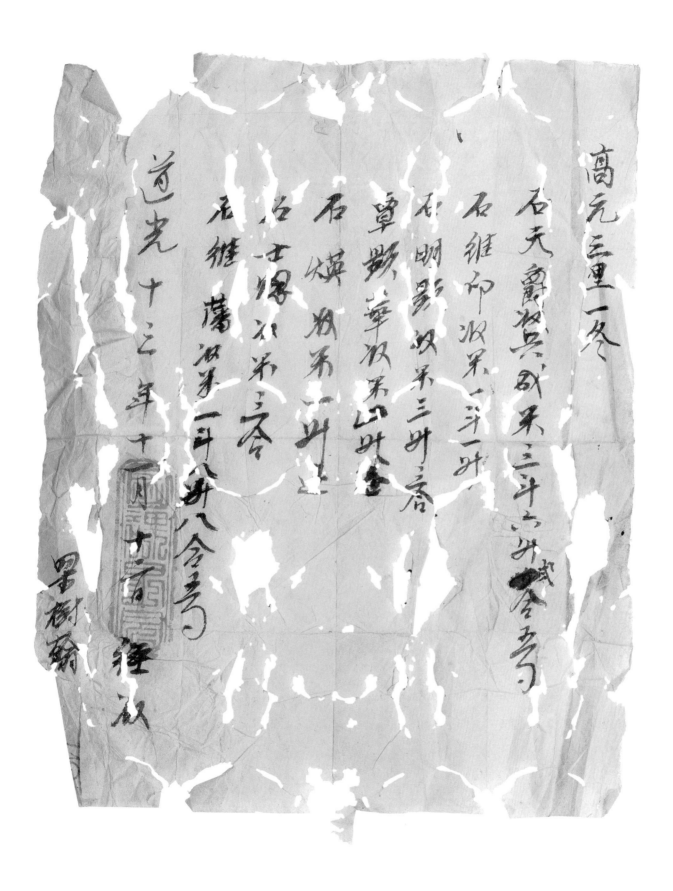

高元三里一冬

石天爵□呉咸采二斗六升咸叄□

石継印汉采一斗一升

石明彰汉采三斗二冬

卓數華汉采山斗□金

石娸汝弟一山叶

名士保汉弟二冬

石継蒲汝弟一耳八卅八合三□

道光十二年十一月十□日　□汉

罗树□

石天爵完纳粮米执照

（道光十六年九月二十五日）

绵纸，纸幅 21.1cm×8.5cm，今藏广西壮族自治区少数民族古籍工作办公室，档案目录号 200806030。

执　照[238]

◇字第○千○百柒拾○号

罗城县正堂[233]◇，为征收粮米事。今据高元三里[074]一冬[004]花户[298]石天爵，完纳道光十六年分米○拾○石贰斗陆升伍合[007]。

合给此照囵执，须至执囻者。

柜吏[299]

道光十六年九月廿五日给

注：

文书上方红色印字：数目涂改，不准收单，禀明另换。该书[301]不许擅用白飞[302]花户，亦不得私收，违者重究。

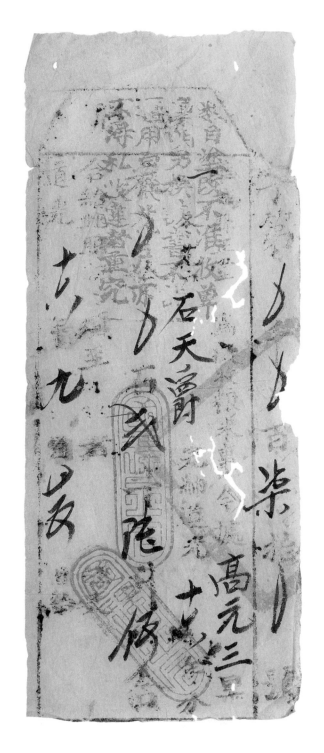

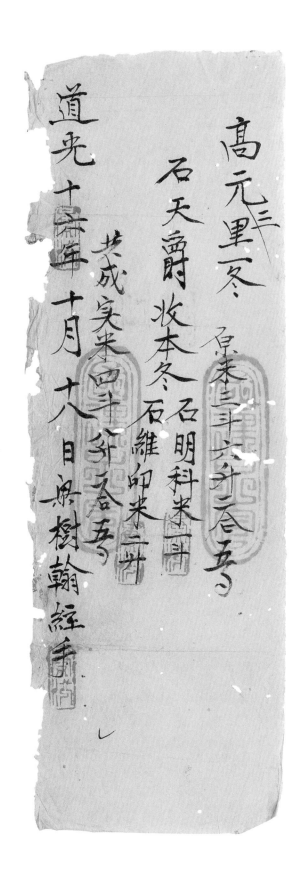

石天爵等纳米单据

（道光十六年十月十八日）

绵纸，纸幅 21.5cm × 7.3cm，今藏广西壮族自治区少数民族古籍工作办公室，档案目录号 200806060。

高元三里[074]一冬[004]，石天爵原米[310]三斗六升二合[007]五勺，收本冬石明科米一斗、石维印米二升，共成实米[311]四斗八升二合五勺。

道光十六年十月十八日

梁树翰经手

石天爵完纳粮米执照

（道光十七年十月十六日）

绵纸，纸幅 21.7cm×8.5cm，今藏广西壮族自治区少数民族古籍工作办公室，档案目录号200812016。

执　　　　照 [238]

◇字第○千壹百玖拾柒号

罗城县正堂 [233] ◇，为征收粮米事。今据高元三里 [074] 一冬 [004] 花户 [298] 石天爵，完纳道光十七年分米○拾○石贰斗陆升陆合 [007]。

合给此照收执，须至执照者。

柜吏 [299]

道光十七年十月十六日给

注：

文书上方红色印字：如官涂改，不准收单，禀明另换。该书 [301] 不许擅用白飞 [302] 花户，亦不得私收，违者重究。

石天爵等纳米单据

（道光十八年十二月二十日）

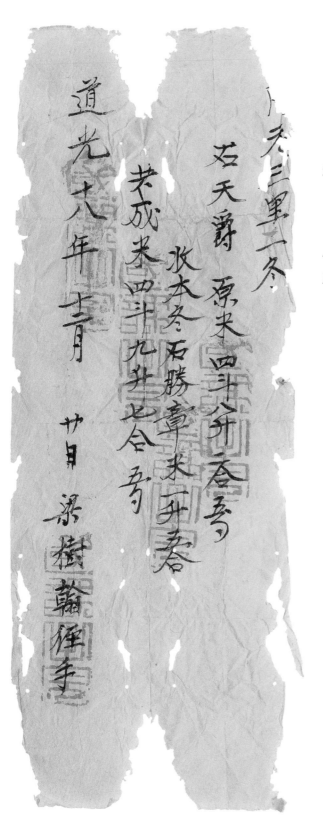

绵纸，纸幅 21.3cm×8cm，今藏广西壮族自治区少数民族古籍工作办公室，档案目录号 200806059。

🔲元三里[074]一冬[004]，石天爵原米[310]四斗八升二合[007]五勺，收本冬石胜章米一升五合，共成米四斗九升七合五勺。

道光十八年十二月廿日

梁树翰经手

石日新完纳粮米执照

（道光二十一年十月十八日）

绵纸，纸幅 22.1cm×8cm，今藏广西壮族自治区少数民族古籍工作办公室，档案目录号 200812014。

🔲　执　　照 🔲[238]

🔲字第〇千壹百壹🔲叁🔲

罗城🔲正堂[233]◇，🔲征🔲粮🔲🔲。今据高元三里[074]一冬[004]花户[298]石日新，🔲🔲道光廿一年分米〇拾〇石壹斗〇升伍合[007]。

🔲🔲此照🔲执，须至🔲🔲者。

柜吏[299]

　　　　道光廿一年十🔲十八🔲🔲

注：

文书上方红色印字：🔲目涂改，不准收单，禀明另换。该书[301]不许擅用白飞[302]花户，亦不得私收，违者重究。

石维藩完纳粮米执照

（道光二十一年十月十八日）

绵纸，纸幅22cm×8cm，今藏广西壮族自治区少数民族古籍工作办公室，档案目录号200812015。

执　照[238]

勋字第○千壹百贰拾陆号

罗城县正堂[233] ◇，为征收粮米事。今据高元三里[074]一冬[004]花户[298]石维藩，完纳道光廿一年分米○拾○石○斗叁升叁合[007]。

合给此照收执，须至执照者。

柜吏[299]

道光廿一年十月十八日给

注：

文书上方红色印字：数目涂改，不准收单，禀明另换。该书[301]不许擅用白飞[302]花户，亦不得私收，违者重究。

石天爵完纳粮米执照

（道光二十一年十月十八日）

绵纸，纸幅22cm×8cm，今藏广西壮族自治区少数民族古籍工作办公室，档案目录号200812017。

执　　照[238]

勋字第○千壹百肆拾○号

罗城县正堂[233]◇，为征收粮米事。今据高元三里[074]一图[004]花户[298]石天爵，完纳道光廿一年分米○拾○石贰斗柒升肆合[007]。

合给此照收执，须至执照者。

柜吏[299]

道光廿一年十月十八日给

注：

文书上方红色印字：眼目涂改，不准收单，禀明另换。该书[301]不许擅用白飞[302]花户，亦不得私收，违者重究。

石天爵完纳粮米执照

（道光二十二年九月十八日）

绵纸，纸幅 21cm×8.5cm，今藏广西壮族自治区少数民族古籍工作办公室，档案目录号200806034。

执 照 [238]

□字第○千○百○拾陆号

罗城县正堂 [233]◇，为征收粮米事。今据高元三里 [074] 二（一）冬 [004] 花户 [298] 石天爵，完纳道光廿二年分米○拾○石贰斗柒升肆合 [007]。

合给此照收执，须至执照者。

柜吏 [299]

道光廿二年九月十八日给

注：

文书上方红色印字：数目涂改，不准收单，禀明另换。该书 [301] 不许擅用白飞 [302] 花户，亦不得私收，违者重究。

苏卢和完纳粮米执照

（道光二十三年十一月二十八日）

绵纸，纸幅 20.8cm×7.9cm，今藏广西壮族自治区少数民族古籍工作办公室，档案目录号 200907012。

执 照[238]

□字第○千叁百玖拾□号

罗城县正堂[233] ◇，为征收粮米事。今圂高元三里[074]一冬[004]花户[298]苏卢和，完纳道光廿三年分米○拾○石○斗○升陆合[007]。

合给此照收执，颂至执照者。

桓更[299]

道光廿三年十一月廿八日给

注：

文书上方红色印字：圙目涂改，不准收圎，禀明另换。该书[301]不许圙用百圂[302]花户，亦不圙圙敀，违者重究。

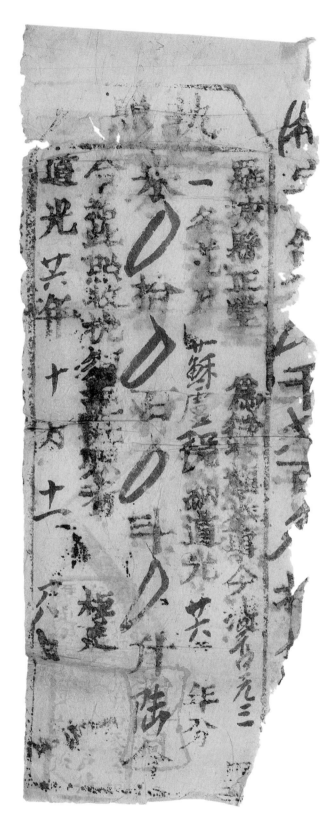

苏卢和完纳粮米执照

（道光二十六年十月十一日）

绵纸，纸幅20cm×7.6cm，今藏广西壮族自治区少数民族古籍工作办公室，档案目录号200907010。

执　照[238]

□字第○千贰百图拾□号

罗城县正堂[233] ◇，为征收粮米事。今据高元三里[074]一冬[004]花户[298]苏卢和，完纳道光廿六年分米○拾○石○斗○升陆合[007]。

合给此照收执，须至执照者。

柜吏[299]

道光廿六年十月十一□□日图

苏卢和完纳粮米执照

（道光二十七年十一月二十八日）

绵纸，纸幅 19.4cm×8cm，今藏广西壮族
自治区少数民族古籍工作办公室，档案目录号
200907007。

执　　照[238]

□字□千○百□拾□号

罗城县正堂[233]，为征收粮米事。今据

高元三里[074] 大一图[004] 花户[298]苏卢和，完纳

道光廿七年分米○拾○石○斗○升陆合[007]。

合给此照收执，须至执照者。

租更[299]

道光廿七年十一月廿八日给

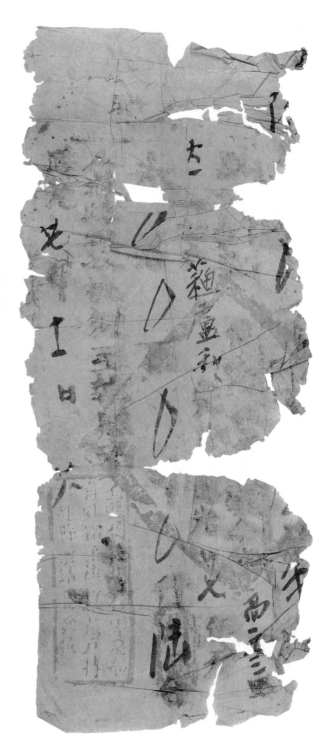

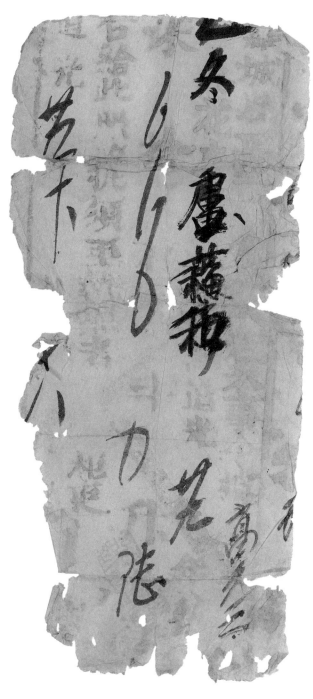

苏卢和完纳粮米执照

（道光二十九年十一月十八日）

绵纸，纸幅 16.7cm×7cm，今藏广西壮族自治区少数民族古籍工作办公室，档案目录号200907013。

执 照[238]

□字□仟□佰□拾□号

罗城县正堂[233]◇，为征收粮米事。今据高元三里[074]□冬[004]花户[298]卢（苏）苏（户）和，完纳道光廿九年分米〇拾〇石〇斗〇升陆合[007]。

合给此照收执，须至执照者。

柜吏[299]

道光廿九年十一月十八日给

石天爵完纳粮米执照

（咸丰元年十月二十九日）

绵纸，纸幅 20.2cm × 8.2cm，今藏广西壮族自治区少数民族古籍工作办公室，档案目录号 200806041。

执　照[238]

已字第○千贰百肆拾○号

罗城县正堂[233]◇，为征收粮米事。今据高元三里[074]一图[004]花户[298]石天爵，完纳咸丰元年分米○拾○石叁斗壹升捌合[007]。

合给此照收执，须至执照者。

柜吏[299]

咸丰元年十月廿九日

注：

文书下方红色印字：倘有重征捏收[118]及数目舛错，准于十日内呈明更正。

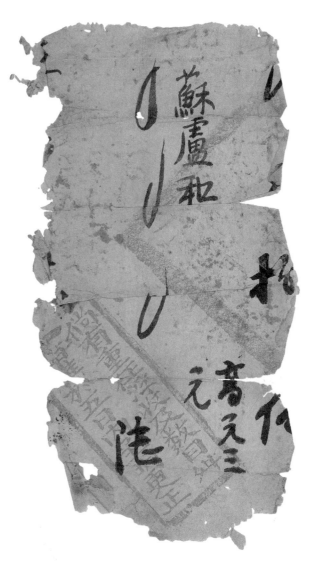

苏卢和完纳粮米执照

（咸丰元年）

绵纸，纸幅 14.5cm×7.6cm，今藏广西壮族自治区少数民族古籍工作办公室，档案目录号 200907008。

执　　照^[238]

□字第〇千□百捌拾伍号

罗城县正堂^[233]◇，为征收粮米事。今据高元三里^[074]一图^[004]花户^[298]苏卢和，完纳咸丰元年分米〇石〇斗〇升陆合^[007]。

合给此照收执，须至执照者。

柜便^[299]

咸丰元年□月□日给

注：

文书下方红色印字：倘有重征浮收^[118]及数目舛错，准于五日内呈明更正。

石天爵完纳粮米执照

（咸丰二年十月十八日）

绵纸，纸幅21cm×7.8cm，今藏广西壮族自治区少数民族古籍工作办公室，档案目录号200806056。

执　照[238]

兴字第○千○百叁☐肆号

罗城县正堂[233] ◇，☐☐收粮米事。今据高元三里[074]一冬[004]花户[298]石天爵，完纳咸丰二年分米○拾○石壹斗壹升捌合[007]。

合给此照收执，须至执照者。

柜吏[299]

咸丰二年拾月十八日☐

注：

文书下方红色印字：倘有重征浮收[118]及数目☐错，准于五日内呈明更正。

石天爵完纳兵米执照

（咸丰五年十二月初八日）

绵纸，纸幅 21.3cm×9.2cm，今藏广西壮族自治区少数民族古籍工作办公室，档案目录号200812038。

执　　照[238]

樵字第○[千]壹百壹拾○号

罗城县正堂[233] □，为征收民米军事。元三里[304]一冬[004][户丁][300]石天爵，完纳咸丰五[年][分米]○石叁斗壹升伍合[007]。

咸[丰]五年十二月初八[日][给票]

石天爵等纳民米收单

（咸丰十一年十二月初七日）

绵纸，纸幅 25.5cm×13.2cm，今藏广西壮族自治区少数民族古籍工作办公室，档案目录号 200806064。

高元三里 [074] 一冬 [004]，石天爵原米 [310] 伍斗柒升柒合 [007] 伍勺，收小五冬韦立纪米捌升正，合共成民米 [006] 陆斗伍升柒合伍勺。

咸丰十一年十二月初七日经覃溥霖收单

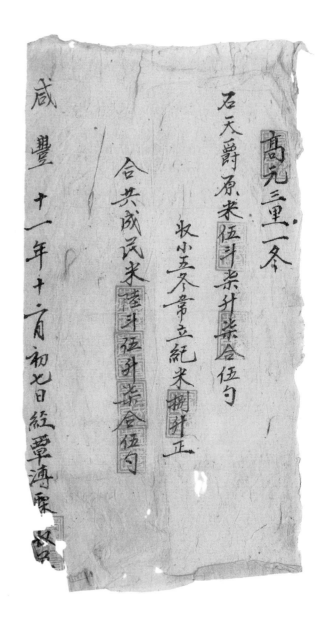

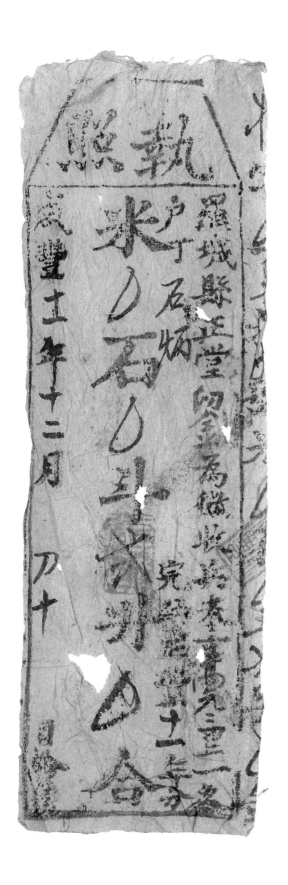

石炳完纳兵米执照

（咸丰十一年十二月初十日）

绵纸，纸幅20cm×6.5cm，今藏广西壮族自治区少数民族古籍工作办公室，档案目录号200812012。

执　照[238]

□字□百□拾□号

米○百○斗贰升○□

罗城县正堂[233]刘，为征收兵米事。高元三里[074]一冬[004]户丁[300]石炳，完纳咸丰十一年分，米○石○斗贰升○合[007]。

咸丰十一年十二月初十日给票

石天爵完纳兵米执照

（同治元年九月十四日）

绵纸，纸幅 18.5cm×5.8cm，今藏广西壮族自治区少数民族古籍工作办公室，档案目录号 200806048。

执　　照[238]

□字〇千〇百贰拾贰号

〇石 叁斗 陆升 贰合

罗城县正堂[233]周，为征收兵米事。高元三里[074]一冬[004]石天爵，完纳同治元年分米〇石叁斗陆升贰合[007]。

同治元年九月十四日给票

石日新完纳兵米执照

（同治元年九月十七日）

绵纸，纸幅 18.5cm×6.2cm，今藏广西壮族自治区少数民族古籍工作办公室，档案目录号200812075。

执 照[238]

伍字〇千〇百□拾□号

〇石壹斗〇卅伍合

罗城县正堂[233]周，为征收兵米事。高元三里[074]一冬[004]石日新，完纳同治元年分米〇石壹斗〇升伍合[007]。

同治元年九月十七日给票

石炳完纳兵米执照

（同治元年十一月初三日）

绵纸，纸幅 19.9cm×6.9cm，今藏广西壮族自治区少数民族古籍工作办公室，档案目录号200812074。

执　照[238]

伍字〇千贰百贰拾陆号

〇石〇斗壹升柒合

罗城县正堂[233]周，为征收兵米事。高元三里[074]一冬[004]石炳，完纳同治元年分米〇石〇斗壹升柒合[007]。

同治元年十一月初三日给票

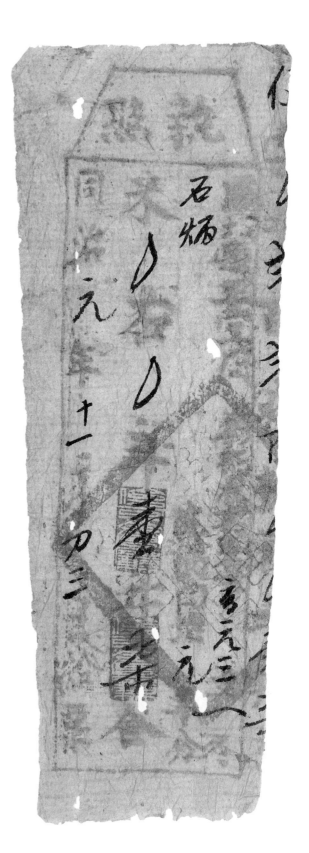

石天祐完纳兵米执照

（同治元年十一月十八日）

绵纸，纸幅20.3cm×6cm，今藏广西壮族自治区少数民族古籍工作办公室，档案目录号200812004。

执　照[238]

□字〇仟贰百陆拾陆号

〇石〇斗陆升陆合

罗城县正堂[233]周，为征收民困事。高元三里[074]一冬[004]石天祐，完纳同治元年分米〇石〇斗陆升陆合[007]。

同治元年十一月十八日给票

石天祐等纳民米收单

（同治元年）

绵纸，纸幅 21.3cm×10.6cm，今藏广西壮族自治区少数民族古籍工作办公室，档案目录号 200806063。

高元三里[074] 壹冬[004]，新立石天祐户民米[006] 壹斗贰升，收九冬朱懋（懋）斋户米乙（一）斗贰升。

同治元年分经覃福田手收单

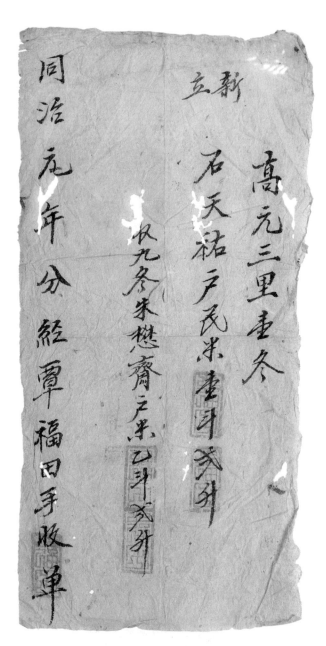

仫佬族地区文书古籍影印校注

MULAOZU DIQU WENSHU GUJI YINGYIN JIAOZHU

广西壮族自治区少数民族古籍工作办公室
广西少数民族古籍保护研究中心　主编

项目主编　胡小安　韦如柱

下

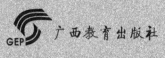
广西教育出版社

目　录

五、拨粮、领粮凭证

六、政府其他管理登记

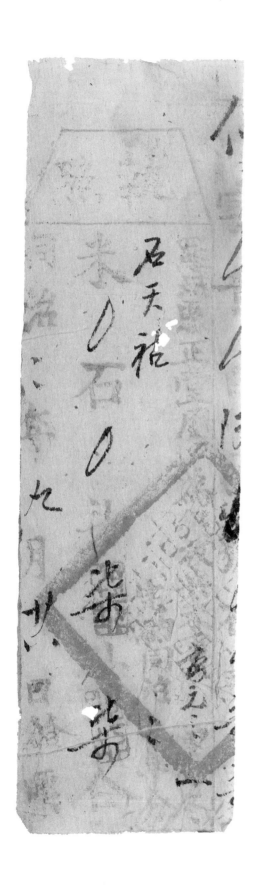

石天祐完纳兵米执照

（同治二年九月二十八日）

绵纸，纸幅 20cm×6cm，今藏广西壮族自治区少数民族古籍工作办公室，档案目录号 200812005。

执　照[238]

□字○千○百陆拾○号

○石○斗柒丑柒合

罗城县正堂[233]周，为征收兵米围。高元三围[074]一冬[004]石天祐（祐），完纳同治二年分米○石○斗柒丑柒合[007]。

同治二年九月廿八日给票

石日新完纳兵米执照

（同治二年九月二十八日）

绵纸，纸幅 20.2cm×5.8cm，今藏广西壮族自治区少数民族古籍工作办公室，档案目录号200812006。

执　　照[238]

□字〇千〇百伍拾玖号
〇石壹斗〇升伍合

罗城县正堂[233]圆，为征收兵米事。高元三里[074]一冬[004]石日新，完纳同治二年分米〇石壹斗〇团伍合[007]。

同治二年九团廿八日给票

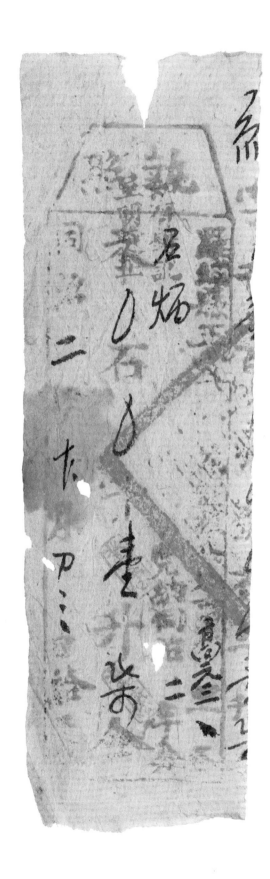

石炳完纳兵米执照

（同治二年十二月初三日）

绵纸，纸幅 21.5cm×6.5cm，今藏广西壮族自治区少数民族古籍工作办公室，档案目录号 200812010。

执　照[238]

□字□千壹百□拾□号

〇石〇斗壹升柒合

罗城县正堂[233]囷，因征收兵米事。高元三里[074]一冬[004]石炳，完纳同治二年分米〇石〇斗壹升柒合[007]。

同治二年十二月初三日给票

注：

文书上方红色印字：如有错讹，呈明更正。

石玉景完纳兵米执照

（同治三年十月二十日）

　　绵纸，纸幅 21.4cm×7.1cm，今藏广西壮族自治区少数民族古籍工作办公室，档案目录号 200812002。

执　照[238]

□字□千壹百贰拾□号

◇囿 ◇丑 ◇囮 ◇囹

　　罗城县正堂[233]◇，为征收兵米事。高元三里[074]一冬[004]石玉景，完纳同治三年分米○石○斗壹升肆合[007]。

　　同治三年十月廿日给票

注：

文书上方红色印字：如有错讹，呈明更正。

石日新完纳兵米执照

（同治三年十月二十日）

绵纸，纸幅 21.7cm×7cm，今藏广西壮族自治区少数民族古籍工作办公室，档案目录号200812007。

执　照[238]

□字○千壹百壹拾玖号

◇石 ◇丑 ◇丑 ◇合

罗城县正堂[233]◇，为征收兵米事。高元三里[074]一冬[004]石日新，完纳同治三年分米○石壹斗○升伍合[007]。

同治三年十月廿日给票

注：

文书上方红色印字：如有错讹，呈明更正。

石天祐完纳兵米执照

（同治三年十月二十三日）

绵纸，纸幅 21.5cm×6.5cm，今藏广西壮族自治区少数民族古籍工作办公室，档案目录号200812073。

执 照[238]

□字□仟□百□拾□号

罗城县正堂[233] ◇，为征收兵米事。高元三里[074] 一图[004] 石天祐（祐），完纳同治三年分米〇石〇斗柒升柒合[007]。

同治三年十月廿三日给票

注：

文书上方红色印字：如有错讹，呈明更正。

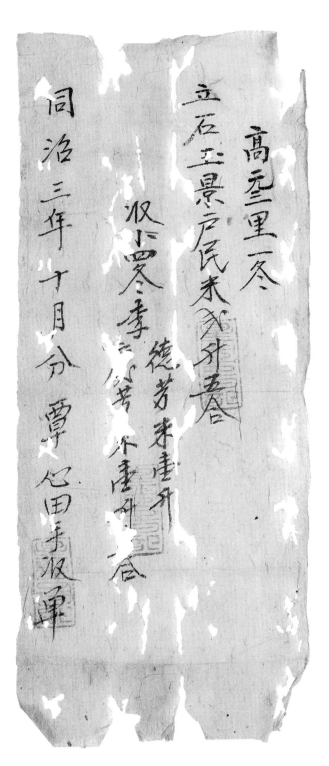

石玉景等纳民米收单

（同治三年十月）

绵纸，纸幅 22cm×9.2cm，今藏广西壮族自治区少数民族古籍工作办公室，档案目录号 200812102。

高元三里[074]一冬[004]，立石玉景户民米[006]贰升五合[007]，收囧四冬李德芳米壹升、李因芳囷壹升□合。

同治三年十月分罩心田手收单

石炳完纳兵米执照

（同治三年十一月十一日）

绵纸，纸幅 21.5cm×5.6cm，今藏广西壮族自治区少数民族古籍工作办公室，档案目录号 200812001。

执　照[238]
◇字◇千◇百◇拾◇号

罗城县正堂[233]◇，为征收兵米事。高元三里[074]一图[004]石炳，完纳同治三年分困○石○斗壹升柒合[007]。

同治三年十一月十一日

注：

文书上方红色印字：如有错讹，呈明更正。

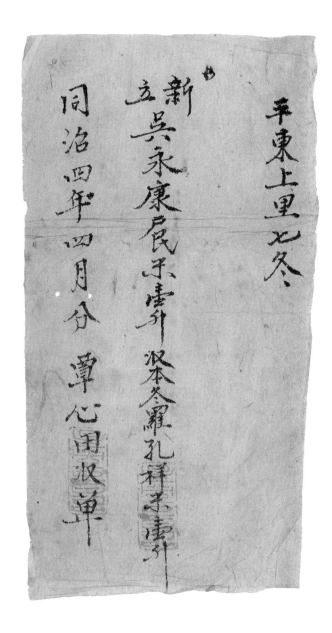

吴永康等纳民米收单

（同治四年四月）

绵纸，纸幅 17.5cm×9.3cm，今藏广西壮族自治区少数民族古籍工作办公室，档案目录号 200803091。

平东上里[114] 七冬[004]，新立吴永康户民米[006]壹升，收本冬罗孔祥米壹升。

同治四年四月分罩心田收单

石明科、石天祐等纳民米收单

（同治四年四月）

　　绵纸，纸幅 24.1cm × 17cm，今藏广西壮族自治区少数民族古籍工作办公室，档案目录号 200806065。

　　高元三里^[074]一冬^[004]，立石明科尝（当）户民米^[006]八升伍合^[007]，收小四冬李升芳米八升伍合。

同治四年四月分经赖普泉手收单

　　高元三里一冬，石天祐户原米^[310]乙（一）斗四升正，收小四冬李有恩米四升、李升芳米乙（一）斗三升。共成民米三斗乙（一）升正。

同治四年四月分经赖普泉收清

立石明科曾户民米八升伍合

收小四冬李昇芳米八升伍合

同治四年四月分经赖普泉手收单

高元三里一冬

高元三里一冬

石天祐户原米七升四升正

收小四冬李昇芳米四升

有恳米四升

共民米三升七升三升

共戍民米三升七升正

同治四年四月分经赖普泉收清

石炳完纳兵米执照

（同治四年九月二十五日）

绵纸，纸幅21cm×6.4cm，今藏广西壮族自治区少数民族古籍工作办公室，档案目录号200812011。

执　照[238]

凤字〇千〇百壹拾柒号

罗城囯正堂[233]◇，为征收兵米事。高元三里[074]一冬[004]石炳，完纳同治四年分米〇石〇斗壹升柒合[007]。

同治四年九月廿五日给票

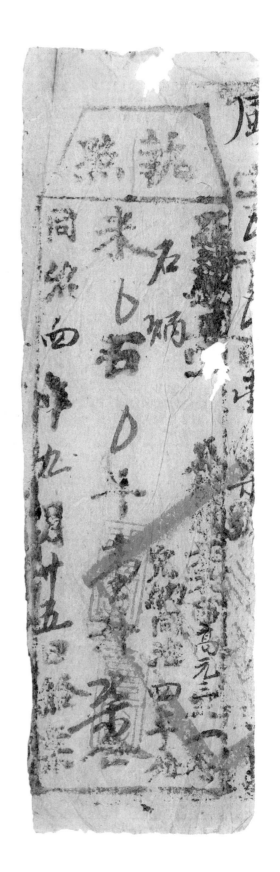

石日新完纳兵米执照

（同治四年十月初二日）

绵纸，纸幅21cm×6.2cm，今藏广西壮族
自治区少数民族古籍工作办公室，档案目录号
200812068。

执 照[238]

囻字〇千〇百□拾陆号

罗城县正堂[233]◇，为征收囻囷事。囷囷高
元三里[074]一冬[004]石日新，完纳同治四年分米〇
石壹斗〇升伍合[007]。

同治四年十月初二日给票

石日新完纳兵米执照

（同治五年十月十七日）

绵纸，纸幅 21cm×6.5cm，今藏广西壮族
自治区少数民族古籍工作办公室，档案目录号
200812008。

执　照[238]

倉字○千壹百○拾伍号

罗城园正堂[233] ◇，为征收兵米事。[布]
高园三里[074] 一图[004]石日新，完纳同治五年分
米○石壹斗○升伍合[007]。

同治五年十月十七日给

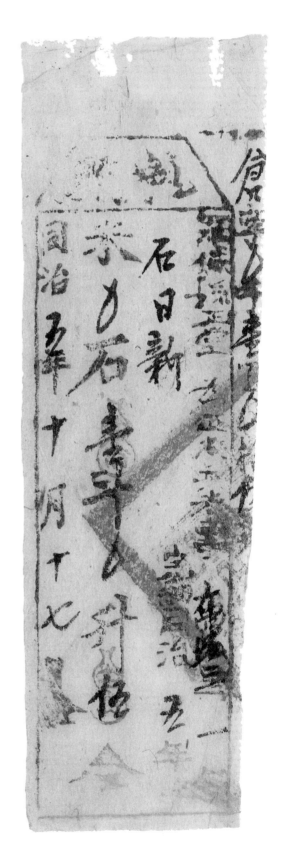

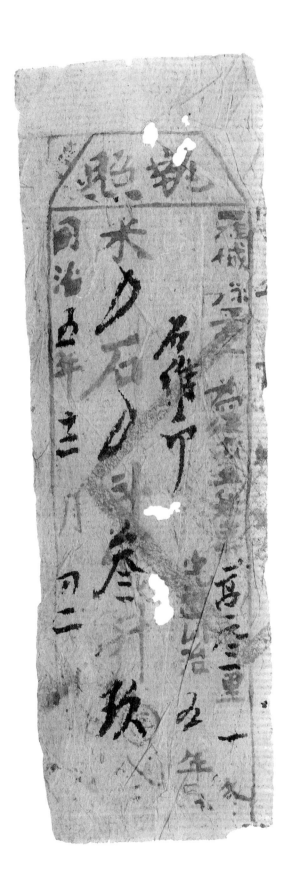

石维印完纳兵米执照

（同治五年十二月初二日）

绵纸，纸幅20cm×6.2cm，今藏广西壮族自治区少数民族古籍工作办公室，档案目录号200806032。

执　照[238]

◇字◇千◇囿◇㭒◇閏

罗城囩正堂[233]◇，为征收兵米事。高元三里[074]一冬[004]石维印，完㓐同治五年汾米○石○斗叁升玖合[007]。

同治五年十二月初二日给

石天爵完纳兵米执照

（同治六年十月二十三日）

　　绵纸，纸幅21cm×7.5cm，今藏广西壮族自治区少数民族古籍工作办公室，档案目录号200806040。

执　照[238]

□字□千□百陆拾贰号

　　罗城县正堂[233]◇，为征收兵米事。完纳同治六年分，高元三里[074]一冬[004]户丁[300]石天爵，米○石叁斗伍升○合[007]。

　　同治六囲十月廿三日给

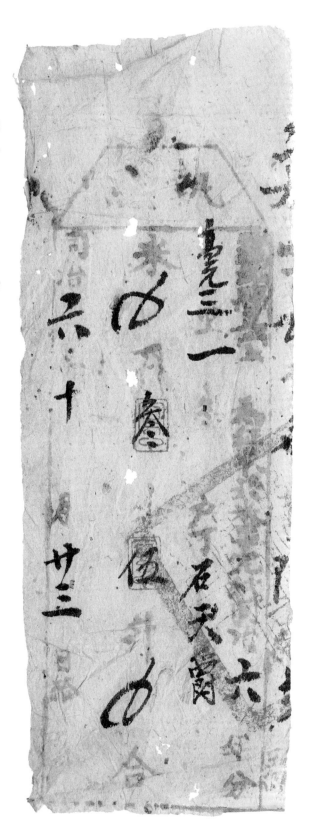

石日新完纳兵米执照

（同治六年十月二十六日）

绵纸，纸幅 21.5cm×7.2cm，今藏广西壮族自治区少数民族古籍工作办公室，档案目录号 200812033。

执　　照[238]

□字〇千贰百〇捌肆号

罗城县正堂[233] ◇，为征收兵米事。完纳同治六年分，高元三里[074] 一冬[004] 户丁[300] 石日新，米〇石壹斗〇升伍合[007]。

同治六年十月廿六日给

石天祐完纳兵米执照
（同治六年十二月初二日）

绵纸，纸幅 20.7cm×7.5cm，今藏广西壮族自治区少数民族古籍工作办公室，档案目录号 200812034。

执　　照[238]

□字○千叁百叁[拾]柒号

罗城[县]正堂[233]◇，[为]征收兵米事。完纳同治◇年分，高元三里[074]一冬[004]户丁[300]石天祐，米○石壹[斗]柒升壹合[007]。

同治六[年]十二[月]初二日给

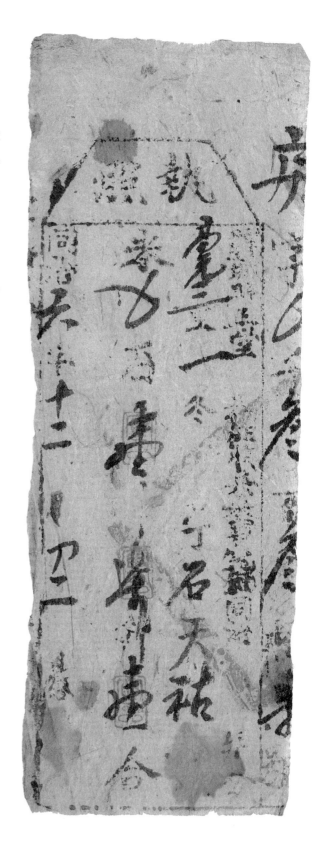

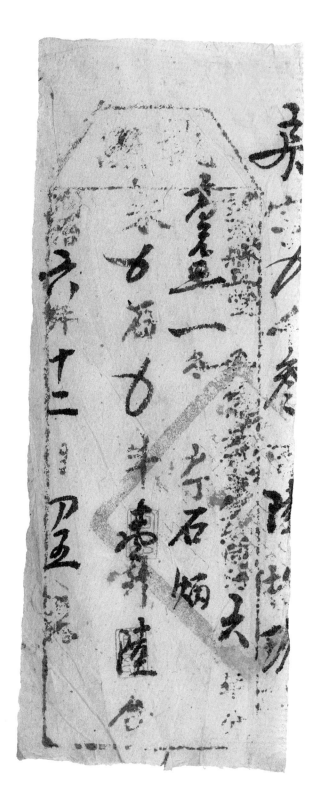

石炳完纳兵米执照

（同治六年十二月初五日）

绵纸，纸幅 25cm×8cm，今藏广西壮族
自治区少数民族古籍工作办公室，档案目录号
200812037。

执　照[238]

□字〇千叁百陆拾玖 号

罗城 县正堂[233] ◇，为 征收 民 困 事。完纳
同治六年分，高元三里[074] 一冬[004] 户丁[300] 石炳，
米〇石〇斗壹升陆合[007]。

同治六年十二 月 初五日给

石维印完纳兵米执照

（同治六年十二月十一日）

绵纸，纸幅 20.3cm×7.5cm，今藏广西壮族自治区少数民族古籍工作办公室，档案目录号 200812036。

执　　照[238]

□字○仟肆百肆拾陆号

罗城县正堂[233]◇，为征收兵米事。完纳同治六年分，高元三里[074]一冬[004]户丁[300]石维印，米○石○斗叁升玖合[007]。

同治六年十二月十一日给

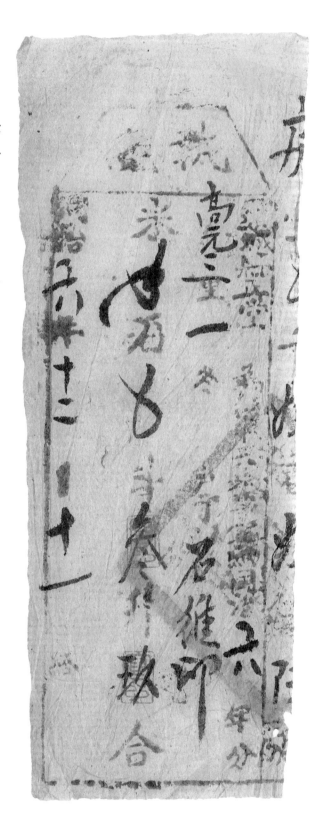

石天爵完纳兵米执照

（同治七年十月十四日）

绵纸，纸幅21cm×7.1cm，今藏广西壮族自治区少数民族古籍工作办公室，档案目录号200812072。

执　照[238]

□字○千○百壹拾壹号

罗城县正堂[233] ◇，为征收兵米事。完纳同治七年份，高元三里[074] 一冬[004] 户丁[300] 石天爵，米○石贰斗肆升壹合[007]。

同治七年十月十四日给

石日新完纳兵米执照

（同治七年十一月十四日）

绵纸，纸幅 20.2cm×7.5cm，今藏广西壮族自治区少数民族古籍工作办公室，档案目录号 200812032。

执　照[238]

夫字○千貳百□拾 陆 号

罗城县正堂[233] ◇，为征 收 兵 米 事。完 纳 同 治七年分，高元三里[074]一冬[004]户丁[300]石日新，米○石壹斗○升伍合[007]。

同治七年十一 月 十四日给

石炳完纳兵米执照

（同治七年十一月二十六日）

绵纸，纸幅 21.6cm×7.3cm，今藏广西壮族自治区少数民族古籍工作办公室，档案目录号 200812035。

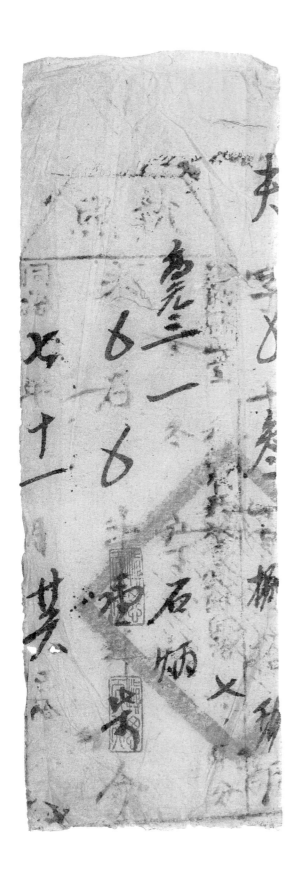

执　照[238]

夫字〇千叁百捌拾玖号

罗城县正堂[233] ◇，为征收兵米事。完纳同治七年分，高元三里[074]一冬[004]户丁[300]石炳，米〇石〇斗壹升柒合[007]。

同治七年十一月廿六日给

石天爵完纳兵米执照

（同治八年九月十六日）

绵纸，纸幅19cm×6.6cm，今藏广西壮族自治区少数民族古籍工作办公室，档案目录号200806031。

执　照[238]

翔字〇千〇百叁拾陆号

罗城县正堂[233] ◇，为征收兵米事。高元三里[074]一冬[004]石天爵，完纳同治八年分米〇石贰斗肆升壹合[007]。

同治八年九月十六日给

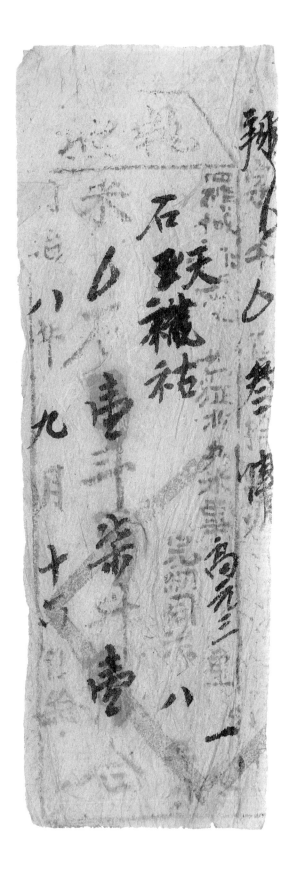

石天祐完纳兵米执照

（同治八年九月十六日）

绵纸，纸幅19cm×6cm，今藏广西壮族自治区少数民族古籍工作办公室，档案目录号200812003。

执 照[238]

翔字〇千〇百叁拾肆号

罗城县正堂[233]◇，为征收兵米事。高元三里[074]一冬[004]石天祐，完纳同治八年分米〇石壹斗柒升壹合[007]。

同治八年九月十六日给

石天祐完纳兵米执照

（同治九年闰十月二十二日）

绵纸，纸幅 20cm×6cm，今藏广西壮族自治区少数民族古籍工作办公室，档案目录号 200806039。

执　照[238]

□字□仟□佰□拾□号

罗城县正堂[233] ◇，为征收兵米事。高元三里[074] 一冬[004] 石天祐，完纳同治九年分米〇石壹斗柒升壹合[007]。

同治九年又十月廿二日给

石明科完纳兵米执照

（同治九年十二月初二日）

绵纸，纸幅 19.7cm×6.4cm，今藏广西壮族自治区少数民族古籍工作办公室，档案目录号 200806038。

执　照[238]

□字○千柒佰伍拾叁号

罗城县正堂[233] ◇，为征收兵米事。高元三里[074]一冬[004]石明科，完纳同治九年分米○石○斗肆升柒合[007]。

同治九年十二月初二日给

石天祐等纳民米收单
（同治十年四月十八日）

绵纸，纸幅 19.4cm×10.2cm，今藏广西壮族自治区少数民族古籍工作办公室，档案目录号 200812101。

高元三里[074]一冬[004]，石天祐户原米[310]三斗一升，收本冬李喜昌米八升，合共收民米[006]三斗九升。

同治十年四月十八日覃心田收单

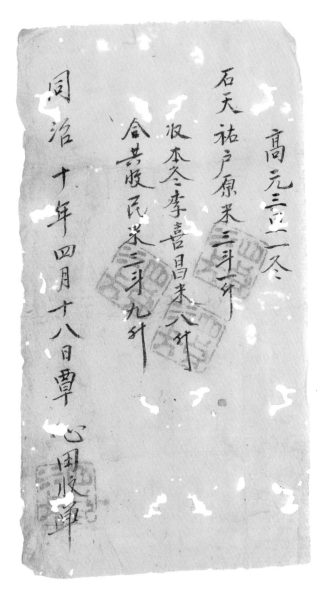

石天爵完纳兵米执照

（同治十年十月十五日）

绵纸，纸幅18.3cm×6.3cm，今藏广西壮族自治区少数民族古籍工作办公室，档案目录号200806046。

执　照[238]

◇字◇千◇百◇拾◇号

罗城县正堂[233]◇，为征收兵米事。高元三里[074]一冬[004]石天爵，完纳同治十年分米〇石叁斗陆升捌合[007]。

同治十年十月十五日给

石天祐完纳米石执照

（光绪二年十月十八日）

绵纸，纸幅 18cm×6.4cm，今藏广西壮族
自治区少数民族古籍工作办公室，档案目录号
200812019。

执　照 [238]

◇字◇千◇百◇拾◇号

罗城县正堂 [233] ◇，为征收米石事。元三里 [304]
一冬 [004] 石天祐（祐），完纳光绪二年分米○石
○斗玖升肆合 [007]。

光绪二年十月十八日给

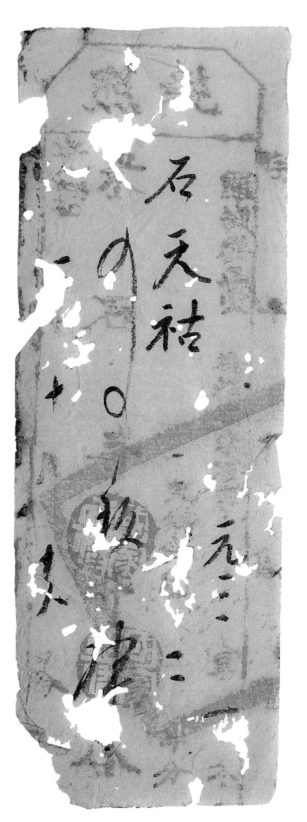

石稚圭完纳米石执照

（光绪二年十月十八日）

绵纸，纸幅 17.8cm × 6.2cm，今藏广西壮族自治区少数民族古籍工作办公室，档案目录号 200812029。

执　　照[238]

◇字◇千◇百◇拾◇号

罗城◻正堂[233]◇，为征◻◻石事。元◻里[304]一冬[004]石稚圭，完纳◻◻二◻分米○石壹斗叁升贰合[007]。

光绪二◻十月十八日给

石稚圭等纳民米收单

（光绪二年）

绵纸，纸幅 16.3cm×8cm，今藏广西壮族自治区少数民族古籍工作办公室，档案目录号 200812100。

高元三里[074]一冬[004]，石稚圭户原米[310]壹斗肆升，收本冬石荣高米贰升，共成民米[006]壹斗陆升。

光绪贰年分经户科银子珍收单

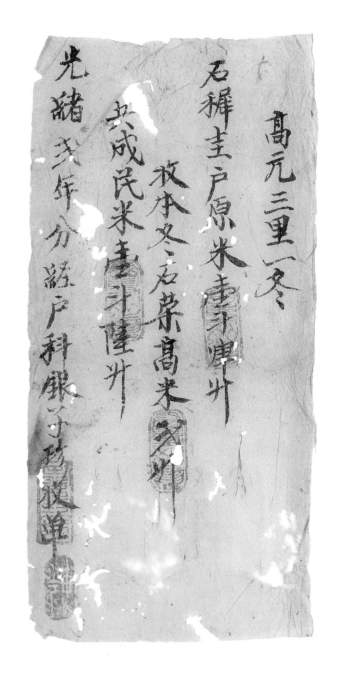

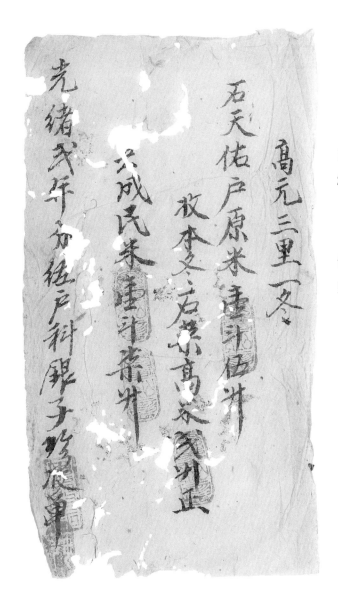

石天佑等纳民米收单

（光绪二年）

绵纸，纸幅 16.4cm×9cm，今藏广西壮族自治区少数民族古籍工作办公室，档案目录号 200806062。

高元三里[074]一冬[004]，石天佑户原米[310]壹斗伍升，收本冬石荣高米贰升正，共成民米[006]壹斗柒升。

光绪贰年分经户科银子珍收单

吴永康完纳兵粮米石执照

（光绪三年十月十四日）

绵纸，纸幅 18cm×7.1cm，今藏广西壮族自治区少数民族古籍工作办公室，档案目录号 200803047。

执　照[238]

◇字◇千◇佰◇拾◇号

罗城县正堂[233]◇，为征收兵粮米石事。东一里六冬[029]吴永康，完纳光绪三年分米○石○斗伍升捌合[007]。

光绪三年十月十四日给票

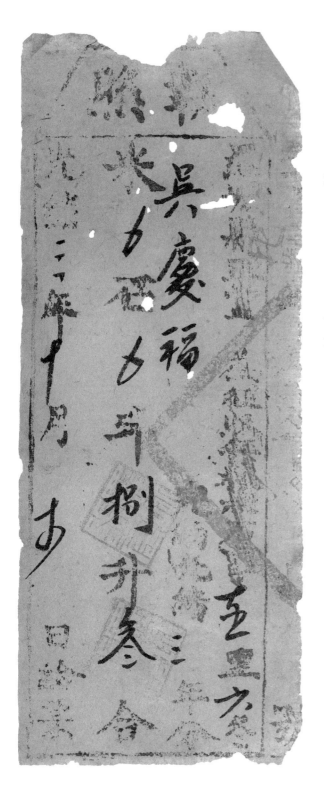

吴庆福完纳兵粮米石执照

（光绪三年十月十四日）

绵纸，纸幅 18.1cm×7cm，今藏广西壮族
自治区少数民族古籍工作办公室，档案目录号
200803041。

执　照[238]

◇字◇千◇佰◇拾◇号

罗城县正堂[233] ◇，为征收兵粮米石事。东一
里六冬[029] 吴庆福，完纳光绪三年分米○石○斗捌
升叁合[007]。

光绪三年十月十四日给票

吴永康完纳兵粮米石执照

（光绪三年十月二十三日）

绵纸，纸幅 18.5cm×7.3cm，今藏广西壮族自治区少数民族古籍工作办公室，档案目录号200803067。

执　照[238]

◇字◇仟◇佰◇拾◇号

罗城县正堂[233]◇，为征收兵粮米石事。东上里七冬[305]吴永康，完纳光绪三年分米〇石〇斗〇升玖合[007]。

光绪三年十月廿三日给票

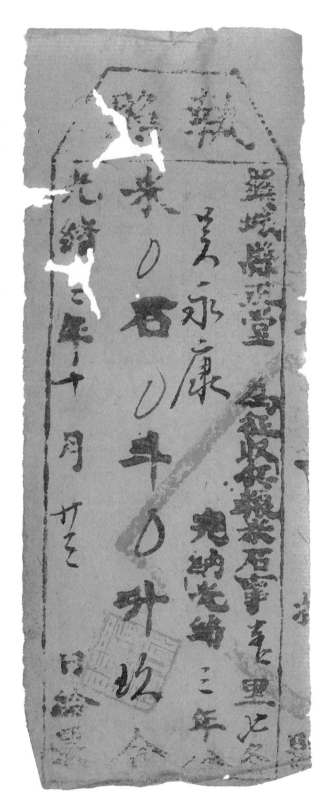

吴永康完纳兵粮米石执照

（光绪四年十月十八日）

绵纸，纸幅18cm×7.3cm，今藏广西壮族自治区少数民族古籍工作办公室，档案目录号200803065。

执　　照[238]

◇字◇千◇百◇拾◇号

罗城县正堂[233]◇，为征收民粮米石事。东一里六冬[029]吴永康，完纳光绪四年分困○石○斗伍升捌合[007]。

光绪四年十月十八日给票

注：

文书左上方红色印字：如有重征舛错，限三日内禀明更正。

吴庆福完纳兵粮米石执照

（光绪四年十月十八日）

绵纸，纸幅 18.3cm×7.3cm，今藏广西壮族自治区少数民族古籍工作办公室，档案目录号200803040。

执　照[238]

◇字◇壬◇面◇捣◇号

罗城县正堂[233] ◇，为征收兵粮米石事。东一里六冬[029] 吴庆福，园纳光绪四年分米○石○斗捌升叁合[007]。

光绪四年十月十八日给票

注：

文书左上方红色印字：如有重征舛错，限三日内禀明更正。

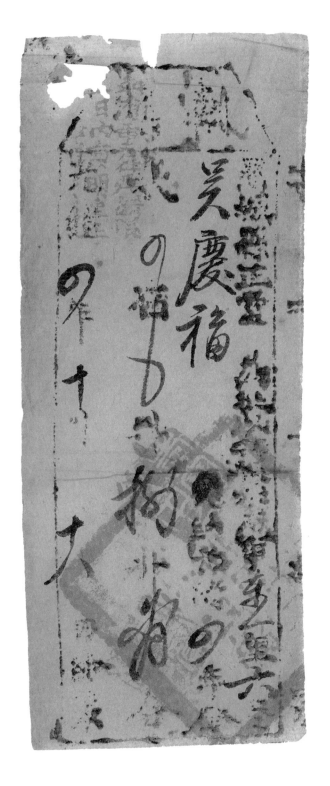

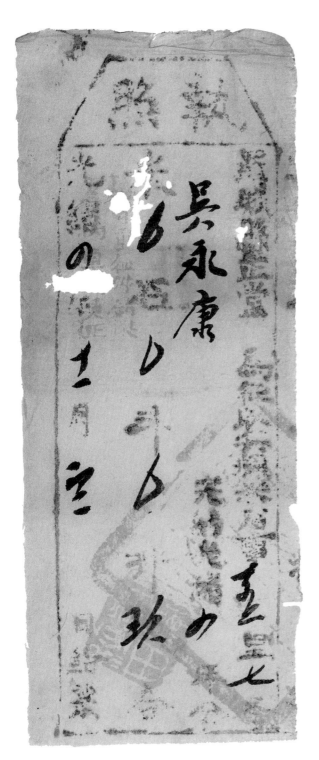

吴永康完纳兵粮米石执照

（光绪四年十一月初二日）

绵纸，纸幅 18.5cm×7.2cm，今藏广西壮族自治区少数民族古籍工作办公室，档案目录号200803060。

执　照[238]

◇字◇仟◇佰◇拾◇号

罗城县正堂[233]◇，为征收兵粮米石事。东上里七冬[305]吴永康，完纳光绪四年分米〇石〇斗〇升玖合[007]。

光绪四年十一月初二日给票

注：

文书左上方红色印字：如囿重征舛错，图三日内禀朙更正。

吴庆福完纳兵粮米石执照

（光绪五年八月二十一日）

绵纸，纸幅 18.4cm×7.5cm，今藏广西壮族自治区少数民族古籍工作办公室，档案目录号 200803037。

执　　照 [238]

◇字◇千◇佰◇拾◇号

罗城县正堂 [233] ◇，为征收民粮米石事。东一里六图 [029] 吴庆福，完纳光绪五年分米〇石〇斗捌升叁合 [007]。

光绪五年八月廿一日给票

注：

文书左上方红色印字：如有重征舛错，限三日内禀明更正。

吴永康完纳兵粮米石执照

（光绪五年十月初一日）

绵纸，纸幅 18.1cm×7.8cm，今藏广西壮族自治区少数民族古籍工作办公室，档案目录号200803049。

执　照[238]

◇字◇仟◇佰◇拾◇号

罗城县正堂[233]◇，为征收兵粮米石事。东上里七图[305]吴永康，完纳光绪五年分困○石○斗○升玖合[007]。

光绪五年十月初一日给票

注：

文书左上方红色印字：如有重征舛错，限三日内禀明更正。

吴永康完纳兵粮米石执照

（光绪五年十月初四日）

绵纸，纸幅 18cm×7.7cm，今藏广西壮族
自治区少数民族古籍工作办公室，档案目录号
200803051。

执　　照[238]

◇字◇千◇百◇拾◇号

罗城县正堂[233]◇，为征收兵粮米石事。东一
里六冬[029]吴永康，完纳光绪五年分米〇石〇斗陆
升〇合[007]。

光绪五年十月初四日给票

注：

文书左上方红色印字：囚围重征舛错，限三日内禀明更正。

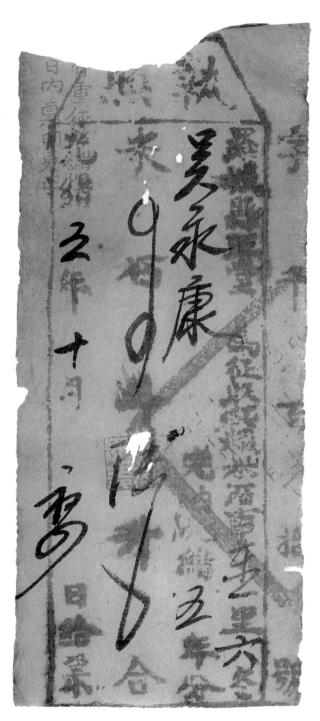

吴永康完纳兵粮米石执照

（光绪六年十月二十八日）

绵纸，纸幅18.3cm×7.5cm，今藏广西壮族自治区少数民族古籍工作办公室，档案目录号200803050。

执　　照[238]

◇字◇千◇百◇拾◇号

罗城县正堂[233] ◇，为征收兵粮米石事。东一里六冬[029]吴永康，完纳光绪六年分米〇石〇斗陆升〇合[007]。

光绪六年十月廿八日给票

吴庆福完纳兵粮米石执照

（光绪六年十月二十八日）

绵纸，纸幅 18.3cm×7.2cm，今藏广西壮族自治区少数民族古籍工作办公室，档案目录号200803033。

执　照[238]

◇字◇千◇佰◇拾◇号

罗城县正堂[233]◇，为征收兵粮米石事。东一里六冬[029]吴庆福，完纳光绪六年分米〇石〇斗捌升叁合[007]。

光绪六年十月廿八日给票

吴永康完纳兵粮米石执照

（光绪七年九月二十七日）

绵纸，纸幅 17.5cm×7cm，今藏广西壮族自治区少数民族古籍工作办公室，档案目录号 200803072。

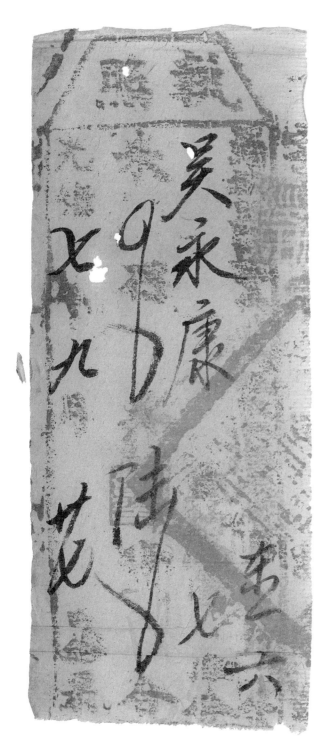

执　　照[238]

◇字◇仟◇佰◇拾◇号

罗城县正堂[233]◇，为征收兵粮米石事。东一里六冬[029]吴永康，完纳光绪七年分米〇石〇斗陆卅〇合[007]。

光绪七年九月廿七日给票

吴永康完纳兵粮米石执照

（光绪七年十月初八日）

绵纸，纸幅 18cm×7.6cm，今藏广西壮族自治区少数民族古籍工作办公室，档案目录号 200803054。

执　　照 [238]

◇字◇仟◇佰◇拾◇号

罗城县正堂 [233] 杜，为征收兵粮米石事。据 困 上里七冬 [305] 户丁 [300] 吴永康，完纳光绪七年分米〇石〇斗〇升玖合 [007]。

光绪七年十月初八日给票

吴庆福完纳兵粮米石执照

（光绪八年十月十二日）

绵纸，纸幅 17.1cm×7.6cm，今藏广西壮族自治区少数民族古籍工作办公室，档案目录号200803035。

执　照[238]

◇字◇佰◇佰◇拾◇号

罗城县正堂[233]阡，为征收兵粮米石事。据东一里六图[029]户丁[300]吴庆福，完纳光绪八年分米○石○斗捌升捌合[007]。

光绪八年十月十二日给票

吴永康完纳兵粮米石执照

（光绪八年十月十二日）

绵纸，纸幅 17.7cm×7.1cm，今藏广西壮族自治区少数民族古籍工作办公室，档案目录号 200803056。

执 照[238]

◇字◇佰◇佰◇拾◇号

罗城县正堂[233]□，为征收兵粮米石事。

据东一里六冬[029]户丁[300]吴永康，完纳光绪八年分困〇石〇斗陆丑壹合[007]。

光绪八年十月十二日给票

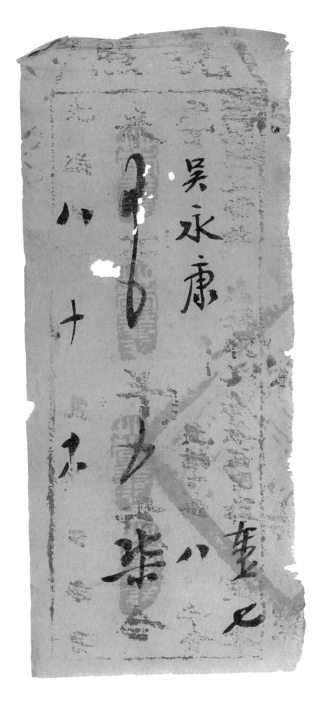

吴永康完纳兵粮米石执照

（光绪八年十月十八日）

绵纸，纸幅 18cm×7.5cm，今藏广西壮族自治区少数民族古籍工作办公室，档案目录号200803058。

执　照[238]

◇字◇佰◇佰◇拾◇号

罗城县正堂[233]田，为征收兵粮米石事。据东上里七冬[305]户丁[300]吴永康，完纳光绪八年分米〇石〇斗〇升柒合[007]。

光绪八年十月十八日给票

吴庆福完纳兵粮米石执照

（光绪九年九月初八日）

绵纸，纸幅 17.8cm×7.3cm，今藏广西壮族自治区少数民族古籍工作办公室，档案目录号 200803039。

执　　照[238]

◇字◇仟◇佰◇拾贰号

罗城县正堂[233] 邵，因征收兵粮米石事。据东一里六图[029] 户丁[300] 吴庆福，完纳光绪九年份米○石○斗捌升捌合[007]。

光绪玖年九月初八日给票

注：

文书上方红色印字：如有重征册籍，准其随时更正。

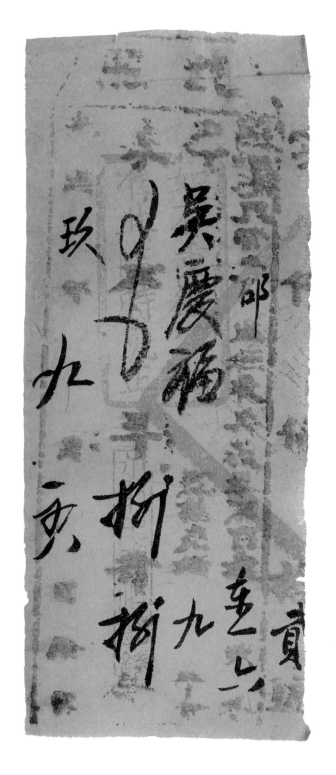

吴永康完纳兵粮米石执照

（光绪九年九月初八日）

绵纸，纸幅 17.5cm×7.2cm，今藏广西壮族自治区少数民族古籍工作办公室，档案目录号200803059。

执　照[238]

◇字◇囼◇囼◇拾 参号

罗城县正堂[233] 邵，因征收 兵粮米石事。

据 东一里六图[029] 户丁[300] 吴永康，完纳光绪九年分 米○石○斗陆升伍合[007]。

光绪玖年九月初八日给票

注：

文书上方红色印字：如有重征舛错，准其随时更正。

吴永康完纳兵粮米石执照

（光绪九年十月十一日）

绵纸，纸幅 17.2cm×6.6cm，今藏广西壮族自治区少数民族古籍工作办公室，档案目录号200803048。

执　照[238]

□字□阡□佰陆拾柒号

罗城县正堂[233]邵，为征收兵粮米石事。据东上里七冬[305]户丁[300]吴永康，完纳光绪九年分米〇石〇斗〇升柒合[007]。

光绪九年十月十一日给票

注：

文书上方红色印字：如有重征舛错，准其随时更正。

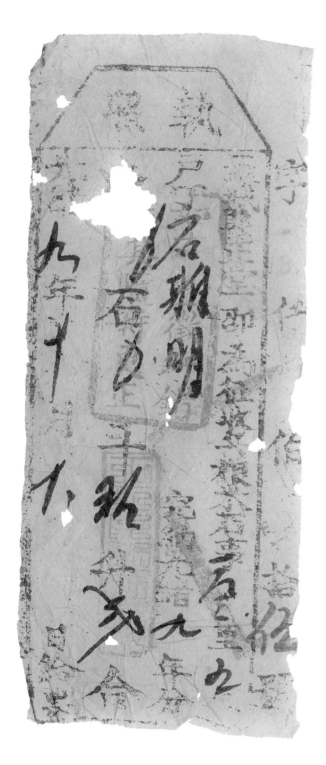

石雅明完纳兵粮米石执照

（光绪九年十月十一日）

绵纸，纸幅 18.3cm×7.5cm，今藏广西壮
族自治区少数民族古籍工作办公室，档案目录号
200806050。

执　　照[238]

◇字◇仟◇佰◇拾伍号

罗城县正堂[233]邵，为征收兵粮米石事。元三
里[304]五图[004]户丁[300]石雅明，完纳光绪九年分
囝〇石〇斗玖升贰合[007]。

光绪九年十月十一日给票

注:

文书左上方红色印字：如有重征舛错，囯其随时更正。

吴永康完纳兵粮米石执照

（光绪十年十月初五日）

绵纸，纸幅 18cm×7.7cm，今藏广西壮族自治区少数民族古籍工作办公室，档案目录号200803053。

执　照[238]

◇字◇田◇面◇疆◇号

罗城县正堂[233]◇，为征收兵粮米石事。东上里七冬[305]户丁[300]吴永康，完纳光绪十年分米〇石〇斗〇升柒合[007]。

光绪十年十月初五日给票

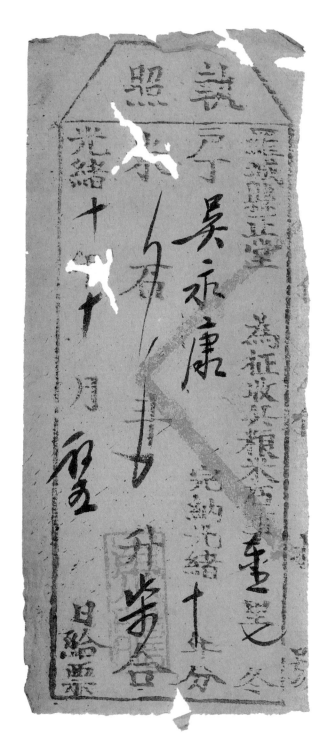

吴庆福完纳兵粮米石执照

（光绪十年十月初十日）

绵纸，纸幅 18.1cm×7.6cm，今藏广西壮族自治区少数民族古籍工作办公室，档案目录号 200803036。

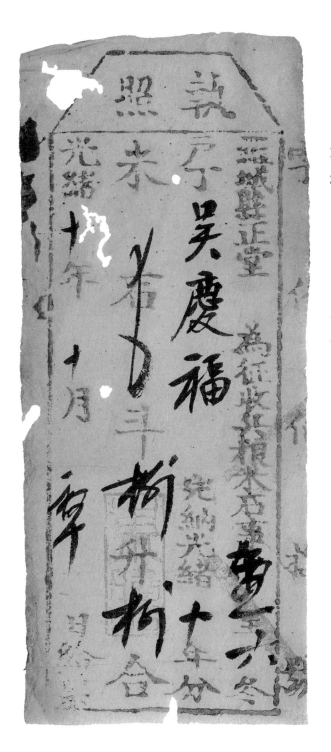

执　　照[238]

◇字◇囲◇囿◇拾◇号

罗城县正堂[233]◇，为征收兵粮米石事。东一里六冬[029]户丁[300]吴庆福，完纳光绪十年分米〇石〇斗捌升捌合[007]。

光绪十年十月初十日给票

吴永康完纳兵粮米石执照

（光绪十年十月初十日）

绵纸，纸幅 18.2cm×7.7cm，今藏广西壮族自治区少数民族古籍工作办公室，档案目录号 200803052。

执　照[238]

◇字◇仟◇佰◇拾◇号

罗城县正堂[233]◇，为征收兵粮米石事。东一里六冬[029]户丁[300]吴永康，完纳光绪十年分米○石○斗陆升伍合[007]。

光绪十年十月初十日给票

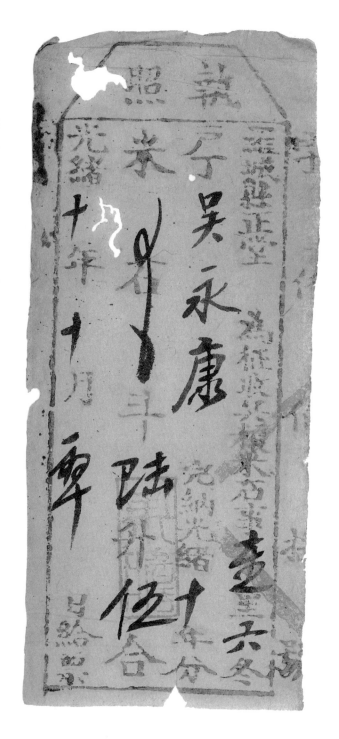

吴庆福完纳兵粮米石执照

（光绪十一年十月十一日）

绵纸，纸幅 18cm×7.6cm，今藏广西壮族自治区少数民族古籍工作办公室，档案目录号200803042。

执 照[238]

◇字◇田◇面◇拾◇号

罗城县正堂[233]◇，为征收兵粮米石事。东一里六冬[029]户丁[300]吴庆福，完纳光绪十一年分米○石○斗捌升捌合[007]。

光绪十一年十月十一日给票

吴永康完纳兵粮米石执照

（光绪十一年十月十一日）

绵纸，纸幅 17.8cm×7.4cm，今藏广西壮族自治区少数民族古籍工作办公室，档案目录号 200803062。

执 照[238]

◇字◇仟◇佰◇拾◇号

罗城县正堂[233]◇，为征收兵粮米石事。东一里六冬[029] 户丁[300] 吴永康，完纳光绪十一年分米○石○斗陆升伍合[007]。

光绪十一年十月十一日给票

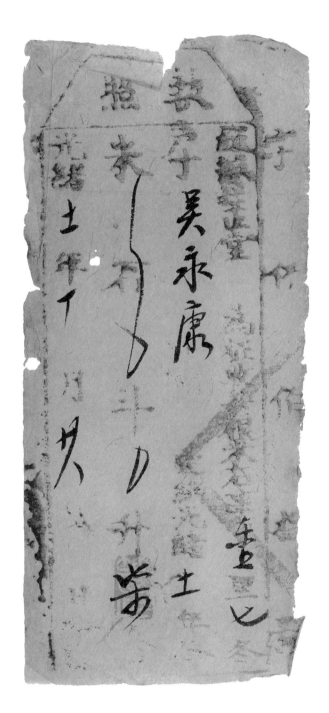

吴永康完纳兵粮米石执照

（光绪十一年十月二十八日）

绵纸，纸幅 18cm × 8cm，今藏广西壮族自治区少数民族古籍工作办公室，档案目录号 200803071。

执 照[238]

◇字◇仟◇佰◇拾◇号

罗城囗正堂[233]◇，为征收兵粮米石事。东上里七冬[305]户丁[300]吴永康，完纳光绪十一年分米〇石〇斗〇升柒合[007]。

光绪十一年十月廿八日 囗囗

苏六合完纳兵粮米石执照

（光绪十一年十一月二十一日）

绵纸，纸幅 18cm×7.5cm，今藏广西壮族自治区少数民族古籍工作办公室，档案目录号200907036。

执　　照[238]

◇字◇仟◇佰◇拾◇号

罗城县正堂[233]◇，为征收兵粮米石事。元三里[304]◇图[004]户丁[300]苏六合，完纳光绪十一年分米〇石〇斗贰升玖合[007]。

光绪十一年十一月廿一日给票

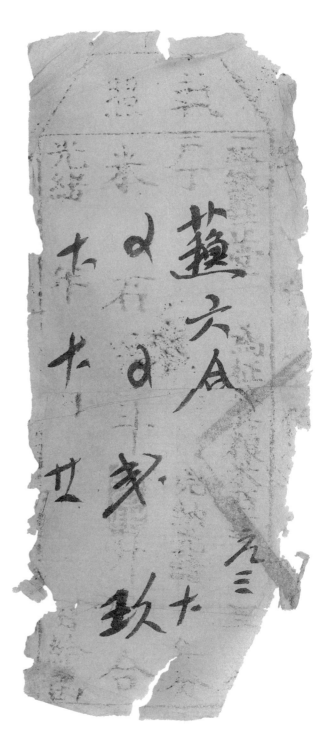

何连城等纳民米收单

（光绪十一年）

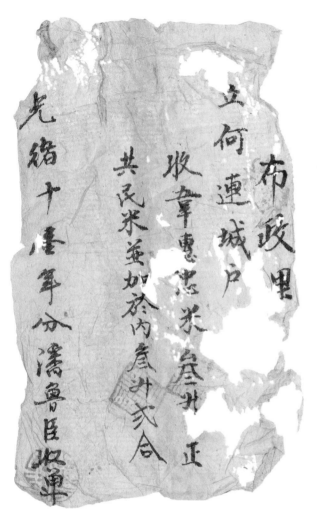

绵纸，纸幅 16.1cm×10cm，今藏广西壮族自治区少数民族古籍工作办公室，档案目录号201311006。

布政里[101]立何连城户，收韦惠忠米叁升正，共民米[006]并加于内[312]叁升贰合[007]。

光绪十壹年分潘鲁臣收单

吴庆福完纳兵粮米石执照

（光绪十二年十月十二日）

绵纸，纸幅 18.2cm×8cm，今藏广西壮族自治区少数民族古籍工作办公室，档案目录号 200803044。

执　照[238]

◇字◇仟◇佰◇拾◇号

罗城县正堂[233]◇，为征收兵粮米石事。东一里六冬[029]户丁[300]吴庆福，完纳光绪十二年分米○石○斗捌升捌合[007]。

光绪十二年十月十二日给票

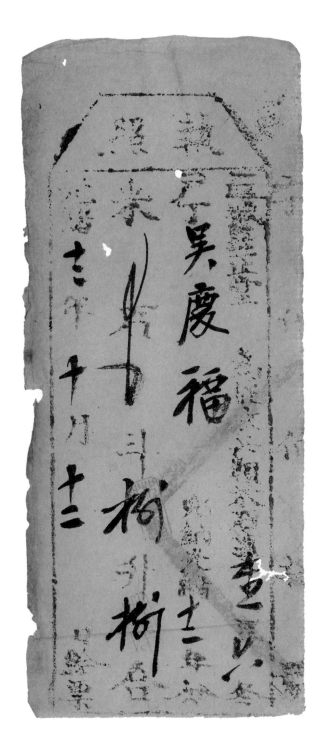

吴永康完纳兵粮米石执照

（光绪十二年十月十二日）

绵纸，纸幅 18.5cm×8cm，今藏广西壮族自治区少数民族古籍工作办公室，档案目录号 200803061。

执　　照[238]

◇字◇仟◇佰◇圖◇圉

罗城圁正堂[233]◇，为征收兵粮米石事。东一里六冬[029]户丁[300]吴永康，完纳光绪十二年分米〇石〇斗陆升伍合[007]。

光绪十二年十月十二日给票

苏六合完纳兵粮米石执照

（光绪十二年十一月二十二日）

绵纸，纸幅 16.7cm×7.5cm，今藏广西壮族自治区少数民族古籍工作办公室，档案目录号 200907034。

执　照[238]

◇字◇佰◇佰◇拾◇号

罗城县正堂[233]◇，为征收兵粮米石事。元三里[304]◇冬[004]户丁[300]苏六合，完纳光绪十二年分米〇石〇斗贰升〇合[007]。

光绪十二年十一月廿二日给票

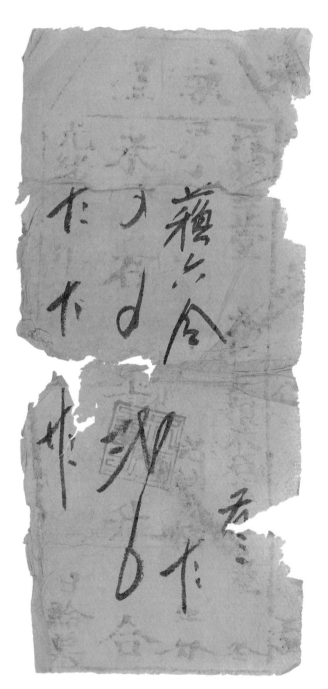

吴庆福完纳兵粮米石执照

（光绪十三年十月十八日）

绵纸，纸幅 17.5cm×8cm，今藏广西壮族自治区少数民族古籍工作办公室，档案目录号200803034。

执 照[238]

◇字◇仟◇佰◇拾◇号

罗城圖正堂[233]◇，为征收兵粮米石事。东一里六冬[029]户丁[300]吴庆福，完納光圖十三年分米○石○斗捌升捌合[007]。

光绪十三年十月十八日给票

吴永康完纳兵粮米石执照

（光绪十三年十月十八日）

绵纸，纸幅17.8cm×8cm，今藏广西壮族
自治区少数民族古籍工作办公室，档案目录号
200803068。

执　照[238]

◇字◇仟◇佰◇拾◇号

罗城圐正堂[233]◇，为征收兵粮米石事。东
一里六冬[029]户丁[300]吴永康，完纳光绪十三年分
米○石○斗陆升伍合[007]。

光绪十三年十囲十八日给票

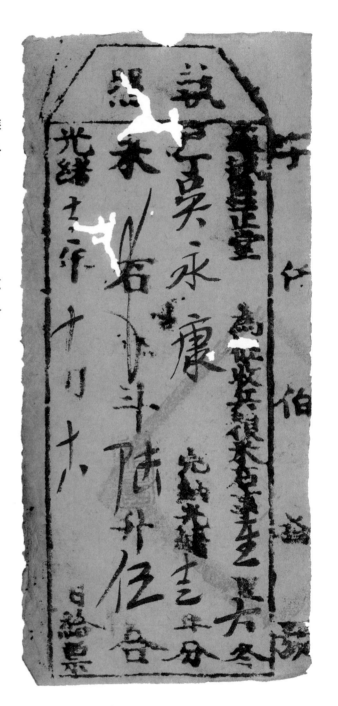

吴永康完纳兵粮米石执照

（光绪十三年十一月十五日）

绵纸，纸幅18.3cm×8.3cm，今藏广西壮族自治区少数民族古籍工作办公室，档案目录号200803055。

执　照[238]

◇字◇仟◇佰◇拾◇号

罗城县正堂[233]◇，为征收兵粮米石事。东上里七冬[305]户丁[300]吴永康，完纳光绪十三年分米〇石〇斗〇升玖合[007]。

光绪十三年十一月十五日给票

吴永康等纳民米收单

（光绪十四年）

绵纸，纸幅 20.5cm×9.5cm，今藏广西壮族自治区少数民族古籍工作办公室，档案目录号 200803092。

东一里六冬[029]，吴永康户原米[310]壹斗壹升陆合[007]陆勺，收本冬二囝罗振德米贰合、吴庆福米肆勺，共民米[006]壹斗壹升捌合玖勺。

　　　　　　光绪十四年分吴槐亭收单

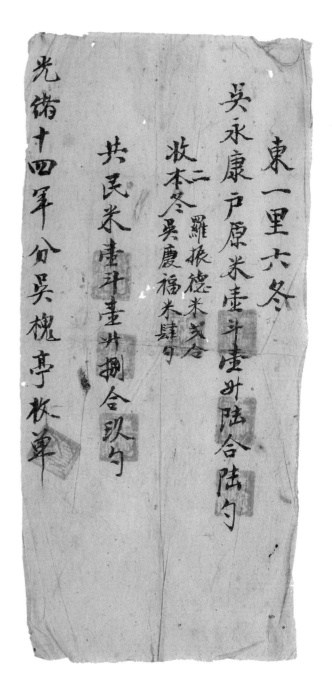

吴永康完纳兵粮米石执照

（光绪十五年十月十三日）

绵纸，纸幅 16.6cm×7cm，今藏广西壮族自治区少数民族古籍工作办公室，档案目录号200803063。

执　　照[238]

◇字◇仟◇百◇田◇号

罗城县正堂[233]汪，为征收兵粮米石事。东一里六图[029]户丁[300]吴永康，完纳光绪十五年分米〇石〇斗柒升玖合[007]。

光绪十五年十月十三日给票

石雅明完纳兵粮米石执照

（光绪十六年十月二十八日）

绵纸，纸幅 17.1cm×7.3cm，今藏广西壮族自治区少数民族古籍工作办公室，档案目录号 200806049。

执　照[238]

□字□壬壹百□田□号

罗城县正堂[233]◇，为征收兵粮米石事。

元三里[304]一冬[004]户丁[300]石雅明，完纳光绪十六年分米○石壹斗贰升○合[007]。

光绪十六年十月廿八日给票

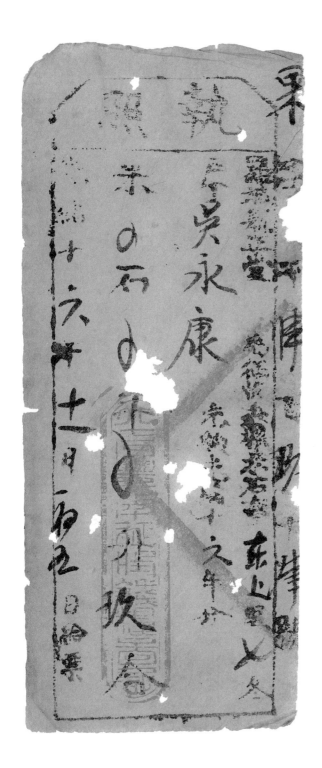

吴永康完纳兵粮米石执照

（光绪十六年十一月初五日）

绵纸，纸幅 17.3cm×7.2cm，今藏广西壮族自治区少数民族古籍工作办公室，档案目录号 200803046。

执　照[238]

囷字□千肆百玖十肆号

罗城县正堂[233] ◇，为征收兵粮米石事。东上里七冬[305] 户丁[300] 吴永康，完纳光绪十六年分米〇石〇斗〇升玖合[007]。

光绪十六年十一月初五日给票

石运南完纳兵粮米石执照

（光绪十六年十一月二十八日）

绵纸，纸幅 19.5cm×7.2cm，今藏广西壮族自治区少数民族古籍工作办公室，档案目录号 200806055。

执　照[238]

□字◇仟玖百壹廿叁号

罗城县正堂[233]◇，为征收兵粮米石事。

元三里[304]一冬[004]户丁[300]石运南，完纳光绪十五年分米○石○丑捌升肆合[007]。

光绪十六年十一月廿八日给票

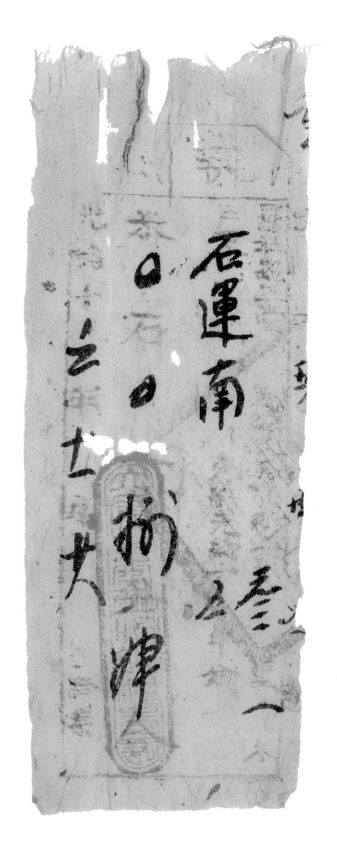

吴永康完纳兵粮米石执照

（光绪十七年十月初二日）

绵纸，纸幅 17cm×7.1cm，今藏广西壮族自治区少数民族古籍工作办公室，档案目录号 200803064。

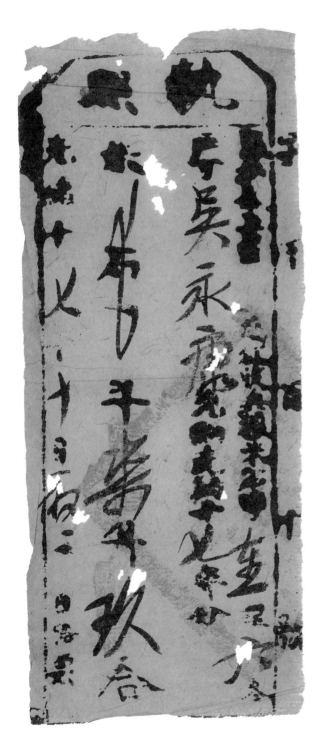

　　执　　照[238]

　　◇字◇千◇百◇十◇号

　　罗城县正堂[233]◇，为征收兵粮米石事。东一里六冬[029] 户丁[300] 吴永康，完纳光绪十七年分米〇石〇斗柒升玖合[007]。

　　光绪十七年十月初二日给票

苏六合完纳兵粮米石执照

（光绪十八年十月二十八日）

绵纸，纸幅 17.5cm×6.9cm，今藏广西壮族自治区少数民族古籍工作办公室，档案目录号 200907028。

执 照[238]

◇字◇田◇百◇十◇号

罗城县正堂[233]◇，因征收兵粮米石事。元三里[304]◇冬[004]户丁[300]苏六合，完纳光绪十八年分米〇石〇斗贰升〇合[007]。

光绪十八年十月廿八日给票

石甫好完纳兵粮米石执照

（光绪十八年十二月□八日）

绵纸，纸幅 17.2cm×6.5cm，今藏广西壮族自治区少数民族古籍工作办公室，档案目录号 200908030。

执　照[238]

□字□壬□亩◇田◇号

罗城县正堂[233]◇，囚征收兵粮米石事。布圉[306] 三冬[004] 户丁[300] 石甫好，完纳光绪十八年分米○石○斗壹升壹合[007]。

光绪十八年十二月□八日给票

苏六合完纳兵粮米石执照

（光绪十九年十一月初五日）

绵纸，纸幅 18cm×7.5cm，今藏广西壮族
自治区少数民族古籍工作办公室，档案目录号
200907048。

执　　照[238]

◇字◇千◇百◇十◇号

罗城县正堂[233]◇，为征收兵粮米石事。
元三里[304] 山图[004] 户丁[300] 苏六合，完纳光绪
十九年分米○石○斗贰升○合[007]。

光绪十九年十一月初五日给票

吴永康完纳兵粮米石执照

（光绪十九年十一月十三日）

绵纸，纸幅 17.8cm×8.2cm，今藏广西壮族自治区少数民族古籍工作办公室，档案目录号200803066。

执　照[238]

◇字◇千◇百◇田◇号

罗城县正堂[233]◇，为征收民粮米石事。东一里六图[029]户丁[300]吴永康，完纳光绪十九年分米〇石〇斗柒升玖合[007]。

光绪十九年十一月十三日给票

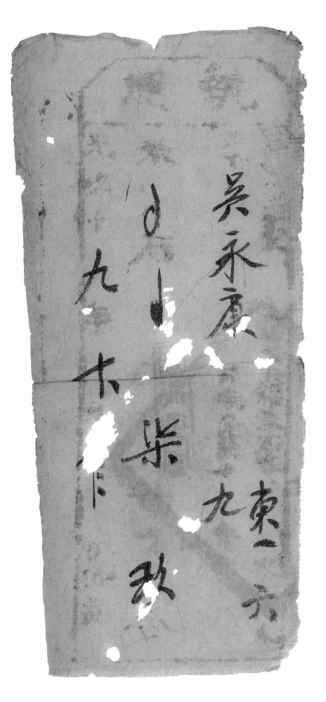

石甫好完纳兵粮米石执照

（光绪二十年十一月十八日）

绵纸，纸幅 15.9cm×7cm，今藏广西壮族自治区少数民族古籍工作办公室，档案目录号200908037。

执　照[238]

◇字◇兵◇百◇田◇号

罗城县正堂[233]◇，为征收兵粮米石事。布里[306]二图[004]户丁[300]石甫好，完纳光绪[十]廿年分米○石○斗壹升壹合[007]。

光绪[十]廿年十一月十八日给票

吴永康完纳兵粮米石执照

（光绪二十一年十月二十三日）

绵纸，纸幅 17.5cm×7cm，今藏广西壮族自治区少数民族古籍工作办公室，档案目录号 200803057。

执　照[238]

◇字◇田◇囿◇田◇昬

罗城县正堂[233] ◇，因征收兵粮米石事。东一里二冬[082]户丁[300]吴永康，完纳光囷廿一囲囝米〇石〇斗柒升玖合[007]。

光绪廿一囲十囲廿三日给票

石甫好完纳兵粮米石执照

（光绪二十一年十一月十三日）

绵纸，纸幅 16.6cm×7cm，今藏广西壮族自治区少数民族古籍工作办公室，档案目录号 200908051。

执　照[238]

◇字◇千◇囿口田◇号

罗城囯正堂[233]◇，因征收兵粮米石事。

布里[306]二图[004]阝丁[300]石甫好，完纳沅绪[十]廿一年分米○石○斗壹升壹合[007]。

光绪[十]廿一年十一月十三日绐票

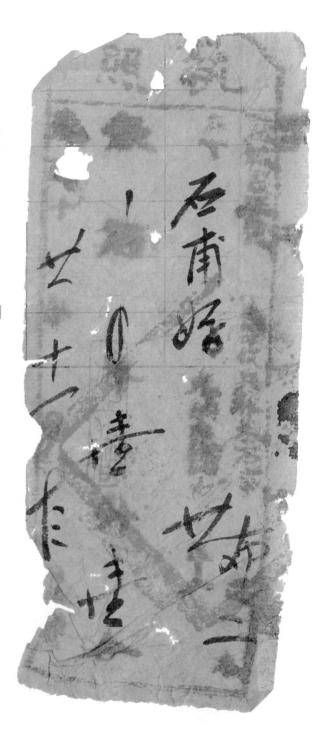

石光秉完纳兵粮米石执照

（光绪二十一年十一月十三日）

绵纸，纸幅 16.5cm×6.9cm，今藏广西壮族自治区少数民族古籍工作办公室，档案目录号 200908058。

执 照[238]

◇☐字◇☐毛◇☐面☐田◇☐号

☐罗☐城☐县正☐堂[233]◇，☐为征☐收兵☐粮☐米石事。布☐里[306]二图[004]☐户丁[300]石光秉，☐完纳☐光☐绪[十]廿一年分米〇石〇斗肆升贰合[007]。

光绪[十]廿一年十一月十三日☐给票

石光玉完纳兵粮米石执照

（光绪二十二年十一月初八日）

绵纸，纸幅 17.5cm×7.2cm，今藏广西壮族自治区少数民族古籍工作办公室，档案目录号200908053。

执 照[238]

◇字◇千◇百◇十◇号

罗城县正堂[233]◇，为征收兵粮米石事。布里[306]二图[004]户丁[300]石光玉，完纳光绪[十]廿二年份米○石○斗叁升玖合[007]。

光绪[十]廿二年十一月初八日给票

石光秉完纳兵粮米石执照

（光绪二十二年十一月初八日）

绵纸，纸幅 17.5cm×7cm，今藏广西壮族
自治区少数民族古籍工作办公室，档案目录号
200908056。

执　　照[238]

◇字◇⽏◇⾯◇⽥◇号

罗城县正堂[233]◇，为征收兵粮米石事。
布里[306]三图[004]户丁[300]石光秉，完纳光绪[十]
廿二年分困○石○斗肆升贰合[007]。

光绪[十]廿二年十一月初八日给票

石甫好完纳兵粮米石执照

（光绪二十二年十一月初八日）

绵纸，纸幅 17.4cm×7.3cm，今藏广西壮族自治区少数民族古籍工作办公室，档案目录号 200908036。

执　照[238]

◇字◇千◇百◇田◇号

罗城县正堂[233]◇，为征收兵粮米石事。布里[306]二图[004]户丁[300]石甫好，完纳光绪[十]廿二年份米〇石〇斗壹升壹合[007]。

光绪[十]廿二年十一月初八日给票

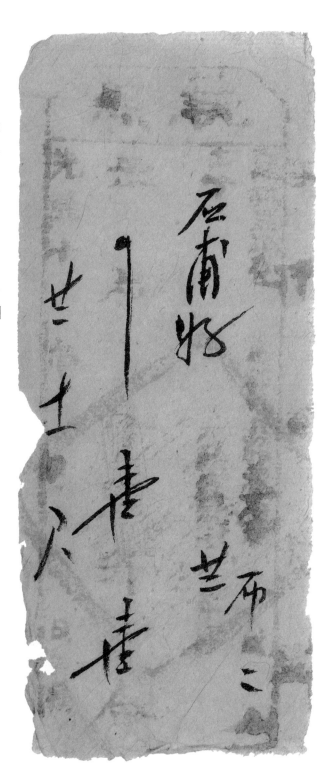

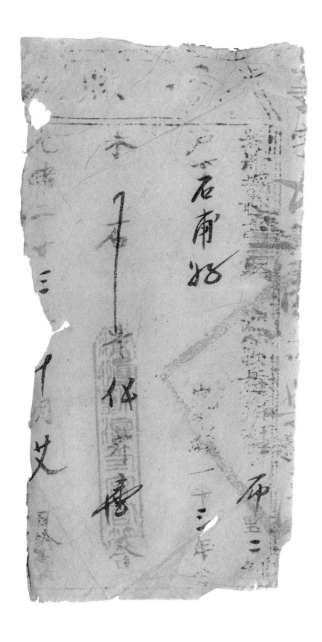

石甫好完纳兵粮米石执照

（光绪二十三年十月二十七日）

绵纸，纸幅 17cm×8.6cm，今藏广西壮族自治区少数民族古籍工作办公室，档案目录号200908034。

执　照[238]

□字○仟壹佰柒拾□号

署罗城县正堂[233]□，因征收兵粮米石事。布里[306]二图[004]户丁[300]石甫好，完纳光绪二十三年分米○石○斗伍升壹合[007]。

光绪二十三年十月廿七日给票

石光玉完纳兵粮米石执照

（光绪二十三年十月二十七日）

绵纸，纸幅 16.6cm×8.6cm，今藏广西壮族自治区少数民族古籍工作办公室，档案目录号 200908052。

执 照[238]

□字○仟壹百柒拾□号

署罗城县正堂[233]□，为征收兵粮米石事。布里[306]□图[004]户丁[300]石光玉，完纳光绪二十三年份米○石○斗叁升玖合[007]。

光绪二十三年十月廿七日给票

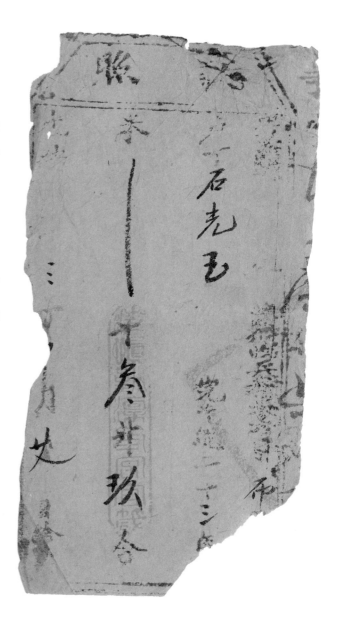

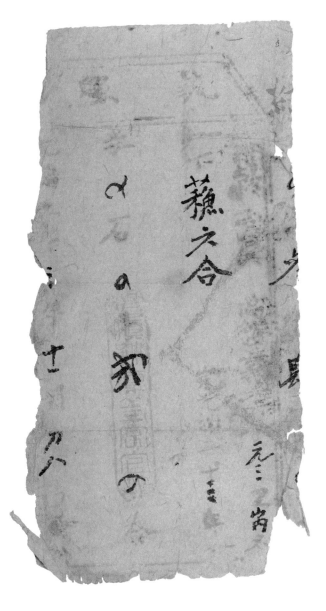

苏六合完纳兵粮米石执照

（光绪二十三年十一月初八日）

绵纸，纸幅 17.7cm×8.7cm，今藏广西壮族自治区少数民族古籍工作办公室，档案目录号 200907016。

执　照[238]

□字□仟叁佰肆拾□号

署罗城县正堂[233]□，为征收兵粮米石事。元三里[304] 山内冬[004] 户丁[300] 苏六合，完纳光绪二十三年分米〇石〇斗贰升〇合[007]。

光绪二十三年十一月初八日给票

石雅明等纳民米收单
（光绪二十三年）

绵纸，纸幅 18.8cm×8.5cm，今藏广西壮族自治区少数民族古籍工作办公室，档案目录号 200806061。

高元三里[074]一冬[004]，石雅明户原米[310]叁斗壹升伍合[007]，收本冬石春禧米伍升伍合，除本冬石超元收米肆升柒合，除扣收外，尚存实米[311]叁斗贰升叁合。

光绪二十三年分经户科龙美泉收单

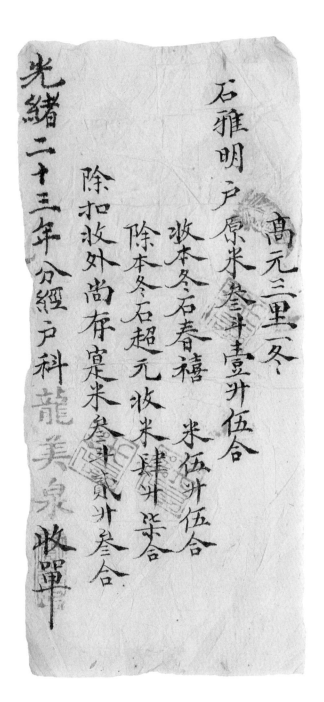

石运南完纳兵粮米石执照

（光绪二十四年十一月二十二日）

绵纸，纸幅 17.5cm×7.7cm，今藏广西壮族自治区少数民族古籍工作办公室，档案目录号 200806044。

执　照[238]

平字〇千捌百叁拾柒号

罗城县正堂[233] 陈，因征收兵粮米石事。

元三里[304] 一冬[004] 户丁[300] 石运南，完纳光绪二十四年分米〇石〇斗柒升玖合[007]。

光绪二十四年十一月廿二日 给票

石雅明完纳兵粮米石执照

（光绪二十四年十一月二十二日）

绵纸，纸幅 17.4cm×8cm，今藏广西壮族自治区少数民族古籍工作办公室，档案目录号200806037。

执　照[238]

平字〇千捌百叁拾陆号

罗城县正堂[233] 陈，为征收兵粮米石事。元三里[304] 一冬[004] 户丁[300] 石雅明，完纳光绪二十四年分米〇石壹斗柒升捌合[007]。

光绪二十四年十一月廿二日给票

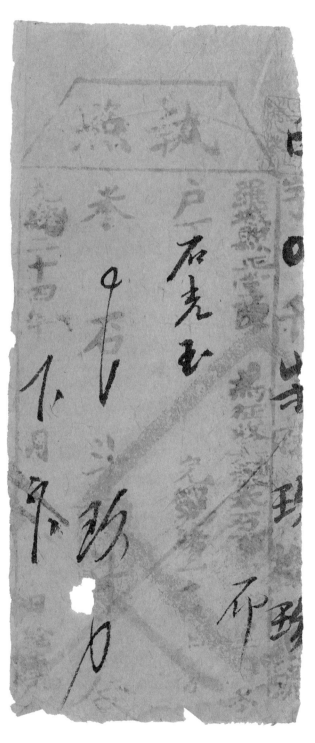

石光玉完纳兵粮米石执照

（光绪二十四年十一月二十八日）

绵纸，纸幅17.2cm×7.4cm，今藏广西壮族自治区少数民族古籍工作办公室，档案目录号200907002。

执 照[238]

□字○千柒百玖拾玖号

罗城县正堂[233]陈，为征收兵粮米石事。布里[306]◇冬[004]户丁[300]石光玉，完纳光绪二十四囲囲分米○石○斗玖升○合[007]。

光绪二十四年十一月廿八日给票

石甫好完纳兵粮米石执照

（光绪二十四年十二月初四日）

绵纸，纸幅 16.8cm×7.2cm，今藏广西壮族自治区少数民族古籍工作办公室，档案目录号200908038。

执　照[238]

▣字壹千壹百肆拾叁号

罗城县正堂[233]陈，为征收兵粮米石事。布里[306]三图[004]户丁[300]石甫好，完纳光绪二十四囲分米〇石〇斗伍升〇囹[007]。

光绪二田四囲十二月初四日给票

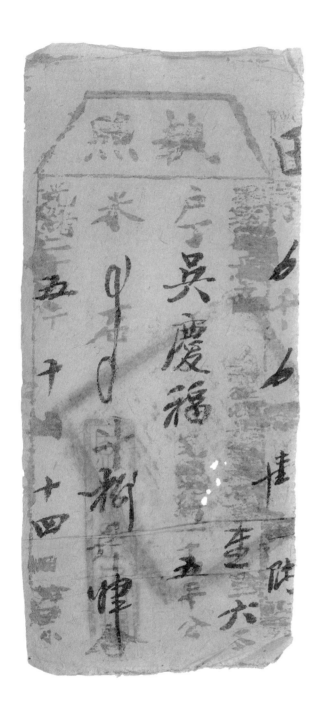

吴庆福完纳兵粮米石执照

（光绪二十五年十月十四日）

绵纸，纸幅 17.1cm×7.8cm，今藏广西壮族自治区少数民族古籍工作办公室，档案目录号 200803043。

执　照[238]

囗字〇千〇百壹拾陆号

罗城囗正堂[233]陈，为征收囷粮囷石事。东一里六冬[029]户丁[300]吴庆福，完纳光绪囗十五年分米〇石〇斗捌升肆合[007]。

光绪二十五囷十囷十四日给票

苏六合完纳兵粮米石执照

（光绪二十五年十月二十七日）

绵纸，纸幅 17cm×7.5cm，今藏广西壮族自治区少数民族古籍工作办公室，档案目录号 200907025。

执　　照[238]

□字○千壹百叁拾叁号

罗城图正堂[233]陈，因征收兵粮米石事。元三里[304] 山冬[004] 户丁[300] 苏六合，完纳光绪二十五年分米○石○丑贰升○合[007]。

光绪二十五年十月廿七日给票

石甫好完纳兵粮米石执照

（光绪二十五年十一月二十一日）

绵纸，纸幅 17.2cm×7.7cm，今藏广西壮族自治区少数民族古籍工作办公室，档案目录号 200908032。

执 照[238]

□字壹囲壹百柒拾玖号

罗城县正堂[233]陈，为征收兵粮米石事。布里[306]二冬[004]户丁[300]石甫好，完纳光绪二十五年分米〇石壹斗壹升贰合[007]。

光绪二十五年十一月廿一日给票

石明科完纳兵粮米石执照

（光绪二十五年十一月二十三日）

绵纸，纸幅 17.1cm×7.5cm，今藏广西壮族自治区少数民族古籍工作办公室，档案目录号200812020。

执　照[238]

□字〇千柒百捌拾陆号

罗城县正堂[233]陈，因征收兵粮米石事。元三里[304]一冬[004]户丁[300]石明科，完纳光绪二十五年分米〇石〇斗伍升〇合[007]。

光绪二十五年十一月廿三日给票

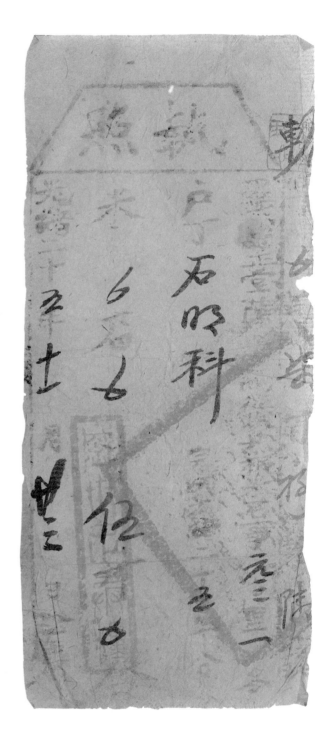

苏六合完纳兵粮米石执照

（光绪二十六年九月二十二日）

绵纸，纸幅 17.1cm×7.5cm，今藏广西壮族自治区少数民族古籍工作办公室，档案目录号 200907022。

执　照[238]

□字□仟□百陆拾叁号

罗城县正堂[233]陈，为征收兵粮米石事。元三里[304]山冬[004]户丁[300]苏六合，完纳光绪二十◇年分米○石○斗贰升○合[007]。

光绪二十六年九月廿二日给票

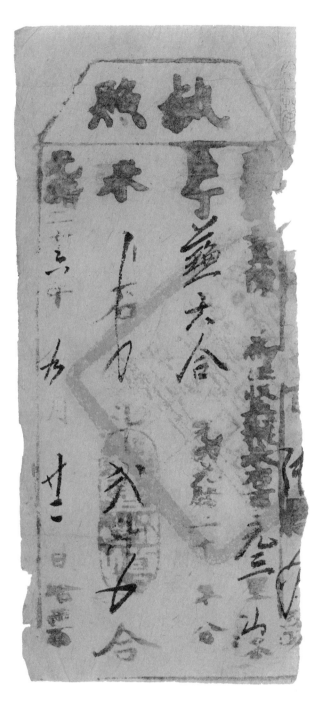

石甫好买黄元昌田完纳民米字据

（光绪二十六年一月十四日）

绵纸，纸幅28.5cm×7.4cm，今藏广西壮族自治区少数民族古籍工作办公室，档案目录号200907067。

为光绪十六年石甫好买黄元昌白虎山之田原契，民米[006]叁升，兹每年完贰升，于光绪廿五年查明，石姓愿照原契完纳叁升。

　　庚子年正月十四日复反[313]批明立

注：

这大概是一个买卖双方为完纳赋税情况而立的民间字据，因与完纳钱粮有关，故置于此。

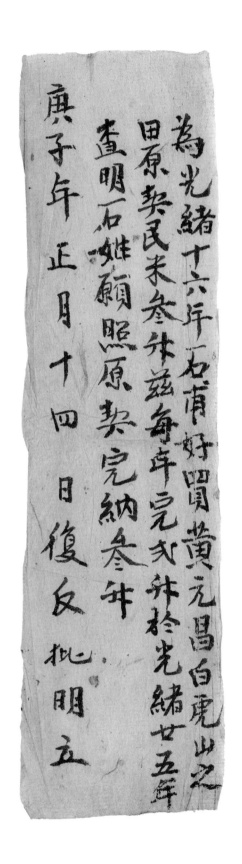

吴庆福完纳兵粮米石执照

（光绪二十六年十月初一日）

绵纸，纸幅 17.5cm × 7.7cm，今藏广西壮族自治区少数民族古籍工作办公室，档案目录号200803038。

执　照[238]

成字〇田玖佰叁拾陆号

罗城县正堂[233]□，为征收兵粮米石事。

东一里六图[029] 户丁[300] 吴庆福，完纳光绪二田六围分米〇石〇斗捌升叁合[007]。

光绪二十六年十月初一日给票

苏六合完纳兵粮米石执照

（光绪二十七年九月初八日）

绵纸，纸幅 17.2cm×7.3cm，今藏广西壮族自治区少数民族古籍工作办公室，档案目录号200907038。

执　照[238]

◇字◇千◇百◇拾◇号

罗城县正堂[233]□，为征收兵粮米石事。

元三里[304]山图[004]户丁[300]苏六合，完纳兵粮二田七年分米○石○斗贰升○合[007]。

光绪二十七年九月初八日给票

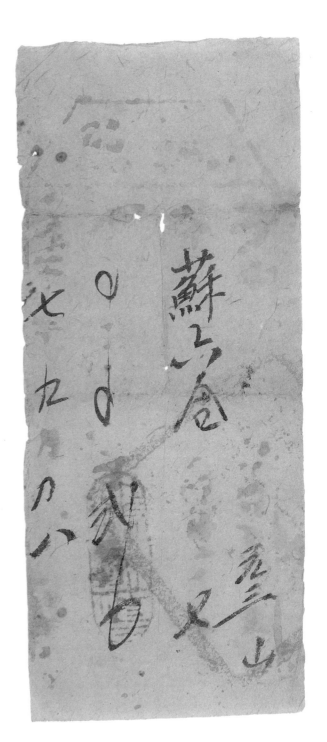

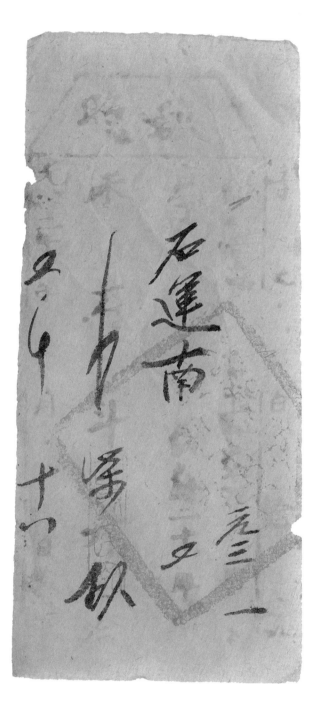

石运南完纳兵粮米石执照

（光绪二十七年十月十八日）

绵纸，纸幅 17.5cm×8cm，今藏广西壮族自治区少数民族古籍工作办公室，档案目录号200806042。

执　照[238]

◇字◇千◇百◇拾◇号

罗城县正堂[233]□，为征收兵粮米石事。元三里[304]一图[004]户丁[300]石运南，完纳光绪二十七年分米〇石〇斗柒升玖合[007]。

光绪二十七年十月十八日给票

石镜猷完纳兵粮米石执照

（光绪二十七年十月十八日）

绵纸，纸幅 17.4cm×7.1cm，今藏广西壮族自治区少数民族古籍工作办公室，档案目录号 200812022。

执　照[238]

◇字◇千◇百◇拾◇号

罗城县正堂[233] □，为征收兵粮米石事。元三里[304]一图[004]户丁[300]石镜猷，完纳光绪[007]二十七年分米〇石〇斗伍升柒合[007]。

光绪二十七年十月十八日给票

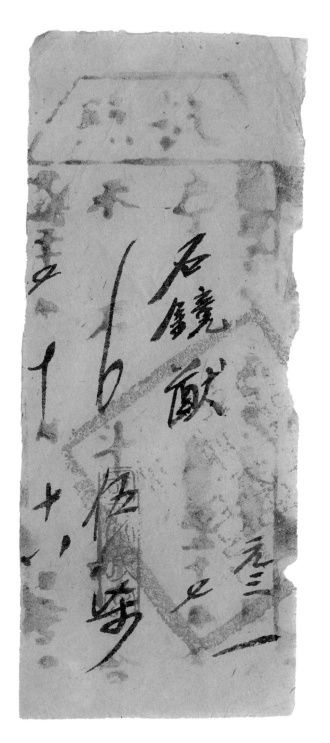

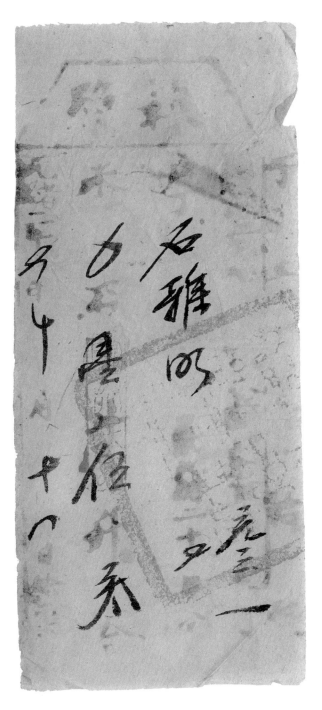

石雅明完纳兵粮米石执照

（光绪二十七年十月十八日）

绵纸，纸幅 17.3cm×7.5cm，今藏广西壮族自治区少数民族古籍工作办公室，档案目录号200812031。

执　照[238]

◇字◇千◇百◇拾◇号

罗城县正堂[233]□，为征收兵粮米石事。元三里[304] 一图[004] 户丁[300] 石雅明，完纳光绪二十七年分米〇石壹斗伍升叁合[007]。

光绪二十七年十月十八日给票

苏六合完纳兵粮米石执照

（光绪二十八年十月二十二日）

绵纸，纸幅 17.5cm×7.1cm，今藏广西壮族自治区少数民族古籍工作办公室，档案目录号 200907023。

执　照[238]

◇字◇仟◇百◇拾◇号

罗城县正堂[233]◇，为征收兵粮米石事。

元三里[304]山图[004]户丁[300]苏六合，完纳光绪二十◇年分米○石○斗贰升○合[007]。

光绪二十八年十月廿二日给票

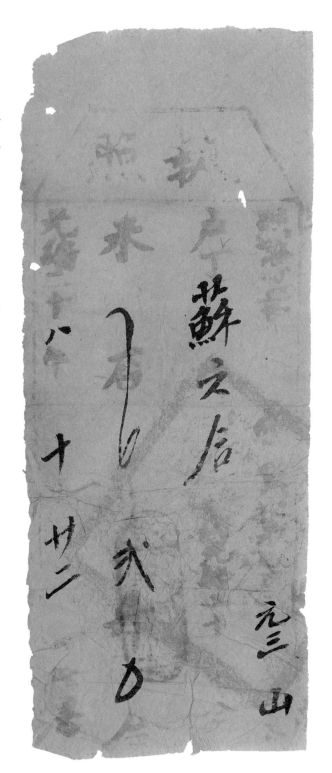

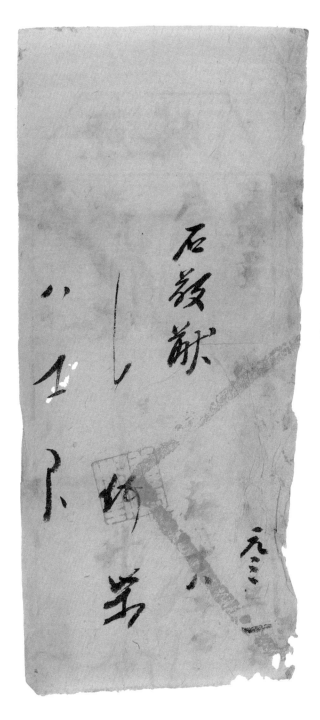

石敬猷完纳兵粮米石执照

（光绪二十八年十一月初八日）

绵纸，纸幅 17.3cm×7.7cm，今藏广西壮族自治区少数民族古籍工作办公室，档案目录号 200806036。

执　　照[238]

◇字◇[舟]◇[面]◇[田]◇[号]

罗城县正堂[233]◇，[为征收兵粮米石事]。元三里[304]一图[004]户[丁][300]石敬猷，[完纳光]绪[二]十八年分米〇石〇斗伍升柒合[007]。

光绪[二][田]八[年]十一[月]初八[日][给][票]

石雅明完纳兵粮米石执照
（光绪二十八年十一月初八日）

绵纸，纸幅 17.3cm×7.7cm，今藏广西壮族自治区少数民族古籍工作办公室，档案目录号200806043。

执　照[238]
◇字◇千◇百◇拾◇号

罗城县正堂[233]◇，为征收兵粮米石事。

元三里[304]一冬[004]户丁[300]石雅明，完纳光绪二田八年分米〇石〇斗陆升捌合[007]。

光绪二田八年十一月初八日给票

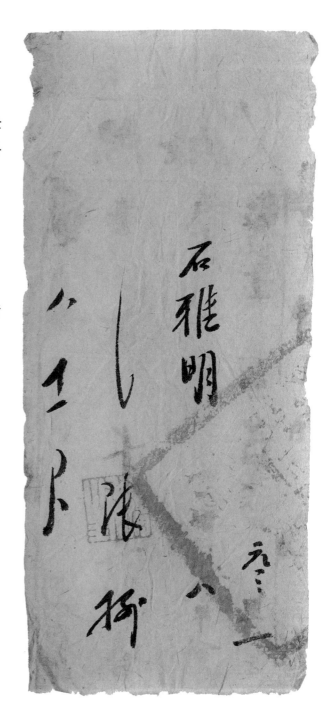

石运南完纳兵粮米石执照

（光绪二十八年十一月初八日）

绵纸，纸幅 17.5cm×6.4cm，今藏广西壮族自治区少数民族古籍工作办公室，档案目录号 200812025。

执　　照[238]

罗城县正堂[233] ◇，为征收兵粮米石事。东三里[304]一图[004]户丁[300]石运南，完纳光绪二十八年分米〇石〇斗柒升玖合[007]。

光绪二十八年十一月初八日给票

苏六合完纳兵粮米石执照

（光绪二十九年九月二十七日）

绵纸，纸幅 17.7cm×8cm，今藏广西壮族自治区少数民族古籍工作办公室，档案目录号 200907018。

执　照[238]

□字□仟□佰玖拾捌号

罗城县正堂[233]◇，为征收兵粮米石事。

元三里[304]山内图[004]户丁[300]苏六合，完纳

兵粮二田九年分米○石○斗肆升○合[007]。

光绪二十九年九月廿七日给票

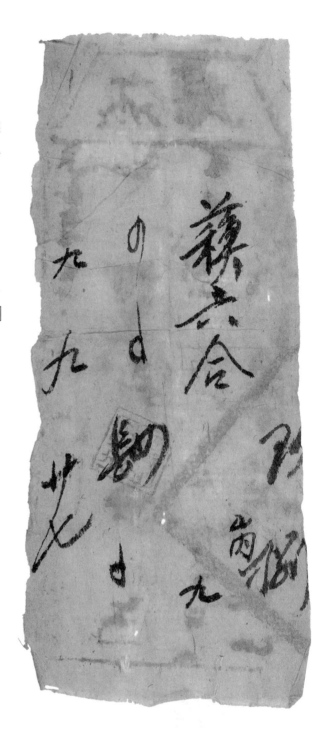

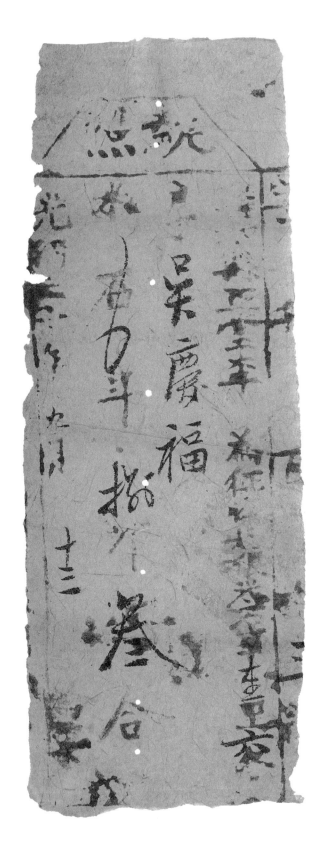

吴庆福完纳兵粮米石执照

（光绪三十年九月十三日）

绵纸，纸幅 18.4cm×6.8cm，今藏广西壮族自治区少数民族古籍工作办公室，档案目录号 200803045。

执　照[238]

◇字◇千◇百◇拾三号

罗城县正堂[233] 李，为征收兵粮米石事。东一里六冬[029] 户丁[300] 吴庆福，米〇石〇斗捌升叁合[007]。

光绪三十年九月十三日给票

吴永康完纳兵粮米石执照

（光绪三十年九月十三日）

绵纸，纸幅 19cm×7.5cm，今藏广西壮族自治区少数民族古籍工作办公室，档案目录号 200803069。

执 照[238]

◇字◇千◇百◇拾二号

罗城县正堂[233]李，为征收兵粮米石事。东上里七冬[305]户丁[300]吴永康，米〇石〇斗〇升玖合[007]。

光绪三十年九月十三日给票

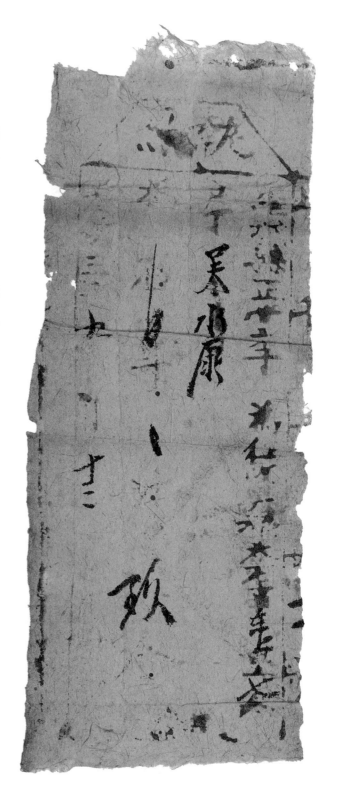

石可进完纳兵粮米石执照

（光绪三十年十月二十九日）

绵纸，纸幅 17.1cm×6.2cm，今藏广西壮族自治区少数民族古籍工作办公室，档案目录号 200806054。

执　照[238]

◇字◇丢◇面◇拾□号

罗城县正堂[233]张[307]，为征收兵粮米石事。元三里[304]一图[004]户丁[300]石可进，米〇石〇斗叁升贰合[007]。

光绪三十年十月廿九日给票

苏六合完纳兵粮米石执照

（光绪三十年十二月初六日）

绵纸，纸幅 17cm×6.5cm，今藏广西壮族自治区少数民族古籍工作办公室，档案目录号200907037。

执　照[238]

◇字◇囝◇百比拾五号

罗城县正堂[233]［李］张[307]，为征收兵粮囷囿事。元三里[304] 山内图[004] 户丁[300] 苏六合，米〇石〇斗壹升柒合[007]。

光囶三十年十二月初六囙繕票

石甫好完纳兵米粮石执照

（光绪三十一年十月十六日）

绵纸，纸幅 17.2cm×6.9cm，今藏广西壮族自治区少数民族古籍工作办公室，档案目录号200908031。

执 照[238]

登字◇千◇百一拾二号

罗城县正堂[233]向，为征收兵米粮石事。布里[306]三冬[004]户丁[300]石甫好，完纳光绪三十一年分米○石壹斗贰升壹合[007]。

光绪三十一年十月十六田[绘票]

石敬猷完纳兵米粮石执照

（光绪三十二年九月十一日）

绵纸，纸幅 17.2cm×6.6cm，今藏广西壮族自治区少数民族古籍工作办公室，档案目录号200812023。

执　照[238]

□字◇㽵◇㽶㽵㽷㽵 号

罗城县正堂[233]向，为征收兵米粮石事。元三里[304]一冬[004]户丁[300]石敬猷，完纳光绪三十二年分米〇石〇斗叁升玖合[007]。

光绪三十二年九月十一日给票

石运南完纳兵米粮石执照

（光绪三十二年九月十一日）

绵纸，纸幅17.1cm×6.6cm，今藏广西壮族自治区少数民族古籍工作办公室，档案目录号200806045。

执　　照[238]

□字◇仟◇佰□拾□号

罗城县正堂[233]向，为征收民困粮石事。元三里[304]一冬[004]户丁[300]石运南，完纳光绪三十二年分米〇石〇斗捌升玖合[007]。

光绪三十二年九月十一日给票

石甫好完纳兵米粮石执照

（光绪三十二年十月十一日）

绵纸，纸幅 13.1cm×7.2cm，今藏广西壮族自治区少数民族古籍工作办公室，档案目录号200908029。

执　照[238]

□字◇千◇百一拾□号

罗城县正堂[233]夏，为征收兵米粮石事。布里[306]三图[004]户丁[300]石甫好，完纳光绪三十二年份米〇石壹斗陆升□合[007]。

光绪三十二年十月十一日给票

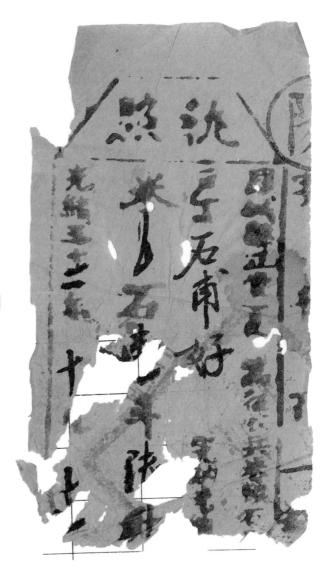

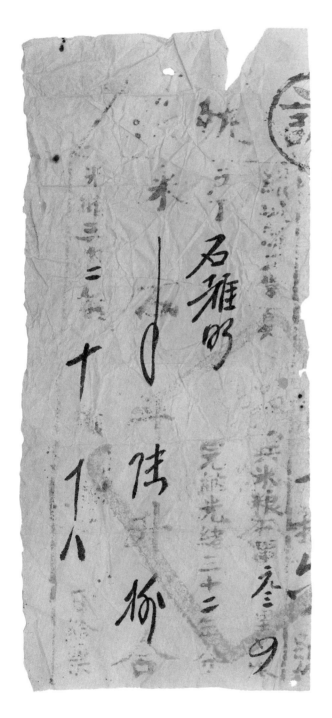

石雅明完纳兵米粮石执照

（光绪三十二年十月十八日）

绵纸，纸幅16.5cm×7.2cm，今藏广西壮族自治区少数民族古籍工作办公室，档案目录号200806053。

执　照 [238]

□字◇王◇百□拾□号

罗城圆正堂 [233] 夏，囚征呕兵米粮石事。元三里 [304] 四冬 [004] 户丁 [300] 石雅明，完纳光绪三十二年分米〇石〇斗陆升捌合 [007]。

光绪三十二囥十囲十八日给票

石稚圭完纳兵米粮石执照

（光绪三十二年十月十八日）

绵纸，纸幅 16.6cm×7cm，今藏广西壮族自治区少数民族古籍工作办公室，档案目录号 200812030。

执　照[238]

□字◇廿◇百□拾二号

罗城县正堂[233]夏，为征收兵米粮石事。元三里[304]一冬[004]户丁[300]石稚圭，完纳光绪三十二年分米〇石〇斗壹升肆合[007]。

光绪三十二年十月十八日给票

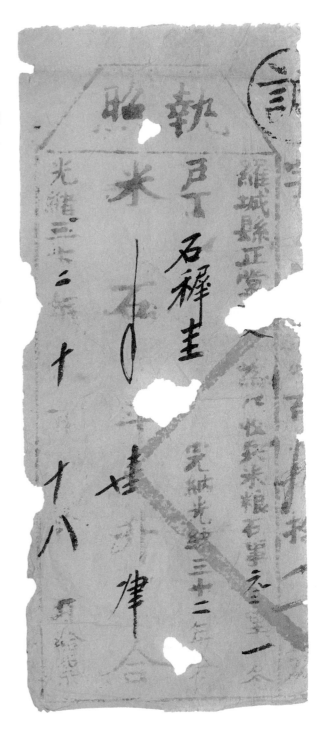

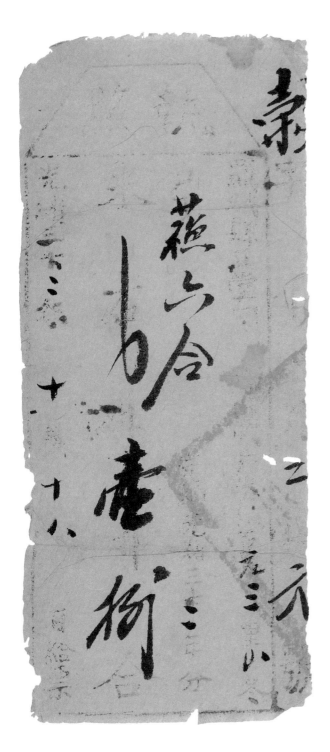

苏六合完纳兵米粮石执照

（光绪三十二年十月十八日）

绵纸，纸幅 16.6cm×7cm，今藏广西壮族
自治区少数民族古籍工作办公室，档案目录号
200907024。

执　照[238]

图字◇千◇百二拾六号

罗城县正堂[233] 夏，因征收兵米粮石事。

元三里[304] 山冬[004] 户丁[300] 苏六合，完纳光绪
三十二年分米〇石〇斗壹升捌合[007]。

光绪三十二年十月十八日给票

陈□兴完纳兵米粮石执照

（光绪三十二年十月二十一日）

绵纸，纸幅 16.7cm×6.8cm，今藏广西壮族自治区少数民族古籍工作办公室，档案目录号 201010022。

执　照[238]

□字□仟□百□拾□号

罗城县正堂[233]夏，为征收兵米粮石事。布里[306]九冬[004]户丁[300]陈□兴，完纳光绪三十二年分米〇石〇斗叁升壹合[007]。

光绪三十二年十月廿一日给票

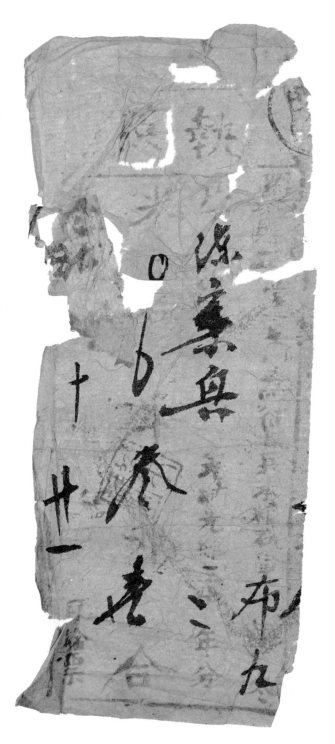

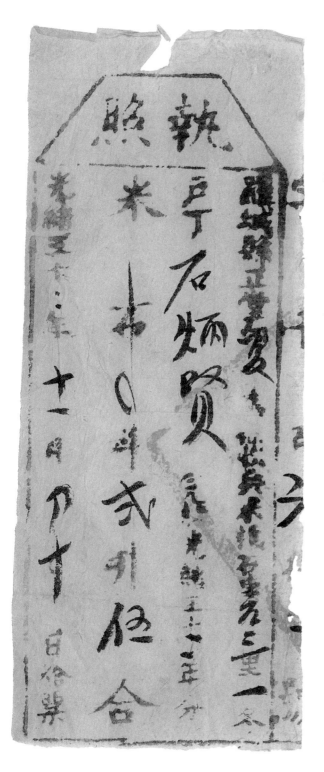

石炳贤完纳兵米粮石执照

（光绪三十二年十一月初十日）

绵纸，纸幅 17cm×7cm，今藏广西壮族自治区少数民族古籍工作办公室，档案目录号 200812021。

执　照[238]

◇字◇千◇百囚拾□号

罗城县正堂[233]夏，囚征收兵米粮石事。元三里[304]一冬[004]户丁[300]石炳贤，囧囫光绪三十二年分米〇石〇斗贰升伍合[007]。

光绪三十二年十一月初十日给票

石雅明完纳兵米粮石执照

（光绪三十三年九月二十六日）

绵纸，纸幅 17.3cm×6.8cm，今藏广西壮族自治区少数民族古籍工作办公室，档案目录号200806051。

执　　照[238]

□字◇千◇百◇拾二号

罗城县正堂[233] 傅，囝征收兵米粮石事。元三里[304]一冬[004]户丁[300] 石雅明，完纳光绪三田三年分米〇石〇斗玖升陆合[007]。

光绪三十三年九月廿六日给票

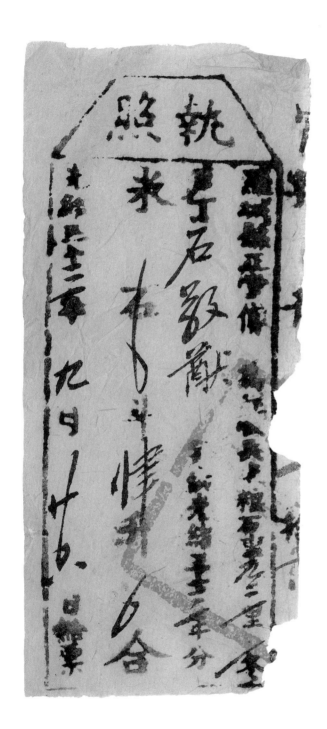

石敬猷完纳兵米粮石执照

（光绪三十三年九月二十六日）

绵纸，纸幅 16.8cm×7.4cm，今藏广西壮族自治区少数民族古籍工作办公室，档案目录号 200812024。

执　　照[238]

□字◇千◇佰□捨□号

罗城县正堂[233]傅，为征收兵囷粮石事。元三里[304]一冬[004]户丁[300]石敬猷，完囵光绪三十三年分米〇石〇斗肆升〇合[007]。

光绪三十三年九月廿六日给票

石运南完纳兵米粮石执照

（光绪三十三年九月二十六日）

绵纸，纸幅 17.3cm×6.8cm，今藏广西壮族自治区少数民族古籍工作办公室，档案目录号200812026。

执　照[238]

□字◇千◇百◇拾〓号

罗城县正堂[233]傅，为征收兵米粮石事。元三里[304]一冬[004]户丁[300]石运南，完纳光绪三十三年分米〇石〇斗柒升玖合[007]。

光绪三十三年九月廿六日给票

韦石光完纳兵米粮石执照

（光绪三十三年九月二十六日）

绵纸，纸幅 17.2cm×7.3cm，今藏广西壮族自治区少数民族古籍工作办公室，档案目录号200812028。

执　照[238]

□字◇千◇百□拾田号

罗城县正堂[233]傅，为征收兵米粮石事。元三里[304]一冬[004]户丁[300]韦石光，完纳光绪三十三年分米〇石〇斗贰升贰合[007]。

光绪三十三年九月廿六日给票

苏六合完纳兵米粮石执照

（光绪三十三年十月二十六日）

绵纸，纸幅 16.5cm×6.8cm，今藏广西壮族自治区少数民族古籍工作办公室，档案目录号 200907044。

执 照[238]

□字◇仟◇佰◇拾伍号

罗城县正堂[233] 傅，为征收兵米粮石事。

元三里[304] 石图[004] 户丁[300] 苏六合，完纳光绪

三年三亩分米○石○斗壹升柒合[007]。

光绪三年三年十月廿六日给票

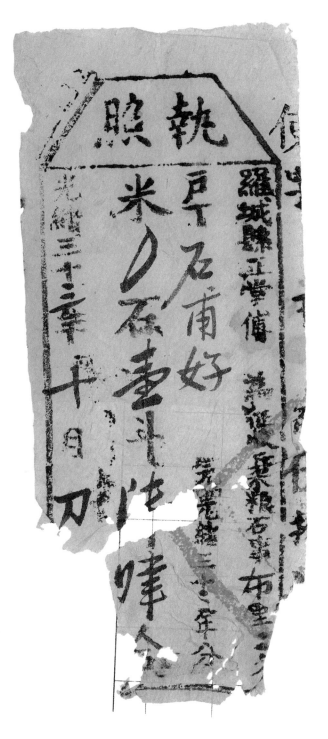

石甫好完纳兵米粮石执照

（光绪三十三年十月）

绵纸，纸幅 16.5cm×7cm，今藏广西壮族
自治区少数民族古籍工作办公室，档案目录号
200908039。

执　　照[238]

便字◇千◇百伍拾□另

罗城县正堂[233]傅，为征收兵米粮石事。布里[306]
二图[004]户丁[300]石甫好，完函光绪三十三年分
米○石壹斗陆团肆合[007]。

光绪三十三年十月初□田给票

石甫好完纳兵米粮石执照

（光绪三十四年九月二十九日）

绵纸，纸幅 16.5cm×7.5cm，今藏广西壮族自治区少数民族古籍工作办公室，档案目录号200908040。

执　照[238]

□字◇仟◇百伍拾玖号

罗城县正堂[233] 傅，为征收兵米粮石事。

布里[306] 二图[004] 户丁[300] 石甫好，完纳光绪三田四年分米○石壹斗陆升捌合[007]。

光绪三十四年九月廿九日给票

注：

文书左上方红色印字：重征错漏，随时更正。

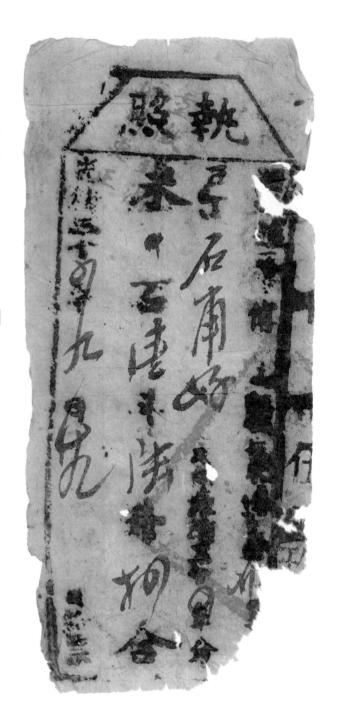

苏六合完纳兵米粮石执照

（光绪三十四年十月十四日）

绵纸，纸幅 17.9cm×6.8cm，今藏广西壮族自治区少数民族古籍工作办公室，档案目录号 200907015。

执 照[238]

黎字◇千四 百 四 拾 二号

罗 城 县 正 堂[233]傅，为 征 收 兵 米 粮石 事。

元 三 里[304]山冬[004]户丁[300]苏六合，完 纳 光 绪

三 田 四 年 分米○石○斗壹升柒合[007]。

光绪三十四年十月十四 日 给票

注：

文书左上方红色印字：重征错漏，随 时 更 正。

蒙光义完纳兵米粮石执照

（光绪三十四年十一月初二日）

绵纸，纸幅 16.4cm×7cm，今藏广西壮族
自治区少数民族古籍工作办公室，档案目录号
201010029。

执　照[238]

□字◇千□百壹拾叁号

罗城县正堂[233]傅，为征收兵米粮石事。布
里[306]九冬[004]户丁[300]蒙光义，完函光绪三十四
年分米〇石〇斗叁升壹合[007]。

光绪三十四囨十一囿初二日给票

注：
文书左上方红色印字：重征错漏，随时更正。

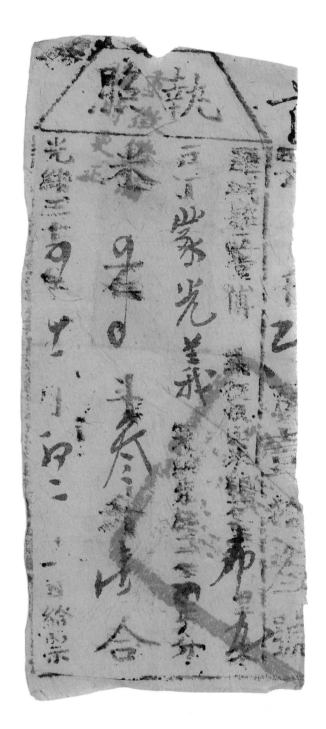

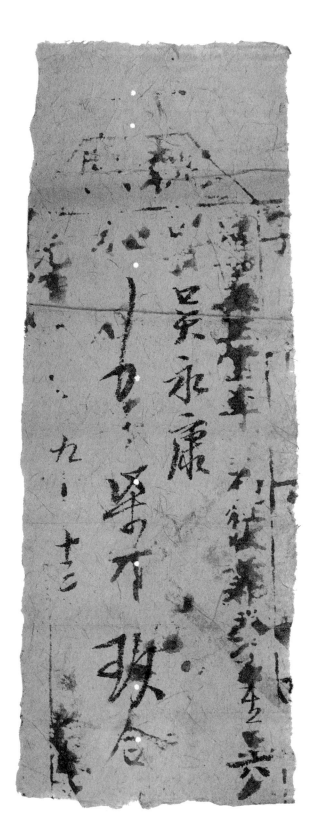

吴永康完纳兵粮米石执照

（光绪□年九月十三日）

绵纸，纸幅 18.5cm×6.6cm，今藏广西壮族自治区少数民族古籍工作办公室，档案目录号 200803070。

执　照[238]

◇字◇千◇佰◇捨□号

罗城县正堂[233]李，因征收兵粮米石事。东一里六图[029]户丁[300]吴永康，米○石○斗柒团玖合[007]。

光绪□年九月十三日给票

苏六合完纳兵粮米石执照

（宣统元年九月二十四日）

绵纸，纸幅 17.5cm×6.2cm，今藏广西壮族自治区少数民族古籍工作办公室，档案目录号 200907045。

执　照[238]

□字□□□□仟□百□拾□号

罗城县正堂[233]陈，为征收兵粮米石事。元三里[304]山内冬[004]户丁[300]苏六合，完纳宣统元年分米〇石〇斗壹升柒合[007]。

宣统元年九月廿四日给票

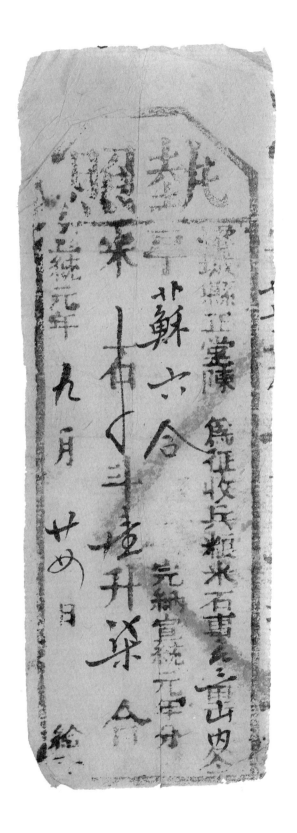

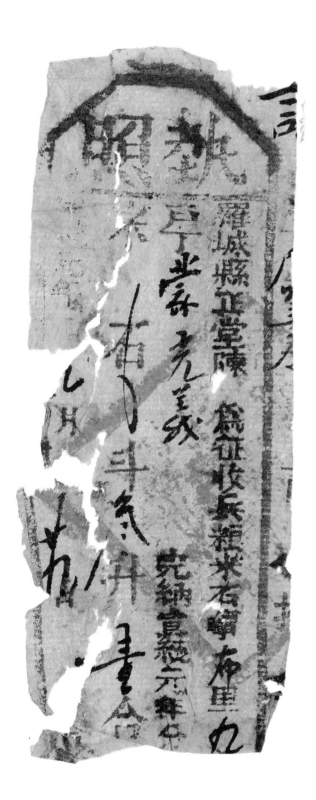

蒙光义完纳兵粮米石执照

（宣统元年九月二十九日）

绵纸，纸幅 16cm×6cm，今藏广西壮族
自治区少数民族古籍工作办公室，档案目录号
201010023。

执　照[238]

□字□□□□仟□佰□拾□号

罗城县正堂[233]陈，为征收兵粮米石事。布里[306]
九图[004] 户丁[300] 蒙光义，完纳宣统元年分米○石
○斗叁升壹合[007]。

宣统元年九月廿九日给票

石雅明完纳兵粮米石执照

（宣统元年十一月初八日）

绵纸，纸幅 16.8cm×6cm，今藏广西壮族自治区少数民族古籍工作办公室，档案目录号 200806052。

执　照[238]

□字□□□□仟□百□拾□号

罗城县正堂[233] 陈，为征收兵粮米石事。元三里[304] 一冬[004] 户丁[300] 石雅明，完纳宣统元年分米〇石壹斗柒升叁合[007]。

宣统元年十一月初八日□票

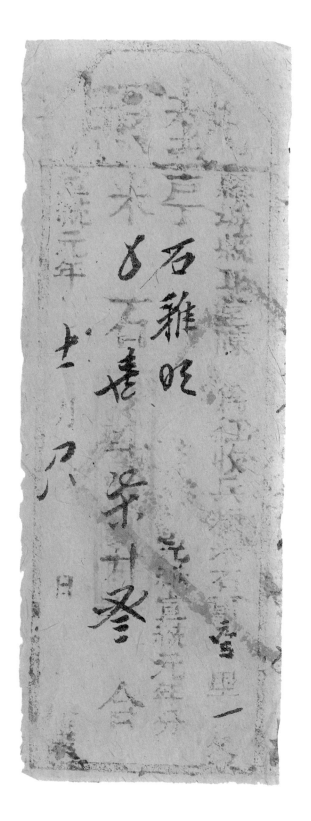

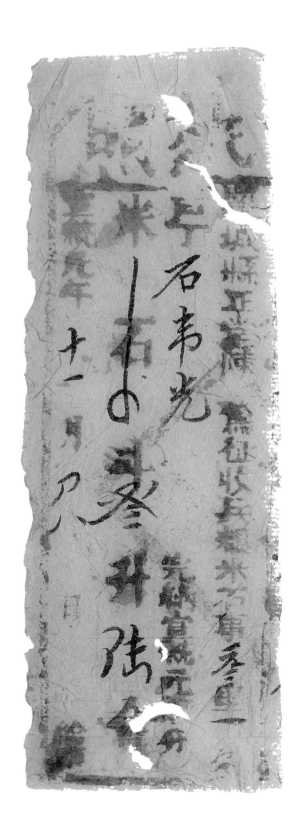

石韦光完纳兵粮米石执照

（宣统元年十一月初八日）

绵纸，纸幅 16.6cm×5.6cm，今藏广西壮族自治区少数民族古籍工作办公室，档案目录号 200812027。

执　　照[238]

□字□□□□仟□百□拾□号

罗城县正堂[233]陈，为征收兵粮米石事。元三里[304]一冬[004]户丁[300]石韦光，完纳宣统元囷分米○石○斗叁升陆合[007]。

宣统元年十一月初八日给罼

石雅明完纳兵米执照

（宣统二年十月二十九日）

绵纸，纸幅25.7cm×13cm，今藏广西壮族自治区少数民族古籍工作办公室，档案目录号200812095。

执　照[238]

□字伍百八十号

米○石壹斗柒升叁合

罗城县正堂[233]□，为征收兵米事。今据
◇□第◇区第◇号门牌◇，完纳元三里[304]一
冬[004]石雅明户，□宣统二年份兵米○石壹斗柒
升叁合[007]。业经核明，收讫须执照。

　　　　宣统二年十月廿九日给

如有错讹，准其禀明更正。

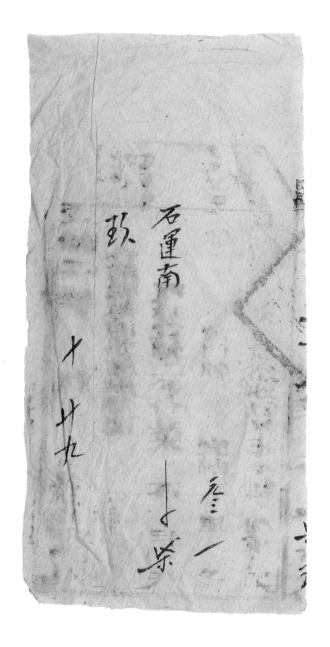

石运南完纳兵米执照

（宣统二年十月二十九日）

绵纸，纸幅 25.3cm×12.5cm，今藏广西壮族自治区少数民族古籍工作办公室，档案目录号200806058。

执　照[238]

□字□□□□号

籴◇石◇斗柒丑攺合

罗城县正堂[233]□，为征收兵米事。今据◇□第◇区第◇号门牌◇，完纳元三里[304]一冬[004]石运南户，□宣统二年份兵米○石○斗柒丑玖合[007]。业经核明，收讫须执照。

宣统二年十月廿九日给

如有错讹，准其禀明更正。

苏六合完纳兵粮米石执照

（宣统三年九月十三日）

绵纸，纸幅 16.5cm×8.9cm，今藏广西壮族自治区少数民族古籍工作办公室，档案目录号 200907020。

执　照[238]

□字□仟□百□拾□号

罗城县正堂[233]李，为征收兵粮米石事。户丁[300]苏六合完纳元三里[304]山内冬[004]米〇石〇斗壹升柒合[007]。

宣统三年九月十三日给票

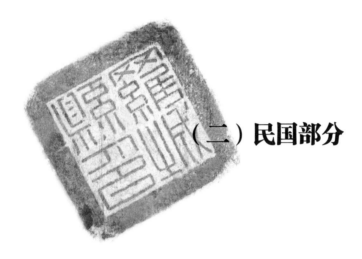 （二）民国部分

1. 田赋文书

苏六合完纳兵粮米石执照
（民国元年九月十二日）

绵纸，纸幅 16.2cm×10.5cm，今藏广西壮族自治区少数民族古籍工作办公室，档案目录号 200907051。

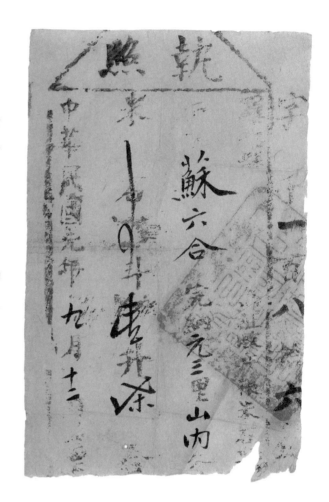

执　照[238]

◇字◇千一百八拾六𬮸

罗城县◇，为征收兵粮米石𤉲。户丁[300] 苏六合完纳元三里[304] 山内冬[004] 米〇石〇斗壹升柒合[007]。

中华民国元年九月十二日𡉄票

石甫好完纳兵粮米石执照

（民国元年十月初五日）

绵纸，纸幅 15.1cm×8.4cm，今藏广西壮族自治区少数民族古籍工作办公室，档案目录号 200908033。

执　照[238]

□字□千□百□拾□号

罗城国◇，为征收兵粮米石事。户丁[300]石甫好完纳布里[306]二冬[004]米〇石壹斗叁升〇合[007]。

右照民国元年十月初五日给票

石雅明完纳地丁兵米执照

（民国二年十一月）

绵纸，纸幅 24.3cm×8cm，今藏广西壮族自治区少数民族古籍工作办公室，档案目录号 200806081。

执　照[238]

县字第壹千□百拾□号

完银二廿一毛四仙〇厘

罗城县知事刘，为征收丁、米银两事。元三里[304]一冬[004]石雅明户，完纳癸丑年分地丁银[303]〇两叁钱贰分柒厘、兵米〇石壹斗柒升叁合[007]〇勺。

贰共实征[314]银贰拾壹毫肆仙〇厘，连同耗羡[315]规费[316]平余[317]在内。

中华民国二年十一月◇日给票

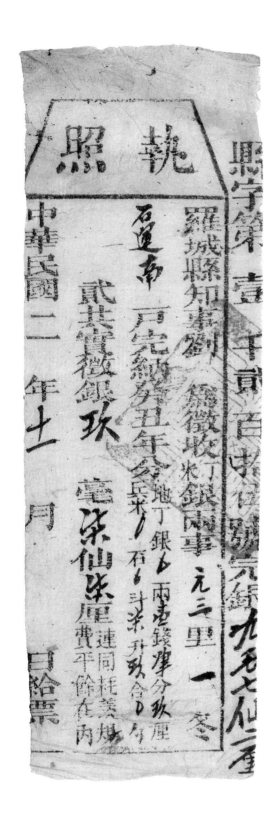

石运南完纳地丁兵米执照

（民国二年十一月）

绵纸，纸幅 24.5cm×8cm，今藏广西壮族自治区少数民族古籍工作办公室，档案目录号 200812084。

执　照 [238]

县字第壹千贰百拾伍号

完银九毛七仙二厘

罗城县知事刘，为征收丁、米银两事。元三里 [304] 一冬 [004] 石运南户，完纳癸丑年分地丁银 [303] ○两壹钱肆分玖厘、兵米○石○斗柒升玖合 [007] ○勺。

贰共实征 [314] 银玖毫柒仙柒厘，连同耗羡 [315] 规费 [316] 平余 [317] 在内。

中华民国二年十一月◇日给票

韦石光完纳地丁兵米执照

（民国二年十一月）

绵纸，纸幅 24.8cm×8cm，今藏广西壮族自治区少数民族古籍工作办公室，档案目录号 200812085。

执　照[238]

囷字第壹仟贰百贰拾壹号
完银三毛二仙二厘

罗城县知事刘，为征收丁、米银两事。元三里[304]一冬[004]韦石光户，完纳癸丑年分地丁银[303]〇两〇钱肆分玖厘、兵米〇石〇斗贰升陆合[007]〇勺。

贰共实征[314]银叁毫贰仙贰厘，连同耗羡[315]规费[316]平余[317]在内。

中华民国二年十一月◇日给票

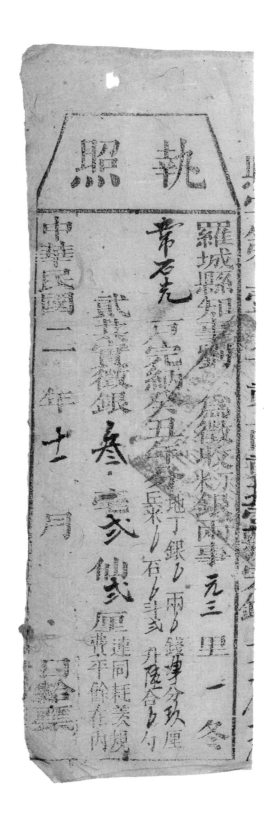

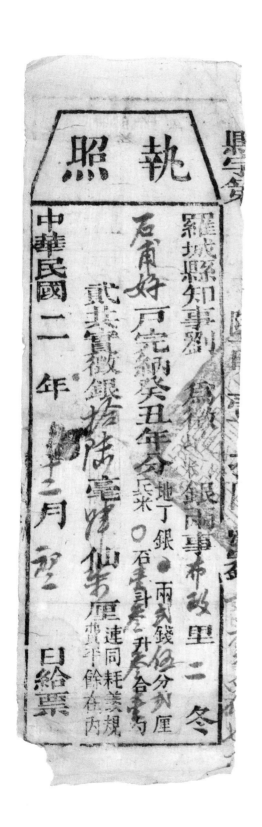

石甫好完纳地丁兵米执照

（民国二年十二月初二日）

绵纸，纸幅26.5cm×8.1cm，今藏广西壮族自治区少数民族古籍工作办公室，档案目录号200907057。

执　照[238]

县字第陆百壹拾陆号

完银一廿六毛四仙七厘

罗城县知事刘，为征收丁、米银两事。布政里二冬[138]石甫好户，完纳癸丑年分地丁银[303]〇两贰钱伍分贰厘、兵米〇石壹斗叁升叁合[007]壹勺。

贰共实征[314]银拾陆毫肆仙柒厘，连同耗羡[315]规费[316]平余[317]在内。

中华民国二年十二月初二日给票

黄泰祥完纳地丁兵米执照

（民国二年十二月二十二日）

绵纸，纸幅 24.2cm×8cm，今藏广西壮族
自治区少数民族古籍工作办公室，档案目录号
201311001。

执　照[238]

□字第□百□拾□号
完银一廿四毛七仙七厘

罗城县知事刘，为征收丁、米银两事。布
政里[101]八冬[004]黄泰祥户，完纳癸丑年分地丁
银[303]〇两贰钱贰分六厘、兵米〇石壹斗壹升九
合[007]三勺。

贰共实征[314]银壹拾肆毫柒仙柒厘，连同耗
羡[315]规费[316]平余[317]在内。

中华民国二年十二月廿二日给票

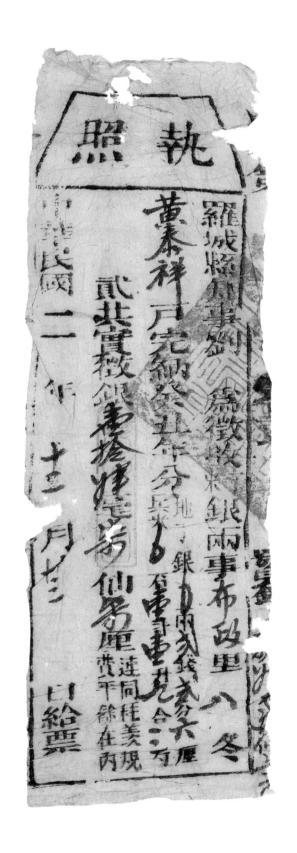

苏六合完纳地丁兵米执照

（民国三年二月十二日）

绵纸，纸幅 25.2cm×7.5cm，今藏广西壮族自治区少数民族古籍工作办公室，档案目录号 200907050。

执　照[238]

▢字第▢▢▢▢号

完银二毛一仙一厘

罗城县知事▢，为征收丁、米银两事。元三里[304] 山内冬[004] 苏六合户，完纳▢年分地丁银[303] ○两○钱三分二厘、兵米○石○斗壹升七合[007] ○勺。

贰共实征[314] 银贰毛壹仙壹厘，连同耗羡[315] 规费[316] 平余[317] 在内。

中华民国三年二月十二日给票

注：

文书左下方红色印字：又票费银贰仙。

苏六合完纳地丁兵米执照

（民国三年十一月初八日）

绵纸，纸幅 22cm×8.3cm，今藏广西壮族自治区少数民族古籍工作办公室，档案目录号 200907049。

执　照 [238]

宿字第四十五号

完银二毛二仙四厘

罗城县知事冯，为征收丁、米银两事。元三里 [304] 山冬 [004] 苏六合户，完纳◇年分地丁银 [303] ○两○钱三分五厘、兵米○石○斗一升七合 [007] ○勺。

贰共实征 [314] 银贰毫贰仙四厘，连同耗羡 [315] 规费 [316] 平余 [317] 在内。

中华民国三年十一月初八日给票

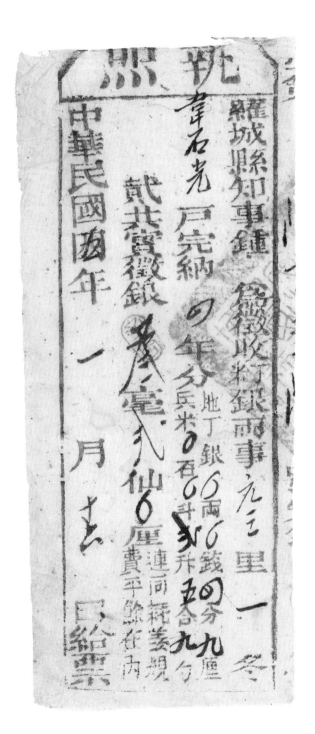

韦石光完纳地丁兵米执照

（民国五年一月十六日）

绵纸，纸幅 19.7cm×8cm，今藏广西壮族
自治区少数民族古籍工作办公室，档案目录号
200806083。

执　照[238]

□字第□□□六号

完银◇

罗城县知事钟，为征收丁、米银两事。元三
里[304] 一冬[004] 韦石光户，完纳四年分地丁银[303] ○
两○钱四分九厘、兵米○石○斗贰升五合[007] 九勺。

贰共实征[314] 银叁毫贰仙○厘，连同耗羡[315]
规费[316] 平余[317] 在内。

中华民国五年一月十六日给票

王实用完纳地丁兵米执照

（民国五年一月十六日）

绵纸，纸幅21.2cm×8.5cm，今藏广西壮族自治区少数民族古籍工作办公室，档案目录号200806084。

执 照[238]

◇字第陆百贰伍号

完银◇

罗城县知事钟，为征收丁、米银两事。元三里[304] 壹冬[004] 王实用户，完纳四年分地丁银[303] ○两一钱○分贰厘、兵米○石○斗五升三合[007] 一勺。

贰共实征[314] 银陆毫柒仙○厘，连同耗羡[315] 规费[316] 平余[317] 在内。

中华民国五年一月十六日给票

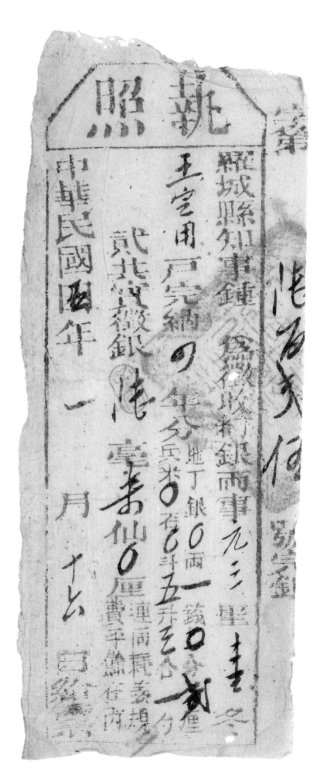

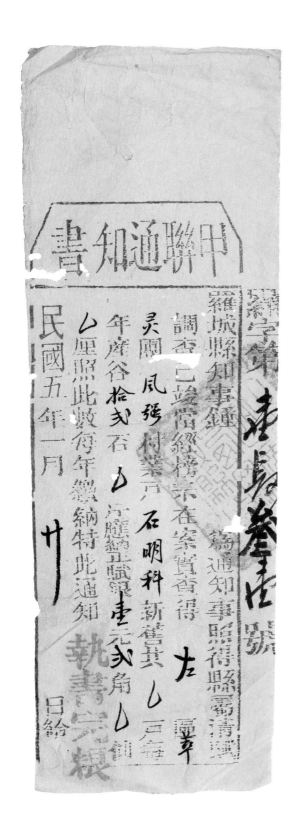

石明科田赋通知书

（民国五年一月二十日）

绵纸，纸幅 27.3cm × 9.5cm，今藏广西壮族自治区少数民族古籍工作办公室，档案目录号 200812099。

甲联通知书

罗字第壹肆叁壹号

罗城县知事钟，为通知事。照得县属清赋，调查已竣，当经榜示在案。实查得左区[308]华灵团风强村业户石明科，新旧共〇户，每年产谷拾贰石〇斤，应纳正赋[318]银壹元贰角〇仙〇厘。照此数每年缴纳。特此通知。

民国五年一月廿日给

注：

文书左下方红色印字：执书完粮。

石明科完纳地丁兵米执照

（民国五年一月二十四日）

绵纸，纸幅 20.6cm×7.5cm，今藏广西壮族自治区少数民族古籍工作办公室，档案目录号 200806085。

执　照 [238]

□字第柒□陆伍号

完银◇

罗城县知事钟，为征收丁、米银两事。元三里 [304] 一冬 [004] 石明科户，完纳四年分地丁银 [303] ○两○钱六分三厘、兵米○石○斗三升三合 [007] ○勺。

贰共实征 [314] 银肆毫壹仙○厘，连同耗羡 [315] 规费 [316] 平余 [317] 在内。

中华民国五年一月廿四日给票

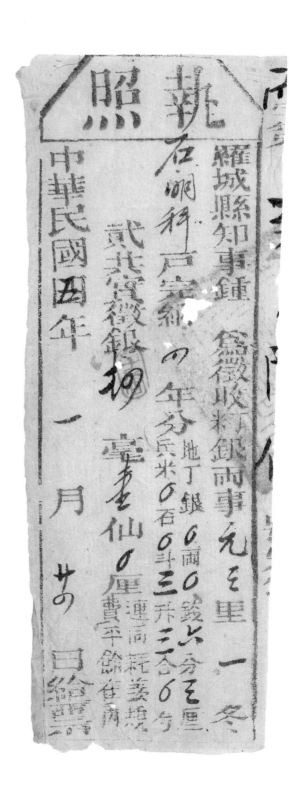

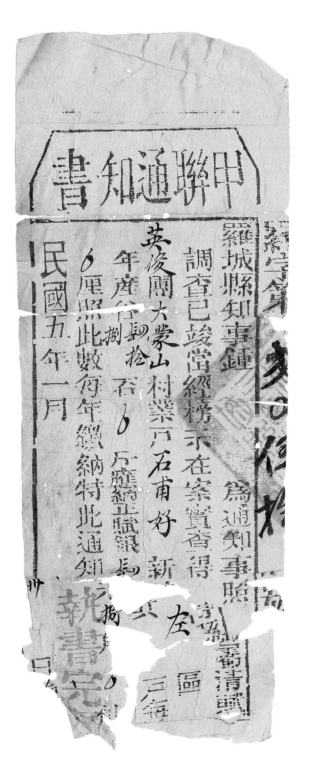

石甫好田赋通知书

（民国五年一月三十日）

绵纸，纸幅 23.6cm×9.3cm，今藏广西壮族自治区少数民族古籍工作办公室，档案目录号 201010004。

甲联通知书

罗字第贰〇伍拾号

罗城县知事钟，为通知事。照得县属清赋，调查已竣，当经榜示在案。实查得左区[308]英俊团大蒙山村业户石甫好，新回共口户，每年产谷肆拾捌石〇斤，应纳正赋[318]银肆元捌角〇仙〇厘。照此数每年缴纳。特此通知。

民国五年一月卅日 圖

注：

文书左下方红色印字：执书完圈。

石烺轩完纳田赋执照

（民国五年十二月二十八日）

绵纸，纸幅24cm×8.7cm，今藏广西壮族自治区少数民族古籍工作办公室，档案目录号200806082。

执　照[238]

□字第 肆 百 伍 玖 号

罗城县知事钟，为征收田赋银元事。 兹据 左区[308]联团[319]五冬[004]石烺轩户，完纳五年份产谷〇百〇拾柒石〇拾〇斤。

共征银〇拾〇元柒角〇仙〇正。

中华民国五年十二月廿八日给票

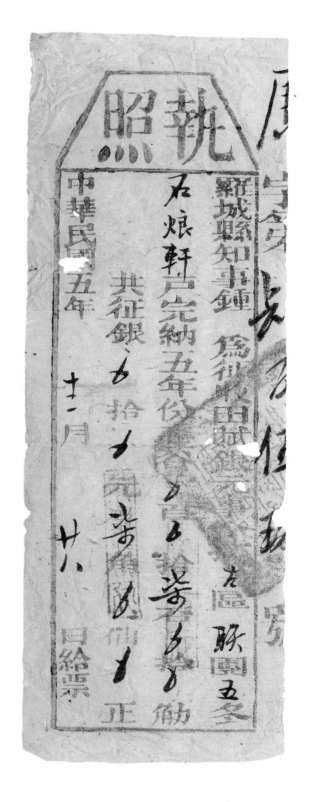

石明科完纳田赋执照

（民国五年十二月二十八日）

绵纸，纸幅 24cm×8.7cm，今藏广西壮族自治区少数民族古籍工作办公室，档案目录号200806086。

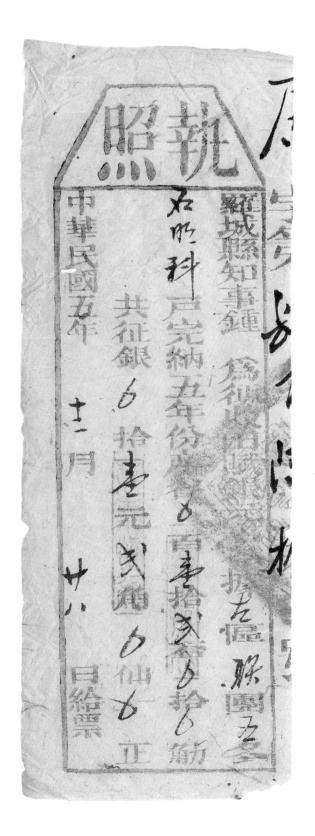

执　照[238]

□字第肆□陆捌号

罗城县知事钟，为征收田赋银元事。今据左区[308] 联团[319] 五冬[004] 石明科户，完纳五年份产谷○百壹拾贰石○拾○斤。

共征银○拾壹元贰角○仙○正。

中华民国五年十二月廿八日给票

石运南等完纳田赋执照

（民国五年十二月二十八日）

绵纸，纸幅24cm×8.7cm，今藏广西壮族自治区少数民族古籍工作办公室，档案目录号200806087。

执　照[238]

□字第肆百伍肆号

罗城县知事钟，为征收田赋银元事。今据左区[308]联团[319]五冬[004]石运南、石玉成、石韦光、石雅明、石献璋户，完纳五年份产谷壹百贰拾陆石○拾○斤。

共征银壹拾贰元陆角○仙○正。

中华民国五年十二月廿八日给票

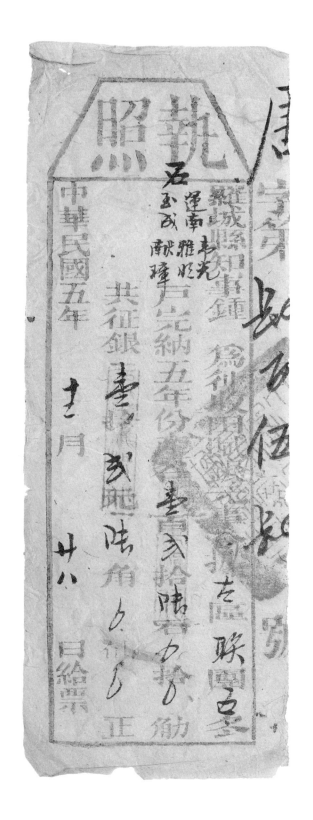

石明科完纳粮赋执照

（民国六年十一月二十九日）

绵纸，纸幅22.6cm×10cm，今藏广西壮族自治区少数民族古籍工作办公室，档案目录号200806079。

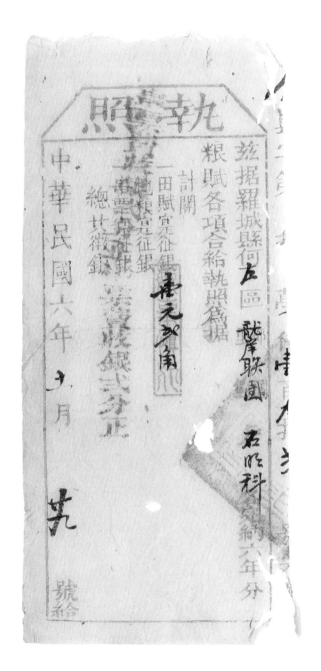

执　照[238]

□字第◇捌◇万□佰壹百□拾贰号完银

兹据罗城县何，左区[308]【◇郡◇图◇户】【◇里◇堡◇户】龙岸联团[319]石明科名，完纳六年分粮赋，各项合给执照为据。

计开：

一田赋实征[314]银壹元贰角。

一地粮实征银◇。

一串票[320]实征银贰分正。

总共征银◇。

中华民国六年十一月廿九号给

石烺轩完纳粮赋执照

（民国六年十一月二十九日）

绵纸，纸幅 22.5cm×10cm，今藏广西壮族自治区少数民族古籍工作办公室，档案目录号 200806080。

执　照[238]

□字第◇拾◇万□仟壹百 叁 拾壹号 完银

兹据罗城县何，左区[308]【◇郡◇图◇户】【◇里◇堡◇户】龙岸联团[319]石烺轩名，完纳六年分粮赋，各项合给执照为据。

计开：

一田赋实征[314]银柒角。

一地粮实征银◇。

一串票[320]实征银贰分正。

总共征银◇。

中华民国六年十一月廿九号给

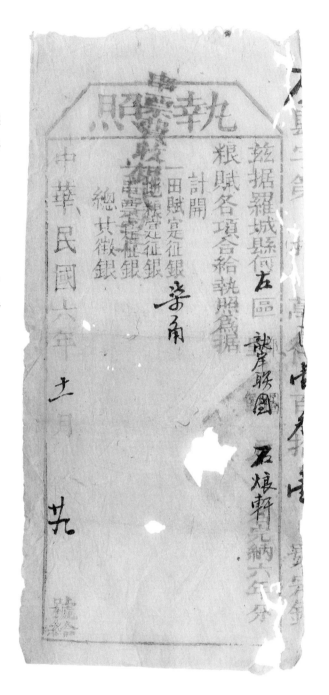

韦敬德完纳粮赋执照

（民国八年十二月七日）

绵纸，纸幅 24cm×10cm，今藏广西壮族自治区少数民族古籍工作办公室，档案目录号 200806078。

执照[238]

□字第○拾○万○仟 壹 百□拾□号 完 银

兹据罗城县左区[308]龙岸联团[319]韦敬德名，完纳八年分粮赋，各项合给执照为据。

计开：

一田赋实征[314]银壹元肆角。

一地粮实征银◇。

一串票[320]实征银贰分。

总共征银◇。

中华民国八年十二月七号给

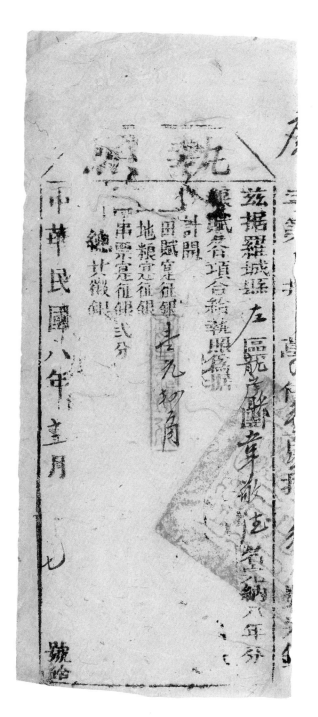

石烺轩完纳粮赋执照

（民国八年十二月七日）

绵纸，纸幅 23.9cm×10cm，今藏广西壮族
自治区少数民族古籍工作办公室，档案目录号
200806088。

执　照[238]

□字第◇拾◇万□任壹百□拾叁号 完银

兹据罗城县左区[308]龙岸联团[319]石烺轩名，

完纳八年分粮赋，各项合给执照为据。

计开：

一田赋实征[314]银柒角。

一地粮实征银◇。

一串票[320]实征银贰分。

总共征银◇。

中华民国八年十二月七号给

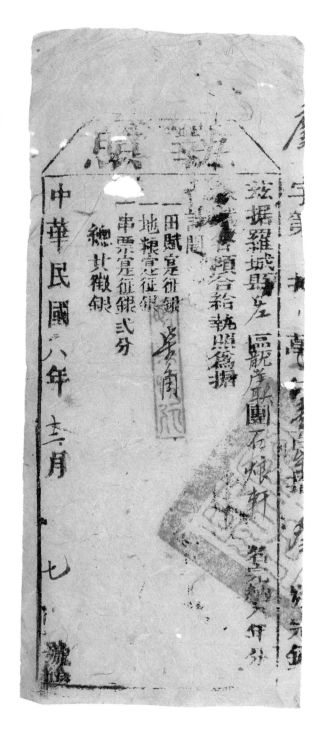

何文锦完纳粮赋执照

（民国八年十二月三十一日）

绵纸，纸幅 21.4cm × 10.1cm，今藏广西壮族自治区少数民族古籍工作办公室，档案目录号 200911019。

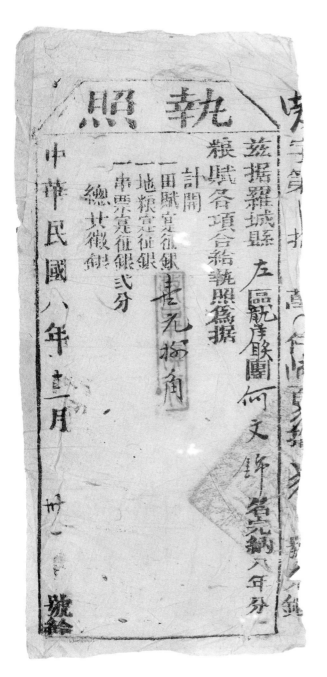

执　　照[238]

□字第○拾○万○仟陆百贰拾贰号 完银

兹据罗城县左区[308]龙岸联团[319]何文锦名，完纳八年分粮赋，各项合给执照为据。

计开：

一田赋实征[314]银壹元捌角。

一地粮实征银◇。

一串票[320]实征银贰分。

总共征银◇。

中华民国八年十二月卅一号 图

石玉成等完纳粮赋执照

（民国九年十一月十三日）

绵纸，纸幅 23.5cm×8.6cm，今藏广西壮族自治区少数民族古籍工作办公室，档案目录号200812091。

执　照[238]

□字第◇拾◇万○仟□百□拾贰号完银

兹据罗城县左区[308]龙岸联团[319]石玉成、石运南、石献珍、石雅明、石韦光名，完纳九年分粮赋，各项合给执照为据。

计开：

一田赋实征[314]银壹拾贰元陆角。

一地赋实征银◇。

一串票[320]实征银贰分。

总共征银◇。

中华民国九年十一月十三号给

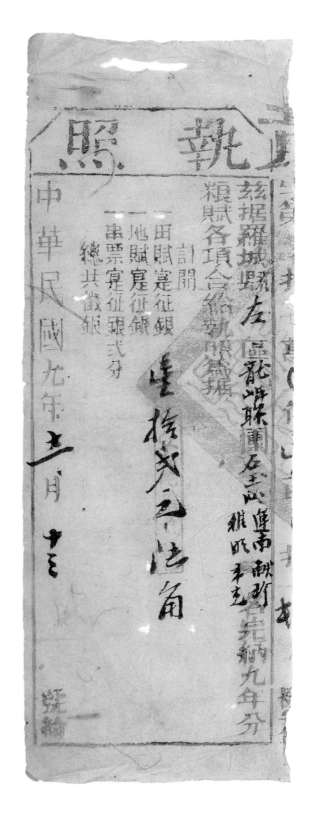

韦敬德完纳粮赋执照

（民国九年十二月七日）

绵纸，纸幅 23cm×8.6cm，今藏广西壮族自治区少数民族古籍工作办公室，档案目录号 200806076。

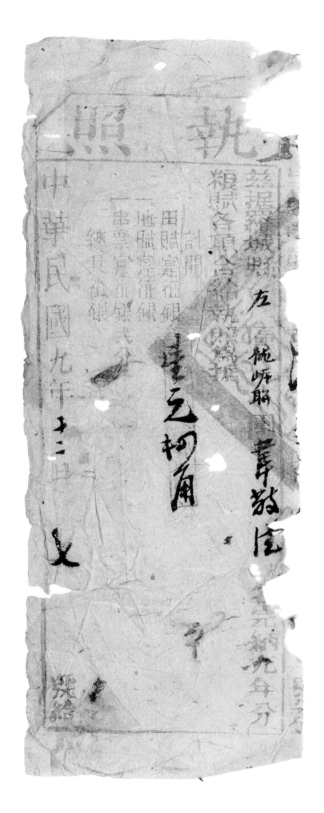

执　照[238]

□字第□拾□万□仟□百□拾□号完银

兹据罗城县左区[308]龙岸联团[319]韦敬德名，完纳九年分粮赋，各项合给执照为据。

计开：

一田赋实征[314]银壹元肆角。

一地赋实征银◇。

一串票[320]实征银贰分。

总共征银◇。

中华民国九年十二月七号给

覃理成完纳粮赋执照

（民国十年一月九日）

绵纸，纸幅 23.2cm×9cm，今藏广西壮族自治区少数民族古籍工作办公室，档案目录号 201010014。

执　照 [238]

□字第□拾□万□仟□百□拾□号完银

兹据罗城县左区 [308] 龙岸联团 [319] 覃理成名，完纳九年分粮赋，各项合给执照为据。

计开：

一田赋实征 [314] 银柒元捌角。

一地赋实征银◇。

一串票 [320] 实征银贰分。

总共征银◇。

中华民国十年一月九号给

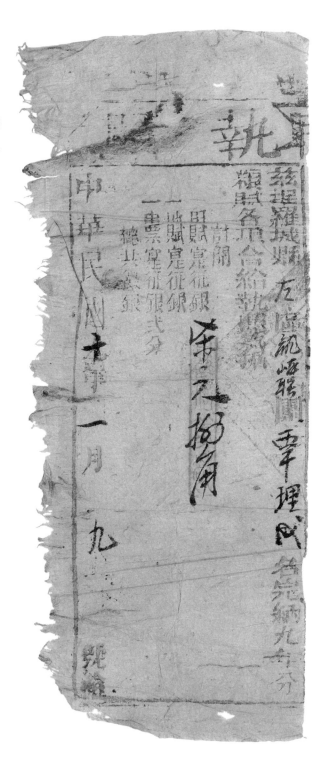

何文锦完纳粮赋执照

（民国十年一月十二日）

绵纸，纸幅 26cm×8.7cm，今藏广西壮族自治区少数民族古籍工作办公室，档案目录号200911011。

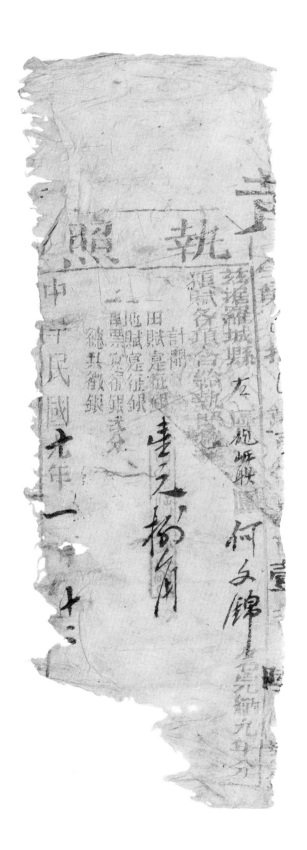

执　照[238]

黄字第□拾□万□伍□百壹拾陆号完银

兹据罗城县左区[308]龙岸联团[319]何文锦名，完纳九年分粮赋，各项合给执照为据。

计开：

一田赋实征[314]银壹元捌角。

一地赋实征银◇。

一串票[320]实征银贰分。

总共征银◇。

中华民国十年一月十二号缴

何文锦完纳粮赋执照

（民国十一年一月五日）

绵纸，纸幅 18.9cm×8.9cm，今藏广西壮族自治区少数民族古籍工作办公室，档案目录号200911024。

执　照[238]

□字第○拾○万○仟□百玖拾壹号完银

兹据罗城县左区[308]联团[319]何文锦名，完纳田年分粮赋，各项合给执照为据。

计开：

一田赋实征[314]银壹元捌角。

一地赋实征银◇。

一串票[320]实征银贰分。

总共征银◇。

田华民国十一年一月五号给

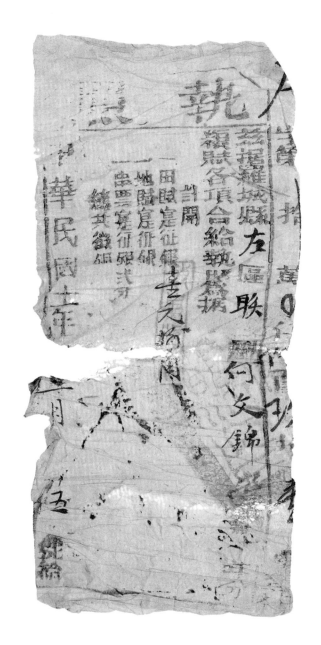

韦敬德完纳粮赋执照

（民国十一年九月二十五日）

绵纸，纸幅 23.5cm×9cm，今藏广西壮族自治区少数民族古籍工作办公室，档案目录号 200806074。

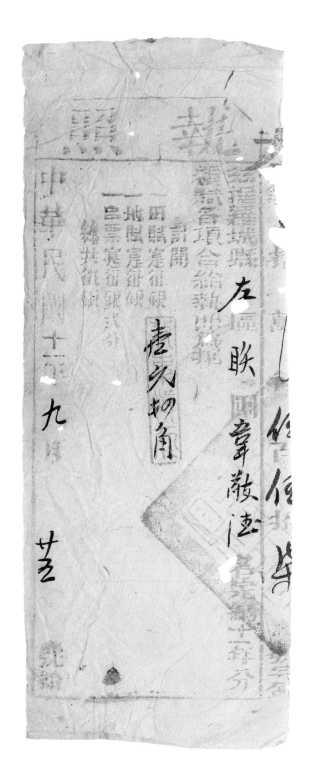

执　照[238]

囯字第〇拾〇万〇仟伍百伍拾柒号完银

兹据罗城县左区[308]联团[319]韦敬德名，完纳十一年分粮赋，各项合给执照为据。

计开：

一田赋实征[314]银壹元肆角。

一地赋实征银◇。

一串票[320]实征银贰分。

总共征银◇。

　　中华民国十一年九月廿五号给

石烺轩完纳粮赋执照

（民国十一年九月二十五日）

绵纸，纸幅 23.5cm×9cm，今藏广西壮族自治区少数民族古籍工作办公室，档案目录号 200806075。

执　照[238]

左字第○拾○万○仟伍百伍拾陆号完银

兹据罗城县左区[308]联团[319]石烺轩图，完纳十一年分粮赋，各项合给执照为据。

计开：

一田赋实征[314]银柒角。

一地赋实征银◇。

一串票[320]实征银贰分。

总共征银◇。

中华民国十一年九月廿五号给

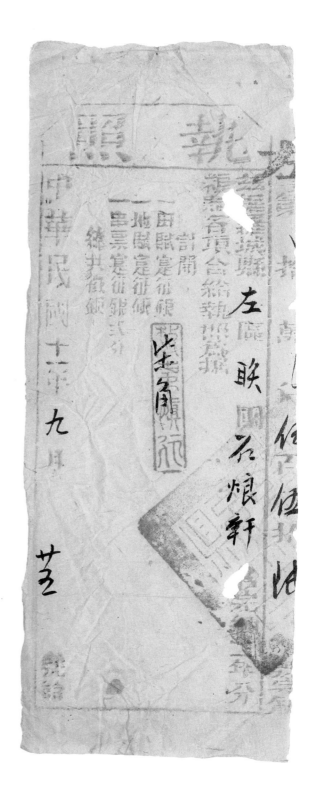

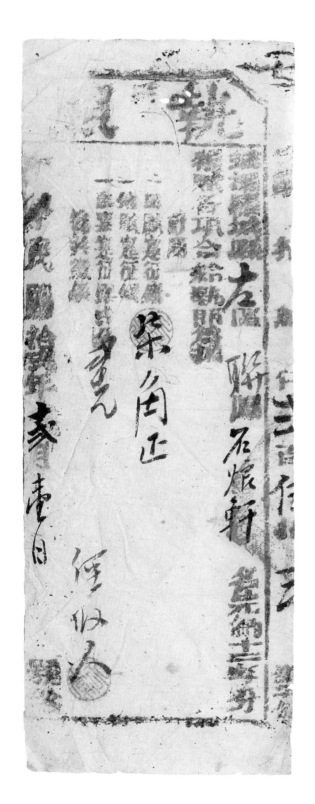

石烺轩完纳粮赋执照

（民国十二年十二月一日）

绵纸，纸幅 23.3cm×9cm，今藏广西壮族自治区少数民族古籍工作办公室，档案目录号 200806073。

执　照 [238]

□字第◇拾◇万◇仟贰百伍拾□号完银

函据罗城县左区 [308] 联团 [319] 石烺轩名，完纳十二年分粮赋，各项合给执照为据。

计开：

一田赋实征 [314] 银柒角正。

一地赋实征银◇。

一串票 [320] 实征银贰分贰先（仙）。

总共征银◇。

经收人

田函民国拾贰年十贰月壹 [日] 号给

韦敬德完纳粮赋执照

（民国十二年十二月一日）

绵纸，纸幅 22.5cm×8.5cm，今藏广西壮族自治区少数民族古籍工作办公室，档案目录号200812092。

执　照[238]

□字第□拾□万□仟叁百肆拾叁号完银

函据罗城县左区[308]联团[319]韦敬德名，完纳十二年分粮赋，各项合给执照为据。

计开：

一田赋实征[314]银壹园（元）肆角正。

一地赋实征银◇。

一围票[320]实征银贰分贰先（仙）。

总共征银◇。

经收人

中华民国拾贰年十贰月壹[日]号给

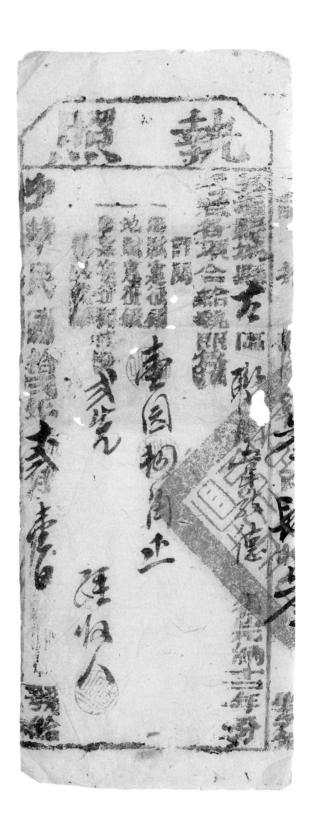

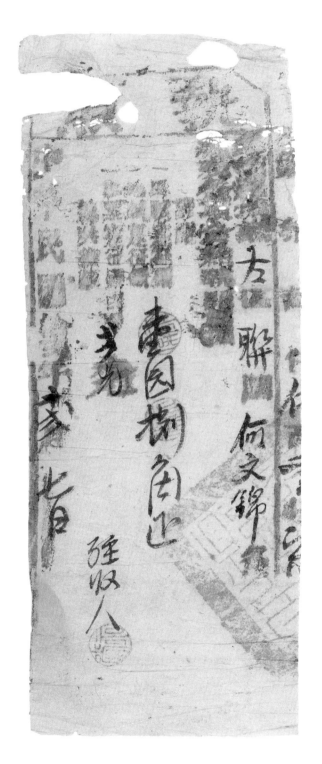

何文锦完纳粮赋执照

（民国十二年十二月七日）

绵纸，纸幅21.7cm×8.7cm，今藏广西壮族自治区少数民族古籍工作办公室，档案目录号200911004。

执　照[238]

□字第□拾□万□仟伍百壹拾柒号完银

兹据罗城县左区[308]联团[319]何文锦名，完纳卅二年分粮赋，各项合给执照为据。

计开：

一田赋实征[314]银壹园（元）捌角正。

一地赋实征银◇。

一串票[320]实征银贰分贰先（仙）。

总共征银◇。

经收人

中华民国拾贰年十贰月七日发给

石烺轩完纳粮赋执照

（民国十三年十月二十日）

绵纸，纸幅 23.5cm×11cm，今藏广西壮族
自治区少数民族古籍工作办公室，档案目录号
200812093。

执　照[238]

□字第◇拾◇万◇仟◇百□拾□号完银
▨▨罗城县左区[308]联团[319]石烺轩名，完纳
十三年分粮赋，各项合给执照为据。

计开：

一田赋实征[314]银柒角。

一地赋实征银◇。

一串票[320]实征银◇。

总共征银◇。

　　　　▨▨民国拾三年十月廿日发给

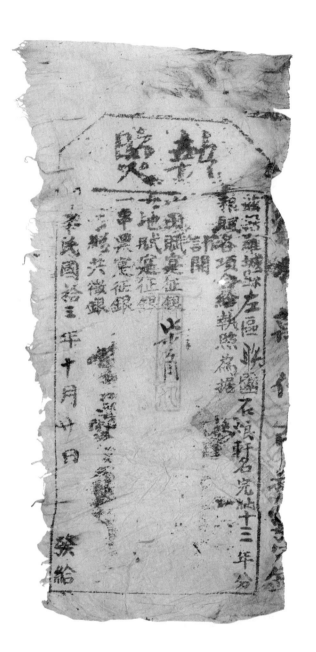

韦敬德完纳粮赋执照

（民国十三年十月二十日）

绵纸，纸幅24.5cm×11cm，今藏广西壮族自治区少数民族古籍工作办公室，档案目录号200812094。

执　　照[238]

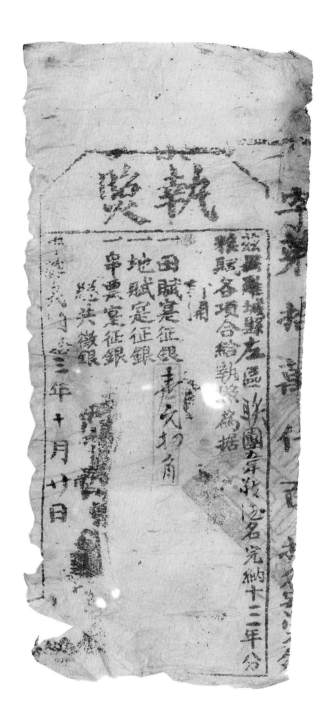

□字第○拾○万○仟○百○拾□号完银

兹据罗城县左区[308]联团[319]韦敬德名，完纳十三年分粮赋，各项合给执照为据。

计开：

一田赋实征[314]银壹元图角。

一地赋实征银◇。

一串票[320]实征银◇。

总共征银◇。

中华民国拾三年十月廿日发照

石玉成等完纳粮赋执照

（民国十四年三月三十一日）

绵纸，纸幅 20.5cm×8cm，今藏广西壮族自治区少数民族古籍工作办公室，档案目录号200806072。

执　照[238]

□字第○拾○万○仟□百壹拾□号完银

今据罗城县左区[308]联团[319]石玉成、石运南、石献珍、石雅明、石韦光，园纳十四年分粮赋，各项合给执照丙据。

计开：

一田赋实征[314]银陆元叁角。

一地赋实征银◇。

一串票[320]实征银贰分。

总共征银◇。

中华民国十四年三月卅一号给

注：

文书上方红色印字：上忙[321]。

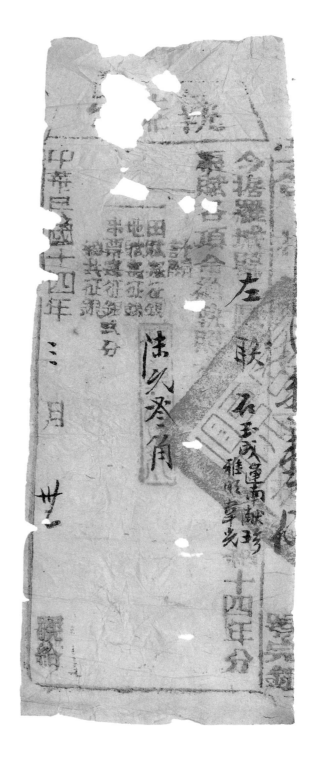

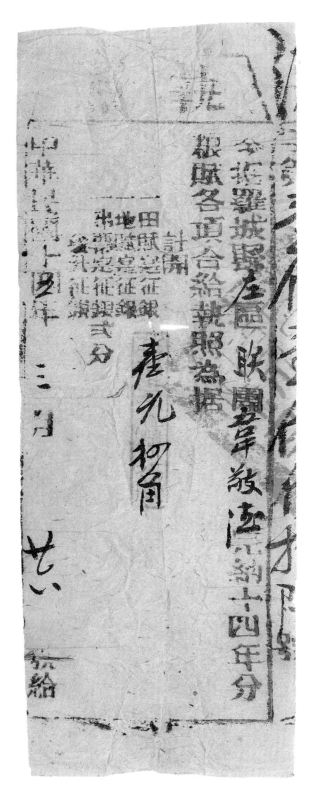

韦敬德完纳粮赋执照

（民国十五年三月二十六日）

绵纸，纸幅 21cm×8cm，今藏广西壮族自治区少数民族古籍工作办公室，档案目录号 200806070。

执　　照[238]

□字第壹仟壹佰伍拾陆号

今据罗城县左区[308]联团[319]韦敬德，完纳十四年分粮赋，各项合给执照为据。

计开：

一田赋实征[314]银壹元肆角。

一地赋实征银◇。

一串票[320]实征银贰分。

囟共征银◇。

中华民国十五年三月廿六囙给

石玉成等完纳粮赋执照

（民国十五年三月二十六日）

绵纸，纸幅 21cm×8.4cm，今藏广西壮族自治区少数民族古籍工作办公室，档案目录号 200806071。

执 照[238]

図 字第 壹 仟 壹 佰 伍 拾 壹 号

今据罗城县左区[308]联团[319]石玉成、石运南、石献珍、石雅明、石韦光，完纳十四年分粮赋，各项合给执照为据。

计开：

一田赋实征[314]银陆元叁角。

一地赋实征银◇。

一串票[320]实征银贰分。

总共征银◇。

中华民国十五年三月廿六号给

注：

文书上方正中手写文字：下忙[322]补完。

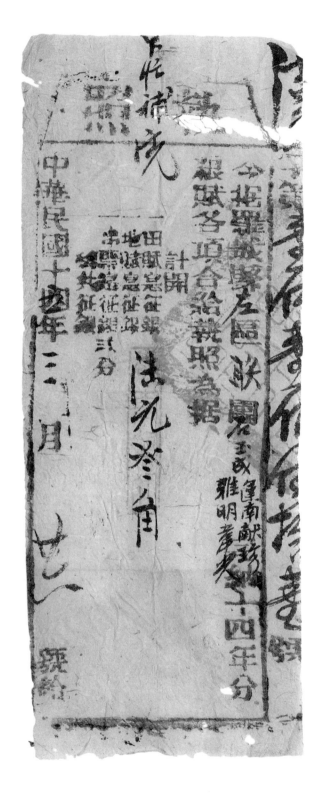

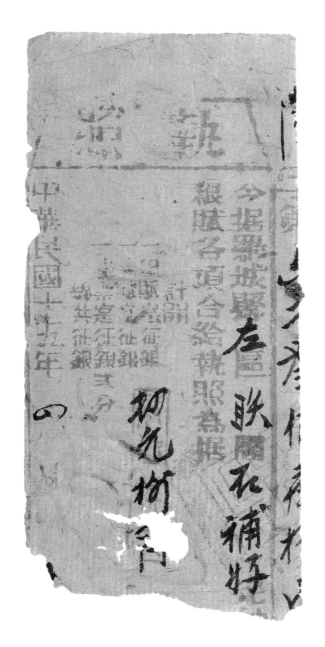

石补好完纳粮赋执照

（民国十五年四月）

绵纸，纸幅 16.5cm×8cm，今藏广西壮族自治区少数民族古籍工作办公室，档案目录号 200908025。

执 照[238]

□字第叁千叁佰壹拾□号

今据罗城县左区[308]联团[319]石补好，完納田□年分粮赋，各项合给执照为据。

计开：

一田赋实征[314]银肆元捌角。

一地赋实征银◇。

一串票[320]实征银贰分。

总共征银◇。

中华民国十五年四月□号給

石玉成缴纳附加银执照

（民国十五年七月八日）

绵纸，纸幅 18cm×8.1cm，今藏广西壮族自治区少数民族古籍工作办公室，档案目录号200812081。

执 照[238]

□字第伍伍贰□号

罗城囵左囵[308]◇团石玉成户，缴来附加银壹元贰角陆仙正，此据。

民国十五年七月八日给

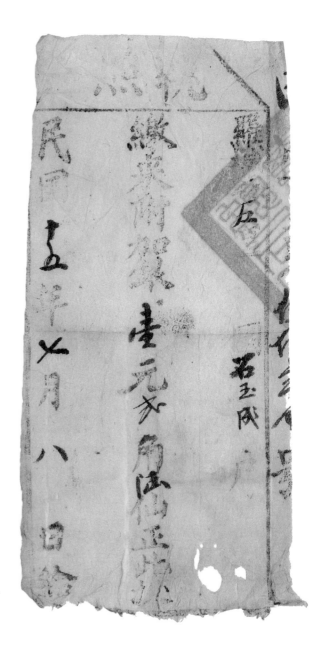

石补好借征粮赋收据

（民国十五年十二月二十一日）

绵纸，纸幅 20.7cm×9.8cm，今藏广西壮族自治区少数民族古籍工作办公室，档案目录号 200908026。

借征粮赋收据

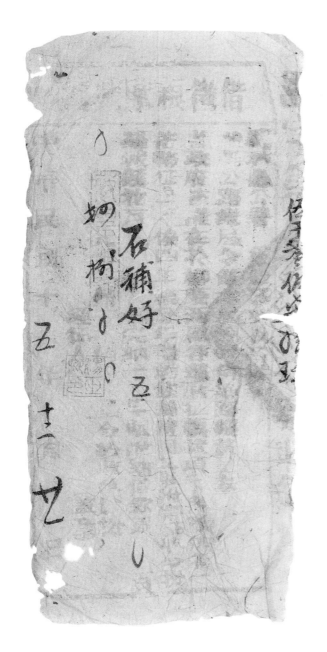

罗字第伍千叁佰柒拾玖号收银

罗城县公署◇，为给发收据事。案奉[117]柳庆[323]公路总局令饬，本局因筹借筑路经费，呈奉省政府核准，在于柳庆两属各县应征粮赋项下，照额加征一倍，带征三年，俟四年后分年偿还，饬即随同正赋[318]附带征收。今据罗城县花户[298]石补好，完纳十五年赋，附纳借款银○百○拾肆元捌角○仙○厘，合给收单为据。

经征人：杨玉卿

（盖章）

中华民国十五年十二月廿一日给

何文锦借征粮赋收据

（民国十五年十二月二十四日）

绵纸，纸幅20.5cm×10cm，今藏广西壮族自治区少数民族古籍工作办公室，档案目录号200911013。

借征粮赋收据

罗字第伍千肆佰陆拾壹号收银

罗城县公署◇，为给发收据事。窃奉[117]柳庆[323]公路总局令饬，本局因筹备筑路经费，呈奉省政府核准，在于柳庆两属各县应征粮赋项下，照额加征一倍，暂征三年，俟四年后分年偿还，刻下随同正赋[318]附暂征收。今据罗城县花户[298]何文锦，完纳十五年赋，附纳借款银〇百〇拾壹元捌角〇仙〇厘，合给收单为据。

经征人：杨玉卿

（盖章）

中华民国十五年十二月廿四日给

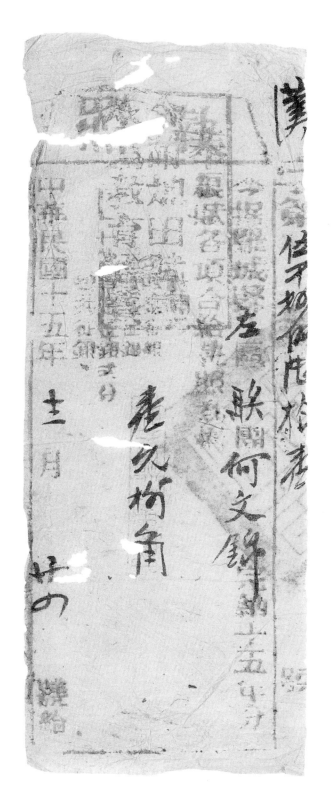

何文锦完纳粮赋执照

（民国十五年十二月二十四日）

绵纸，纸幅 20.5cm×8.1cm，今藏广西壮族自治区少数民族古籍工作办公室，档案目录号 200911017。

执　照[238]

汉字第伍千肆佰陆拾壹号

今据罗城县左区[308]联团[319]何文锦，完纳十五年分粮赋，各项合给执照为据。

计开：

一田赋实征[314]银壹元捌角。

一地赋实征银◇。

一围票[320]实征银贰分。

总共征银◇。

中华民国十五年十二月廿四号给

注：

文书上方红色印字：奉令附加田赋贰成为教育经费。

石烺轩借征粮赋收据

（民国十六年六月七日）

绵纸，纸幅 20.6cm×9.7cm，今藏广西壮族自治区少数民族古籍工作办公室，档案目录号 200806097。

借征粮赋收据

罗字第贰玖〇捌号 收银

罗城县公署◇，为给发收据事。案奉[117]柳庆[323]公路恖圎令饬，本局因筹借筑路经费，呈奉省政府核准，在于柳庆两属各县应征粮赋项下，照额加征一倍，带征三年，俟四年后分年偿还，饬县随同正赋[318]附带征收。今据罗城县花户[298]石烺轩，完纳十五年赋，附纳借款银〇百〇拾〇元柒角〇仙〇厘，合给收单囙据。

经征人：郭干材

（盖章）

中华民国十六年六月七日给

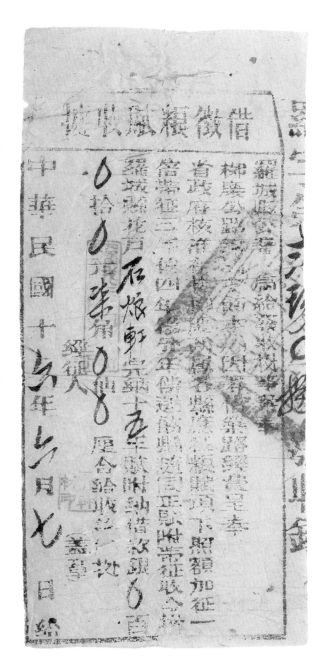

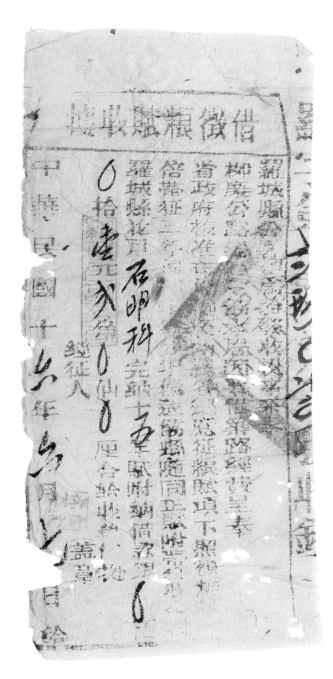

石明科借征粮赋收据

（民国十六年六月七日）

绵纸，纸幅 20.6cm×9.7cm，今藏广西壮族自治区少数民族古籍工作办公室，档案目录号200806098。

借征粮赋收据

罗字第贰玖〇柒号 收银

罗城县公署◇，为给发收据事。案奉[117]柳庆[323]公路局令饬，本局因筹借筑路经费，呈奉省政府核准，在于柳庆两属各区应征粮赋项下，照额加征一倍，带征三年，俟四年后分年偿还，饬县随同正赋[318]附带征收。今据罗城县花户[298]石明科，完纳十五年赋，附纳借款银〇百〇拾壹元贰角〇仙〇厘，合给收单凭据。

经征人：郭干材

（盖章）

中华民国十六年六月七日给

韦敬德借征粮赋收据

（民国十六年六月七日）

绵纸，纸幅 20.5cm×9.6cm，今藏广西壮族自治区少数民族古籍工作办公室，档案目录号200806102。

借征粮赋收据

罗字第贰肆〇玖号收银

罗城县公署◇，为给发收据事。案奉[117]柳庆[323]公路总局令饬，本局因筹借筑路经费，呈奉省政府核准，在于柳庆两属各县应征粮赋项下，照额加征一倍，暂征三年，俟四年后分年偿还，仍县随同正赋[318]附暂征收。今据罗城县花户[298]韦敬德，完纳十五年赋，附纳借款银〇百〇拾壹元肆角〇仙〇厘，合给收单为据。

经征人：郭田材

（盖章）

中华民国十六年六月七日给

石烺轩完纳粮赋执照

（民国十六年六月七日）

绵纸，纸幅 21cm×8cm，今藏广西壮族自治区少数民族古籍工作办公室，档案目录号 200806067。

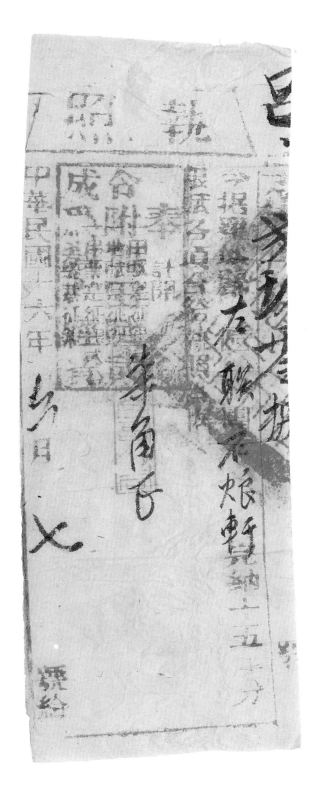

执 照[238]

吕字第贰玖零捌号

今据罗城县左区[308]联团[319]石烺轩，完纳十五年分粮赋，各项合给执照为据。

计开：

一田赋实征[314]银柒角正。

一地赋实征银◇。

一串票[320]实征银贰分。

总共征银◇。

中华民国十六年六月七号给

注：

文书上方红色印字：奉令附加田赋贰成为教育经费。

石明科完纳粮赋执照

（民国十六年六月七日）

绵纸，纸幅 20.6cm×8cm，今藏广西壮族自治区少数民族古籍工作办公室，档案目录号 200806068。

执　照[238]

吕字第贰玖零柒号

今据罗城县左区[308]联团[319]石明科，完纳十五囲分粮赋，各项合给执照为据。

计开：

一田赋实征[314]银壹元贰角正。

一地赋实征银◇。

一串票[320]实征银贰分。

总共征银◇。

中华民国十六年六月七号给

注：

文书上方红色印字：奉令附加田赋贰成为教育经费。

韦敬德完纳粮赋执照

（民国十六年六月七日）

绵纸，纸幅20.6cm×8cm，今藏广西壮族自治区少数民族古籍工作办公室，档案目录号200806069。

执　照[238]

吕字第贰玖零囡号

今据罗城县左区[308]联团[319]韦敬德，完纳十五年分粮赋，各项合给执照为据。

计开：

一田赋实征[314]银壹元肆角正。

一地赋实征银◇。

一串票[320]实征银贰分。

总共征银◇。

中华民国十六年六月七号给

注：

文书上方红色印字：奉令附加田赋贰成为教育经费。

石玉成等借征粮赋收据

（民国十七年二月初六日）

绵纸，纸幅 21cm×9.5cm，今藏广西壮族自治区少数民族古籍工作办公室，档案目录号 200806100。

借征粮赋收据

左字第玖捌柒□号收银

罗城县公署◇，为给发收据事。案奉[117]柳庆[323]公路总局令饬，本局因筹借筑路经费，呈奉省政府核准，在于柳庆两属各县应征粮赋项下，照额加征一倍，带征三年，俟四年后分年偿还，饬县随同正赋[318]附带征收。今据罗城县花户[298]石玉成、石运南、石献珍、石雅明、石韦光，完纳十六年赋，附纳借款银○百壹拾贰元陆角○仙○厘，合给收单为据。

经征人

（盖章）

中华民国十七年二月初六日给

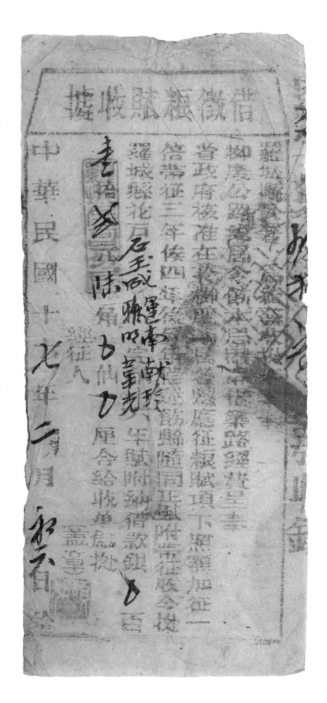

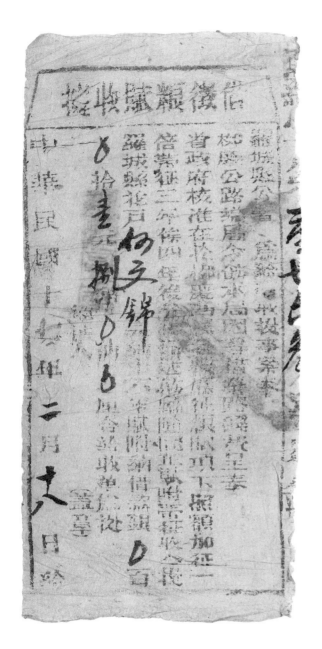

何文锦借征粮赋收据

（民国十七年二月十八日）

绵纸，纸幅 20cm×9.7cm，今藏广西壮族自治区少数民族古籍工作办公室，档案目录号 200911021。

借征粮赋收据

左字第壹□□叁号收银

罗城县公署◇，为给囜收据事。案奉[117]柳庆[323]公路总局令饬，本局因嚮借囜路经费，呈奉省政府核准，在于柳庆两圙各县应征粮赋项下，照额加征一倍，带征三年，俟四年后分年偿囜，饬县随同正赋[318]附带征收。今据罗城县花户[298]何文锦，完纳十六年赋，附纳借款银○百○拾壹元捌角○仙○厘，合给收单囚据。

经征人

（盖章）

中华民国十七年二月十八日给

何文锦完纳粮赋执照

（民国十七年二月十八日）

绵纸，纸幅 20cm×9cm，今藏广西壮族自治区少数民族古籍工作办公室，档案目录号200911022。

执　照[238]

□字第□□□□号

罗城县县长陈，为征收事。兹据左区[308]联团[319]何文锦户，完纳十六年分粮赋银〇拾壹元捌角〇仙〇厘。除呈报及存查外，合给执照为据。

另收串票[320]费贰仙。

经征人

中华民国十七年二月十八日给

注：

文书左上方红色印字：奉令附加田赋贰成为教育经费。

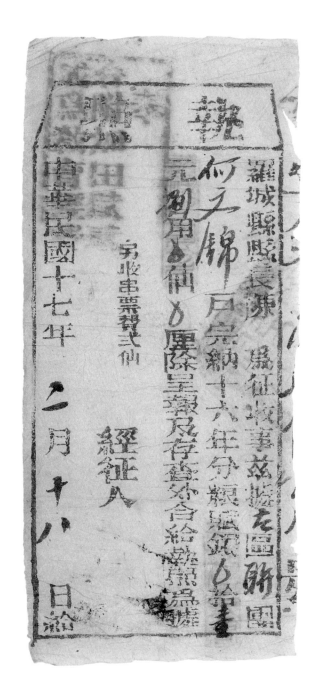

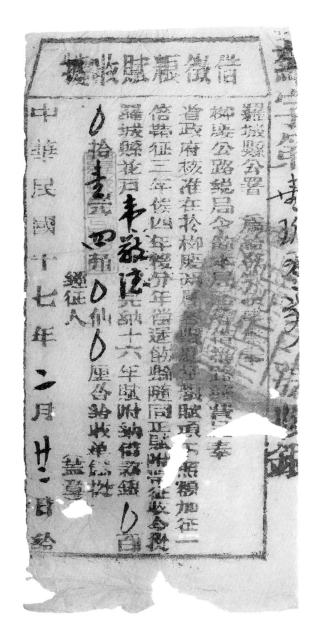

韦敬德借征粮赋收据

（民国十七年二月二十二日）

绵纸，纸幅 22cm×9.5cm，今藏广西壮族自治区少数民族古籍工作办公室，档案目录号 200806096。

借征粮赋收据

左字第壹玖叁柒号收银

罗城县公署◇，为给发收据事。案奉[117]柳庆[323]公路总局令饬，本局因筹借筑路经费，呈奉省政府核准，在于柳庆两属各县应征粮赋项下，照额加征一倍，带征三年，俟四年后分年偿还，饬县随同正赋[318]附带征收。今据罗城县花户[298]韦敬德，完纳十六年赋，附纳借款银〇百〇拾壹元四角〇仙〇厘，合给收单因据。

经征人

（盖章）

中华民国十七年二月廿二日给

韦敬德完纳粮赋执照

（民国十七年二月二十二日）

绵纸，纸幅21cm×9.5cm，今藏广西壮族自治区少数民族古籍工作办公室，档案目录号200911009。

执 照[238]

□字第□玖叁□号

罗城县县长陈，为征收事。兹据左区[308]联团[319]韦敬德户，完纳十六年分粮赋银○拾壹元四角○仙○厘。除呈报及存查外，合给执照为据。

另收串票[320]费贰仙。

经征人

中华民国十七年二月廿二日给

注：

文书左上方红色印字：奉令附加田赋贰成为教育经费。

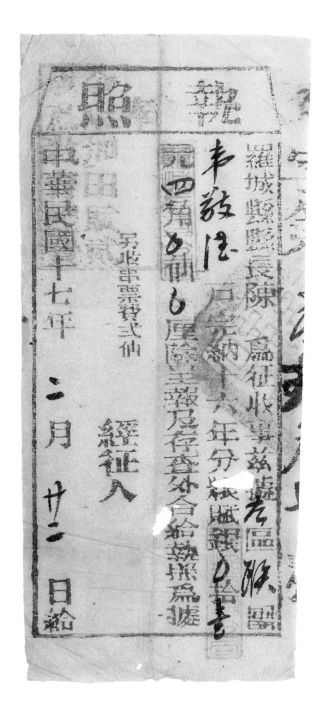

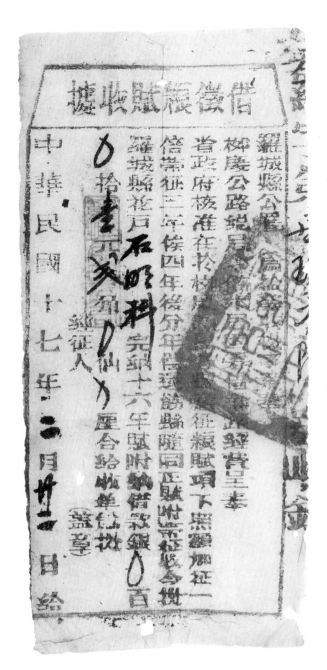

石明科借征粮赋收据

（民国十七年二月二十二日）

绵纸，纸幅 20.5cm×10cm，今藏广西壮族自治区少数民族古籍工作办公室，档案目录号 200806099。

借征粮赋收据

左 字第 壹 玖 叁 陆 号 收银

罗城县公署◇，为给发收据事。案奉[117]柳庆[323]公路总局令饬，本局因筹借筑路经费，呈奉省政府核准，在于柳庆两属各县应征粮赋项下，照额加征一倍，带征三年，俟四年后分年偿还，饬县随同正赋[318]附带征收。今据罗城县花户[298]石明科，完纳十六年赋，附纳借款银○百○拾壹元贰角○仙○厘，合给收单为据。

经征人

（盖章）

中华民国十七年二月廿二日给

石明科完纳粮赋执照

（民国十七年二月二十二日）

绵纸，纸幅21.1cm×9.5cm，今藏广西壮族自治区少数民族古籍工作办公室，档案目录号200806090。

执　照 [238]

左字第壹玖□圊号

罗城县县长陈，为征收事。兹据左区 [308] 联团 [319] 石明科户，完纳十六年分粮赋银○拾壹元贰角○仙○厘。除呈报及存查外，合给执照为据。

另收串票 [320] 费贰仙。

经征人

中华民国十七年二月廿二日给

注：

文书左上方红色印字：奉令附加田赋贰圊为教育经费。

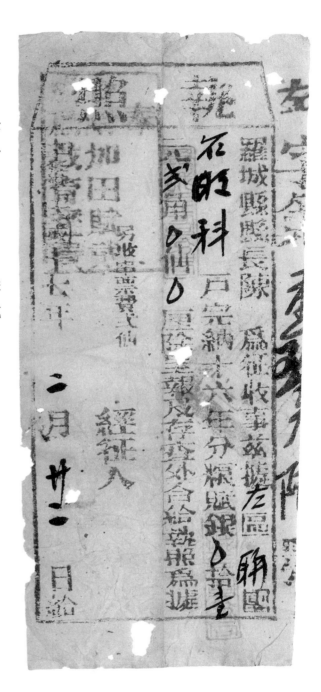

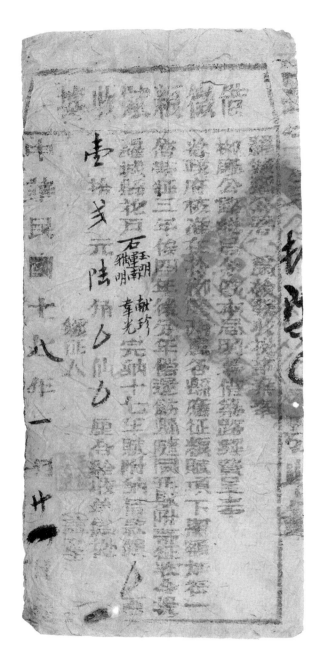

石玉明等借征粮赋收据

（民国十八年一月二十一日）

绵纸，纸幅 20.3cm×9.6cm，今藏广西壮族自治区少数民族古籍工作办公室，档案目录号200806101。

借征粮赋收据

◻字第◻柒〇号 收银

罗城县公署◇，为给发收据事。案奉[117]柳庆[323]公路总局令饬，本局因筹借筑路经费，呈奉省政府核准，在于柳庆两属各县应征粮赋项下，照额加征一倍 征三年，俟四年后分年偿还，饬县随同正赋[318]附带征收。据罗城县花户[298]石玉明、石运南、石雅明、石献珍、石韦光，完纳十七年赋，附纳借款银〇百壹拾贰元陆角〇仙〇厘，合给收单为据。

　　经征人：王保圌

　　（盖章）

　　　　中华民国十八年一月廿一日

石明科完纳粮赋执照

（民国十八年一月三十日）

绵纸，纸幅25cm×9cm，今藏广西壮族自治区少数民族古籍工作办公室，档案目录号200812087。

执　照[238]

左字第□□□号

罗城县县长陈，为征收事。兹据◇区◇团石明科户，完纳十七年分粮赋银○拾贰元○角○仙○厘。除呈报及存查外，合给执照为据。

另收串票圆贰仙。

经征人：王保泰

中华民国十八年一月卅日给

注：

文书左上方红色印字：省附加教费大洋三成，县附加教费小洋三成。

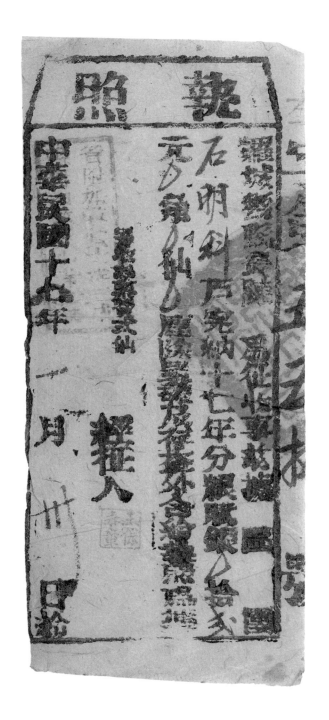

石明科借征粮赋收据

（民国十八年一月三十日）

绵纸，纸幅 20.4cm×10cm，今藏广西壮族自治区少数民族古籍工作办公室，档案目录号 200812089。

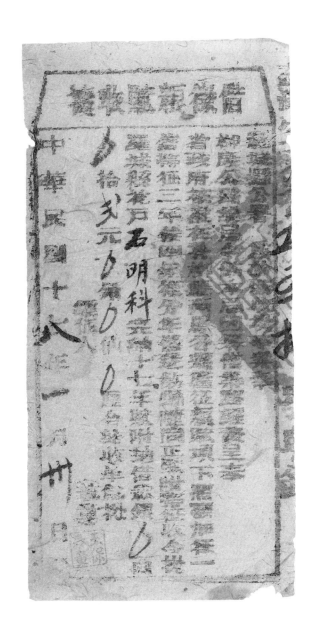

借征粮赋收据

左字第 □□□ 号收银

罗城县公署◇，为给发收据事。案奉[117]柳庆[323]公路总局令饬，本局因筹借筑路经费，呈奉省政府核准，在于柳庆两属各县应征粮赋项下，照额加征一倍，带征三年，俟四年后分年摊还，饬县随同正赋[318]附带征收。今据罗城县花户[298]石明科，完纳十七年赋，附纳借款银○百○拾贰元○角○仙○厘，合给收单为据。

经征人：王保泰

（盖章）

中华民国十八年一月卅日 印

石烺轩借征粮赋收据

（民国十八年一月三十日）

绵纸，纸幅25cm×9.6cm，今藏广西壮族自治区少数民族古籍工作办公室，档案目录号200812090。

借征粮赋收据

左字第 五 六 四 号 收 银

罗城县公署◇，为给发收据事。案奉[117]柳庆[323]公路总局令饬，本局因筹借筑路经费，呈奉省政府核准，在于柳庆两属各县应征粮赋项下，照额加征一倍，带征三年，俟四年后分年偿还，饬县随同正赋[318]附带征收。今据罗城县花户[298]石烺轩，完纳十七年赋，附纳借款银〇百〇拾〇元柒角〇仙〇厘，合给收单为据。

经征人：王保泰

（盖章）

中华民国十八年一月卅日给

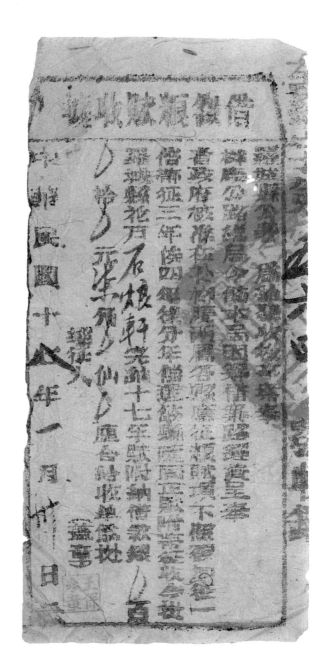

石烺轩完纳粮赋执照

（民国十八年一月三十日）

绵纸，纸幅 20.5cm×10cm，今藏广西壮族
自治区少数民族古籍工作办公室，档案目录号
200806089。

执　照 [238]

左字第□□□□号

罗城县县长陈，为征收事。兹据◇区◇团石
烺轩户，完纳十七年分粮赋银○拾○元柒角○仙
○厘。除呈报及存查外，合给执照为据。

另收串票 [320] 圆贰仙。

经征人：王保泰

中华民国十八年一月卅日给

注：

文书左上方红色印字：省附加教费因洋三成，县附加教费小洋二成。

石补好借征粮赋收据

（民国十八年二月二日）

绵纸，纸幅 20.5cm×10cm，今藏广西壮族
自治区少数民族古籍工作办公室，档案目录号
200907062。

借征粮赋收据

左字第 六○贰 号 收银

罗城县公署◇，为给发收据事。案奉[117]柳
庆[323]公路总局令饬，本局因筹借筑路经费，呈奉
省政府核匪，在于柳庆两属各县应征粮赋项下，
照额加征一倍，带征三年，俟四年后分年偿还，
饬县随同正赋[318]附带征收。今据罗城县花户[298]
石补好，完纳十七年赋，附纳借款银○百○拾肆
元捌角○仙○厘，合给收单为据。

经征人：王保泰

（盖章）

中华民国十八年二月二日给

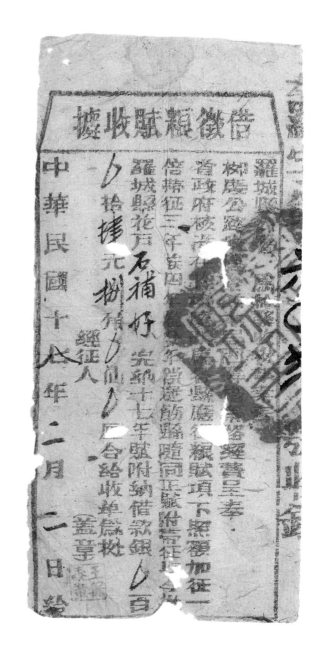

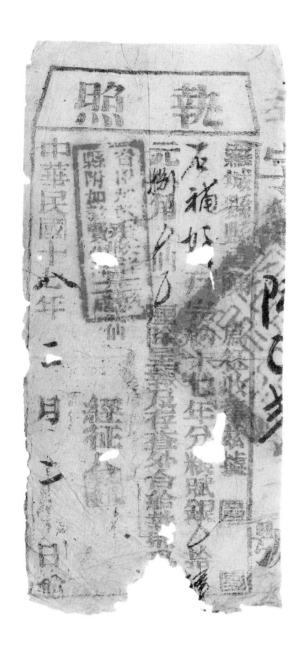

石补好完纳粮赋执照

（民国十八年二月二日）

绵纸，纸幅 20cm×9.5cm，今藏广西壮族自治区少数民族古籍工作办公室，档案目录号 200908027。

执　照[238]

左字第陆〇贰号

罗城县县长陈，为征收事。兹据◇区◇团石补好户，完纳十七年分粮赋银〇拾肆元捌角〇仙〇厘。除呈报及存查外，合给执照为据。

另收串票[320]费贰仙。

经征人：王保泰

中华民国十八年二月二日给

注：

文书左上方红色印字：省附加教费大洋三成，县附加教费小样二成。

何文绣借征粮赋收据

（民国十八年四月十五日）

绵纸，纸幅 20.3cm×9.6cm，今藏广西壮族自治区少数民族古籍工作办公室，档案目录号 200911007。

借征粮赋收据

囙字第壹贰〇□号收银

罗城县公署◇，囗给发收据事。案奉[117]柳庆[323]公路恩局令饬，本局因筹借筑路经费，呈奉省政府核准，在于柳庆两属各县应征粮赋项下，照额加征一倍，囲征三囸，囻四年后分年偿还，囵囻随同正赋[318]附带征收。今据罗城县花户[298]何文绣，完纳十七年赋，附纳借款银〇百〇拾〇元柒角〇仙〇厘，合给收单为据。

经征人：陈霡英

（盖章）

中华民国十八年四月十五日给

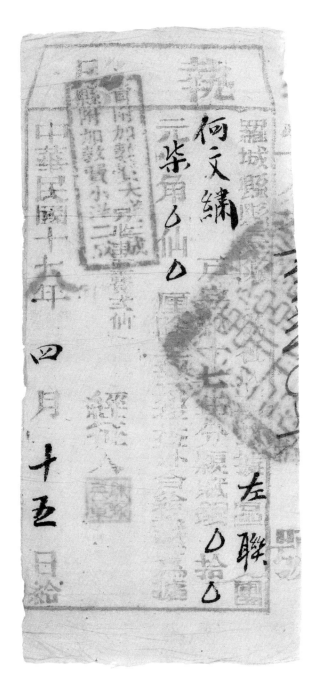

何文绣完纳粮赋执照

（民国十八年四月十五日）

绵纸，纸幅 20.5cm × 9cm，今藏广西壮族自治区少数民族古籍工作办公室，档案目录号 200911002。

执　照[238]

□字第□□□□号

罗城县县长陈，为征收團。兹据左区[308]联团[319]何文绣户，完纳十七年分粮赋银○拾○元柒角○仙○厘。除呈报及存查外，合给執照为据。

另收串票[320]费贰仙。

经征人：陈霝英

中华民国十八年四月十五日给

注：

文书左上方红色印字：省附加教费大洋三成，县附加教费小洋二成。

韦敬德借征粮赋收据

（民国十八年四月二十七日）

绵纸，纸幅 21cm×9.8cm，今藏广西壮族自治区少数民族古籍工作办公室，档案目录号 200806103。

借征粮赋收据

左字第壹叁□伍号 收银

罗城县公署◇，为给发收据事。案奉[117]柳庆[323]公路図局令饬，本局因筹借筑路经费，呈奉省政府核准，在于柳庆两属各县应征粮赋项下，照额加征一倍，带征三年，俟四年后分年偿还，饬县随同正赋[318]附带征收。今据罗城县花户[298]韦敬德，完纳十七年赋，附纳借款银〇百〇拾壹元肆角〇仙〇厘，合给收单为据。

经征人：陈霖英

（盖章）

中华民国十八年四月廿七日给

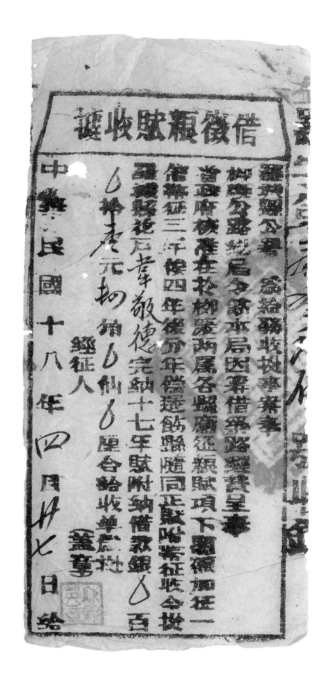

何文绣完纳粮赋执照

（民国十八年十二月十四日）

绵纸，纸幅23.3cm×10cm，今藏广西壮族自治区少数民族古籍工作办公室，档案目录号200911003。

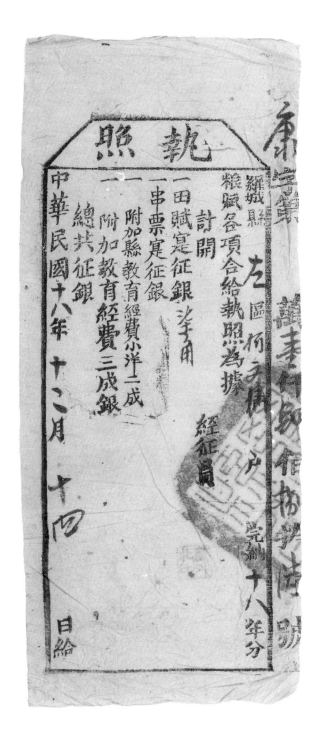

执　　照[238]

康字第◇万壹仟肆佰捌拾陆号

罗城县左区[308]何文绣户，完纳十八年分粮赋各项，合给执照为据。

计开：

一田赋实征[314]银柒角。

一串票[320]实征银◇。

一附加县教育经费小洋二成。

一附加教育经费三成银。

总共征银◇。

中华民国十八年十二月十四日给

石明科完纳粮赋执照

（民国十八年十二月二十三日）

绵纸，纸幅 21.1cm×9.2cm，今藏广西壮族自治区少数民族古籍工作办公室，档案目录号 200812088。

执　照[238]

□字第伍仟柒百拾叁号

罗城县县长◇，囚征叹事。兹掘左区[308]联团[319]石明科户，完纳十八年分粮赋银○拾伍元肆角○仙○厘。除呈报及存查外，合给执照囚掘。

另叹串票[320]费贰仙。

经征人：卢斗北

中华民国十八年十二月廿三日给

注：

文书左上红色印字：附加省教育费大洋◇元◇角◇分◇厘，附加县教育费大洋 1 元 1 角◇分◇厘。

石明科等实征谷凭单

（民国十八年一月三十日）

绵纸，纸幅 24.3cm×12.4cm，今藏广西壮族自治区少数民族古籍工作办公室，档案目录号 200806106。

查石明科户，原有实征[314]谷壹拾贰石正。

收受石玉璟户谷捌石正。

收受石玉中户谷捌石正。

合计该户共有实征谷贰拾捌石正。

经手人：王保泰

　民国十八年一月卅日左区[308]粮局拨单

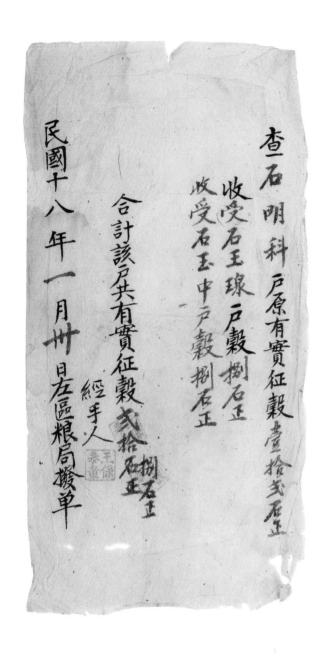

何文绣收何文锦产谷单据

（民国十八年四月十五日）

绵纸，纸幅24.2cm×12cm，今藏广西壮族自治区少数民族古籍工作办公室，档案目录号200911140。

左区[308]联团[319]新立何文绣户，系收何文锦户的产谷柒担正，以为完纳，此据。

中华民国十八年四月十五日陈霖英单据

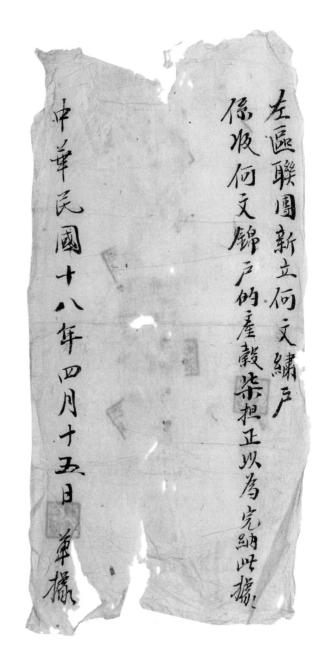

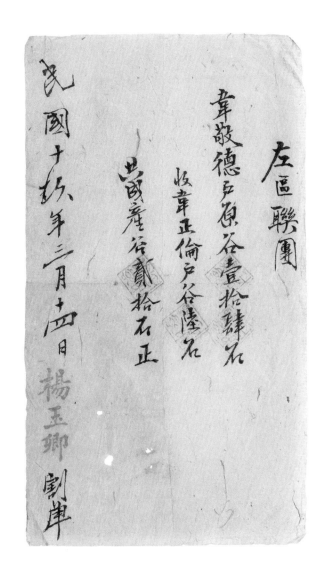

韦敬德等收谷割单

（民国十九年三月十四日）

绵纸，纸幅 20.6cm×11.6cm，今藏广西壮族自治区少数民族古籍工作办公室，档案目录号 200812103。

左区[308] 联团[319]，韦敬德户原谷壹拾肆石，收韦正伦户谷陆石，共成产谷贰拾石正。

民国十玖年三月十四日杨玉卿割单

韦敬德完纳粮赋执照

（民国十九年三月十四日）

绵纸，纸幅21cm×9.8cm，今藏广西壮族自治区少数民族古籍工作办公室，档案目录号200806092。

执　　照[238]

□字第 壹 壹 贰 陆 贰 号

罗城县县长◇，为征收事。兹据左区[308]联团[319]韦敬德户，完纳十八年分粮赋银○拾贰元○角○仙○厘。除呈报及存查外，合给执照为据。

另收串票[320]费贰仙。

经征人：杨玉 卿

中华民国十九年三月十四日给

注：

文书左上方红色印字：附加省教育经费大洋三成，附加县教育经费大洋二成。

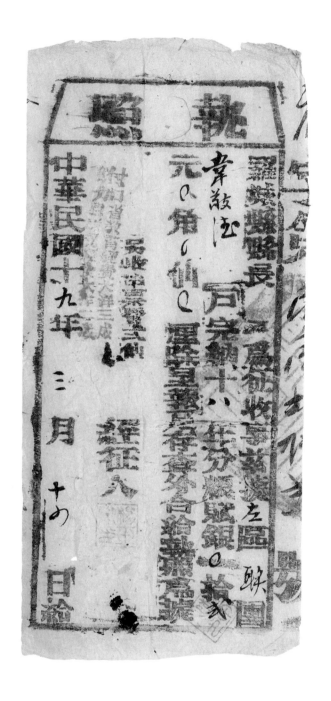

石朝松收蓝永藩谷割单

（民国十九年五月一日）

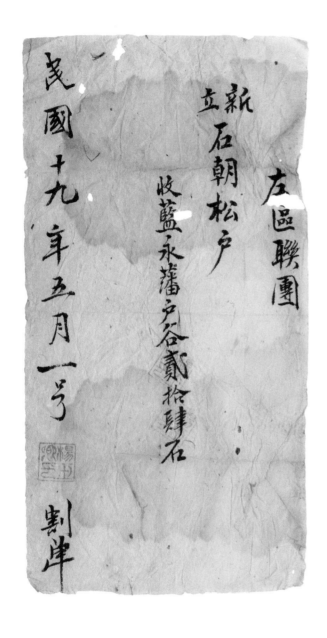

绵纸，纸幅21.5cm×11cm，今藏广西壮族自治区少数民族古籍工作办公室，档案目录号200806107。

左区[308]联团[319]，新立石朝松户，收蓝永藩户谷贰拾肆石。

民国十九年五月一号杨玉卿割单

石玉成等完纳粮赋执照

（民国十九年五月一日）

绵纸，纸幅21.3cm×9.3cm，今藏广西壮族自治区少数民族古籍工作办公室，档案目录号200812086。

执　照[238]

□字第叁□叁号

罗城县县长◇，为征收事。兹据左区[308]联团[319]石玉成、石运南、石献珍、石雅明、石韦光户，完纳十九年分粮赋银壹拾贰元陆角○仙○厘。除呈报及存查外，合给执照为据。

另收串票[320]费贰仙。

经征人：扬玉卿

中华民国十九年五月一日给

石补好借征粮赋收据

（民国十九年九月十七日）

绵纸，纸幅21.3cm×10.2cm，今藏广西壮族自治区少数民族古籍工作办公室，档案目录号200907063。

借征粮赋收据

罗字第叁叁肆号 收银

罗城县公署◇，为给发收据事。案奉[117]柳庆[323]公路总局令饬，本局因筹借筑路经费，呈奉省政府核准，在于柳庆两属各县应征粮赋项下，照额加征一倍，带征三年，俟四年后分年偿还，饬县随同正赋[318]附带征收。今据罗城县花户[298]石补好，完纳十七年赋，附纳借款银○百○拾○元玖角○仙○厘，合给收单为据。

经征人：杨玉卿

（盖章）

中华民国十九年九月十七日给

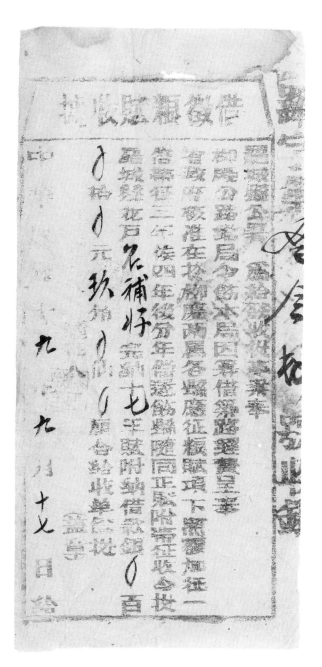

石补好等收谷割单

（民国十九年九月十七日）

绵纸，纸幅 20.5cm×12cm，今藏广西壮族自治区少数民族古籍工作办公室，档案目录号 200907068。

左区[308] 联团[319]，石补好户原谷肆拾捌石，收石如秀户谷玖石，共成谷伍拾柒石。

民国十九年九月十七日杨玉卿割单

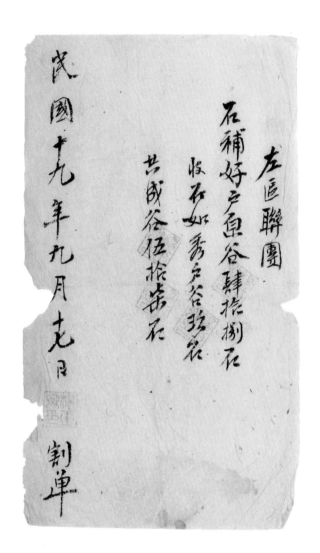

石补好完纳粮赋执照

（民国十九年九月十七日）

绵纸，纸幅 21.5cm×9.5cm，今藏广西壮族自治区少数民族古籍工作办公室，档案目录号200907058。

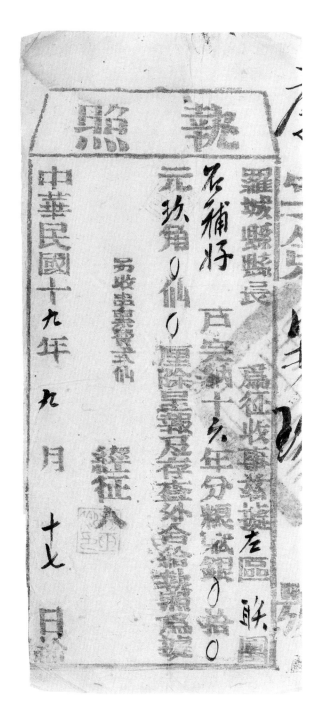

执 照[238]

□字第囷囡号

罗城县县长◇，为征收事。兹据左区[308]联团[319]石补好户，完纳十六年分粮赋银○拾○元玖角○仙○厘。除呈报及存查外，合给执照为据。

另收串票[320]费贰仙。

经征人：杨玉卿

中华民国十九年九月十七日给

石补好完纳粮赋执照

（民国十九年九月十七日）

绵纸，纸幅21.5cm×9.5cm，今藏广西壮族自治区少数民族古籍工作办公室，档案目录号200907059。

执　照[238]

□字第 壹 肆 柒 肆 号

罗城县县长◇，为征收事。兹据左区[308]联团[319]石补好户，完纳十七年分粮赋银○拾○元玖角○仙○厘。除呈报及存查外，合给执照为据。

另收串票[320]费贰仙。

经征人：杨玉卿

中华民国十九年九月十七日给

注：

文书中上方红字：附加省 教育经费 大洋三成，附加 县教育经费 大洋二成。

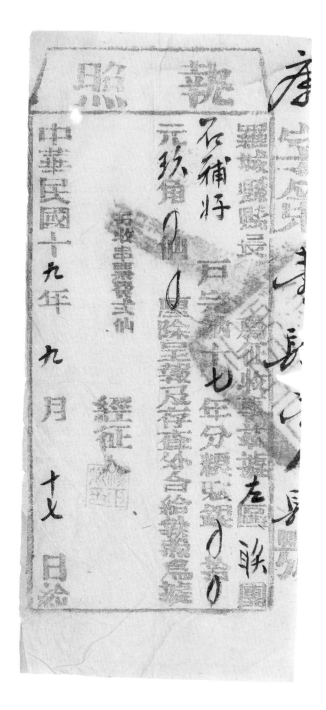

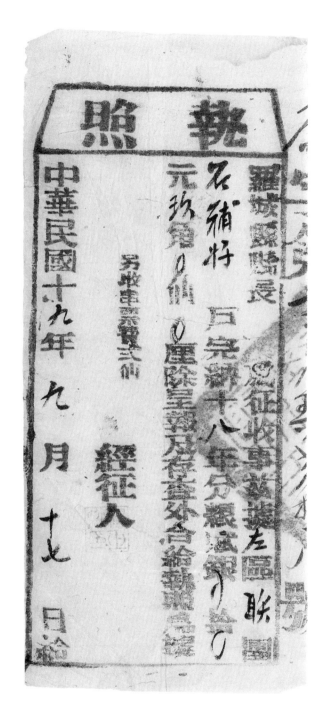

石补好完纳粮赋执照

（民国十九年九月十七日）

绵纸，纸幅 21.2cm×9.5cm，今藏广西壮族自治区少数民族古籍工作办公室，档案目录号200907060。

执　照[238]

□字第□□玖□贰□□号

罗城县县长◇，为征收事。兹据左区[308]联团[319]石补好户，完纳十八年分粮赋银○拾○元玖角○仙○厘。除呈报及存查外，合给执照为据。

另收串票[320]费贰仙。

经征人：杨玉卿

　　中华民国十九年九月十七日给

何文绣完纳粮赋执照

（民国二十年一月二十一日）

绵纸，纸幅 20.5cm×9.5cm，今藏广西壮族自治区少数民族古籍工作办公室，档案目录号 200911008。

执　照[238]

□字第 贰 玖 贰 号

罗城县县长◇，为征收事。兹据左区[308]联团[319]何文绣户，完纳十九年分粮赋银○拾○元柒角○仙○厘。除呈报及存查外，合给执照为据。

另收串票[320]费贰仙。

经征人：杨玉卿

中华民国廿年一月廿一日给

注：

文字左上方红色印字：附加省 教 育 费 大 洋三成，附加县 教 育 费 大 洋二成。

石补好完纳粮赋执照

（民国二十年二月四日）

绵纸，纸幅20.7cm×9.4cm，今藏广西壮族自治区少数民族古籍工作办公室，档案目录号200907061。

执　照[238]

□字第□□□肆号

罗城县县长◇，为征收事。兹据左区[308]联团[319]石补好户，完纳十九年分粮赋銀○拾伍元柒角○仙○厘。除呈报及存查外，合给执照为据。

另收串票[320]费贰仙。

经征人：杨玉卿

中华民国廿年二月四日给

注：

文字左上方红色印字：附加省教育费大洋三成，附加县教育费大洋二成。

石朝松拨粮收执

（民国二十年三月三十日）

绵纸，纸幅31cm×9cm，今藏广西壮族自治区少数民族古籍工作办公室，档案目录号200806108。

拨粮过户[324] 证

□字第伍柒○号

罗城县政府，为核给凭证事。兹据左区[308]联团[319]粮户石朝松，报称本年接收／拨与左区联团李济堂、李兆桐、李开祥、石朝松，拨来／接收粮赋○百贰拾陆石○斤，恳请核准过户等情。前来除照准过拨外，合给此证收执。须至凭证者。

右证给左区联团粮户石朝松收执。

中华民国廿年三月卅日给

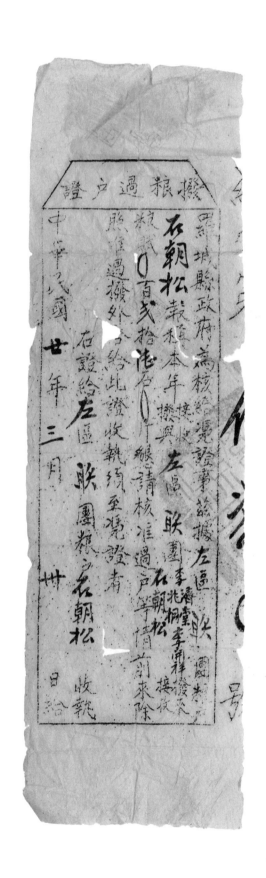

韦敬德完纳粮赋执照

（民国二十年四月十三日）

绵纸，纸幅 21.2cm×9.1cm，今藏广西壮族自治区少数民族古籍工作办公室，档案目录号 200806091。

执　照[238]

□字第 壹柒 □□号

罗城县县长◇，为征收事。兹据左区[308]联团[319]韦敬德户，完纳十九年分粮赋银○拾贰元○角○仙○厘。除呈报及存查外，合给执照为 据。

另收串票[320]费贰仙。

经征人：杨玉卿

　　中华民国廿年四月十三日给

注：

文书左上方红色印字：附加省教育费大洋三成，附加县教育费大洋二成。

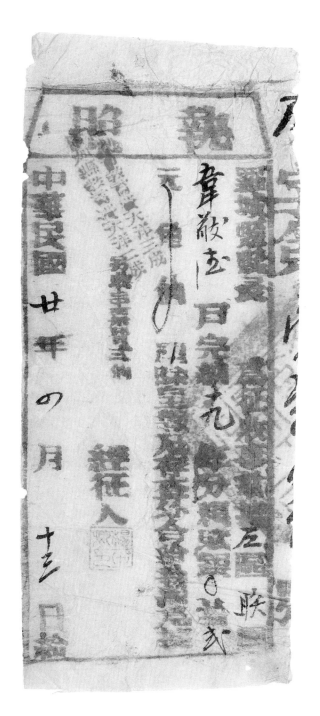

石朝松完纳粮赋执照

（民国二十年四月十三日）

绵纸，纸幅21.3cm×9.2cm，今藏广西壮族自治区少数民族古籍工作办公室，档案目录号200806093。

执　照[238]

左字第壹柒□叁号

罗城县县长◇，为征收事。兹据左区[308]联团[319]石轻（朝）松户，完纳十九年分粮赋银○拾伍元○角○仙○厘。除呈报及存查外，合给执照为据。

另收串票[320]费贰仙。

经征人：杨玉卿

中华民国廿年四月十三日给

注：

文书左上方红色印字：附加省教育费大洋三成，附加县教育费大洋二成。

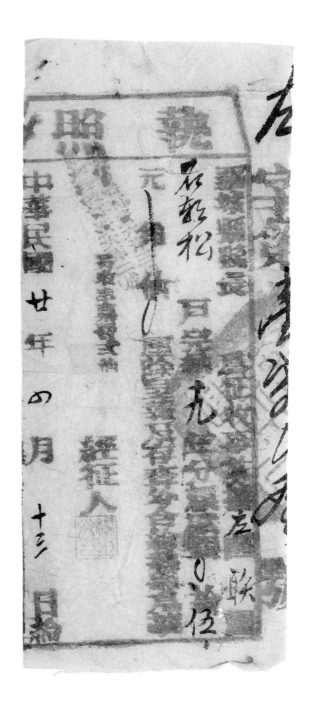

石烺轩完纳粮赋执照

（民国二十年四月十三日）

绵纸，纸幅21.5cm×9cm，今藏广西壮族自治区少数民族古籍工作办公室，档案目录号200907064。

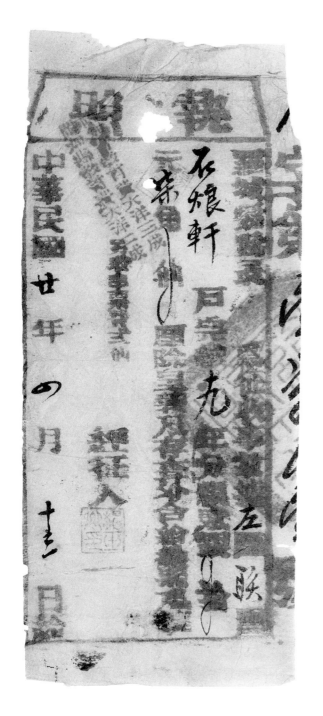

执　照[238]

□字第 壹 棻 □ 壹 号

罗城县县长◇，为征收事。兹据左区[308]联团[319]石烺轩户，完纳十九年分粮赋银○拾○元柒角○仙○厘。除呈报及存查外，合给执照为据。

另收串票[320]费贰仙。

经征人：杨玉卿

中华民国廿年四月十三日给

注：

文书左上方红色印字：附加省教育费大洋三成，附加县教育费大洋二成。

石补好完纳粮赋执照

（民国二十年十二月二十八日）

绵纸，纸幅 21.2cm×9.1cm，今藏广西壮族自治区少数民族古籍工作办公室，档案目录号200908028。

执　照[238]

区字第壹贰柒陆号

罗城县县长◇，为征收事。兹据左区[308]联团[319]石补好户，完纳贰十年分粮赋银○拾伍元柒角○仙○厘。除呈报及存查外，合给执照为据。另收串票[320]费◇仙。

经征人：杨玉卿

中华民国廿年十二月廿八日给

注：

文书左上方红色印字：附加省教育费大洋三成，附加县教育费大洋二成。

韦敬德完纳粮赋执照

（民国二十一年一月十五日）

绵纸，纸幅 22cm×9.5cm，今藏广西壮族自治区少数民族古籍工作办公室，档案目录号 200806094。

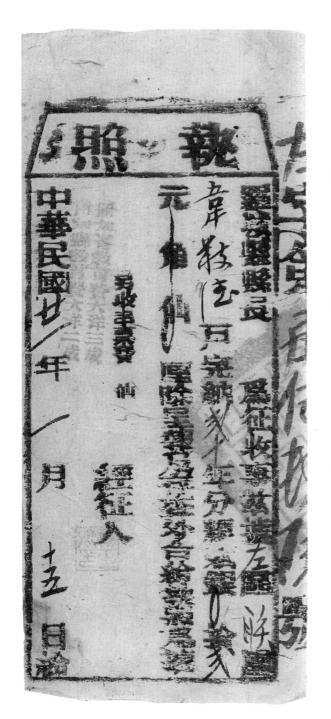

执 照[238]

匦字第□伍肆陆号

罗城县县长◇，为征收事。兹据左区[308]联团[319]韦敬德户，完纳贰十年分粮赋银○拾贰元○角○仙○厘。除呈报及存查外，合给执照为据。

另收串票[320]费◇仙。

经征人：杨国卿

中华民国廿一年一月十五日给

注：

文书左上方红色印字：附加省教育费大洋三成，附加县教育费大洋二成。

石烺轩完纳粮赋执照

（民国二十一年一月十五日）

绵纸，纸幅21.3cm×9.5cm，今藏广西壮族自治区少数民族古籍工作办公室，档案目录号200806095。

执　照[238]

左字第壹伍肆□号

罗城县县长◇，为征收事。兹圂左区[308]联团[319]石烺轩户，完纳贰十年分粮赋银○拾○元柒角○仙○厘。除呈报及存查外，合给执照为据。

另收串票[320]费◇仙。

经征人：杨玉卿

中华民国廿一年一月十五日给

注：

文书左上方红色印字：附加省教育费大洋三成，附加县教育费大洋二成。

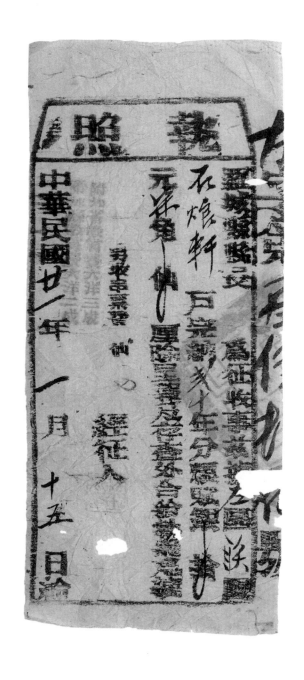

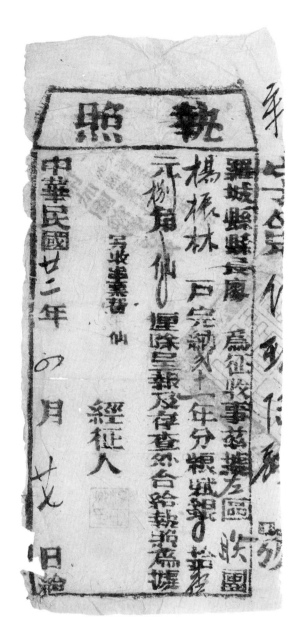

杨振林完纳粮赋执照

（民国二十二年四月二十七日）

绵纸，纸幅 20.6cm×9.5cm，今藏广西壮族自治区少数民族古籍工作办公室，档案目录号 201010034。

执　　照[238]

□字第 伍 玖 伍 肆 号

罗城县县长廖，为征收事。兹据左区[308]联团[319]杨振林户，完纳贰十一年分粮赋银○拾壹元捌角○仙○厘，除呈报及存查外，合给执照为据。

另收串票[320]费◇仙。

经征人：杨玉卿

中华民国廿二年四月廿七日给

注：

文书上方红色印字：附加省教育费大洋三成，附加县教育费大洋二成，附加团枪费五成。

杨德明完纳粮赋执照

（民国二十二年四月二十七日）

绵纸，纸幅 20.5cm×9.5cm，今藏广西壮族自治区少数民族古籍工作办公室，档案目录号201010039。

执　照[238]

□字第 伍玖 □ 图 号

罗城县县长廖，为征收事。兹据左区[308]联团[319]杨德明户，完纳贰十一年分粮赋银〇拾壹元捌角肆仙〇厘，除呈报及存查外，合给执照为据。

另收串票[320]费◇仙。

经征人：杨玉卿

中华民国廿二年四月廿七日给

注：

文书上方红色印字：附加省教育费大洋三成，附加县教育费大洋二成，附加团枪费五成。

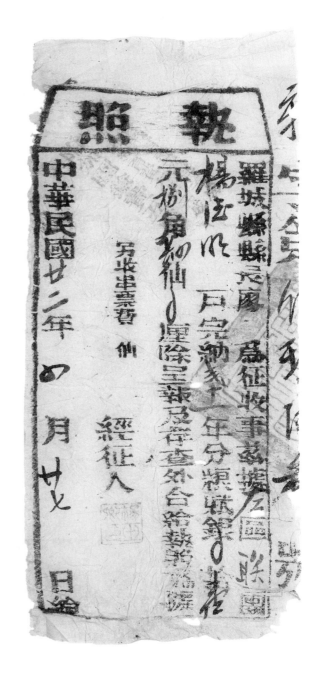

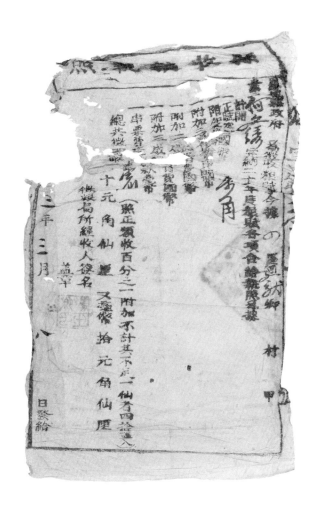

何文绣完纳粮赋执照

（民国二十三年三月八日）

绵纸，纸幅 19.5cm×12cm，今藏广西壮族自治区少数民族古籍工作办公室，档案目录号 200911023。

县收粮执照[238]

□字第□□□号

罗城县政府◇，为征收粮赋事。今据四区[239]回龙乡◇村◇甲业户何文绣，完纳二十二年度粮赋，各项合给执照为据。

计开：

一正赋[318]实征[314]国币[174]肆角。

一附加五成团枪费国币◇。

一附加三成省教育费国币◇。

一附加二成义务教育费国币◇。

一附加三成银行股款毫币◇。

一串票[320]费实征国币壹仙。（照正额收百分之一，附加不计，其不足一仙者四舍五入）

总共征国币◇百◇十◇元◇角◇仙◇厘，又毫币◇拾◇元◇角◇仙◇厘。

征粮局所经收人签名

盖章：杨玉卿

中华民国廿三年三月八日发给

何文绣粮赋印单

（民国二十三年三月八日）

绵纸，纸幅22.1cm×8cm，今藏广西壮族自治区少数民族古籍工作办公室，档案目录号200911012。

粮赋印单

単字第貳□伍伍号

县政府兹据县属四区[239]回龙村业主何文绣承粮户报告，本户计有粮田共壹处，每年产谷肆百斤，杂粮◇斤，应纳粮赋共银载在粮册，由◇户完纳。经查属实，合给印单为据。

中华民国廿三年三月八日给

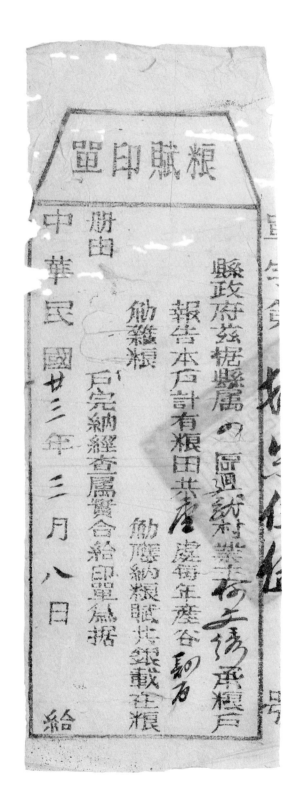

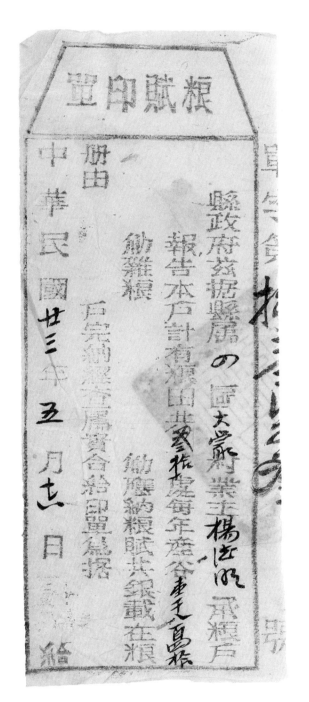

杨德明粮赋印单

（民国二十三年五月十六日）

绵纸，纸幅 19.7cm×8cm，今藏广西壮族自治区少数民族古籍工作办公室，档案目录号 201010009。

粮赋印单

单字第捌壹柒叁号

县政府兹据县属四区[239]大蒙村业主杨德明承粮户报告，本户计有粮田共叁拾处，每年产谷壹千八百四拾斤，杂粮◇斤，应纳粮赋共银载在粮册，由◇户完纳。经查属实，合给印单为据。

中华民国廿三年五月十六日给

杨振林完纳粮赋执照

（民国二十三年五月十六日）

绵纸，纸幅 20.5cm×12.2cm，今藏广西壮族自治区少数民族古籍工作办公室，档案目录号201010036。

县收粮执照[238]

□字第壹叁陆壹捌号

罗城县政府◇，为征收粮赋事。今据四区[239]七乡大箖村◇甲业户杨振林，完纳二十二年度粮赋，各项合给执照为据。

计开：

一正赋[318]实征[314]国币[174]壹元捌角。

一附加五成团枪费国币◇。

一附加三成省教育费国币◇。

一附加二成义务教育费国币◇。

一附加三成银行股款毫币◇。

一串票[320]费实征国币贰仙。（照正额收百分之一，附加不计，其不足一仙者四舍五入）

总共征国币◇百◇十◇元◇角◇仙◇厘，又毫币◇拾◇元◇角◇仙◇厘。

征粮局所经收人签名

盖章：杨玉卿

中华民国二十三年五月十六日发给

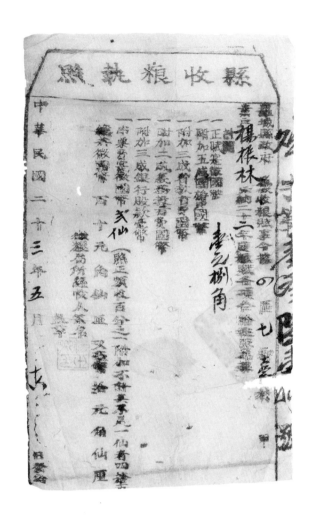

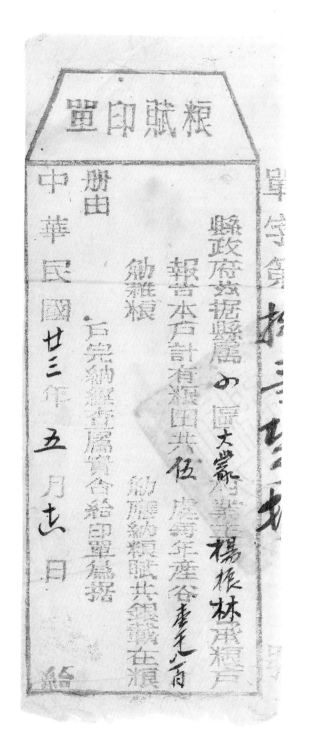

杨振林粮赋印单

（民国二十三年五月十六日）

绵纸，纸幅 20.5cm×8cm，今藏广西壮族自治区少数民族古籍工作办公室，档案目录号 201010030。

粮赋印单

单字第 捌 壹 柒 肆 号

县政府兹据县属四区[239]大蒙村业主杨振林承粮户报告，本户计有粮田共伍处，每年产谷壹千八百斤，杂粮◇斤，应纳粮赋共银载在粮册，由◇户完纳，经查属实，合给印单为据。

中华民国廿三年五月十六日给

杨德明完纳粮赋执照

（民国二十四年三月二十一日）

绵纸，纸幅 22.6cm×12.2cm，今藏广西壮族自治区少数民族古籍工作办公室，档案目录号201010011。

县收粮执照[238]

□字第□□□□号

罗城县政府◇，为征收粮赋事。今据◇区◇乡◇村◇甲业户杨德明，完纳二十三年度粮赋，各项合给执照为据。

计开：

一正赋[318]实征[314]国币[174]壹元捌角肆仙正。

一附加三成省教育费国币◇。

一附加二成义务教育费国币◇。

一串票[320]费实征国币◇。（照正额收百分之一，附加不计，其不足一仙者四舍五入）

总共征国币◇百◇十◇元◇角◇仙◇厘，又毫币◇拾◇元◇角◇仙◇厘。

征粮局所经收人签名

盖章：邱乾元

中华民国二十四年三月廿一日发给

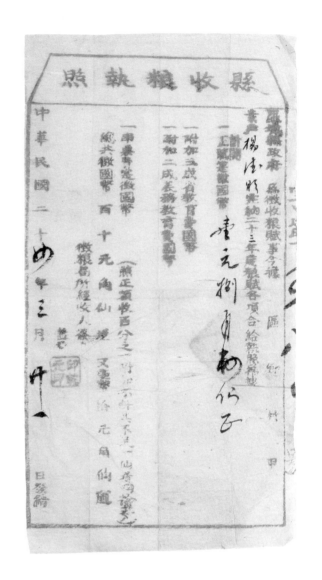

何文绣完纳田赋执照

（民国二十四年十二月二十二日）

绵纸，纸幅 21.2cm×10.6cm，今藏广西壮族自治区少数民族古籍工作办公室，档案目录号 200911016。

县田赋完纳执照[238]

罗字第□□□□号

罗城县政府◇，为征收田赋事。今据◇区◇乡◇村◇甲业户何文绣，完纳二十四年度田赋，各项发给执照为据。

计开：

一正赋[318]实征[314]国币[174]七角。

一附加五成应征国币三角五分。（如系毫币，应折合国币计算）

一串票[320]费实征国币一分。（照正额收百分之一，其不足一仙者四舍五入）

总共征国币〇百〇拾壹元〇角陆分。

征粮局所经收人签名

盖章：邱乾元

中华民国二十四年十二月廿二日发给

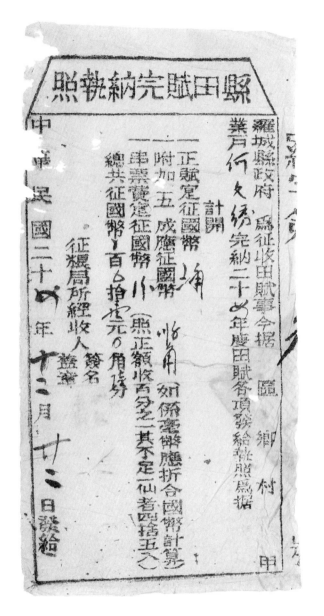

何文绣完纳田赋执照

（民国二十五年八月二十一日）

绵纸，纸幅 20.5cm×10.5cm，今藏广西壮族自治区少数民族古籍工作办公室，档案目录号 200911006。

县田赋完纳执照[238]

罗字第□□□□号

罗城县政府◇，为征收田赋事。今据◇区◇乡◇村◇甲业户何文绣，完纳二十五年度田赋，各项发给执照为据。

计开：

一正赋[318]实征[314]国币[174]七角。

一附加八成应征国币七角。（如系毫币，应折合国币计算）

一串票[320]费实征国币一分。（照正额收百分之一，其不足一仙者四舍五入）

总共征国币〇百〇拾壹元肆角壹分。

征粮局所经收人签名

盖章：邱乾元

中华民国二十五年八月廿一日发给

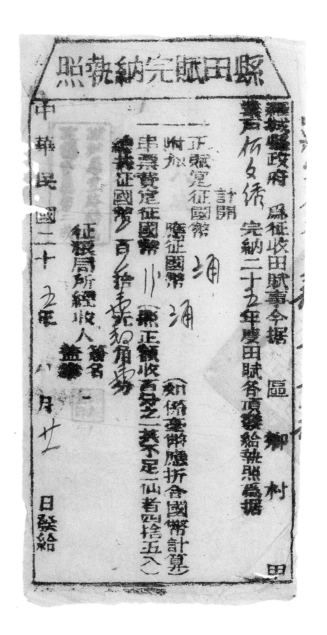

注：

文书左上方红色印字：附加□□路桥□建筑费法币二成。

石补好完纳田赋执照

（民国二十五年八月二十四日）

绵纸，纸幅 19.6cm×10.5cm，今藏广西壮族自治区少数民族古籍工作办公室，档案目录号 200908024。

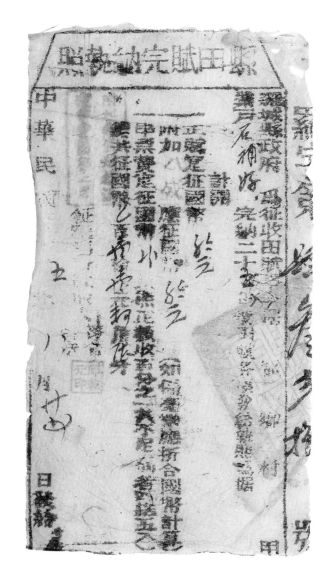

县田赋完纳执照[238]

罗字第肆叁贰捌号

罗城县政府◇，为征收田赋事。今据◇区◇乡◇村◇甲业户石补好，完纳二十五年度田赋，各顼发给执照为据。

计开：

一正赋[318]实征[314]国币[174]五元七角。

一附加八成应征国币五元七角。（如系毫币，应折合国币计算）

一串票[320]费实征国币六分。（照正额收百分之一，其不足一颐者四舍五入）

总共征国币〇百壹拾壹元肆角陆分。

征粮局所经收人签名

盖章：邱乾元

　　中华民国二十五年八月廿四日发给

注：

文书左上方红色印字：附加□□路桥□建筑费法币二成。

杨振林完纳田赋执照

（民国二十六年十二月十四日）

绵纸，纸幅 21.3cm×9.9cm，今藏广西壮族自治区少数民族古籍工作办公室，档案目录号 201010037。

县田赋完纳执照[238]

□字第□□□□号

罗城县政府◇，为征收田赋事。今据四区[239]◇乡◇村◇甲业户杨振林，完纳二十六年度田赋，各项发给执照为据。

计开：

一正赋[318]实征[314]国币[174]一元八角。

一附加八成应征国币◇。（如系毫币，应折合国币计算）

一串票[320]费实征国币二分。（照正额收百分之一，其不足一仙者四舍五入）

总共征国币◇百◇拾◇元◇角◇分。

征粮局所经收人签名

盖章：林俊武

中华民国二十六年十二月十四日发给

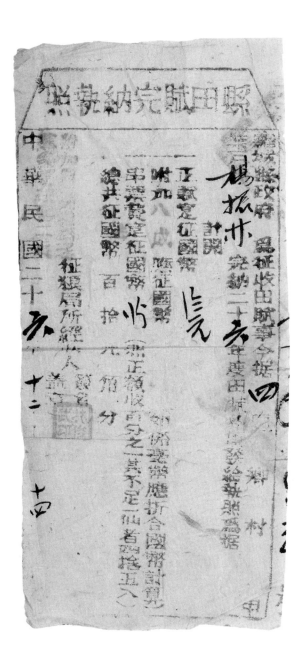

注：

文书左上方红色印字：附加□□路桥□建筑费法币二成。

杨德明完纳田赋执照

（民国二十六年十二月十四日）

绵纸，纸幅21.3cm×10cm，今藏广西壮族自治区少数民族古籍工作办公室，档案目录号201311002。

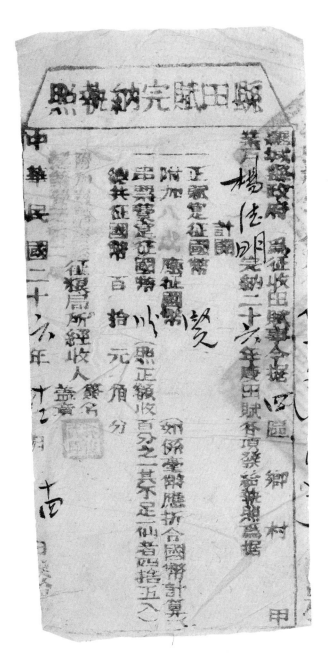

县田赋完纳执照[238]

□字第□□□□号

罗城县政府◇，为征收田赋事。今据四区[239]◇乡◇村◇甲业户杨德明，完纳二十六年度田赋，各项发给执照为据。

计开：

一正赋[318] 实征[314] 国币[174]一元八角四皿。

一附加八成应征国币◇。（如系毫币，应折合国币计算）

一串票[320]费实征国币二分。（照正额收百分之一，其不足一仙者四舍五入）

总共征国币◇百◇拾◇元◇角◇分。

征粮局所经收人签名

盖章：林俊武

中华民国二十六年十二月十四日发给

注：

文书左上方红色印字：附加□□路桥□建筑费法币二成。

何文绣完纳田赋执照

（民国二十七年二月二十一日）

绵纸，纸幅 20.8cm×10.1cm，今藏广西壮族自治区少数民族古籍工作办公室，档案目录号200911010。

县田赋完纳执照[238]

□字第□□□号

罗城县政府◇，为征收田赋事。今据四区[239]◇乡◇村◇甲业户何文绣，完纳二十六年度田赋，各项发给执照为据。

计开：

一正赋[318]实征[314]国币[174]七角。

一附加八成应征国币◇。（如系毫币，应折合国币计算）

一串票[320]费实征国币一分。（照正额收百分之一，其不足一仙者四舍五入）

总共征国币◇百◇拾◇元◇角◇分。

征粮局所经收人签名

盖章：林俊武

中华民国二十七年贰月廿一日发给

注：

文书左上方红色印字：附加□□路桥□建筑费法币二成。

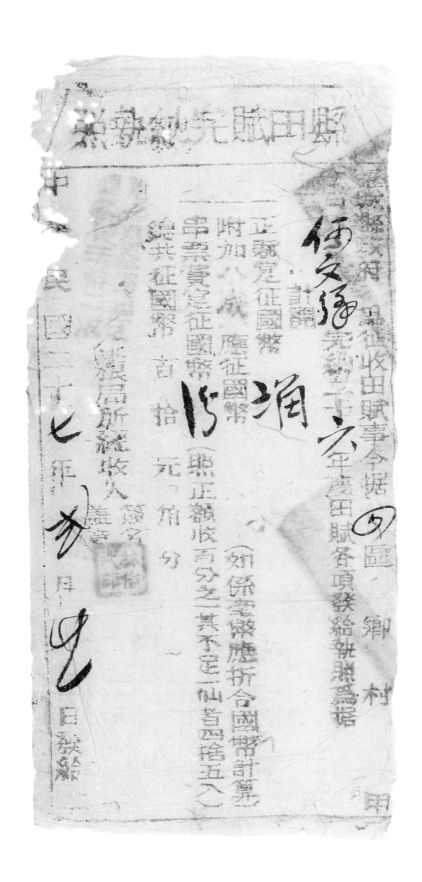

縣田賦完納聯單

一 正額定征國幣
一 附加八成應征國幣
一 串票費定征國幣　壹角分
　總共征國幣　壹拾　元　角　分

（照正額收百分之一其不足一仙者四捨五入）

（如係老幣應折合國幣計算）

繳單局所經收人蓋章

中華民國三十七年　月　日　縣統

陈寿榕田赋收据

（民国二十七年十一月十八日）

绵纸，纸幅25cm×19.9cm，今藏广西壮族自治区少数民族古籍工作办公室，档案目录号201010052。

右联（执收户业给裁联此）

罗字第陆柒陆肆号

罗城县政府
民国二十七年度第　期
征收田赋通知据

业户姓名	陈寿榕	业户住址	鸡林
亩分	三十二石	土地坐落	
本年应征正税收	叁元贰角	本年应征附加	叁元贰角

本年应征正附税款合计陆元肆角〇分正

收款员　郭干材（章）

中华民国廿七年十一月拾八日发给

执收户业给裁联此

左联（户业知通前期收征联此）

罗字第陆柒陆肆号

罗城县政府
民国二十七年第□期
征收田赋通知单

业户姓名		业户住址	
亩分		土地坐落	
田地等级		科则[325]	
全年应征正税		全年应征附加	
本年应征正税		本年应征附加	壹倍
纳税期限	本年九月一日起至十月卅一日止自由完纳十一月一日起至十二月底止按户催缴廿八年一月一日起至二月底止拘押勒追	收款机关及地址	

附　田赋执照[238]费照正赋[318]征百分之一粮额在四角以下者不收五角以上者收一分按四舍五
说　入办法办理在开征期间业户须持同上年度田赋完纳执照到征粮局完纳

中华民国二十七年　月　日通知

罗城县政府

注意：

一、本通知单系为通知业户税柜[326]完纳田赋之用不取分文

二、完纳田赋时另给收据为凭

户业知通前期收征联此

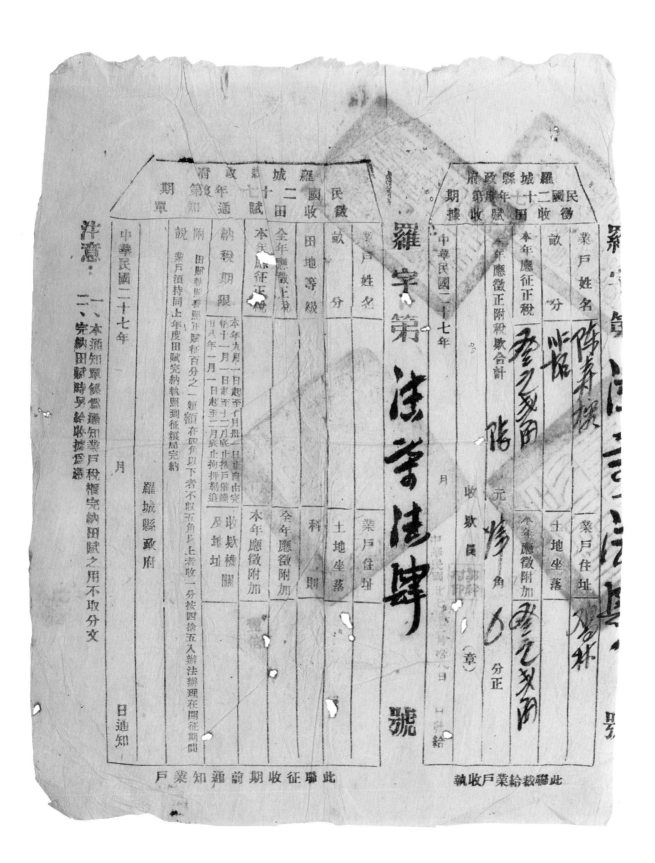

羅字第　法等法肆　號

右側（此聯裁給業戶執）

羅城縣政府
民國二十七年徵收賦款收據

業戶姓名	陳壽模
歉分	
本年應徵正附稅歉合計	
本年應徵正稅	
業戶住址	
土地坐落	
本年應徵附加	

收歉員　郭□□（章）

中華民國二十七年　月十八日　填給

左側（此聯征收前期通知罗業戶）

羅城縣
各歲年度第二十七期徵知

民徵歉分	
業戶姓名	
田地等級分	
全年應徵上稅	
本年應徵正稅	
全年應徵附加	
本年應徵附加	
科則	
土地坐落	
業戶住址	
收歉機關及封址	

附說：
田賦歉照徵收額百分之一類額在四角以下者不取五角以上者收一分按四捨五入辦法辦理在開征期間

納稅期限：
本年九月一日起至十月卅一日由會完納　十一月一日起至十二月底止按戶催繳　明年一月一日起至二月底止拘押勒追

附知：
業戶須持同上年度田賦完納執照到征糧局完納

注意：
一、本通知羅縣繳繳通知業戶稅款完納田賦完納田賦之用不取分文
二、完納田賦時發給聯據存查

中華民國二十七年　月　日通知
羅城縣政府

杨德明田赋收据

（民国二十七年十一月二十一日）

绵纸，纸幅 25.3cm×20.2cm，今藏广西壮族自治区少数民族古籍工作办公室，档案目录号 201010054。

左联（征收田赋通知单）

罗城县政府

民国二十七年度第　期　征收田赋通知单

业户姓名	
亩分	
田地等级	科则[325]
全年应征正税	全年应征附加
本年应征正税	本年应征附加　壹倍
纳税期限	本年九月一日起至十月卅一日止自由完纳　十一月一日起至十二月底止按户催缴　廿八年一月一日起至二月底止拘押勒追
附　说明	田赋执照[238]费照正赋[318]征百分之一粮额在四角以下者不收五角以上者收一分按四舍五入办法办理在开征期间业户须持同上年度田赋完纳执照到征粮局完纳　收款机关及地址

中华民国二十七年　月　日通知

注意：

一、本通知单系为通知业户税柜[326]完纳田赋之用不取分文

二、完纳田赋时另给收据为凭

罗字第陆玖壹陆号

此业知通前期收征联此

右联（征收田赋收据）

罗城县政府

民国二十七年度第　期　征收田赋收据

业户姓名	杨德明
亩分	一十八石四
本年应征正税收	壹元捌角肆分
业户住址	大蒙
土地坐落	
本年应征附加	壹元捌角肆分
本年应征正附税款合计	叁元陆角捌分正

收款员　郭田团（章）

中华民国二十七年十一月廿壹日发给

罗字第陆玖壹陆号

执收户业给裁联此

羅字第 陸...　號

羅城縣政府

民國二十年度第　期

田賦收徵歉款

業戶姓名	楊德明
分	
本年應徵正稅	
本年應發王附稅歉合計	壹元捌角柒...
	參 元 陸 角 肆 分正
收歉員	陸...（章）
業戶住址	大榮...
土地坐落	
本年應徵附加	壹元玖角柒...

中華民國二十七年　月　日發給

此聯給業戶收執

羅城縣政府

民國二十年度第　期

田賦通知單

業戶姓名	
分	
田地等級	
全年應徵正稅	
本年應徵正稅	
納稅期限	本年九月一日起至十月卅一日止自由完納，本年十一月一日起至十二月底止按戶催徵，本年一月一日起至二月底止拘押勒追
通知說明	業戶須持同上年度田賦串單照到征收局完納，田賦繳照所繳征百分之一耗額，在壹角以下者不取，五角以上者收一分，按四捨五入辦法辦理，在開征期間
罰則	
科則	
土地坐落	
業戶住址	
收歉機關	羅城縣政府
本年應徵附加	
全年應徵附加	

中華民國二十七年　月　日通知

注意：二、完納田賦時須向徵收機關完納田賦之用不取分文

此聯收征前期通知業戶

杨振林田赋收据

（民国二十七年十一月二十一日）

绵纸，纸幅 25.5cm×20cm，今藏广西壮族自治区少数民族古籍工作办公室，档案目录号 201311005。

征收田赋收据（执收户业给裁联此）

府政县城罗
国民二十七年度第 期

业户姓名	杨振林
亩分	一十八石
本年应征正税收	壹元捌角

本年应征正附税款合计叁元陆角〇分正

收款员 郭干团（章）

中华民国廿七年十一月廿壹日发给

业户住址	大蒙
土地坐落	
本年应征附加	壹元捌角

罗字第陆玖贰〇号

征收田赋通知单（户业知通前期收征联此）

府政县城罗
国民二十七年度第 期

业户姓名	田地等级	亩分	全年应征正税	本年应征正税	纳税期限	附 说
					本年九月一日起至十月卅一日止自由完纳 十一月一日起至十二月底止按户催缴 廿八年一月一日起至二月底止拘押勒追	田赋执照[238]费照正赋[318]征百分之一粮额在四角以下者不收五角以上者收一分按四舍五入办法办理在开征期间业户须持同上年度田赋完纳执照到征粮局完纳

业户住址	土地坐落	科则[325]	全年应征附加	本年应征附加	收款机关及地址
				壹倍	

罗字第陆玖贰〇号

中华民国二十七年 月 日通知

罗城县政府

注意：

一、本通知单系为通知业户税柜[326]完纳田赋之用不取分文

二、完纳田赋时另给收据为凭

左聯（此聯前期征收通知業戶）

羅城縣政府

羅字第 　 號

中華民國二十七年 　 月 　 日通知

田賦 十二 國徵獻 分 民	
業戶姓名	
歉 分	
田地等級	
全年應徵正稅	
本年應徵正稅	本年應徵正稅
納稅期限	本年九月一日起至十月卅一日止自由完納十一月一日起至十一月底止按戶羅縣廿八年一月一日起至一月底止拘押勒追
說 明	全年應徵附加
附	科 則
田賦熱照正额征百分之一糧歉在四角以下者不取五角以上者收一分按四捨五入辦法緑理在開征期間	收歉機關及地址
業戶湏持同上年虎田賦完納執照到征糧局完納	本年應徵附加
	土地坐落
	業戶住址

羅城縣政府

中華民國二十七年 　 月 　 日通知

注意：

一、本通知單係一最知業戶税戶期單

二、完納田賦時予給歉據為憑

完納田賦糧完納田賦之用不取分文

右聯（此聯裁給業戶收執）

羅字第 　 號

羅城縣政府

民國二十七年度第 　 期

田賦 十二 國徵獻 分 民	
業戶姓名	楊振林
歉 分	三角
本年應徵正稅	壹元捌角
本年應徵正附稅歉合計	叄 元 陸角 力分正
收歉員	（章）
業戶住址	大崇
土地坐落	
本年應徵附加	壹元捌角

中華民國二十七年 　 月 　 日後給

杨德明田赋收据

（民国二十九年十二月十五日）

绵纸，纸幅25cm×19cm，今藏广西壮族自治区少数民族古籍工作办公室，档案目录号201010053。

罗字第玖捌柒玖号

城罗县政府
民国二十九年度第　期
征收田赋收据

业户姓名	杨德明	业户住址
亩分		土地坐落
本年应征正税收	壹元捌角肆分	本年应征附加　壹元捌角肆分

本年应征正附税款合计叁元陆角捌分正

收款员　（章）

中华民国二十九年十二月十五日发给

此裁联业户收执

罗字第玖捌柒玖号

城罗县政府
民国二十九年度第　期
征收田赋通知单

业户姓名		业户住址
图分		土地坐落
田地等级		科则[325]
全年应征正税		全年应征附加
本年应征正税		本年应征附加
纳税期限	本年九月一日起至十月卅一日止自由完纳 十一月一日起至十二月底止按户催缴 裁征日拘押勒追	收款机关及地址

附田赋执照[238]费照正赋[318]征百分之一粮额在四角以下者不收五角以上者收一分按四舍五

说明入办法办理在开征期间业户须持同上年度田赋完纳执照到征粮局完纳

罗城县政府
中华民国二十　年　月　日通知

注意：
一、本通知单系为通知业户税柜[326]完纳田赋之用不取分文
二、完纳田赋时另给收据为凭

此联征收前期通知业户

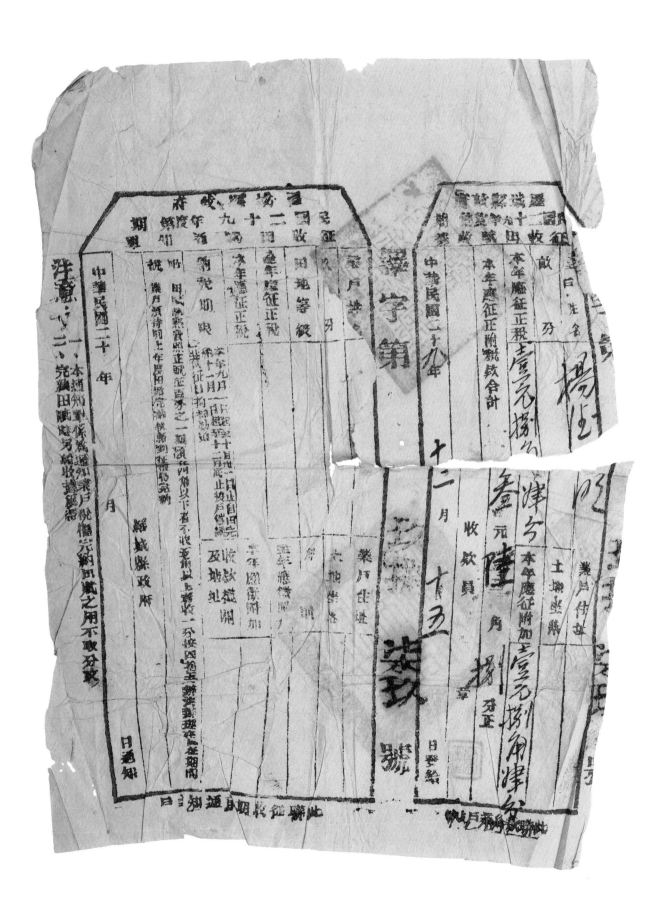

杨振林田赋收据

（民国二十九年十二月十六日）

绵纸，纸幅 25.2cm×19.5cm，今藏广西壮族自治区少数民族古籍工作办公室，档案目录号 201010055。

罗字第玖捌捌柒号

征收田赋收据
国民二十九年度第　期
罗城县政府

业户姓名	杨振林	业户住址	
亩分		土地坐落	
本年应征正税收	壹元捌角正	本年应征附加	壹元捌角正

本年应征正附税款合计叁元陆角〇分正

收款员　（章）

中华民国二十九年十一月十六日发给

执收户业给裁联此

罗字第玖捌捌柒号

征收田赋通知单
国民二十九年度第　期
罗城县政府

业户姓名		业户住址	
田地等级		土地坐落	
亩分		科则[325]	
全年应征正税		全年应征附加	
本年应征正税		本年应征附加	
纳税期限	本年九月一日起至十月卅一日止自由完纳 十一月一日起至十□月底止按户催纳 裁征日拘押勒追	收款机关及地址	

附说　田赋执照[238]费照正赋[318]征百分之一粮额在四角以下者不收五角以上者收一分按四舍五入办法办理在开征期间业户须持同上年度田赋完纳执照到征粮局完纳

罗城县政府

中华民国二十　年　月　日通知

注意：
一、本通知单系为通知业户税柜[326]完纳田赋之用不取分文
二、完纳田赋时另给收据为凭

此联收征前期通知业户

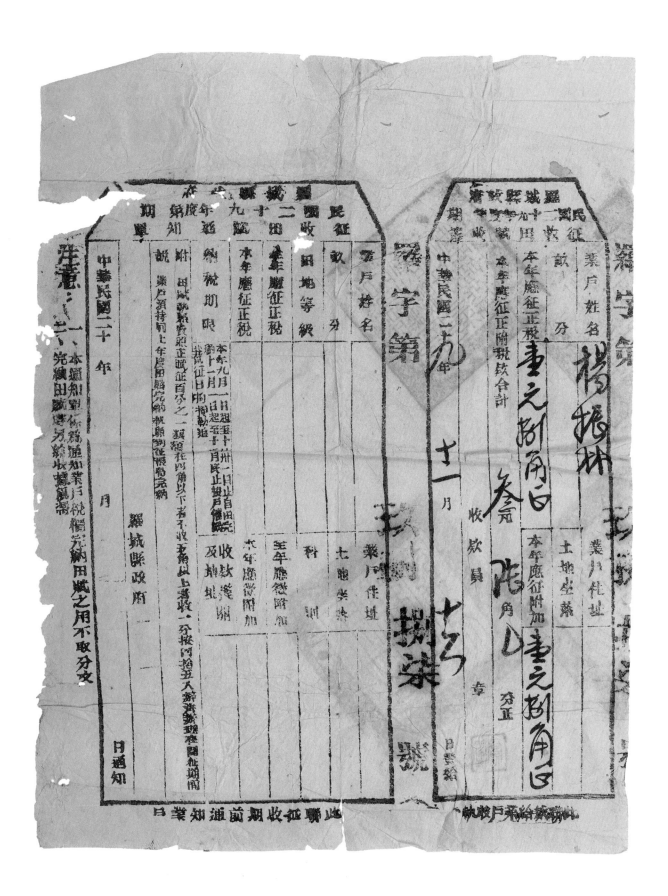

何文绣二十三年度旧欠田赋收据

（民国三十一年一月二十七日）

绵纸，纸幅21.2cm×9cm，今藏广西壮族自治区少数民族古籍工作办公室，档案目录号200911014。

处理管赋田县城罗　据收赋田欠旧收征					
中华民国卅一年元月廿七日发给　字第0396号	经收机关　（章）　经收员　（章）	应征法币合计　百○十壹元壹角贰分　千百十斤两	廿三年度应征　附加　正赋[318]	亩分	业户姓名
			五成　柒角	柒石	何文绣
		滞纳[327]处罚法币　柒分		土地坐落	业户住址
					下回龙

旧字第〇叁玖陆号

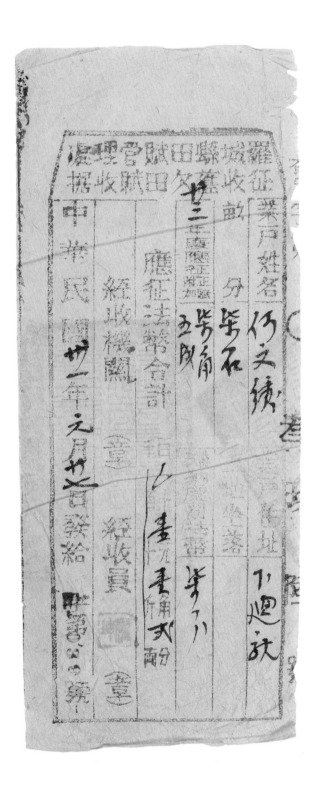

何文绣二十七年度旧欠田赋收据

（民国三十一年一月二十七日）

绵纸，纸幅21.3cm×9cm，今藏广西壮族自治区少数民族古籍工作办公室，档案目录号200911020。

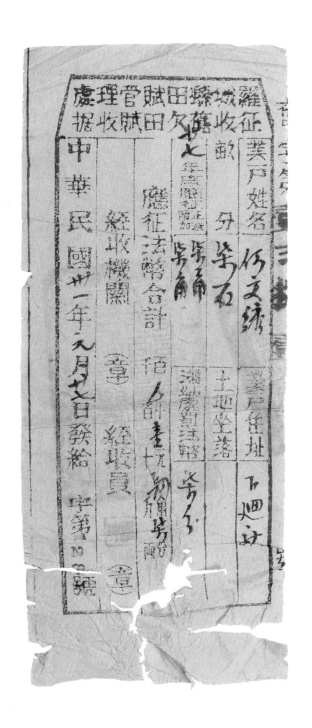

处理管赋田县城罗 据收赋田欠旧收征				
	廿七年度应征 附加	亩分	业户姓名	旧字第壹贰捌壹号
	正赋[318] 柒角柒角	柒石	何文绣	
经收机关 （章）	应征法币合计 百〇十壹元肆角柒分 千 百 十 斤 两	滞纳[327]处罚法币 柒分	土地坐落	业户住址
中华民国卅一年元月廿七日发给 字第1281号 经收员 （章）			下回龙	

何文绣二十九年度旧欠田赋收据

（民国三十一年一月二十七日）

绵纸，纸幅22cm×9cm，今藏广西壮族自治区少数民族古籍工作办公室，档案目录号200911138。

处理管赋田县城罗 据收赋田欠旧收征					
			廿九年度应征 附加 正赋[318]	亩分	业户姓名
中华民国卅一年元月廿七日发给 字第2286号	经收机关 （章） 经收员 （章）	应征法币合计 千百十斤两 百〇十壹元肆角柒分	柒角	柒石	何文绣
			滞纳[327]处罚法币 柒分	土地坐落	业户住址
					下回龙

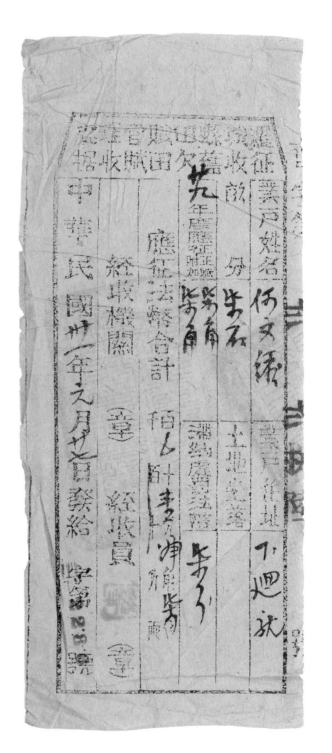

旧字第贰贰捌陆号

何文绣□□年度旧欠田赋收据

（民国三十一年一月二十七日）

绵纸，纸幅 14.6cm×8.9cm，今藏广西壮族自治区少数民族古籍工作办公室，档案目录号 200911137。

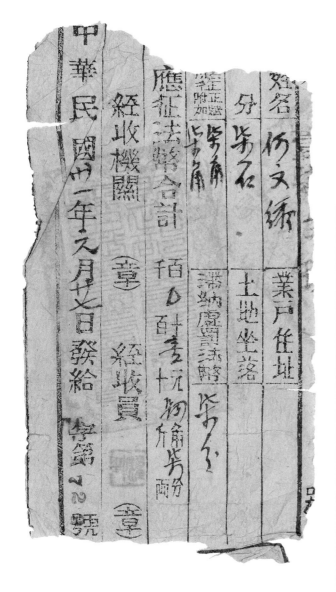

| | | | 处理管赋田县城罗 | | | |
			据收赋田欠旧收征			
中华民国卅一年元月廿七日发给　字第 1729 号	经收机关（章）　经收员（章）	应征法币合计　百〇十壹元肆角柒分　千　百　十　斤　两	□□年度应征　正赋[318]　附加	柒角　柒角	亩分　柒石	业户姓名　何文绣
					土地坐落	业户住址
				滞纳[327]处罚法币　柒分		

字第壹柒贰玖号

何文绣交军谷收据

（民国三十一年一月二十七日）

绵纸，纸幅 20cm×6.5cm，今藏广西壮族自治区少数民族古籍工作办公室，档案目录号 200911015。

收　据

龙罗城县粮字第壹叁叁壹号

兹据回龙村【街】第◇甲何文绣户缴交三十年军谷三十斤四两【◇石◇斗◇升◇合[007]】【◇市担◇市◇斤】，业经验明合格，准予接收。除呈报罗城县县政府备查外，特给本据以便持据领取谷价，此据。

验收人

填据人

中华民国三十一年元月廿七日

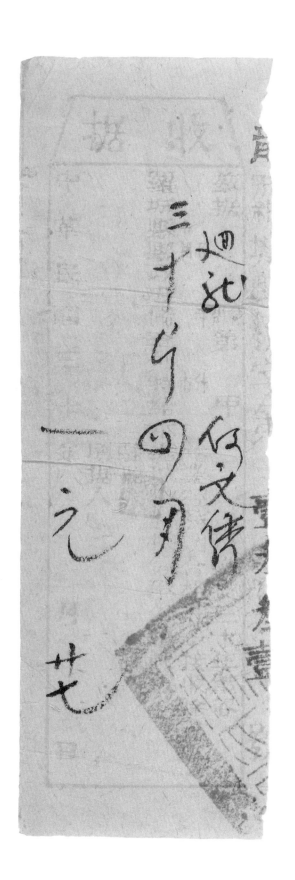

杨振林交军谷收据

（民国三十一年二月九日）

绵纸，纸幅 19.1cm×6.3cm，今藏广西壮族自治区少数民族古籍工作办公室，档案目录号 201010007。

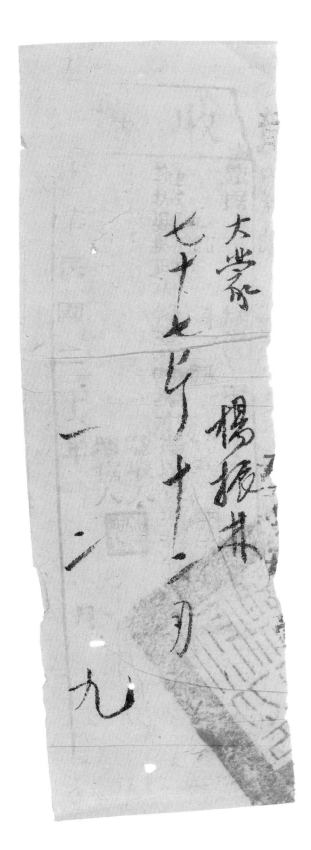

收　据

龙罗城县粮字第叁叁玖壹号

兹据大蒙村【街】囤◇甲杨振林户缴交三十年军谷七十七斤十二两【◇石◇斗◇升◇合[007]】【◇市担◇市◇斤】，业经验明合格，准予接收。除呈报罗城县县政府备查外，特给本据以便持据领取谷价，此据。

验收人

填据人

中华民国三十一年二月九日

杨德明交军谷收据

（民国三十一年二月九日）

绵纸，纸幅 19cm×6.3cm，今藏广西壮族自治区少数民族古籍工作办公室，档案目录号 20101042。

收　据

🔲罗城 🔲🔲字🔲壹口玖贰🔲

兹据大蒙🔲【街】第◇甲杨德明户🔲交三十年军🔲七十九斤八两【◇石◇斗◇升◇合[007]】【◇市担◇市◇斤】，业经验明合格，准予接收。🔲🔲🔲罗城县县政府备查外，特给本据以便持据领取谷价，此🔲。

验收人

填据人

🔲🔲🔲国三十一年二月九🔲

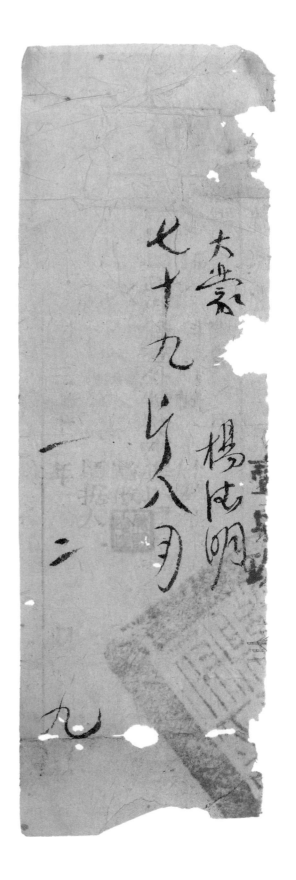

杨振林田赋收据

（民国三十一年二月九日）

绵纸，纸幅 21.5cm×6.8cm，今藏广西壮族自治区少数民族古籍工作办公室，档案目录号 201010003。

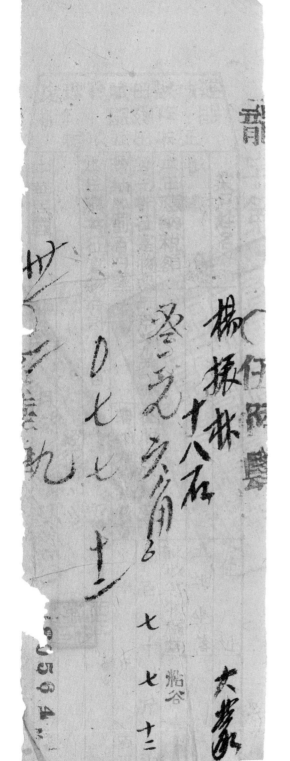

处理管赋田县城罗 期上年　国民及期下年　国民 据收赋田收征					
	滞纳[327]加罚百分率	每元折征[328]实物率	本年应纳税额	亩分	业户姓名
	本年应共征实物合计〇百七十七斤十二两正	二十一斤又九两陆钱	叁元六角	十八石	杨振林
中华民国卅一年二月九日发给　字第 0564 号	经征员　（章）	滞纳加罚实物数 十　斤　两正	征收实物数量〇百七十七斤十二两	土地坐落	住址
			征收实物种类 粘谷		大蒙

龙字第〇伍陆肆号

杨德明田赋收据

（民国三十一年二月九日）

绵纸，纸幅 22.7cm×6.8cm，今藏广西壮族自治区少数民族古籍工作办公室，档案目录号 201010028。

处理管赋田县城罗					
期上年　国民　及朔　下年　国民					
据收赋田收征					
龙字第贰柒叁陆号					龙字第贰柒叁陆号
业户姓名	亩分	本年应纳税额	每元折征[328] 实物率	滞纳[327] 加罚百分率	本年应共征实物合计○百七十九斤八两正
杨德明	十八石四	叁元六角八分	二十一斤又九两六钱		
住址	土地坐落	征收实物种类	征收实物数量○百柒十玖斤捌两	滞纳加罚实物数	经征员　（章）
大蒙		粘谷		十斤　两正	中华民国卅一年二月九日发给　字第2736号

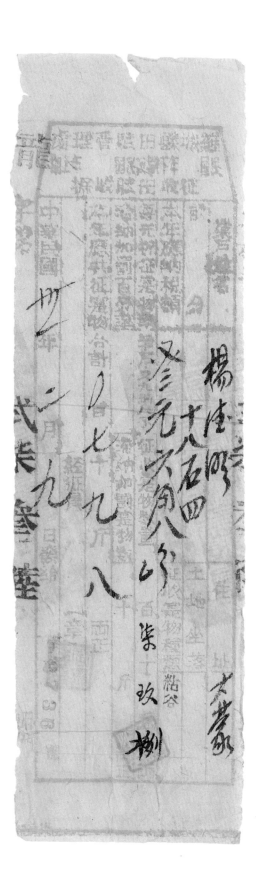

杨廷兰交军谷收据

（民国三十一年三月二日）

绵纸，纸幅 20cm×6.3cm，今藏广西壮族自治区少数民族古籍工作办公室，档案目录号201010008。

收　据

龙罗城县粮字第壹陆柒□号

兹据大蒙村【街】第◇甲杨廷兰户缴交三十年军谷一百五十五斤八两【◇石◇斗◇升◇合[007]】【◇市担◇市◇斤】，业经验明合格，准予接收。除呈报罗城县县政府备查外，特给本据以便持据领取谷价，此据。

验收人

填据人

田陞民国三十一年三月二日

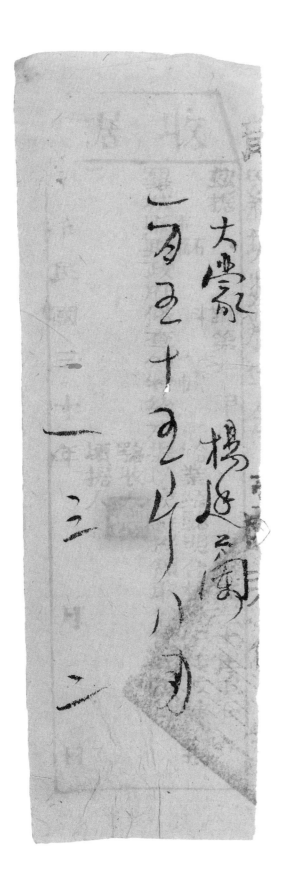

杨廷世田赋收据

（民国三十一年三月二日）

绵纸，纸幅22.7cm×7cm，今藏广西壮族自治区少数民族古籍工作办公室，档案目录号201010001。

罗城县田赋管理处　民国卅年下期及民国卅一年上期　田赋征收收据								
业户姓名	亩分	本年应纳税额	每元折征[328]实物率	滞纳[327]加罚百分率	本年应共征实物合计一百五十五斤八两正	经征员	中华民国卅一年三月二日发给　字第2610号	龙字第贰捌壹〇号
杨廷世	三十六石	七元贰角	二十一斤又九两六钱			（章）		
住址	土地坐落	征收实物种类	征收实物数量壹百五十五斤半两	滞纳加罚实物数				
大蒙		粘谷		〇十七斤十二两正				

龙字第贰捌壹〇号

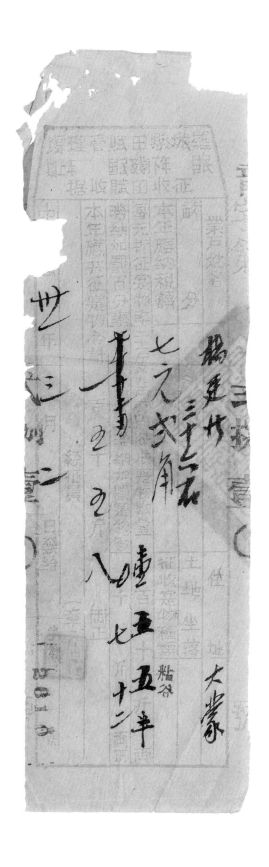

何文锦田赋通知单

（民国三十一年十月十二日）

绵纸，纸幅 26cm×12cm，今藏广西壮族自治区少数民族古籍工作办公室，档案目录号 200911148。

□字第○○捌陆号	业户姓名	亩分	本年应纳税额	每元折征[328]实物率	每元带购[329]比率	加征本县公粮比率	应征实物合计○千壹百陆十柒斤○两正	意注	罗城县田赋管理处 中华民国卅壹年拾月拾贰日通知　字第　号
处理管赋田县城罗 / 期上年二卅国民及期下年一卅国民 / 单知通赋田收征	何文锦	一十一石	二元二角　七十二斤十两	三十三市斤	三十三市斤	三成		一、本年田赋定于十一月一日开征限三个月内清完逾期不纳者应予处分如下（一）滞纳[327]加罚□百分之五至百分之十二（二）传追[330]（三）提取收典抵偿（四）拍卖欠税田地[331]抵偿 二、本通单为完纳粮食之根据业户应妥慎收存倘有遗失应请征收机关另填核算单并须照章缴纳手续费三角 三、送达此单不取分文完纳田赋时另给收据为凭 四、本通知单如有数字涂改情事业户应于纳粮前向主管经征机关申请改发	
	住址　龙凤	土地坐落	征收实物种类　粘谷	收粮机关及地址	带购粮额　七十二斤十两	加征公粮数额　二十一斤十三两			

此联于开征前一个月通知业户

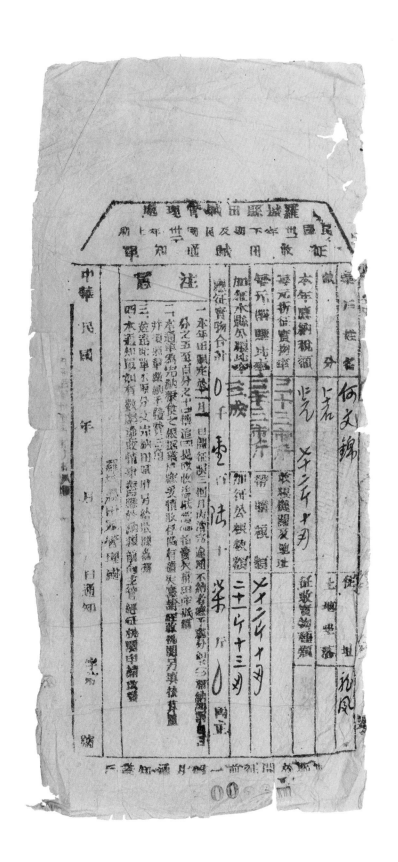

羅城縣田賦管理處

民國卅年度及冊期下期田國卅七年上期

征收田賦通知單

何文绣田赋收据

（民国三十一年十二月二十八日）

绵纸，纸幅 25.7cm×8.6cm，今藏广西壮族自治区少数民族古籍工作办公室，档案目录号 200911139。

龙字第〇〇捌捌号

中华民国卅一年十二月廿八日发给　字第　号	经收处主任　□牌第　号	本年应共征实物合计〇千〇百九十三斤六两	加征本县公粮比率　三成　加征公粮数额　十三斤十三两	每元带购[329]比率　卅十三市斤　带购粮额　四十六斤十三两	滞纳[327]加罚百分率　　滞纳加罚实物数　千百十斤两	每元折征[328]实物率　卅十三市斤　征收实物数量　〇千〇百四十六斤十三两	本年应纳税额　一元四角	亩分　七石　土地坐落	业户姓名　何文绣　住址　龙凤

处理管赋田县城罗
期上年二卅国民及期下年一卅国民
据收赋田收征

征收实物种类　粘谷

龙字第〇〇捌捌号

此联裁给业户收执

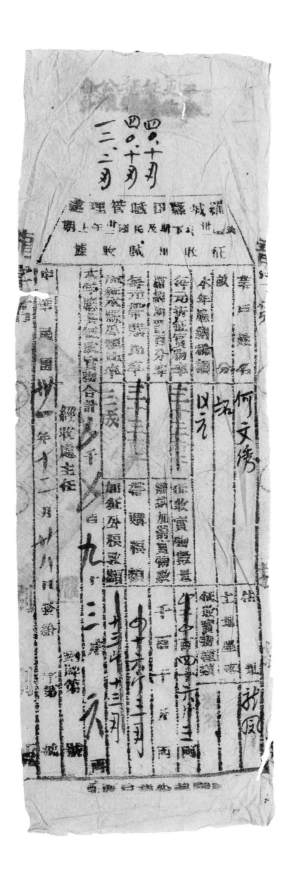

杨廷兰田赋收据

（民国三十二年一月八日）

绵纸，纸幅 25.7cm × 9cm，今藏广西壮族自治区少数民族古籍工作办公室，档案目录号 201010017。

龙字第叁壹肆叁号	经收处主任	加征本县公粮比率	每元带购[329]比率	滞纳[327]加罚百分率	每元折征[328]实物率	本年应纳税额	亩分	业户姓名	龙字第叁壹肆叁号
								杨廷兰	
		三成	三十三市斤		三十三市斤	六元三角	三十五石		
	本年应共征实物合计 千 百 十 斤 两	加征公粮数额	带购粮额	滞纳加罚实物数	征收实物数量		土地坐落	住址	
中华民国卅二年元月八日发给　字第　　号　□牌第　　号		七十一斤五两	二佰三十七斤十两	千 百 十 斤 两	千二百三十七斤十两		征收实物种类	太和	

处理管赋田县城罗　期上年二卅国民及期下年一卅国民据收赋田收征

执收户业给裁联此

杨振林田赋收据

（民国三十二年十二月十二日）

绵纸，纸幅 26cm×9cm，今藏广西壮族自治区少数民族古籍工作办公室，档案目录号 201010035。

处理管赋田县城罗
期上年二卅国民及期下年一卅国民
据收赋田收征

龙字第贰贰陆肆号

业户姓名	亩分	本年应纳税额	每元折征[328]实物率	滞纳[327]加罚百分率	每元带购[329]比率	加征本县公粮比率
杨振林	一十八石	三元六角	三十三市斤	三十三市斤	三十三市斤	三成
住址	土地坐落	征收实物种类	征收实物数量	滞纳加罚实物数	带购粮额	加征公粮数额
太和			○千一百二十八斤十三两	千一百十斤两	一百二十八斤十三两	三十五斤十两

本年应四征实物合计○千贰百七十三斤四两

经收处主任

中华民国卅二年十二月十二日发给　字第　号

□牌第　号

龙字第贰贰陆肆号

执收户业给裁联此

何明针田赋通知单

（民国三十二年）

绵纸，纸幅23cm×14.5cm，今藏广西壮族自治区少数民族古籍工作办公室，档案目录号200911142。

处理管赋田县城罗
期上年三十三及期下年二十三

号牌第 号	单知通赋田收征	龙字第 1836 号

意注	购粮给价标准及办法	征实[333]征购及带征县级公粮之种类标准	亩分总额	业户姓名
（一）本年田赋定于 月 日开征限于三个月内完清如逾期不纳者应予处分如下（1）滞纳[327]加罚限满之日起第一个月内完纳按征实额加征百分之五第二个月内完纳照征实额加罚百分之十（二）传追[330]（三）提取收典抵偿（四）拍卖欠赋土地及其空着物[331]抵偿	库券 按征借[332]数发给等量粮食	按上开赋额每元征实三五斤 征借二三斤随赋带征县级公粮三成合计每元应缴稻谷 六八市斤八两	千 百 十叁亩贰分四厘	何明针
（二）本通知单为完粮之根据业户应妥慎保存倘有遗失应呈请征收机关另发核算单并须照章缴				归户册 号次
（三）送达此单不取分文完纳时另给据为凭 纳手续费三角	实应缴数	灾款减免数	合计	征购数量	带征县级公粮数量	征实数量	本年度纳赋额	住址
（四）本通知单如有数字涂改情事业户应于纳粮前田主管征收机关申请改发 本通知单由主管征收机关散发人		拾分之	○万○千壹百壹十玖斤十四两	○千○百四十○斤四两	○千○百壹十八斤六两	○千○百六十壹斤四两	○百○十壹元七角五分	龙岸乡龙凤保 甲 户

中华民国三十二年 月 日 征收处通知散发人

龙字第壹捌叁陆号

户粮发散月一前征开于联此

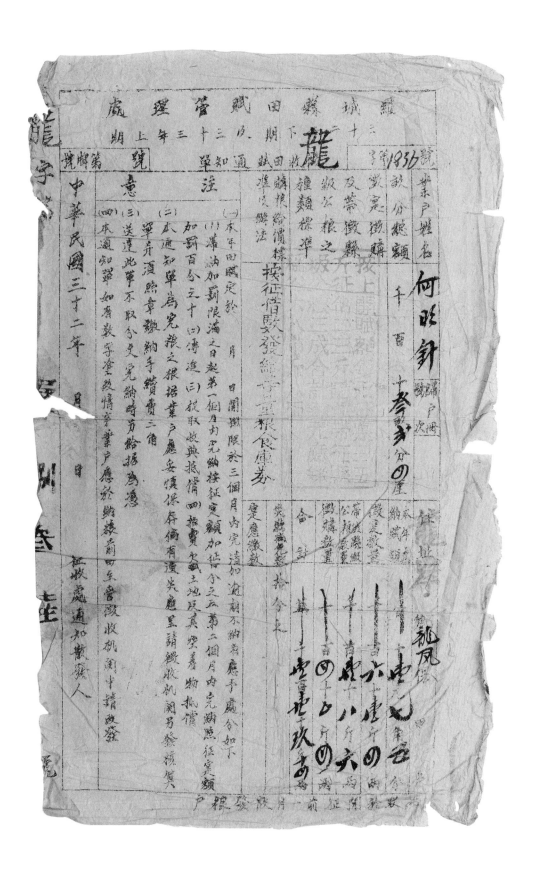

龍字第 號

龍

1836

何明伍田赋通知单

（民国三十二年）

绵纸，纸幅 23.6cm×13.8cm，今藏广西壮族自治区少数民族古籍工作办公室，档案目录号 200911149。

处理管赋田县城罗						
期上年三十三及期下年二十三						
号牌第　　号	意注	单知通赋田收征				龙字第 1787 号

购粮给价标准及办法：按征借数发给等量粮食库券

及带征县级公粮之种类标准：市斤八两

征实[333]征购及带征县级公粮：借[332]一二三斤随赋带征县级公粮三成合计每元应缴稻谷六八　按上开赋额每元征实三五斤征

亩分总额：〇千〇百〇十〇亩六分〇厘

业户姓名：何明伍

归户册　号次

	实应缴数	灾款减免数	合计	征购数量	公粮数量	带征县级	征实数量	本年度纳赋额	住址
		拾分之	〇万〇千〇百壹十七斤贰两	〇千〇百〇十五斤十二两	〇千〇百〇十贰斤十两		〇千〇百〇十捌斤十二两	〇百〇十〇元贰角五分	龙岸乡龙凤保　甲　户

意注

（一）本年田赋定于　月　日开征限于三个月内完清如逾期不纳者应予处分如下
（1）滞纳[327]加罚限满之日起第一个月内完纳按征实额加征百分之五第二个月内完纳照征实额加罚百分之十（2）传追[330]（3）提取收典抵偿（4）拍卖欠赋土地及其空着物[331]抵偿

（二）本通知单为完粮之根据业户应妥慎保存倘有遗失应呈请征收机关另发核算单并

（三）送照此单不取分文完纳时另给据为凭须照章缴纳手续费三角

（四）本通知单如有数字涂改情事业户应于纳粮前由主管征收机关申请改发

中华民国三十二年　月　日　征收处通知散发人

龙字第壹柒捌柒号

此联开征前一月散发粮户

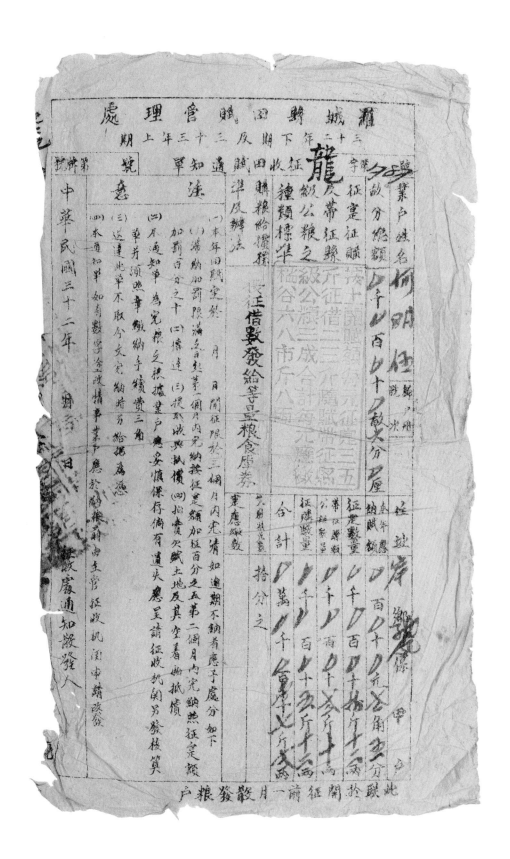

罗城县田赋田赋管理处

业户姓名　何明任　

三十二年度征及带征之公粮　龍

三十二年度下期开征及带征三十三年上期通知单				

应办第　号

(一)本年田赋定於　月　日开征限放三個月内完清如逾期不纳者应予处分如下

(二)据册加罚限满无力完纳按征定额加征百分之五第二個月内完纳热征定额加罚百分之十加课违限(三)提取城與赋價(四)拍賣欠税土地及其空著抵償

(二)此通知单为完粮之根據業户應妥慎保存倘有遺失應呈請征收机關另發核算

(三)此单并須照章缴納手續費三角

(四)本通知单如有數字金改情事業户應於繳後即由主管征收机關申請改發

中華民國三十二年　月　日

發征收廳通知發發人

征收乡镇保甲户	此前一月發缴粮户
征定數量	應缴數
合計	拾份之

杨庚仁田赋通知单

（民国三十二年）

绵纸，纸幅 23.7cm×13.8cm，今藏广西壮族自治区少数民族古籍工作办公室，档案目录号 201010050。

处理管赋田县城罗
期上年三十三及期下年二十三

号牌第　　号	单知通赋田收征	龙字第 4722 号

意注	及办法 购粮给价标准	粮之种类标准 及带征县级公	征实[333]征购 征借[332]	亩分总额	业户姓名
（一）本年田赋定于　月　日开征限于三个月内完清如逾期不纳者应予处分如下（1）滞纳[327]加罚限满之日起第一个月内完纳按征实额加征百分之五第二个月内完纳照征实额加罚百分之十（二）传追[330]（三）提取收典抵偿（四）拍卖欠赋土地及其空着物[331]抵偿（二）本通知单为完粮之根据业户应妥慎保存倘有遗失应呈请征收机关另发核算单并须照章缴纳（三）手续费三角（四）本通知单如有数字涂改情事业户应于纳粮前由主管征收机关申请改发本通知此单不取分文完纳时另给据为凭 送达	按征借数发给等量粮食库券	公粮三成合计每元应缴稻谷 六八市斤八两	按上开赋额每元征囷三五斤 一二三斤随赋带征县级	○千○百○十叁亩六分贰厘	杨庚仁

	实应缴数	灾款减免数	合计	征购数量	公粮数量	带征县级	征实数量	本年度纳赋额	住址 归户册 号次
中华民国三十二年　月　日　征收处通知散发人		拾分之	○万○千壹百○十四斤一两	○千○百叁十四斤十五两	○千○百○十壹斤十五两		○千○百五十叁斤叁两	○百○十壹元五角贰分	囷岸乡太和保 甲　户

龙字第肆柒贰贰号

此联开征前一月散发粮户

户粮发散月一前征开于联此

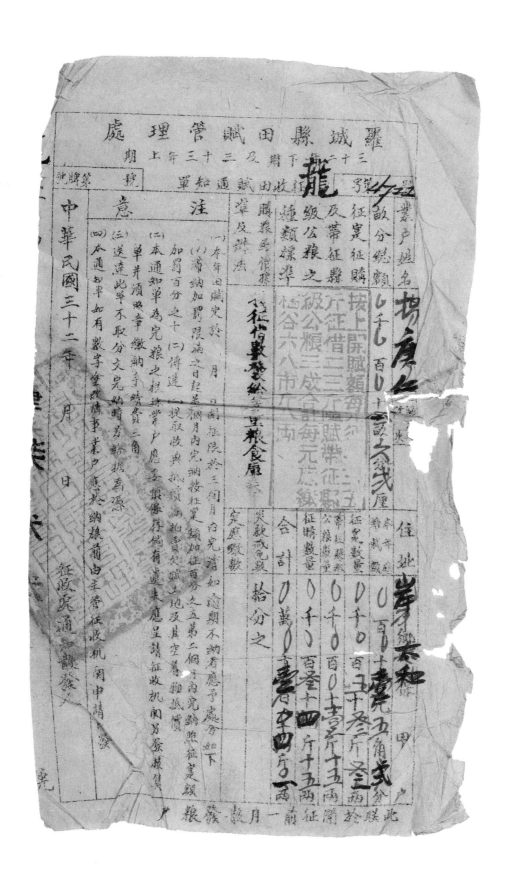

罗城縣田賦管理處

三十　下期　及　三十三年　上期

田户姓名	楊庚仕

龍

注　意	通知單	算牌號 　號	田賦徵收及繳法	徵收糧種類標準	征　及帶征縣之額分總額

住址　岸鄉太和

（一）本年田賦定於　月　日開征院於三個月内完清如逾期不納者應予處分如下
（甲）滯納加罰限滿之日起蓋個月内完納按實額加征百分之五第二個月内完納照征定額
（二）傳達一提取收典振貸糧拍賣欠賦之地及其空囊動拆償
本通知單為完糧之根據業户應妥慎保佀有遺失應呈請征收机關另發嚴貸
（三）送達此單如有數字塗改情事業户應於納糧前由主管征收机關申請登發
（四）本通知單如有數字塗改蓋章繳納手續費三角本通知單不取分文完納時業户應擴為源

中華民國三十二年　　月　　日

征收屍通知發人

石玉明缴谷收据

（民国三十三年二月十三日）

绵纸，纸幅 29.8cm×10.8cm，今藏广西壮族自治区少数民族古籍工作办公室，档案目录号200911150。

　　兹收到石玉明缴来粮谷肆拾伍斤拾肆两正，此据。

　　经收人李慕贤条

　　　　　　　　民国三十三年二月十三日

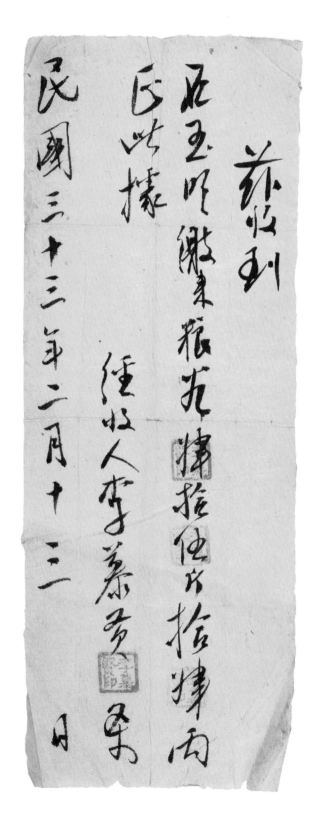

杨德明旧欠田赋收据

（民国三十三年十二月）

绵纸，纸幅 23.5cm×9.5cm，今藏广西壮族自治区少数民族古籍工作办公室，档案目录号 201010006。

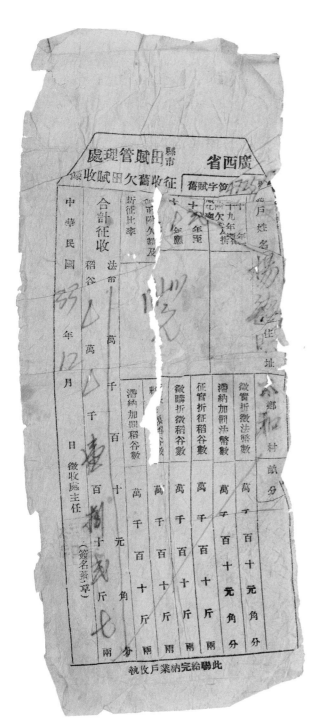

处理管赋田 县/市		省西广	
据收赋田欠旧收征		旧赋字第 4725 号	
	额及折征比率 三十贰年至三〇年应征正附欠	率 比 二十年至二十九年应征正附欠额及折征[328]	业户姓名
		三三元六甬三	杨德明
			住址
合计征收 法币 万 千 百 十 元 角 分 稻谷〇万〇千壹百捌十贰元七两	滞纳加罚稻谷数	征实折征法币数 征实[333]折征法币数	乡太和村
	县级公粮稻谷数	征购折征稻谷数	
		征实折征稻谷数	
		滞纳[327]加罚法币数	
			亩分

中华民国 33 年 12 月　日　征收处主任（签名盖章）

滞纳加罚稻谷数	县级公粮稻谷数	征购折征稻谷数	征实折征稻谷数	滞纳加罚法币数	征实折征法币数	亩分
万千百十斤两	万千百十斤两	万千百十斤两	万千百十斤两	万千百十元角分	万千百十元角分	

执收户业纳完给联此

杨庚仁旧欠田赋收据

（民国三十三年十二月）

绵纸，纸幅24.5cm×9.5cm，今藏广西壮族自治区少数民族古籍工作办公室，档案目录号201010002。

广西省　县/市　田赋管理处

征收旧欠田赋收据　　旧赋字第 4722 号

业户姓名	二十年至二十九年应征正附欠额及折征[328]比率	三十贰年至三十○年应征正附欠额及折征比率					合计征收	中华民国33年12月　日
杨庚仁		一元五毛二 圆						征收处主任　虞良柱（签名盖章）
住址	征实[333]折征法币数	滞纳[327]加罚法币数	征实折征稻谷数	征购折征稻谷数	县级公粮稻谷数	滞纳加罚稻谷数	法币　万千百十元角分	
乡太和村	亩分						稻谷○万○千壹百○十肆斤十一两	
	万千百十元角分	万千百十元角分	万千百十斤两	万千百十斤两	万千百十斤两	万千百十斤两		

此联给完纳业户收执

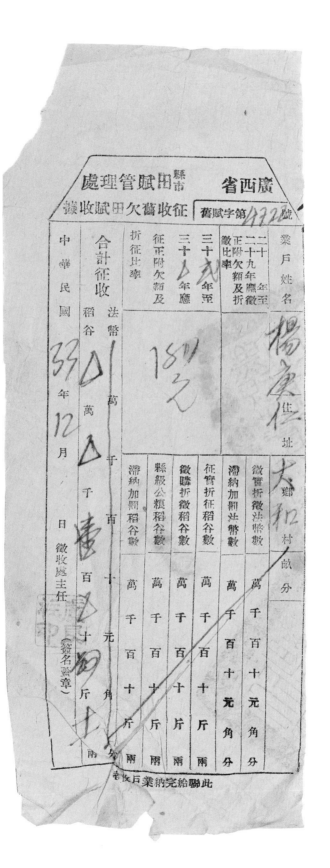

广西省　田赋管理处县市

征收旧欠田赋收据

舊賦字第 472 號

业户姓名	楊厚佳

合計征收		三十四年應	二十九年應徵 二十九年應至 正附欠额及 徵比率	折征比率 三十四年至 三十四年應 征正附欠額及

中華民國 33 年 12 月 日 徵收處主任（簽名蓋章）

合計征收　法幣　稻谷
3108 萬 △ 千 南百 十元 角 分
萬 △ 千 唐百 九十 四斤 十 兩 分

住址　大鄉和村畝分

徵實折徵法幣數	滯納加罰法幣數	征實折徵稻谷數	徵購折徵稻谷數	縣級公糧稻谷數	滯納加罰稻谷數
萬千百十元角分	萬千百十元角分	萬千百十斤兩	萬千百十斤兩	萬千百十斤兩	萬千百十斤兩

此聯給完納業戶收執

何明针田赋及借粮收据

（民国三十四年三月十二日）

　　绵纸，纸幅 25.7cm × 12.6cm，今藏广西壮族自治区少数民族古籍工作办公室，档案目录号 200911143。

广西省　　市县　田赋管理处		
国民三十三年下期及三十四年上期		
田赋及借粮收据		字第 1691 号

项事意注			征县市公粮及带借之种类标准	征实	赋额	亩分	业户姓名
（3）	（2）	（1）	按上开赋额每元征实卅五斤征借廿三斤随赋带征县级公粮四成五 合计每元应缴稻谷七三斤十二两		壹元柒角伍分	叁亩贰分肆厘	何明针
以前径向本处办理逾期不负责任 前项申请偿还实物应在三十八年开征 目分年偿还实物 收据及证明文件向本处查明照原借数 有一部或全部售出准仍由原主持同本 如该户田产在三十八年田赋开征前已	下抵还不再发给粮食库券 八年起分五年平均在应纳当年田赋项 该粮户本年所缴借粮一律自民国三十						归户册 号次

	减应				合计	县市公粮	征借	征实	住址
罚款	逾限月数及加罚率	实应缴数	抵纳 号数 券数	征购 粮食 数量	灾歉减免或 流抵数				
右粮业已照数验收入仓给此为凭					万 千壹百贰十玖斤壹两	万 千 百 十 斤 两	万 千 百 十 斤 两	万 千 百 十 斤 两	龙凤保 甲 户 乡镇
○万○千○百○十三斤一两	逾限一月应加百分之五	○万○千壹百三十二斤二两		万 千 百 十 斤 两	万 千 百 十 斤 两				

中华民国34年三月十二日　　乡镇征收处主任　签名盖章

如遇田产出售此凭联发还借粮
此联收粮于收后截给业户收执

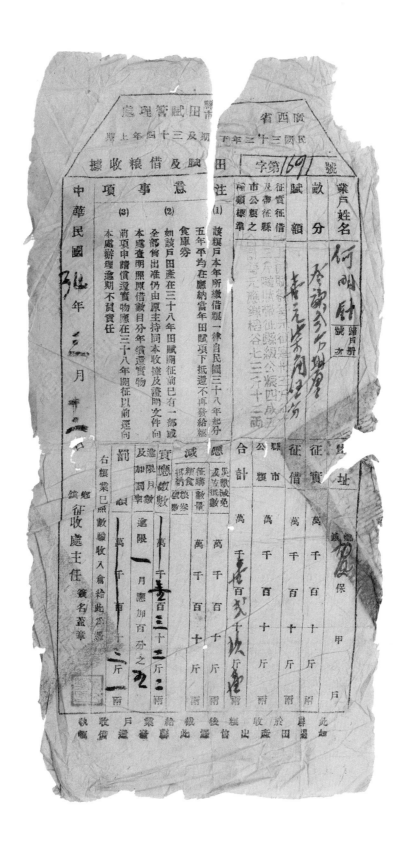

廣西省
民國三十二年至三
田賦借及欠糧收據　　字第 169 號

常縣田賦管理處
三十四年及三十四年上期

業戶姓名	何阳財

欠額｜分　該糧戶本年所繳借糧一律自民國三十八年起分五年平均在應納當年田賦項下抵還不再發給糧食庫券

賦額｜征實征借及帶征市公�§之征額標準

注意事項

(1)…
(2) 如該戶田產在三十八年田賦開征前已有一部或全部查明照照借數及證明文件回本應查明照照借數目分年償還實物前項申請償還實物應在三十八年開征以前運回本處辦理逾期不負責任

(3) 本處辦理逾期不負責任

中華民國　年　三　月　　日

征收處主任　簽名蓋章

	合計	征實	征借	住址
縣市糧	萬	萬	萬	
	千	千	千	
	百	百	百	
	十	十	十	甲
	斤	斤	斤	
	兩	兩	兩	戶

減免 實應繳數 罰

杨庚仁田赋及借粮收据

（民国三十四年七月二十三日）

　　绵纸，纸幅 25.5cm×13.4cm，今藏广西壮族自治区少数民族古籍工作办公室，档案目录号 201010033。

广西省　　县市田赋管理处

民国三十三年下年期及三十四年上年期

田赋及借粮收据　　　　　　　字第 5873 号

业户姓名	亩分	赋额	征实[333]	借[332]及带征县市公粮之种类标准
杨庚仁	叁亩陆分贰厘	壹元伍角贰分	按上开赋额每元征实稻谷壹市斗五升	借征稻谷田三斤随赋带征县级公粮四成五合田每元应缴稻谷七斗三升三合二两

归户册	号次

住址	征实	征借	县市公粮	合计
乡镇太和保甲户	万千百十斤两	万千百十斤两	万千百十斤两	万千百壹十贰斤贰两

应减

灾歉减免或流抵[334]数	征购粮食		抵纳粮食	
	数量		号数	粮券
万千百十斤两	万千百十斤两			

注意事项

（1）该粮户本年所缴借粮一律自民国三十八年起分五年平均在应纳当年田赋项下抵还不再发给粮仓库券

（2）如该户田产在三十八年田赋开征前已有一部或全部售出准仍由原主持同本收据及证明文件向本处查明照原借数目分年申请偿还实物前项申请偿还实物应在三十八年开征以前径向本处办理逾期不负责任

（3）实应缴数 ○万○千壹百壹十柒斤七两

逾限月数及加罚率 逾限　月应加百分之

罚款 ○万○千○百○十伍斤伍两

右粮业已照数验收入仓给此为凭

中华民国卅四年七月廿三日

乡镇征收处主任　签名盖章　石国贤

此联凭出售田产遇如发此联还借粮此联收粮后截给业户收执

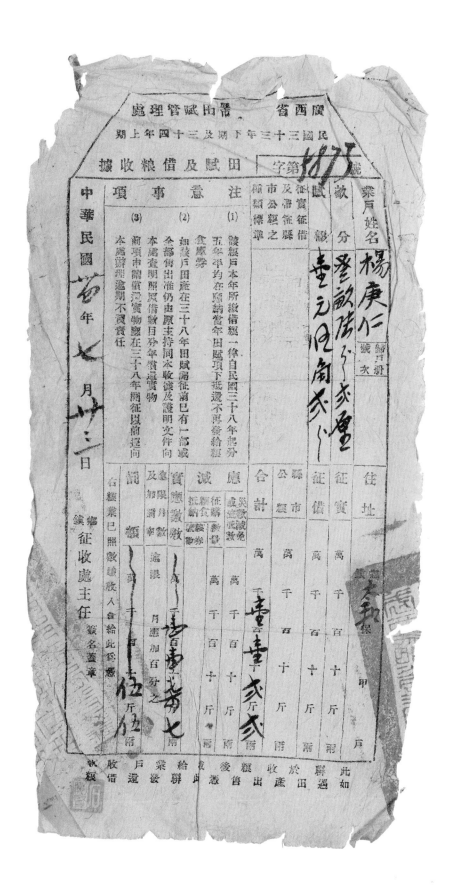

陕西省　县市田赋管理处

民國三十三年下期及三十四年上期

田賦及借粮收據　第　号字

業戶姓名　楊庚仁　糧片册号次

敏分　登敏陸斗玖升貳陞

賦額　壹元陸角貳�(分)

住址　甲戶

征實　萬　千　百　十　斤　兩

征借　萬　千　百　十　斤　兩

縣市額　萬　千　百　十　斤　兩

公糧額　萬　千　百　十　斤　兩

合計　萬　壹千　百壹　十壹　斤貳　兩

減處

尖歉應徵或減免數量　萬　千　百　十　斤　兩

征借縣歉數量　萬　千　百　十　斤　兩

抵期納食歉應數量　萬　千　百　十　斤　兩

實應數額　萬　壹千　百　十　斤　兩

罰額　萬　千　百　十　伍　斤伍　兩

注意事項

(1)　發粮戶本年所繳借糧一律自民國三十八年起分五年平均在應納當年田賦項下抵還不再發給糧食應券

(2)　如發戶田產在三十八年田賦屬征前已有一部或全部賣出准仍由原主持同本收據及證明文件向本處查明照原借數目�95年賣還實物

(3)　前項由本處繳还實物應在三十八年關征以前逐向本處辦理逾期不負責任

中華民國　卅年　七月　廿二日

鄉鎮征收處主任　簽名盖章

右糧業已照繳繳飲人会給此收憑

此如於田後收出後憑繳借收出給發業繳聯戶還借收繳

杨德明田赋及借粮收据

（民国三十四年七月二十三日）

绵纸，纸幅26cm×12.5cm，今藏广西壮族自治区少数民族古籍工作办公室，档案目录号201010038。

广西省　县市　田赋管理处

民国三十三年下期及三十四年上期

田赋及借粮收据

字第5826号

业户姓名	杨德明
归户册号次	
亩分	肆亩玖分陆厘
赋额	贰元陆角叁分
征实[333]	按上开赋额每元征实稻谷叁斗伍升
征借[332]及带征	征借田赋随赋带征县级公粮四成五合计每元应缴稻谷七三斤五两二两

征县市公粮之种类标准	合计	县市公粮	征借	征实	住址
	万千壹百玖十肆斤○两	万千百十斤两	万千百十斤两	万千百十斤两	镇乡太和保　甲　户

注意事项

（1）该粮户本年所缴借粮一律自民国三十八年起分五年平均在应纳当年田赋项下抵还不再发给粮仓库券

（2）如该户田产在三十八年田赋开征前已有一部或全部售出准仍由原主持同本收据及证明文件向本处查明照原借数目分年偿还实物

（3）前项申请偿还实物应在三十八年开征以前径向本处办理逾期不负责任

应减				实应缴数	逾限月数及加罚率	罚款
灾歉减免或流抵[334]数	征购数量	粮券号数	粮食抵纳			
万千百十斤两	万千百十斤两			○万○千贰百○十三斤七两	逾限　月应加百分之	○万○千○百○十玖斤伍两

中华民国卅四年七月廿三日

镇乡征收处主任　签名盖章　石国贤

右粮业已照数验收入仓给此为凭

此联收粮后截给业户收执

如遇田产出售此凭此联发还借粮

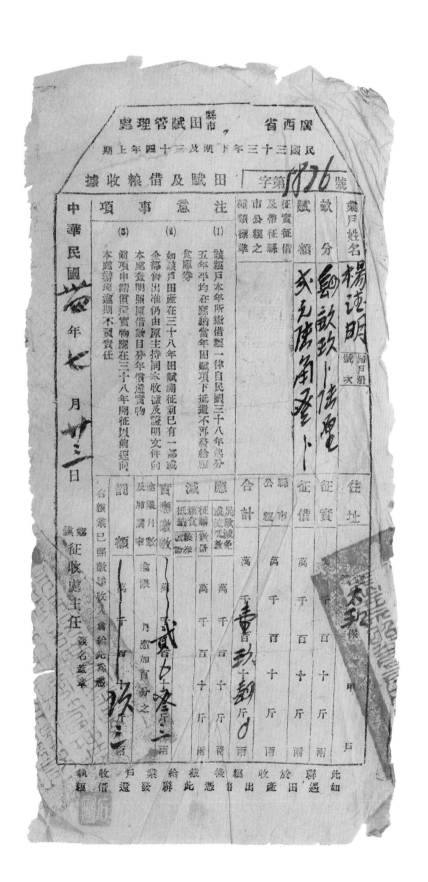

廣西省　縣市　田賦管理處

民國三十三年下期及三十四年上期

田賦及借粮收據　字第1826號

業戶姓名	戶別戶次	賦分額	獻分額	賦額	征實征借及幣征縣市公粮之	種類標準
楊進明						

注意事項

(1) 該粮戶本年所繳借經一律自民國三十八年起分五年半均在應納當年田賦項下抵還不再發給粮食券

(2) 如該戶田產在三十八年田賦開征前已有一部或全部查明照准仍由原主持同不收遇及證明文件向本處查明照原借發目免年償還實物

(3) 前項申領便須實憑粮腺在三十八年開征以前逕向本處辦理遇期不負責任

中華民國卅　年七月廿三日

征收處主任（簽名蓋章）

往址	征實	征借	縣市公粮	合計	應征	減	實應繳數	罰額

此如於遇田收出粮産後憑此給辦業戶遺發收借執粮

何明针田赋通知书

（民国三十六年）

绵纸，纸幅 24cm×12.3cm，今藏广西壮族自治区少数民族古籍工作办公室，档案目录号 200911144。

罗赋字第 11777 号

注意事项	额粮征应				准标收征				亩分	业户姓名
	合计	公粮	征借	征实	合计	公粮	征借[332]	征实		

府政县城罗（罗城县政府）

单知通币法[328]征折[333]实征赋田年六十三国民

额粮征应：
- 合计：千佰十斤两
- 公粮：千佰二十四斤八两
- 征借：千佰一十五斤五两
- 征实：千佰六十一斤四两

准标收征：
- 合计：五七斤十二两
- 公粮：一四斤□两
- 征借[332]：八斤十二两
- 征实：三五斤□两

亩分：亩 分 厘

业户姓名：何明针　归户册号次

灾歉减免或流抵[334]数：千百十斤两
实征粮额：千佰十斤两
每担折价：万千百十元
折币总额：千百十万千百十元
逾限月数及加罚率：逾限 月应加罚百分之
罚额：百十万千百十元

赋额：壹元柒角伍分

住址：镇乡太和保 甲户

注意事项：

一、本年田赋奉准改征法币务于截限完清如逾期一个月完纳者加征十分之五逾限二个月者加征百分之十逾期两个月以上者加征百分之二十

二、本通知单为完赋之依据业户应于完赋时缴呈倘有遗失缴费贰百元申请补发

三、送通知单不取分文如有不符来处查询

罗赋字第 号

中华民国三十六年 月 日 字第 号

证凭关机收征作即后纳完户业户业发散月半前征开于联此

羅賦字第　　777　號

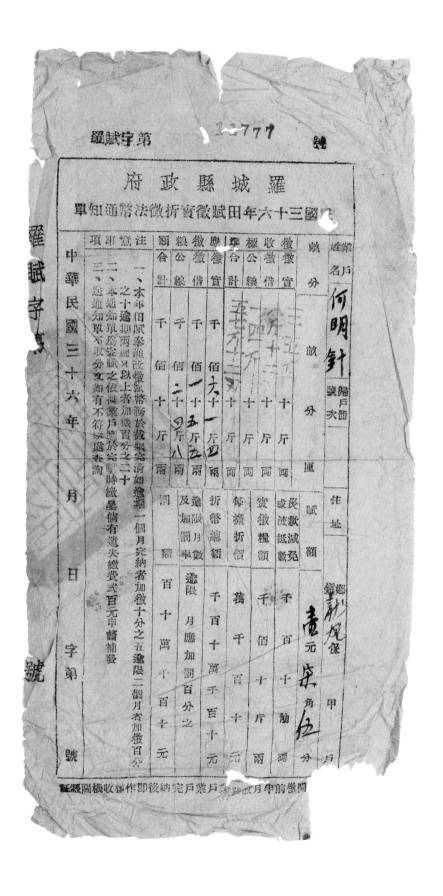

羅城縣政府
民國三十六年田賦徵實折徵法幣通知單

羅賦字第　　　號

注意事項	中華民國三十六年　月　日　字第　號	徵粮合計	徵借	徵實	收徵合計	徵借	徵實	缺分	戶業戶名 何明針　歸戶冊號次 一
一、本年田賦奉准改徵法幣務於截票完清如逾期一個月完納者加徵十分之五逾限二個月者加徵百分		千　佰　十　斤　兩　罰額	千　佰　二十　五　斤　兩　折幣總額	千　佰　一十五　斤　八　兩　每擔折額	千　佰　六十一　斤　四　兩　寶徵糧額	十　斤　兩　炎歉減免或流抵數	十　斤　兩　賦額	匣　住址	
二、本通知單為完賦之依據業戶應於完賦時繳畢倘有遺失繳費弐百元申請補發		百十萬千百十元	千百十萬千百十元	千百十萬千百十元	千佰十斤兩	千佰十斤兩	鄉鎮　保　甲　戶　青元柒角伍分		
三、逾通知單不取分文如有不符尅即查詢									

開徵前申明　月完納完戶業戶作即後作收機關證

何明针田赋通知单

（民国三十七年）

绵纸，纸幅 23.8cm×10.3cm，今藏广西壮族自治区少数民族古籍工作办公室，档案目录号200911145。

								县城罗 民国三十七年征收田赋通知单					
	号牌第　号											字第 1681 号	

项事意注	率征				粮类	赋额	亩分	住址	业户姓名
	新兵安家谷	公粮	征借[332]	征实[333]					
一、本年田赋务即早完逾限三个月尚未完纳者照定章处分　二、本通知单为完粮之根据业户应于完粮时缴呈倘有遗失缴费一万元申请补发　三、送通知单不取分文数字如有不符来处查询	每元征谷三斤八两	每元征谷一十四斤	每元征谷一十七斤八两	每元征谷三十五斤		壹元柒角伍分	亩分厘	龙岸乡龙凤村镇街户甲	何明针 归户册号次
中华民国三十七年 月 日 通知 月 日收到 仓库管理员	罚额	逾限月数及加罚率	实应征数	灾歉减免或流抵[334]数	合计	新兵安家谷	公粮	征借	征实
	千 百 十斤 两	逾限 月数加征百分之	万 千 百 十斤 两	万 千 百 十斤 两	○○千一百二十二斤八两 万 千 百 十斤 两	万 千 百 十斤 两	万 千 百 十斤 两	万 千 百 十斤 两	万 千 百 十斤 两

此联开征前半月散发业户完纳后即作征收机关凭证

1681

羅城縣

民國三十七年徵收田賦通知單

號牌第　　號		第字　　號

注意事項	征				糧額	賦額	獻分	住址	姓名
	家新兵谷安	公糧	軍倍	征實					
	每元征穀	每元征穀	每元征穀	每元征穀	每元徵			新戶冊號□大	何玉□
	三斤八兩	一十四斤	一十七斤八兩	三十五斤					

一、本年田賦務即早完納限三個月倘有未完納者照定章處分

二、本通知單爲完糧之根據業戶應於完糧時繳呈倘有遺失繳費一萬元申請補發

三、送通知單不敗分文數字如有不符來處查詢

中華民國三十七年　　月　　日通知　　月　　日收到倉庫管理員

此聯於開征前半月發散業戶完納後即作憑收懲繳機關遷証

杨庚仁田赋收据

（民国三十八年二月十六日）

绵纸，纸幅24.3cm×9.2cm，今藏广西壮族自治区少数民族古籍工作办公室，档案目录号201010021。

罗赋字第　号	业户姓名	住址	亩分	赋额	粮类	征实[333]	征借[332]	公粮	新兵安家谷	中华民国三十八年二月十六日　镇乡办事处主任	罗赋字第　号（骑逢加盖县市政府印信）
						率征	率征	率征	率征		
	杨庚仁　归户册　号次	龙岸乡太和村街　甲　户	亩　分　厘	壹元伍角贰分		每元征谷三十五斤	每元征谷一十七斤八两	每元征谷一十四斤	每元征谷三斤八两		
	征实	征借	公粮	新兵安家谷	合计	灾歉减免或流抵[334]数	实应征数	逾限月数及加罚率	罚额		
	万千百十斤两	万千百十斤两	万千百十斤两	万千百十斤两	○万○千壹百○十陆斤陆两	万千百十斤两	○万○千壹百○十陆斤陆两	逾限　月数加征百分之	千百十斤两		

号牌第　号　　字第5836号

县城罗　据收赋田收征年七十三国民

执收户业给截后粮收于联此

5336

罗城县
民国三十七年徵收田赋收据

第字号		第牌号	

率		征		粮	赋	献	住	姓業
				额		分		名戶
家杂兵谷	公粮	征借	征实	额	额	重	址	棡隶仁
每元征谷	每元征谷	每元征谷	每元征谷				蔡彦太祖	號歸戶册次

（中华民国三十八年二月十六日）

三斤八两 罚额 | 一十四斤 遞阻月数及加罚率 | 一十七斤八两 宽应征数 | 三十五斤 灾歉减免或流抵数 | 合计 新兵安家谷 | 甲戶 征借 | 征实

元 角 贰 分

萬 千 百 十 斤 两（各列重复）

逾限月数加征百分之

鄉办事处主任 鎮办事处主任

（骑缝加盖县市政府印信）

罗氏

此联於粮收後裁给業戶收执

杨德明田赋收据

（民国三十八年二月十六日）

绵纸，纸幅 23.1cm×9cm，今藏广西壮族自治区少数民族古籍工作办公室，档案目录号 201010043。

县城罗
据收赋田收征年七十三国民

号牌第　　号　　　　　字第 5839 号

业户姓名	住址	归户册号次	亩分	赋额	粮类	征实[333]	征借[332]	公粮	新兵安家谷
							率征		
杨德明	龙岸乡太和村镇街户甲		亩分厘	贰元陆角叁分		每元征谷三十五斤	每元征谷一十七斤八两	每元征谷一十四斤	每元征谷三斤八两
征实	征借	公粮	新兵安家谷	合计	灾歉减免或流抵[334]数	实应征数	逾限月数及加罚率	罚额	
万千百十斤两	万千百十斤两	万千百十斤两	万千百十斤两	○万○千壹百捌十肆匝贰两	万千百十斤两	○万○千壹百捌十肆斤贰两	逾限　月数加征百分之	千百十斤两	

中华民国三十八年二月十六日　镇乡办事处主任

罗赋字第　号（骑逢加盖县市政府印信）

执收户业给截后粮收于联此

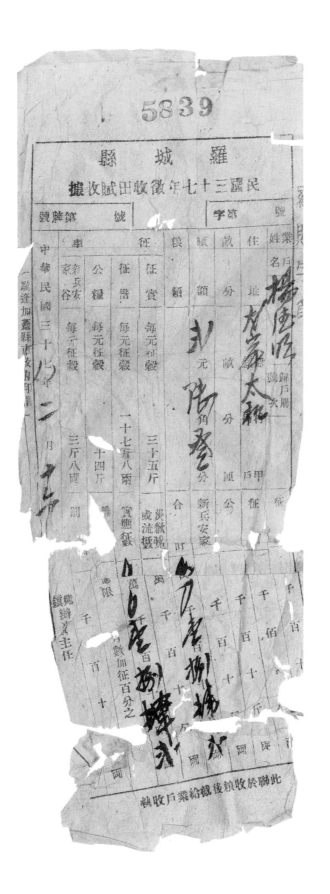

5839

羅城縣

民國三十七年徵收田賦收據

號第驗第	號		字第		號

業戶姓名 楊陸玖

住址 新麻太郎

戶別 歸戶 次別

賦額 元 角 叄 分

政分 獻 分 甲征 公

粮類 叄拾伍斤

2. 各种捐费收据

曾卖何买黄牸凭挥
（民国十年九月初九日）

绵纸，纸幅 16.5cm×7.7cm，今藏广西壮族自治区少数民族古籍工作办公室，档案目录号 200911018。

凭　挥
□□号

征收左区[308]牛马行捐挥[335]一毛八，曾、何号[336]卖/买黄牸[337]一只，价银九元。

民国十年九月初九日给

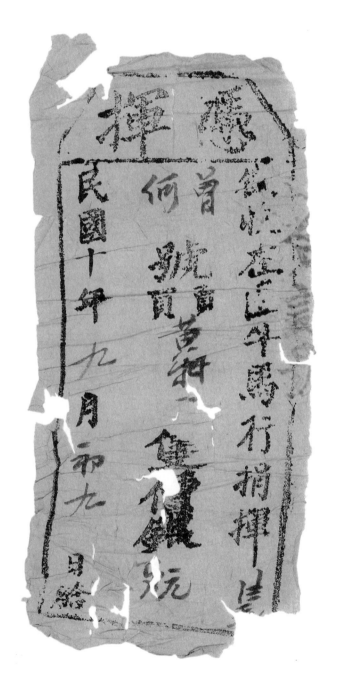

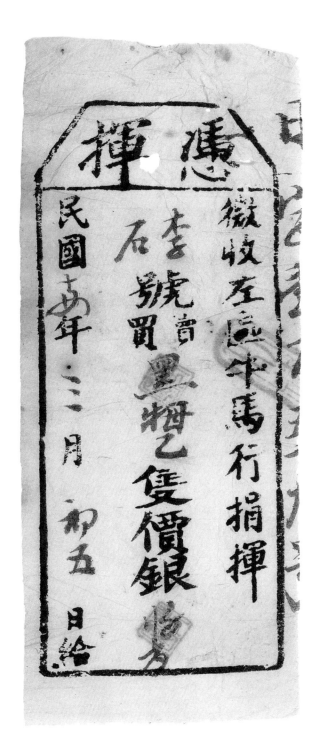

李卖石买黑牸凭挥

（民国十四年三月初五日）

绵纸，纸幅 18.5cm×7.7cm，今藏广西壮族自治区少数民族古籍工作办公室，档案目录号 200806104。

凭 挥

□字壹□贰□弓

征收左区^[308]牛马行捐挥^[335]，李、石号^[336]卖 / 买黑牸^[337]乙（一）只，价银二百五十。

民国十四年三月初五日给

刘卖石买黑牸凭挥

（民国十四年闰四月初九日）

绵纸，纸幅 17.5cm×7.6cm，今藏广西壮族自治区少数民族古籍工作办公室，档案目录号200812083。

凭　挥

□字叁□壹□号

征收左区[308]牛马行捐挥[335]，刘、石号[336]卖/买黑牸[337]乙（一）只，价银一百四十六。

民国十四年又四月初九日给

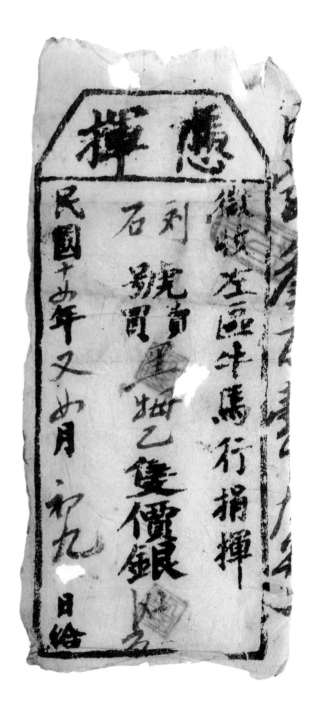

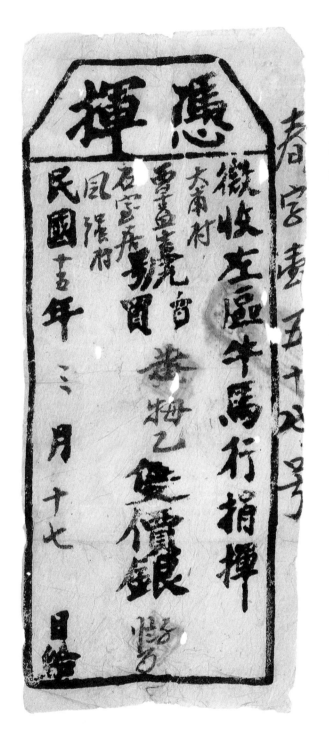

覃益生卖石宝居买黄牸凭挥

（民国十五年三月十七日）

绵纸，纸幅 17.2cm × 7.3cm，今藏广西壮族自治区少数民族古籍工作办公室，档案目录号200812082。

凭　挥

春字壹五十□号

征收左区[308]牛马行捐挥[335]，大甫村覃益生、风强村石宝居号[336]卖／买黄牸[337]乙（一）只，价银二百八十五。

民国十五年三月十七日给

杨秀兴缴纳谷担捐收据

（民国三十年十二月二十五日）

绵纸，纸幅 19.6cm×7.5cm，今藏广西壮族自治区少数民族古籍工作办公室，档案目录号200908059。

罗城县税征收处

民国三十年度征收谷担捐收据

囲字第〇壹囲叁柒号

兹收到西龙乡火□王村业户杨秀兴缴纳民国三十年度谷担捐[338]，国币[174]〇仟〇佰壹拾伍元伍角〇分，除报查并存留外，合行给予收据。

主任：冼燧生

经征人：赖志云

中华民国卅年十二月廿五日给

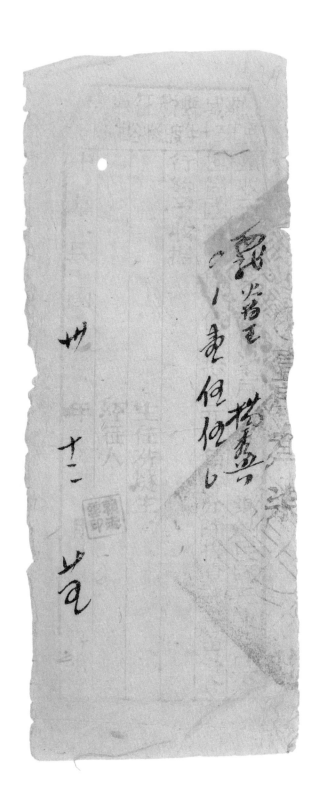

杨德明缴纳谷担捐收据

（民国三十一年二月九日）

绵纸，纸幅 19.2cm×7.5cm，今藏广西壮族自治区少数民族古籍工作办公室，档案目录号 201010012。

罗城县税征收处

民国三十年度征收谷担捐收据

担字第壹壹玖玖囲号

兹收到龙岸乡大蒙村业户杨德明缴纳民国三十年度谷担捐[338]，国币[174]〇仟〇佰一拾五元九角〇分，除报查并存留外，合行给予收据。

主任：冼燧生

经征人

中华民国卅一年二月九日给

注：

文书正中位置红色印字：此款系由征购军粮处给价款，现金全数扣抵。

杨振林缴纳谷担捐收据

（民国三十一年二月九日）

绵纸，纸幅 19cm×7.5cm，今藏广西壮族
自治区少数民族古籍工作办公室，档案目录号
201010025。

罗城县税征收处

民国三十年度征收谷担捐收据

□字第壹壹□□肆号

兹收到龙岸乡大蒙村业户杨振林缴纳民国
三十年度谷担捐[338]，国币[174]〇仟〇佰一拾五元
五角五分，除报查并存留外，合行给予收据。

主任：冼燧生

经征人

中华民国卅一年二月九日给

注：

文书正中位置红色印字：此款系由征购军粮处给价款，现金全数
扣抵。

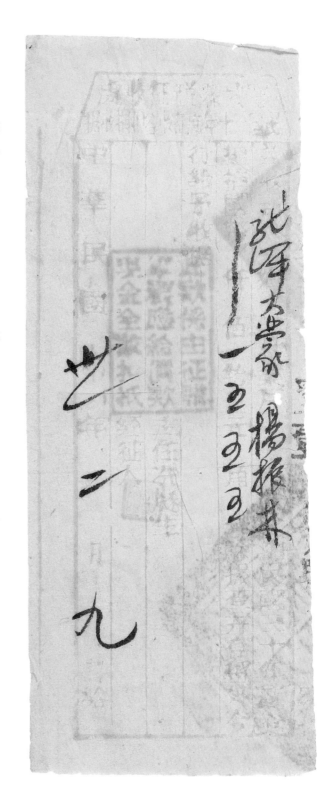

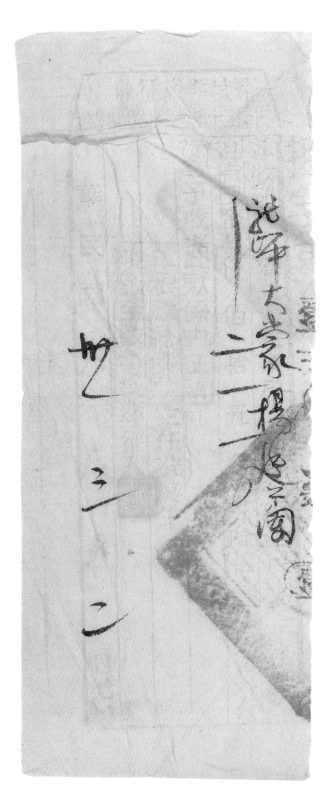

杨廷兰缴纳谷担捐收据

（民国三十一年三月二日）

绵纸，纸幅 19.5cm×7.7cm，今藏广西壮族自治区少数民族古籍工作办公室，档案目录号 201010020。

罗城县税征收处

民国三十年度征收谷担捐收据

担字第壹贰〇[闲]壹[号]

兹收到龙岸乡大蒙村业户杨廷兰缴纳民国三十年度谷担捐[338]，国币[174]〇仟〇佰二拾一元一角〇分，除报查并存留外，合行给予收据。

主任：冼燧生

经征人

中华民国卅一年三月二日给

注：

文书正中位置红色印字：此款系由征购军粮处给价款，现金全数扣抵。

何文绣缴捐国币收据

（民国三十一年十二月二十八日）

绵纸，纸幅 18cm×7.7cm，今藏广西壮族自治区少数民族古籍工作办公室，档案目录号 200911001。

罗城县自治户捐收据

□□字第 陆 □□ 壹 号

兹收到龙岸乡龙凤村［街］何文绣户缴来卅一年度下期自治户捐[339]，国币[174] ○拾贰元六角九分正，此据。

经收人

中华民国卅一年十二月廿八日

此联发给结款人

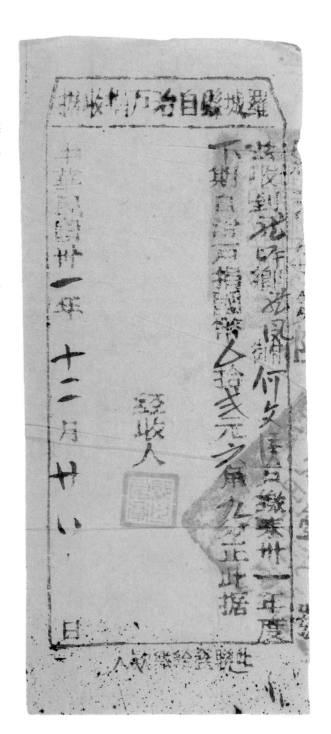

何明针保证金收据

（民国三十二年七月八日）

绵纸，纸幅 17.3cm×14.6cm，今藏广西壮族自治区少数民族古籍工作办公室，档案目录号 200911141。

复查复丈保证金收据

复字第□□伍号

兹收到何明针业户缴来□□等则复查复丈保证金，国币[174] 壹拾贰元正，此据。

　　　　　　　　　　　　　　　　乡长

　　　　　　　　　　　　　　　　经收人

　　　　　　　　　　　　　　　　中华民国卅二年七月八日

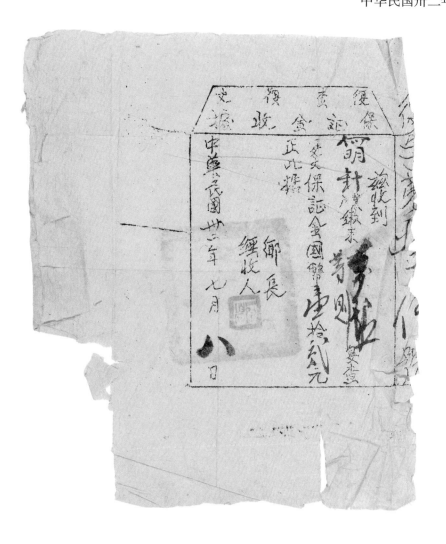

石老田查丈费收据

（民国三十三年六月二十二日）

绵纸，纸幅 13.5cm×5.8cm，今藏广西壮族自治区少数民族古籍工作办公室，档案目录号 200908061。

5178

罗城田層处续办复查征收业卩厝请查丈费收据龙岸乡太和村业户石老田声请复查下列各丘[009]遵纳查丈费照收：＿＿＿＿

错误项目	丘數	查丈费
亩分	/	/
重	4	□
两项	/	□
各项合并	/	/
合计	4	16、

经收人：李思圉

卅三年 6 月 22 日

查□字第伍壹柒捌号

杨桂成查丈费收据

（民国三十三年六月二十三日）

绵纸，纸幅 13.6cm×6.1cm，今藏广西壮族自治区少数民族古籍工作办公室，档案目录号 201010013。

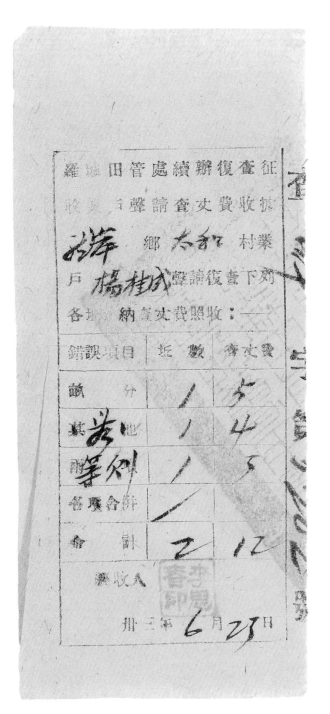

罗城田管处续办复查征
收业户声请查丈费收据
龙岸乡太和村业
户杨桂成声请复查下列
各丘[009] 遵 纳 查 丈费照收：_____

错误项目	丘数	查丈费
亩分	1	5
无	1	4
等则	1	3
各项合并	/	
合计	2	12

经收人：李思春

卅三年 6 月 23 日

查□字第□□□□号

何明光缴费收据

（民国三十三年七月三日）

绵纸，纸幅 25.2cm×10.2cm，今藏广西壮族自治区少数民族古籍工作办公室，档案目录号 200911146。

收 据

□字第贰肆壹号

国币 [174] ◇元

兹收到◇县◇区◇乡龙凤村（街）第◇号门牌壮丁【献助人】何明光缴纳【献助】◇种优待征属费，国币伍拾元正。

罗城县县长

出纳员

科长

经收人乡长

会计主任

中华民国三十三年七月三日

◇字第◇号

此联给缴款人

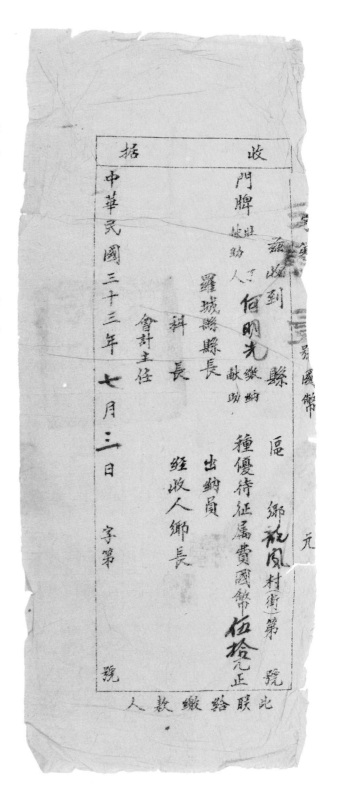

何明精缴费收据

（民国三十三年七月三日）

绵纸，纸幅 25cm×10cm，今藏广西壮族自治区少数民族古籍工作办公室，档案目录号 200911147。

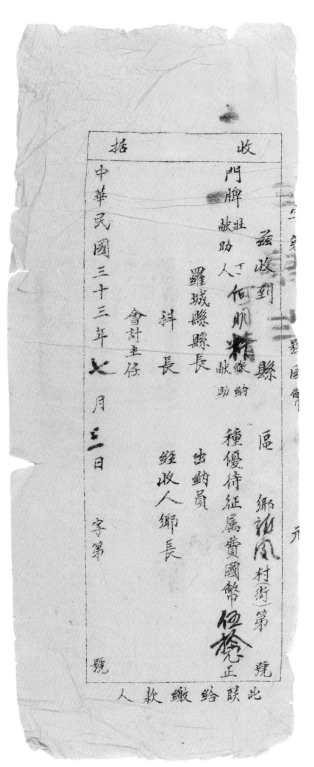

收　据

□字第贰肆贰号

国币 [174] ◇元

兹收到◇县◇区◇乡龙凤村（街）第◇号门牌壮丁【献助人】何明精缴纳【献助】◇种优待征属费，国币伍拾元正。

罗城县县长

出纳员

科长

经收人乡长

会计主任

中华民国三十三年七月三日

◇字第◇号

此联给缴款人

杨庚仁缴费收据

（民国三十五年三月十四日）

绵纸，纸幅 24.5cm × 8.2cm，今藏广西壮族
自治区少数民族古籍工作办公室，档案目录号
201010040。

收　据

龙字第壹叁柒号

国币 [174] 伍佰 元

兹收到罗城县◇区龙岸乡太和村（街）第◇
号门牌壮丁【献助人】杨庚仁缴纳【献助】丁种
优待征属费，国币伍佰元正。

　　罗城县长

　　出纳员

　　科长

　　经手人

　　会计主任

　　　　　中华民国三十五年三月十四日

　　◇字第◇号

　　此联给缴款人

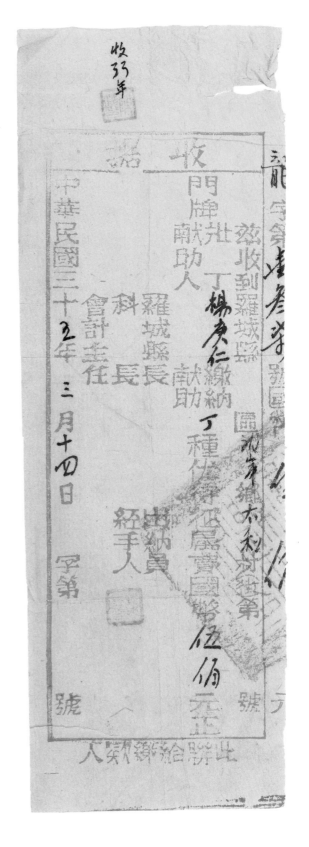

杨庚仁纳捐收据

（民国三十八年二月十六日）

绵纸，纸幅 27cm×8.4cm，今藏广西壮族自治区少数民族古籍工作办公室，档案目录号 201010027。

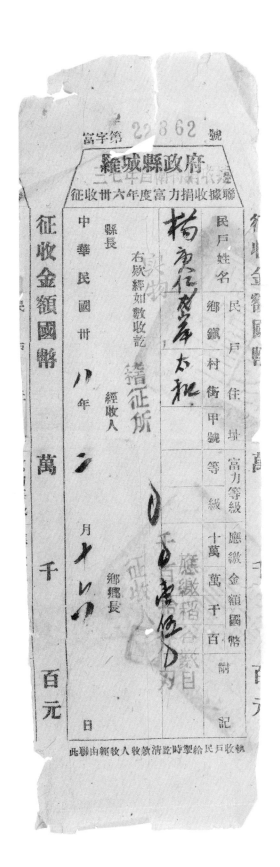

富字第 22862 号

		罗城县政府 三七年自卫特捐[341] 收据 征收卅六年度富力捐[342] 收据联	征收金额国币　万　千　百元
杨庚仁	民户姓名		
龙岸	乡镇	民户住址	
太和	村街		
	甲号		
	等级	富力等级	
	十万	应缴金额国币[174]	
	万		
	千		
	百		
	附记		

实物　应缴稻谷数目　○千○百壹拾伍斤○两
右款经如数收讫　　稽征所　征收人
县长　　经收人　　乡乡长
中华民国卅八年二月十六日

此联由经收人收款清讫时掣给民户收执

3. 土地陈报单

陈庆堂土地陈报单

（第14段独山脚）

（民国三十一年）

绵纸，纸幅 26.4cm × 17.9cm，今藏广西壮族自治区少数民族古籍工作办公室，档案目录号 201010048。

罗城县寺门乡（镇）灵台村（街）土地陈报单[343]

户号		岭顶	路边		页次	3
业户姓名陈庆堂　住址罗城县（市）寺门乡（镇）灵台村（街）门牌第一八号	土段（一）（三）地别（二）等	第14段	第14段	第　段	第　段	第　段
	坐落及四至（坐落）写屯名及（小地名）小地名	坐落 东南西北至至至至 独山脚	坐落 东南西北至至至至 独山脚	坐落 东南西北至至至至	坐落 东南西北至至至至	坐落 东南西北至至至至
	土地面积（六十市方丈为一亩）	○○三○ 十亩分厘	○○二五 十亩分厘	十亩分厘	十亩分厘	十亩分厘
	地目（水田）（宅地）（畲地）（水塘）等	畲地	畲地			
	土质（砾土）（砂土）（粘土）（壤土）	砂土	砂土	土	土	土
	本丘[60]每年产量及收益　产量	千百十市斤	千百十市斤	千百十市斤	千百十市斤	千百十市斤
	收益	千百十元	千百十元	千百十元	千百十元	千百十元

（一）本单由业户分村街每五丘填写一张超过五丘可另填一张一并送交土地所在地村街长审核盖章　整理汇订成帙送交编查人员（二）填送陈报单应连同证件验毕当场发还（三）土地段别由业户查明　公布之村街分图或按实地界标段号填写（四）土地面积比较标准分牌标示亩分填报（五）每亩地价　之标准地价栏公布之标准地价申报地价不得超过或低于标准地价百分之十（六）编定地号及评定　等则两栏由编查人员填写

续表

户号			岭顶　路边			页次	3
土段（一）（三）地别（二）等			第 14 段	第 14 段	第　段	第　段	第　段
每亩地价（以国币[174]元计）	标地准价		千百十元	千百十元	千百十元	千百十元	千百十元
	申地报价		千百十元	千百十元	千百十元	千百十元	千百十元
佃户或使用人姓名住址	姓名						
	住址		县乡村（市镇街）	县乡村（市镇街）	县乡村（市镇街）	县乡村（市镇街）	县乡村（市镇街）
承粮户名							
每年纳粮额（如未纳粮写一无字）							
产权凭证或其他人证（契证或其他人证）							
编定地号			66	107			
评定等则	等		下	下			
	则		中	中			
备注							

业户姓名陈庆堂　住址罗城县（市）寺门乡（镇）灵台村（街）门牌第一八号

中华民国三十一年　　月　　日填报

业户　　　　盖章　　　佃户或用人　　　盖章

村（街）长　盖章　　　代理填报人　　　盖章

中華民國三十一年　　月　　日填報

村（街）長

業戶

個戶或用人

代理填報報人

陈庆堂土地陈报单

（第 15 段独山脚、第 17 段正路）

（民国三十一年）

绵纸，纸幅 26.3cm×18cm，今藏广西壮族自治区少数民族古籍工作办公室，档案目录号 201010047。

罗城县寺门乡（镇）灵台村（街）土地陈报单[343]

户号		秧地	排土佑地		页次	2
	土段（一）（三）地别（二）等	第 15 段	第 17 段	第　段	第　段	第　段
	坐落及四至（坐落写屯名及小地名） 坐落 东至 南至 西至 北至	独山脚	正路			
	土地面积（六十方丈为一市亩）	○○五○ 十亩分厘	○○三五 十亩分厘	十亩分厘	十亩分厘	十亩分厘
	地目 等（水田 畬地 宅地 水塘）	干田	畬地			
	土质（壤土 粘土 砂土 砾土）	砂土	砂土	土	土	土
	产量及收益 本丘[609] 每年　产量	千百十市斤	千百十市斤	千百十市斤	千百十市斤	千百十市斤
	收益	千百十元	千百十元	千百十元	千百十元	千百十元

业户姓名陈庆堂　住址罗城县（市）寺门乡（镇）灵台村（街）门牌第一八号

（一）本单由业户分村街每五丘填写一张超过五丘可另填一张一并送交土地所在地村街长审核盖章整理汇订成帙送交编查人员（二）填送陈报单应连同证件验毕当场发还（三）土地段别由业户查明公布之村街分图或按实地界标段号填写（四）土地面积比较标准分牌标示亩分填报（五）每亩地价之标准地价栏填公布之标准地价申报地价不得超过或低于标准地价百分之十（六）编定地号及评定等则两栏由编查人员填写

续表

户号			秧地	排土佑地		页次	2
土段（一）（三）地别（二）等			第15段	第17段	第　段	第　段	第　段
每亩地价（以国币[174]元计）	标准价		千百十元	千百十元	千百十元	千百十元	千百十元
	申报价		千百十元	千百十元	千百十元	千百十元	千百十元
佃户或使用人姓名住址	姓名						
	住址		县乡村（市镇街）	县乡村（市镇街）	县乡村（市镇街）	县乡村（市镇街）	县乡村（市镇街）
承粮户名							
每年纳粮 纳粮额（如未纳粮写一无字）							
产权凭证或人 他人证（契证或其他人证）							
编定地号			205	226			
评定等则	等		下	下			
	则		中	中			
评定等则			天				

业户姓名陈庆堂　住址罗城县（市）寺门乡（镇）灵台村（街）门牌第一八号

中华民国三十一年　　月　　日填报

业户　　　　　盖章　　　佃户或用人　　　盖章

村（街）长　　盖章　　　代理填报人　　　盖章

	村(街)	县(市)	乡(镇)	村(街)	县(市)	乡(镇)	村(街)	县(市)	乡(镇)
住址									
承购户名									
						226		205	
				平		平		平	
								天	
知县定									
等则定									
备註									

中华民国三十一年 月 日缴纳

业户

村(街)段

个户啟用人

代理通報人

陈庆堂土地陈报单

（第 18 段四车）

（民国三十一年）

绵纸，纸幅 16.3cm×18.1cm，今藏广西壮族自治区少数民族古籍工作办公室，档案目录号 201010049。

罗城县龙岸乡（镇）蓉山村（街）土地陈报单[343]

户号	业户信息	项目	专田	堪底	仝	大田	大田（页次 3）
	业户姓名 陈庆堂　住址罗城县（市）寺门乡（镇）灵台村（街）门牌第一八号	土段（一）（三）地别（二）等	第 18 段	第 18 段	第 18 段	第 18 段	第 18 段
		坐落及四至（小地名写屯名及坐落及四至）	坐落东南西北至至至至 四车	坐落东南西北至至至至 四车	坐落东南西北至至至至 四车	坐落东南西北至至至至 四车	坐落东南西全至至全 四车
		土地面积（方丈为一亩，六十市方丈为一亩）	申 ○○一○ ○一二五 十亩分厘	申 六二○ ○八○ 十亩分厘	申 六二○ ○八○ 十亩分厘	申 一二五 ○一六○ 十亩分厘	申 ○○五○ 十亩分厘
		地目（水田畬地宅地水塘等）	水田	水田	水田	水田	水田
		土质（砾土砂土粘土壤土）	粘土	粘土	粘土	粘土	粘土
		产量及收益 本丘[600]每年　产量	千百十市斤	千百十市斤	千百十市斤	千百十市斤	千百十市斤
		收益	千百十元	千百十元	千百十元	千百十元	千百十元

（一）本单由业户分村街每五丘填写一张超过五丘可另填一张并送交土地所在地村街长审核盖章整理汇订成帙送交编查人员（二）填送陈报单应连同证件验毕当场发还（三）土地段别由业户查明公布之村街分图或按实地界标段号填写（四）土地面积比较标准分牌标示亩分之十（五）每亩地价之标准地价栏公布之村街分图填报地价不得超过或低于标准地价百分（六）编定地号及评定等则两栏由编查人员填写

续表

大田

户号			专田	堪底	全	大田	页次	3
业户姓名陈庆　堂住址罗城县（市）寺门乡（镇）灵台村（街）门牌第一八号	土段（一）（三）地别（二）等		第18段	第18段	第18段	第18段		第18段
	每亩地价（以国币[174]元计）	标地准价	千百十元	千百十元	千百十元	千百十元		千百十元
		申地报价	千百十元	千百十元	千百十元	千百十元		千百十元
	佃户或使用人姓名住址	姓名						
		住址	县乡村（市）（镇）（街）	县乡村（市）（镇）（街）	县乡村（市）（镇）（街）	县乡村（市）（镇）（街）		县乡村（市）（镇）（街）
	承粮户名							
	每年纳粮额（如未纳粮写一无字）							
	产权凭证或人（他人证）证（契证或其）							
	编定地号		21	40	41	44		45
	评定等则	等	中	中	中	中		中
		则	中	下	中	中		中
	备注		车	车	车	车		车

中华民国三十一年　　月　　日填报

业户　　　　盖章　　　　佃户或用人　　　　盖章

村（街）长　　盖章　　　　代理填报人　　　　盖章

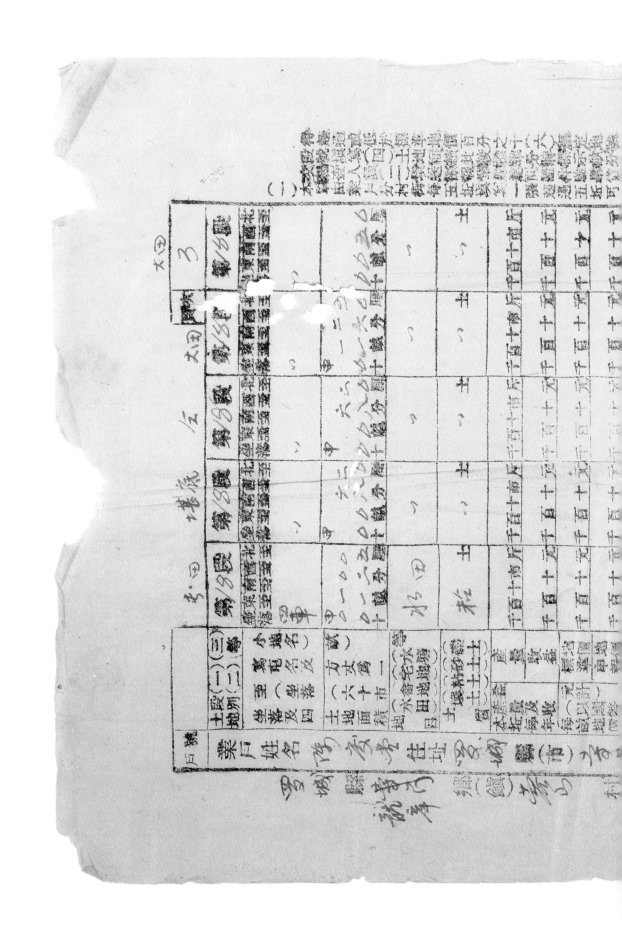

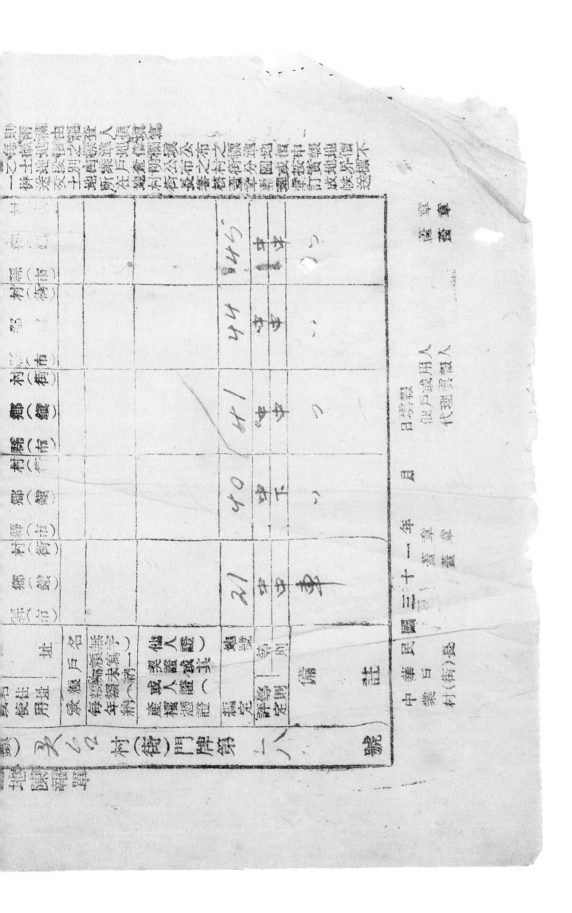

杨桂成土地陈报单

（第 46 段大蒙）

（民国三十一年）

绵纸，纸幅 23.6cm×15.3cm，今藏广西壮族自治区少数民族古籍工作办公室，档案目录号 201010045。

罗城县龙岸乡（镇）太 和村（街）土地陈报单[343]

户号				页次		
业户姓名杨桂成	土段（一）（三）地别（二）等	第 46 段	第 46 段	第 段	第 段	第 段
	坐至写小落（屯地及坐名名四落及） 坐落 东至 南至 西至 北至	大蒙	大蒙	坐落 东至 南至 西至 北至	坐落 东至 南至 西至 北至	坐落 东至 南至 西至 北至
住址罗城县（市）龙岸乡（镇）太和村（街）门牌第 号	土地面积方丈为一（六十市亩）	○伍叁贰 十亩分厘	○壹壹贰 十亩分厘	十亩分厘	十亩分厘	十亩分厘
	地目（水田）（畬地）（宅地）（水塘）等	田	田			
	土质（壤土）（粘土）（砂土）（砾土）	砂土	砂土	土	土	土
	产量及收益每年 产量	千百十市斤	千百十市斤	千百十市斤	千百十市斤	千百十市斤
	收益	千百十元	千百十元	千百十元	千百十元	千百十元

（右侧竖排说明文字：）

公布之标准地价申报地价不得超过或低于标准地价百分之十（六）编定地号及评定等则两栏由编查人员填写

图或按实地界标段号填写（四）土地面积比较标准分牌标示亩分填报（五）每亩地价之标准地价栏填

成帧送交编查人员（二）填送陈报单应连同证件验毕当场发还（三）土地段别由业户查明公布之村街分（一）本单由业户分村街每五丘填写一张超过五丘可另填一张一并送交土地所在地村街长审核盖章整理汇订

续表

户号				页次	
土段（一）（三）地别（二）等		第 46 段	第 46 段	第　段	第　段	第　段
每亩地价（以国币[174]元计）	标准价	千百十元	千百十元	千百十元	千百十元	千百十元
	申报价	千百十元	千百十元	千百十元	千百十元	千百十元
佃户或使用人姓名住址	姓名					
	住址	县 乡 村（市）（镇）（街）	县 乡 村（市）（镇）（街）	县 乡 村（市）（镇）（街）	县 乡 村（市）（镇）（街）	县 乡 村（市）（镇）（街）
承粮户名						
每年纳粮额（如未纳粮写一无字）						
产权凭证或其他人证（契证或人证）						
编定地号		56	69			
评定等则	等	下	下			
	则	上	上			
备注						

注：业户姓名杨桂成　住址罗城县（市）龙岸乡（镇）太和村（街）门牌第　号

中华民国三十一年　　月　　日填报

业户　　　　　　盖章　　　　　佃户或用人　　　　盖章

村（街）长　　　盖章　　　　　代理填报人　　　　盖章

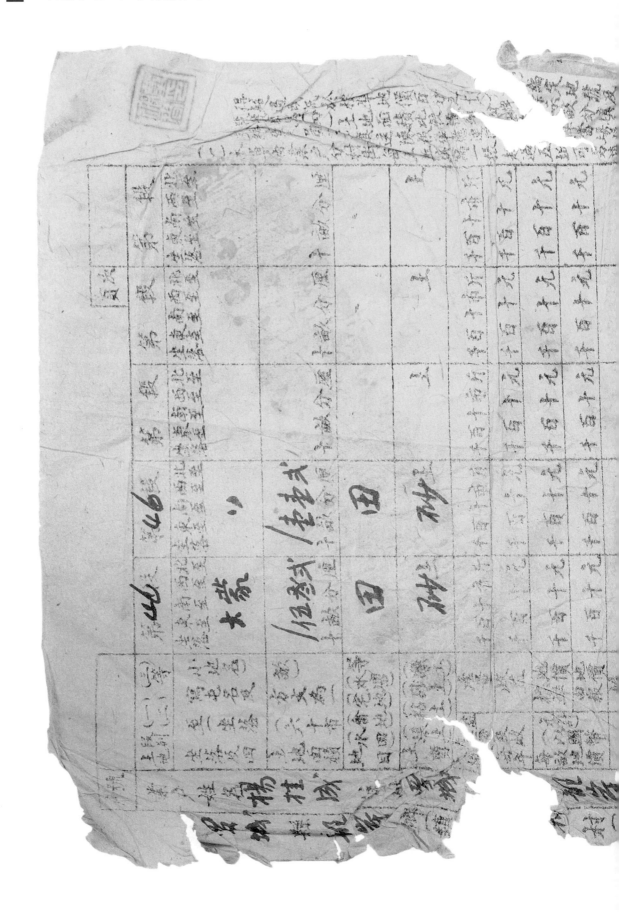

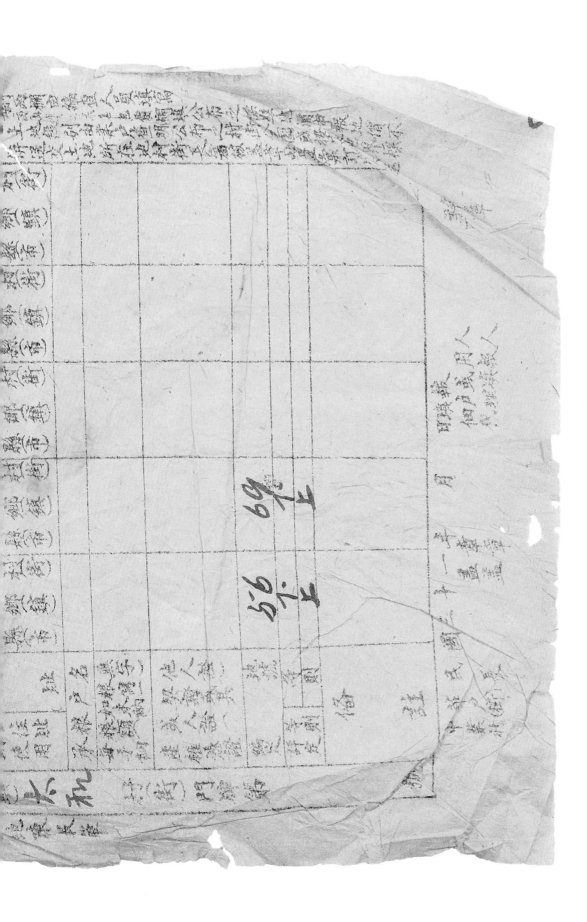

芦策生土地陈报单

（第 51 段水车）

（民国三十一年）

绵纸，纸幅 26cm×17.4cm，今藏广西壮族自治区少数民族古籍工作办公室，档案目录号 201010046。

罗城县龙岸乡（镇）太和村（街）土地陈报单[343]

户号 业户姓名芦策生 住址罗城县（市）龙岸乡（镇）太和村（街）门牌第 号		页次				
土段（一）（三）地别（二）等		第 51 段	第 51 段	第 51 段	第 51 段	第 51 段
坐落及四至（坐落及写屯名名及小地名）	坐落 东至 南至 西至 北至	坐落 东至 南至 西至 北至 水车	坐落 东至 南至 西至 北至 水车	坐落 东至 南至 西至 北至 水车	坐落 东至 南至 西至 北至 水车	坐落 东至 南至 西至 北至 水车
土地面积（亩）方丈为一（六十市）		一七八十亩分厘	四四十亩分厘	○○贰○十亩分厘	柒捌十亩分厘	○○肆肆十亩分厘
地目（水田畲地宅地水塘等）		田	田	田	田	田
土质（壤土粘土砂土砾土）		砂土	砂土	砂土	砂土	砂土
产量及收益 本丘[600]每年	产量	千百十市斤	千百十市斤	千百十市斤	千百十市斤	千百十市斤
	收益	千百十元	千百十元	千百十元	千百十元	千百十元

（一）本单由业户分村街每五丘填写一张超过五丘可另填一张一并送交土地所在地村街长审核盖章整理汇（二）填送陈报单应连同证件验查毕当场发还（三）土地段别由业户查明公布之村街分（四）土地面积比较标准分牌标示亩分填报（五）每亩地价之标准地价栏填公布订成帙送交编查人员（六）编定地号及评定等则两栏由编查人员填写图或按实地界标段号填写之标准地价申报地价不得超过或低于标准地价百分之十

续表

户号						页次	

土段（一）（三）地别（二）等			第51段	第51段	第51段	第51段	第51段
每亩地价（以国币[174]元计）	标准地价		千百十元	千百十元	千百十元	千百十元	千百十元
	申报地价		千百十元	千百十元	千百十元	千百十元	千百十元
佃户或使用人姓名住址	姓名						
	住址		县乡村（市镇街）	县乡村（市镇街）	县乡村（市镇街）	县乡村（市镇街）	县乡村（市镇街）
承粮户名							
每年纳粮 纳粮额（如未写一无字）							
产权凭证或其他人证（契证或其他人证）							
编定地号			24	57	130	24	37
评定等则	等		中	中	下	中	中
	则		中	中	上	下	下
备注			远	远	远	远	远

业户姓名杨桂成　住址罗城县（市）龙岸乡（镇）太和村（街）门牌第　号

中华民国三十一年　　月　　日填报

业户　　　　　盖章　　　佃户或用人　　　盖章

村（街）长　　盖章　　　代理填报人　　　盖章

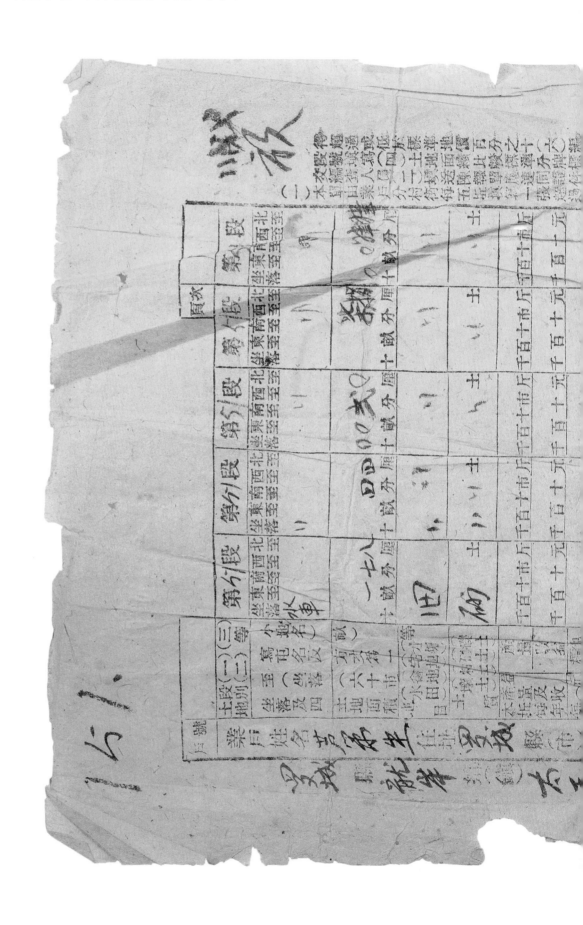

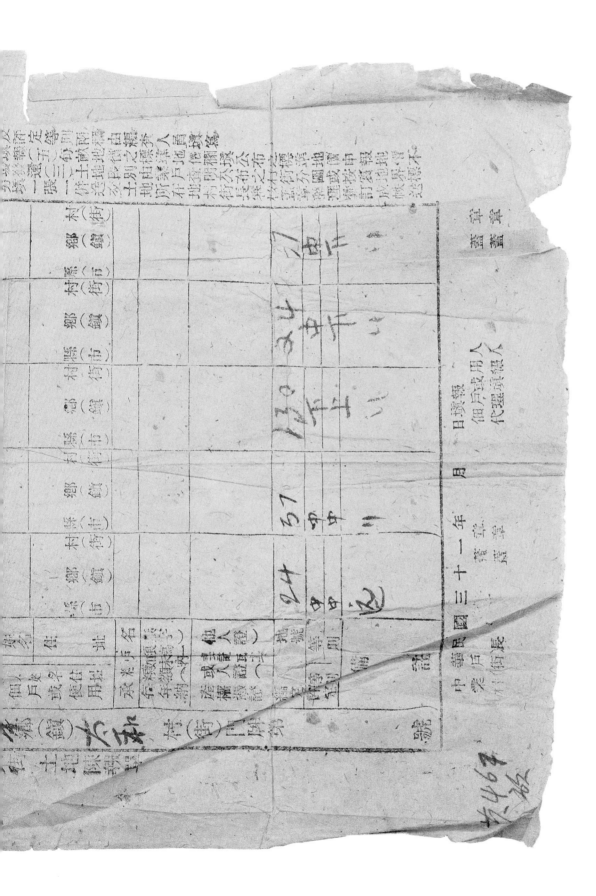

【题解】

拨粮凭证是政府直接将粮食拨付给公职人员以进行生活补助和其他开支的凭单，领粮凭证是各种机构如学校、临时机构因各种开支补助而支取粮食的凭证。拨粮和领粮凭证是地方财政管理的重要资料，真实而生动地展现了民国时期地方政府运行的客观情形。

此类文书共有 102 件，以民国三十八年（1949 年）为多。凭证内容一般包含拨粮机关、领粮机关、拨领粮时间、原因、粮食种类、数量、来源、用途、拨付方式、经手人等，制度严格详细。这种开支补助，不发放现金而以领取粮食作为报酬，反映出在 1948—1949 年国民党政府发行的金圆券、银圆券崩溃之后，地方经济和政府运作的大概情况。

拨粮和领粮凭证收据均为油印固定格式，并以汉文书写留白处，绵纸，规格大小无定例。以往很少发现此类反映以发放粮食实物来代替各类生活费的文书，这可能是 1948—1949 年比较特殊的现象。通过领粮拨粮凭证可探究仫佬族地区政府运作的一般情况，这对研究地方行政史、经济史以及当时的社会状况有重要参考价值。

五、拨粮、领粮凭证

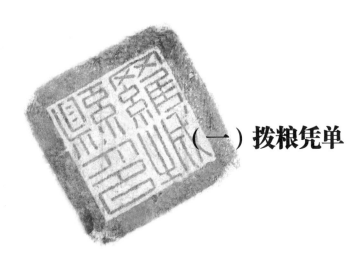

（一）拨粮凭单

罗城县政府拨粮凭单

（粮字 366 号）

（民国三十七年十一月二十九日）

绵纸，纸幅 29cm×11.2cm，今藏广西壮族自治区少数民族古籍工作办公室，档案目录号 200911134。

单凭粮拨府政县城罗					
号六六三字粮					
知通					
县长	龙岸囤粮办事处	拨粮机关			
	龙岸财保会	或领粮机关 领粮人			
右列粮食请即照拨	折发三十七年度十一月份乡村公所代表会经费	用途			
	谷粮公	品类			
	玖佰伍拾市斤	数量			
		备考	1.每百斤折价一〇元	2.乡公所二五〇斤	3.村公所六五〇斤	4.代表会五〇斤

公粮字第叁陆陆号

公粮字第叁陆陆号

中华民国三十七年十一月廿九日

财政科长　　仓库经发人

会计主任　韦斯　　经领人

此联拨送粮仓库于拨发后

此联仓库留备　图

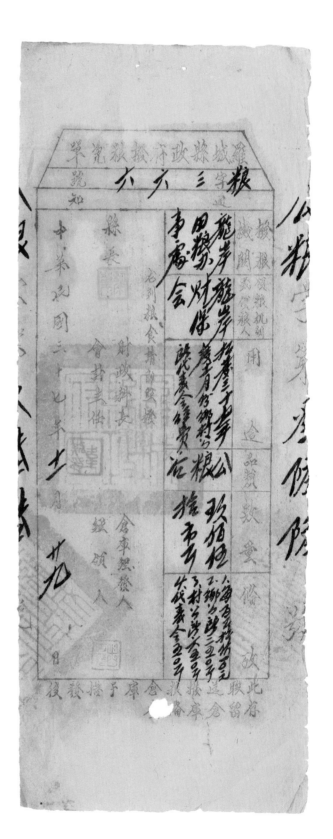

罗城县政府拨粮凭单

（粮字 370 号）

（民国三十七年十一月二十九日）

绵纸，纸幅 29cm×11cm，今藏广西壮族自治区少数民族古籍工作办公室，档案目录号 200911135。

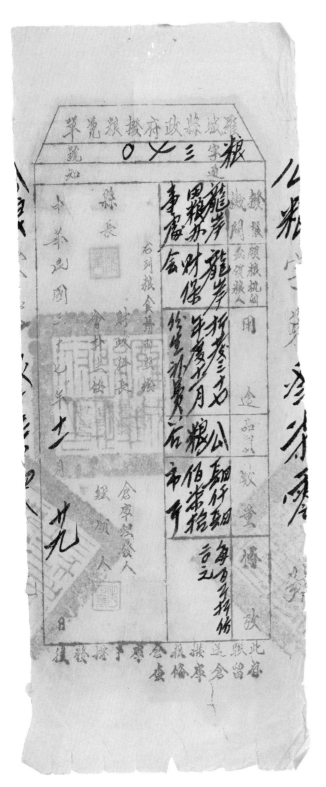

单凭粮拨府政县城罗		
号〇七三字粮		
知通		
县长	龙岸田粮办事处	拨粮机关
	龙岸财保会	领粮机关或领粮人
右列粮食请即照拨	折发三十七年度十一月份生补费	用途
财政科长　仓库经发人	谷粮公	品类
会计主任　围断　经领人	肆仟肆佰柒拾市斤	数量
中华民国三十七年十一月廿九日	二〇元每百斤折价	备考

此联送拨粮仓库于拨发后

此联仓库留存备查

罗城县政府拨粮凭单

（粮字 397 号）

（民国三十七年十二月三日）

绵纸，纸幅 29.5cm×10.9cm，今藏广西壮族自治区少数民族古籍工作办公室，档案目录号 200911136。

单凭粮拨府政县城罗		
号七九三字粮		
知通		
县长	龙岸田粮办事处	拨粮机关
	龙岸田粮办事处	领粮机关或领粮人
	右列粮食请即照拨 折发三十七年度十一月份生补费	用途
	谷粮公	品类
	壹仟壹佰	数量 市斤
	二五元	备考 每百斤折价

公粮字第叁玖柒号

公粮字第叁玖柒号

中华民国三十七年十二月三日

财政科长

会计主任　韦斯

仓库经发人

经领人

留存后发拨于库仓粮拨送联此

查备库仓

罗城县政府拨粮书

（财字第 82 号）

（民国三十八年一月八日）

绵纸，纸幅 29.5cm×8.8cm，今藏广西壮族自治区少数民族古籍工作办公室，档案目录号 200911037。

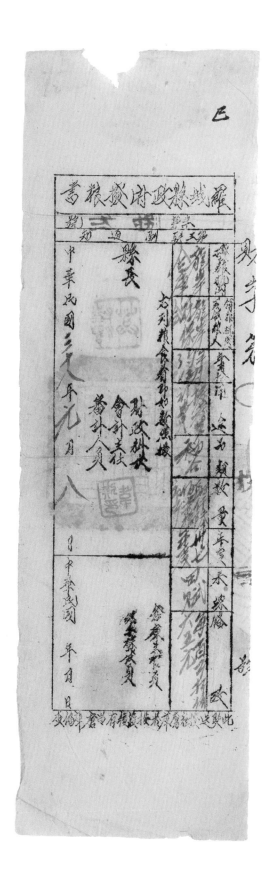

书粮拨府政县城罗		
号贰捌第字		
知通副联三第		
县长　莫树贤[34]	龙岸仓库	拨粮机关
	龙岸财保会	领粮机关或领粮人
右列粮食着即如数照拨	37 年 12 月	年月份
	补费拨发生	用途
财政科长	稻谷	品类
会计主任　韦斯	柒拾陆佰仟肆市斤	数量
审计人员	卅七年度	年度
中华民国三十八年元月八日	田赋	源来
中华民国　年　月　日	仓库主管员　经手核发员	价每百斤折六五元	备考

財字第〇捌貳号

查备库仓留存后发拨于库仓粮拨送联此

罗城县政府拨粮书

（财字第 84 号）

（民国三十八年一月八日）

绵纸，纸幅 29.5cm×8.6cm，今藏广西壮族自治区少数民族古籍工作办公室，档案目录号 200911038。

书粮拨府政县城罗		
号肆捌第字		
知通副联三第		
县长 莫树贤[344]	龙岸仓库	拨粮机关
	龙岸财保会	领粮机关或领粮人
右列粮食着即如数照拨 财政科长 会计主任 韦斯 审计人员 中华民国三十八年元月八日	37 年 12 月	年月份
	会经费	用途 拨发代表
	稻谷	品类
	市斤 伍拾	数量
	年度 卅七	年度
中华民国 　年 　月 　日	田赋	来源
仓库主管员 经手核发员	价 每百斤折 伍〇元	备考

财字第○捌肆号

查备库仓留存后发拨于库仓粮拨送联此

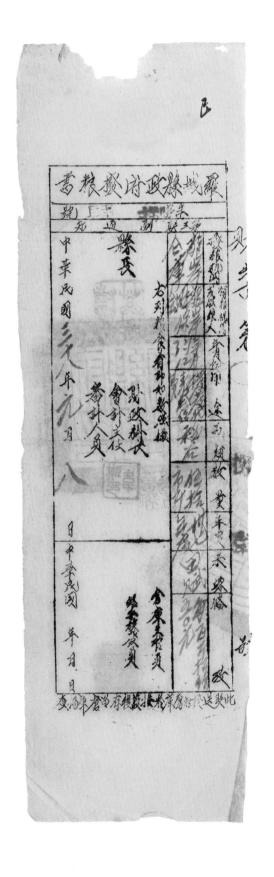

罗城县政府拨粮书

（财字第 148 号）

（民国三十八年一月二十日）

绵纸，纸幅 29.3cm×8.5cm，今藏广西壮族自治区少数民族古籍工作办公室，档案目录号 200911080。

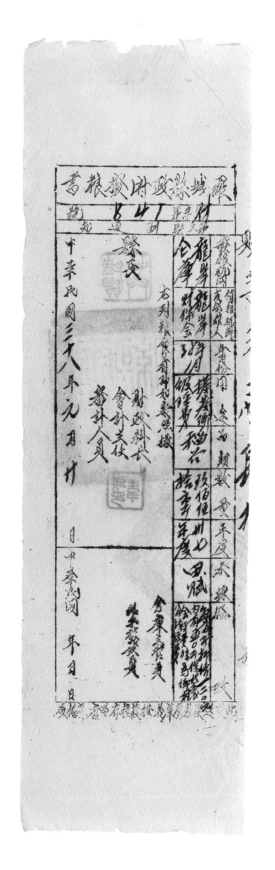

书粮拨府政县城罗			
号 841 第字财			
知通副联三第			
县长　莫树贤[34]	右列粮食着即如数照拨　　财政科长　　会计主任　韦斯　　审计人员　　中华民国三十八年元月廿日	龙岸仓库	拨粮机关
		龙岸财保会	领粮机关或领粮人
		38 年 1 月	年月份
		拨发乡级经费	用途
		稻谷	品类
		玖佰伍拾 市斤	数量
		卅七 年度	年度
中华民国　年　月　日	仓库主管员　经手核发员	田赋	来源
		每百斤折价一二〇元内有五〇斤系代表会公所经费经费余为乡村公所经费	备考

财字第壹肆捌号

此联送拨粮仓库于发拨后存留仓库备查

罗城县政府拨粮书

（财字第 274 号）

（民国三十八年三月十一日）

绵纸，纸幅 30.5cm×9cm，今藏广西壮族自治区少数民族古籍工作办公室，档案目录号 200911039。

书粮拨府政县城罗		
号 274 第字财		
知通副联三第		
县长　莫树贤[344]	拨粮机关	龙岸第贰仓库
	领粮机关或领粮人	龙岸财保会
	年月份	38 年 2 月
右列粮食着即如数照拨	用途	经费
财政科长	品类	稻谷
会计主任　韦斯	数量	玖佰伍拾市斤
审计人员	年度	卅七
中华民国三十八年三月十一日	来源	田赋
仓库主管员	备考	
经手核发员　欧阳晒		
中华民国　年　月　日		

财字第贰柒肆号

此联送拨粮仓库于拨后存留仓库备查

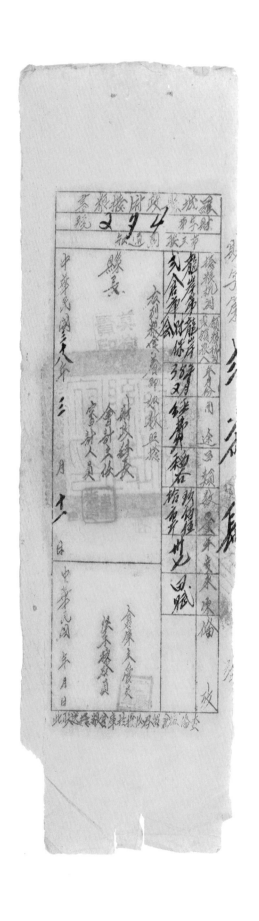

罗城县政府拨粮书

（财字第 275 号）

（民国三十八年三月十一日）

绵纸，纸幅 30.5cm×9cm，今藏广西壮族
自治区少数民族古籍工作办公室，档案目录号
200911040。

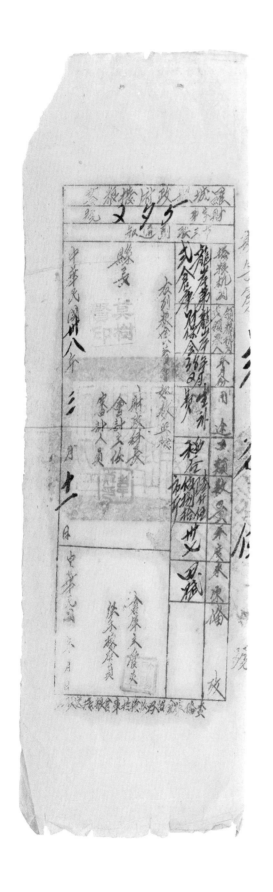

书粮拨府政县城罗		
号 275 第字财		
第三联副通知		
龙岸第贰仓库	拨粮机关	财字第贰柒伍号
龙岸财保会	领粮机关或领粮人	
38 年 2 月	年月份	
生补费	用途	
稻谷	品类	
陆仟伍佰捌拾市斤	数量	
卅七	年度	
田赋	来源	
	备考	

右列粮食着即如数照拨

县长　莫树贤[34]

财政科长

会计主任　韦斯

审计人员

中华民国卅八年三月十一日

仓库主管员

经手核发员　欧阳晒

中华民国　年　月　日

此联送拨粮仓库于拨后存留仓库备查

罗城县政府拨粮书

（财字第 296 号）

（民国三十八年三月二十二日）

　　绵纸，纸幅 30.3cm×9cm，今藏广西壮族自治区少数民族古籍工作办公室，档案目录号 200911041。

书粮拨府政县城罗			
号 296 第字财			
知通副联三第			
县长	第贰仓 龙岸土城	拨粮机关	财字第贰玖陆号
莫树贤[34]	征所 龙岸稽	领粮机关或领粮人	
右列粮食着即如数照拨	38 年 2 月	年月份	
财政科长	经费	用途	
会计主任	稻谷	品类	
审计人员	市 叁佰 斤	数量	
中华民国三十八年三月廿二日	卅七	年度	
	田赋	来源	
中华民国　年　月　日	仓库主管员 经手核发员　欧阳晒	备考	

此联送拨粮仓库于拨后存留仓库备查

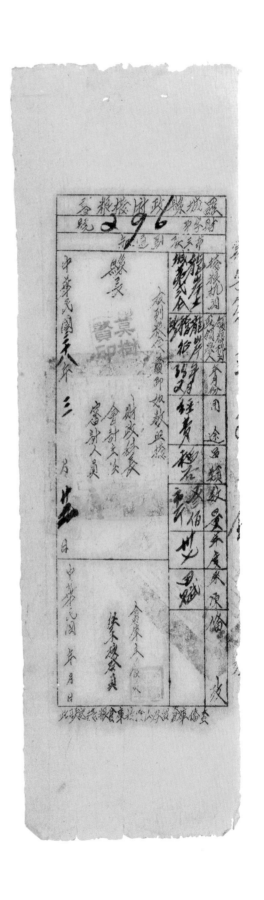

罗城县政府拨粮书

（财字第 297 号）

（民国三十八年三月二十二日）

绵纸，纸幅 30.5cm×9cm，今藏广西壮族自治区少数民族古籍工作办公室，档案目录号 200911042。

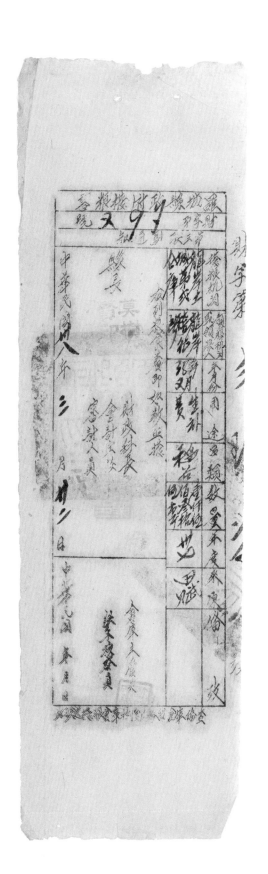

书粮拨府政县城罗		
号 297 第字财		
知通副联三第		
拨粮机关	龙岸土城第贰仓库	县长　莫树贤[34]
领粮机关或领粮人	龙岸稽征所	
年月份	38 年 2 月	
用途	生补费	财政科长
品类	稻谷	会计主任
数量	壹仟伍佰叁拾伍市斤	审计人员
年度	卅七	
来源	田赋	中华民国卅八年三月廿二日
备考		仓库主管员　欧阳晒 经手核发员
		中华民国　年　月　日

右列粮食着即如数照拨

财字第贰玖柒号

此联送拨粮仓库于拨后存留仓库备查

罗城县政府拨粮书

（财字第 298 号）

（民国三十八年三月二十二日）

绵纸，纸幅 29.5cm × 8.4cm，今藏广西壮族自治区少数民族古籍工作办公室，档案目录号200911043。

书粮拨府政县城罗		
号 298 第字财		
知通副联三第		
县长　莫树贤[344]	第贰仓库 龙岸土城	拨粮机关
	办事处 龙岸田粮	领粮机关或领粮人
	38 年 2 月	年月份
右列粮食着即如数照拨 财政科长　会计主任　审计人员	经费	用途
	稻谷	品类
	壹佰叁拾 市斤	数量
中华民国三十八年三月廿二日	卅七	年度
	田赋	来源
中华民国　年　月　日	仓库主管员 经手核发员　欧阳昤	备考

财字第贰玖捌号

此联送拨粮仓库于拨后存留仓库备查

罗城县政府拨粮书

（财字第 299 号）

（民国三十八年三月二十二日）

绵纸，纸幅 29.5cm×8.5cm，今藏广西壮族自治区少数民族古籍工作办公室，档案目录号 200911044。

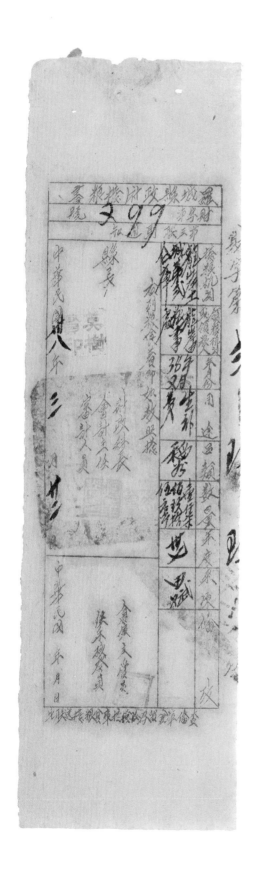

书粮拨府政县城罗			
号 299 第字财			
知通副联三第			
县长　莫树贤[344]	拨粮机关	龙岸土城第贰仓库	
	领粮机关或领粮人	龙岸田粮办事处	
	年月份	38 年 2 月	
右列粮食着即如数照拨	用途	生补费	
财政科长	品类	稻谷	
会计主任	数量	壹仟柒佰玖拾伍市斤	
审计人员	年度	卅七	
中华民国卅八年三月廿二日	来源	田赋	
	备考		
仓库主管员 经手核发员　欧阳晒	田赋		
中华民国　年　月　日			

财字第贰玖玖号

此联送拨粮仓库于拨后存留仓库备查

罗城县政府拨粮书

（财字第 383 号）

（民国三十八年四月二日）

绵纸，纸幅 29.8cm × 8.4cm，今藏广西壮族自治区少数民族古籍工作办公室，档案目录号 200911045。

书粮拨府政县城罗					
号 383 第字财					
知通副联三第					
县长 莫树贤[344]	龙岸第贰仓		拨粮机关	**财字第叁捌叁号**	
	吉羊财保会		领粮机关或领粮人		
中华民国三十八年四月二日 审计人员 韦斯	38 年 3 月		年月份		
	右列粮食着即如数照拨 财政科长 会计主任	生补费	用途		
		稻谷	品类		
		叁仟玖佰叁拾市斤	数量		
		卅七	年度		
中华民国 年 月 日	仓库主管员 经手核发员	田赋	来源		
			备考		
此联送拨粮仓库于拨后存留仓库备查					

注：
文书右上方文字：姑念路途遥远，情形特殊，准予照拨六十五。莫树贤。

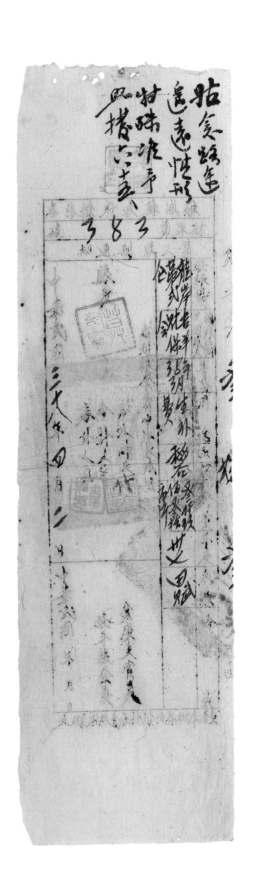

罗城县政府拨粮书

（财字第 408 号）

（民国三十八年四月十二日）

绵纸，纸幅 30cm×8.7cm，今藏广西壮族自治区少数民族古籍工作办公室，档案目录号 200911046。

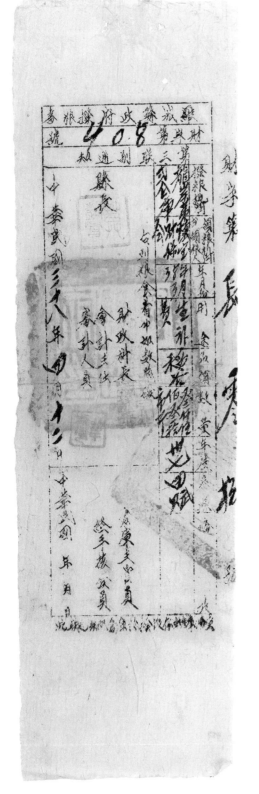

书粮拨府政县城罗		
号 408 第字财		
知通副联三第		
县长　莫树贤[344]	龙岸第贰仓库	拨粮机关
	怀宝财保会	领粮机关或领粮人
右列粮食着即如数照拨	38年3月	年月份
财政科长	生补费	用途
会计主任	稻谷	品类
审计人员　韦斯	叁仟伍佰叁拾市斤	数量
	卅七	年度
中华民国三十八年四月十二日	田赋	来源
中华民国　年　月　日	仓库主管员　经手核发员	备考

财字第肆零捌号

此联送拨粮仓库于拨后存留仓库备查

罗城县政府拨粮书

（财字第 420 号）

（民国三十八年四月十五日）

　　绵纸，纸幅 30cm × 9cm，今藏广西壮族自治区少数民族古籍工作办公室，档案目录号 200911047。

书粮拨府政县城罗		
号 420 第字财		
知通副联三第		
县长　莫树贤[344]　　审计人员　会计主任　财政科长　　右列粮食着即如数照拨　中华民国三十八年四月十五日	龙岸第贰仓库	拨粮机关
	龙岸中心校	领粮机关或领粮人
	38 年 3 月	年月份
	经费	用途
	稻谷	品类
	市斤　叁佰	数量
	卅七	年度
中华民国　年　月　日　　仓库主管员　经手核发员	田赋	来源
		备考

此联送拨粮仓库于拨后存留仓库备查

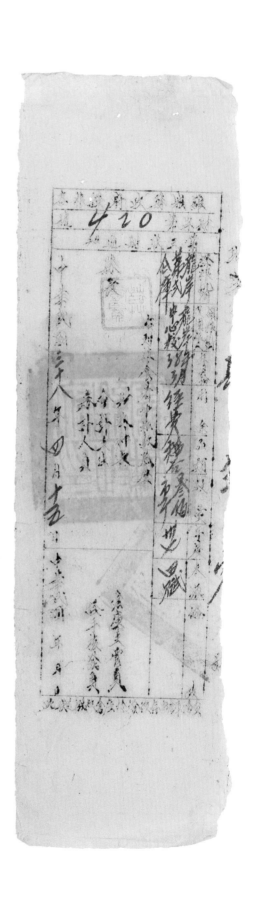

财字第肆贰零号

罗城县政府拨粮书

（财字第 421 号）

（民国三十八年四月十五日）

绵纸，纸幅 30cm×8.8cm，今藏广西壮族自治区少数民族古籍工作办公室，档案目录号 200911048。

书粮拨府政县城罗		
号 421 第字财		
知通副联三第		
县长　莫树贤[344]	龙岸第贰仓库	拨粮机关
	龙岸中心校	领粮机关或领粮人
	38 年 3 月	年月份
右列粮食着即如数照拨	生补费	用途
财政科长	稻谷	品类
会计主任	肆仟伍佰肆拾伍市斤	数量
审计人员	卅七	年度
中华民国三十八年四月十五日	田赋	来源
		备考
中华民国 年 月 日	仓库主管员 经手核发员	

此联送拨粮仓库于拨后存留仓库备查

财字第肆贰壹号

罗城县政府拨粮书

（财字第 434 号）

（民国三十八年四月十六日）

绵纸，纸幅 30cm×8.9cm，今藏广西壮族自治区少数民族古籍工作办公室，档案目录号 200911049。

书粮拨府政县城罗		
号 434 第字财		
知通副联三第		
龙岸第贰仓库	拨粮机关	
公义稽征所	领粮机关或领粮人	
38 年 3 月	年月份	
经费	用途	
稻谷	品类	
贰市斤 玖两 佰零	数量	
卅七	年度	
田赋	来源	
	备考	

右列粮食着即如数照拨

县长　莫树贤[344]

财政科长

会计主任

审计人员　韦斯

中华民国三十八年四月十六日

财字第肆叁肆号

仓库主管员

经手核发员

中华民国　年　月　日

此联送拨粮仓库于拨后存留仓库备查

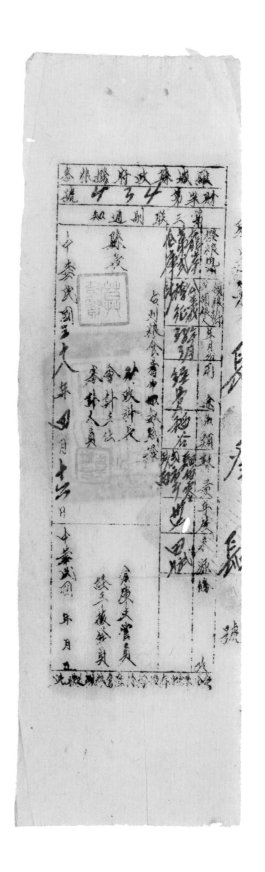

罗城县政府拨粮书

（财字第 435 号）

（民国三十八年四月十六日）

绵纸，纸幅 30cm×9.1cm，今藏广西壮族自治区少数民族古籍工作办公室，档案目录号 200911050。

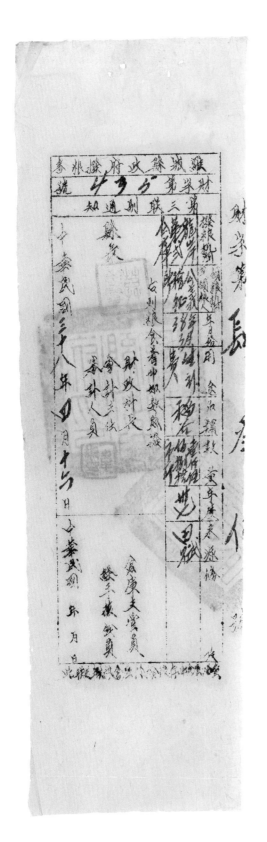

	书粮拨府政县城罗		
	号 435 第字财		
	知通副联三第		
县长 莫树贤[344]	龙岸第 贰仓库	拨粮机关	**财字第肆叁伍号**
	公义稽征所	领粮机关或领粮人	
右列粮食着即如数照拨	38 年 3 月	年月份	
财政科长	生补费	用途	
会计主任	稻谷	品类	
审计人员 韦斯	壹仟伍 佰捌拾 市斤	数量	
中华民国三十八年四月十六日	卅七	年度	
中华民国 年 月 日	仓库主管员 经手核发员	田赋	来源
			备考

此联送拨粮仓库于拨后存留仓库备查

罗城县政府拨粮书

（财字第 436 号）

民国三十八年四月十六日）

绵纸，纸幅 29.7cm×9cm，今藏广西壮族自治区少数民族古籍工作办公室，档案目录号 200911051。

书粮拨府政县城罗		
号 436 第字财		
知通副联三第		
县长　莫树贤[34]	龙岸第贰仓	拨粮机关
	公义田粮办事处	领粮机关或领粮人
右列粮食着即如数照拨	38 年 3 月	年月份
财政科长　会计主任　审计人员　韦斯	经费	用途
	稻谷	品类
	壹佰市斤	数量
中华民国三十八年四月十六日	卅七	年度
	田赋	来源
中华民国　年　月　日	仓库主管员　经手核发员	备考

此联送拨粮仓库于拨后存留仓库备查

财字第肆叁陆号

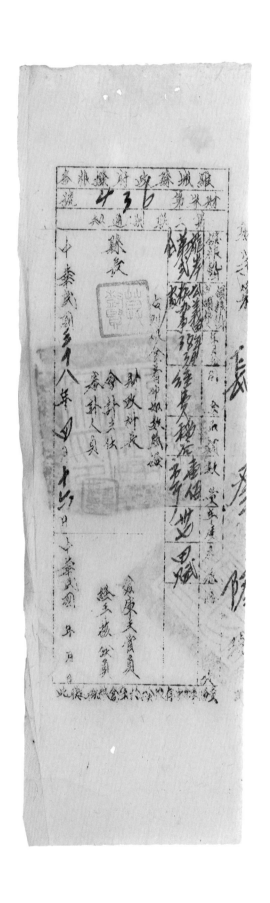

罗城县政府拨粮书

（财字第 437 号）

（民国三十八年四月十六日）

绵纸，纸幅 29.7cm×8.6cm，今藏广西壮族自治区少数民族古籍工作办公室，档案目录号 200911052。

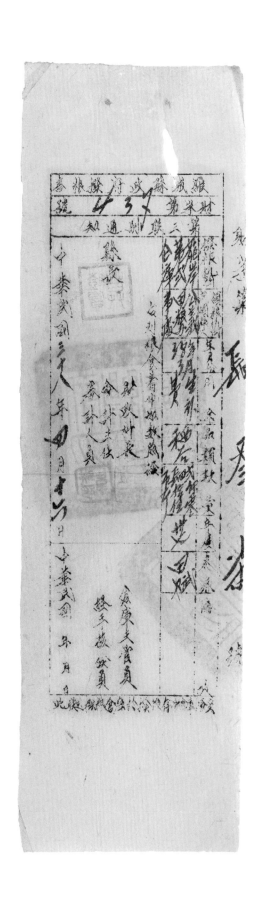

书粮拨府政县城罗		
号 437 第字财		
知通副联三第		
县长　莫树贤[344]	龙岸第贰仓库	拨粮机关
右列粮食着即如数照拨	公义田粮办事处	领粮机关或领粮人
财政科长	38 年 3 月	年月份
会计主任	生补费	用途
审计人员　韦斯	稻谷	品类
中华民国三十八年四月十六日	贰仟零肆拾伍　市斤	数量
	卅七	年度
	田赋	来源
中华民国　年　月　日	仓库主管员 经手核发员	备考

此联送拨粮仓库于拨后存留仓库备查

财字第肆叁柒号

罗城县政府拨粮书

（财字第 456 号）

（民国三十八年四月二十三日）

绵纸，纸幅 30cm×8.7cm，今藏广西壮族自治区少数民族古籍工作办公室，档案目录号 200911053。

书粮拨府政县城罗		
号 456 第字财		
知通副联三第		
县长　莫树贤[344]	贰仓库 龙岸第	拨粮机关
	县参议会	领粮机关或领粮人
	38 年 4 月	年月份
右列粮食着即如数照拨	生补费	用途
财政科长	稻谷	品类
会计主任	贰仟 壹佰 市斤	数量
审计人员　韦斯	卅七	年度
中华民国三十八年四月廿三日	田赋	来源
中华民国卅八年五月一日	仓库主管员 经手核发员 □紫轩	备考

财字第肆伍陆号

此联送拨粮仓库于拨后存留仓库备查

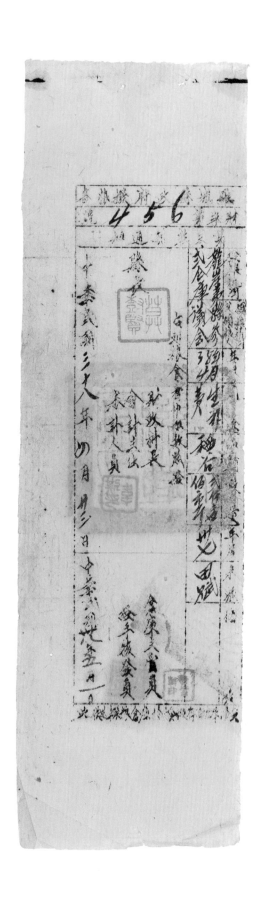

罗城县政府拨粮书

（财字第 472 号）

（民国三十八年四月二十五日）

绵纸，纸幅 30.2cm×8.5cm，今藏广西壮族自治区少数民族古籍工作办公室，档案目录号 200911054。

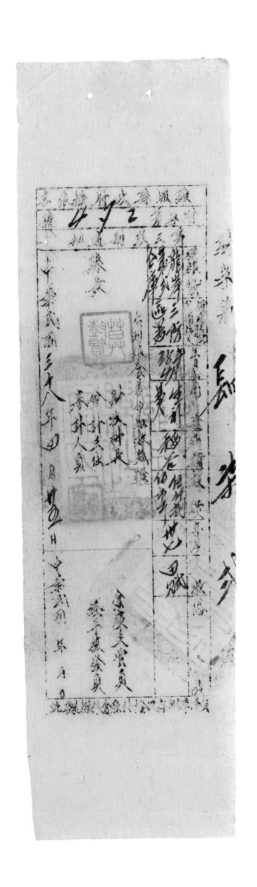

书粮拨府政县城罗			
号 472 第字财			
知通副联三第			
县长　莫树贤[344]	贰仓库 龙岸第	拨粮机关	**财字第肆柒贰号**
	三防区署	领粮机关或领粮人	
右列粮食着即如数照拨	38 年 4 月	年月份	
财政科长	生补费	用途	
会计主任	稻谷	品类	
审计人员　韦斯	伍仟捌佰 市斤	数量	
中华民国三十八年四月廿三日	卅七	年度	
	田赋	来源	
中华民国　年　月　日	仓库主管员 经手核发员		备考

此联送拨粮仓库于拨后存留仓库备查

罗城县政府拨粮凭单

（罗粮安字第 11 号）

（民国三十八年四月二十八日）

绵纸，纸幅 27cm×9.3cm，今藏广西壮族自治区少数民族古籍工作办公室，档案目录号 201311003。

罗城县政府		
拨粮凭单第二联		
县长　莫树贤 [34]	征粮处库 名称	龙岸办事处 第二仓库
	收粮机关 名称	本府第四科
	粮食 种类	新兵安家谷
	年度	叁柒
右列粮食着即照拨	品名	稻谷
田粮科长　会计　填单人	数量	玖仟伍佰伍拾伍 市斤壹佰两
中华民国三十八年四月廿八日罗粮安字第11号	备注	卅七年十月份至 卅八年三月份

罗粮安字第壹壹号

此联需交收粮仓库

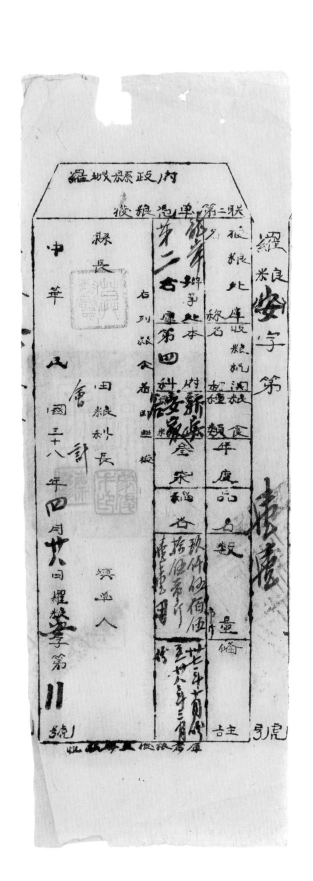

罗城县政府拨粮书

（财字第 487 号）

（民国三十八年四月三十日）

绵纸，纸幅 30.2cm×8.1cm，今藏广西壮族自治区少数民族古籍工作办公室，档案目录号 200911055。

书粮拨府政县城罗			财字第肆捌柒号
号 487 第字财			
第三联副通知			
县长 莫树贤[34]	龙岸第贰仓库	拨粮机关	
	公义一中心校	领粮机关或领粮人	
右列粮食着即如数照拨	38 年 3 月	年月份	
财政科长	经费	用途	
会计主任	稻谷	品类	
审计人员 韦斯	贰佰壹拾 市斤	数量	
中华民国三十八年四月卅日	卅七	年度	
	田赋	来源	
中华民国 年 月 日	仓库主管员 经手核发员		备考

此联送拨粮仓库于拨后存留仓库备查

罗城县政府拨粮书

（财字第 488 号）

（民国三十八年四月三十日）

绵纸，纸幅 30.1cm×7.8cm，今藏广西壮族自治区少数民族古籍工作办公室，档案目录号 200911056。

书粮拨府政县城罗

号 488 第字财

知通副联三第

拨粮机关	龙岸第贰仓库
领粮机关或领粮人	公义一中心校
年月份	38 年 3 月
用途	生补费
品类	稻谷
数量	贰仟柒佰玖拾伍市斤
年度	卅七
来源	田赋
备考	

右列粮食着即如数照拨

县长 莫树贤[344]

财政科长

会计主任

审计人员 韦斯

中华民国三十八年四月卅日

仓库主管员

经手核发员

中华民国 年 月 日

财字第肆捌捌号

此联送拨粮仓库于拨后存留仓库备查

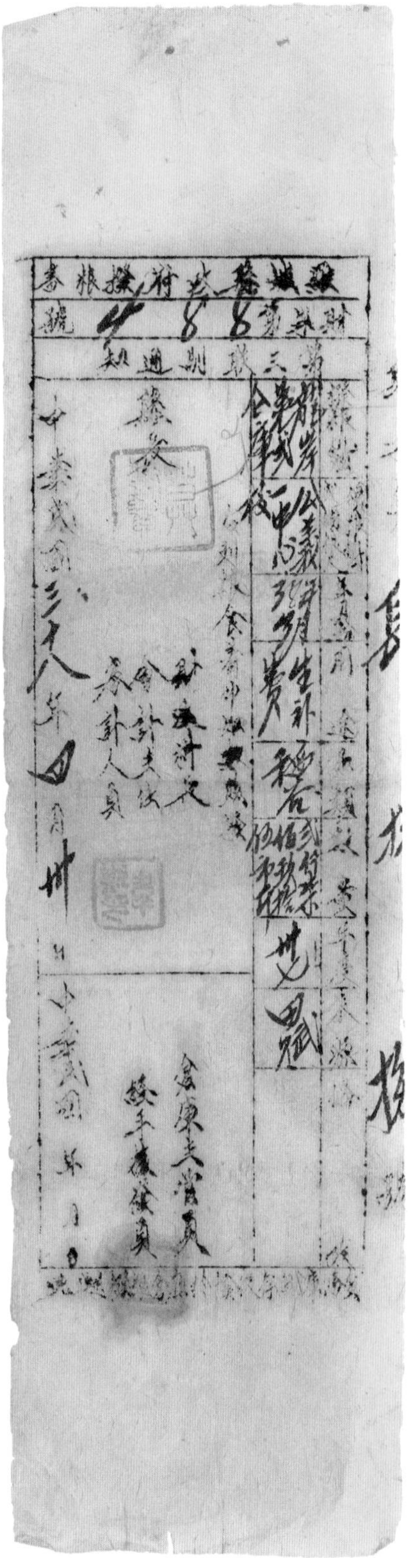

罗城县政府拨粮书

（财字第 497 号）

（民国三十八年五月三日）

绵纸，纸幅 30cm×8.7cm，今藏广西壮族自治区少数民族古籍工作办公室，档案目录号200911057。

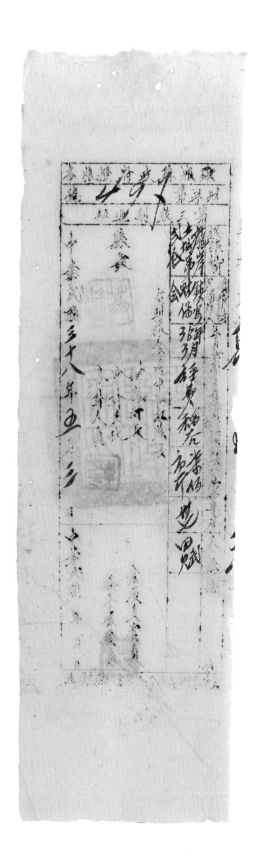

书粮拨府政县城罗			
号 497 第字财			
知通副联三第			
县长　莫树贤[344]	龙岸土城第贰仓	拨粮机关	 财字第肆玖柒号
财政科长	镇安财保会	领粮机关或领粮人	
会计主任	38 年 3 月	年月份	
审计人员　韦斯	经费	用途	
右列粮食着即如数照拨	稻谷	品类	
	市斤　柒佰	数量	
	卅七	年度	
中华民国三十八年五月三日	田赋	来源	
中华民国　年　月　日	仓库主管员　经手核发员	备考	

此联送拨粮仓库于拨后存留仓库备查

罗城县政府拨粮书

（财字第 498 号）

（民国三十八年五月三日）

绵纸，纸幅 30cm×8.7cm，今藏广西壮族自治区少数民族古籍工作办公室，档案目录号 200911058。

书粮拨府政县城罗		
号 498 第字财		
知通副联三第		
县长　莫树贤[344]	龙岸土城第贰仓库	拨粮机关
	镇安财保会	领粮机关或领粮人
右列粮食着即如数照拨	38年3月	年月份
财政科长	生补经	用途
会计主任	稻谷	品类
审计人员　韦斯	壹仟柒佰市斤	数量
中华民国三十八年五月三日	卅七	年度
中华民国　年　月　日	田赋	来源
仓库主管员　经手核发员		备考

财字第肆玖捌号

此联送拨粮仓库于拨后存留仓库备查

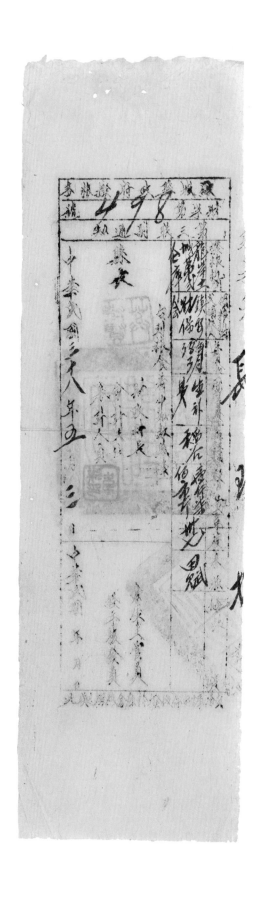

罗城县政府拨粮书

（财字第 499 号）

（民国三十八年五月三日）

绵纸，纸幅 30.1cm×8.4cm，今藏广西壮族自治区少数民族古籍工作办公室，档案目录号 200911059。

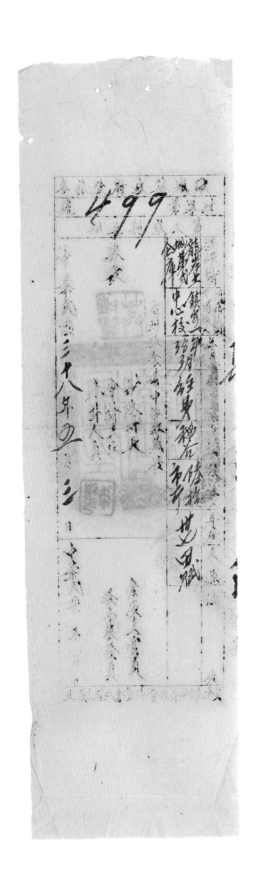

书粮拨府政县城罗		
号 499 第字财		
知通副联三第		
拨粮机关	龙岸土城第贰仓库	县长　莫树贤[344]
领粮机关或领粮人	镇安一中心校	
年月份	38 年 3 月	右列粮食着即如数照拨
用途	经费	财政科长
品类	稻谷	会计主任
数量	市斤　陆拾	审计人员　韦斯
年度	卅七	
来源	田赋	中华民国三十八年五月三日
备考		仓库主管员　经手核发员　中华民国　年　月　日

财字第肆玖玖号

此联送拨粮仓库于拨后存留仓库备查

罗城县政府拨粮书

（财字第 500 号）

（民国三十八年五月三日）

绵纸，纸幅 30cm × 8.5cm，今藏广西壮族自治区少数民族古籍工作办公室，档案目录号 200911060。

书粮拨府政县城罗		
号 500 第字财		
知通副联三第		
县长　莫树贤[344]	龙岸土城第贰仓库	拨粮机关
	中心校镇安一	领粮机关或领粮人
	38 年 3 月	年月份
右列粮食着即如数照拨	生补费	用途
财政科长	稻谷	品类
会计主任	壹仟柒佰伍拾市斤	数量
审计人员　韦斯	卅七	年度
中华民国三十八年五月三日		
中华民国　年　月　日	田赋	来源
经手核发员　仓库主管员		备考

财字第伍零零号

此联送拨粮仓库于拨后存留仓库备查

罗城县政府拨粮书

（财字第 501 号）

（民国三十八年五月三日）

绵纸，纸幅 30.1cm × 8.7cm，今藏广西壮族自治区少数民族古籍工作办公室，档案目录号 200911061。

书粮拨府政县城罗		
号 501 第字财		
知通副联三第		
县长　莫树贤[344]	龙岸土城第贰仓库	拨粮机关
	镇安二中心校	领粮机关或领粮人
右列粮食着即如数照拨	38 年 3 月	年月份
财政科长	经费	用途
会计主任	稻谷	品类
审计人员　韦斯	市斤　陆拾	数量
中华民国三十八年五月三日	卅七	年度
	田赋	来源
中华民国　年　月　日　仓库主管员　经手核发员		备考

财字第伍零壹号

此联送拨粮仓库于拨后存留仓库备查

罗城县政府拨粮书

（财字第 502 号）

（民国三十八年五月三日）

绵纸，纸幅 30cm×8.7cm，今藏广西壮族自治区少数民族古籍工作办公室，档案目录号 200911062。

		书粮拨府政县城罗	
		号 502 第字财	
		知通副联三第	
县长　莫树贤[34]	右列粮食着即如数照拨	龙岸土城第贰仓库	拨粮机关
	财政科长	镇安二中心校	领粮机关或领粮人
	会计主任	38 年 3 月	年月份
	审计人员　韦斯	生补费	用途
中华民国三十八年五月三日		稻谷	品类
		壹仟肆佰伍拾市斤	数量
		卅七	年度
中华民国　年　月　日	仓库主管员　经手核发员	田赋	来源
			备考

（财字第伍零贰号）

此联送拨粮仓库于拨后存留仓库备查

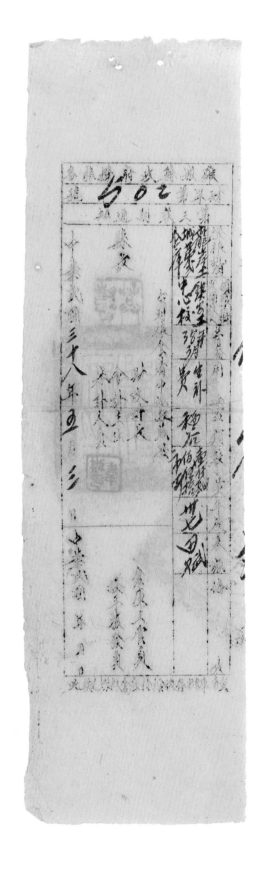

罗城县政府拨粮书

（财字第 507 号）

（民国三十八年五月五日）

绵纸，纸幅 28.3cm×9.1cm，今藏广西壮族自治区少数民族古籍工作办公室，档案目录号 200911063。

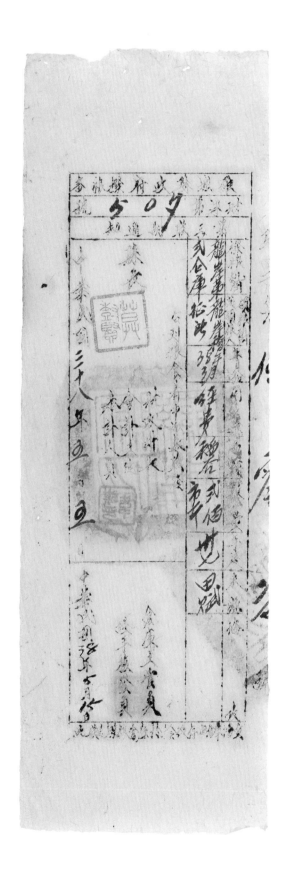

书粮拨府政县城罗				财字第伍零柒号
号 507 第字财				
知通副联三第				
县长　莫树贤[344]	龙岸第贰仓库	拨粮机关		
	龙岸稽征所	领粮机关或领粮人		
右列粮食着即如数照拨	38年3月	年月份		
财政科长	经费	用途		
会计主任	稻谷	品类		
审计人员　韦斯	贰佰市斤	数量		
中华民国三十八年五月五日	卅七	年度		
中华民国38年5月15日	仓库主管员　经手核发员	田赋	来源	
			备考	

此联送拨粮仓库于拨后存留仓库备查

罗城县政府拨粮书

（财字第 508 号）

（民国三十八年五月五日）

绵纸，纸幅 28.7cm×9cm，今藏广西壮族自治区少数民族古籍工作办公室，档案目录号 200911064。

书粮拨府政县城罗			财字第伍零捌号
号 508 第字财			
知通副联三第			
县长　莫树贤[34]	龙岸第贰仓	拨粮机关	
	龙岸稽征所	领粮机关或领粮人	
右列粮食着即如数照拨	38 年 3 月	年月份	
财政科长	生补费	用途	
会计主任	稻谷	品类	
审计人员　韦斯	壹佰柒拾伍市斤	数量	
中华民国三十八年五月五日	卅七	年度	
	田赋	来源	
中华民国 38 年 5 月 15 日	仓库主管员　经手核发员		备考

此联送拨粮仓库于拨后存留仓库备查

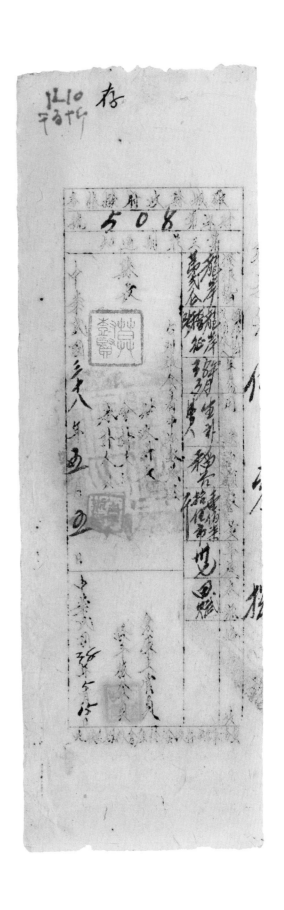

罗城县政府拨粮书

（财字第 509 号）

（民国三十八年五月五日）

绵纸，纸幅 29cm×8.7cm，今藏广西壮族自治区少数民族古籍工作办公室，档案目录号 200911065。

书粮拨府政县城罗			
号 509 第字财			
知通副联三第			
县长　莫树贤[344]	贰仓库第 龙岸	龙岸第	拨粮机关
	龙岸田粮处		领粮机关或领粮人
	38 年 3 月		年月份
右列粮食着即如数照拨	生补费		用途
财政科长	稻谷		品类
会计主任	零伍市斤 壹仟捌佰		数量
审计人员　韦斯	卅七		年度
中华民国三十八年五月五日	田赋		来源
中华民国 38 年 5 月 15 日	仓库主管员 经手核发员		备考

此联送拨粮仓库于拨后存留仓库备查

财字第伍零玖号

罗城县政府拨粮书

（财字第 522 号）

（民国三十八年五月十日）

　　绵纸，纸幅 30cm×8.6cm，今藏广西壮族自治区少数民族古籍工作办公室，档案目录号 200911066。

书粮拨府政县城罗				
号 522 第字财				
知通副联三第				
县长　莫树贤[344]	贰仓库龙岸第	拨粮机关		**财字第伍贰贰号**
	县立二中	领粮机关或领粮人		
	38年4月	年月份		
右列粮食着即如数照拨	生补费	用途		
财政科长　莫祥业	稻谷	品类		
会计主任	叁仟伍佰伍拾伍市斤	数量		
审计人员　韦斯	卅七	年度		
中华民国三十八年五月十日	田赋	来源		
中华民国卅八年五月十八日	仓库主管员经手核发员	备考		

此联送拨粮仓库于拨后存留仓库备查

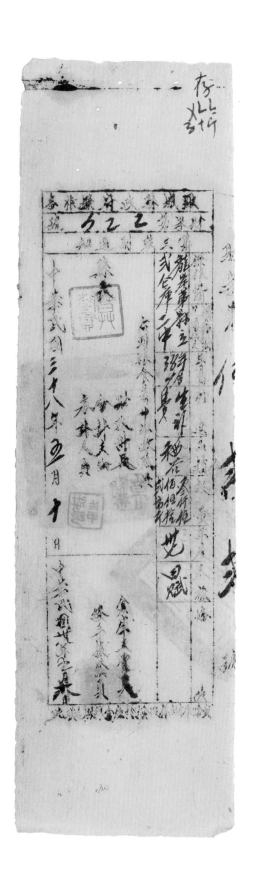

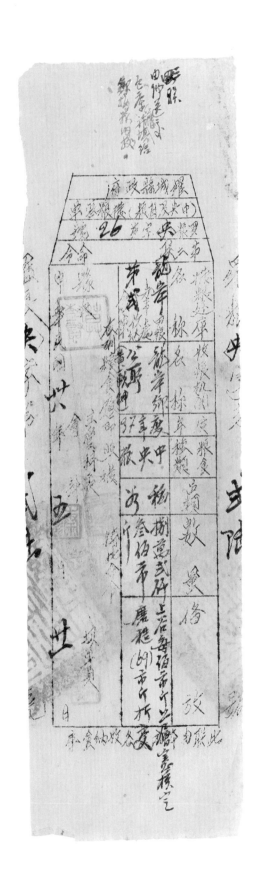

罗城县政府拨粮凭单

（罗粮〈央〉字第 26 号）

（民国三十八年五月二十一日）

绵纸，纸幅 29.7cm×8.4cm，今藏广西壮族自治区少数民族古籍工作办公室，档案目录号 200911133。

			罗粮〈央〉字第贰陆号
			府政县城罗
			单凭粮拨（粮省及央中）
			号 26 第字〈央〉粮罗
			令命联三第
县长　莫树贤[344]	拨粮处库	名称	龙岸田粮办事处第贰收纳仓库
	收粮机关	名称	龙岸乡公所（黄欧绅）
右列粮食应即照拨	年度		37 年度
	粮食	种类	粮央中
特此命令	品类		谷稻
主管科长	数量		捌万贰仟叁佰市斤
会计	备考		上谷每佰市斤照层宪核定磨糙（69）市斤折交
填单员			
中民国卅八年五月廿一日			
罗粮〈央〉字第贰陆号			

库仓纳收各交府本由联此

注：

文书上方文字：三联由仰送交仓库照拨并填给乡接粮收据。

罗城县政府拨粮书

（财字第 545 号）

（民国三十八年五月二十四日）

绵纸，纸幅 29.1cm×10.8cm，今藏广西壮族自治区少数民族古籍工作办公室，档案目录号 200911067。

书粮拨府政县城罗		
号 545 第字财		
知通副联三第		
县长　莫树贤[344]	龙岸土城第贰仓库	拨粮机关
	县二中	领粮机关或领粮人
	38 年 3 月	年月份
右列粮食着即如数照拨　财政科长	修理费	用途
	稻谷	品类
	贰佰贰拾肆市斤捌两	数量
审计人员　韦斯　会计主任	卅七	年度
中华民国三十八年五月廿四日	田赋	来源
中华民国　年　月　日	仓库主管员　经手核发员	备考

财字第伍肆伍号

此联送拨粮仓库于拨粮后存库备查

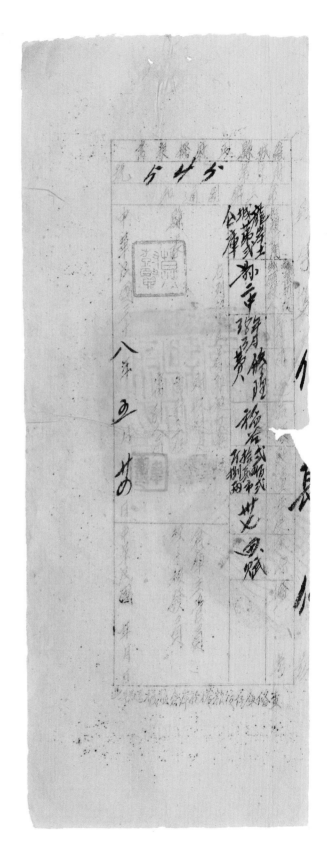

罗城县政府拨粮书

（财字第 546 号）

（民国三十八年五月二十四日）

绵纸，纸幅 29.2cm×10.8cm，今藏广西壮族自治区少数民族古籍工作办公室，档案目录号 200911068。

书粮拨府政县城罗			
号 546 第字财			
知 通 副 联 三 第			
县长　莫树贤[344]	龙岸土城第贰仓库	拨粮机关	财字第伍肆陆号
	县二中	领粮机关或领粮人	
右列粮食着即如数照拨	38 年 2 月	年月份	
财政科长	设备费	用途	
会计主任	稻谷	品类	
审计人员　韦斯	柒仟捌佰贰拾柒市斤	数量	
中民国三十八年五月廿四日	卅七	年度	
	田赋	来源	
中华民国　年　月　日	仓库主管员　经手核发员	田赋	来源
			备考

此联送拨粮仓库于拨粮后存库备查

罗城县政府拨粮书

（财字第 547 号）

（民国三十八年五月二十四日）

绵纸，纸幅 29.3cm×11.3cm，今藏广西壮族自治区少数民族古籍工作办公室，档案目录号 200911069。

书粮拨府政县城罗		
号 547 第字财		
知通副联三第		
拨粮机关	龙岸土城第贰仓库	右列粮食着即如数照拨 财政科长 会计主任 审计人员　韦斯 县长　莫树贤[344] 中华民国三十八年五月廿四日
领粮机关或领粮人	县二中	
年月份	38 年 5 月	
用途	生补费	
品类	稻谷	
数量	伍仟贰佰市斤	
年度	卅七	
来源	田赋	仓库主管员 经手核发员 中华民国　年　月　日
备考		

此联送拨粮仓库于拨粮后存库备查

财字第伍肆柒号

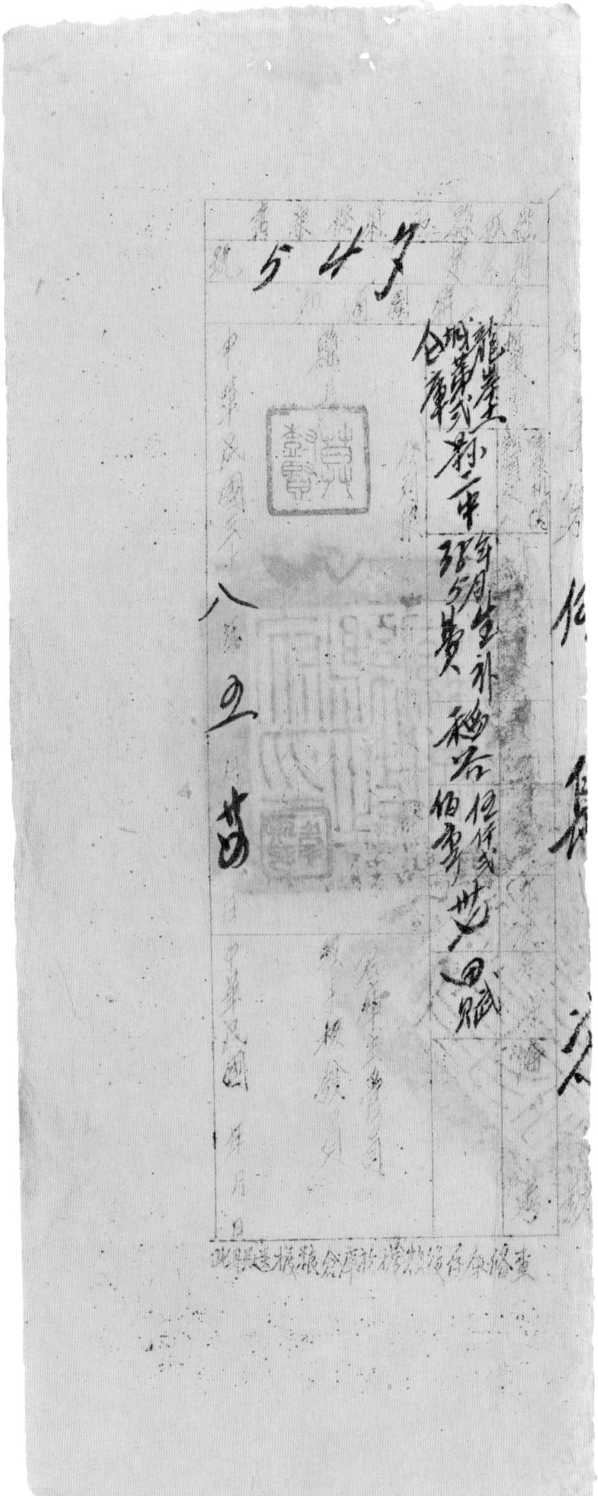

罗城县政府拨粮书

（军安字第 11 号）

（民国三十八年六月）

绵纸，纸幅 29cm×10.6cm，今藏广西壮族自治区少数民族古籍工作办公室，档案目录号 200911036。

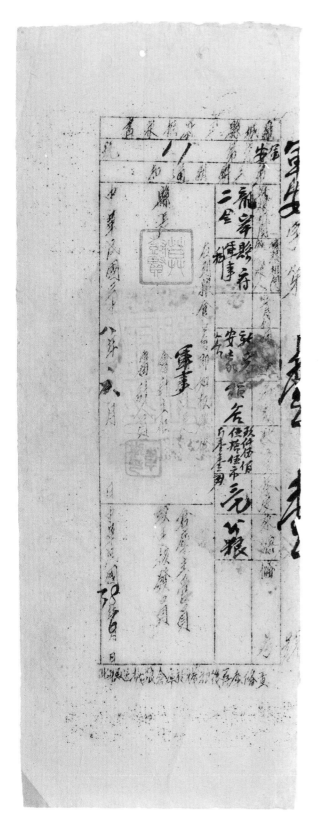

书粮拨府政县城罗		
号 11 第字安军		
知通副联三第		
县长　莫树贤[34]	龙岸二仓	拨粮机关
	县府军事科	领粮机关或领粮人
右列粮食着即如数照拨		年月份
军事科长	新兵安家谷	用途
会计主任	稻谷	品类
审计人员　韦斯	玖仟伍佰伍拾伍市斤壹两	数量
中华民国三十八年六月　日	三七	年度
中华民国38年6月　日	仓库主管员　经手核发员	公粮	来源
		备考

军安字第壹壹号

此联送拨粮仓库于拨粮后存库备查

罗城县政府拨粮书

（财字第 701 号）

（民国三十八年七月十九日）

绵纸，纸幅 30.2cm × 12cm，今藏广西壮族自治区少数民族古籍工作办公室，档案目录号 200911070。

书粮拨府政县城罗		
号 701 第字财		
第二联副通知		
县长　莫树贤[344]	龙岸贰仓	拨粮机关
	常备一中队	领粮机关或领粮人
	38 年 6 月	年月份
右列粮食着即如数照拨	经费	用途
财政科长	稻谷	品类
会计主任	壹仟壹佰捌拾市斤	数量
审计人员	卅七	年度
中华民国三十八年七月十九日	田赋	来源
		备考
中华民国卅八年七月廿三日	仓库主管员　经手核发员	

此联送拨粮仓库于拨粮后存库备查

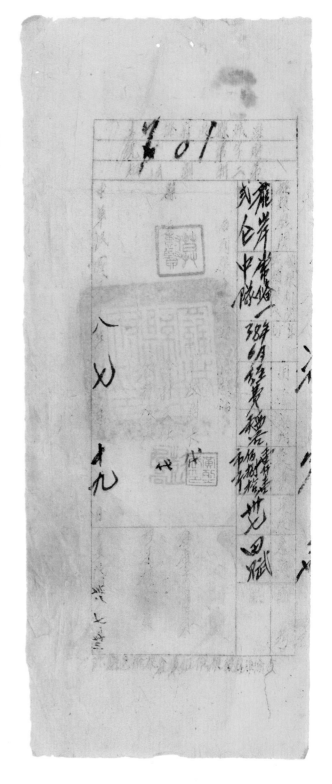

罗城县政府拨粮书

（财字第 703 号）

（民国三十八年七月二十日）

绵纸，纸幅 30.7cm×12.6cm，今藏广西壮族自治区少数民族古籍工作办公室，档案目录号 200911071。

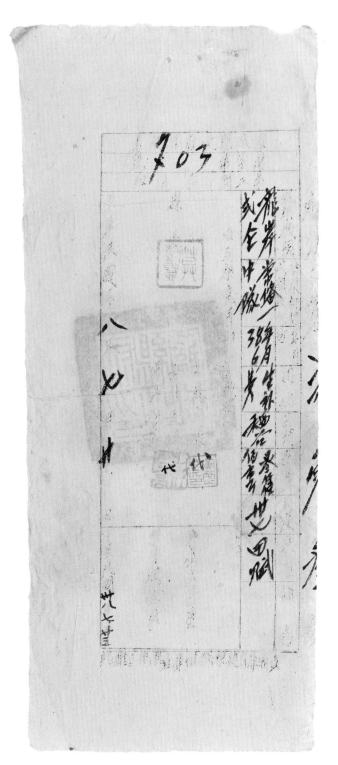

书粮拨府政县城罗		
号 703 第字财		
知通副联二第		
县长　莫树贤[34]	龙岸贰仓	拨粮机关
	常备一中队	领粮机关或领粮人
右列粮食着即如数照拨	38 年 6 月	年月份
财政科长	生补费	用途
会计主任	稻谷	品类
审计人员	市斤　叁仟伍佰	数量
中华民国三十八年七月廿日	卅七	年度
中华民国卅八年七月廿三日	田赋	来源
仓库主管员　经手核发员		备考

财字第柒零叁号

此联送拨粮仓库于拨粮后存库备查

罗城县政府拨粮书

（财字第 725 号）

（民国三十八年七月二十三日）

绵纸，纸幅 30.3cm×13cm，今藏广西壮族自治区少数民族古籍工作办公室，档案目录号 200911072。

罗城县政府拨粮书		
财字第 725 号		
第二联副通知		
县长　莫树贤[344]	龙岸贰仓	拨粮机关
	参议会	领粮机关或领粮人
右列粮食着即如数照拨 财政科长　会计主任　审计人员	38 年 7 月	年月份
	生补费	用途
	稻谷	品类
	陆拾市斤 贰仟玖佰	数量
	卅七	年度
中华民国三十八年七月廿三日	田赋	来源
中华民国卅八年七月廿九日	仓库主管员　经手核发员	备考

财字第柒贰伍号

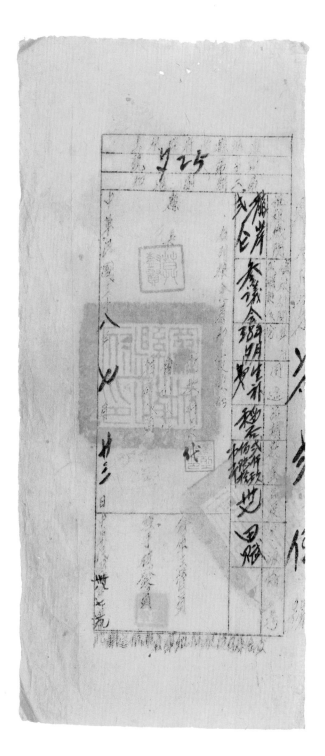

此联送拨粮仓库于拨粮后存库备查

罗城县政府拨粮书

（财字第 736 号）

（民国三十八年七月二十七日）

绵纸，纸幅 30.1cm × 12.5cm，今藏广西壮族自治区少数民族古籍工作办公室，档案目录号 200911073。

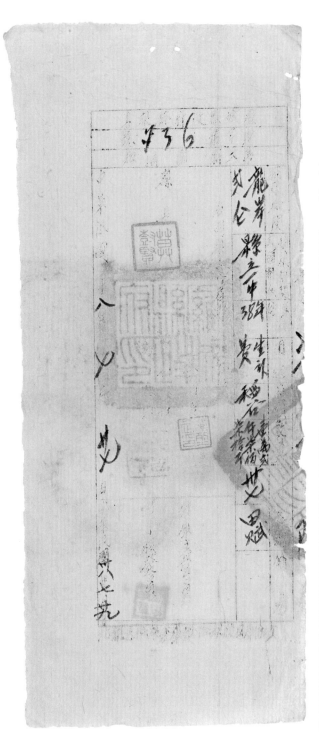

书粮拨府政县城罗		
号 736 第字财		
知通副联二第		
县长　莫树贤[344]　财政科长　会计主任　审计人员	龙岸贰仓	拨粮机关
	县立一中	领粮机关或领粮人
右列粮食着即如数照拨	38 年	年月份
	生补费	用途
	稻谷	品类
中华民国三十八年七月廿七日	壹万贰仟柒佰柒拾斤	数量
	卅七	年度
	田赋	来源
仓库主管员　经手核发员　欧阳晒　中华民国卅八年七月廿九日	田赋	备考

财字第柒叁陆号

此联送拨粮仓库于拨粮后存库备查

罗城县政府拨粮书

（财字第 781 号）

（民国三十八年八月五日）

绵纸，纸幅 30.4cm×12.8cm，今藏广西壮族自治区少数民族古籍工作办公室，档案目录号 200911074。

书粮拨府政县城罗		
号 781 第字财		
知通副联二第		
县长　莫树贤[344]	龙岸第贰仓库	拨粮机关
	右列粮食着即如数照拨 龙岸财委会	领粮机关 或领粮人
财政科长	38 年 6 月	年月份
会计主任	经费	用途
审计人员　朱尚明	稻谷	品类
中华民国三十八年八月五日	市 玖佰 斤	数量
	卅七	年度
	田赋	来源
中华民国卅八年八月廿六日	仓库主管员 经手核发员　欧阳昞	备考

财字第柒捌壹号

此联送拨粮仓库于拨粮后存库备查

罗城县政府拨粮书

（财字第 782 号）

（民国三十八年八月五日）

绵纸，纸幅 30.2cm×12.1cm，今藏广西壮族自治区少数民族古籍工作办公室，档案目录号 200911075。

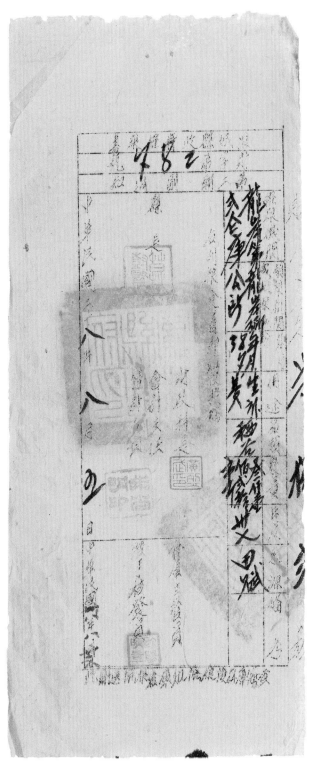

书粮拨府政县城罗		
号 782 第字财		
第二联副通知		
拨粮机关	仓库	龙岸第贰
领粮机关或领粮人	公所	龙岸乡
年月份		38 年 7 月
用途		生补费
品类		稻谷
数量		叁仟壹佰贰拾市斤
年度		卅七
来源		田赋
备考		

右列粮食着即如数照拨

财政科长
会计主任
审计人员　朱尚明

县长　莫树贤[344]

中华民国三十八年八月五日

仓库主管员
经手核发员　欧阳昞

中华民国卅八年八月廿六日

财字第柒捌贰号

此联送拨粮仓库于拨粮后存库备查

罗城县政府拨粮书

（财字第 788 号）

（民国三十八年八月五日）

绵纸，纸幅 29.7cm×11.5cm，今藏广西壮族自治区少数民族古籍工作办公室，档案目录号 200911076。

书粮拨府政县城罗		
号 788 第字财		
知通副联三第		
县长　莫树贤[34]	龙岸贰仓	拨粮机关
	县表证校	领粮机关或领粮人
右列粮食着即如数照拨	38 年 6 月	年月份
财政科长	生补费	用途
会计主任	稻谷	品类
审计人员	肆仟市斤	数量
中华民国三十八年八月五日	卅七	年度
	田赋	来源
中华民国卅八年八月五日　仓库主管员　经手核发员　欧阳晒		备考

财字第柒捌捌号

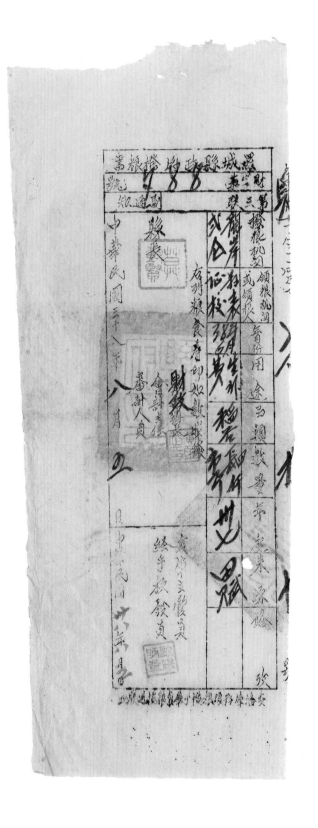

此联送拨粮仓库于拨粮后存库备查

罗城县政府拨粮书

（财字第 789 号）

（民国三十八年八月五日）

绵纸，纸幅 29.6cm×12cm，今藏广西壮族自治区少数民族古籍工作办公室，档案目录号 200911077。

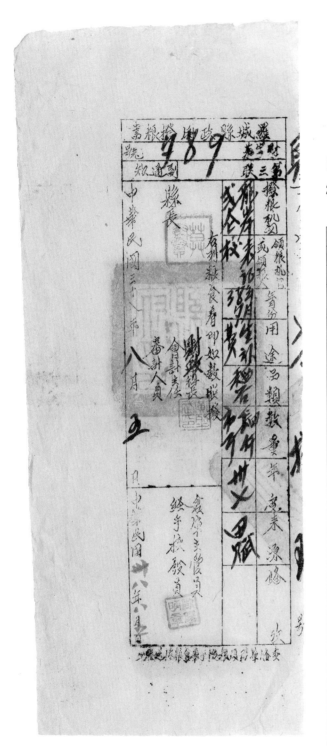

书粮拨府政县城罗			
号 789 第字财			
知通副联三第			
县长　莫树贤[34]	龙岸贰仓		拨粮机关
	表证校		领粮机关或领粮人
	38 年 7 月		年月份
右列粮食着即如数照拨	生补费		用途
财政科长	稻谷		品类
会计主任	市斤 肆仟		数量
审计人员	卅七		年度
中华民国三十八年八月五日	田赋		来源
中华民国卅八年八月五日	仓库主管员　　经手核发员　欧阳晒		备考

此联送拨粮仓库于拨粮后存库备查

罗城县政府拨粮书

（财字第 797 号）

（民国三十八年八月十一日）

绵纸，纸幅 30cm×11.8cm，今藏广西壮族自治区少数民族古籍工作办公室，档案目录号 200911078。

书粮拨府政县城罗		
号 797 第字财		
知通副联三第		
县长　莫树贤[34]	龙岸贰仓	拨粮机关
审计人员　会计主任　财事（政）科长	桥头财委会	或领粮人领粮机关
右列粮食着即如数照拨	38 年 6 月	年月份
中华民国三十八年八月十一日	生补费	用途
	稻谷	品类
	贰仟贰佰叁拾市斤	数量
	卅七	年度
中华民国卅八年□月日	田赋	来源
仓库主管员　经手核发员　欧阳晒		备考

财字第柒玖柒号

此联送拨粮仓库于拨粮后存库备查

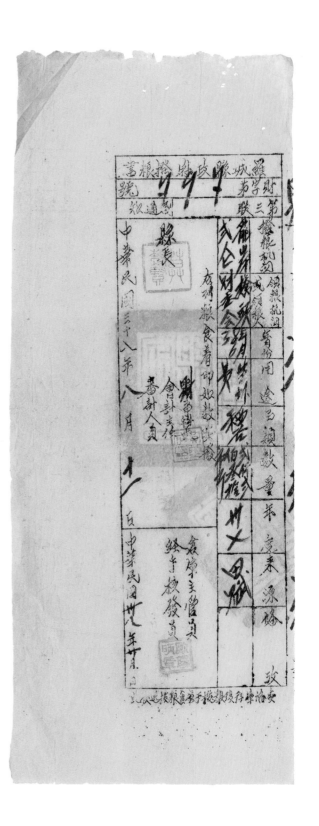

罗城县政府拨粮书

（财字第 798 号）

（民国三十八年八月十一日）

绵纸，纸幅 29.8cm×10.6cm，今藏广西壮族自治区少数民族古籍工作办公室，档案目录号 200911079。

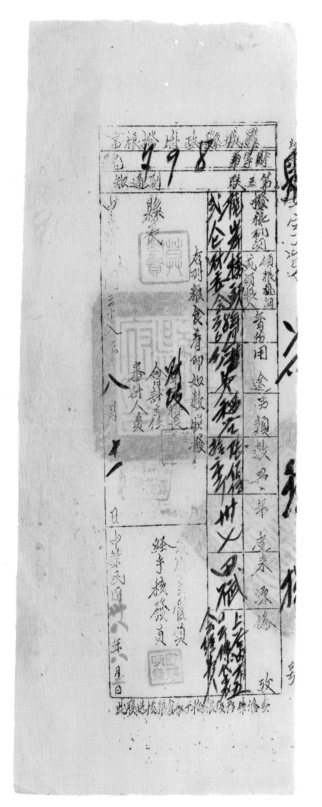

书粮拨府政县城罗		
号 798 第字财		
知通副联三第		
县长　　莫树贤[344]	龙岸贰仓	拨粮机关
	桥头财委会	或领粮机关或领粮人
右列粮食着即如数照拨	38 年 6 月	年月份
财政科长	经费	用途
会计主任	稻谷	品类
审计人员	陆佰伍拾　市斤	数量
中华民国三十八年八月十一日	卅七	年度
	田赋	来源
中华民国卅八年八月二日	上谷内有五○斤系代表会经费	备考
仓库主管员		
经手核发员　欧阳晒		

此联送拨粮仓库于拨粮后存库备查

财字第柒玖捌号

罗城县政府拨粮书

（财字第 875 号）

（民国三十八年八月二十五日）

绵纸，纸幅 29.6cm×10.5cm，今藏广西壮族自治区少数民族古籍工作办公室，档案目录号 200911081。

书粮拨府政县城罗		
号 875 第字财		
知通正联二第		
拨粮机关	龙岸贰仓	县长
领粮机关或领粮人	常备一中队	
年月份	38年7月	右列粮食着即如数照拨
用途	经费	财政科长
品类	稻谷	会计主任
数量	壹仟零肆拾肆 市斤	审计人员　朱尚明
年度	卅七	莫树贤[34]
来源	田赋	中华民国三十八年八月廿五日
备考	暂备共粮	
领粮机关长官	中华民国卅八 年 月 日	财字第捌柒伍号
领粮人　经领人		
仓库主管员	中华民国卅 年 月 日	
经手核发员		

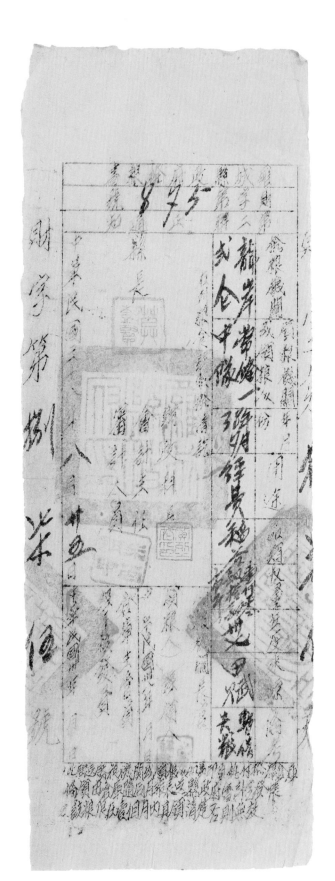

1. 此联送领粮机关或领粮人加盖印章执付拨粮仓库备领由仓库随同月报表送县政府会计□登帐

2. 该粮限在一个月内具领清楚否则无效

罗城县政府拨粮书

（财字第 875 号）

（民国三十八年八月二十五日）

绵纸，纸幅 29.5cm×15cm，今藏广西壮族自治区少数民族古籍工作办公室，档案目录号 200911082。

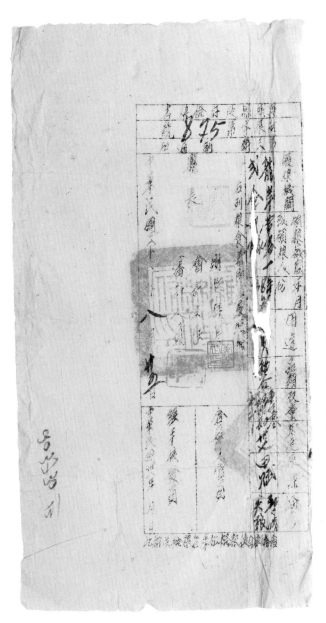

书粮拨府政县城罗				
号 875 第字财				
第三联副通知				
			龙岸贰仓	拨粮机关
县长 莫树贤[344]			常备一中队	领粮机关或领粮人
		右列粮食着即如数照拨	38 年 7 月	年月份
	军事科长		经费	用途
	会计主任		稻谷	品类
中华民国三十八年八月廿五日	审计人员 朱尚明		壹仟零 肆拾肆 市斤	数量
			卅七	年度
			田赋	来源
中华民国卅八年 月 日	经手核发员	仓库主管员	暂备共粮	备考

此联送拨粮仓库于拨粮后存库备查

财字第捌柒伍号

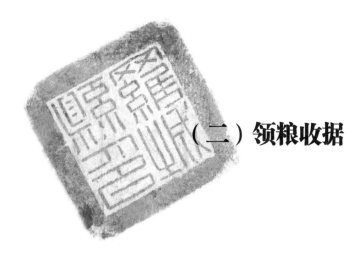

（二）领粮收据

罗城县龙岸田粮处领粮收据

（397）

（民国三十八年一月一日）

绵纸，纸幅 29.5cm×9.1cm，今藏广西壮族自治区少数民族古籍工作办公室，档案目录号200911110。

据收粮领		
根存联一第		
三九七	拨粮书字号	
卅七年十一月	年月份	
生补费	用途	
稻谷	品类	
壹仟壹佰斤	数量	
	备考	

（领粮机关或领粮人）领粮收据　字第二号

右列粮食已如数向龙冒第二仓领讫

　主任　陈业晃

乡长

会计

经手人

中华民国三十八年元月一日

领粮字第　号

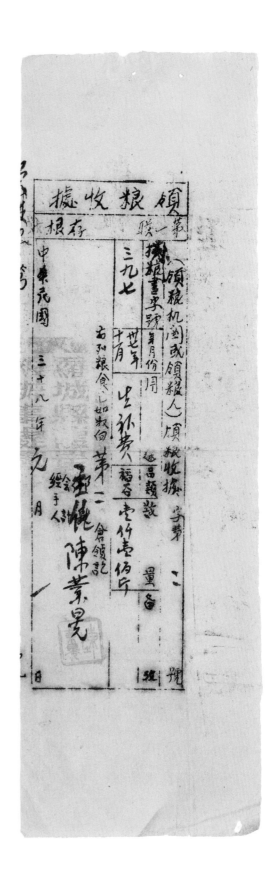

罗城县龙岸田粮处领粮收据

（397）

（民国三十八年一月一日）

绵纸，纸幅 29.5cm×7.4cm，今藏广西壮族自治区少数民族古籍工作办公室，档案目录号 200911111。

		据收粮领		
		据收联二第		
领粮字第 号	中华民国三十八年元月一日		三九七	拨粮书字号
	经手人		卅七年 十一月	用月份
	会计	右列粮食已如数向龙岸第二仓领讫	生补费	用途
	乡长	龙岸田粮办事处主任 陈业晃	稻谷	品类
			壹仟壹佰斤	数量
				备考

罗城县龙岸乡公所领粮收据

（财字第 82 号）

（民国三十八年一月二十七日）

绵纸，纸幅 29cm×7.2cm，今藏广西壮族自治区少数民族古籍工作办公室，档案目录号 200911083。

据收粮领				
据收联二第				
财字第82号	拨粮书字号	罗城县龙岸乡公所领粮收据　财粮字第　号		
卅七年十二月	年月份			
右列粮食已如数向龙岸第二仓领讫	拨发生补费	用途		
	稻谷	品类		
乡长　会计　经手人	柒仟陆佰	数量		
中华民国三十八年元月廿七日	肆拾市斤			
财字第柒号		备考		

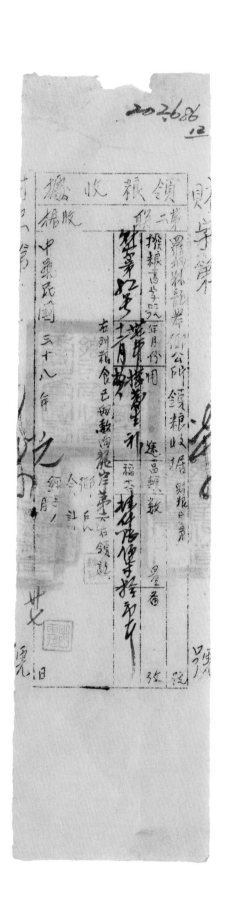

罗城县龙岸乡公所领粮收据

（财字第 84 号）

（民国三十八年一月二十七日）

绵纸，纸幅 29cm×7cm，今藏广西壮族自治区少数民族古籍工作办公室，档案目录号 200911084。

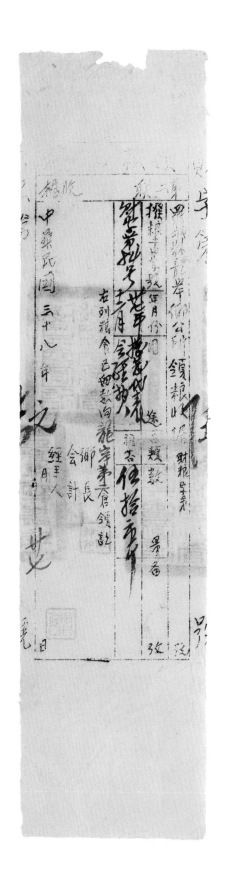

据收粮领					
据收联二第					
			财字第84号	拨粮书字号	罗城县龙岸乡公所领粮收据　财粮字第　号
		右列粮食已如数向龙岸第二仓领讫	卅七年十二月	年月份	
			拨发代表会经费	用途	
	乡长		稻谷	品类	
	会计		伍拾市斤	数量	
财字第陆号	经手人 中华民国三十八年元月廿七日			备考	财字第陆号

罗城县龙岸乡公所领粮收据

（366）

（民国三十八年一月）

绵纸，纸幅 29cm×6.5cm，今藏广西壮族自治区少数民族古籍工作办公室，档案目录号 200911086。

据收粮领					
据收联二第					
三六六	拨粮书字号				
壹月 卅七年	年月份				
乡村公所代 表会经费	用途				
稻谷	品类				
玖佰伍拾斤	数量				
	备考				

财字第　号

中华民国三十八年元月　日

右列粮食已如数向龙岸第二仓领讫

乡长

会计

经手人　古玉光

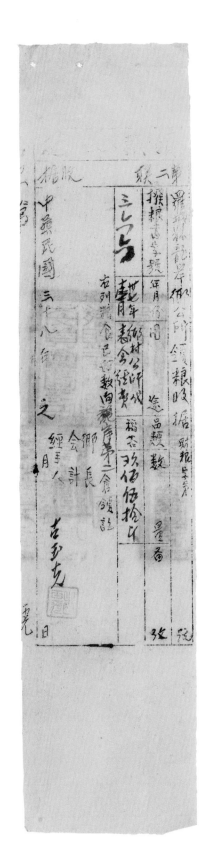

罗城县龙岸乡公所领粮收据

（370）

（民国三十八年一月）

绵纸，纸幅 29.1cm×6.9cm，今藏广西壮族自治区少数民族古籍工作办公室，档案目录号 200911087。

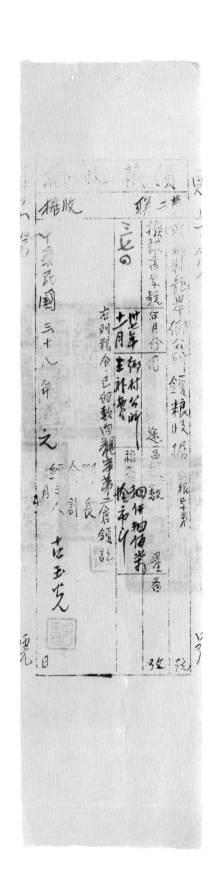

	据收粮领		
	据收联二第		
财字第 号	三七〇	拨粮书字号	罗城县龙岸乡公所领粮收据 财粮字第 号
	卅七年 十一月	年月份	
	乡村公所 生补费	用途	
	稻谷	品类	
右列粮食已如数向龙岸第二仓领讫	肆仟肆佰 柒拾市斤	数量	
乡长 会计 经手人 古玉光 中华民国三十八年元月 日		备考	

罗城县龙岸乡公所领粮收据

（财字第 148 号）

（民国三十八年三月）

绵纸，纸幅 29.1cm×6.9cm，今藏广西壮族自治区少数民族古籍工作办公室，档案目录号 200911085。

据收粮领			
据收联二第			
	财字 148	拨粮书字号	罗城县龙岸乡公所领粮收据　财粮字第九号
	卅八年元月	年月份	
右列粮食已如数向第二处仓领讫	乡级经费	用途	
	稻谷	品类	
	玖佰伍拾斤	数量	
		备考	

财字第玖号

中华民国三十八年三月　日

乡长

会计

经手人

财字第玖号

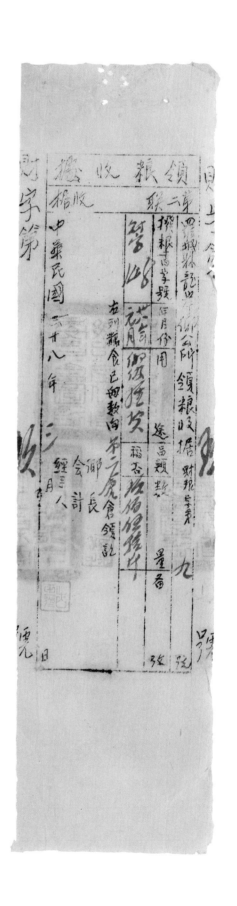

罗城县龙岸乡公所领粮收据

（财字第 275 号）

（民国三十八年三月二十二日）

绵纸，纸幅 29.2cm×7.3cm，今藏广西壮族自治区少数民族古籍工作办公室，档案目录号 200911089。

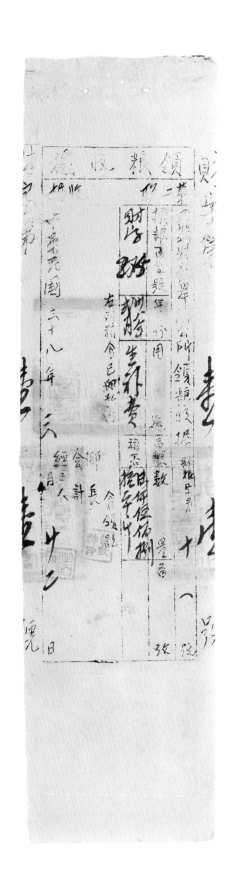

罗城县龙岸乡公所领粮收据　财粮字第十一号	财字第壹壹号	中华民国三十八年三月廿二日	右列粮食已如数向	财字275	据收粮领 据收联二第	
				拨粮书字号	财字275	
				年月份	卅八年 贰月	
				用途	生补费	
				品类	稻谷	
				数量	陆仟伍佰 捌拾市斤	
			乡长 黄欧绅　仓领讫 会计　经手人	备考		

罗城县龙岸乡公所领粮收据

（财字第 274 号）

（民国三十八年三月二十五）

绵纸，纸幅 29cm×7.5cm，今藏广西壮族自治区少数民族古籍工作办公室，档案目录号 200911088。

据收粮领						
据收联二第						
罗城县龙岸乡公所领粮收据 财粮字第拾号	右列粮食已如数向 中华民国三十八年三月廿五日	财字 274	拨粮书字号			
		丗八年 贰月	年月份			
		经费	用途			
	乡长 黄欧绅 仓领讫 会计 经手人	稻谷	品类			
		玖佰伍拾市斤	数量			
			备考			

财字第拾号

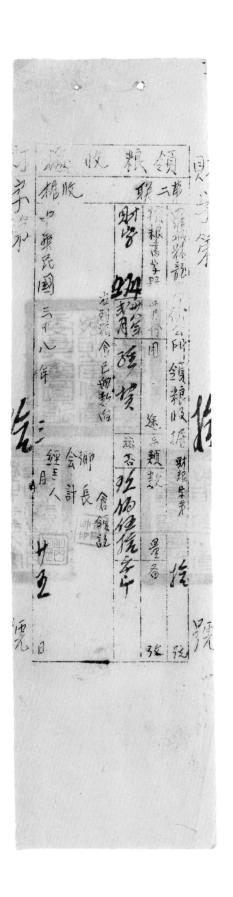

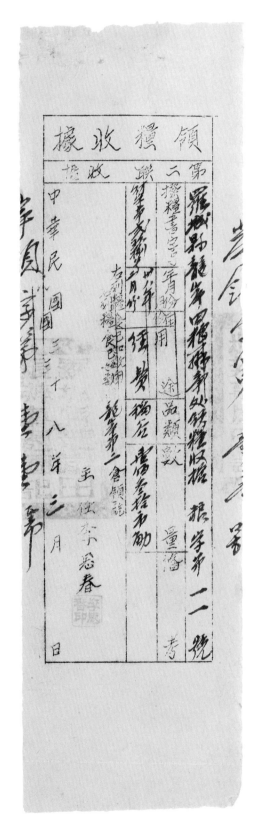

罗城县龙岸田粮办事处领粮收据

（财字第 298 号）

（民国三十八年三月）

绵纸，纸幅 29cm × 8.5cm，今藏广西壮族自治区少数民族古籍工作办公室，档案目录号 200911096。

据收粮领			
据收联二第			
财字第贰玖捌号	拨粮书字号		罗城县龙岸田粮办事处领粮收据　粮字第一一号
卅八年二月份	年月份	用途	
经费	用途		
稻谷	品类		
壹佰叁拾市斤	数量		
	备考		

右列粮食已如数向龙岸第二仓领讫

中华民国三十八年三月　日

主任　李思春

岸领字第壹壹号

罗城县龙岸田粮办事处领粮收据

（财字第 299 号）

（民国三十八年三月）

绵纸，纸幅 29cm×8.5cm，今藏广西壮族自治区少数民族古籍工作办公室，档案目录号 200911097。

据收粮领			
据收联二第			
财字第贰玖玖号	拨粮书字号		罗城县龙岸田粮办事处领粮收据　粮字第一〇号
卅八年二月份	年月份	用途	
生补费	用途		
稻谷	品类		
壹仟柒佰玖拾 伍市斤	数量		
	备考		

右列粮食已如数向龙岸第二仓领讫

中华民国三十八年三月　日

主任　李思春

岸领字第壹零号

岸领字第壹零号

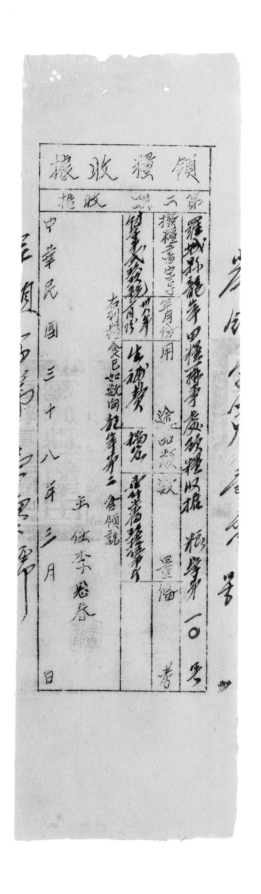

罗城县龙岸税捐稽征所领粮收据

（财字第 296 号）

（民国三十八年三月）

绵纸，纸幅 29.2cm×8.5cm，今藏广西壮族自治区少数民族古籍工作办公室，档案目录号 200911100。

据收粮领			
据收联二第			
财字第贰玖陆号	拨粮书字号		龙岸税捐稽征所领粮收据 税字第九号
卅八年 二月份	年月份		
经费	用途		
稻谷	品类		
叁佰市斤	数量		
	备考		

税字第玖号

中华民国三十八年三月　日

右列粮食已如数向龙岸第二仓领讫

主任　李思春

税字第玖号

罗城县龙岸税捐稽征所领粮收据

（财字第 297 号）

（民国三十八年三月）

绵纸，纸幅 29cm×8.5cm，今藏广西壮族自治区少数民族古籍工作办公室，档案目录号 200911101。

据收粮领						
据收联二第						
税字第捌号	中华民国三十八年三月 日 主任 李思春	右列粮食已如数向龙岸第二仓领讫	财字第贰玖柒号	拨粮书字号	龙岸税捐稽征所领粮收据 税字第八号	税字第捌号
			卅八年二月份	年月份		
			生补费	用途		
			稻谷	品类		
			壹仟伍佰叁拾	数量		
			伍市斤			
				备考		

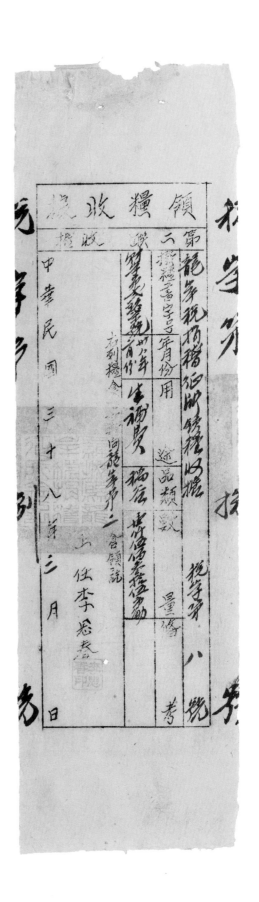

罗城县参议会领粮收据

（财字第 456 号）

（民国三十八年四月二十五日）

绵纸，纸幅 29cm×8.1cm，今藏广西壮族自治区少数民族古籍工作办公室，档案目录号 200911112。

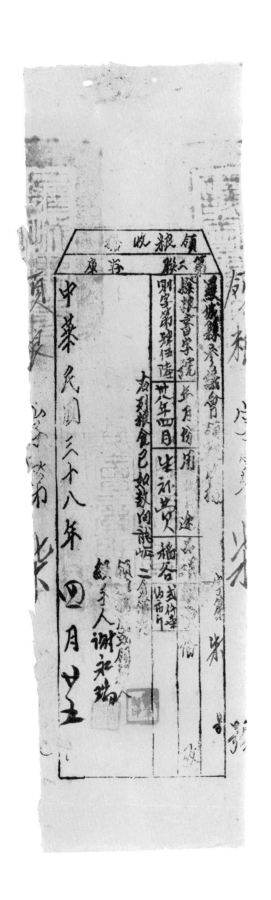

据收粮领					
库存联二第					
财字第肆伍陆	拨粮书字号				
卅八年 四月	年月份	罗城县参议会领粮收据　字第柒号			
生补费	用途				
稻谷	品类				
贰仟壹佰市斤	数量				
	备考				

右列粮食已如数向龙岸二仓领讫

领粮机关或领粮人　□紫轩

经手人　谢永瑞

中华民国三十八年四月廿五日

领粮字第柒号

罗城县参议会领粮收据　字第柒号

罗城县龙岸乡中心校领粮收据

（财字第 420 号）

（民国三十八年四月）

绵纸，纸幅 29.5cm×7.5cm，今藏广西壮族自治区少数民族古籍工作办公室，档案目录号 200911090。

据收粮领					
据收联二第					
罗城县龙岸乡中心校领粮收据　财粮字第贰号	财字第贰号	财字四二〇号	拨粮书字号		财粮字第贰号
		卅八年三月	年月份		
		经费	用途	右列粮食已如数向龙岸第二仓领讫	中华民国三十八年四月　日
		稻谷	品类	校长　会计　经手人	
		叁佰市斤	数量		
			备考		

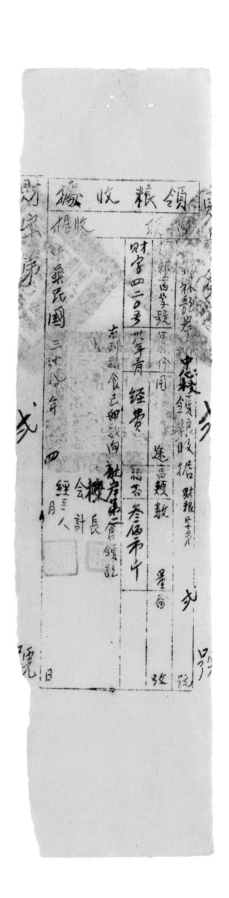

罗城县龙岸乡中心校领粮收据

（财字第 421 号）

（民国三十八年四月）

绵纸，纸幅 29.3cm×7cm，今藏广西壮族自治区少数民族古籍工作办公室，档案目录号 200911091。

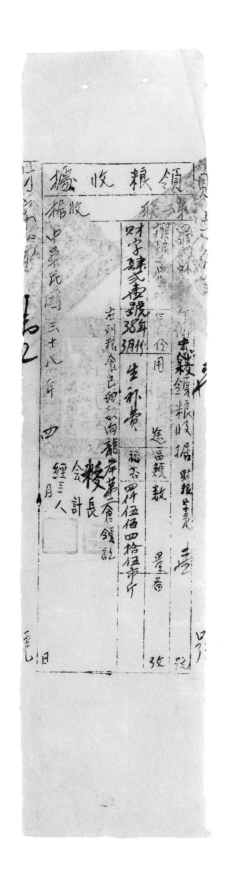

据收粮领					
据收联二第					
	财字肆贰壹号	拨粮书字号	罗城县龙岸乡中心校领粮收据　财粮字第壹号		
财字第壹号	38 年 3 月份	年月份			
中华民国三十八年四月　日	生补费	用途			
校长　会计　经手人	稻谷	品类			
右列粮食已如数向龙岸第二仓领讫	四仟伍佰四拾 伍市斤	数量			
		备考			

罗城县立第二初级中学校领粮收据

（财字第 522 号）

（民国三十八年五月十一日）

绵纸，纸幅 29.7cm×8.4cm，今藏广西壮族自治区少数民族古籍工作办公室，档案目录号 200911120。

据收粮领		
据收联二第		
拨粮书字号	财字第五二二号	
年月份	38	4
用途	生补费	
品类	稻谷	
数量	叁仟伍佰伍拾	贰市斤
备考		

罗城县立第二初级中学校领粮收据　德字第十八号

右列粮食已如数向

仓领讫

校长　覃绩光

主办会计人员

经手人　覃建儒

中华民国三十八年五月十一日

德字第壹捌号

账凭账记作留库仓粮拨由联此

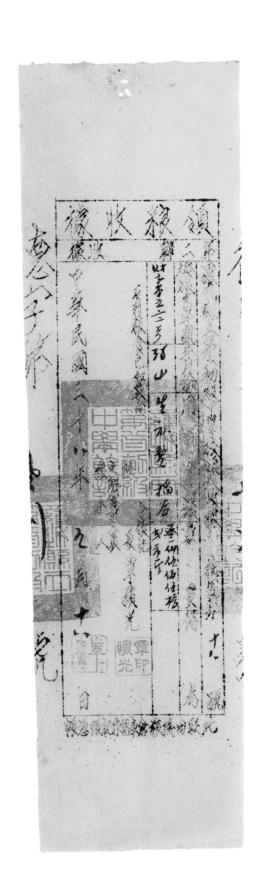

罗城县龙岸税捐稽征所领粮收据

（财字第 507 号）

（民国三十八年五月十五日）

绵纸，纸幅 29cm×8.2cm，今藏广西壮族自治区少数民族古籍工作办公室，档案目录号 200911098。

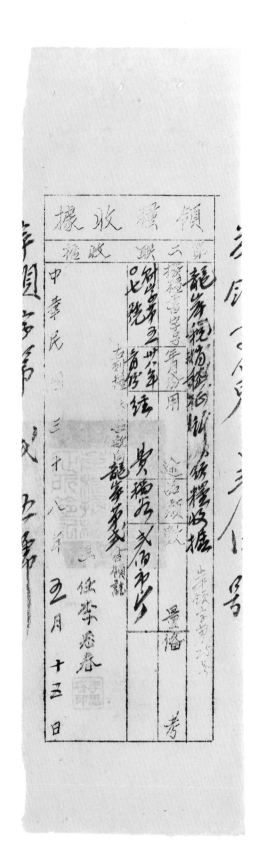

据收粮领				
据收联二第				
财字第五〇七号	拨粮书字号		龙岸税捐稽征所领粮收据　岸领字第25号	岸领字第贰伍号
卅八年三月份	年月份	用途		
经费	用途			
右列粮食已如数向龙岸第贰仓领讫	稻谷	品类		
	贰佰市斤	数量		
中华民国三十八年五月十五日				
主任　李思春	备考			

罗城县龙岸税捐稽征所领粮收据

（财字第 508 号）

（民国三十八年五月十五日）

绵纸，纸幅 29cm×8.5cm，今藏广西壮族自治区少数民族古籍工作办公室，档案目录号 200911099。

据收粮领						
据收联二第						
岸领字第贰陆号	中华民国三十八年五月十五日 主任 李思春	右列粮食已如数向龙岸第二仓领讫	财字第五〇八号	卅八年三月份	生补费	稻谷

拨粮书字号	年月份	用途	品类	数量	备考
财字第五〇八号	卅八年三月份	生补费	稻谷	壹佰柒拾伍	

龙岸税捐稽征所领粮收据 岸领字第 26 号

岸领字第贰陆号

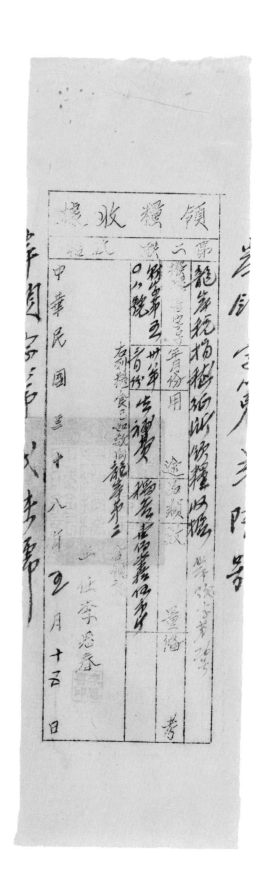

罗城县公义税捐所领粮收据

（财字第 434 号）

（民国三十八年五月十五日）

绵纸，纸幅 29.8cm×8.6cm，今藏广西壮族自治区少数民族古籍工作办公室，档案目录号200911102。

据收粮领			
据收联二第			
财字第434号	拨粮书字号	罗城县公义税捐所领粮收据　字第肆号	字第肆号
度年 38	度年		
份月 3	份月		
经费	用途		
稻谷	品类		
四〇二市斤 九两	数量		
	备考		

右列公粮数已如数向公义收纳仓库领讫

中华民国三十八年五月十五日

领粮人　主任　蒙坚

字第肆号

罗城县公义税捐所领粮收据

（财字第 435 号）

（民国三十八年五月十五日）

绵纸，纸幅 29.5cm×8.7cm，今藏广西壮族自治区少数民族古籍工作办公室，档案目录号 200911103。

据收粮领		
据收联二第		
拨粮串字号	财字第 435 号	罗城县公义税捐所领粮收据　字第伍号
年度	年度 38	
月份	月份 3	右列公粮数已如数向公义收纳仓库领讫
用途	生补费	
品因	稻谷	中华民国三十八年五月十五日
数量	壹仟伍佰捌拾市斤	领粮人　主任　蒙坚
备考		字第伍号

罗城县三防田粮办事处领粮收据

（财字第 436 号）

（民国三十八年五月十五日）

绵纸，纸幅 28.4cm×9.1cm，今藏广西壮族自治区少数民族古籍工作办公室，档案目录号 200911114。

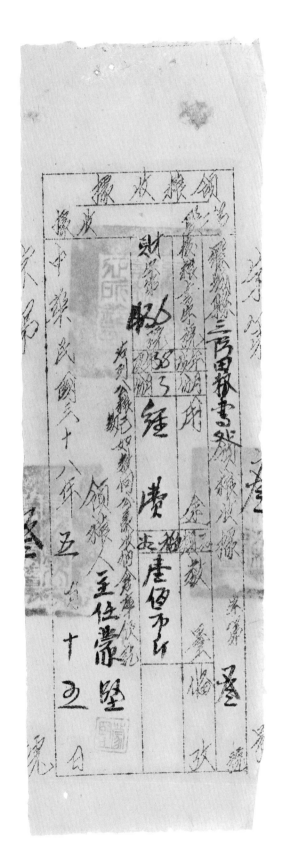

据收粮领				
据收联二第				
字第叁号	中华民国三十八年五月十五日 领粮人 主任 蒙坚	右列公粮数已如数向公义收纳仓库领讫	财字第436号	拨粮书字号	罗城县三防田粮办事处领粮收据 字第叁号
			度年 38	度年	
			份月 3	份月	
			经费	用途	
			稻谷	品类	
			壹佰市斤	数量	
				备考	

罗城县三防田粮办事处领粮收据

（财字第 437 号）

（民国三十八年五月十五日）

绵纸，纸幅 28.3cm × 8.7cm，今藏广西壮族自治区少数民族古籍工作办公室，档案目录号 200911115。

据收粮领				
据收联二第				
字第肆号	中华民国三十八年五月十五日 领粮人 主任 蒙坚	右列公粮数已如数向公义收纳仓库领讫	财字第437号	拨粮书字号
		度年 38	度年	罗城县三防田粮办事处领粮收据 字第肆号
		份月 3	份月	
		生补费	用途	
		稻谷	品类	
		贰仟零肆拾 伍市斤	数量	
			备考	

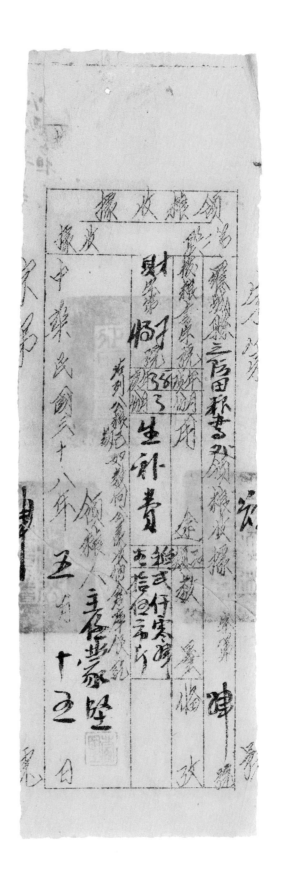

罗城县龙岸田粮办事处领粮收据

（财字第 509 号）

（民国三十八年五月十五日）

绵纸，纸幅 28.7cm×8.3cm，今藏广西壮族自治区少数民族古籍工作办公室，档案目录号 201311004。

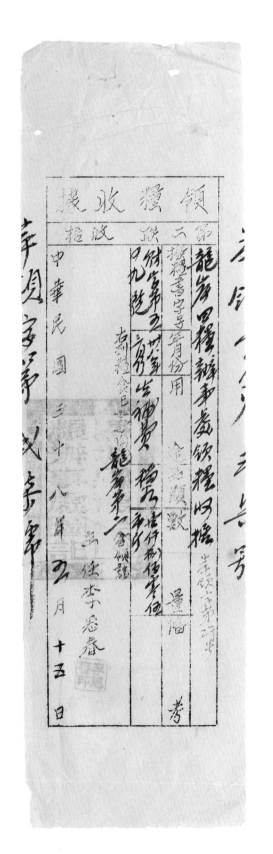

据收粮领			
据收联二第			
财字第五〇九号	拨粮书字号		龙岸田粮办事处领粮收据　岸领字第27号
卅八年三月份	年月份		
生补费	用途		
稻谷	品类		
壹仟捌佰	数量		
零伍市斤		右列粮食已如数向龙岸第二仓领讫	
	备考	中华民国三十八年五月十五日　主任 李思春	

岸领字第贰柒号

岸领字第贰柒号

罗城县公义乡第一中心校领粮收据

（财字第 487 号）

（民国三十八年五月）

绵纸，纸幅 29.2cm×7cm，今藏广西壮族自治区少数民族古籍工作办公室，档案目录号 200911092。

据收粮领			
据收联二第			
财字四八七号	拨粮书字号	罗城县公义乡第一中心校领粮收据　财粮字第 1 号	财字第壹号
38 年 3 月	年月份		
经费	用途		
稻谷	品类		
市斤 贰佰壹拾	数量		
	备考		

右列粮食已如数向

仓领讫

校长
会计
经手人

中华民国三十八年五月　日

财字第壹号

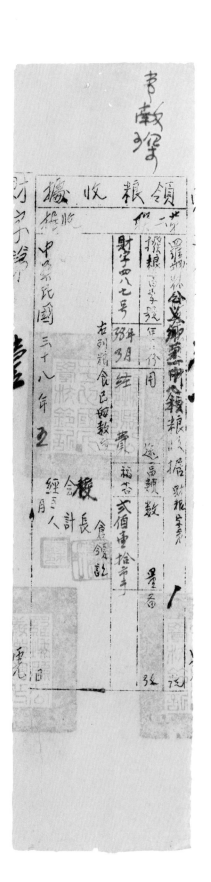

罗城县公义乡第一中心校领粮收据

（财字第 488 号）

（民国三十八年五月）

绵纸，纸幅 29.5cm×7.1cm，今藏广西壮族自治区少数民族古籍工作办公室，档案目录号 200911093。

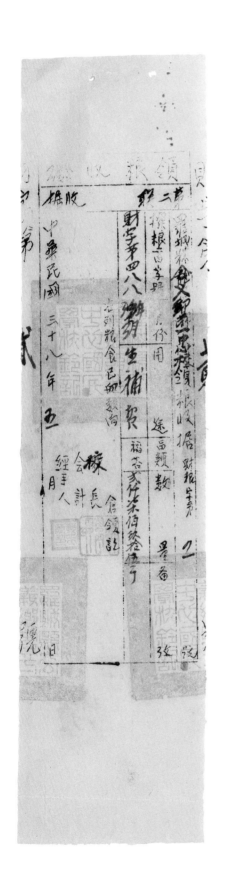

	据收粮领		
	据收联二第		
	拨粮书字号	财字第四八八	罗城县公义乡第一中心校领粮收据　财粮字第2号
	囯月份	38 年 3 月	
	用途	生补费	
	品类	稻谷	
	数量	贰仟柒佰玖拾伍斤	
财字第贰号	备考	右列粮食已如数向　仓领讫 校长 会计 经手人 中华民国三十八年五月　日	财字第贰号

罗城县怀宝乡公所领粮收据

（财字第 408 号）

（民国三十八年六月二十日）

绵纸，纸幅 30.3cm×7.2cm，今藏广西壮族自治区少数民族古籍工作办公室，档案目录号 200911130。

据收粮领			
据收联二第			
		拨粮书字号	财字第408
		年月份	卅八三
右列粮食已如数向龙岸田粮办事处仓领讫	用途	生补费
		品类	公粮谷
怀宝乡长 李坤书	数量	叁仟伍佰叁拾市斤
经手人 张瑞廷	备考	

罗城县怀宝乡公所领粮收据

怀字第 号

中华民国三十八年六月廿日

怀字第 号

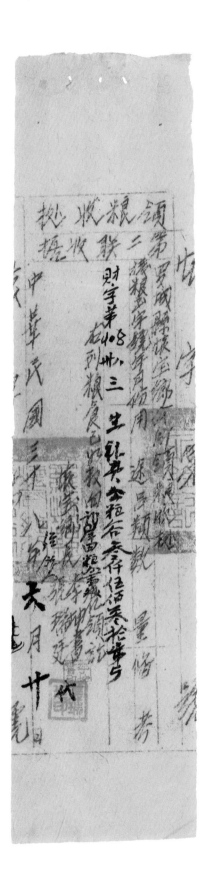

罗城县立第二初级中学校领粮收据

（财字第 547 号）

（民国三十八年六月二十日）

绵纸，纸幅 29.7cm×8.9cm，今藏广西壮族自治区少数民族古籍工作办公室，档案目录号 200911118。

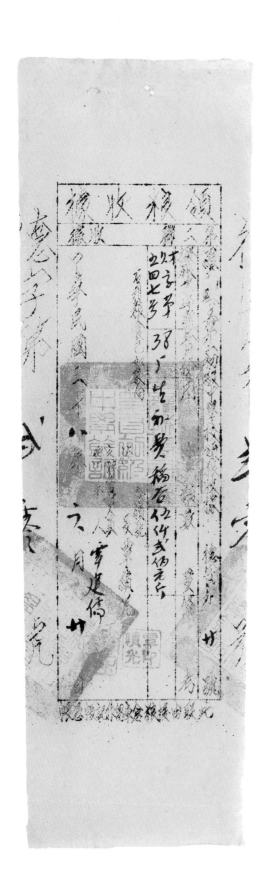

据收粮领		
据收联二第		
拨粮书字号		财字第五四七号
年月份		38　5
用途		生补费
品类		稻谷
数量	市斤	伍仟贰佰
备考		

德字第贰零号

中华民国三十八年六月廿日

经手人　覃建儒

主办会计人员

校长　覃绩光　　仓领讫

右列粮食已如数向

罗城县立第二初级中学校领粮收据　德字第廿号

德字第贰零号

账凭账记作留库仓粮拨由联此

罗城县立第二初级中学校领粮收据

（财字第 545 号）

（民国三十八年六月二十四日）

绵纸，纸幅 29.5cm×8.7cm，今藏广西壮族自治区少数民族古籍工作办公室，档案目录号 200911119。

据收粮领					
据收联二第					
财字第五四五号	拨粮书字号				罗城县立第二初级中学校领粮收据　德字第廿一号
38	年月份				
3					
修理费	用途				
稻谷	品类				
贰佰贰拾肆	数量				
斤捌两市秤					
	备考				

右列粮食已如数向

校长　覃绩光

主办会计人员

经手人　覃建儒

仓领讫

中华民国三十八年六月廿四日

德字第贰壹号

账凭账记作留库仓粮拨由联此

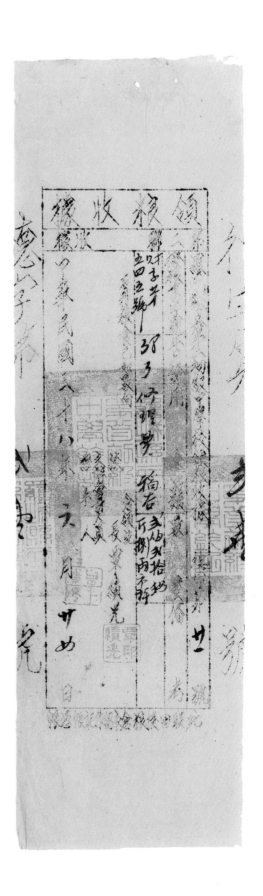

罗城县吉羊乡公所领粮收据

（财字第 383 号）

（民国三十八年六月）

绵纸，纸幅 29.5cm×7.4cm，今藏广西壮族自治区少数民族古籍工作办公室，档案目录号 200911131。

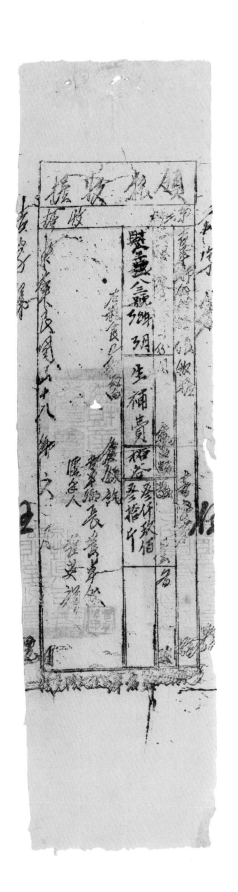

据收粮领			
据收联二第			
财字三八三号	拨粮囤字号		口字第伍号
38 年 3 月	年月份		
生补费	用途		
稻谷	品类		
叁仟玖佰 叁拾斤	数量		
	备考		

右列粮食已如数向　仓领讫

吉羊乡长　管卓然

经手人　管英口

中华民国三十八年六月　日

口字第伍号

吉羊乡公所领粮收据　吉字第　号

账凭账记作囤库仓粮拨由联此

罗城县三防区署领粮收据

（财字第 472 号）

（民国三十八年六月）

绵纸，纸幅 28.5cm×8.1cm，今藏广西壮族自治区少数民族古籍工作办公室，档案目录号 200911116。

据收粮领			
据收联二第			
财字472号	拨粮书字号		
38、4、	年月份		
右列粮食已如数向龙岸仓领讫	生补费	用途	罗城县三防区署领粮收据 字 号
	稻谷	品类	
	伍仟捌佰 市斤	数量	
		备考	

中华民国三十八年六月　日

三防区署领粮人　区长　陆钟琰

主办会计人员

经手人　事务员　廖克昌

防字第壹壹号

账凭账记作留库仓粮拨由联此

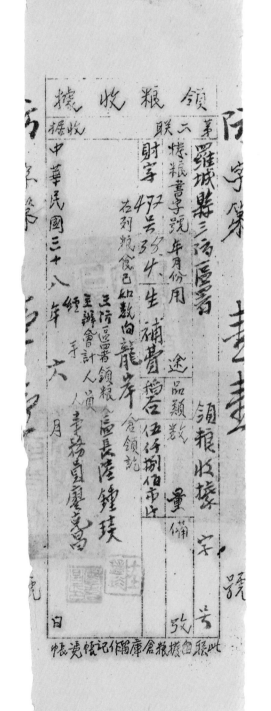

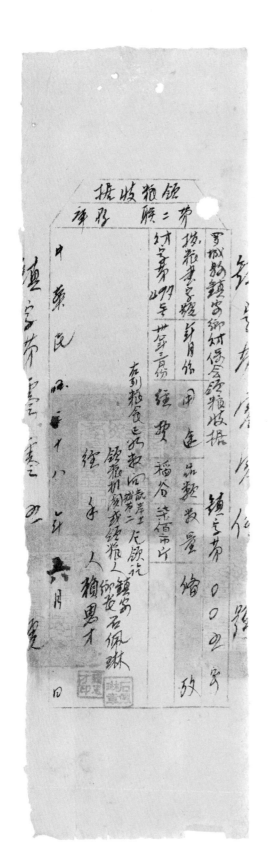

罗城县镇安乡财保会领粮收据

（财字第 497 号）

（民国三十八年六月）

绵纸，纸幅 30.3cm×8.7cm，今藏广西壮族自治区少数民族古籍工作办公室，档案目录号 200911104。

据收粮领			
库存联二第			
财字第497号	拨粮书字号	罗城县镇安乡财保会领粮收据 镇字 第〇〇五号	镇字第零零伍号
卅八年三月份	年月份		
经费	用途		
稻谷	品类		
柒佰市斤	数量		
	备考		

镇字第零零伍号

右列粮食已如数向龙岸土城第二仓领讫

领粮机关或领粮人　镇安乡长　石佩琳

经手人　赖恩才

中华民国三十八年六月　日

罗城县镇安乡财保会领粮收据

（财字第 498 号）

（民国三十八年六月）

绵纸，纸幅 30.5cm×8.5cm，今藏广西壮族自治区少数民族古籍工作办公室，档案目录号 200911105。

据收粮领		
库存联二第		
财字第498号	拨粮书字号	
卅八年三月份	年月份	
生补费	用途	
稻谷	品类	
壹仟柒佰市斤	数量	
	备考	

镇字第零零陆号

右列粮食已如数向龙岸土城第二仓领讫

领粮机关或领粮人 镇安乡长 石佩琳

经手人 赖恩才

中华民国卅八年六月 日

罗城县镇安乡财保会领粮收据 镇字第〇〇六号

镇字第零零陆号

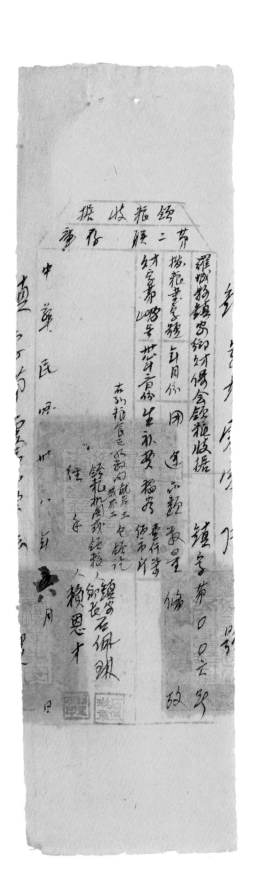

罗城县镇安乡第一中心校领粮收据

（财字第 499 号）

（民国三十八年六月）

绵纸，纸幅 30cm×8.5cm，今藏广西壮族自治区少数民族古籍工作办公室，档案目录号 200911106。

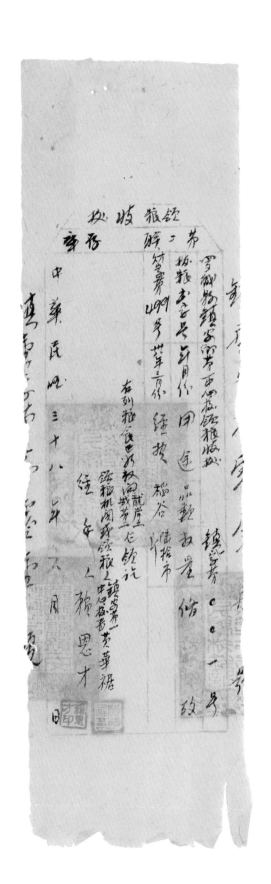

据收粮领			
库存联二第			
财字第499号	拨粮书字号		罗城县镇安乡第一中心校领粮收据　镇一字第○○一号
卅八年三月份	年月份	用途	
经费	经费		
稻谷	品类		
陆拾市斤	数量		
	备考		

右列粮食已如数向龙岸土城第二仓领讫

领粮机关或领粮人　镇安第一中心校长　黄华裾

经手人　赖恩才

中华民国三十八年六月　日

镇壹字第零零壹号

镇壹字第零零壹号

罗城县镇安乡第一中心校领粮
收据

（财字第 500 号）

（民国三十八年六月）

绵纸，纸幅 30.3cm×8.5cm，今藏广西壮族自治区少数民族古籍工作办公室，档案目录号 200911107。

据收粮领				
库存联二第				
财字第500号	拨粮书字号			
	年月份	卅八年三月份		
	用途	生补费		
	品类	稻谷		
	数量	壹仟柒佰伍拾市斤		
	备考			

罗城县镇安乡第一中心校领粮收据　镇一字第○○二号

镇壹字第零零贰号

右列粮食已如数向龙岸土城第二仓领讫

领粮机关或领粮人　镇安第一中心校长　黄华裾

经手人　赖恩才

中华民国三十八年六月　日

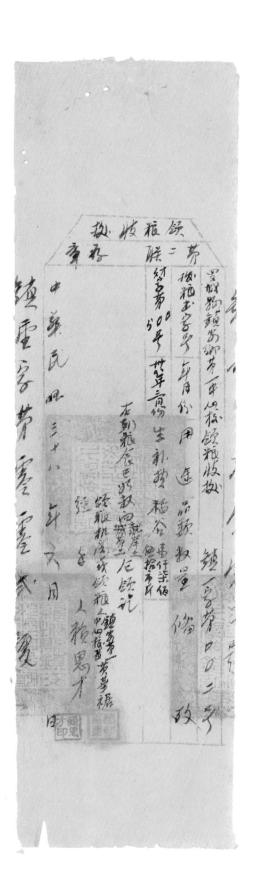

罗城县镇安乡第二中心校领粮收据

（财字第 501 号）

（民国三十八年六月）

绵纸，纸幅 30cm×8.3cm，今藏广西壮族自治区少数民族古籍工作办公室，档案目录号 200911108。

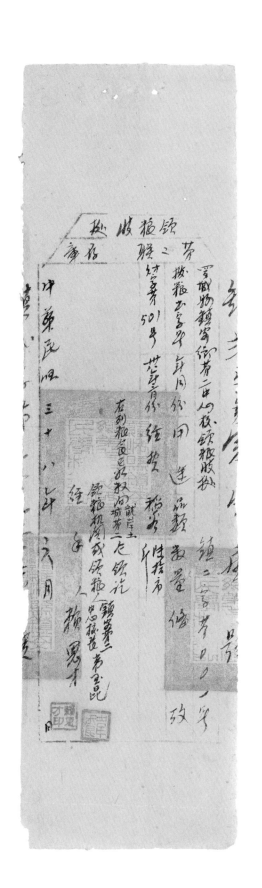

据收粮领		
库存联二第		
财字第501号	拨粮书字号	罗城县镇安乡第二中心校领粮收据　镇二字第〇〇一号
卅八年三月份	年月份	
经费	用途	
稻谷	品类	
陆拾市斤	数量	
备考		

右列粮食已如数向龙岸土城第二仓领讫

领粮机关或领粮人　镇安第二中心校长　韦玉昆

经手人　赖恩才

中华民国三十八年六月　日

镇贰字第零零壹号

罗城县镇安乡第二中心校领粮收据

（财字第 502 号）

（民国三十八年六月）

绵纸，纸幅 30.2cm×8.5cm，今藏广西壮族自治区少数民族古籍工作办公室，档案目录号 200911109。

据收粮领					
库存联二第					
财字第502号	拨粮书字号				
卅八年三月份	年月份				
生补费	用途				
稻谷	品类				
壹仟肆佰伍拾市斤	数量				
	备考				

镇贰字第零零贰号

罗城县镇安乡第二中心校领粮收据　镇二字第〇〇二号

右列粮食已如数向龙岸土城第二仓领讫

领粮机关或领粮人　镇安第二中心校长　韦玉昆

经手人　赖恩才

中华民国三十八年六月　日

镇贰字第零零贰号

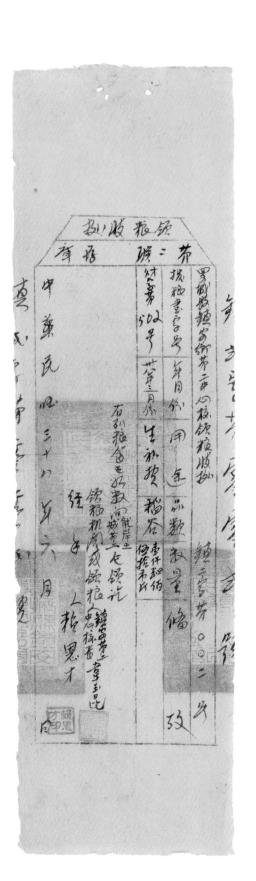

罗城县龙岸乡公所接粮收据

（龙粮字第1号）

（民国三十八年六月）

绵纸，纸幅 29.3cm×8cm，今藏广西壮族自治区少数民族古籍工作办公室，档案目录号 200911132。

所公乡岸龙		
据收粮接		
号壹第字粮龙		
据收联二第		
	龙岸田粮办事处	拨粮机关
	第贰仓	拨粮仓库
	粮央中	粮食种类所属
	年度 卅七	年度
	谷稻	品种
右列中央粮已如数收到此据 龙岸乡长 黄欧绅 经手人干事 温海波 中华民国三十八年六月 日	捌万贰仟叁佰市斤	数量
		备注

账凭账记作留关机粮拨送联此

龙粮字第壹号

何绍祥借龙岸田粮办事处稻谷借据

（民国三十八年七月十六日）

绵纸，纸幅 28cm × 10.5cm，今藏广西壮族自治区少数民族古籍工作办公室，档案目录号 200911151。

兹借到龙岸田粮办事处稻谷壹佰伍拾市斤，此据。

总队附：何绍祥

卅八、七、十六

请在新土城仓拨给。

七、十六

请阳昺兄代卖，将款交明剑兄代收，付□。

七、廿、□□

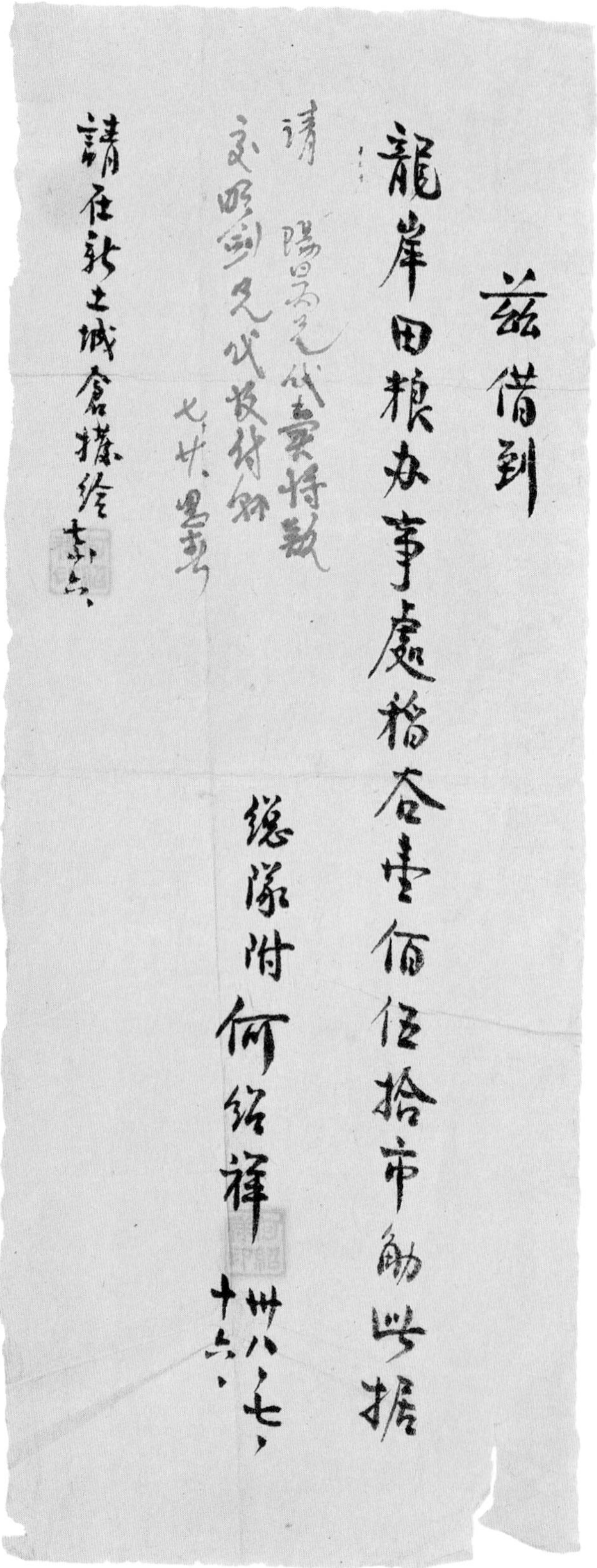

罗城县民众自卫总队常备第一中队领粮收据

（财字第 701 号）

（民国三十八年七月二十三日）

绵纸，纸幅 24.8cm×7.2cm，今藏广西壮族自治区少数民族古籍工作办公室，档案目录号 200911125。

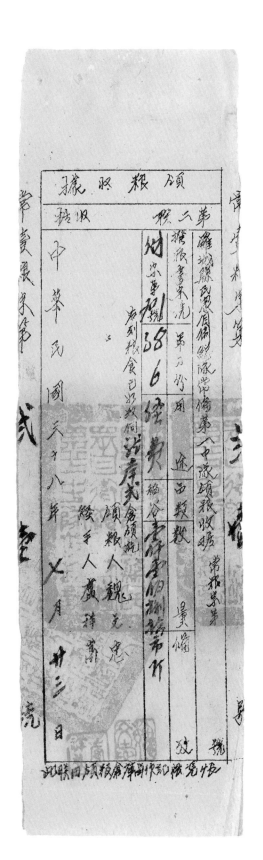

	据收粮领				
	据收联二第				
	财字第701号	拨粮书字号		罗城县民众自卫总队常备第一中队领粮收据 常粮字第 号	常壹粮字第贰壹号
常壹粮字第贰壹号	38	年月份			
	6				
	经费	用途			
	稻谷	品类			
右列粮食已如数向龙岸贰仓领讫 领粮人 魏文忠 经手人 卢祥嵩 中华民国三十八年七月廿三日	壹仟壹佰 捌拾市斤	数量			
		备考			

此联由领粮仓库留作记账凭帐（账）

罗城县民众自卫总队常备第一中队领粮收据

（财字第 703 号）

（民国三十八年七月二十三日）

绵纸，纸幅 24.7cm×7.3cm，今藏广西壮族自治区少数民族古籍工作办公室，档案目录号 200911126。

据收粮领					
据收联二第					
罗城县民众自卫总队常备第一中队领粮收据　常粮字第二〇号	右列粮食已如数向龙岸贰仓领讫 领粮人　魏文忠 经手人　卢祥嵩 中华民国三十八年七月廿三日	财字第703号	拨粮书字号	常壹粮字第贰零号
		38	年月份	
		6		
		生补费	用途	
		稻谷	品类	
		市斤	数量	
		叁仟伍佰		
			备考	

此联由领粮仓库留作记账凭帐（账）

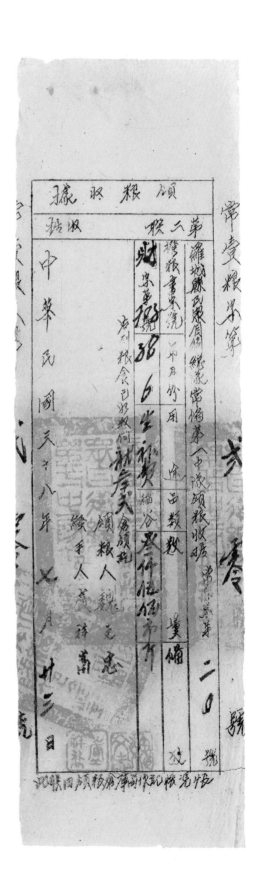

罗城县参议会领粮收据

（财字第 725 号）

（民国三十八年七月二十九日）

绵纸，纸幅 28.7cm×8cm，今藏广西壮族自治区少数民族古籍工作办公室，档案目录号 200911113。

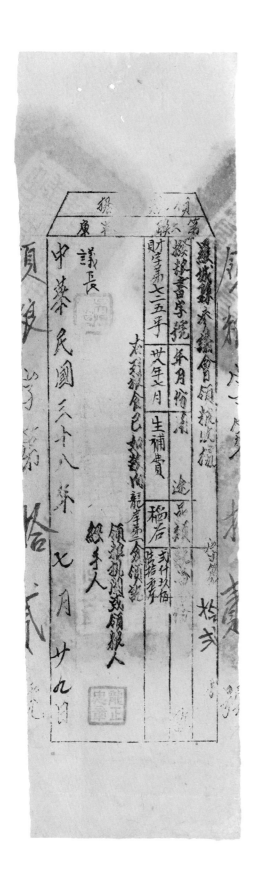

据收粮领			
库存联二第			
议长	财字第七二五号	拨粮书字号	罗城县参议会领粮收据　字第拾贰号
	卅八年七月	年月份	
	生补费	用途	
	稻谷	品类	
右列粮食已如数向龙岸第二仓领讫 领粮机关或领粮人　龙正忠	贰仟玖佰陆拾市斤	数量	
经手人			
中华民国三十八年七月廿九日		备考	

领粮字第拾贰号

罗城县立表证中心国民学校
领粮收据

（财字第 788 号）

（民国三十八年八月五日）

绵纸，纸幅 29.5cm×7.4cm，今藏广西壮族自治区少数民族古籍工作办公室，档案目录号 200911123。

据收粮领			
据收联二第			
财七八八	拨粮书字号	罗城县立表证中心国民学校领粮收据　表粮字第二二号	表粮字第贰贰号
	年月份		中华民国三十八年八月五日
卅八年六月份	用途		经手人
生补费	品类	右列粮食已如数向龙岸二仓领讫	罗城县立表证中心国民学校校长
稻谷	数量		银毅忠
肆仟斤正	备考		

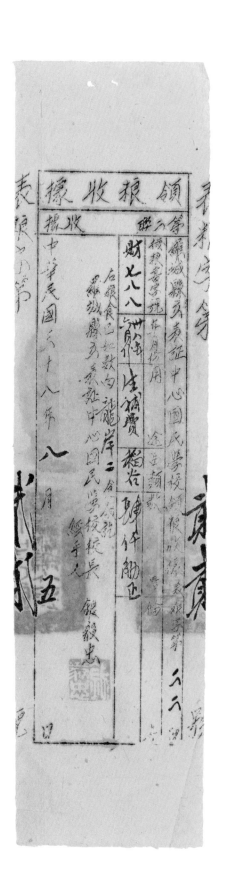

罗城县立表证中心国民学校领粮收据

（财字第 789 号）

（民国三十八年八月五日）

绵纸，纸幅 29.5cm×7.3cm，今藏广西壮族自治区少数民族古籍工作办公室，档案目录号 200911124。

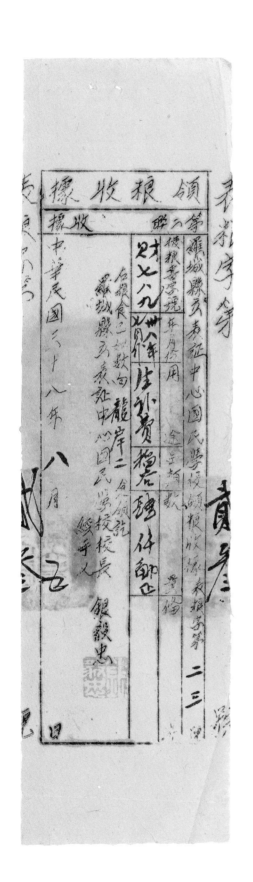

	据收粮领		
	据收联二第		
财七八九	拨粮书字号		罗城县立表证中心国民学校领粮收据　表粮字第二三号
卅八年七月份	年月份		
生补费	用途		
稻谷	品类		
肆仟斤正	数量		
	备考		

表粮字第贰叁号

右列粮食已如数向龙岸二仓领讫

罗城县立表证中心国民学校校长

经手人

中华民国三十八年八月五日

罗城县立表证中心国民学校校长　银毅忠

罗城县桥头乡财保会领粮收据

（财字第 797 号）

（民国三十八年八月二十日）

绵纸，纸幅 30.5cm×6.8cm，今藏广西壮族自治区少数民族古籍工作办公室，档案目录号 200911121。

据收粮领			
据收联二第			
财字第 797	拨粮书字号		
卅八、六、	年月份		
生补费	用途		
稻谷	品类		
贰仟贰佰叁拾市斤	数量		
	备考		

桥头乡财保会领粮收据　桥字第一三号

桥字第壹叁号

右列粮食已如数向龙岸二仓领讫

桥头乡财保会　温刚

中华民国叁拾捌年八月廿日

桥字第壹叁号

罗城县龙岸乡公所领粮收据

（财字第 781 号）

（民国三十八年八月二十六日）

绵纸，纸幅 29cm × 7.6cm，今藏广西壮族自治区少数民族古籍工作办公室，档案目录号 200911094。

据收粮领		
据收联二第		
财字 781	拨粮书字号	罗城县龙岸乡公所领粮收据　财字第壹伍号
卅八囲六月	年月份	
经费	用途	
稻谷	品类	
玖佰市斤	数量	
	备考	

右列粮食已如数向龙岸贰仓领讫

乡长　黄欧绅

会计

经手人

中华民国三十八年八月廿六日

财字第壹伍号

罗城县龙岸乡公所领粮收据

（财字第 782 号）

（民国三十八年八月二十六日）

绵纸，纸幅 29cm × 7.6cm，今藏广西壮族自治区少数民族古籍工作办公室，档案目录号 200911095。

据收粮领			
据收联二第			
	财字 782	拨粮书字号	罗城县龙岸乡公所领粮收据 财字第壹柒号
	卅八年七月	年月份	
	生补费	用途	
	稻谷	品类	
	叁仟壹佰贰拾市斤	数量	
		备考	

财字第壹柒号

中华民国三十八年八月廿六日

经手人

会计

乡长

右列粮食已如数向龙岸贰仓领讫

财字第壹柒号

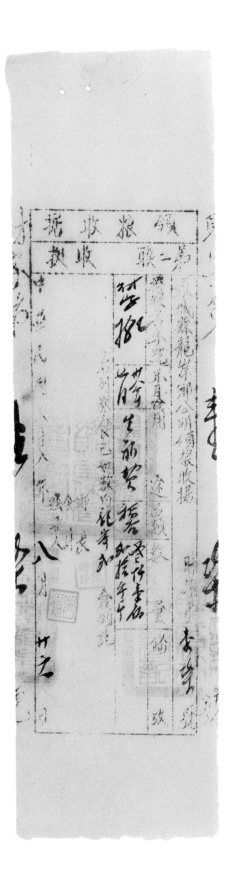

罗城县民众自卫总队常备第一中队领粮收据

（财字第 875 号）

（民国三十八年八月二十六日）

绵纸，纸幅 24.8cm×6.8cm，今藏广西壮族自治区少数民族古籍工作办公室，档案目录号 200911127。

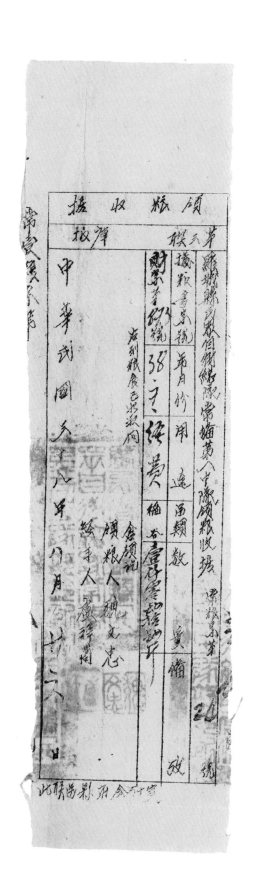

据收粮领				
报库联三第				
常壹粮字第贰肆号	中华民国三十八年八月廿六日	右列粮食已如数向 仓领讫 领粮人 魏文忠 经手人 卢祥嵩	财字第875号	拨粮书字号	罗城县民众自卫总队常备第一中队领粮收据 常粮字第24号 常壹粮字第贰肆号
			38、7、	年月份	
			经费	用途	
			稻谷	品类	
			壹仟零肆拾 肆斤	数量	
				备考	

此联送县府会计室

罗城县民众自卫总队常备第一中队领粮收据

（财字第 875 号）

（民国三十八年八月二十六日）

绵纸，纸幅 24.6cm×7.3cm，今藏广西壮族自治区少数民族古籍工作办公室，档案目录号 200911128。

据收粮领						
据收联二第						
罗城县民众自卫总队常备第一中队领粮收据　常粮字第贰肆号	常壹粮字第贰肆号	拨粮书字号	财字第875号			
		年月份	38、7、			
		用途	经费			
		品类	稻谷			
		数量	壹仟零肆拾肆斤			
		备考				

右列粮食已如数向龙岸贰仓领讫

领粮人　魏文忠

经手人　卢祥嵩

中华民国三十八年八月廿六日

此联由领粮仓库留作记账凭帐（账）

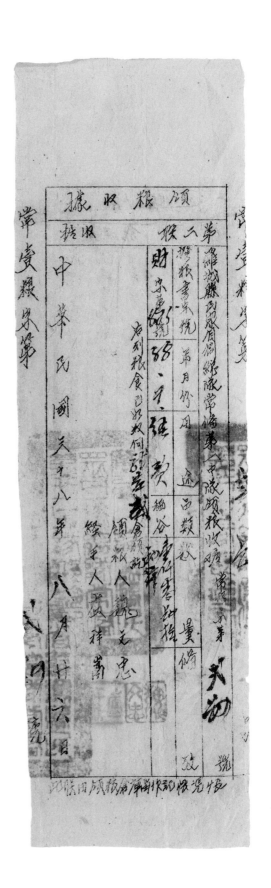

罗城县民众自卫总队常备第一中队领粮收据

（财字第 875 号）

（民国三十八年八月二十六日）

绵纸，纸幅 24.6cm×8.9cm，今藏广西壮族自治区少数民族古籍工作办公室，档案目录号 200911129。

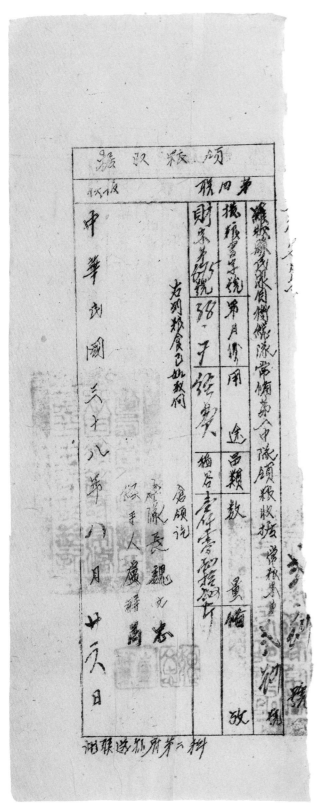

罗城县民众自卫总队常备第一中队领粮收据 常粮字第贰肆号		**常壹粮字第贰肆号**
拨粮书字号	财字第875号	
年月份	38、7	
用途	经费	右列粮食已如数向
品类	稻谷	中队长 魏文忠　仓领讫
数量	壹仟零肆拾　肆斤	经手人 卢祥嵩
备考		中华民国三十八年八月廿六日

据收粮领		
据收联四第		

此联送县府第二科

【题解】

　　民国时期罗城县政府为了对社会经济事务进行管理而开展相关登记，主要集中在对乡村重要生产生活工具牛马的登记和买卖管理，也有部分门牌登记，由此产生相关的登记凭证。登记凭证的内容包括政府编号、发证机关、物主姓名住址、登记理由、牲口种类特征及数量等。这些登记非常详细，显示了地方政府对社会管理的力度，有助于我们了解民国时期的社会管理概况。

六、政府其他管理登记

石玉成牛只保证券收执

（民国四年十二月八日）

绵纸，纸幅 21.2cm×10.8cm，今藏广西壮族自治区少数民族古籍工作办公室，档案目录号 200806105。

牛只保证券收执

盈字第肆百叁玖号

罗城县◇，为给发证券事。查得萃灵团[345]风强村◇家有水牛一头，合给证券为据。以后有人证指为赃物者，准其作为无效。但卖与别人，务须带同承买[011]人到团换券，不另收费。如因病死或宰杀，亦应将其证券缴还本团，以备查考。须至证券者。

右给石玉成收执。

民国四年十二月八日

石玉成牛只保证券收执

（民国四年十二月八日）

绵纸，纸幅 21.3cm×10.8cm，今藏广西壮族自治区少数民族古籍工作办公室，档案目录号 200812096。

牛只保证券收执

盈字第 肆 百 肆 壹 号

罗城县◇，为给发证券事。查得萃灵团[345]风强村◇家有黄牛一头，合给证券为据。以后有人证指为赃物者，准其作为无效。但卖与别人，务须带同承买[011]人到团换券，不另收费。如因病死或宰杀，亦应将其证券缴还本团，以备查考。须至证券者。

右给石玉成收执。

民国四年十二月八日

石玉成牛只保证券收执

（民国四年十二月八日）

绵纸，纸幅 21.2cm × 10.6cm，今藏广西壮族自治区少数民族古籍工作办公室，档案目录号 200812097。

牛只保证券收执

盈字第 肆 百 肆 捌 号

罗城县◇，为给发证券事。查得萃灵团[345] 风强村◇家有水牛一头，合给证券为据。以后有人证指为赃物者，准其作为无效。但卖与别人，务须带同承买[011]人到团换券，不另收费。如因病死或宰杀，亦应将其证券缴还本团，以备查考。须至证券者。

右给石玉成收执。

民国四年十二月八日

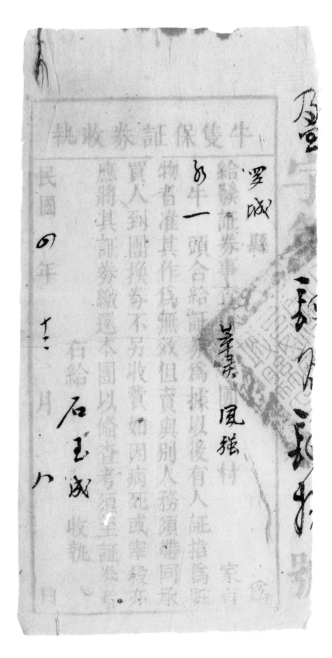

石玉成牛只保证券收执

（民国四年十二月）

绵纸，纸幅 21.7cm×10.2cm，今藏广西壮族自治区少数民族古籍工作办公室，档案目录号 200812098。

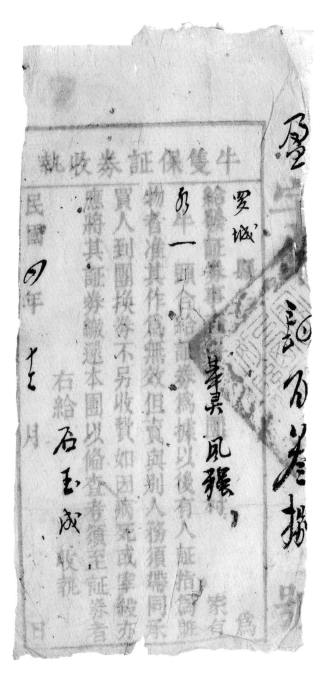

牛只保证券收执

盈字第肆百参捌号

罗城县◇，为给发证券事。查得萃灵团[345]风强村◇家有水牛一头，合给证券为据。以后有人证指为赃物者，准其作为无效。但卖与别人，务须带同承买[011]人到团换券，不另收费。如因病死或宰杀，亦应将其证券缴还本团，以备查考。须至证券者。

右给石玉成收执。

民国四年十二月◇日

罗城县发门牌告示

（民国十三年）

绵纸，纸幅 27cm×24.5cm，今藏广西壮族自治区少数民族古籍工作办公室，档案目录号
200803094。

门　牌

罗城县公署◇，为发给门牌事。照得现值举办清乡[346]时期，所有县属各团甲，安分烟户[347]丁口姓名，自应详为开列，以分民匪，而便稽查，合行发给门牌。仰后开有名人等[080]，一体遵照张贴户外，毋得违延，致干拿究。须至门牌者。

计开：

户主◇系◇区◇团◇【城】【圩】【村】【峒】人，【男】【女】，◇【丁】【口】业。

中华民国十三年◇月◇日

司令兼知事

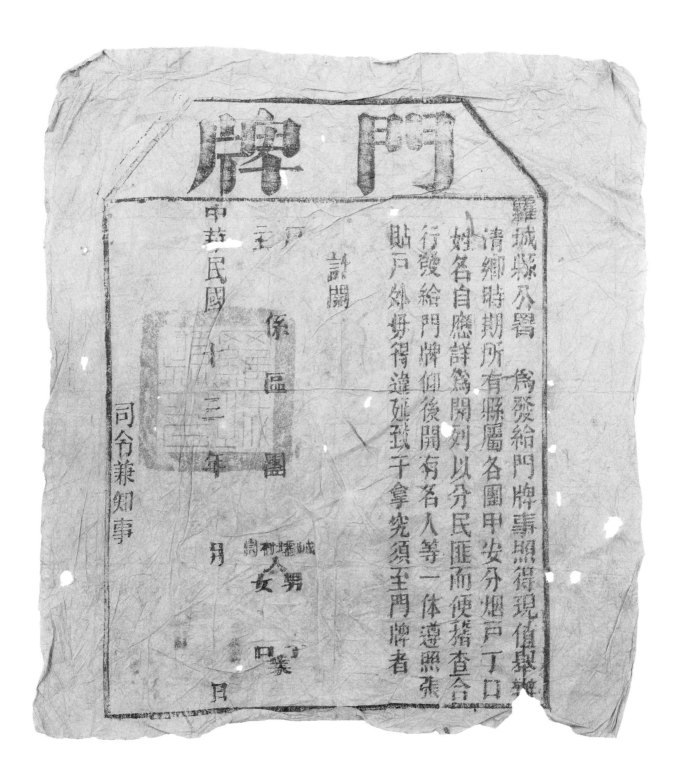

門牌

羅城縣分署　為發給門牌事照得現值清鄉時期所有縣屬各圍甲安分烟戶丁口姓名各自應詳為開列以分民匪而便搜查合行發給門牌俾後開有各人等一体遵照填貼戶外毋得違延致干拿究至門牌者

計開

戶主

係　區　圍

城墟村莊

人　男
女

丁

口

中華民國卅三年　　月　　日

同令兼知事

吴长瑞牛只登记证

（民国二十年）

绵纸，纸幅 19.5cm×11.6cm，今藏广西壮族自治区少数民族古籍工作办公室，档案目录号 200803084。

证凭		中华民国二十年 月 日	罗城县　镇乡　街村　牛只登记证	罗字第壹肆陆肆〇号
瑞长吴	名姓主畜			
村山蒙	址住主畜			
牛水	类种牛			
牯	母公牛			
黑	泽色牛			
	征特牛			
3 年	齿年牛			
202	量重牛			
4 尺高	度高牛			
买	历来之牛			
	关机证发			
	记附			

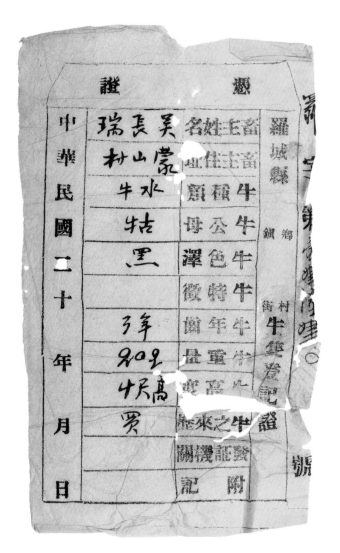

吴长瑞牛只登记证

（民国三十二年六月二十九日）

绵纸，纸幅 22.5cm×10cm，今藏广西壮族自治区少数民族古籍工作办公室，档案目录号 200803085。

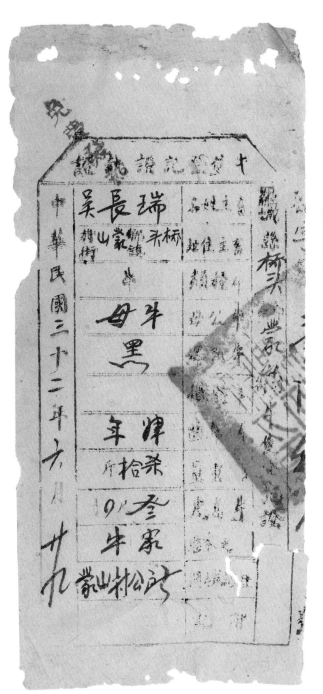

证执证记登只牛			
	吴长瑞	名姓主畜	
	村山蒙乡头桥 街　　镇	址住主畜	罗城县　桥头乡蒙山村　街　镇　牛只登记证
中华民国三十二年六月廿九日	牛	类种牛	
	母牛	母公牛	
	黑	泽色牛	
		征时牛	
	年肆	龄年牛	
	斤拾柒	量重牛	
	寸四尺叁	度高牛	
	牛家	历来之牛	
	蒙山村公所	关机记登	
		记附	

□字第□□□□号

吴长瑞牛只登记证

（民国三十二年六月二十九日）

绵纸，纸幅 22.5cm×10.4cm，今藏广西壮族自治区少数民族古籍工作办公室，档案目录号 200803086。

牛[囚]登记证执证		
吴长瑞	畜主姓名	
桥头乡蒙山村街 镇	畜主住址	
牛	牛种类	
牝牛	牛公母	
黄	牛色泽	
	牛特征	
贰年	牛年齿	
拾捌斤	牛重量	
叁尺壹寸	牛[高]度	
家牛	牛之来历	
蒙山村公所	[登记][戳][关]	
	附记	

中华民国三十二年六月廿九日

罗城县　桥头乡蒙山村街牛只登记证

□字第壹陆[捌]贰号

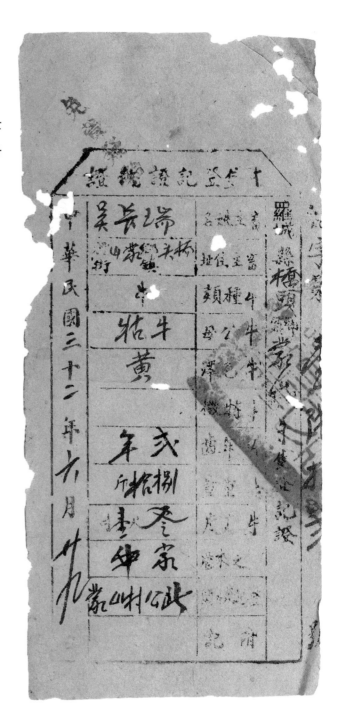

杨庚仁牛只登记证

（民国三十二年九月二十八日）

绵纸，纸幅 20.9cm × 10.7cm，今藏广西壮族自治区少数民族古籍工作办公室，档案目录号 201010010。

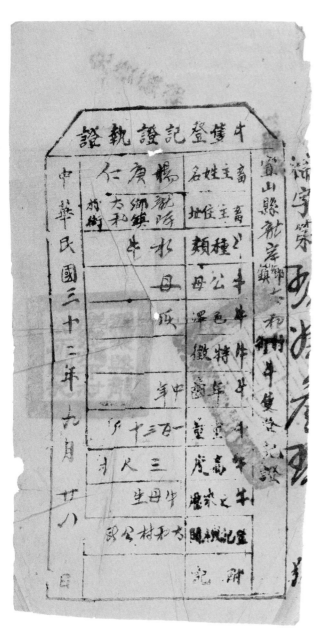

证执证记登只牛			
仁庚杨	名姓主畜		罗城县 龙岸乡太和村街 牛只登记证 镇
村和太乡岸龙 街 镇	址住主畜		
牛水	类种牛		
母	母公牛		
灰	泽色牛		
	征特牛		
年中	齿年牛		
斤十三百一	量重牛		
寸 尺三	度高牛		
生母牛	历来之牛		
所公村和太	关机 记钤		
	记附		

中华民国三十二年九月廿八日

补字第玖肆叁玖号

杨庚仁牛只登记证

（民国三十二年九月二十八日）

绵纸，纸幅 20.7cm×10.8cm，今藏广西壮族自治区少数民族古籍工作办公室，档案目录号 201010032。

证执证记登只牛	
仁庚杨	名姓主畜
村和太乡岸龙街　　镇	址住主畜
牛水	类种牛
公	母公牛
灰	泽色牛
	征特牛
年中	齿年牛
斤十三百一	量重牛
寸　尺三	度高牛
生母牛	历来之牛
所公村和太	关机 记登
	记附

中华民国三十二年九月廿八日

罗城县　龙岸乡太和村　牛只登记证
镇　街

补字第玖肆肆□号

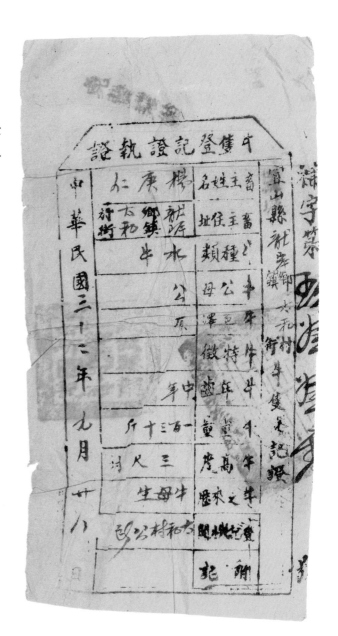

李卖杨买牲畜证

（民国三十四年十一月八日）

绵纸，纸幅 19.5cm×8.3cm，今藏广西壮族自治区少数民族古籍工作办公室，档案目录号 201010026。

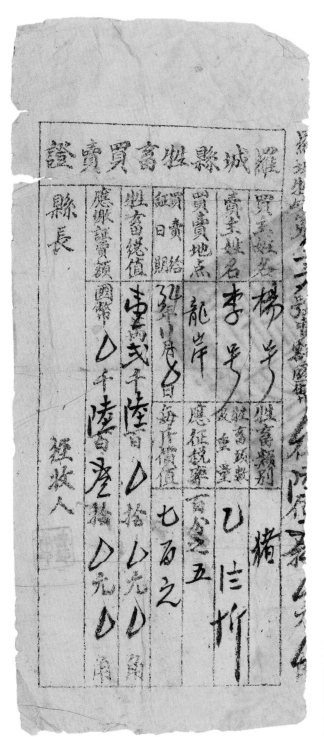

证卖买畜牲县城罗					
县长	应缴证费额	牲畜总值	买卖给证日期	买卖地点	卖主姓名	买主姓名
	国币[174]〇千陆百叁拾〇元〇角	壹万贰千陆百〇拾〇元〇角	34年11月8日	龙岸	李号[236]	杨号
				牲畜头数及重量	应征税率	牲畜类别
经收人　曾节和			每斤价值	应征税率	牲畜类别
			七百元	百分之五	乙（一）　一十八斤	猪

注　释

［001］卖断：过去田契有"活卖"和"断卖"（或称"卖断"）两种，前者可以在满足一定条件下赎回，后者则不可以赎回。

［002］春：春耕。

［003］里：罗城乡村建置，源于明代开始在罗城设置里甲。

［004］冬：壮侗语族词，原相当于国家设置的"甲"，后发展为有亲缘关系的房族所居住的地方，相当于"屯""小组"。一个"冬"实际上就是一个宗族群体，"冬"内的成员都是有血缘关系的同姓族人。在一个村寨里，如果有几个"冬"，各"冬"的房屋都建在本"冬"范围内，以巷道做分界线。

［005］韦朝元户：在官府登记纳税的国家编户名称。在明清两代，一般开户名有真实人户名称和虚构人户名称两种。即使最初是真实登记人户名，经过若干代之后仍然被后代作为纳税户继承，则变为户籍意义上的"人名"，而不是真实现存的人户了，往往成为多个家庭共享的总户名。在清代罗城文书中，以真实姓名开户占多数。

［006］民米：民户应该向官府交纳的税粮，一般分本色（稻米）和折色（折变为其他种类，清代多为折银）两种。

［007］合：中国市制容量单位，一升的十分之一。

［008］婆庙：指婆王庙，也称三月三庙。据编者调查，此处的婆王庙是在田间地头较空旷地段垒石而成的，并不是建筑式庙宇。"婆王"是仫佬族（壮侗语族）信仰中主管人间生育繁殖的神，是否生养、生儿生女由婆王决定。大婆、二婆手里抱的小孩出生后，可以被养活；三婆抱的孩子是"花林仔"，眼瞎、脸青，是残疾不健全或夭折的婴儿。每年农历三月初三是婆王诞。

［009］丘：南方农村计算稻田数量的常见量词，一"丘"就是一块，不论面积大小，单独成块即算。

［010］房族：一个宗族内的分支，也叫房支。房族是血缘更近的族人。

［011］承买：也写作"承领"，即承接买下。

［012］中托：中介证人。

［013］当中三面：当着中证人及买卖双方共三方等人的面做事。

［014］踏看：现场查看。

［015］包山：当地方言，即"全部包括"的意思。

［016］六房：仫佬族等民族对亲族的泛指。仫佬族等民族的一个宗族内，往往还分有房族，房族是血缘更近的族人。例如，某个远祖，生有四个儿子，其后子孙繁衍，这四个儿子的后裔便为四房。仫佬族称这种同房近亲为"六房"。六房之内的族人，即血缘关系较近的亲属，其关系比同宗的人紧密。凡遇兄弟分家、出卖田地房屋、妇女离婚、男子娶离婚妇女为妻，都得请房族中的人到场，仫佬族叫作"请六房"，如果六房不来参加，这些事便会办不妥当。在田土产业交易中，房族有优先购买权。

［017］押字：画押签字，表示某一合同成立。各中介证人、在场人一般都要签字画押，收取一定费用。

［018］两交：买卖双方交换的钱、物。

［019］授受（受授）：授予和接受。

［020］对债货物：用该田土抵折其他债务或财物。"对债"即债务；"货物"即钱财物品。

［021］收冬：当地方言，指收获粮食作物。

［022］割户：也叫"过割""推割""过户"，即产业和赋税过户。在田地买卖之后，承买人往往会通过官府认可等方式改变户名和所有权，同时赋税也相应转移。

［023］田地不明：田地的四至方位、数量亩数等不明确。

［024］中人：中介人或担保人，土地买卖过程中的证人，一般由卖主的族人、姻亲、近亲或地保等担任。如果未经中人在卖地契上签字，买主是不会承受的。中人的参与意味着土地买卖的公开性，意味着这种买卖行为得到了公众的承认。

［025］承当：也叫"承典"，即承接典当物，承接者就是"承当人"。

［026］去一赔十：接受一份则赔偿十份。"去"又写作"有""受""见""进"等。

［027］丰登大熟：粮食获得丰收。这里是买卖契约中的祝愿语，比较少见。

［028］胞弟：同父母所生的弟弟。

［029］东一里六冬：罗城的地方乡村基层单位，在今罗城龙岸镇。"里"，罗城乡村建置，源于明代开始在罗城设置里甲；"冬"，壮侗语族词，原相当于国家设置的"甲"，后发展为有亲缘关系的房族所居住的地方。

［030］秧田：稻田的一种，主要用来育秧苗，一般都是比较肥沃的田土。

［031］长德：地名。

［032］长田：边长比较长的田。

［033］将来：拿来。

［034］承领：承接买下。

［035］自躬：亲自。

［036］请中：也叫"托中"，即请中介人。

［037］货物准折：以别的物品来抵折田土。"货物"即钱财物品；"准折"即抵消、抵折。

［038］等情："此等情况"的缩写。

［039］欧窝：村名，属今东门镇桥头社区。

［040］畲地：用于种菜种杂粮的山地或旱地。

［041］胞侄：亲侄子。

［042］黄毛：地名。

［043］周冲：地名。

［044］当中：当着中证人之面。

［045］管业：管理产业。

［046］天理仁（良）心：当地一种立誓的惯用写法。"天理"是儒家社会道德准则中的最高标准；"仁心"即"良心"。这里意即表明买卖是凭"天理"和"仁心"进行的，或发誓要按照天理良心办事。

［047］祖父：祖与父，此处泛指祖先遗留田土。

［048］已行："已"或为"一"的别写，"已行"即"一概"的意思。一说，"已"是"以"的别写，"以行"或是"用来"之意。

［049］波田：据调查，这是当地对带有若干沼泽的稻田的称呼。

［050］的名：指有确切清晰姓名的户名。

［051］日后涌出金银，卖主无福分：壮侗语族民族的立誓习惯。据《广西少数民族地区碑文、契约资料集》记载，

壮族地区土地买卖契约有"日后年久月深，其田生成黄金，卖主不敢云赎"的类似语句。

［052］异言：不同意见，别的说法或相反的说法。

［053］见壹（一）赔拾（十）：接受一份则赔偿十份。"见"又写作"受""去""有""收"等。

［054］水路田：地名。或有河流自然灌溉之田。

［055］脚下：地名。

［056］高元一里：明清时期乡村基层建置，今属罗城龙岸镇、黄金镇一带。"里"，罗城乡村建置，源于明代开始在罗城设置里甲。

［057］编粮：应该缴纳给官府的各种税粮。"编粮"这种说法一般是明代中期"一条鞭法"实施以后出现的。

［058］坐累：连累。

［059］有一赔十：接受一份则赔偿十份。"有"又写作"受""见""进"等。

［060］的名户：指有确切姓名的编户。"的"，的确、明确、确切。

［061］凭中：凭靠中介人。

［062］大山脚：地名。

［063］牛宕河：河流名，在今罗城龙岸镇。

［064］六月初二庙：罗城当地俗称"吃虫庙"。每年农历六月初二，是当地仫佬族等民族的吃虫节。六月初二，时值稻谷胀胎，玉米结苞，收成在望，祭三界公，同时进行驱虫活动。传说六月初二这一天，有个叫甲娘的穷人用虫子做礼物回娘家，炒了给大家吃，大家都觉得清香可口，这一发现一下子就传开了。人们争着捉虫子吃，害虫数量大减，那年农作物取得了大丰收。所以到了六月初二这一天，村上出嫁的姑娘都要回娘家，并且一路走一路捉虫。吃过晚饭后，人们都聚集到吃虫庙，唱歌跳舞。然后，排成长队到田垌游行。边走边捉虫，还插上洒有鸡血的小白旗，表示对害虫示威，对甲娘纪念。

［065］输纳：向官府缴纳。

［066］收一赔十：接受一份则赔偿十份。"收"又写作"有""受""见""去"等。

［067］水研：指水碾，用水力带动可以加工粮食等。

［068］私债货物准折：用该田土抵折其他债务或财物。"私债"即别的债务；"货物"即各类财务；"准折"即折价抵押。

［069］床处：应即下文之"床村"，为地名。

［070］笃远：遥远。

［071］风水漕：地名。当地称两个山岭之间的地带为"漕"。

［072］归内：在内。

［073］在场之钱：付给担保、见证、中间人的费用。

［074］高元三里：明清时期乡村基层建置，今属罗城龙岸镇。"里"，罗城乡村建置，源于明代开始在罗城设置里甲。

［075］私债准折：将田土抵押别的债务。"私债"即别的债务；"准折"即折价抵押。

［076］移粮加派："移粮"即把另外的租税移加于此田之中；"加派"即增加粮赋。

［077］耕批：耕种和租佃。"批"即出租、租佃。

［078］以行："以"或为"一"的别写，"以行"即"一概"的意思；一说，"以行"或是"用来"之意。

［079］货物私债准折：用该田土抵折其他债务或财物。"货物"即各类财物；"私债"即别的债务；"准折"即折价抵押。

［080］有名人等：有名字的各种人，主要是中介、见证、代笔者等人。

［081］毛至：疑为地名。或"至"为"荒"之误。

［082］东一里二冬：乡村建置名，在今罗城龙岸镇。"里"，罗城乡村建置，源于明代开始在罗城设置里甲；"冬"，壮侗语族词，原相当于国家设置的"甲"，后发展为有亲缘关系的房族所居住的地方。

［083］梅家坟：地名。

［084］下窝：地名。

［085］生枝：节外生枝，滋生事端。

［086］桥底：地名。

［087］勒渎：地名。

［088］初八庙：指四月初八牛王庙。仫佬族等民族有保护爱惜耕牛的传统习惯，所以把每年农历四月初八当作牛生日，届时家家户户清扫牛栏，把牛洗刷得干干净净，给牛送上好饲料，让牛歇息。这天要杀鸡宰鸭备酒祭"牛栏神"，要用枫树叶汁泡蒸黑糯米饭祭祖先。祭毕，先让牛吃黑糯米饭团，尔后人才能吃，以此表示对牛的敬重。

［089］石头田：当地描述田土的一种叫法，因田土在石头之间开垦或田土中多整块石头而得名。

［090］长岭：地名。

［091］契尾：又称为"契税单"，即由官府印制，粘连在民间所订立的白契之后，纳税及加盖官印之后，与"草契"（即白契）一道构成了一份官府认可的土地交易（典押）契约（即官契或红契）。"契尾"是田契业主交纳官方税银及纳入官方管理系统的证明。据研究，自东晋以来，就有在官府田土过户投税或官契的制度，宋代以后已经普及化。清代契尾的格式一般是前段是官诰文牍，说明契尾的格式和意义，后面则是业户的相关资料，自乾隆十四年（1749年）固定并颁行全国后，至清末基本无改动。广西的契尾与全国各地同时期一致。

［092］预钤：预，预先；钤，盖章。

［093］司印：布政司印章。

［094］投税：缴纳过户税。

［095］骑字：也叫"骑缝"，指两纸交接或订合处的中缝。契约文书中缝往往写有字，故也叫"骑字"。比较重要的文件上一般盖骑缝章，也就是公章要均匀盖压在两页可折叠纸的中缝上，沿着中缝一分为二，一半留作存根，另一半持作凭证，验证时，两半相对，公章应完整、合一。

［096］季册：官府按季定期向上一级机构报送的档案文件册，一般是赋税收支簿册。

［097］直省：直隶和各省，泛指各地方官府。

［098］等因：旧时公文用语，常用于叙述上级官署的令文结束时。但叙述平行机关及地位在上的不相隶属机关的来文，为表示尊敬，也间有使用。

［099］布字：布政司编号。布政司在明代是省一级最高行政机关，到清代已成为巡抚之下的机构，但仍然是省一级重要的行政机构。

［100］高基田：有一定高度的围砌之田。

［101］布政里：基层行政单位，今属罗城龙岸、黄金镇一带。"里"，罗城乡村建置，源于明代开始在罗城设置里甲。

［102］概以行：也写作"一行""以行""概行"，"一概"之意。

［103］托中：也叫"请中"，即委托中介人。

［104］销割：销户和割户。"销户"即注销户口。

［105］立户：新立户名。

［106］批明：批注明白。

［107］上手：也称"上手契""上首契""来脚契"，即卖家的旧有契约。假如买卖的原有田地不是祖宗的原始取得（比如开荒、官判等），而是经过买卖而来，就有相应的原有契约，这种契约就叫上手契。宋代以来的田产交易、立新契、公勘往往要查明上手契。

［108］老契：旧契约。

［109］税载：登载在官府的税银。

［110］杳底：地名。"杳"，方言，水源口处。

［111］蒸尝之田：新中国成立前，罗城等地大部分地区的村落，每一宗姓都建有祠堂，同祠堂的几户或几十户人家往往共同占有一些田地，称之为"蒸尝田"，每年轮流耕种或出租给外人耕种，其收入专作每年祭祖坟、祠堂之用。"蒸尝"的原意是把谷物蒸熟献奉给祖先品尝。"蒸尝田"在有些地方亦被称为"祖坟田""清明田""族田"等。

［112］批："批租"的省写，即租佃。

［113］花银：通常指成色较纯的银子。

［114］平东上里：今属罗城黄金镇。"里"，罗城乡村建置，源于明代开始在罗城设置里甲。

［115］杳上：地名。"杳"，方言，水源口处。

［116］排：方言，紧挨着。

［117］案奉：旧式公文中引述上级官署来文的起头用语，简称"奉"。意为此案奉上级某官署的公文。

［118］浮收：额外征收，加重税收。

［119］折勒：指官府在征收折色银粮时以高于当时当地价银的标准强制征收折合钱物。

［120］门口坵：地名。

［121］理落：方言，处理。

［122］受壹（一）赔拾（十）：接受一份则赔偿十份。"受"又写作"有""见""进"等。

［123］田面：稻田的产量，一般是以稻谷计算。

［124］稊谷：据编者调查，当地现在只有湿谷和干谷的说法。此处"稊谷"应该是晒干的稻谷。

［125］水圳：灌溉所用水道。

［126］包散：当地俗语，"全部包括"的意思。

［127］车田：有水车灌溉之田。

［128］车步：水车灌溉之水埠口。"车"即水车；"步"通"埠"，即水埠头。

［129］沟港：水沟、水道。

［130］初二庙：指六月初二庙。罗城当地俗称"吃虫庙"。每年农历六月初二，是当地仫佬族等民族的吃虫节。六月初二，时值稻谷胀胎，玉米结苞，收成在望，祭三界公，同时进行驱虫活动。传说六月初二这一天，有个叫甲娘的穷人用虫子做礼物回娘家，炒了给大家吃，大家都觉得清香可口，这一发现一下子就传开了。人们争着捉虫子吃，害虫数量大减，那年农作物取得了大丰收。所以到了六月初二这一天，村上出嫁的姑娘都要回娘家，并且一路走一路捉虫。吃过晚饭后，人们都聚集到吃虫庙，唱歌跳舞。然后，排成长队到田垌游行。边走边捉虫，还插上洒有鸡血的小白旗，表示对害虫示威，对甲娘纪念。

［131］四至：田土的东、南、西、北四个方向的界址。

［132］债货准折：用该田土抵折其他债务或财物。"准折"即折价抵押。

［133］源水田：当地对有天然水源灌溉的水田的称呼。

［134］大禾：当地对糯稻的称呼。

［135］四路：也称"四至"，田地东、南、西、北方向的界址。

［136］衣上：与下文"上衣领"意思相同，是山岭分界的当地俗语。

［137］干禾：依字面意思是晒干的未经脱粒的成熟稻穗，但据编者调查，当地有干谷和湿谷的区别，此处"干禾"应该是晒干的稻谷。

［138］布政里二冬：今属罗城龙岸镇、黄金镇一带。"里"，罗城乡村建置，源于明代开始在罗城设置里甲；"冬"，壮侗语族词，原相当于国家设置的"甲"，后发展为有亲缘关系的房族所居住的地方。

［139］中华大汉癸丑年：指民国二年（1913年）。此时中华民国刚刚成立，地方上受到反清革命的影响，故有如此写法。

［140］批耕：耕种和租佃。"批"即出租、租佃。

［141］大元：当时的银圆，非一般通用的东毫和洋毫。

［142］货物准债：用该田土抵折其他债务。"货物"即各类财务；"准折"即折价抵押。

［143］民国年戊午：应为"民国戊午年"的误写，民国七年（1918年）是戊午年。

［144］若：在这里当是"大概"的意思。或为"约"的误写。

［145］谷担：稻谷产量，以担来计算，故称"谷担"。

［146］洋毫：也称"毫洋""银毫""小洋"，是清末民国时期广东、广西等省通行的本位货币。其实际使用货币为双毫（即二角银币）。以双毫五枚为毫洋一元。此外也有单毫（即一角银币）流通。当时两广所发行纸币，亦以毫洋的元为单位，通行至20世纪30年代后期，广西部分地区则一直使用至1950年左右。

［147］对债货物准折：用该田土抵折其他债务。"货物"即各类财务；"准折"即折价抵押。

［148］三月三庙：也称婆王庙。罗城仫佬族地区农历三月一般有三月初三祭祀婆王，三月清明祭祀祖先的习俗。据编者调查，为祖先立庙建祠堂，时间比较晚且并不多见，而且祠堂一般立在村中心，不会在稻田中间。因此"三月三庙"应是指婆王庙。

［149］字内：指契约里。

［150］民国辛酉年：即民国十年（1921年）。

［151］中场人：中介证人、在场人的简称。

［152］秧地：也称"秧田"，是专门用来培育秧苗的比较肥沃的田地。

［153］粘谷：非糯性稻谷的一个品种，产量比糯谷高，两广、两湖、四川、江西等地的粘谷多为中粒籼型，长椭圆形，半透明，粉质较多，煮后松散，食味较粗糙。

［154］亲房：指六房。

［155］椰禾：据编者调查，当地现在只有湿谷和干谷的说法。此处"椰禾"应该是晒干的稻谷。

［156］水对尾：指水尽头处。

［157］烂泥田：当地称稻田的一种，往往分布在塘边低洼处，质地中黏，蓄水力弱，保肥力差。

［158］血子：亲生儿子。

［159］招丁：招纳佃丁为自己耕种。

［160］推收：指买卖产业的推出和收进，即产业和赋税的过割、割户。《金史·食货志一·通检推排》："泰和二年闰十二月……敕尚书省，定人户物力随时推收法，令自今典卖事产者，随业推收。"《元典章·户部·田宅·典卖》："今后典卖田宅，先行经官给据，然后立契，依例投税，随时推收。"

［161］递年：以后每年、逐年。

［162］民国己巳年：民国十八年（1929 年）。

［163］收割户口：指推收割户。或者本句有错漏，应为"收冬、割户"。

［164］派谷：应为"收谷"之意。

［165］民粮：指粮食，不是一般契约中作为纳税数量的民米。

［166］云增云赎：说要增加价值或赎买。

［167］过：房屋地基的计算单位。"一过"即一个空地；一说，"一过"即"一个"的误写。

［168］中场：中介和在场人的简称。

［169］有庙五年共三回：疑为五年内要向某一庙提供三次粮食的意思；或为田边有庙，五年要供三回。

［170］民国戊寅年：民国二十七年（1938 年）。

［171］东毫：是清末民国时期广东通行的银本位货币，当时在广西流通也比较广。

［172］桂钞票：也称"桂钞"，当时广西省银行发行的地方纸币，与当时的国币（法币）共同流通。广西银行最早是 1910 年由广西银钱号改组而成，改组伊始，即向日本定印俗称"乌龙票"的银圆券，是广西本省发行纸票的开始。民国元年（1912 年）至民国十年（1921 年）的旧桂系时代，民国十一年（1922 年）至民国十四年（1925 年）的广西军阀混战时期，民国十四年（1925 年）以后新桂系时代，发行的广西纸钞均不同。

［173］担：计算粮食重量的专有单位，这里用产量来计算土地面积。

［174］国币：亦称"法币"，是 1935 年以后全国通行的国家信用法定货币。1948 年 8 月 19 日被金圆券替代。

［175］孔历：以孔子诞辰年为元年的一种纪年方式。

［176］面积测量粮有九分五：表示应缴纳税粮的田土面积数量是九分五厘。一说，"测量粮"中"粮"字衍。

［177］户面积测粮一分：一说，"测粮一分"即用缴纳税粮的数量来表示田土面积。一说，"测粮"应为"测量"。

［178］下回龙村：在今罗城龙岸镇一带。

［179］大担：中国市制重量单位，一担约等于 100 斤（50 千克）。大担则是以大箩筐计算，超过 100 斤。这时的价钱和中介费都以粮食计算，因为当时纸币已经崩溃。

［180］伸：地方俗语，意即"相当于""等于"。

［181］辛力：辛劳出力。

［182］穊：据编者调查，当地现在只有湿谷和干谷的说法。此处"穊"应该是晒干的稻谷。

［183］字田：或为"至田"之误；一说，"字"为"记号"之意，即为避免遗漏或重复计算，踏验时给田做上记号。

［184］合社门：地名。

［185］高流田：当地指水源在高处之田，多为梯田。

［186］同中：和中介人一起。

［187］先进：首先询问。

［188］凭中三面：即买方、卖方和中介人三方当面商议或做某事。

［189］理㸂：在《康熙字典》中，"㸂"是"灿"的另一种写法，今天地方方言和仫佬语中都没有"理㸂"的说法，按照其他契约的写法，这里应该是"理落"的误写，即"处理"的意思。

［190］对债：用该土地抵折其他债务。

［191］六架车田面：地名，以有水车而得名。

［192］小鸾岭：当地对比较平缓的山坡的称呼。

［193］龙骨岭：当地对中心山岭的称呼。

［194］私货准折：用该田土抵折其他财物。"私货"即别的财物；"准折"即折价抵押。

［195］言增言赎：事后重新要求增加价钱或赎回。

［196］一卖千休：当地俗语，意即一了百了，出卖之后所有权利都已经了结。

［197］偕中三面：也叫"当中三面"，即买方、卖方和中介（中证）人三方当面商议或做某事。

［198］银主：借出钱款之人，在典当活动中也称"承典人""贷款人"。

［199］梁：山梁。

［200］两：应是灌溉用水的习惯计量单位。

［201］的父：亲父。

［202］民国丁巳年：民国六年（1917 年）。

［203］民国壬戌年：民国十一年（1922 年）。

［204］白团：民国十五年（1926 年）李宗仁、白崇禧已统一广西，又正值军阀混战时期，土匪横行，"白团"可能指土匪，也可能指军队。

［205］自出支当：自行出来承当。

［206］地维村：村名，在今罗城龙岸镇。

［207］半边上面：在此是"一半存留"之意。

［208］眉急：燃眉之急。

［209］本分：也叫"本己"，"自己"之意。

［210］文范：人名。

［211］国庆：人名。

［212］本己公项：自己家族公产。

［213］桂钞：当时广西银行自己发行的纸币。在抗战后期广西纸币主要用"法币"（亦称"国币"），但仍然有人使用桂钞。广西银行最早是 1910 年由广西银钱号改组而成，改组伊始，即向日本定印俗称"乌龙票"的银圆券，是广西本省发行纸票的开始。民国元年（1912 年）至民国十年（1921 年）的旧桂系时代，民国十一年（1922 年）至民国十四年（1925 年）的广西军阀混战时期，民国十四年（1925 年）以后新桂系时代，发行的广西纸钞均不同。

［214］长清：人名。

［215］一卖千秋：也写作"一卖百了""一卖千休"，意即永远出卖，出卖之后与原主一切了断。

［216］壹箩谷担：一箩筐稻谷。谷担原本是计算粮食重量的专有单位，这里用产量来计算土地面积。

［217］票：应该是"国币"，即"法币"。

［218］老秤：指旧秤。旧的重量计量单位，十六两为一斤。

［219］上有：也写作"上手"，即卖家的旧有契约。

［220］家兴：人名。

［221］门龙：大门的门柱。

［222］罗汉石：放置大门口的经过雕琢的石头，有镇门之用，也可以当凳子。

［223］在见：见证人。

［224］灰寮：堆放灰土肥料的地方。

［225］庆美：人名。

［226］概在其内支折：所有在场、见证人等的费用全部在价银内支取。

［227］押街乱石：堆放的石头。

［228］起造：起屋造房。

［229］当中人：指买方、卖方和中介（中证）人三方当面商议或做某事。

［230］三面：即买方、卖方和中介（中证）人三方。

［231］粪湖：指厕所与收集牲口粪肥之所。

［232］重叠典卖：重复典卖，一地多家典卖。

［233］正堂：明清时对府县等地方正印官的称呼。《儒林外史》第六回："（来富）看见敝厅上，中间摆着一乘彩轿，彩轿旁边竖着一把遮阳，遮阳上贴着'即补县正堂'。"

［234］经书：也叫"经手人"，即经手的书手人。乡村或县衙门负责钱粮赋税征收登记造册的人员。

［235］都：明清时地方区划名，图上设都，相当于区或乡。

［236］图：明清时基层行政区划是图，图下分甲或庄，图有地保，相当于里。

［237］六百一百号：本来应写"七百"，但书写者误写成"六百"后，不想涂改，遂加写"一百"。

［238］执照：原指官府所发的文字凭证，后泛指证明、凭据。

［239］四区：1931 年广西省政府将原来左、右、前、后、中区改为一、二、三、四、五区，四区今属融水县怀宝镇、三防镇以及罗城北部地区。

［240］出当：典当。转移的是典标的占有权和使用权，即出典人将典物交付承典人占有和使用，换取典金。在一定的典期内，出典人使用典金不付利息，承典人使用典物不付租费。典期届满，出典人回赎，承典人便收取典金，归还典物；出典人不赎，承典人则获得典物，失去典金。

［241］不拘：不限定。

［242］钱主：也称"银主""贷款人""承典人"，即典当交易中的承当人，另一方面即"出典人"，也称"当主"。

［243］出批：出租。

［244］辛亥年：在这里指宣统三年（1911 年）。

［245］出典：典当。转移的是典标的占有权和使用权，即出典人将典物交付承典人占有和使用，换取典金。在一定的典期内，出典人使用典金不付利息，承典人使用典物不付租费。典期届满，出典人回赎，承典人便收取典金，归还典物；出典人不赎，承典人则获得典物，失去典金。

［246］六族：也写作"六房""六房族内"，是亲族的泛指。

［247］议落：俗语，"议定"之意。

［248］不具年数收赎：不限将抵押品赎回的年数。

［249］民国戊午年：民国七年（1918 年）。

［250］民国己未年：民国八年（1919 年）。

［251］借主：银主，典当交易中的承当人。但在《苏顺兴当田契约》（档案号 201201002）中"借主"指抵押借钱货款的人，与"银主"相对。

［252］利银：利息。

［253］行时：利息和时价。一说，应为"当时"之意。

［254］折：折压，逼迫之意。

［255］甲戌年：在这里指民国二十三年（1934 年）。

[256] 血本：民间对贷款本金的俗称。

[257] 洋银：银圆。

[258] 照乡：依照乡间习惯。

[259] 行息：支付利息。《二十年目睹之怪现状》第九十六回："老西儿道：'咱也不要你一定的日子，你只在借据上写得明明白白的，说我借到某人多少银子，每月行息多少……'"

[260] 借人：借出钱款之人，在典当活动中也称"承典人""放款人"。

[261] 限单：原指通知限期缴清钱粮的单子，这里是指民间借贷限期偿还本息的单子。

[262] 干利禾：一种利息的计算办法，这里指作为利息的干禾。

[263] 受当主：也称"钱主""银主"，即承当人。

[264] 被当主：也称"当主"，即出当人。在田土典当中也称"田主"。

[265] 利禾：也叫"禾利""禾息"，以稻谷当利息。

[266] 桂票：也叫"桂钞"，当时广西银行自己发行的纸币，在抗战以后广西纸币主要用"法币"，但仍然有人使用桂钞。

[267] 禾息：也叫"禾利"，以稻谷当利息。

[268] 分单：分家的单据，也就是分家的字据、凭据。分单的别称有许多：分书、分纸、合缝字、割藤、析单、析据、据单、分割文书等。

[269] 拈钩：方言，即抓阄、抽签。

[270] 养膳之田："养膳"即养老膳食费用。"养膳田"一般是家长分家后留给自己的养老田。

[271] 扭匀：分配均匀。

[272] 分关书：指分家析产的文书。"关"原为一种官府文书，多用于平行官府间的通报、质询。《文心雕龙·书记》："百官询事。则有关、刺、解、牒。"后亦用作民间契约文书。

[273] 张公艺九世同居：《旧唐书》卷188 记载："郓州寿张人张公艺，九代同居。北齐时，东安王高永乐诣宅慰抚旌表焉。隋开皇中，大使、邵阳公梁子恭亦亲慰抚，重表其门。贞观中，特敕吏加旌表。麟德中，高宗有事泰山，路过郓州，亲幸其宅，问其义由。其人请纸笔，但书百余'忍'字。高宗为之流涕，赐以缣帛。"

[274] 郭子仪百人共爨：据《旧唐书》卷120 记载，郭子仪（697—781），唐代中叶名将，华州郑县人（今陕西华县）。唐玄宗开元年间中武举登第，天宝十三年（754年）任天德军使，兼九原太守、朔方节度兵马使，在平定"安史之乱"中发挥了重要作用。据说郭子仪既富贵又长寿，后代繁衍安泰。他有八子七婿，都是朝廷重要官员。孙子有数十人之多，当孙子来问安，他都无法分辨谁是谁。"共爨"，指一起开灶做饭。

[275] 分爨：分开来做饭，比喻分家。清钱泳《履园丛话·景贤·乡贤》："心才乃言曰：'余兄弟垂老同居，安能保子侄之久合乎？盍分爨也？'"

[276] 族戚："族"与"戚"是两个不同的概念。父系者为族，母系者为戚。

[277] 排连：排列。

[278] 四空：当地计算房屋间数的单位，两排房柱分隔成一间，即称为"一空"，每空还可以隔成若干小间。

[279] 车一架田：据记载，在沼泽中用木桩做架，挑选菰根等水草与泥土掺和，摊铺在架上，种植稻谷，叫"架田"，亦称葑田。这样种植的作物漂浮在水面，随水高下，不致淹没。宋、元时，江南、淮东和两广就有这种架田。元土祯《农书》记载："架田。架，犹筏也，亦名葑田……江东有葑田，又淮东、二广皆有之。东坡《请开杭之西湖状》谓'水涸草生，渐成葑田'。考之《农书》云，若深水薮泽，则有葑田，以木缚为田丘，浮系水面，以葑泥附木架上而种艺之，其木架田丘，

随水高下浮泛，自不淹浸。"但是这里的"架"是与"车"连用的，疑为水车架之意。

［280］二车：水车二架。

［281］五眼：五个进水口。

［282］放头：地名。

［283］下鸠尾：地名。

［284］祖堂：祖屋香火堂。罗城仫佬族地区的家屋一般都有供奉祖先和神灵的牌位。

［285］数定：上天决定、命中注定。

［286］菽水亦可承欢：典出《礼记注疏·檀弓》。孔子曰："啜菽饮水，尽其欢，斯之谓孝。""菽"，豆类的总称；"菽水"，豆和水，指最平凡的食品；"承欢"，博取欢心，特指侍奉父母。用豆子和水来奉养父母，博取父母的欢心。后遂以"菽水承欢"指身虽贫寒而尽心孝养父母。

［287］滋议：滋生口角纠纷。

［288］熟土：已经开垦种植过作物的土地。

［289］光绪甲辰年：光绪三十年（1904 年）。

［290］殡费：丧葬费。

［291］收批：收租谷。"批"即出租。

［292］戊辰年：在这里指民国十七年（1928 年）。

［293］出沽：出卖。《论语·子罕》："沽之哉！沽之哉！我待贾者也。"

［294］分书：指分家析产的文书。

［295］壬申年：在这指民国二十一年（1932 年）。

［296］三月庙：指三月三庙，也称婆王庙。罗城仫佬族地区农历三月一般有三月初三祭祀婆王，三月清明祭祀祖先的习俗，但据编者调查，为祖先立庙即建祠堂，时间比较晚且并不多见，而且祠堂一般立在村中心，往往不会是稻田地区。因此"三月庙"应是指婆王庙。罗城乡间的婆王庙往往在田间地头垒石立石而成。婆王是仫佬族（壮侗语族）信仰中主管人间生育繁殖的神，是否生养、生儿生女由婆王决定。大婆、二婆手里抱的小孩出生后，可以被养活；三婆抱的孩子是"花林仔"，眼瞎、脸青，是残疾不健全或夭折的婴儿。每年农历三月初三是婆王诞。

［297］五服：指代五辈人，谓高祖父、曾祖父、祖父、父亲、自身五代。

［298］花户：明清时期（包括民国前期）对应该缴纳赋税的户口的称呼。

［299］柜吏：是在城镇乡间监督和处理缴纳赋税的花户"自封投柜"纳税的吏员，即会计或财务人员。"自封投柜"是清代普遍实行的乡村设立征税点而进行的纳税方式，减少了一些中间环节，但是缴纳数量要略高于设立在城镇的纳税点。清黄六鸿《福惠全书·钱谷·柜式》："柜吏领出收银，其柜钥封好，本官收贮内衙，俟折封时禀领。"

［300］户丁：必须缴纳地丁银的人户。明清时期在官府登记的户名，不一定是实际的人名。

［301］该书：该书手。明清时期各里甲中催收经办钱粮的会计人员。

［302］白飞：也称"飞洒""飞寄"，指把土地或应纳钱粮通过不法手段诡寄或摊入别的人户内，以减轻赋税或差役。这两者都是有势力民户或者书手巧名逃税的不公平行为。明王鏊《王文恪公集·书》："或以其税寄之官宦，谓之诡寄。或分散于各户，谓之飞寄。"明无名氏《田赋书》："何言乎飞洒？富人多田，患苦重役，乃以货啖奸书，某户洒田若干亩，某户洒粮若干升……其被洒之家必其昧不谙事，或朴懦不狎官府者也。甚有家无立锥之业，而户有田亩粮差之需。"一般来说，飞寄是某户主动把自己的田产寄入可以免役的某户以减轻本身的差役，双方都是知情的；而飞洒则是一方买通书手，把自己的土地或应纳粮赋分散到别的人户，另一方是不知情的。

［303］地丁银："地丁银"制度是清朝时实行的赋税制度。康熙时，清政府规定以康熙五十年（1711年）的人丁数作为征收丁税的固定丁数，以后滋生人丁，永不加赋，至此，"丁"成为完全意义上的计税单位，而与人口数量无关。雍正时，又实行"摊丁入亩"，令各省将丁口之赋平均摊入田赋中，征收统一的地丁银，成为清朝划一的赋税制度，叫"地丁银"制度，但该制度在各地正式实施的时间和具体做法不一。

［304］元三里："高元三里"的省写，今属罗城龙岸镇。"里"，罗城乡村建置，源于明代开始在罗城设置里甲。

［305］东上里七冬：据民国《罗城县志》记载，明代平东里在清代分为平东上里、平东下里，另有东一里不变，并无东上里，故此处"东上里"应该是"平东上里"的简称；或者是"东一里"的误写。不管如何，此七冬的吴永康户与另一个"东一里六冬"的吴永康户显然不是同一户，因为其在同一时期出现且纳银数目差别很大。"里"，罗城乡村建置，源于明代开始在罗城设置里甲；"冬"，壮侗语族词，原相当于国家设置的"甲"，后发展为有亲缘关系的房族所居住的地方。

［306］布里：布政里的省写，基层行政单位，今属罗城龙岸、黄金镇一带。里，罗城乡村建置，源于明代开始在罗城设置里甲。

［307］张：在这里指张绍元，民国《罗城县志》有记。

［308］左区：清宣统至民国初年罗城划分为前、后、左、右、中五区。今龙岸镇一带为左区，县城附近一带为中区，黄金镇一带为右区，小长安一带为前区，今融水三防镇一带为后区。民国二十年（1931年）将中、前、左、右、后区分别改称一、二、三、四、五区。

［309］户柱：指"户丁"或"户主"。因为明清时代的户籍册是按照人丁、事产、新收、开除等项目排列成柱形，故也称"户柱"。

［310］原米：原额米，原来按规定应交纳的粮米。

［311］实米：实收之粮米。

［312］并加于内：在这里指何连城户应交之粮米加上收韦惠忠粮米。

［313］复反："再一次"之意。

［314］实征：实际征收到的赋税数量。因为官府在征收赋税时可能会依据情况在原来规定额度上有附加或有减免，所以实际征收不一定是原有规定的额度。

［315］耗羡：碎银加火铸成银锭时的折耗，亦称"火羡"。

［316］规费：是由地方政府对公民进行登记、注册、颁发文书时所收取的文书费、执照费、登记费等。

［317］平余：亦称"余平""随平"，为清代地方政府上缴正项钱粮时另给户部的部分。一般来源于赋税的加派，亦有另立名目加征的。

［318］正赋：主要的赋税，指地丁税。明沈榜《宛署杂记·縣赋》："赋分二等：曰正赋，即起运存留正供，每年候府奉部札，酌岁所急，多寡微有差。"清黄六鸿《福惠全书·钱谷·催征》："田之所税为粮，人之所供为丁，统正赋之名，曰：地丁。"

［319］联团：最初是清末各乡村团练的联合组织，后来成为一个区中负责征收赋税和治安管理组织，超越了里甲组织，成为民国时期县之下区公所的前身。

［320］串票：自明代开始、在清代普遍推行的官府征收赋税所使用的收据，一般为一式两联或三联，故名。《清文献通考·田赋一》："截票之法：开列实征地丁钱粮数目，分为十限，每月限完一分。其票用印钤盖，就印字中分而为两，一给纳户为凭，一留库柜存验，即所谓串票也。"

［321］上忙：过去征收赋税钱粮的时令，每年农历二至四月为上忙。

［322］下忙：过去征收赋税钱粮的时令，每年农历八至十二月为下忙。

［323］柳庆：柳，指柳州行政区；庆，指庆远行政区，属今河池市。

［324］过户：这里指从一定区域收集粮食后再缴纳给政府，称"为粮食过户"。

［325］科则：赋役制度名。"科"与"课"通，"课"即赋税之意。清制，凡田地征收赋税，均依田地质量而立有科则，即纳赋之等级规则，亦即分等第纳赋。其等第的划分，按土地的优薄，分为上、中、下三则，各则内又划分等级。各则应纳的赋额有差别，各地不一，均载于编征册内。

［326］税柜：官府专门为纳税者自行缴纳税钱而设立的收税站点。

［327］滞纳：原意指延期、阻滞，在财政金融上指不按纳税期限缴纳税款或者不按还款期限归还贷款，按滞纳天数加收滞纳款项一定比例的金额。

［328］折征：官府征收赋税时，往往把某一项应纳钱物折合为别的钱物而征收，叫"折征"。

［329］带购：即政府附带征购农户的粮食。广西政府从 1940 年开始，实行对粮食随赋征购，即根据田赋数额多少，按照比例征购。但是政府购粮的定价往往低于市价。

［330］传追：传禀追缴、追究。

［331］空着物：附着物。

［332］征借：这是当时政府在征购时，由于财政不足、定价不合理而导致征购困难，于是改"征购"为"征借"，即征购时停止搭付现金，而代之以付给粮食库券，意即政府借民户粮食，以后连本带息归还，但实际上成了加征。广西在 1944 年一律改"征购"为"征借"，并废除粮食库券，只在收粮票内另加注明，作为借粮凭证。

［333］征实：就是田赋的征收以实物为交纳形式。这是抗战时期货币和粮食市场比较混乱时全国各地采取的方式。

［334］流抵：旧时田赋制度，准将当年所纳钱粮，扣除灾荒蠲免所得的余额，抵作次年应纳的赋税，叫"流抵"。

［335］捐挥："捐"即捐纳、捐输，往往是清末民国时期在正常纳税之外的税负。在当时，从事牛马等重要牲口的买卖，必须有政府登记并征收捐税。"挥"即指挥、指派、指令的意思，又表旗幡，通"徽"，又有"挥写"之意，在此引申为凭证的意思。

［336］号：商号，店铺。

［337］牳：母牛。

［338］谷担捐：当时广西捐费的一种。

［339］自治户捐：当时征收的一种临时捐费。

［340］优待征属费：一种专门优待被征军属的捐费。

［341］自卫特捐：民国时期支应地方政府军事经费的一项临时性专项税捐。

［342］富力捐：民国末期支应地方政府军事经费的一项临时性专项税捐。

［343］土地陈报单：民国时期政府整理地籍的一种手段，由政府部门发一定陈报样式，从农户开始，层层向上汇报的方式，弄清田亩数量、应征赋额数量，以期免除有田无粮（赋税）、有粮无田的积弊。土地陈报 1929 年至 1941 年由各省办理，1941 年 4 月至 1945 年收归中央办理。

［344］莫树贤：广西南丹人，1949 年任罗城县长。他是当时国民党第 84 军军长、广西省保安司令莫树杰的胞弟。

［345］萃灵团：据民国《罗城县志》记载：大约道咸年间之后，全县分四乡，乡之下设立"里"，"里"之下设"团"，团之下有若干村落。宣统二年（1910 年）举办地方自治，把全县分为中、前、后、左、右五区，区下设大团，大概是由清末乡村团练转化而来，逐渐成为基层单位，取代了原来的里甲。萃灵（民国《罗城县志》写作"翠灵"）团属今罗城龙岸镇。

［346］清乡：当时广西新旧桂系争夺政权，造成兵匪勾结祸害地方，政府随后开展清剿土匪的大规模行动。

［347］烟户：人户。《清会典·户部·尚书侍郎职掌五》："正天下之户籍，凡各省诸色人户，有司察其数而岁报于部，曰烟户。"

附：

罗城仫佬族自治县东门镇、龙岸镇、黄金镇调查

调查人：胡小安　陈杰敏　韦秋萍　植　丽　黄芳桂　李曜任

调查时间：2015 年 7 月 10 日至 21 日，2016 年 7 月 20 日至 30 日

资料主要提供者：吴代群　石　江

一、罗城仫佬族自治县历史沿革

罗城仫佬族自治县由原罗城、天河两县合并而成。仫佬族是我国少数民族中具有悠久历史的民族之一。早在两三千年前，仫佬族的祖先就作为百越族群的一部分，生活在岭南的土地上。仫佬族的先民经历了漫长的原始社会。现在仫佬族中流传的"兄妹为婚"的故事，反映了仫佬族先民曾经历母系氏族原始群婚的阶段。公元前 3 世纪（战国末年），居住在岭南西部的仫佬族先民（被称为西瓯骆越民族）已进入阶级社会。

秦始皇统一岭南后，在岭南设置了南海、桂林、象郡。汉代在岭南分置九郡，仫佬族地区属于潭中县地，为郁林郡辖地。隋唐时期，中央封建王朝加强了对岭南的统治。唐代增加了州县的设置，派来大批汉官直接控制，同时设置了几十个羁縻州县，任用当地少数民族首领为长吏，采取了"去者不追，来者羁之"的羁縻政策。这一时期，仫佬族的先民俚僚社会经济得到进一步发展，牛耕已出现，稻田耕作技术有了提高。宋代，是仫佬族先民僚伶等社会发展的重要时期。宋仁宗皇祐年间（1049—1054 年），朝廷镇压侬智高起兵后，在桂西地区建立土司机构，僚伶居住的罗城、天河等地则设流官统治。

罗城县，汉至南齐均为潭中县地。南梁时分潭中县地设黄水县，属黄水郡，这是罗城地区建县之始，县治在今黄金镇。隋初，废黄水郡，黄水县直属东宁州。又在今东门镇一带增设临牂县，亦属东宁州，后来两县改隶融州。不久后又废除黄水、临牂二县，并入今融水苗族自治县境的义熙县。进而改州为郡，义熙县属始安郡。唐初，重置临牂、黄水两县，又于今东门镇一带增设安修县，皆属融州。五代因之。宋开宝五年（972 年）割武阳、融水等县地置罗城县，始得县名，属于融州。后废罗城、武阳两县，并入融水县。不久又增置武阳寨、罗城堡，仍属融水县。元代因之。明初，割融水县地复设罗城县，属融州，不久后改属柳州府。清时，仍隶属柳州府。1857 年，大成国起义军攻占罗城，改县名为朝阳县。1861 年，清军占领罗城，复名罗城县。民国时期，罗城县先属柳江道，继而直隶广西省政府，不久后属宜山民

团区，又先后改属柳州民团区、柳州行政督察区、第四行政督察区、第二行政督察区、第十行政督察区、第十五行政督察区。

天河县，汉至隋代均无建制。唐贞观年间始置天河县，初属粤州。唐乾封年间（666—668年）改属宜州，后又改隶龙州郡，不久复隶宜州。五代因之。宋庆历年间（1041—1048年）改隶庆远府，后又改属融州。北宋初，今县境尚置有乐善羁縻县，治今宝坛乡四堡。元初，仍属庆远府，后改属庆远路，不久又改属庆远南丹溪洞等处军民安抚司。明洪武元年（1368年）改属庆远府，翌年改隶庆远南丹军民安抚司，次年复隶庆远府。后割天河县十八里地置永安长官司，寻又入天河县。清时，仍属庆远府。其中，天河县承审置于明弘治五年（1492年），治今宜山县东北之永顺副长官司。民国初期，天河县属柳江道，1927年直隶广西省政府，同年，永顺副长官司改土归流并入天河县。不久又属宜山民团区，后又改属柳州民团区、柳州行政监督区。继而改属庆远行政监督区，又先后改属第七行政督察区、第二行政督察区、第十行政督察区。

新中国成立初期，罗城、天河两县属庆远专区。1950年，两县改属宜山专区。

1952年7月，广西省政府报请中南军政委员会核转，政务院于1953年4月23日批准撤销天河县，其行政区域并入罗城县。

1956年3月，罗城县改属宜山地区，同年7月改属柳州专区，1965年7月改属河池专区，1971年改属河池地区。

1983年8月30日，经国务院批准，撤销罗城县建制，设立罗城仫佬族自治县，以原罗城县的行政区域为罗城仫佬族自治县的行政区域，属河池地区管辖。

2002年6月18日，国务院批准撤销河池地区，设立地级河池市，罗城仫佬族自治县由河池市管辖。

二、东门镇社会调查

（一）地理环境和交通

1. 位置和面积

东门镇位于罗城仫佬族自治县东南部，地处东经108°53′，北纬24°54′。西距河池市金城江区130千米，南距南宁市326千米，所在县境东南与柳城县为界，西面与环江县相连，西南与宜山市为邻，北面和东北面与融水苗族自治县接壤。东门镇是县城所在地，是全县政治、经济、文化和交通中心。全镇面积388平方千米。

罗城县多山，地势不平，仅在山群之间有多处小块平地。全县地势西北高，东南低。县内石山纵横交错，平原少而狭。但是东门镇地处平原，全镇约60%的面积为平地或丘陵。

2. 气候

东门镇气候温和，雨量充沛，适于农作物生长。每年最高温度在7月份，平均气温在27.3℃，最低温度是2月份，平均气温在6.6℃。东门镇虽然纬度低，但是天气并不会很炎热。如7月份最高气温有 35.8℃，但这样的气温不过几天而已。到 1、2 月份，地面上也有霜，有时候甚至还结冰。东门镇降雨量较为充沛，每年平均雨量为 1374.1 毫米，但是分布极不均匀，冬季和春季雨量最少，夏季雨量最多。春季平均降雨占全年的 10.6%，夏季降雨量占 46.8%，秋季降雨量占 36.1%，冬季降雨量占 6.5%。从具体时间来说，每年 9 月至次年 2 是雨量最少的时候，在这段时间里，降雨量最高才有 63 毫米，最低的只有 15.9 毫米；全年雨量最多的是 5、6、7 三个月，全年蒸发量最大的是 5 月份。

3. 交通

东门镇是全县的交通枢纽，距广西工业城市柳州 120 千米，距宜州仅 45 千米，距内河运输港罗城牛毕港仅 30 千米，岔罗铁路和省道浮宜公路贯穿全境。

在公路方面，罗城至宜州的二级公路起于罗城仫佬族自治县县城东门镇葫芦山水库大坝坝首，经四把、石门、天桥、小龙、下枧，终至宜州市区。还有罗城至柳城的公路，是罗城仫佬族自治县的出县通道和通往柳州市及其他地区最便捷的公路，起于罗城仫佬族自治县县城南面，经东门镇的大罗、孔章、大井、火浪、大崇、冲垌，终至柳城县冲脉镇。

（二）经济状况

1. 农业

东门镇处于平原地区，耕地面积较多，土壤肥沃，有配套的水利设施，因此农业发展较早且较发达，农作物种类有很多，主要有稻谷和玉米。

土地：全镇耕地面积 4.34 万亩，以种植水稻和杂粮为主。调查组重点调查了本书文书发现点之一的东门镇桥头社区上欧屯。上欧屯耕地面积约 600 亩，过去以种水稻为主，兼种玉米等杂粮，现在除了种水稻，还实施多种经营，以种植葡萄和种桑养蚕居多。据该屯吴世超老人（84 岁）介绍，新中国成立前该村土地买卖比较频繁，与外村都有土地买卖，尤其清朝的吴凤鸣家，在下欧屯、周冲屯等处均有田土。在太平天国运动时期，田契主往往把田契放进竹筒里装好，藏在房屋中。今天吴氏的老屋尚存，正屋以火青砖为主，偏房则为泥砖屋。吴世超老人介绍了泥砖的制作过程：把黏土和水成泥，扒过两遍，浸泡十天，让水晾干，然后让牛踩成浆，再用砖框成形，晒干即可用；做成泥坯还可以放禾秆进去，晒一个月以上，可用来砌成更坚固的泥墙。调查组发现，全村老房子基本以泥砖为主，青砖老房子则属于以前比较富裕的人户。

水利：地姚水库，位于东门镇北部 14 千米的融江二级支流东勇河上，该工程集雨面积 55.7 平方千米，总库容 74 万立方米。大坝坝型为均质土坝，最大坝高为 16 米，坝顶总长 128.4 米，坝顶高程 210.6 米，年发电量 80 万千瓦·时。黄泥河水库，位于东门镇桥头社区，是一座小型水库，灌溉面积 600 多亩。水坝的发展是当地经济发展的基础，因此东门镇文化、经济、教育各方面发展比较快。

稻谷：稻谷是本镇主要作物，其分布甚广，种植面积很大。分为双季稻和单季稻。双季稻和单季稻的种植方法有所不同：单季稻多为水播育秧，也有少数育旱秧；双季稻多采用水播旱管，也有水播培育的。早稻春分时播种，中稻清明、谷雨时播种，晚熟中稻也有推迟到立夏前才播种的，晚稻在夏至前后播种。在施肥方面，基肥为每亩牛粪 16 担，晚稻也有不放基肥的，追肥放牛栏粪、草木灰等。

玉米：玉米是本镇仅次于稻谷的主要作物。玉米分为春玉米和秋玉米两种。春玉米又因收获时间的不同而分为四月玉米和六月玉米。四月玉米在每年的雨水、惊蛰时节播种，六月玉米则在每年春分前播种。秋玉米一般在大暑时播种。过去玉米地仅一犁一耙，现在普遍进行二犁二耙。玉米的种植方法是开行点播。玉米地的基肥是牛栏粪、草木灰、土皮灰、猪栏粪等。

2. 工商业

东门镇人口较多，有全县最大的圩市，每三天一圩市。1950 年以后设有百货商店、花纱布商店、银行等，每到圩日，附近各村村民云集此处，进行买卖。改革开放以后，商业发展更加迅速，有各种商铺数千家。全镇现有各种中小型企业约 1230 家，年创税金近千万元。农业与农村经济稳步发展，产业结构日趋合理，以甘蔗、烤烟、山葡萄、种草养牛等为重点的农业综合开发和以服务、交通运输、个体工商户为龙头的第三产业发展迅速，乡镇企业资本结构进一步调整，逐步形成以建材、食品加工、铸造为主的产业格局。

（三）文化教育状况

东门镇的仫佬族重视教育。仫佬族中潘氏一族所制定的族规里，就有激励仫佬族后代发愤学习的具体规定："族中有发愤读书，志在上进者，将祠内会底，赠银一十二，中举赠银二十两。此为祖宗争光，族众不得有私议。"学子发愤图强，也有比较好的榜样，比如在清朝时，东门镇横岸村上勒蒙屯的潘善禾就考中了进士。

1. 私塾

私塾多设于塾师家或庙宇祠堂中，每馆有学生十多人，多则二十余人。原来的仫佬族教育中，私塾教育占主流，私塾课本有《三字经》《百家姓》《传家宝》《传家训》《声律启蒙》《增广贤文》《幼学琼林》等。多数先生对所授的课本，只教读书写字，不做内容解释，学生知其然不知其所以然，此类学馆称"蒙馆"。少数富家子弟进而学习"四书""五经"，学习八股文，以应试科举，称为"经馆"。清末废科举、兴学堂，但学堂较少，私塾在民间仍然盛行，直至民国二十二年（1933 年）官方严令取缔才逐渐消失。

2. 新式教育

幼儿教育：幼儿教育科目有语文、常识、算术、音乐、体育、美工、游戏等，教材没有统一的规定，由教员根据幼儿的特点，参考有关资料自己编选。

小学教育：新中国成立后，小学教育正式开展开来，学生和教职工的人数增多，学校学科门类齐全，教学设备逐步走向现代化。

中学教育：东门镇的中学教育发展比较快，而且门类齐全，学生德、智、体、美、劳等各方面全面发展，考上重点大学的人数也逐年增多。2006 年之前，东门镇的罗城高中是罗城县唯一有研究生学历教职工的高中。

业余体校：业余体校创建于 1973 年 9 月，校址在东门镇解放路 55 号，属县政府创办的学校，由县财政划拨训练活动经费，开办重点田径班、篮球男女班。随着教育的改革和发展，学校开设的学科越来越多，人才也越来越多。

科学文化：随着现代科学技术的发展、推广和普及，仫佬族的新一代人才正在茁壮成长。仫佬族文化璀璨，其中仫佬族文学分为韵文体口语文学、散文体口语文学、近代文学和当代文学四个部分。文化的发展体现了教育的进步。

（四）民风民俗

1. 婚姻习俗

东门镇的仫佬族、壮族、汉族的婚姻风俗基本上相同。旧时的仫佬族农村青年大多在十七八岁结婚。婚姻大事大多是父母之命、媒妁之言。传统的婚姻中，仫佬族可以同其他民族通婚，同姓也可以结婚；但同冬不婚，同宗族支系不婚，表兄妹不婚，更没有兄终弟及的说法。这是为了保证优生优育而形成的良好习俗。传统的婚姻流程主要有 9 步。（1）媒人说合。（2）看人。在媒人说合后，男女双方见面看人。（3）看屋。双方满意后，女方到男方家看房子，兼了解男方家庭各方面的情况，对男方做进一步考查。（4）合八字。双方同意后，男方到女方家中取女方生辰八字，请算命先生按双方出生的年、月、日、时，配合天干、地支，推算男女双方是否相克。若双方八字相合，则事可成；如果算出来相克的话，就会请算命先生指出避难的方法。（5）定亲。合八字后，男方会给女方送一份礼物定亲。（6）择定婚礼日期。一切婚姻事项商议妥当后，即择定举行婚礼和开剪、过礼日期。（7）开剪。即男方给女方开剪裁缝嫁衣。（8）过礼。把经双方商定的男方给女方的彩礼送到女方家。（9）举行婚礼。

婚礼当天，男方派人到女方家迎接新娘，接亲人员有一位年长的押礼工、一对金童玉女加媒人共四人。过去的婚俗，接亲的礼品中有：雄鸡两只、猪肘四个、猪肉两斤。新娘离家前，往往哭哭啼啼，表示对父母的依恋。女方家往往邀约房族亲戚中的十几个年轻女子送嫁，名为"送亲"。新娘入男方家后，在男方家祖先神龛前烧香点烛，表达感谢祖先之意。到男方家后，男方的亲友会陪伴女方亲友唱歌，彼唱此和，通宵达旦。一般是日间唱相互称赞和耍乐歌，夜里则唱"古条"，即故事歌。对唱山歌是青年男女一种公开的社会交际活动。结婚当天，新婚夫妇并不同宿，他俩也要陪伴贺客和送亲人员过夜。次日早餐后，送亲的回娘家，新娘便和他们同路回家。直到第二年二月社日，男方才派人去接新娘回男方家过节。直到这一天晚上，夫妻才同房共宿。次日，新娘仍回娘家，男方须备粽子八至十担，送她回去。自此以后，新娘才偶尔来男方家住几天，平日仍住在娘家不回。直到怀孕之后才回男方家，生子后就不再回娘家久住。这样的习俗称为"不落夫家"。

随着时代的发展，"不落夫家"的习俗已经越来越少见，20 世纪 90 年代以后，很少有新婚男女遵循"不落夫家"的婚姻习俗。

2. 丧葬习俗

仫佬族的丧葬习俗与当地的汉族大致相同，但仍有一定差异，主要体现在为逝者举行十二道礼仪程序上。这源于仫佬族地区流行的灵魂崇拜。这些仪式过程为：（1）买水。逝者孝子穿孝服，提壶到泉边取水回家给死者洗身。汲水时象征性地把钱（一般是几角钱）扔到水里，叫作"买水"。（2）洗身。为逝者沐浴。以白布为巾在逝者胸前、背后各擦拭三次。死者如果是男性，还要给他剃头，象征性地前剃三刀、后剃三刀；死者如果是女性，则要给她梳头，前三梳后三梳。（3）装殓。给逝者穿新衣服和鞋帽。一套衣服为一层，加一件衣服为两层，最少穿三层，多则五层或七层，均用单数。（4）受土。给逝者喂饭食。（5）进棺。将逝者遗体抬进棺材。装殓毕，把一银毫（现在一般用硬币）放入死者口中，意味死者阴魂不再回家讲话吓人。入棺前，取一块白布（长度约与尸体同），缝合其下端两角，之后放尸体在白布上，脚套在白布缝合的一端，然后殓棺内，再以长约70厘米的白布一块覆面，即行盖棺。（6）设灵。为逝者设一灵牌，舀一碗饭，上放一个鸡蛋，供在灵牌前。（7）报丧。择定出殡日期后，派人到亲戚家报丧，一般由孝子去报丧。（8）打斋。又叫作"道场"，是超度死者阴魂的一种仪式。打斋两宵（实际上是四天三夜）和一宵（实际上是三天两夜）的为"大斋"，舅家须备全猪为祭礼；打斋一夜的为"小斋"，舅家只需备猪头一个为祭礼。前者极少见。（9）出殡。把灵柩移出村口停放，并将桃枝置于棺上用以驱鬼，孝子孝孙等都身穿孝服，手执行杖，哭泣送葬。（10）下葬。把灵柩抬到坟山放入坟穴，覆盖泥土后做成坟墓。（11）拜新坟。安葬后第三天早上死者亲属备酒饭到坟上祭祀。另于头年二月初一、第二年二月初二、第三年二月初三，亲属给逝者上坟。（12）重葬。逝者下葬后，若不如意，可捡尸骨重新安葬。另外，仫佬族在丧葬中有戴孝守孝的风俗。亲属在死者未出葬前，均须戴孝。在出葬后，其子女及儿媳在头49天内不脱头上的孝布，孙子女及孙媳妇则戴30天，其他人则不需戴孝。戴孝期满后，即除下头上孝布洗净收藏，等到三年服满烧灵位时，将其烧去，名为"脱孝"。这样的丧葬风俗，虽然现在还存在，但有所简化。

3. 民间信仰

东门镇一带的仫佬族、壮族、汉族的主要神祇有三界公、社王、白马娘娘、婆王等。这些神祇大多数没有庙宇，只在适合地点（比如村头、田头、大树下）垒石成形（有的有简单的石像），加以祭祀。祭祀地点的确定，必须由道公来主持。下面以契约发现地之一的东门镇桥头社区上欧屯为例来加以说明。

上欧屯的神祇地在村口和村旁，主要供奉的是社王和婆王。社王是村里人畜禾苗的保护神。社王庙也叫六月初二庙，它并无庙宇，也没有神像，一般以石头代替，这是遵循仫佬族的古老传统所置，所谓"社，必受霜露风雨，以达天地之气，故用石主，取其坚久"。社是土神，主宰地上的阴气，供奉社王处上面没盖顶，有围墙，任它接受霜露风雨吹打。供奉社王处一般设在村东南角的一棵大树下，安置三个香炉就算是神坛了。祭社的日期，一年两度，一在一月社日，一在十二月下旬。祭社那天，全村居民在社坛前举行集体祭拜仪式，求神保护家人安康，庄稼丰收。

在仫佬族等民族的信仰中，婆王是主管人间生育的神，上欧屯的村民虽祭婆王，但并没有建婆王庙宇。每年农历三月三为婆王诞，各家集资购买供品祭拜婆王，感谢婆王庇护孩子平安成长。

4.节日

东门镇仫佬族的节日比较多，有二月社、婆王节、六月初二、走坡节、依饭节等。其中，依饭节是仫佬族最独特、最隆重而又富有神秘色彩的传统节日。依饭节又称"依饭公爷"和"喜乐愿"，是向祖先还愿的意思，带有十分强烈的感恩和祝愿的色彩。这个节日与其他的传统节日不一样的是，不同的姓氏、宗族或冬的节期是不一样的。节前由各家族德高望重的长者或头人牵头筹划，把过节的时日、捐物项目和需置备的供品等有关事宜提前告知村民。各家各户像过年一样，人们穿上节日盛装，亲来友往，买鸡鸭供香火。同时每户派一二人携带鸡鸭、谷穗，及红薯、芋头等做成的猪、牛模样的供品，到族内祠堂参加集体祭祀活动。祭祀的形式主要是做法事，法事需要三人以上合作才可举行，时间约一昼夜。先后经过"圣坛""请圣""劝圣""点牲""唱牛哥""合兵""送圣"七个步骤。仫佬族同样也过春节、中元节、中秋节等。

（五）附：东门镇桥头社区上欧屯契约传承人吴氏家族相关资料

1.东门镇桥头社区上欧屯吴姓字辈诗

仲月福社应朝盛，尚国凤廷庆永长。

世代纯儒明理德，其家宏振启书香。

远绍广平勋烈重，绵延璞福自流芳。

遗风三让承先绪，燕翼胎谋定克昌。

2.东门镇桥头社区上欧屯吴纯章支系世系

一世：纯章

二世：锡宽

三世：凤鸣（配覃氏）

四世：廷宣、廷贵、廷辉、廷理

五世：（廷理子）庆恩、庆福

六世：（庆恩子）永昭、永明

（庆福子）永康、永程

七世：（永程子）长滨、长瑞

八世：（长滨子）世超、吴光、世光

九世：（世超子女）燕兰、芝兰、代乾、代群

（吴光子）敬伟、敬忠

（世光子女）桂兰、孝兰、吴剑、代奎、代相

十世：（代乾子女）纯飞、纯彰、纯婵

（代群子女）吴戟、吴媛

（敬忠子）纯宇

（代奎子女）金宵、纯荣

（代相子女）纯鹏、吴柳、吴华

十一世：（纯飞女）吴韦锦

（吴媛子女）雨航、雨霖、雨铮

3. 东门镇桥头社区上欧屯吴凤鸣墓碑文

皇清久故吴老太公讳凤鸣老大人之墓。吾烈祖凤鸣公乃纯章之孙，锡宽之子也。生于清乾隆三十二年丁亥七月初九日未时，终年无稽。世传公生前积德行善，喜读诗书，忠直宽厚。志气宏放，勤俭持家，广置田产，和睦邻里，繁衍生息。今尚有亲笔书写购置田地凭据数张，字体工整隽秀，已成古籍，经整理入书（《中国少数民族古籍总目提要·仫佬族卷》），公之聪慧可见一斑。又传云其在安徽省任过粮官。自公以来，开枝散叶，人才辈出，大部分居住本屯，或因工作生活变更迁居县城、巴立、纳翁和域外山西太原等地。凡我世系者，皆一脉之宗亲也。其中不乏大中专生，有团营级军官，有局级领导，有教师，有行政和企业人员。我族人安居乐业，生活宽裕，人心思聚。公原葬地菜富洞，因福地变异，今迁至狮子岭安葬，辛山乙向兼戌辰，并勒石，俾子孙后代纪念祖德无疆，永垂不朽云。

（世系略）

公元二零一二年壬辰年四月廿二合族敬立（闰四月十三）

4. 东门镇桥头社区上欧屯吴凤鸣之妻墓碑文

清故吴奶覃氏老孺人之墓。吾祖奶覃氏乃凤鸣公之内人也，生于乾隆己丑三十四年七月初九亥时，终年无稽。遐传其生前秀外慧中，贤良淑德，妯娌和睦，勤力持家，日耕夜织，旺夫荫子，功德圆满。木本水源，慎思追远，今族人集思共识，献公投资，兴碑立仪，以报先人在天之灵，彰显后嗣敬祭之情。祖奶恩德，昊天无疆，永垂不朽云。

公元二零一二年壬辰年三月□日族内敬立

三、龙岸镇社会调查

（一）地理环境

1. 位置和面积

龙岸镇位于罗城仫佬族自治县东北部，河池市东部，云贵高原苗岭山脉九万大山南沿偏东地带。集镇距县城 35 千米。镇域东西横距最长 24.2 千米，南北纵距最长 29.1 千米。全镇面积 313.86 平方千米。龙岸镇是罗城的农业大镇，盛产稻谷，"想吃饱饭，黄金龙岸"的说法闻名八方。1982 年，龙岸镇被列为广西商品粮生产基地之一。

龙岸镇西北紧靠宝坛乡，西南毗邻黄金镇，东面和北面与柳州市融水苗族自治县的永乐、融水、怀宝、三防等乡镇相接。地貌呈盆地状，四周被连绵不断、形似剑排的山脉围绕，北面的山为土质山，东西南三面的山多为石山。中间地形开阔，村庄稠密。东南边多为农田，西南边多为丘陵。镇内最高处为北面山口村的月亮山，主峰海拔 1228 米，最低处是南边八联村石龙屯的大围河口，海拔 117 米。龙岸街为龙岸镇的政治文化中心。从县城到龙岸镇，途经东门横岸小学、桥头社区桥头街、罗城矿务局的桥一矿和桥二矿、矿务局水泥厂、黄金镇寺门街，过寨博河便进入龙岸镇。北面的黄峰山、月亮山、南木坳、风吹坳等处是龙岸镇与融水县交界的分水岭，倒进龙岸镇的河流支脉较多，从而形成邦洞河、玉苗河等山中水源发源地，由多条小河汇成的东河、西河贯穿龙岸镇，在八联村石龙"合二为一"后与黄金河汇合，流经寺门后，往南过小长安至牛鼻河，再进入融江。龙岸镇的河流属珠江水系武阳江支流，整个地区位于武阳江流域。

2. 气候

龙岸镇属于中亚热带季风气候区，气候温和，年平均气温 19.3℃ 至 20.1℃。最冷月是 1 月份，平均气温为 9℃；最热月份是 8 月，平均气温为 20.1℃。龙岸镇光照充足，一年四季光照时间较长，年平均日照数达 1389 小时。日照时间最多在 7 月、8 月、9 月这三个月，最短是 2 月至 3 月间。雨量也较为充沛，龙岸镇的降雨量是全县最多的，年均降雨量 1783 毫米。无霜期长，全年无霜在 300 天左右。

3. 资源

林木类植物：分乔木、灌木两类。乔木类主要有杉木、马尾松、红椎、白椎、黄樟、重阳木、白花木、苦楝木、鸭脚木、油桐树、酸枣、黄连木、香椿、槐树、沧桐木、小叶桉等五六十种。灌木有冬青、油茶、枸杞等 10 多种。在许多村屯的村旁、河边，前人栽种的榕树历经数百年沧桑，现长成参天的古榕，后人加以保护。全镇现有古榕树百余棵。稀有珍贵树木有银鹊树、乌桕、竹柏、红花山油茶等。

竹类：有大头竹、钓丝竹、撑篙竹、苦竹、棕竹、筋竹、丹竹、南竹、刺竹等。

菌类：有香菇、蘑菇、木耳等。

药材：常见的有桔梗、车前子、金钱草、何首乌、厚朴、走马胎、鱼腥草、黄连、紫苏、益母草、百部、半夏、天冬等。一共有 300 余种。

藤类：主要有白藤、紫藤、软藤、勾藤、葛藤等。

此外还有草类、蕨类。

鸟类：有雉鸡、画眉、红嘴相思鸟、斑鸠、鹧鸪、麻雀、喜鹊等。

兽类：有野猪、箭猪、猴子、野猫、狐狸、果子狸、白额狸、黄鼠狼、穿山甲、竹鼠、野兔等。

蛇类：有百步蛇、南蛇、银环蛇、眼镜蛇、青竹蛇、草花蛇等。

矿产：有铁矿、煤矿、钨矿、铅锌矿、石英石矿、水晶矿等。

（二）基层组织和民族分布

1. 基层组织

龙岸在隋朝时属黄水郡，宋开宝初年龙岸属桂州管辖，宋太祖开宝五年（972 年），归罗城武阳江区管辖。龙岸原名龙州，明代起称龙岸。清朝顺治、康熙、雍正、乾隆年间，官府在仫佬族地区编户置籍，把隶属柳州府的罗城县划为 44 堡。堡设堡目，目下领兵，推行严密的堡兵制度。清宣统二年（1910 年），罗城设中、前、左、右、后 5 个区，龙岸属左区。民国二十年（1931 年），龙岸属罗城第三区。民国二十二年（1933 年）罗城县分为凤山、武阳、三防三个区，龙岸归武阳区。新中国成立后，1951 年罗城撤乡设区，龙岸为第四区，后改为第九区。1958 年成立龙岸乌克兰人民公社和物华人民公社。1962 年 9 月恢复区建制，成立龙岸区。1968 年 8 月由龙岸区改为龙岸乡。1993 年 2 月撤龙岸乡建龙岸镇至今。

在近代，仫佬族人民和壮族、汉族等各族人民之间经济文化交流日益密切，先进的生产技术和文化科学知识不断传入仫佬山乡。历史上遗留下来的各姓宗族的祠堂田、蒸尝田、庙田、社田等继续存在，但数量不多。这些属于一姓一族公有的田地，由族长头人掌管，租给无地或缺地的农民耕种，每年的收入租项作为全族公共祭拜祠堂、寺庙的开支。

鸦片战争后几十年，清初推行的"有事为兵，无事为农"的堡兵（屯兵）制度发展成为团甲制度。清政府建立团练局，局以下设团，以五甲烟户为一团，设总团；团以下设甲，一甲十牌，一牌十户，设甲长、牌长进行统治。这些基层组织实际为军事统治机构，全由地主豪绅掌管，并拥有团练兵丁。

罗城仫佬族地区还普遍有"冬"的组织。据《广西仫佬族毛南族社会历史调查》（民族出版社 2009 年修订版）第 162 页的调查解释，"冬"大部分是因摊派、催收粮赋和交纳款项而划分的区域单位，从前罗城县在东、南、西、北四乡之下设里，里下再分"冬"，"冬"设"冬头"，大多是由族内较有威望、较能干的人担任，专管催缴粮款事宜。据调查者的初步研究，"冬"应该是整个广西非土司管辖的壮侗语族地区在明代某个时期纳入到国家编户中而产生的设置，相当于里甲体系中的"甲"。后来某些"冬"成为某姓宗族的聚居区，其下有房族，从而与宗族联系在一起。因此，"冬"在仫佬族地区比较普遍，所有村庄都有"冬"。到了民国初年，团甲制度进一步发展，"冬"的作用已在无形中消失了，甲长代替了"冬头"。甲长的人选均由上一级的地方官吏指定。一般来说，这个职务大多是由那些有钱有势的豪绅担任，任期也不定。有些村寨不称甲长，而称首事，职责与甲长相同。

在"保甲制度"和"冬"以外，仫佬族各村寨还存在以血缘关系为纽带的宗族制度。各姓宗族各设祠堂，订立族规，推举班辈较大、年岁较高、办事公道而又为族人拥护的人为族长，专门管理族内事务，主持制订本族族规并监督执行等。

2. 民族分布

由于明代到民国时期，福建、湖南、广东及广西区内的各族人民大量迁入龙岸镇，龙岸镇成为多民族居住的地方，现杂居着汉族、壮族、仫佬族、侗族、苗族、瑶族、水族、毛南族、蒙古族等 11 个民族。

据统计，全镇有 1 个社区、16 个村，即龙岸社区，平石村、北源村、天宝村、物华村、大蒙村、太和村、高安村、莲花村、龙凤村、龙平村、山口村、泗潘村、珠江村、榕山村、三灵村、八联村，总人口 5 万多人。

语言：有桂柳话、福建话、麻介话、艾话、土拐话、阳山话、五色话、白话等汉语方言；少数民族语言有壮话、侗话、苗话、仫佬话等。

龙岸镇是个历史古镇。明清时期，大量的客家人、麻介人、闽南人等族群迁入该地，他们与当地群众和谐相处。一名受采访的老人讲述了其祖先来历：清代中后期，福建省沿海一带倭寇及海盗活动猖獗，掠夺民众财物。在这种情况下，一些贫民被迫举家逃难到广西罗城龙岸一带，重新安居立业，修田造地，过平安生活。其中，一部分聚居在龙平村，以欧、沈、林、黄几个姓氏为主；一部分聚居在龙凤村，以何、郑、欧、张、林、李、郭、赖几个姓为主。

龙岸镇的仫佬族分布在龙平村的石曹新村、岭脚屯，北源村的冷水屯，珠江村的石曹屯，三灵村的马寨屯，八联村的别桥、冲打屯，物华村的寨胜屯，等等。

龙岸镇的壮族分布在龙岸社区的风安屯，龙平村的宝照、群定屯，北源村的石塘、地稿、甘源屯，平石村的烟洞、半岭屯，高安村的冲安、陈界、冲乐屯，太和村的古耸山、古耸屯，珠江村的四潘、雅林屯，八联村的山茶、山湾屯，等等。

龙岸镇的侗族主要分布在北源村的洞南、韶洞屯，平石村的灯美屯，天宝村的风强屯，大蒙村的纳冷屯。

龙岸镇的苗族主要分布于天宝村的新安、平江屯，龙平村的马览屯。

龙岸镇的汉族分布于龙岸社区的龙岸街、富糠洞，天宝村的良泗、公景、龙塘屯，龙平村的地旺、新屋、上邦洞、寨樟、山田尾、两江、桥头、地维、白鹤、地龙、车头、良屋、田尾、大断屯，龙凤村的马道、风居、新城、赖家、土城、双板桥、金鸡、九冬岭、婆桥、油榨、田洞、白车、回龙、长斗屯，北源村的新兴屯，高安村的陈高、龙洞、兰家、龙寨屯，太和村的古腰、金街、地窑、向阳屯，物华村的地栋、老龙、双降屯，珠江村的石碑、雅华、大岭、车头、沙子塘、崩岭屯，三灵村的鸡灵、下落、峡山屯，榕山村的水产、水碾、大湾、板丈、杨家、龙贵、白牛、碑曰屯，八联村的寨博、老玉、石龙、地欧屯，莲花村的莲塘、尖山、新安、古家、谢家、高浪、莲花屯，等等。

（三）交通概况

过去，龙岸镇交通落后，外出不便，运输依赖从寺门至小长安下柳州的船运。民国二十六年（1937年）修筑了寺门至龙岸、龙岸至黄金的道路，但路属小路。新中国成立后，水路运输停止。1955 年修通罗城至龙岸的公路。现镇内有三条主要公路分别通往黄金镇、县城东门镇和融水苗族自治县的永乐乡，交通还算方便，但道路破损严重，山路弯曲。龙岸镇到黄金镇 12 千米，到东门镇 35 千米，到融水县城 41 千米，都有对开班车往来。还有班车直达柳州市，每天一趟，可以来回。2003 年，东门镇至龙岸镇的砂石公路修筑为柏油路。

自 1998 年起，在上级的支持下，龙岸镇开始大规模地进行村级公路建设，修建了高安至三灵、龙岸至玉苗、珠江至泗潘、太和至大蒙、龙岸至太和、北源至平石、龙岸至物华、物华至北源等 10 多条村级公路，实现了村村通公路的目标。总计有 30 多条屯级公路。

继 1980 年修造龙岸街边的龙岸桥，1982 年修造陈高桥之后，自 20 世纪 90 年代末起，龙岸又修建了马寨一桥、马寨二桥、下落桥、峡山桥、风强桥、石塘桥、六马桥、地稿桥、珠江桥、下珠桥等 10 座乡间现代桥梁，均为平桥。八联村寨博屯是龙岸的门户。2003 年由上级兴建的寨博公路大桥建成通车后，极大地方便了龙岸人民出行，结束了龙岸人民几十年来去县城要在寨博屯下车乘船过渡的历史。

（四）经济状况

1. 新中国成立前的经济概况

龙岸镇位于罗城东北部，距县城东门镇 35 千米，集镇龙岸街建于明嘉靖十六年（1537 年）。在一些人口集中的大村寨和东门、四把、天河、黄金、龙岸等一些集市，已有了一些专门制作农具、砖瓦、瓦罐的作坊，但规模不大。总的来说，罗城地区由于地处祖国南方的石山地区，自然条件较差，交通不便，生产长期比较落后。民国年间，因交通不便，从外地调入的食盐、布匹、香烟等商品先要从口岸经柳州用木船运到县内小长安、寺门上石龙屯码头，再用人力肩挑到有 12 千米路程的龙岸街上卖。当地的农副产品，也是靠人力挑到石龙码头用木船装运出口，每出一批货物，需要 10 天左右，运费也很高，商贩为追求高额利润又抬高商品价格，紧俏商品更是如此。当时，以肩挑的小贩居多，设铺开店的人少，零售者多，批发者少，综合零售者多，专业者少。大一点的商号有何博能、李华记。私营商品店经营产品有京果、山货、海味、烟酒、陶瓷器、爆竹、五金制品等。市场摆卖的特产有土烟、米酒、香菌、桐籽、茶油、药材、茶叶等。大宗产品有杉木，有商人到龙岸收购杉木运往柳州、宜州，有的转手到口岸，再到广州、香港、澳门等地。附近的村落在新中国成立前有不少大户。据龙岸镇文化站石江站长介绍，在新中国成立前，高安村有一个大户叫刘子茂，他家里有数百亩土地，兼放高利贷并经商，居住的房子很大，有 72 个拱门，新中国成立后他的房子被分给了群众。

棉布业大多是个体经营，也有农村妇女手工自产自销的土布。市场上有专业的粮贩，也有农民自产自销的粮食。正常年景平均每个圩日农民可以销售二三百担粮食，有商贩来收购。在明清时期以小巷为市，至民国时建有小圩亭 2 座。

2. 新中国成立后的经济概况

新中国成立前，龙岸镇设康泰、新安两条居民街道。新中国成立后，由于人口增多，1954 年又设平安街。

在市场建设方面：1954 年在平安街边兴建市场，建起圩亭 6 座，1984 年扩建 3 座。2010 年市场总面积达 2668 平方米，其中圩亭 1800 平方米，露天摊点场地 868 平方米。

1999 年 5 月，龙岸镇被自治区建设厅列为广西小城镇建设试点镇，2001 年 2 月又被自治区人民政府列为小城镇建设重点镇。1999 年，龙岸镇就完成了小城镇建设规划的编制工作，把龙岸新车站、龙岸二桥、德山纪念亭景区、龙岸第二农贸市场、新商业宅基地开发等 10 多个项目列入其中。而新市场建设、商品房宅基地开发是急需解决的重点项目。当地经济能人何绍纯投资了 600 万元人民币实施这两个建设项目，商品房宅基地开发面积 4236 平方米，建造房屋 73 栋。经过两年的努力，新市场于2001 年 12 月 19 日开始营业，三幢现代化圩亭总面积 3100 平方米，设肉行、菜行、土杂行、饮食行、家畜行等 9 个商业行市。同时配套一座现代化屠宰场，面积 800 平方米，圩日宰杀生猪百头以上。老市场设布匹行、成衣行、猪崽行、针织鞋类行、竹木器行、牛行等。通过商业区商品房宅基地开发，农民纷纷进镇投资建房开发门面。几年间，在集镇内新建房屋 300 栋。特别在新市场四周已形成取名为武阳、物埠、古榕的 3 条商业新街。除市场摊点外，集镇有各类经营门面 200 多家。作为罗城东北部的重镇，龙岸镇市场日益繁荣。工业产品和农副产品琳琅满目，交易活跃，购销两旺。这里已成为罗城东部乡镇及邻县周边乡镇农副产品的交易集散地。每逢圩日，各路客商纷至沓来，从事商业活动。市场摆卖的农副土特产品有大米、稻谷、玉米、木薯、红薯、水果、马蹄、莲藕、香菇、木耳、山薯、凉薯、桐籽、茶籽、生姜、笋干、药材、草席、雨帽、蔬菜、鱼类、猪崽、家禽等。

近年来，每年市场贸易成交额达 8000 万元以上。至 2007 年，全镇有个体工商户 550 户。城镇面积已扩展到 3.2 平方千米。小城镇建设初具规模，城镇化水平不断提高。

（五）文化教育

罗城县于明洪武年间（1368—1398 年）建学宫。旧设书院；清初民间有私塾馆，政府办义学；清末建宾兴馆。光绪末年废科举，兴学堂。宣统年间办师范传习所。民国废旧学制行新学制，改学堂称学校。民国六年（1917 年）办师范讲习所，民国二十七年（1938 年）办罗城国民中学和幼稚园，民国二十八年（1939 年）办民众教育馆、平民夜校和妇女识字班，民国三十一年（1942 年）办天河国民中学，民国三十四年（1945 年）办德山中学（私立）。抗日战争时期，学校发展缓慢。解放战争时期，教育事业停滞不前，尤其是乡村小学的在校师生寥寥无几。

据民国《罗城县志》记载：罗城县在宋朝有进士 2 人；明朝有举人 21 人，副榜 18 人，恩贡 5 人，岁贡 16 人；清朝有文举 8 人，武举 4 人，副榜 6 人，拔贡 5 人，恩贡 17 人，岁贡 122 人。天河县在明朝有举人 13 人，贡生 11 人；清朝有进士 1 人，举人 4 人，副榜 2 人，贡生 13 人。以我们所去的物华村地栋屯为例，该村建村后二十余年间就培养 6 名秀才，其中邱氏 5 名，韦氏 1 名。整个清代出现 44 名秀才（其中邱氏 22 名，韦氏 15 名，卢氏 7 名）。此外还有政治家、军事家、画家、书法家、教育家、著名拳师、能工巧匠等，地栋村可谓人才辈出。

罗城县于光绪三十四年（1908 年）在县城、龙岸各兴建两等小学堂 1 所，并于黄金、寺门、排沙、三防等处设初等小学堂 1 所，有高、初两级学生共 300 余人。清末，在龙岸街龙江商会设宾兴馆 1 所。所谓宾兴馆，就是科举时代士子将应乡试（即赴柳州府考）时，地方官设宴招待和资助士子赴考的组织。

民国时期，学堂改称学校。民国十年（1921 年），匪患频仍，学款被移做团防费用，各校均遭停办。民国十四年（1925 年），先后恢复县城、龙岸两校，将其改为县立第一、第二小学，并将黄金、三防小学改为县立第三、第四小学，又在中、前、左、右、后五个行政区分设初级小学 50 所，加上县立女子初级小学 1 所。民国三十四年（1945 年）开办私立德山中学。1946 年春，罗城国民中学招新生两个班，同年夏，改国民中学为罗城县第一初级中学，改私立德山中学为罗城县第二初级中学。

1956 年，龙岸复设县立初级中学 1 所。同年，罗城、天河、龙岸 3 所中学分别称为罗城县一、二、三中，共有学生 743 人。1959 年，二中、三中分别改称为天河初级中学、龙岸初级中学。同年 4 月，黄金乡（今黄金镇）首办农业中学 1 所。

德山中学原为私立中学。1945 年秋，中共地下党组织倡议，支持龙岸、黄金、寺门等乡群众筹办德山中学。以龙岸何家祠堂为教室，以黄家祠堂及宾兴馆为宿舍。校长覃绩光，中共地下党员陈展鳞、李伟霖、张宗尧、潘德怀、张景惠、覃宗义、覃有萃、刘准、杨松、黄日青等先后在德山中学任教，在柳北地下党组织领导人路瑶、莫矜等的领导下组织学习。在学习文化科学知识的同时，组织读书社开展学生运动。通过演戏、唱歌、出墙报等开展反内战、反独裁、反"三征"（征兵、征粮、征税）活动，并在学生中发展党员。1946 年 8 月，罗城国民党政府下令解散私立德山中学，成立公立德山中学。1949 年 6 月，德山中学宣告停办。1956 年，政府在龙岸开办罗城三中，校址在龙岸猪头山脚下，学生两个班共 110 人，教职工 9 人。1969 年改名龙岸中学（完中），1982 年复名德山中学。

（六）民风民俗

1. 社会习俗

仫佬族是个聚族而居的民族。同一宗族的人往往同住一个村庄，子孙繁衍，即使分支出去，同一支系也往往同住一个村子。每个支系都建立"冬"的组织。"冬"设有"冬头"，"冬头"负责管理宗族内部的事务。聚居罗城的仫佬族各大姓族谱、祠碑记载中，几乎都有称作"冬"的组织。如吴姓有"一冬""二冬""三冬""四冬""六冬""七冬"，银姓有"四冬""五冬""八冬"等。

家族是仫佬族的基层组织，家族内推选有威望的人担任族长，族长负责处理族内重大事件。族下分房，房内有家，都是由有血缘关系的人组成，族内的人每年都去给祖先扫墓。每年清明节，冬内一族人捐款祭祖，旧时有冬田，专支扫墓费用，现在各村屯扫先祖之墓，仍以冬为单位举行。清末民初，仫佬族、汉族聚居的大村屯举宗族之力捐资建造祠堂，多数是同族建，也有多个宗族共造。每个祠堂设有蒸尝田。堂内设有神位，在大的节日里，各家都烧香、点蜡烛，以酒肉敬祭。

仫佬族的传统家庭形式为核心家庭，三代以上的扩大家庭较少。自清朝光绪年间到现在，祖孙三代同居的现象极为少见。绝大多数是儿子结婚生子后，即与父母兄弟分居，另立门户。例如我们采访的东门镇桥头社区上欧屯一位姓吴的老爷爷（84 岁），他有 3 个儿子、2 个女儿，大儿子、二儿子都在村里盖了房子分立，只剩下小儿子一家跟他住在一起。在当地，家庭财产一般由父亲、儿子或者是丈夫管理，丈夫外出不在家的，也由妻子管家，但管家者没有处理家庭财产的绝对权力。如果父母尚在，或是兄弟共居，有重大家庭开销的，需得父子兄弟商量后才能开支。兄弟分家时，家庭财产平均分配。女儿没有财产继承权，即便招婚上门的女儿也一样。兄弟分家后，父母通常与幼子生活，也有的是父母自立一户。分家时，一般要留一份"养老田"给父母，由儿子轮流代耕，以其收获供养父母。也有的是几个儿子平均供谷子赡养父母，或兄弟轮流将父母接到自己家中供养。

清末，从广东、福建、湖南等省迁来龙岸的汉族人，各自捐资在龙岸街建造粤东会馆、福建会馆、湖南会馆。每馆都有会馆田，所得作为每年举行一次馆会的经费开支。会馆设有董事长、理事。建馆之宗旨是教育、团结本省来龙岸的诸姓人，维护自身利益。新中国成立后，会馆收归国有，不再办活动。如今在龙岸已经找不到这些会馆的遗址。

仫佬族对家族的世系十分重视，每个姓氏、每个家庭都有自己的族谱或家谱。仫佬族除了用族谱、家谱维持本族的宗族关系，还通过早晚敬奉祖先和开展节日活动来延续这个关系。各家各户都设有祖宗纪念堂。各家各户把所属的姓氏用大字写在红纸上，即"本音堂上某氏门中历代先祖考之位"，然后贴在香火堂正中。每逢节庆日，都要烧香庆奉，纪念祖宗。此外，墓碑上也刻有家族世系，并叙述家缘起始，可长期保存家族成员间的关系脉络。每逢清明节，无论贫富，也不管路途远近，各家各户都带着全家老小祭扫祖宗，并寻根认祖，明确自己的族源。例如龙凤村土城屯的林氏这一支，为了明确自己的族源，去福建省漳州市平和县寻根问祖，重修了他们龙岸镇金鸡文芳始祖这一支世系的族谱。

关于龙岸镇各个姓氏的来源，据龙凤村土城屯村长李亚贵所言，福建漳州始祖的几个儿子为了逃难，分别逃到湖南及广西的桂林等地，他们这一支是从桂林迁过来的，到如今已有七代。他们这支自创有字辈诗：贵德家庭振，芝茂胜宏昌；世代文章显，英雄定安邦。李村长是"振"字辈，现在家族已繁衍到"胜"字辈。在李村长带领下，我们来到有族谱的林老板家里，从他们这一支重修的族谱中了解到：龙岸镇金鸡文芳始祖世系林氏这一支是在宣统二年（1910年）为了避难，从福建省漳州市平和县坂仔镇来到龙凤村土城屯。龙岸镇物华村上地栋屯的骆姓，据其族谱记载，在明中叶由湖南大巷口迁来，至今已20代人。清康熙年间（1662—1722年），骆姓一个分支转迁至邻近天宝村龙塘屯居住，如今已有10代。根据其族谱、墓碑、宗支记载和有关传说，龙岸镇其他仫佬族姓氏的始祖明清时从湖南、江西、福建、广东等地迁来此处落地生根。他们的祖先与当地的仫佬族妇女婚配，所生子女从母族风俗习惯，讲仫佬语。

龙岸镇的各族人民交际方面颇为和谐，逢喜事彼此请酒，遇丧事互相吊慰，佳节亲友间互送得体礼物。

2. 节日习俗

（1）春节

春节又名新年节，是全年中最盛大的一个节日。过去仫佬族人民过年一般要休息15天，尽情欢乐。今已打破旧规，初五以后，人们就开始备耕，准备春种。除夕晚12时，家家放鞭炮，辞旧岁，迎新春。正月初一，大多数人不吃荤腥，即斋戒素食一天（今已不论）。初一清早，仫佬族各家各户就起来"买新水"，讲吉利话，做汤圆，做糯米糍粑。初一清早，各户烧香，放鞭炮，祈神庇佑。初二至初五，家家请年酒，亲戚互相拜贺，有的舞狮子，有的唱彩调。男女青年有的走坡（今已不存），有的参加篮球赛。老年人彼此来往，欢叙谈心，异常热闹。

（2）元宵节

农历正月十五是年节的最后一天，当天仫佬族各家备鸡肉、猪肉等祭祀祖宗，之后全家盛宴。

（3）二月社

二月社又名春社，是仫佬族盛行的节日。过去全村或同族各户，按户捐钱买一头猪宰杀祭社王。每户派一名代表参加祭祀，祭祀活动结束后平均分肉回家，再在家里供祭祖先，以祭肉作肴，有的人家还杀鸡补充，制作节日盛餐。同时各家包大小粽粑，大的每个2.5—3公斤。新婚之男家给亲家送10多担大粽粑，以示认亲，过后女家亦同样回礼。

（4）婆王诞期节

农历三月初三是仫佬族的婆王诞期节，又名小儿节、婆庙节。婆王是专管小孩的神。祭婆王是为祈求人丁兴旺，小孩一生平安无病。过去仫佬族全村或同族凑钱杀猪祭婆王神，后分肉供祖先，家人再聚食，还有的蒸糯米饭和包粽子过节。若是家中有新男婴，要向婆王报丁，并分红蛋或粽子给村上各户。

（5）清明节

仫佬族在农历三月清明节期间举行祭祖扫墓活动。清明节一到，家家户户忙着祭祖。祭祖形式有两种：一是祭祀本房的祖先，二是联宗祭祖。本房的祭祖活动，由本房各家派人参加，人数不限，人越多则越能显示本房人丁兴旺。联宗祭祖则统一定在清明节或前后一两天，由六房族内商定后决定日期，外出打工的人一般都会尽量赶回来，各家主妇也要事先准备好供品、纸钱、香火等。本房族祭祖所需各项费用由房下各户自愿交纳，但现在屯里有些房族是由各户自备供品。祭祖这一天，同一房族的人都聚在一起，上山扫墓，祭祖完毕后，本房族人聚餐。除各家个别扫墓外，同宗共祖的须凑钱买猪肉，拜扫远祖的老坟。有些远居他处的子孙，不惜远途跋涉，仍赶回原籍与族人一同扫墓。有的建有宗祠，所置蒸尝田产收获作为扫墓之费用。新中国成立后，蒸尝田已不存在。

（6）牛王节

农历四月初八为仫佬族牛王节，壮族称开秧节、牛魂节。这一天家家户户清扫牛栏，把牛洗得干干净净，给牛吃好饲料，不使用牛，还杀鸡宰鸭备酒肉祭"牛栏神"。此外，还用黑糯饭祭祖先，祭后黑糯饭先请牛吃，人才吃。

（7）端午节

农历五月初五是仫佬族较大的节日，各家除杀鸡买肉敬祭真武神，还上山采草药，把艾草、菖蒲插在大门口，在房屋各个角落地面洒上雄黄酒，以示驱邪。有的用茅草包裹一种特别长的三角形粽作为节日食品，除自食外，还赠送给出嫁的女儿、外甥之类的亲戚，并用包粽的茅草结成草标，插在香火神龛上。这天，人们多到田里拾田螺煮食，认为吃了它，就不会生疮疖。

（8）农历六月初二

农历六月初二祭"三界公爷"，初六祭"雷王庙"，各村仫佬族分别过节。据说种水田为主的农历六月初二过节，种旱地为主的峒场居民六月初六过节。全村或同族凑钱买肉或杀猪祭神，各家将分得的肉拿回家供祭祖先后，做节日盛餐。如今，各家各户备酒肉自己过节，以祈获得丰收。

（9）农历六月初六

农历六月初六又叫"驱虫保苗节"。到了这一天，山谷里锣鼓喧天，人们手里挥动着三角五色小旗，从四面八方向田垌中间聚集。"驱虫保苗"活动的由来有一个传说。很久以前，仫佬山乡突然日月无光，蝗虫漫山遍野，禾苗被吃光，到处光秃秃的。有一个叫智广的年轻人去问巫婆。巫婆说人类是伏羲兄妹生出来的肉团变成的，但人类忘记了伏羲兄妹的功劳，没有去祭祀他们，于是伏羲兄妹生气了，就放出虫子来吃禾苗以惩罚人类。后来，在智广的带领下，人们用红、白、蓝、绿、青五色纸做成一面面小旗子，敲锣打鼓到田地祭祀伏羲兄妹。于是，只要插了小旗的田地，蝗虫就躲得无影无踪。秋后，人们获得了好收成。于是，到了每年农历六月初六这一天，人们就成群结队地举行"驱虫保苗"活动，祈求五谷丰收。如今，这种风俗已经消失了。

（10）中元节

农历七月初七，仫佬族各家接祖先神灵回家，至七月十五，每餐都要烧香以饭菜供祭。七月十四晚大祭，烧化纸钱、纸马（印刷品）给祖先，七月十五早上举行送祖宗下船活动，即把这几天烧化的钱纸灰、马纸灰用芋叶包成两包，上插燃着的香，放在水面上任其漂去。壮族则送到岔路口置于石头上，洒些饭和菜。据说，焚烧印有马的钱纸，是让祖先骑马而去。在大祭后和送祖先下船前，家人都要吃喝一顿。

（11）八月社

八月社日这天，全村仫佬族或同姓仫佬族凑钱杀猪或买肉祭社王，后分肉回家祭祖先，全家聚餐。同时各家包"狗舌糍粑"，除了自食，还要送给亲戚。

（12）中秋节

农历八月十五是仫佬族较大的节日，过去全村或同族凑钱杀猪祭白马庙，祈祷保护禾苗，祭后分肉回家过节，同时家家户户用桐叶包"狗舌糍粑"。此外，各村男女青年皆打扮"走坡"，唱山歌，寻找恋爱对象。

（13）走坡节

"走坡"是仫佬族男女青年的传统社交方式。青年男女在坡场上互相进行广泛的接触、交流，以歌为纽带，交朋友、传知识、叙情意。走坡的季节一般是春秋二季，最隆重的在春节和中秋节。每到走坡时节，小伙子和姑娘们会集到圩集上，寻觅唱歌的对象，相邀到草地上对歌。以歌为媒，交结"同年"（情人），互赠礼物，经长期相处，最后托媒传信，结成夫妻。

（14）依饭节

依饭节又称"喜乐愿"和"依饭公爷"，意为"向祖先还愿"。依饭节是仫佬族特有的传统节日，包含强烈的感恩和祝愿的色彩。传说，仫佬族先祖曾被奸人陷害，后来得姓梁、姓吴的两位监管和一位牵着白马的姑娘相助才化险为夷。为了感恩，仫佬族后人便把梁、吴两人敬奉为帝王，以仫佬族人居住区域的"冬"为单位，在依饭节这天，各自的宗族祠堂里举行隆重、神圣而虔诚的祭祀活动。整个活动持续一昼夜，由安坛、请圣、点牲、劝圣、唱牛歌、合兵、送圣等七个程序组成。节日期间，全村上下一片欢腾，男女老少同庆丰收，相互祝福来年五谷丰登、六畜兴旺。

以龙岸镇马寨屯的依饭节为例。节日当天，龙岸镇马寨屯的群众在"依饭头"的带领下举行隆重的祭祀活动，报答祖先的庇佑之恩，祈求来年风调雨顺。依饭节的祭祀活动通常在每年立冬后的第一个酉日进行，时间从酉日前一天晚上19时开始，直至酉日中午12时结束。仪式过程主要包括：舞狮表演、唱山歌、进场、三献礼、读祭文、点牲、熟祭七个步骤。当晚负责组织祭祀活动的"依饭头"必须吃素食，且不能喝酒。晚餐后，头人夫妇要回避众人单独举行一个祛秽仪式。

依饭节会成为仫佬族独有的节日习俗，源于仫佬族的文化传统，与仫佬族的民间习俗融为一体，是仫佬族信仰习俗长期积淀的结果。然而，由于社会的变化，一些传统民俗日益淡化，依饭节传承的文化空间逐渐缩小，展示平台日益减少，文化传承后继无人，因此将之作为一种非物质文化遗产进行保护，具有十分重要的意义。

（15）村节

龙岸镇的民众除了过春节、元宵节、二月春社、三月清明、四月初八、五月初五、六月初六、七月十四、八月十五等传统节日，各村庄都定有特色浓郁的"村节"，互请亲戚朋友过节。

过村节体现了当地民风淳朴、民众热情好客。每逢村节节期，过节的村寨热热闹闹，居室和房前屋后到处被打扫得干干净净。大人小孩兴高采烈，穿上新衣服，家家户户买鱼买肉，杀鸡宰鸭，酿制纯正米酒，准备菜肴盛情款待客人。有的人家客人多达上百人。你的节邀我去，轮到我过节也请你来，人们把村节作为亲朋好友聚会的好机会。茶前饭后，大家叙亲情、叙友情，谈生产、谈生活、谈风土人情、谈社会变化等。全镇有村节30多个，时间不完全相同，基本上以秋冬季节居多，有的多个村庄共过一个村节，有的是一个自然屯单独过。

根据调查列举几例：莲花、高安、榕山、太和、龙平几个村的客家人兴过冬至节。冬至在每年公历12月21日或22日。过此节的自然屯有21个（莲花村12个自然屯均过冬至节）。冬至节的来历大致意思是：冬天到来了，冬天是一年四季中最后一个季节，是硕果累累的季节，农家种植的作物如稻谷、玉米、红薯、黄豆、花生等都已收获回家。一年快结束了，农活也少了，该摆个宴席，享受一下丰收的喜悦；同时要抓好冬季蔬菜、油菜的种植，祈求来年生产顺利，生活幸福，于是龙岸一带的客家祖先便把每年的冬至定为客家人特有的村节。

据龙岸镇文化站站长石江介绍，平安节为"福建人"（指从福建迁来的人，讲闽南话）兴过的节日，分农历十月十五平安节和农历十一月十五平安节。头个平安节为龙平村一带的"福建人"过（有13个屯），第二个平安节而是龙凤村一带的"福建人"过（有19个屯）。至于平安节的来历有几种说法。据多数人所持的说法清代中后期，福建沿海一带倭寇及当地海盗猖獗，常掠夺民众财物。在这种情况下，一些贫民被迫举家逃难到广西罗城龙岸一带，重新安居立业，修田造地，过平安生活。一部分聚居在龙岸镇龙平村（以欧、沈、林、黄几个姓氏为主），一部分聚居在镇龙凤村（以何、郑、欧、张、林、李、郭、赖几个姓为主）。因迁来龙岸时在冬季，龙平、龙凤两村的"福建人"便分别定农历十月十五或农历十一月十五为自己的村节，即平安节。我们采访的龙凤村土城屯的李村长介绍说，土城屯的"福建人"在农历十月十五过平安节。

壮族人过的村节较多，但各村分过。寨樟屯、甘源屯过农历七月初七，地稿屯过农历九月二十八，物华村下地栋屯过农历九月十三。这些节均为庙节，将村中建造庙宇那日定为村节。

侗族聚居的洞南屯、纳冷屯两屯均过"鱼节"（农历十月十二）。据调查，侗族群众很早以前是从贵州、湖南迁移过来的，操侗语，有鼓楼。过去过节，桌面上均是鱼制品，有腌鱼、煮鱼、炒鱼、油炸鱼、烤鱼等。现在过节除鱼类还有鸡、鸭、猪肉和牛肉等。传说在很久以前，侗族的祖先被坏人诬告陷害，官府定罪坐三年牢，后查清无罪释放。回来那一天，村屯人都来看望，家中人则到自家鱼塘捕捉几条肥大的鲤鱼来做菜，端来自酿米酒，让他好好吃上一顿，这天正是农历十月十二。为纪念祖先冤案得到澄清，侗族人便于每年的十月十二这天吃鱼欢度鱼节。这一习俗从古至今一直沿袭下来。现在逢过鱼节，外村寨的亲戚，还有各民族朋友都来一起欢度，增进了侗族与其他民族间的团结友谊。

3. 生活习俗

（1）住宅建筑

新中国成立前，农房以瓦房为主。1980 年之后，随着改革开放，经济发展，年轻人出外打工，农民的生活水平提高，农民建房发生变化，出现了钢筋水泥房。

2015 年 7 月 19 日，调查组来到下地栋屯韦荣光老先生家里，他家前面是小泥砖房的旧宅，后面是现代的钢筋水泥房。这个村的房屋基本是前面旧宅，后面新宅。韦老先生家只有韦老先生夫妇俩在家，他们经营着一个小卖部。家里有很多盆栽，都是他从山上挖回来种植的花草，可见现在的家庭比较注重居住环境的美化。当地房屋的正屋一般设有香火堂，在正屋面向厅门的墙上架一木板，正中间是祖先牌位，左侧是土地牌位，有的加上财神牌位，右侧为灶君牌位。牌位两侧贴红对联，上端贴横批，过年时会取下旧对联，贴上新对联。村里未通自来水，村民常年饮用井水，家家户户都在天井打一口井。井水夏季甘凉，冬季暖和。

龙岸镇的仫佬族素有掘地为炉的传统。明嘉靖年间，田汝成所著《炎徼纪闻》中就有仫佬族掘地为炉燃烧白炭的记载。现在，随着时代的进步，仫佬族民众早就用上了煤气，有些人家还建有沼气池，掘地为炉传统也就消失了，但在旧宅里还可以看见地炉的痕迹。

（2）饮食习俗

仫佬族以大米为主食，以玉米、小麦、红薯、芋头为杂粮，以芹菜、白菜、萝卜、瓜豆、鸡、鸭、鱼、酒等为副食。白天吃稀粥、杂粮，晚上吃干饭，农忙双抢季节一天三餐干饭。家家腌有荞头、豆角、芋茎、辣椒酸等佐食。

仫佬族一般对肉食无多大禁忌。但在罗城县的章罗、大新、思平等地的一些仫佬族中，有"罗不食狗，姚不食心"的说法，认为罗姓的祖先是喝狗乳长大的，所以相传禁止吃狗肉。"姚不食心"的典故来自东汉姚期出兵，因煮猪心不熟，士兵无以饱餐，当日暂不出兵的传说，也说明了汉文化对仫佬族的影响。

（3）服饰习俗

仫佬族人民衣着简朴。新中国成立前，仫佬族无论男女都穿着自织自染的青色土布。男子穿对襟上衣、长裤。年老的穿琵琶襟右衽上衣，下穿草鞋，赤脚的不多。妇女未嫁者梳辫，出嫁后挽髻，年轻女子额前梳刘海，老年妇女多用青布巾包头。一般妇女都穿大襟上衣、长裤，在家多跣足，出外穿草鞋，女青年有的穿红纱线草鞋。年老妇女腰缚青色围裙，系带是棉线织的黑白相间的几何图案的织物，裙边有抽纱拧线编成的网状花纹，色泽均匀，精致美观。新中国成立初期，男女服饰基本照旧。后来随着农业生产的发展，人民生活改善，男女服饰也随之改变。无论男女，普遍穿机布衣服，男性穿中山装、国防装、青年装、学生装，姑娘剪辫留短发，有的女青年穿青年装。男女均穿胶鞋、凉鞋，少数穿皮鞋。1985 年后，部分男女青年穿西装和夹克衫。衣料从 20 世纪五六十年代的棉布，发展到 20 世纪七八十年代的的确良、混纺、涤卡、腈纶、毛料等。

4. 婚嫁习俗

仫佬族的结婚对象不限于本民族，与周围的汉族、壮族等民族均可通婚。仫佬族一般同姓不通婚，但同姓而不同"冬"的，通常可以通婚。子女达到婚龄，父母即替他们遣媒议婚。通常由男方遣媒到女方家，女方父母同意后，就开始说媒、订婚、结婚三部曲。

说媒：男方请媒人往女家询问，女方父母同意便把其女子生辰八字交由媒人交给男家。男家将八字压在香炉底下，若第三、第六、第九日早没发生鸡乱叫、打烂器具等意外迹象，便请算命先生合八字。两者不相克可订婚，否则亲事告吹。

订婚：八字相合后，男方送猪肉到女方家，作为"暖婚"。随后媒人与双方商定，男方带上财礼去女家订婚。订婚后，由算命先生择吉日作为婚日。

结婚：婚前男家委托媒人到女家商议彩礼银。接亲仪式各地有差异。有的地方接亲日定在结婚日的前一天，有的地方在结婚日当天。男家请亲戚和房族随同媒人到女家娶亲。

5. 民间信仰

（1）多神信仰

历史上，仫佬族人民以信仰道教为主，而道教本身是多神信仰，所以仫佬族信仰多神，所敬奉的神、仙、鬼很多。天上的日月星辰、风雨雷电，地上的山川草木、飞禽走兽等，仫佬族都认为有神、仙、鬼，尤其对灶王、土地神、社王、婆王等神祇祭礼敬奉有加。

（2）神灵崇拜

土地神被仫佬族崇奉为家神，每逢过年过节便祭供，祈求五谷丰登、财源广进。买卖人对土地神更是百倍敬奉，除年节供奉，农历每月初二、十六两日必祭，正月初二用三牲礼品大祭。而如今人们一般只在过年供奉。

婆王是仫佬族崇奉的女神，专司小孩的生死大事。每村皆立庙宇，内置三个木偶神像，中间抱子者即为婆王，两旁为执笔的判官和喂奶乳娘。祭期定于每年农历三月初三和三月二十（婆王生日），全村集体祭祀。第一次杀猪一头，以煮熟的猪头、脚、尾、内脏供奉，祭毕按户平分猪肉。第二次杀猪供祭后，参与祭祀的人会餐。如果平日小孩生病、哭闹，家人就以纸剪鞋子、花朵（红花表示女孩，白花表示男孩）置于米碗上，捧至庙里献祭。欲求后嗣者，需用三牲礼品行祭许愿，愿望成真后需还愿。今大部分村的庙宇拆除，祀祭婆王的人也变少了。

真武神是仫佬族崇敬的英雄神。《续文献通考》载："真武，净乐国王太子也。生而神灵，察微知运，长而勇猛，唯务修行，志除邪魔。"据说明朝年间，仫佬族人银大孚赴京告状，路上遇雨，便入一古庙里烤衣服而昏昏入睡。梦中，真武神告诉他，金銮殿外有十面大鼓，九虚一实，击对不响的才算胜，从里往外数第五个便是实鼓。银大孚按其指示，打赢官司。从此仫佬族便立庙宇，每年农历五月初五祭祀真武神。今大部分村屯的庙宇已拆除。

白马娘娘也是仫佬族崇奉的女神。村中设置其神庙，派有专人管理，或以三线稻穗结为一束，悬挂在家堂神龛左侧，作为她的神位。祀奉白马娘娘的人家，大门不许外人挨靠，否则"凶神会降灾致人痴癫"。凡遇疑难之事就向其烧香供献祭品，祈求判断。

太岁是仫佬族民间信仰的凶神，神位设在香火龛上，在祖先与灶君之间，上书"当敬直年太岁之神位"字样。

伯公是仫佬族供奉的六畜神，没有神位，随选一处较为合适的地方祭供。如果牛性情暴烈，便可以乞求伯公解救。村里看牛人常以酒肉祭祀，祈求牛群驯服受管。

陈宏谋是仫佬族崇奉的历史人物。他是广西桂林人，清乾隆年间为相。传说有一年，皇帝要各省呈验出产之谷，以便酌情征粮，其中有奸人造假，将广西之谷接长（即以两粒谷粘连成一粒），皇帝见后，欲加重征粮。为识破奸计，陈宏谋用沸水将粘连的谷粒浸开，为广西各族人民减轻了负担。仫佬族人为感谢他的恩情，遂立庙奉之为神，以农历七月十四为祭日，村民赴庙烧香供祭祈祷。今庙宇已拆除。

灶君是仫佬族供奉的家神之一。仫佬族将灶君与祖先一同供在神龛上，祖先居中，灶君在右。逢年过节，先在祖先台烧香祭供，后将食物搬到伙房门前，再次祭供灶君。供品有一刀肉、一只鸡、五杯酒、五碗饭。

（七）文物古迹

龙岸历史悠久，文化积淀丰厚，文物古迹较多。现存的有明朝时的龙凤村土城（已列为县级文物保护单位），建于明洪武二年（1369 年）的物华村双降屯古民居群，物华村下地栋屯邱家祠堂及清末黄花岗七十二烈士之一的李德山先生故居，还有距今近千年的冲安青山寺（重修）和距今 400 多年的安宁寺（重修）。

1. 龙岸土城

位于县城东北方向约 30 千米处的龙岸镇龙凤村土城屯。城址平面略呈不规则长方形，占地面积约 130 亩。城墙以黄土夯筑，现仅存残墙高 3—4 米，城墙剖面呈梯形，上宽约 2 米，下宽约 5 米，原设有南门、北门，西面临武阳江。北门已毁，南门以砖石构筑。城内约有 40 户汉族农民居住，有耕地 70 多亩，种稻谷、蔬菜，环城脚及房舍前后植瓜果、竹木。县文物工作人员对此城调查时，在城基挖得若干明代砖瓦，说明城垣建筑之前这里已是初具规模的村寨或小城。此处现已列为县级文物保护单位，并于 1987 年冬立下标志。

2. 青山寺

也称冲安雷五大庙，坐落在高安村冲安屯村背的一座山岭间，从山脚到庙宇有 500 多米的路程。山寺坐落处酷似一张天然石椅。寺庙先建于唐懿宗时，20 世纪 80 年代初重新修建。庙内置有 10 多尊古代神话人物塑像和 1 口古铁钟。寺边建有 2 座凉亭，还整齐地摆放着 30 多块古石碑。四周绿树成荫，石径盘绕。一条小小的清泉长年流经寺旁，人称这里的水为灵水。清代道光年间贡生邱代祥就写有《冲安庙灵泉记》一文。

3. 双降古民居群

坐落于物华村双降屯老村，该屯立于明洪武二年。尚有古民居 30 多座，古民居保存不够完好，一些地段已被拆得七零八散，但总体上保留了原貌。村中有一条长约 50 米、宽 3 米由石板镶成的大街叫"平正街"。村头有一条通向东边的石板铺成的古道，直通融水县永乐乡，全长 10 千米。这条古道现已残缺不全，许多路段面目全非，但分水岭路段保存较为完整。20 世纪 80 年代末，县文物所在该屯收集到 10 多块"举人""进士"之类的古代荣誉牌匾。2003 年 7 月 7 日，县人民政府公布双降屯古民居群为县级文物保护单位。

4. 李德山先生故居

李德山，清末黄花岗七十二烈士之一，他的故居在龙岸镇水街，为普通民房。2003 年 7 月 7 日，县人民政府公布李德山故居为县级文物保护单位。

四、黄金镇社会调查

（一）地理环境

1. 位置、面积、地形

黄金镇人民政府驻黄金街，距县城 27 千米，东与融水县及本县小长安镇相邻，南与本县东门镇桥头社区相邻，西与宝坛乡相接，北与龙岸镇相接。全镇面积 195.09 平方千米。镇内地势西南高，东北低，地形呈波状起伏，表层一般土质好，水系发达，属罗城县内主要产粮区之一。西部为青明山山脉，主峰为青明山，海拔 1425 米。

2. 气候和资源

气候属中亚热带季风气候区，日照充足，雨量充沛，严寒期短，无霜期长，一年四季均可栽培作物。年平均气温为 20.3℃。

黄金镇土地资源丰富，土地良好，土地利用类型多样，主要分布在武阳江流域，可种植水稻、甘蔗、玉米、竹木、蚕桑、牧草、木薯、葡萄、蔬菜等作物。

黄金镇矿产资源较丰富，主要矿藏有煤、锡、铁、镍、铜、磷、石英石、方解石、重晶石等，储量较丰富，但目前开发利用相对滞后。

水利水电资源也较为丰富，主要河流有武阳江、友洞河、寨道河，建有东西两大干渠，灌溉水量充足，河水落差较大，已建有江口电站，在建和规划建设的有地理电站、金猫电站、飞鹅红卫电站、宝庙跌水寨电站等。

林业资源方面，全镇现有林地 19 万余亩。土岭宜种杉树、松树、竹林、油桐、果树、八角以及各种工业原料林木。

野生动植物资源比较丰富，主要有山猪、竹鼠、野牛、娃娃鱼、山龟、黄麂、果子狸、蛇、野鸡、猴子、狐狸、穿山甲等。此外，黄金镇的江河鱼类也十分丰富。植物资源方面，花卉主要有兰花、茶花、杜鹃花等，盆景种类十分丰富，中草药种类繁多。

（二）基层建置和民族分布

1. 基层建置

黄金镇位于罗城北部，坐落在青明山山脚。南梁中大通五年（533年）在黄金一带设置黄水县。隋开皇年间在今东门镇一带置临县，两县改隶融州，在黄金乡一带。唐龙朔二年（662年）在黄金乡一带设置武阳县。民国时期设立黄金乡。新中国成立初期仍沿黄金乡。1958年人民公社化，黄金乡分设寺门人民公社、黄金人民公社、四堡人民公社和宝坛人民公社。从1962年起，四社合并为黄金区，到1969年成立黄金区革命委员会。1971年复置公社、大队，黄金公社下设四堡管理区、宝坛管理区。到1984年公社改为乡，大队改为村。1985年黄金乡分为黄金乡和宝坛乡两个乡。1993年成立黄金镇至今。

黄金镇现有7个村委会，1个社区，84个自然屯，189个村民小组，居住着汉族、壮族、仫佬族、苗族、侗族、瑶族等民族共2万余人。仫佬族有自己的语言和浓厚的民族风情习俗，主要以种养业、林业作为生活收入的主要来源。仫佬族聚集而居，同宗同姓的人居住在同一村庄，懂汉语、壮语和土拐语（与仫佬话相近的一种汉语方言），部分还懂艾话（客家方言）。

2. 民族分布

黄金镇的各个自然屯均有仫佬族人口分布，而比较集中聚居的有寺门村的黎家屯、与乐屯；宝聚村的李安屯、地理屯、寨鸟屯、寨根屯；黄金社区的山背屯、长宁甫屯、木林屯、老寨英屯、新维屯、石门屯、武阳屯、浮桥屯、上冷洞屯、下冷洞屯、地栋屯、冲巷屯；义和村的江口屯、地覃屯、辽望屯、古岭坪屯、木六屯；北盛村的飞鹅屯、排沙屯、牛牯洞屯、宝亮屯、兰根屯、田洞屯、洞典屯；寨碑村的中间寨屯、寨徕屯、寨碑屯、板正屯、新华屯；寨道村的百标屯、白石屯、宝庙屯、地吴屯、湾洞屯、寨略洞屯、大山屯、拉柳屯、好洞屯；友洞村的上湾塘角屯、下湾塘角屯、满洞屯，等等。

黄金镇仫佬族的根源，据有证可考的，可追溯到明代，如地理屯和李安屯的李姓始祖是湖南靖州绥宁县大巷口人氏，在明朝洪武十三年（1380年）春迁徙到广西融县李家湾，在宣德二年（1427年）由融县分支迁徙于罗邑武阳乡地理村落业。李安屯则是李姓始祖春富公在清乾隆五十一年（1786年）由地理迁至李安落业至今。这在李氏族谱中都有详细记载。

仫佬族的大姓有吴、谢、黎、李、潘等。其中寺门村分布有黎、覃、路等姓，宝聚村分布有李、袁、路、黎等姓，黄金社区分布有梁、莫、陈、韦、钟、谢、吴等姓，义和村分布有谢、欧、卢等姓，北盛村分布有潘、刘等姓，寨碑村分布有潘、谢、梁、吴等姓，寨道村分布有吴、韦、银等姓，友洞村分布有欧、潘等姓。

（三）经济状况

1. 农业

黄金镇的仫佬族人民从外地迁徙来以后，基本上都是以种养为主，居住在山区一带的兼种林木。种植的粮食作物以水稻为主，其次为玉米、红薯、芋头等，黄金镇过去曾有"想吃饱饭，黄金龙岸"的美誉，现在都已实现良种良法，以种植优质水稻为主。经济作物主要以糖蔗、桑树、油菜为主，山区兼种生姜，其次为蔬菜。养殖方面主要以饲养猪、水牛为主，其次为鸡、鸭、鹅等，山区兼养马以方便驮运生产生活资料。林业以种植杉树、松树为主。耕作方式现在都以机耕为主，牛耕次之。农业的发展依赖水利建设，新中国成立后，由于大兴水利，在仫佬族聚居的农垦区，都修有密集的土建水利渠道。每年冬季和春季，民众统一清理水利渠道，原则上每家每户都要派1至2人代表出工，自带锄头、铲子、镰刀等生产工具，出工天数视清理渠道进展而定，少则1天多则3天，一般都由社头或村长组织统一出工。如果有哪家哪户无代表参加劳动的，则按村里集体的规定，出钱或出物补给集体。有时，大的村屯二三百人在清理渠道，一派繁忙景象。

2. 工业

在黄金社区地栋屯附近，有一片煤渣遗迹，这里过去应该出现过炼硫的景象。人们在遗迹下挖出过许多椭圆形的瓦罐模具，炼过硫后的土壤至今寸草不生。由于地栋屯、地理屯、上下冷洞屯都是临近村屯，这一带有丰富的煤炭资源，且煤层浅，以前这几个屯的先人都有挖煤做燃料和出售赚钱的习惯，现代由于安全生产的严格要求，人们才放弃挖煤的旧习。具体何时何人在此炼硫、有何作用，经多方向附近的老者了解，都不知详。

3. 手工业

黄金镇的仫佬族有竹编、草编、木器制作和织布的技艺。竹编以编织生产生活用具（如箩筐、簸箕、撮箕、竹篓等）为主，至今仍保留并比较普遍的主要有编箩筐、撮箕等手艺。草编以编织草鞋、扇子、草席、草墩等用具为主，现在仍然沿用的有编扇子和草席。稻谷收割后，晒干后的稻谷草，仫佬族用来编织成圆形的草墩代替板凳，既柔软又保暖、舒适。木匠基本上每个村屯都有一个，有的甚至有两个，主要以手工制作为主，手工好、做工精细的木匠比较受青睐，往往能跨村屯和区域干活，主要制作民宅砖瓦房材料和生活用品。不过随着现代机械的出现，木匠人数逐渐减少。织布也是仫佬族的传统手工艺之一。仫佬族有种黄麻的历史，黄麻制成布后，再用蓝靛染上颜色，用来制成各类服饰。该项手工活受现代化工业生产的影响，在20世纪80年代末已不再沿用。

4. 旅游资源

友洞村被评为"全国造林绿化千家村"，该村坐落在海拔1425米高的青明山山脚，山清水秀，野生动物多，森林茂盛。友洞河西岸风景秀丽，源头有多处较大的瀑布，山林间奇花异草种类繁多，水资源十分丰富，建有金猫一级、二级电站。历史上，金猫塘角曾经是国共内战时期的一场重要战役的发生地，该战役简称"金猫战役"。该村旅游资源十分丰富，是休闲度假的好地方，具有较好的旅游开发价值。武阳江是黄金镇的大动脉，沿江流域风景秀丽，树木茂盛，水产资源丰富，作为源头之一的宝庙河一路流经深山老林，有多处瀑布。武阳江上在建的有宝庙电站和地理电站，随着水电站的建成，沿江流域将成为一条很好的旅游观光线。

（四）民风民俗

1. 民居建筑

仫佬族依山傍水建立村落。仫佬族民居建筑多用自制的泥砖砌墙、瓦顶、矮楼。无论是在平地还是在斜坡上，建房的基脚都要建高出地面 30—50 厘米的地台。墙脚用青砖砌成。人住底层，楼上是装五谷杂粮的仓库，能起到通风干燥防霉变的作用。仫佬族民居最突出的特点是用地炉取暖做饭，地炉建于堂屋大门左或右侧或厨房中。先在地上挖个坑，在坑中用砖砌好炉子，炉旁安放一个大水坛，坛口与地炉口都略高于地面，以免污水流入。炉前挖砌一个煤坑，上面盖一块活动的板子。炉子（除掏灰的炉门外）、坛子的周围全都用泥土填平，表面还得打上三合土。地炉全天不熄，水坛中总有热水。除了随时可架锅做饭，冬天还像暖气设备一样，使堂屋里非常暖和。特别是在潮湿多雨的季节，使屋里的粮食和衣物等都不致发霉。逢年过节，家人亲友就围着地炉吃火锅，非常方便。因为黄金镇盛产煤，所以使用地炉十分普遍。但是随着现代砖混楼房、沼气池、液化气和电的普及，原有的民居形式和地炉的使用正在发生深刻的变化，有的地方原有风貌已逐渐消失。

2. 婚俗

仫佬族婚俗有自由恋爱和媒婆介绍两种形式。旧社会以媒婆介绍为主，现代社会以自由恋爱为主。青年男女结婚要请当地有名望的先生看日子，拟婚联，供"公奶"（设置在堂屋的一种祭祀形式，即香火）。女方过门时，要组成送嫁队伍，队伍由送嫁娘（一般由多个未婚成年女子组成）、房属亲信组成。有一人要专门为新娘打伞，意即让新娘出门后风调雨顺，免受风吹日晒雨打之苦。到新郎家，新娘进屋后，许多地方要"闹歌堂"，即在洞房内外摆擂台赛歌，男女唱答。高潮时，喝彩声、欢笑声响成一片。歌堂成了青年人显露才华的极好场所。不过由于现在青年人都外出务工接受了新事物的洗礼，如卡拉OK娱乐，"闹歌堂"习俗也正逐日淡化，能偶尔撞上，也是一些上了年纪的老者在唱答，年轻人很少参与。

婚礼仪式中还有吃茶的传统习俗。"吃茶"仪式一般在婚礼的最后一天上午9点至10点钟进行，仪式以喝姜茶（用生姜、茶叶、糖一起煮）为主，由新郎、新娘亲手把姜茶递送给亲戚好友饮用，意祝身体健康、延年益寿，并送上一份纪念品，如洗脸巾，参加吃茶的亲戚好友都会呈上一个红包以答谢新郎新娘。

3. 服饰习俗

黄金镇仫佬族的服饰因长期与汉族、壮族交错杂居，互相影响，许多方面基本上与附近的汉族、壮族相同。过去姑娘梳辫，出嫁后结髻，现在多已剪发。饰物有银耳环、玉手镯、金戒指等。

4. 饮食习俗

主要以大米为主食，杂粮为副食，如玉米、芋头、黄豆、红薯、糯米、高粱等。用红薯做成的薯粉是当地比较有名的土特产。仫佬族日食三餐。平时饮用的水酒以家中自酿米酒为主，这种家酿米酒清香、甘醇、可口。茅台酒是享誉中外的国酒，一般人们难以喝到，就把家酿米酒视为自己的茅台酒，因而习惯称之为"土茅台"。同时，还喜欢酿制重阳酒（用糯米酿制）招待尊贵宾客。此外还喜欢酸辣食物，制作辣椒酱和豆酱，家家备有酸坛腌制各类腌菜，喝白米粥和玉米粥时爱搭配食用腌制的豆角、蒜头、萝卜、生姜等酸类食物。鸡鸭鱼肉是仫佬族最爱吃的荤菜，无论是节日还是酒席都少不了。春节期间还把鸭肉和猪肉制成腊鸭和腊肉、腊肠、酥肉等。传统节日的饮食特色主要有：三月清明爱做艾糍粑，四月初八爱做五色糯米饭和甜酒，五月初五端午节和六月初二爱包粽粑，八月十五中秋节做"狗舌糍粑"，春节舂白糍粑、蒸年糕、做汤圆和菜包，传统节日饮食基本上都是以大米和糯米为主料，其他佐料为辅。

5. 社会交往习俗

黄金镇仫佬族基本上沿袭礼尚往来的风俗，热情好客，喜结交朋友，待人诚恳大方。在走亲访友中，送礼以鸡鸭鱼肉为主，逢年过节还送具有节日特色的食物，如春节送薯粉、白糍粑和年糕等。大年初二是仫佬族宴请宾客最为隆重的一天。这一天家家都要摆上丰盛的宴席招待亲戚朋友，你家请完我家请，轮流宴请，畅叙上一年的丰收和喜悦，十分热闹。

6. 民间文艺习俗

黄金镇的仫佬族喜欢唱山歌和土拐歌，在忙碌的田间地头，在亲朋好友聚会火塘边，都能听到这些深远嘹亮而朴实的歌声，这是他们历来用以歌唱生产、生活与感情，传授科学文化知识的艺术形式。歌的种类有："随口答"，是即兴而作的短歌，多是男女青年谈情说爱时随问随答的对歌，句式有四句、五句或六句，每句都是七言的，也有少数为六字头七字尾，押脚韵；"古条歌"，即为叙事式歌谣，其内容为民间流行的历史故事、神话传说等，以15—30首为一条组成长歌，是民间歌手世代相传下来的；"口风"，是一种讽刺性歌谣，亦称"口角歌"，内容不拘，随编随唱，有"正口风"和"烂口风"之分，前者较文明，后者较粗俗，都富有机智，十分幽默、诙谐。代表性的仫佬族歌手有义和村江口屯的陈联光，陈联光从小爱唱山歌，走到哪里唱到哪里，对山歌有着深厚的造诣和丰富的情感，多次参加县、市举行的山歌大赛并多次获奖，被评为"广西歌王"。

7. 节日习俗

黄金镇仫佬族的节日与壮族、汉族的节日基本相似。有清明节、四月初八（牛节）、五月初五（端午节）、六月初二节、七月十四（公奶节）、八月十五（中秋节）、九月初九（重阳节）、春节等节日。唯一不同的是依饭节，黄金镇仫佬族分姓氏过依饭节，依饭节的组织者（称头人）以户为单位轮流做，头人必须是成年男丁，集体留有田地和禽畜（称依饭猪）给头人种、养，以供依饭节之用。举行祭祀活动的时候，每户要派一人（男丁）拿着供品和三牲（三牲指鸡、猪肉、鱼）到头人家进行祭供。祭祀仪式上，族中的长者还要论班排辈，追根溯源，宣读祖德遗训等。依饭节的头夜全族人都要吃素，直到午夜12时过节后方可开荤。过节时家家户户都要包粽子，次日分发给过来过节的亲朋好友，姊妹回家过依饭节都要送红包给主家，外家来过节的还要作米筝。

8. 民间信仰

黄金镇仫佬族信仰多神，如社王、土地神、婆王、财神等。这些神有的建有小庙，有的只有以石头垒积而成的祭祀地点，一般都设在村子周围，以便供奉。逢节日或有男婚女嫁都要供奉社王、土地神等神。家中添丁，"白花"（男）或"红花"（女）都要供奉婆王。求财则供奉财神。黄金镇的仫佬族还有一种特殊形式的信仰，即家族每逢重大变故，如自然灾害、疫病流行、族人做事不顺等影响大的事件，他们认为是龙脉不振，就要请有名望的法师为其族设道场安龙，在村的东、西、南、北角安地灯。安龙做法事一般为三天，这三天除本村族人可以随意进出村子外，其他陌生人和非本族人是禁止进村的，只许出不许进。不知情者如果踏进村里，则必须在村里住到整场法事完毕后方可出村。

（五）文化教育

黄金镇全镇有初级中学 1 所，据 2004 年统计，有在校生 750 人，教师 64 人。全镇有小学 7 所，在校生 2123 人，教师 154 人。黄金中学是黄金镇唯一一所中学，它坐落在黄金镇黄金街南面约 500 米处，创办于 1969 年，占地面积约 75 亩，内有教学楼一栋，综合楼一栋，学生宿舍楼两栋，并有足球场、羽毛球场、排球场等体育设施。

参考文献

一、史料

[1]朱寿朋.光绪朝东华录［M］.北京：中华书局，1958.

[2]赵尔巽，等.清史稿［M］.北京：中华书局，1977.

[3]傅恒，等.皇清职贡图［M］.沈阳：辽沈书社，1991.

[4]穆彰阿，潘锡恩，等.大清一统志［M］.上海：上海古籍出版社，2008.

[5]清宣宗实录［M］.北京：中华书局，1986.

[6]清文宗实录［M］.北京：中华书局，1987.

[7]清穆宗实录［M］.北京：中华书局，1987.

[8]清德宗实录［M］.北京：中华书局，1987.

[9]宣统政纪［M］.北京：中华书局，1987.

[10]故宫博物院明清档案部.清代档案史料丛编［M］.北京：中华书局，1979.

[11]中国第一历史档案馆.光绪朝上谕档［M］.桂林：广西师范大学出版社，1996.

[12]中国第一历史档案馆.宣统朝上谕档［M］.桂林：广西师范大学出版社，1996.

[13]广西壮族自治区通志馆，广西壮族自治区图书馆.《清实录》广西资料辑录［M］.南宁：广西人民出版社，1988.

二、地方志

[1]苏宗经，羊复礼.广西通志辑要［M］.台北：成文出版社，1967.

[2]林光隶.天河县志［M］.台北：成文出版社，1967.

[3]谢启昆.广西通志［M］.南宁：广西人民出版社，1988.

[4]潘宝箓.罗城县志［M］.台北：成文出版社，1975.

[5]蒙起鹏，黄诚沅，等.广西通志稿［M］.油印本.南宁：广西通志馆，1949.

[6]罗城仫佬族自治县志编纂委员会.罗城仫佬族自治县志［M］.南宁：广西人民出版社，1993.

[7]广西壮族自治区编写组.罗城仫佬族自治县概况［M］.南宁：广西民族出版社，1986.

[8]《罗城仫佬族自治县概况》编写组，《罗城仫佬族自治县概况》修订本编写组.广西罗城仫佬族自治县概况［M］.北京：民族出版社，2009.

三、社会调查

[1]广西少数民族社会历史调查组.解放前仫佬族社会性质调查报告［R］.1959.

［2］中国科学院民族研究所，广西少数民族社会历史调查组 . 罗城县集环乡仫佬族社会历史调查报告［R］.1965.

［3］中国科学院民族研究所，广西少数民族社会历史调查组 . 广西罗城县下里乡仫佬族社会调查报告［R］.1965.

［4］中国科学院民族研究所，广西少数民族社会历史调查组 . 罗城县四把乡仫佬族社会历史调查报告［R］.1965.

［5］章立明，俸代瑜 . 仫佬族——广西罗城县石门村调查［R］. 昆明：云南大学出版社，2004.

［6］广西壮族自治区编辑组，《中国少数民族社会历史调查资料丛刊》修订编辑委员会 . 广西仫佬族社会历史调查［R］. 北京：民族出版社，2009.

四、专著

（一）文书辑校类

［1］自贡市档案馆，北京经济学院，四川大学 . 自贡盐业契约档案选辑（1732—1949）［M］. 北京：中国社会科学出版社，1985.

［2］郑炳林 . 敦煌地理文书汇辑校注［M］. 兰州：甘肃教育出版社，1989.

［3］郑英武，朱文兵 . 中国历代文书选［M］. 南宁：广西教育出版社，1990.

［4］麦克唐纳 . 敦煌吐蕃历史文书考释［M］. 耿昇，译 . 西宁：青海人民出版社，1991.

［5］国家文物局古文献研究室，新疆维吾尔自治区博物馆，武汉大学历史系 . 吐鲁番出土文书：第1册［M］. 北京：文物出版社，1981.

［6］张我德，杨若荷，裴燕生 . 清代文书［M］. 北京：中国人民大学出版社，1996.

［7］常林瑞，张金涛 . 中国历代文书［M］. 北京：中国城市出版社，1996.

［8］陈国灿，刘永增 . 日本宁乐美术馆藏吐鲁番文书［M］. 北京：文物出版社，1997.

［9］福建师范大学历史系 . 明清福建经济契约文书选辑［M］. 北京：人民出版社，1997.

［10］沙知 . 敦煌契约文书辑校［M］. 南京：江苏古籍出版社，1998.

［11］田涛，宋格文，郑秦 . 田藏契约文书粹编（1408—1969）［M］. 北京：中华书局，2001.

［12］严桂夫，王国键 . 徽州文书档案［M］. 合肥：安徽人民出版社，2005.

［13］刘俊文 . 敦煌吐鲁番唐代法制文书考释［M］. 北京：中华书局，1989.

［14］侯灿，杨代欣 . 楼兰汉文简纸文书集成［M］. 成都：天地出版社，1999.

［15］谭棣华，冼剑民 . 广东土地契约文书（含海南）［M］. 广州：暨南大学出版社，2000.

［16］唐立，杨有赓，武内房司 . 贵州苗族林业契约文书汇编（1736—1950 年）：第二卷［M］. 日本东京：东京外国语大学 .2002.

［17］陈娟英，张仲淳 . 厦门典藏契约文书［M］. 福州：福建美术出版社，2006.

［18］张应强，王宗勋 . 清水江文书：第1辑［M］. 桂林：广西师范大学出版社，2007.

［19］王万盈.清代宁波契约文书辑校［M］.天津：天津古籍出版社，2008.

［20］陈金全，杜万华.贵州文斗寨苗族契约法律文书汇编——姜元泽家藏契约文书［M］.北京：人民出版社，2008.

［21］孙继民.俄藏黑水城所出《宋西北边境军政文书》整理与研究［M］.北京：中华书局，2009.

［22］孙兆霞，等.吉昌契约文书汇编［M］.北京：社会科学文献出版社，2010.

［23］买提热伊木·沙依提，伊斯拉菲尔·玉素甫.回鹘文契约文书：维吾尔文［M］.乌鲁木齐：新疆人民出版社，2000.

［24］铁木尔.内蒙古土默特金氏蒙古家族契约文书汇集［M］.北京：中央民族大学出版社，2011.

［25］张介人.清代浙东契约文书辑选［M］.杭州：浙江大学出版社，2011.

［26］福建省少数民族古籍丛书编委会.福建省少数民族古籍丛书.畲族卷——文书契约（上）［M］.福州：海风出版社，2012.

［27］林文勋，徐政芸.云南省博物馆馆藏契约文书整理与汇编：第1卷（上）［M］.北京：人民出版社，2013.

［28］尹伊君.故纸遗律：尹藏清代法律文书［M］.北京：北京大学出版社，2013.

［29］高聪，谭洪沛.贵州清水江流域明清土司契约文书——九南篇［M］.北京：民族出版社，2013.

［30］黄志繁，邵鸿，彭志军.清至民国婺源县村落契约文书辑录［M］.北京：商务印书馆，2014.

［31］张建民.湖北天门熊氏契约文书［M］.武汉：湖北人民出版社，2014.

［32］贵州大学，天柱县人民政府，贵州省档案馆，等.天柱文书：第一辑［M］.南京：江苏人民出版社，2014.

［33］罗志欢，李龙潜.清代广东土地契约文书汇编［M］.济南：齐鲁书社，2014.

［34］王钰欣，周绍泉.徽州千年契约文书：宋元明编［M］.石家庄：花山文艺出版社，2015.

（二）文书相关研究类

［1］沙知，孔祥星.敦煌吐鲁番文书研究［M］.兰州：甘肃人民出版社，1984.

［2］周藤吉之，等.敦煌学译文集——敦煌吐鲁番出土社会经济文书研究［M］.姜镇庆，那向芹，译.兰州：甘肃人民出版社，1985.

［3］王尧，陈践.敦煌吐蕃文书论文集［M］.成都：四川民族出版社，1988.

［4］唐长孺.敦煌吐鲁番文书初探：二编［M］.武汉：武汉大学出版社，1990.

［5］雷荣广，姚乐野.清代文书纲要［M］.成都：四川大学出版社，1990.

［6］蒋冀聘.敦煌文书校读研究［M］.台北：文津出版社，1993.

［7］张传玺.中国历代契约会编考释［M］.北京：北京大学出版社，1995.

［8］李经纬.吐鲁番回鹘文社会经济文书研究［M］.乌鲁木齐：新疆人民出版社，1996.

［9］孙继民.敦煌吐鲁番所出唐代军事文书初探［M］.北京：中国社会科学出版社，2000.

［10］陈永胜.敦煌吐鲁番法制文书研究［M］.兰州：甘肃人民出版社，2000.

［11］刘戈.回鹘文契约文书初探［M］.台北：五南图书出版公司，2000.

［12］王振忠.徽州社会文化史探微：新发现的16—20世纪民间档案文书研究［M］.上海：上海社会科学院出版社，2002.

［13］裴燕生，何庄，李祚明，等.历史文书［M］.北京：中国人民大学出版社，2003.

［14］陈支平.民间文书与台湾社会经济史［M］.长沙：岳麓书社，2004.

［15］王启涛.吐鲁番出土文书研究［M］.成都：巴蜀书社，2005.

［16］中国第一历史档案馆.清代文书档案图鉴［M］.长沙：岳麓书社，2004.

［17］王启涛.吐鲁番出土文书词语考释［M］.成都：巴蜀书社，2005.

［18］张广达.文书、典籍与西域史地［M］.桂林：广西师范大学出版社，2008.

［19］陈支平.民间文书与明清东南族商研究［M］.北京：中华书局，2009.

［20］陈支平.民间文书与明清赋役史研究［M］.合肥：黄山书社，2004.

［21］杨国桢.明清土地契约文书研究［M］.北京：中国人民大学出版社，2009.

［22］阿风.明清时代妇女的地位与权利——以明清契约文书、诉讼档案为中心［M］.北京：社会科学文献出版社，2009.

［23］方孝坤.徽州文书俗字研究［M］.北京：人民出版社，2012.

［24］杜建录，史金波.西夏社会文书研究［M］.上海：上海古籍出版社，2012.

［25］关长龙.敦煌本堪舆文书研究［M］.北京：中华书局，2013.

（三）一般专著类

［1］中国科学院民族研究所，广西少数民族社会历史调查组.仫佬族简史简志合编（初稿）［M］.1958.

［2］中央民族学院研究室.中国少数民族简况(10)壮族·布依族·侗族·水族·仫佬族·毛难族［M］.1974.

［3］王弋丁.仫佬族、毛难族、京族文学概况［M］.南宁：广西人民出版社，1982.

［4］《仫佬族简史》编写组.仫佬族简史［M］.南宁：广西民族出版社，1983.

［5］罗日泽.仫佬族风情［M］.南宁：广西人民出版社，1985.

［6］广西壮族自治区民族事务委员会.广西少数民族［M］.南宁：广西人民出版社，1986.

［7］姚舜安.广西民族大全［M］.南宁：广西人民出版社，1991.

［8］李干芬，胡希琼.仫佬族［M］.北京：民族出版社，1991.

［9］罗日泽，过竹，过伟.仫佬族风俗志［M］.北京：中央民族学院出版社，1993.

［10］龙殿宝，吴盛枝，过伟.仫佬族文学史［M］.南宁：广西教育出版社，1993.

［11］吴才珍.仫佬族风情志［M］.南宁：广西民族出版社，1993.

［12］吴保华，胡希琼.仫佬族的历史与文化［M］.南宁：广西民族出版社，1993.

［13］杨权，郑国乔，倪大白，等.中华文化通志：侗、水、毛南、仫佬、黎族文化志［M］.上海：
　　　上海人民出版社，1998.

［14］钟文典.广西通史［M］.南宁：广西人民出版社，1999.

［15］吴大伦.万山里的凤和凰：仫佬族［M］.昆明：云南人民出版社，云南大学出版社，2003.

［16］覃乃昌.广西世居民族［M］.南宁：广西民族出版社，2004.

［17］陈金全.彝族仫佬族毛南族习惯法研究［M］.贵阳：贵州民族出版社，2008.

［18］《仫佬族简史》编写组，《仫佬族简史》修订本编写组.仫佬族简史［M］.北京：民族出版社，
　　　2008.

［19］王骞.仫佬族［M］.乌鲁木齐：新疆美术摄影出版社，新疆电子音像出版社，2010.

［20］金开诚.仫佬族［M］.长春：吉林文史出版社，2010.

［21］潘琦.仫佬族通史［M］.北京：民族出版社，2011.

［22］刘志伟.梁方仲文集［M］.广州：中山大学出版社，2004.

［23］傅衣凌.明清社会经济史论文集［M］.北京：中华书局，2008.

［24］袁良义.清一条鞭法［M］.北京：北京大学出版社，1995.

［25］陈登原.中国田赋史［M］.北京：商务印书馆，1998.

［26］王业键.清代田赋刍论（1750—1911）［M］.北京：人民出版社，2008.

［27］陈锋.清代财政政策与货币政策研究［M］.武汉：武汉大学出版社，2013.

［28］赵冈，陈钟毅.中国土地制度史［M］.北京：新星出版社，2006.

［29］刘志伟.在国家与社会之间：明清广东地区里甲赋役制度与乡村社会［M］.北京：中国人
　　　民大学出版社，2010.

［30］张声震.壮族通史［M］.北京：民族出版社，1997.

［31］莫济杰，陈福霖.新桂系史［M］.南宁：广西人民出版社，1995.

［32］李炳东，弋德华.广西农业经济史稿［M］.南宁：广西民族出版社，1985.

［33］郑家度.广西近百年货币史［M］.南宁：广西人民出版社，1981.

［34］海鹏飞.广西农村金融史［M］.南宁：广西人民出版社，1994.

五、论文

［1］袁良义.从明一条鞭法到清一条鞭法［J］.中国社会科学院研究生院学报，1993（3）.

［2］黄兴球.论仫佬族"冬"的宗法关系及其性质［J］.广西民族学院学报，1995（3）.

［3］金亮，杨大春.中国古代契税制度探析［J］.江西社会科学，2004（11）.

［4］崔昆仑.浅议仫佬族的传统社会组织与社会稳定［J］.广西师范大学学报，2002（12）.

［5］李甫春."冬"与仫佬族源流追溯［J］.中南民族大学学报，2004（1）.

［6］张玉万.清代"完纳地丁银执照"［J］.档案天地，2007（3）.

［7］卞利.清代江西的契尾初探［J］.江西师范大学学报，1988（1）.

［8］卞利.清前期土地税契制度及投税过割办法研究：徽州休宁县土地税票剖析［J］.安徽史学，1995（2）.

［9］卞利.清代江西串票的发现与初步研究［J］.中国农史，1998（1）.

［10］杨国桢.试论清代闽北民间的土地买卖——清代闽北土地买卖文书剖析［J］.中国史研究，1981（1）.

［11］郑振满.清至民国闽北六件"分关"的分析——关于地主的家族与经济关系［J］.中国社会经济史研究，1984（3）.

［12］彭文宇.清代福建田产典当研究［J］.中国经济史研究，1992（3）.

［13］王日根.清至民国建瓯土地契约中的经济关系探微［J］.中国经济史研究，1990（3）.

［14］赵永明.徽州土地契约文书词汇的特点及价值——以明清土地契约文书为例［J］.中国农史，2016（1）.

［15］叶巧群.新桂系时期广西财政研究［D］.桂林：广西师范大学，2004.

［16］唐源.清代广西田赋征收与农民负担［D］.桂林：广西师范大学，2014.

［17］丁敏.清代华北地区田房契约文书粘连结构及其契约观念［D］.北京：中国政法大学，2001.

［18］周进.清代土地绝卖契约研究［D］.武汉：武汉大学，2005.

［19］万伟.晚清赋税加征及其影响［D］.桂林：广西师范大学，2013.

后　记

　　《仫佬族地区文书古籍影印校注》终于整理完成，即将付梓，作为编者，我们感到欣慰的同时，也有不少感慨，更有惴惴不安的感觉。

　　随着国家经济社会的全面发展，提高国家文化软实力，大力弘扬中华优秀传统文化，加快对传统文化的创造性转化、创新性发展成为文化工作的热门话题，文化资源的抢救搜集和保护整理工作得到前所未有的重视。但与此同时，在快速的城镇化进程中，传统文化受到冲击甚至濒临失传。传统文化的生存环境、传承方式、保护条件等均发生了很大的变化，抢救、搜集、整理、保护各民族传统文化的工作既遇到良好的机遇，也面临着严峻的挑战。

　　罗城是全国唯一的仫佬族自治县，具有深厚的历史文化，大量的古籍文书急需搜集整理。最早关注罗城仫佬族地区文书的是广西壮族自治区少数民族古籍工作办公室（其前身是成立于1986年3月的广西壮族自治区少数民族古籍整理出版规划领导小组办公室，2015年11月更名为"广西壮族自治区少数民族古籍工作办公室"，增挂"广西少数民族古籍保护研究中心"牌子。以下简称"广西少数民族古籍工作办公室"）。从20世纪90年代开始，广西少数民族古籍工作办公室组织各市县民族、文化、史志等部门，开展少数民族古籍征集工作，当时从罗城征集到8件契约文书。2004年4月，广西少数民族古籍工作办公室组织实施国家民委重点民族文化工程《中国少数民族古籍总目提要·广西各民族卷》编纂工作。在广泛搜集民间散藏的各少数民族古籍过程中，在罗城东门、龙岸、黄金等乡镇陆续发现并搜集到大量契约文书。这些契约文书既有官方颁发的，也有民间按照一定体例规范自制的，产生时间从清代到新中国成立前后。这些文书的发现，大大丰富了《中国少数民族古籍总目提要·仫佬族卷》的内容，该书仅文书类条目就占了258条，大致包含了仫佬族地区文书的类别样式。

　　此后，广西少数民族古籍工作办公室开展了对仫佬族地区文书的专项抢救搜集工作，组织当地的干部、文化工作者跋山涉水，深入仫佬族村寨、祠堂、庙宇进行多方寻访，搜集地域从东门、龙岸、黄金扩展到四把、小长安等乡镇，文书类别从买卖契约、典当契约、赋税文书延伸到收单、分关书、凭证等，收获颇丰。至2013年年底，清代至民国时期的仫佬族地区文书已搜集近800份，基本具备了编制选题的基础文本条件。

2014年年初，广西教育出版社领导及编辑到广西少数民族古籍工作办公室商讨仫佬族地区文书选题的立项和整理事宜。双方坦诚交换意见，商定了该选题的内容框架、整理体例、书名、整理队伍组建等涉及立项的核心问题。鉴于广西少数民族古籍工作办公室当年的项目经费有限，广西教育出版社同意投入一定资金用于该项目的整理出版工作。随后，双方签订了《图书出版合同》，这标志着《仫佬族地区文书古籍影印校注》项目正式启动。

仫佬族地区文书校注整理工作是一个不断探索的艰辛过程。《中国少数民族古籍总目提要·仫佬族卷》（国家民族事务委员会全国少数民族古籍整理研究室主编，中国大百科全书出版社2009年9月出版）所收入的契约文书仅仅以"提要"的方式著录，文书涉及的清代至民国时期的经济、社会、土地、军事等制度均未能阐释，这些不可回避的问题对于编者来说着实是很大的难题和挑战。学术无捷径，只有苦作舟。参与整理工作的人员加紧学习，翻阅了大量的文献材料和工具书，在大致了解契约文书内容的基础上首先对其进行分类，确定下大类后再分小类，然后编制文书目录，得出全书的大框架。接着整理人员按照统一的体例分头进行文书的文字录入、标点、校勘。由于年代久远，有些文书文字或缺佚或漫漶难辨，整理人员反复比较、核对，尽可能还原文书本来面貌。最重要的也是最难的工作环节是做题解和注释。除了查阅文献、请教专家、集体研究，整理小组还派出部分成员两次赴罗城开展为期20天的田野调查，核实文书中涉及的人名、地名、民俗、俗语、物产等，调查东门、龙岸、黄金三个镇的社会、历史、文化、信仰等各方面状况，了解契约文书记载的主要姓氏家族的发展演变情况和文书传承情况，并把这些内容融入题解和注释中，尽可能使注释、题解准确或接近准确。

本书所收入的契约文书，是民族古籍工作者多年来广泛普查、全力抢救、精心保护的集体成果，也是广大基层民族文化工作者、民间艺人、民间收藏者为民族、为国家无私奉献的一份珍贵精神财富。本书能校注整理完成，是全体校注者、整理者集体智慧的结晶。在抢救搜集和校注整理工作过程中，得到诸多同志及村民的帮助和支持。罗城人大常委会干部吴代群在得知我们开展契约文书的抢救搜集时，毫不犹豫地将自家祖传的92件文书交给广西少数民族古籍工作办公室。2007年，罗城龙岸镇文化站站长石江将多年来珍藏的109件契约文书捐献给广西少数民族古籍工作办公室，对我们初识仫佬族地区文书、促使我们开展仫佬族地区文书专项抢救搜集工作起了关键作用。石江先生在之后的抢救搜集工作中，走遍了仫佬族乡村的山山水水，与各村寨文书传承人联系沟通，搜集并捐献了大量的文书，为该书的选题立项奠定了主要基础。同时，在我们开展的两次田野调查中，石江先生都作为向导，热心周到，并提供了自己多年来整理、撰写的当地文史资料，大大便利了该书的校注整理工作。还有在田野调查中遇到的淳朴的仫佬族村民，一遍一遍耐心解答我们那些看似无聊的问题，给我们开展工作提供了很多便利。对以上提到的同志，以及支持、关心该项目但未能一一列举的单位和个人，借该书出版之际表示衷心感谢！

该书从选题策划、立项、校注整理、编辑出版始终得到广西教育出版社的高度重视，该社将本书列为其重点项目打造。正是广西教育出版社领导的重视，各编辑人员的勤勉努力和主动作为，使该书申报 2016 年国家出版基金资助项目一举成功，提升了该书的档次和知名度，为打造精品图书争取了必要的条件。在两年的合作中，我们深深感受到该社各编辑的敬业之心、待人之诚、业务之精，令人十分感佩！没有他们的艰辛努力，我们无法完成这一项艰巨的任务。在此向所有参与此项工作的出版人表示诚挚的谢意！

由于编者水平有限，仫佬族地区文书的校注整理尚属首次，本身具有很大的挑战性，本书整理方面的讹误和不尽如人意之处在所难免，敬请读者批评指正。